Konstantin Wehrum

Ansatz und Bewertung immaterieller Wirtschaftsgüter beim Unternehmenserwerb

Unternehmensforschung

Band 2

LIT

Konstantin Wehrum

Ansatz und Bewertung immaterieller Wirtschaftsgüter beim Unternehmenserwerb

LIT

20M

A

BV 037 247 703

Gedruckt auf alterungsbeständigem Werkdruckpapier entsprechend
ANSI Z3948 DIN ISO 9706

Bibliografische Information der Deutschen Nationalbibliothek
Die Deutsche Nationalbibliothek verzeichnet diese Publikation in der
Deutschen Nationalbibliografie; detaillierte bibliografische Daten sind
im Internet über http://dnb.d-nb.de abrufbar.

ISBN 978-3-643-10605-6
Zugl.: Mainz, Univ., Diss., 2009

© LIT VERLAG Dr. W. Hopf Berlin 2011
Verlagskontakt:
Fresnostr. 2   D-48159 Münster
Tel. +49 (0) 2 51-620 320   Fax +49 (0) 2 51-922 60 99
e-Mail: lit@lit-verlag.de   http://www.lit-verlag.de

Auslieferung:
Deutschland: LIT Verlag Fresnostr. 2, D-48159 Münster
Tel. +49 (0) 2 51-620 32 22, Fax +49 (0) 2 51-922 60 99, e-Mail: vertrieb@lit-verlag.de
Österreich: Medienlogistik Pichler-ÖBZ, e-Mail: mlo@medien-logistik.at
Schweiz: B + M Buch- und Medienvertrieb, e-Mail: order@buch-medien.ch

Für meine Eltern

Inhaltsverzeichnis

Abkürzungsverzeichnis

a. a. O.	am angegebenen Ort
a. F.	alte Fassung
aA.	anderer Ansicht
Abs.	Absatz
AfA	Absetzung für Abnutzung
AktG	Aktiengesetz
Art.	Artikel
BFH	Bundesfinanzhof
BFH / NV	Sammlung amtlich nicht veröffentlichter Entscheidungen des BFH
BFuP	Betriebswirtschaftliche Forschung und Praxis
BGBl.	Bundesgesetzblatt
BGH	Bundesgerichtshof
BilMoG	Bilanzrechtsmodernisierungsgesetzes
BilReG	Bilanzrechtsreformgesetz
BMF	Bundesministerium der Finanzen
BMJ	Bundesministerium der Justiz
BStBl.	Bundessteuerblatt
BT-Drucks.	Bundesdrucksache
BWA	Bund der Wirtschaftsakademiker
bzw.	Beziehungsweise
d. h.	das heißt
DBW	Die Betriebswirtschaft (Zeitschrift)
DRS	Deutscher Rechnungslegungs Standard
DRSC	Deutsches Rechnungslegungs Standards Committee
DStJG	Deutsche Steuerjuristische Gesellschaft e. V.
DStR	Deutsches Steuerrecht (Zeitschrift)
DStZ	Deutsche Steuerzeitung (Zeitschrift)
ED	Exposure Draft
EG	Europäische Gemeinschaft
EGV	Vertrag zur Gründung der Europäischen Gemeinschaft
EStG	Einkommensteuergesetz

EU	Europäische Union
EuGH	Gerichtshof der Europäischen Gemeinschaften
etc.	et cetera
e. V.	eingetrragener Verein
f.	folgende Seite, folgender Paragraph usw.
FASB	Financial Accounting Standards Board
FAZ	Frankfurter Allgemeine Zeitung (Zeitung)
FG	Finanzgericht
Fn.	Fußnote
FR	Finanzrundschau (Zeitschrift)
FuE	Forschung und Entwicklung
G4+1	Group of four plus one of accounting standard setters
GG	Grundgesetz
GoB	Grundsätze ordnungsmäßiger Buchführung
GrS	Großer Senat
HdJ	Handbuch des Jahresabschlusses
HdR	Handbuch der Rechnungslegung
HFA	Hauptfachausschuss des IDW
HGB	Handelsgesetzbuch
Hrsg.	Herausgeber
Hrsg.	Herausgegeben
IAS	International Accounting Standard
IASB	International Accounting Standards Board
IASC	International Accounting Standards Committee
IASCF	International Accounting Standards Committee Foundation
IDW	Institut der Wirtschaftsprüfer
IFRS	International Financial Reporting Standard
i. d. R.	in der Regel
IOSCO	International Organization of Securities Commissions
i. V. m.	in Verbindung mit
Jg.	Jahrgang
IStR	Internationales Steuerrecht (Zeitschrift)
KapAEG	Kapitalaufnahmeerleichterungsgesetz

KOM	Europäische Kommission (Dokumente)
KoR	Kapitalmarktorientierte Rechnungslegung (Zeitschrift)
KStG	Körperschaftssteuergesetz
LG	Landgericht
MarkenG	Markengesetz
Mio.	Million(en)
Mrd.	Milliarde(n)
m. w. N.	mit weiteren Nachweisen
n. F.	Neue Fassung
No.	Number
Nr.	Nummer
OLG	Oberlandesgericht
PiR	Praxis der internationalen Rechnungslegung (Zeitschrift)
RFH	Reichsfinanzhof
RGBl.	Reichsgesetzblatt
RIW	Recht der Internationalen Wirtschaft (Zeitschrift)
RStBl.	Reichssteuerblatt
Rz.	Randziffer
S.	Seite
SEC	Securities and Exchange Commission
SFAS	Statement of Financial Accounting Standards
SIC	Standing Interpretation Committee
SME	Small and Medium Sized Entities,
StbJb.	Steuerberater Jahrbuch
StuB	Steuer und Bilanz (Zeitschrift)
StuW	Steuer und Wirtschaft (Zeitschrift)
Tz.	Textziffer
u.	Und
u. a.	und andere
UM	Unternehmensbewertung & Management (Zeitschrift)
UmwG	Umwandlungsgesetz
US-GAAP	United States Generally Accepted Accounting Principles
usw.	und so weiter

vgl.	Vergleiche
Vol.	Volume (Jahrgang)
WPg	Wirtschaftsprüfung (Zeitschrift)
ZfB	Zeitschrift für Betriebswirtschaft
ZfbF	Zeitschrift für betriebswirtschaftliche Forschung
ZMGE	Zahlungsmittelgenerierende Einheit
ZRP	Zeitschrift für Rechtspolitik

1   Einleitung

1.1   Problemstellung und betriebswirtschaftliche Relevanz

Im Zuge des Wandels von einer Industrie- zur Hochtechnologie- und Dienstleistungsgesellschaft hat die Bedeutung immaterieller Werte[1] in den letzten Jahrzehnten stetig zugenommen. Obwohl die immateriellen Werte im Unternehmen kein grundsätzlich neues Phänomen darstellen und MOXTER sie schon 1979 als die „ewigen Sorgenkinder des Bilanzrechts" beschrieb,[2] hat sich die Situation Mitte der neunziger Jahre grundlegend verändert. Gerade in den Zeiten der Globalisierung und der immer kürzer werdenden Produktlebenszyklen wird dem Know-how der Mitarbeiter und deren Verkörperung in den immateriellen Werten eines Unternehmens überwiegend der Stellenwert eines entscheidenden Wettbewerbsfaktors beigemessen. Zunehmende Bedeutung erlangen dabei die selbst erstellten identifizierbaren immateriellen Werte, durch welche Unternehmen oft wertvolle monopolistische Rechte oder andere Vorteile erlangen.[3] Diese Umstände führen dazu, dass trotz der Klärung vieler Bilanzrechtsfragen und der einhergehenden Kodifizierung des Bilanzrechts die Aufstellung des Jahresabschlusses immer wieder eine Beschäftigung mit den vielfältigen, nicht körperlichen, aber oftmals mit materiellen Werten untrennbar verbundenen Wirtschaftsgütern erfordert.

Die Vielschichtigkeit der immateriellen Wirtschaftsgüter verdeutlicht sich in ihrer Individualität und dem damit einhergehenden unsicheren und schwer nachweisbaren Wertansatz. DÖLLERER folgerte schon frühzeitig, dass der Grundsatz der kaufmännischen Vorsicht im Zusammenhang mit dem Schutz der Gläubiger nur einen Ansatz solcher Vermögensgegenstände in der Bilanz zulasse, deren Wert möglichst objektiv bestimmt werden kann.[4] Der entgeltliche Erwerb durch Dritte spiegelt nach dieser Konzeption einen durch den Markt bestätigten und objektivierten Wertansatz wider, da aufgrund eines gegenseitigen Geschäfts am Markt die Unsicherheit der Wertbestimmung entfällt.[5] Aus diesem Grund wurde in der Handelsbilanz der Ansatz nicht entgeltlich erworbener immaterieller Vermögensgegenstände durch § 248 Abs. 2 HGB (a. F.) verboten. Entsprechendes gilt nach § 5 Abs. 2 EStG auch steuerrechtlich.

An dem steuerlichen sowie handelsrechtlichen Aktivierungsverbot für selbst geschaffene immaterielle Wirtschaftsgüter bzw. Vermögensgegenstände wird der konzeptionelle Unterschied zu den internationalen Rechnungslegungsvorschriften besonders deutlich. Ab dem Jahr 2005 ist aufgrund der EU-Verordnung vom 19. Juli 2002 der Konzernabschluss europäischer kapitalmarktorientierter Unternehmen zwingend nach IAS/IFRS aufzustellen,[6] wobei nach IAS 38 auch für selbst erstellte Vermögenswerte eine Aktivierungspflicht besteht, sofern die Ansatzkriterien für ein *Asset* erfüllt sind. Auch wenn eine direkte Besteuerung auf Grundlage eines Einzelabschlusses nach IAS/IFRS kurzfristig eher unwahrscheinlich ist, wird zumindest ein zunehmend mittelbarer Einfluss der IAS/IFRS auf die Steuerbilanz angenommen.[7] Vor diesem

---

[1]   Der Begriff „Wert" beschreibt die Einschätzung eines Gutes bezüglich seiner Werthaltigkeit und wird im Folgenden systemübergreifend verwendet (siehe Kapitel 2.1.1). Die Bezeichnungen Wirtschaftsgut, Vermögensgegenstand und Vermögenswert stellen im Steuer- bzw. Handelsrecht und in der internationalen Rechnungslegung abstrakt aktivierungsfähige Werte dar und sind somit bereits enger definiert.

[2]   Moxter, Adolf: Immaterielle Anlagewerte im neuen Bilanzrecht, in: Betriebs-Berater, Heft 34, (1979), S. 1102–1109, hier S. 1102.

[3]   Vgl. Schreiber, Susanne: Der Ansatz von selbst erstellten identifizierten immateriellen Vermögenspositionen nach SFAS No. 142, in: IStR, Heft 6, (2005), S. 210–216, hier: S. 210.

[4]   Vgl. Döllerer, Georg: Die Maßgeblichkeit der Handelsbilanz für die Steuerbilanz, in: Betriebs-Berater, 24. Jg., (1969), S. 501–507, hier S. 501 f.

[5]   Vgl. Moxter, Adolf: Bilanzrechtsprechung, 5. Auflage, Tübingen 1999, S. 29–30.

[6]   Verordnung (EG) Nr. 1606/2002 des Europäischen Parlaments und des Rates vom 19.7.2002 betreffend die Anwendung internationaler Rechnungslegungsstandards, ABlEU Nr. L 243 vom 11.9.2002, S. 1–4.

[7]   Vgl. hierzu die Ausführungen in Kapitel 2.4.

Hintergrund weist die herrschende Meinung der Literatur bereits seit Jahren vehement auf die unterschiedlichen Zielsetzungen beider Rechnungslegungssysteme[8] hin und lehnt eine Übernahme der Regelungen der IAS/IFRS für die steuerliche Gewinnermittlung im Einzelabschluss speziell in Hinblick auf die bilanzielle Behandlung der immateriellen Wirtschaftsgüter zu Recht ab.[9] Indessen scheint sich die schon früh von allen Seiten der Literatur und Wissenschaft geäußerte Befürchtung einer schleichenden Übernahme internationaler Rechnungslegungsvorschriften im deutschen Handelsrecht mit dem vom Bundestag am 26. März 2009 verabschiedeten Gesetz zur Modernisierung des Bilanzrechts (BilMoG) zu bewahrheiten.[10] So ist insbesondere die Streichung des bisherigen Ansatzverbotes für nicht entgeltlich erworbene immaterielle Vermögensgegenstände des Anlagevermögens (§ 248 Abs. 2 HGB) als einer der Kernpunkte des Gesetzes ein mehr als eindeutiger Beleg für den stetig zunehmenden Einflusses der internationalen Rechnungslegung auf nationale Bilanzierungsfragen.[11]

Von diesen Entwicklungen zunächst unabhängig ist hingegen die Situation hinsichtlich der Bilanzierung immaterieller Einnahmepotenziale im Rahmen eines Unternehmenskaufs. Als zentrale Werttreiber des Geschäftserfolges haben immaterielle Werte eine fundamentale Bedeutung beim Unternehmenskauf und besonders der Erwerb von Markennamen, Technologien oder Kundenbeziehungen stellt oftmals die entscheidende Motivation für eine entsprechende Akquisition dar.[12] Zugleich ist es üblich, dass im Rahmen von Unternehmenserwerben Kaufpreise gezahlt werden, welche das bilanzielle Eigenkapital des akquirierten Unternehmens häufig um ein Vielfaches übersteigen. In der Regel lässt sich dieser Unterschiedsbetrag auf die beim erworbenen Unternehmen zuvor nicht bilanzierten bzw. selbst erstellten immateriellen Werte zurückführen.[13] Deutlich wird dies bspw. bei der Mannesmann-Vodafone-Übernahme im Jahr 2000, in deren Rahmen ein zu aktivierender Geschäftswert von ca. 75 Mrd. Euro ermittelt wurde.[14] Das grundlegende Problem bei der Bilanzierung von Unternehmenszusammenschlüssen liegt folglich auf der Hand: Soweit sich der Kaufpreis nämlich auf den Erwerb einzelner Wirtschaftsgüter bezieht, ist es vergleichsweise einfach, den als Anschaffungskosten in der Bilanz des Erwerbers zu aktivierenden Betrag zu ermitteln. Bei einem Unternehmenserwerb erweist sich diese Aufgabe hingegen als wesentlich schwieriger, da hier ein Gesamtkaufpreis die Basis der Anschaffungskosten für mehrere Aktivposten darstellt.

Dessen ungeachtet kommt es in der Unternehmenspraxis oftmals zu einer unbefriedigenden Subsumation der erworbenen immateriellen Einnahmepotenziale im Konglomerat Goodwill, sodass vielfach ansatzpflichtige immaterielle Wirtschaftsgüter entgegen des Prinzips der Ein-

---

[8]   Die IAS/IFRS haben das erklärte Ziel, den Adressaten des Jahresabschlusses mit entscheidungsrelevanten Informationen zu versorgen, während die Steuerbilanz auf Basis der handelsrechtlichen GoB die Feststellung des steuerlichen Gewinns ermöglichen soll. Vgl. Kapitel 2.3 sowie Kapitel 3.1.

[9]   Vgl. Herzig, Norbert: IAS/IFRS und steuerliche Gewinnermittlung, Düsseldorf 2004, S.106–107; Kahle, Holger: Maßgeblichkeitsgrundsatz auf Basis der IAS?, in: Die Wirtschaftsprüfung, Heft 4, (2002), S. 178–188, hier S. 182; Buchholz, Rainer/Weis, Regina: Maßgeblichkeit ade?, in: DStR, Heft 12, (2002), S. 512–517, hier S. 517; Blasius, Torsten: IFRS, HGB und F&E, Diss. Berlin 2006, S. 334–336.

[10]   Nach der Zustimmung des Bundesrates am 2. April 2009 und der Ausfertigung durch den Bundespräsidenten wurde das BilMoG am 28. Mai 2009 im Bundesgesetzblatt veröffentlicht und ist damit am 29. Mai 2009 in Kraft getreten, vgl. Gesetz zur Modernisierung des Bilanzrechts (Bilanzrechtsmodernisierungsgesetz - BilMoG) vom 29.5.2009, in BGBl. I 2009, S. 1102–1137.

[11]   Vgl. zum BilMoG die Ausführungen in Kapitel 2.4.1.

[12]   Vgl. Lopatta, Kerstin/Wiechen, Lars: Darstellung und Würdigung der Bilanzierungsvorschriften nach IFRS 3 Business Combinations, in: Der Konzern, Heft 8, (2004), S. 534–544, hier S. 537.

[13]   Vgl. Haller, Axel: Immaterielle Vermögenswerte – Wesentliche Herausforderung für die Zukunft der Unternehmensrechnung, in: Rechnungswesen als Instrument für Führungsentscheidungen, Festschrift für Adolf G. Coenenberg, hrsg. von Hans Peter Möller und Franz Schmidt, Stuttgart 1998, S. 561–596, hier S. 563 m. w. N.

[14]   Vgl. Arbeitskreis „Immaterielle Werte im Rechnungswesen" der Schmalenbach-Gesellschaft für Betriebswirtschaft e. V.: Kategorisierung und bilanzielle Erfassung immaterieller Werte, in: Der Betrieb, Heft 19, (2001), S. 989–993, hier S. 989.

zelbewertung nicht gesondert erfasst und aktiviert werden. Entsprechend diesem Umstand bezeichnet man den Geschäfts- und Firmenwert im deutschen Handelsrecht auch als „Auffangbecken für die Werte des Unternehmens, die einzeln nur schwer oder gar nicht bilanziell zu erfassen sind".[15] Zugleich verändert die Veröffentlichung des Rechnungslegungsstandards IFRS 3 die bilanzielle Abbildung von Unternehmenszusammenschlüssen auf internationaler Ebene tief greifend. Danach sind ab 31. März 2004 alle im Rahmen einer Unternehmensakquisition erworbenen und identifizierbaren Vermögenswerte und Schulden separat vom Geschäftswert auszuweisen und mit ihrem Zeitwert neu zu bewerten, wodurch sämtliche stille Reserven bzw. Lasten aufgedeckt werden.[16] IFRS 3 sieht in Verbindung mit IAS 38 eine zentrale Konkretisierung der Ansatzkriterien für die im Zuge eines Unternehmenszusammenschlusses erworbenen immateriellen Vermögenswerte vor. Eine zentrale Rolle spielen hier die vom erworbenen Unternehmen selbst erstellten und daher bislang nicht bilanzierten immateriellen Vermögenswerte, welche im Rahmen des Erwerbsvorgangs einen derivativen Charakter erlangen. Die Abgrenzung identifizierbarer immaterieller Vermögenswerte vom *Goodwill* erhält zudem durch das Verbot der planmäßigen Abschreibung des Geschäftswertes nach IFRS 3 ein neues Gewicht.

Diese gravierenden Änderungen im internationalen Bilanzrecht entfachen zugleich eine neue steuerrechtliche Diskussion um die Abgrenzung immaterieller Wirtschaftsgüter vom Geschäftswert. Eine steuerrechtliche Relevanz hat die Frage der Identifizierung und Abgrenzung einzelner immaterieller Wirtschaftsgüter vom Geschäftswert schon deshalb, da ein derivativer Geschäftswert nach § 7 Abs. 1 Satz 3 EStG über 15 Jahre abzuschreiben ist, während immaterielle Einzelwirtschaftsgüter zum Teil eine erheblich kürzere betriebliche Nutzungsdauer aufweisen. Vor dem Hintergrund der unterschiedlichen Zwecke von Steuerbilanz und Rechnungslegung nach IAS/IFRS ist es erstaunlich, dass die Verlautbarungen des IFRS 3 mit den handelsrechtlichen Grundsätzen ordnungsmäßiger Buchführung zu harmonieren scheinen und bei der Abgrenzung immaterieller Wirtschaftsgüter vom Geschäftswert anlässlich eines Unternehmenserwerbes zwischen Steuerbilanzrecht und IAS/IFRS konzeptionelle Ähnlichkeiten feststellbar sind.[17] Die Vergleiche gehen soweit, dass die Neuinterpretation der Fair-Value-Konzeption durch IFRS 3 aus deutscher Sicht als Hinwendung zum umstrittenen steuerlichen Teilwertbegriff gewertet wird.[18] Die in IFRS 3 kodifizierte internationale Auffassung über die bilanzielle Behandlung des Goodwill weist zudem starke Parallelen zur steuerlichen Einheitstheorie auf, welche in der Gesetzgebung und Rechtsprechung jahrzehntelang Bestand hatte.[19] Folgerichtig kommt HERZIG in seinem für das Bundesfinanzministerium verfassten Gutachten aus dem Jahr 2004 zur Eignung der IAS/IFRS für die steuerliche Gewinnermittlung zu dem Ergebnis, dass bei der Bilanzierung immaterieller Wirtschaftsgüter im Zusammenhang mit einem Unternehmenserwerb der Vorgehensweise nach IAS/IFRS grundsätzlich gefolgt werden kann.[20]

---

[15] Vgl. Arnold, Hans-Joachim: Bilanzierung des Geschäfts- oder Firmenwertes, Diss. Frankfurt/Main 1997, S. 36.
[16] Vgl. hirerzu die Ausführungen in Kapitel 4.1.
[17] Ähnlich Hoffmann, Wolf-Dieter: Firmenwert und ähnliche Wirtschaftsgüter beim Unternehmenserwerb, in: Praxis der internationalen Rechnungslegung, Heft 1, (2005), S. 17–19, hier S. 18.
[18] Vgl. Theile, Carsten/Pawelzik, Kai Udo: Erfolgswirksamkeit des Anschaffungsvorgangs nach ED 3 beim Unternehmenserwerb im Konzern, in: Die Wirtschaftsprüfung, Heft 7, (2003), S. 316–324, hier S. 324.
[19] Mit Bezug auf die Einheitstheorie enthielt § 6 Abs. 1 Nr. 2 EStG 1934 eine Regelung zur Klassifizierung des Goodwills als nicht abnutzbares Wirtschaftsgut; vgl. hierzu Moxter, Adolf: Die Geschäftswertbilanzierung in der Rechtsprechung des Bundesfinanzhofs und nach EG-Bilanzrecht, in: Betriebs-Berater, Heft 34, (1979), S. 741–747, hier S. 745 f. Erst seit 1986 ist durch die Einführung des § 7 Abs. 1 Satz 3 EStG eine planmäßige Abschreibung im Steuerrecht vorgeschrieben.
[20] Vgl. Herzig: IAS/IFRS und steuerliche Gewinnermittlung, a. a. O. (Fn. 9), S. 107.

1.2   Gang der Untersuchung

Vor dem Hintergrund den soeben skizzierten Entwicklungen ist es das Ziel der Arbeit, die Bilanzierung von immateriellen Wirtschaftsgütern und des Geschäfts- und Firmenwertes beim Unternehmenserwerb nach geltendem Steuerbilanzrecht und nach IAS/IFRS zu untersuchen. Dabei ist von zentralem Interesse, zu welchen Ergebnissen die Systematik der IAS/IFRS hinsichtlich Identifizierung, Ansatz und Bewertung immaterieller Vermögenswerte im Vergleich zum geltenden Steuerrecht führt. Die Vorgehensweise nach IAS/IFRS soll dabei an den steuerrechtlichen Prinzipien, wie etwa dem Einzelbewertungs- und Vorsichtsprinzip oder dem Realisations- bzw. Anschaffungskostenprinzip gemessen werden. Ausgehend von der Annahme der Beibehaltung des geltenden Steuerbilanzrechts ist es das Ziel der Arbeit, darüber Aufschluss zu geben, ob wie anderweitig vertreten beim Unternehmenserwerb der Vorgehensweise nach IAS/IFRS gefolgt werden kann.

Nach einem kurzen Überblick und einer Erläuterung der für die Untersuchung wichtigsten Begriffe und Sachverhalte werden in **Kapitel 3** die Ziele der Unternehmensbesteuerung in der Bundesrepublik Deutschland de lege lata definiert. Anschließend wird die Maßgeblichkeit der handelsrechtlichen Vorschriften für die steuerliche Gewinnermittlung dahingehend untersucht, inwiefern die hierdurch zugrunde gelegten handelsrechtlichen Bilanzierungsprinzipien – unter Beachtung der fundamentalen Prinzipien der Besteuerung – ein geeignetes Instrumentarium der steuerlichen Gewinnermittlung darstellen. Dabei soll aufgezeigt werden, dass sich die Abbildung des am Markt erwirtschafteten Reinvermögenszugangs nach Maßgabe der handelsrechtlichen Bilanzierungsprinzipien grundsätzlich zur objektiven Messung der wirtschaftlichen Leistungsfähigkeit eignet.

Im Anschluss werden in **Kapitel 4** die in der Steuerbilanz und nach IAS/IFRS vorzufindenden Methoden zur Erfassung immaterieller Wirtschaftsgüter bzw. Vermögenswerte bei einem Unternehmenserwerb einer detaillierten Analyse unterzogen. Zentraler Bestandteil des Kapitels ist insbesondere die Untersuchung der jeweiligen Systematik bei der Aufteilung des Gesamtkaufpreises auf die zu identifizierenden selbst erstellten immateriellen Wirtschaftsgüter. In **Kapitel 5** werden dann die nach geltendem Steuerrecht und nach IAS/IFRS verbindlichen Bewertungsmethoden erläutert und analysiert. Als ein Kernproblem entpuppt sich hier die in hohem Maße interpretationsbedürftige Fair-Value-Konzeption der IAS/IFRS, welche vor allem im Bereich der beim Verkäufer nicht bilanzierten immateriellen Vermögenswerte zu Anwendungsschwierigkeiten führt. Dementsprechend wird an dieser Stelle das Fair-Value-Konzept durchleuchtet der steuerlichen Teilwertvermutung gegenübergestellt.

Ausgehend von der Bestandsaufnahme und Analyse der beiden Rechnungslegungssysteme werden in **Kapital 6** die zentralen Ansatz- und Bewertungsvorschriften des IFRS 3 hinsichtlich ihrer Eignung und Kompatibilität mit der Zwecksetzung der steuerlichen Gewinnermittlung gewürdigt. Zu diesem Zweck soll anhand einer Einzelfallbetrachtung verschiedener immaterieller Akquisitionsobjekte abschließend beurteilt werden, ob die Systematik des IASB bei der Bilanzierung von immateriellen Wirtschaftsgütern, gemessen an den Zielen und Prinzipien der Besteuerung, de lege late den herkömmlichen GoB-konformen Gepflogenheiten im Steuerrecht vorzuziehen ist.

Die Abgrenzung des Geschäftswerts und Eventualvermögensgegenständen von immateriellen Wirtschaftsgütern sowie die Einschränkung von Ermessensspielräumen bei speziellen Bilanzierungsfragen durch das jeweilige System sind vor dem Hintergrund der fundamentalen Prinzipien der steuerlichen Gewinnermittlung de lege lata herausragende Beispiele für zu klärende Sachverhalte. Entscheidende Erkenntnisse sollen dabei aus der Untersuchung der zentralen Einnahmepotenziale eines Unternehmens gewonnen werden, welche insbesondere den Absatzsektor (Marken, Kundenbeziehungen), das Innovationskapital (noch nicht abgeschlossene Entwicklungsprojekte) und das Humankapital (vorteilhafte Arbeitsverträge) umfassen. Letztendlich hat die sachgerechte Wertermittlung der immateriellen Einzelwirtschaftsgüter auch direkten Einfluss auf die Höhe des zu bilanzierenden derivativen Geschäfts- oder Firmenwertes. Hier gilt es, die Möglichkeit einer Teilwertabschreibung oder eines Impairment-Tests nach internationalem Vorbild sowie den Ausweis eines negativen Geschäftswertes oder die sofortige erfolgswirksame Vereinnahmung eines negativen Unterschiedbetrags im Erwerbszeitpunkt in der Steuerbilanz zu prüfen.

Die Arbeit schließt in **Kapitel 7** mit einer thesenförmigen Zusammenfassung der wichtigsten Ergebnisse der Untersuchung.

2   Grundlagen der Untersuchung

2.1   Begriffliche Abgrenzung immaterieller Werte

2.1.1   Kategorisierung immaterieller Werte

Seit Beginn der Forschungsbemühungen um die Thematik der immateriellen Werte im Unternehmen wird auch über deren Definition und begrifflichen Inhalt wissenschaftlich diskutiert.[21] Im Rahmen der bereits in den 70er Jahren lebhaft geführten Debatte über die Bedeutung von Wissen, Humankapital und intellektuellem Kapital in der Vermögensrechnung ist dabei die Anwendung einer Vielzahl unterschiedlicher Begriffe festzustellen. So werden in den national als auch international geführten Diskussionen Begriffe wie z. B. *intellectual property*, *intellectual capital* oder *immaterielle Güter* häufig als Synonyme bzw. inhaltsgleiche Begriffe verwendet. Eine klare Begriffssystematik und ein damit einhergehendes Begriffsverständnis stellt jedoch eine wichtige Grundlage der anschließenden Untersuchung dar, weshalb im Folgenden die immateriellen Werte im Unternehmen unabhängig von einer an einem späteren Zeitpunkt zu diskutierenden Bilanzierungsfähigkeit im einzelnen definiert und miteinander in Beziehung gebracht werden.

In der zu erarbeitenden Begriffshierarchie umfassen die **immateriellen Werte** zunächst die Summe aller nicht körperlichen Werte eines Unternehmens.[22] Haben diese neben der immateriellen auch eine materielle Komponente, werden sie als immaterielle Werte klassifiziert, wenn ihre materielle Komponente nur von untergeordneter Bedeutung ist.[23] Dies ist beispielsweise bei nicht standardisierter Software der Fall, bei der der monetäre Wert des Speichermediums im Vergleich zu dessen inhaltlichen Nutzungsmöglichkeiten in der Regel nur marginal ist. Folglich sind immaterielle Werte entsprechend der aufgeführten Definitionsmerkmale in nahezu allen Bereichen eines Unternehmens aufzufinden. Unter Berücksichtigung dieser Annahmen findet im deutschsprachigen Raum die Kategorisierung von immateriellen Werten des Arbeitskreises „Immaterielle Werte im Rechnungswesen" der Schmalenbach-Gesellschaft eine breite Anerkennung.[24] In Anlehnung an EDVINSSON/MALONE schlägt dieser Ansatz eine branchenunabhängige Einteilung der Gesamtheit des immateriellen Vermögens einer Unternehmung in sieben unterschiedliche Kategorien vor.[25] Diese somit vorgenommene Gliederung lässt sich wie folgt darstellen:

- *Humankapital (Human Capital)*: Das Humankapital umfasst die immateriellen Werte eines Unternehmens hinsichtlich der dort verfügbaren Personalressourcen. Folgerichtig beinhaltet das Humankapital auch das Wissenskapital und die soziale Kompetenz einer Belegschaft.

---

[21] Vgl. Kaufmann, Lutz/Schneider, Yvonne: Intangibles – A synthesis of current research, in: Journal of Intellectual Capital, Vol. 5, No. 3, (2004), S. 366–388, hier S. 366.

[22] Vgl. Schütte, Martin: Externe Berichterstattung zu Wissen, Humankapital, intellektuellem Kapital – ein Vorschlag zur Begriffsklärung, in: Der Betrieb, Heft 5, (2005), S. 240–241, hier S. 241. Die „immateriellen Vermögensgegenstände" und „immateriellen Wirtschaftsgüter" stellen Begriffe des Handels- bzw. Steuerrechts dar und sind bezüglich ihrer Aktivierungsfähigkeit bereits wesentlich enger definiert als die „immateriellen Werte" eines Unternehmens.

[23] Die materielle Komponente ist dann als untergeordnet zu klassifizieren wenn sie vornehmlich Transport-, Dokumentations-, Speicherungs- oder Lagerungszwecken dient; vgl. hierzu die Ausführungen in Kapitel 2.1.2.

[24] Vgl. statt vieler Heumann, Rainer: Möglichkeiten zur praktischen Umsetzung eines Value Reporting in Geschäftsberichten, in: KoR, Heft 4, (2006), S. 259–266, hier S. 263.; Kaufmann/Schneider: a. a. O. (Fn. 21), S. 375; Arbeitskreis „Externe Unternehmensrechnung" der Schmalenbach-Gesellschaft für Betriebswirtschaft e. V.: Grundsätze des Value Reporting, in: Der Betrieb, Heft 45, (2002), S. 2337–2340, hier S. 2338; Haller, Axel/Dietrich, Ralph (2001): Intellectual Capital Bericht als Teil des Lageberichts, in: Der Betrieb, Heft 20, (2001), S. 1045–1052, hier S. 1048.

[25] Vgl. Edvinsson, Leif/Malone, Michael: Intellectual Capital, New York 1997, S. 52.

- *Kundenkapital (Customer Capital)*: Das Kundenkapital stellt die immateriellen Werte des Absatzbereichs dar. Es bezieht sich im Wesentlichen auf den Kundenstamm des Unternehmens, welcher durch Kundenlisten, Abnahmeverträge oder etwa Marktanteile konkretisiert wird.

- *Lieferantenkapital (Supplier Capital)*: Diese Kategorie verkörpert die immateriellen Werte im Beschaffungsbereich des Unternehmens. Das Lieferantenkapital spiegelt die Qualität des Zulieferernetzwerks wider, welches wiederum primär von der Vorteilhaftigkeit der Beschaffungsverträge manifestiert wird.

- *Prozesskapital (Process Capital)*: Das Prozesskapital ist inhaltlich mit den immateriellen Werten im Organisationsbereich des Unternehmens gleichzusetzen. Demnach repräsentiert es diejenigen Werte im Unternehmen, welche in Form von standardisierten Prozessen und Abläufen zielorientiertes Handeln im Unternehmen ermöglichen und somit einzelne Aktionen und Aktivitäten in ein geordnetes System überführen.

- *Innovationskapital (Innovation Capital)*: Das Innovationskapital fasst die immateriellen Werte aus dem Bereich der Produkt-, Dienstleistungs- und Verfahrensinnovation des Unternehmens zusammen.

- *Standortkapital (Location Capital)*: Dieser Begriff umfasst alle standortbezogenen Werte des Unternehmens. Das Standortkapital wird u. a. durch verfügbare Personalressourcen, die Qualität der Infrastruktur oder standortabhängige Genehmigungsverfahren maßgeblich beeinflusst.

- *Investorenkapital (Investor Capital)*: Unter dem Investorenkapital werden letztendlich die immateriellen Werte des Finanzbereichs subsumiert, welche im Wesentlichen die Konditionen der Kapitalbeschaffung des Unternehmens widerspiegeln.

In diesem Zusammenhang ist anzumerken, dass der auf EDVINSSON/MALONE zurückzuführende und in der betriebswirtschaftlichen Forschung sehr häufig verwendete Begriff des *intellektuellen Kapitals* von seinem Umfang her deckungsgleich mit der soeben vorgestellten Definition der immateriellen Werte ist.[26] Diese Bezeichnung ist allerdings irreführend, da sich das Wort „Intellekt" in der Regel auf Fähigkeiten und Potenziale bezieht, welche wir Personen und Personengruppen zuordnen. Vielmehr ist das intellektuelle Kapital Teil des Innovations- bzw. Humankapitals und sollte den im deutschen Sprachgebrauch verankerten Begriff der „immateriellen Werte" nicht ersetzen.[27]

Bei einer näheren Betrachtung der soeben beschriebenen Kategorisierung fällt zunächst auf, dass die ermittelten Komponenten der immateriellen Werte einerseits im direkten Zusammenhang mit den unterschiedlichen Stakeholdern eines Unternehmens (Mitarbeiter, Kunden, Kapitalgeber etc.) stehen. Andererseits lassen sie sich unmittelbar aus unternehmensinternen Faktoren wie z. B. betrieblichen Prozessen oder der Infrastruktur ableiten. Dadurch können theoretisch alle immateriellen Werte eines Unternehmens einer der verschiedenen Unterkategorien zugeordnet werden. Hier gilt es allerdings zu beachten, dass sich gegebenenfalls Überschneidungen zwischen den einzelnen Gattungen des immateriellen Vermögens ergeben, da z. B. Humankapital auch einen zwingenden Bestandteil des Innovationskapitals darstellt. Eine anschließende Bewertung der einzelnen Komponenten soll darüber hinaus eine additive Ermittlung des gesamten immateriellen Vermögens ermöglichen.

---

[26] So basiert insbesondere die populäre Managementkonzeption des Skandia Navigator auf dem Begriff des intellektuellen Kapitals: Vgl. hierzu insbesondere Edvinsson, Leif/Brünig, Gisela: Aktivposten Wissenskapital: Unsichtbare Werte bilanzierbar machen, Wiesbaden 2000.

[27] Vgl. die Auffassung von Schütte: a. a. O. (Fn. 22), S. 240.

Obwohl die hier befürwortete Definition der immateriellen Werte sehr weit gefasst ist, ist sie dennoch nicht mit dem Begriff des erworbenen Geschäfts- oder Firmenwertes gleichzusetzen. Die Existenz eines derivativ erworbenen Geschäftswertes lässt sich auf einen im Rahmen eines Unternehmenskaufs entrichteten Kaufpreises zurückführen, welcher den Buchwert des akquirierten Unternehmens übersteigt. Die Differenz zwischen dem Ertragswert bzw. Kaufpreis und den mit Zeitwerten bewerteten Vermögen und Schulden wird in der Bilanz des erwerbenden Unternehmens als Goodwill bzw. Geschäftswert ausgewiesen. Der Goodwill setzt sich allerdings nicht nur aus nicht aktivierten immateriellen Werten zusammen, sondern kann darüber hinaus auch aus nicht zurechenbaren Komponenten bestehen. Zu nennen wäre hier beispielsweise eine überhöhte Kaufpreiszahlung, welche sich nicht auf ökonomische Werte im Unternehmen zurückführen lässt. Die immateriellen Werte des Unternehmens hingegen umfassen sowohl die bisher nicht einzeln aktivierten immateriellen Werte als auch jene, welche bereits vor dem Erwerb getrennt vom Geschäftswert angesetzt wurden.[28]

Insgesamt ist festzuhalten, dass die insbesondere durch die Schmalenbach-Gesellschaft vertretene Kategorisierung der immateriellen Werte im Rechnungswesen grundsätzlich der Strukturierung der immateriellen Werte im Unternehmen dient und somit auch für Zwecke der Rechnungslegung hilfreich ist. Lediglich das Investorenkapital gibt Anlass zu Kritik. Zum einen verkörpert es streng genommen keinen immateriellen Wert, sondern stellt vielmehr das Ergebnis des Zusammenwirkens verschiedenster Faktoren dar,[29] zum anderen werden die monetären Werte in der externen Rechnungslegung bewusst von den immateriellen Werten abgegrenzt.[30]

2.1.2   Abgrenzung immaterieller Werte in der externen Rechnungslegung

Die bereits zu Beginn der Untersuchung angesprochene und inzwischen unbestritten herausragende Bedeutung immaterieller Werte für den Unternehmenserfolg führt zu verstärkten Forschungsbemühungen in nahezu allen betriebswissenschaftlichen Disziplinen. Diese Entwicklung hat zur Folge, dass im Laufe der letzten Jahre eine Vielzahl von divergenten Definitionen für immaterielle Werte bzw. Güter formuliert wurden, welche wiederum auf das Erreichen verschiedenster wissenschaftlicher Zwecke gerichtet sind. Folgerichtig hat eine sachgerechte Definition des Begriffs immaterieller Wert vor dem Hintergrund der externen Rechnungslegung die Aufgabe, diese aus betriebswirtschaftlicher und bilanzieller Sicht zu identifizieren, zu klassifizieren und von finanziellen und materiellen Werten objektiv abzugrenzen.[31] Vor diesem Hintergrund ist im internationalen als auch im nationalen Rechnungslegungsschrifttum eine negative Abgrenzung immaterieller Werte von anderen Werten eines Unternehmens weitgehend üblich.[32]

Ausgangspunkt einer solchen Abgrenzung nach dem Wortsinn ist die Bezugnahme auf die physische Erscheinungsform. Demnach haben immaterielle Werte und Güter im Gegensatz zu den materiellen *keine physische Substanz*. Da jedoch die wenigsten immateriellen Werte jeglicher

---

[28]   Vgl. Arbeitskreis „Immaterielle Werte im Rechnungswesen" der Schmalenbach-Gesellschaft für Betriebswirtschaft e. V.: Kategorisierung und bilanzielle Erfassung immaterieller Werte, in: Der Betrieb, Heft 19, (2001), S. 989–993, hier S. 991.

[29]   Vgl. Becker, Dieter: Intangible Assets in der Unternehmenssteuerung, Wiesbaden 2005, S. 22.

[30]   Vgl. hierzu die Ausführungen in Kapitel 2.1.2.

[31]   Vgl. Heyd, Reinhard/Lutz-Ingold, Martin: Immaterielle Vermögenswerte und Goodwill nach IFRS, München 2005, S. 1.

[32]   Vgl. Keitz, Isabell von: Immaterielle Güter in der internationalen Rechnungslegung, Diss. Düsseldorf 1997, S. 5 f.

physischer Substanz entbehren,[33] haben in der Regel fast alle immateriellen Werte in Unternehmen auch eine materielle Komponente.[34] Um die Trennschärfe des Merkmals der physischen Substanz zu erhöhen, wird deshalb in der Literatur und der Rechtsprechung eine Vielzahl von zusätzlichen Kriterien diskutiert.[35] Für Zwecke der Rechnungslegung erweist sich hier das Kriterium der *Funktion der materiellen Komponente* als am praktikabelsten. Auch in der externen Rechnungslegung gilt deshalb ein Wert nur dann als immateriell, wenn die körperliche Komponente lediglich der Speicherung oder Dokumentation im Sinne einer Konservierung oder eines Transportes des geistigen Inhalts dient. Solche mit einem Trägermedium verbundenen immateriellen Werte werden auch als „materialisierte immaterielle Werte" bezeichnet.[36] Werte bzw. Güter, bei denen keine der beiden Komponenten als untergeordnet anzusehen ist (z. B. bei einem Automobil), ordnet man den sog. „Verbund-Gütern" und damit den materiellen Werten des Unternehmens zu.[37]

Anhand der Bezugnahme auf die physische Substanz gelingt es jedoch nicht, monetäre Werte, wie z. B. Forderungen oder Beteiligungen, von den immateriellen Werten abzugrenzen. Die finanziellen Vermögenswerte sind jedoch trotz ihrer fehlenden physischen Substanz keineswegs mit den immateriellen Werten gleichzusetzen. Diese Abgrenzung lässt sich damit begründen, dass finanzielle Vermögenswerte im Gegensatz zu den materiellen und immateriellen Werten nicht direkt der betrieblichen Leistungserstellung dienen. Sie verkörpern vielmehr Rechte an anderen materiellen und immateriellen Werten in Form von z. B. Beteiligungen oder langfristigen Ausleihungen.[38] Folgerichtig wird diese Dreiteilung und Unterscheidung zwischen immateriellen, materiellen und finanziellen Werten sowohl im deutschen als auch im angloamerikanischen Bilanzrecht vorgenommen.[39]

Letztendlich erweist sich die Handhabung der immateriellen Werte in den verschiedenen externen und internen Rechnungslegungssystemen vor dem Hintergrund der erforderlichen Objektivierung als äußerst problematisch. Die Ursache hierfür ist die mit den immateriellen Werten verbundene Unternehmensspezifität und die daraus resultierenden Unsicherheiten, welche eine objektive Identifizierung und Bewertung für Zwecke der externen Rechnungslegung schier unmöglich machen. Aus diesem Grund hat die zusätzliche Unterteilung in entgeltlich erworbene oder selbst erstellte immaterielle Vermögenswerte bzw. Wirtschaftsgüter seit jeher eine hohe Bedeutung beim Ansatz von immateriellen Werten in der externen Rechnungslegung.[40]

---

[33] Das implizite bzw. nicht artikulierbare Fachwissen eines Spezialisten ist z. B. ein rein immaterieller Wert. Vgl. zur Begrifflichkeit des impliziten Wissens insbesondere Neuweg, Georg Hans: Könnerschaft und implizites Wissen, 2. Auflage, Münster 2001, S. 12–24.

[34] Vgl. Keitz: a. a. O. (Fn. 32), S. 44.

[35] Für einen Überblick über die diskutierten Abgrenzungskriterien vgl. Kählert, Jens-Peter/Lange, Sabine: Zur Abgrenzung immaterieller von materiellen Vermögensgegenständen, in: Betriebs-Berater, Heft 9, (1993), S. 613–618, hier S. 615 f.

[36] HEYD/LUTZ-INGOLD nennen ein auf einem materiellem Datenträger gespeichertes Musikstück als ein Beispiel für einen materialisierten immateriellen Wert, vgl. Heyd/Lutz-Ingold: a. a. O. (Fn. 31), S. 3.

[37] Vgl. Heyd/Lutz-Ingold: a. a. O. (Fn. 31), S. 3.

[38] Vgl. Heyd/Lutz-Ingold: a. a. O. (Fn. 31), S. 4.

[39] Vgl. Bentele, Martina: Immaterielle Vermögenswerte in der Unternehmensberichterstattung, Diss. München 2004, S. 21.

[40] Der entgeltliche Erwerb durch Dritte spiegelt demnach unbestritten einen durch den Markt bestätigten und objektiviertenWertansatz wider, da aufgrund eines gegenseitigen Geschäfts am Markt die Unsicherheit der Wertbestimmung entfällt, vgl. hierzu Kapitel 4.2.4.3.4.

2.2   Motive und Gestaltungsformen von Unternehmenszusammenschlüssen

2.2.1   Immaterielle Werte als zentrale Akquisitionsmotive

In den Jahren vor der aktuellen Wirtschafts- und Finanzkrise wurde in Deutschland eine stetig wachsende Anzahl von Unternehmen verzeichnet, welche mit nationalen oder grenzüberschreitenden Unternehmenskäufen auf die sich im Wandel befindlichen globalen Wettbewerbsbedingungen reagierten.[41] Diese Entwicklung wurde durch die weltweite Wirtschaftkrise stark gebremst. So ist der weltweite Markt an Unternehmenszusammenschlüssen und Fusionen im 2. Halbjahr 2008 gemessen am Volumen der Transaktionen im Vergleich zum 1. Halbjahr um zwölf Prozent auf 1,55 Billionen Dollar gesunken. Die Zahl der Unternehmenskäufe und Zusammenschlüsse sank dabei um elf Prozent. Dies belegt eine Untersuchung der Beratungs- und Wirtschaftsprüfungsgesellschaft KPMG, nach welcher im Jahr 2008 weltweit mehr als 39.000 Unternehmen im Gesamtwert von 3,32 Billionen US-Dollar verkauft wurden. Eine Erholung des Transaktionsgeschäfts wurde allerdings bereits für das zweite Halbjahr 2009 auf Grund der gesunkenen Kaufpreise für Unternehmen erwartet.[42]

Obwohl der asiatische Markt den Schwerpunkt der Zusammenschlüsse verzeichnete, gehört Deutschland hinter den USA, Großbritannien und Japan weltweit zu einem der bedeutendsten Zielländer für Fusionen und Übernahmen. Typischerweise stehen bei Unternehmen, deren Geschäftszweck sich nicht auf die Verwaltung und Veräußerung von Unternehmensbeteiligungen erschöpft, strategische Überlegungen als Käufermotiv im Vordergrund.[43] Insbesondere vor dem Hintergrund des verschärften globalen Wettbewerbs und der verkürzten Produktlebenszyklen wird angenommen, dass sich durch die Übernahme eines Unternehmens bestimmte strategische Ziele wesentlich schneller und oft auch kostengünstiger erreichen lassen als durch internes, organisches Wachstum.[44] Als entscheidender Faktor gelten dabei seit geraumer Zeit die in den immateriellen Ressourcen verkörperten Wertschöpfungspotenziale. So wurde schon vor mehr als 15 Jahren darauf hingewiesen, dass beim Unternehmenserwerb speziell der Erwerb von bereits etablierten Markennamen, Absatzmärkten, Vertriebsorganisationen und Kundenstämmen von herausragendem Wert für das akquirierende Unternehmen ist.[45]

Bezüglich der Struktur eines Unternehmenserwerbes bzw. Verkaufs wird national und international zwischen zwei grundlegenden Transaktionsmodellen, dem *Share Deal* (Anteilserwerb) und dem *Asset Deal* (Erwerb der Einzelwirtschaftsgüter), unterschieden.[46] Diese Differenzierung ist

---

[41]   Vgl. Picot, Gerhard: Unternehmenskauf und Restrukturierung, 2. Auflage, München 1998, S. 10.

[42]   Vgl. Nachrichtenagentur Reuters vom 15.01.2009.

[43]   Im Vordergrund stehen dabei insbesondere Synergien i. S. v. unternehmerischen Verbund- und Ergänzungseffekten; vgl. Beisel, Daniel: „Unternehmen" als Gegenstand des Rechtsverkehrs, in: Der Unternehmenskauf, hrsg. von Daniel Beisel und Hans-Hermann Klump, 4. Auflage, München 2003, S. 1–28, hier S. 2.

[44]   Vgl. Beisel: a. a. O. (Fn. 43), S. 2; Schüppen, Mathias/Walz, Susanne: Ablauf und Formen eines Unternehmenskaufs, in: Unternehmenskauf nach IFRS & US-GAAP, hrsg. von Wolfgang Ballwieser, Sven Beyer und Hansjörg Zelger, Stuttgart 2005, S. 31–71, hier S. 33.

[45]   Vgl. Sieben, Günter/Sielaff, Meinhard: Unternehmensakquisition, Stuttgart 1989, S. 6.

[46]   Vgl. Rädler, Albert J.: Steuerfragen bei Übernahmen, in: Handbuch der Unternehmensakquisition, hrsg. von Albert J. Rädler und Reinhard Pöllath, Frankfurt/Main 1982, S. 263–342, hier S. 267. Unternehmenszusammenschlüsse durch Verschmelzung des Erworbenen auf das Unternehmens des Käufers oder durch Verschmelzung beider Unternehmen auf ein neues Unternehmen werden als Fusion (Legal Merger) bezeichnet; vgl. hierzu Lüdenbach, Norbert: Unternehmenszusammenschlüsse, in: Haufe IAS- Kommentar, hrsg. von Nobert Lüdenbach, Wolf-Dieter Hoffmann, 4. Auflage, Freiburg, 2006, § 31, Rz. 3. Um für Fragen der bilanziellen Darstellung die unterschiedlichen Transaktionsformen besser vom Share Deal abgrenzen zu können, wird im Folgenden der Asset Deal und die Fusion unter dem Begriff „Asset Deal" zusammengefasst. In beiden Fällen entsteht kein Mutter-Tochter-Verhältnis und die erworbene Partei verliert seine eigenständige Rechtspersönlichkeit, sofern diese vor der Transaktion eine solche besessen hatte. Vgl. für ein solches Vorgehen Pellens, Bernhard/Fülbier, Rolf Uwe/Gassen, Joachim: Internationale Rechnungslegung, 5. Auflage, Stuttgart 2004, S. 625.

aus zivilrechtlicher, finanzierungstechnischer und insbesondere auch steuerlicher bzw. bilanzieller Sicht von Bedeutung, weshalb die beiden Grundtypen des Unternehmenskaufs im Folgenden erläutert werden.

2.2.2   Der Share Deal

Bei dem Share Deal handelt es sich um die Veräußerung des Unternehmens durch Übertragung seines Rechtsträgers mittels Abtretung der entsprechenden Gesellschaftsanteile bzw. Aktien.[47] Kaufgegenstand im zivilrechtlichen Sinne sind die Gesellschaftsanteile einer GmbH, die Aktien einer AG oder die Beteiligung an einer Personengesellschaft.[48] Der natürlichen und juristischen Betrachtungsweise entsprechend handelt es sich bei einem bloßen Erwerb von 100 Prozent der Anteile an einem Unternehmensträger um einen Unternehmenskauf, während bei wirtschaftlicher Betrachtungsweise i. d. R. bereits bei einem Erwerb einer Beteilung von 50 Prozent von einer Unternehmensakquisition ausgegangen wird.[49]

Da beim Anteilserwerb mangels Änderung der Gesellschaft keine Rechtsnachfolge stattfindet, bleiben die bilanziellen Buchwerte des erworbenen Unternehmens unverändert.[50] Die im Rahmen des Share Deals erworbenen Anteile werden lediglich mit den Anschaffungskosten zuzüglich Anschaffungsnebenkosten als Beteiligung aktiviert. Aufgrund ihrer fehlenden Abnutzbarkeit können die aktivierten Anteile an einer Kapitalgesellschaft jedoch nicht planmäßig abgeschrieben werden.[51] Dies erweist sich aus Sicht des Erwerbers als steuerlicher Nachteil, da dieser ein Interesse daran hat, seine steuerliche Bemessungsgrundlage durch planmäßige Abschreibungen zu reduzieren. Um diesen Nachteil auszugleichen, wurden verschiedene Modelle entwickelt, welche das Entstehen von Abschreibungspotenzial beim Erwerb von Anteilen an einer Kapitalgesellschaft in Form eines Share Deals ermöglichten.[52] Mit der Einführung des Halbeinkünfteverfahrens zum 1. Januar 2002 und der Versagung der ausschüttungsbedingten Teilwertabschreibung (§ 8b Abs. 3 KStG) bzw. der Neufassung des § 4 Abs. 6 UmwStG (Verbot der Berücksichtigung eines Übernahmeverlustes) sind die ursprünglich aus der Anwendung der verschiedenen Modelle erzielbaren steuerlichen Vorteile allerdings nicht mehr gegeben.[53] Trotz dieser steuerlichen und finanzierungstechnischen Nachteile erfolgt der Erwerb von Kapitalgesellschaften – nicht zuletzt wegen seiner zivilrechtlich unproblematischen Abwicklung – typischerweise als Share Deal.[54]

---

[47]   Vgl. Holzapfel, Hans-Joachim/Pöllath, Reinhard: Unternehmenskauf in Recht in Recht und Praxis, 11. Auflage, Köln 2003, S. 103; Semler, Franz-Jörg: Der Unternehmens- und Beteiligungskaufvertrag, in: Handbuch des Unternehmens- und Beteiligungskaufs, hrsg. von Wolfgang Hölters, 6. Auflage, Köln 2005, S. 649–744, hier S. 685.

[48]   Da kein spezielles Unternehmenskaufrecht existiert, fallen die Kaufgegenstände „Unternehmen" als auch Beteiligung unter die allgemeinen Regelungen über den Kauf von Sachen entsprechend §§ 433ff BGB. Vgl. Semler: a. a. O. (Fn. 47), S. 653.

[49]   Ab welcher Beteiligungsquote juristisch ein Unternehmenskauf in Abgrenzung zum bloßen Anteilskauf vorliegt, ist hingegen umstritten. In der Regel wird das Vorliegen einer qualifizierten Mehrheit verlangt; vgl. hierzu Schüppen/Walz: a. a. O. (Fn. 44), S. 40.

[50]   Vgl. Köhler, Stefan/Hartmann, Markus: Seminar F: Amortisation von immateriellen Wirtschaftsgütern bei einem Unternehmenskauf, in: IStR, Heft 17, 2001, S. 560–564, hier S. 563; Wollny, Paul: Unternehmens- und Praxisübertragung, 5. Auflage, Berlin 2001, S. 195.

[51]   Vgl. Coenenberg, Adolf G.: Jahresabschluss & Jahresabschlussanalyse, 19. Auflage, Stuttgart 2003, S. 584.

[52]   Für einen detaillierten Überblick über das Kombinationsmodell, Mitunternehmermodell, Umwandlungsmodell etc. vgl. Herzig, Norbert: Step-up Modelle im Vergleich, in: Unternehmenskauf im Steuerrecht, hrsg. von Harald Schaumburg, 3. Auflage, Stuttgart 2003, S. 131–149, hier S. 135–146.

[53]   Vgl. Stiller, Dirk: Unternehmenskauf im Wege des Asset-Deal, in: Betriebs-Berater, Heft 51/52, S. 2619–2625, hier 2620; Herzig: Step-up Modelle, a. a. O. (Fn. 52), S. 133 f.

[54]   Vgl. Holzapfel/Pöllath: a. a. O. (Fn. 47), S. 104.

2.2.3   Der Asset Deal

Wird ein Unternehmen nicht mittelbar durch den Erwerb der Gesellschaftsanteile an der Zielgesellschaft erworben, sondern unmittelbar durch den Erwerb der in ihrer Gesamtheit das Untenehmen bildenden Vermögensgegenstände bzw. Wirtschaftsgüter, handelt es sich um einem Asset Deal.[55] Bestandteil eines solchen Verpflichtungsgeschäfts kann sowohl die Sachgesamtheit des Unternehmens insgesamt als auch ein (Teil-)Betrieb der Zielgesellschaft sein.[56] Bei dem Erwerb der dem Unternehmen dienenden Vermögensbestandteile ist das Unternehmen selbst Kaufgegenstand, d. h., es wird von seinem bisherigen Rechtsträger getrennt und der Erwerber wird direkt und unmittelbar neuer Rechtsträger des Unternehmens.[57] Die Akquisition eines Unternehmens als Sachgesamtheit macht eine engere Abgrenzung des Unternehmensbegriffs erforderlich. Mangels einer Legaldefinition bedeutet ein Unternehmen in diesem Kontext „eine Gesamtheit von Menschen sowie materiellen und immateriellen Rechtgütern und Geschäftswerten ..., die in einer Organisation zusammengefasst und einem einheitlichen wirtschaftlichen Zweck dienstbar gemacht sind".[58] Die erworbene Sachgesamtheit eines Unternehmens umfasst folgerichtig auch jegliche immateriellen Werte, wie beispielsweise Marktanteile, Kunden- bzw. Liefantenbeziehungen, Know-how und Goodwill.[59] Da es sich beim Asset Deal um eine Einzelrechtsfolge in die einzelnen Wirtschaftsgüter und Rechte handelt, muss die Vertragsgestaltung unter der Einhaltung des sachrechtlichen Bestimmtheitsgrundsatzes erfolgen.[60] Dies bedeutet, dass die zu übertragenden Gegenstände in einer dem Bestimmtheitsgebot genügenden Art und Wiese konkretisiert werden müssen.[61] Die genaue Bezeichnung der einzelnen Vermögensbestandteile des Unternehmens soll sicherstellen, dass sämtliche Vermögensgegenstände, immaterielle Rechte und sonstige Rechtspositionen auf den Käufer übergehen.[62] Die Übertragung erfolgt entsprechend nach den für die einzelnen Wirtschaftsgüter bzw. Vermögensgegenstände maßgeblichen Vorschriften.[63] So werden Grundstücke beispielsweise entsprechend den grundstücksrechtlichen Vorschriften übertragen, während für Sachen die Regelungen des BGB durch Einigung und Übergabe Anwendung finden.[64]

Obwohl die zivilrechtliche Gestaltung des Asset Deals mit erheblichem Aufwand verbunden ist, ergeben durch diese Gestaltungsalternative eindeutige steuerliche Vorteile für den Erwerber.[65] Zunächst erfolgt zum Zeitpunkt des Erwerbs ein durch die Transaktionskosten bedingter Abfluss an liquiden Mitteln. Dieser Effekt wird jedoch dadurch abgeschwächt, dass der Kaufpreis auf die einzelnen Wirtschaftsgüter verteilt wird und in Form von planmäßigen und außerplan-

---

[55]   Vgl. Schüppen/Walz: a. a. O. (Fn. 44), S. 42; Holzapfel/Pöllath: a. a. O. (Fn. 47), S. 103 f. Ein Asset Deal beinhaltet ggf. auch die Übernahme der durch den Geschäftsbetrieb der Zielgesellschaft begründeten Verbindlichkeiten, vgl. Quak, Karlheinz: Der Unternehmenskauf und seine Probleme, in: Zeitschrift für Unternehmens- und Gesellschaftsrecht, Heft 2, (1982), S. 350–365, hier S. 363 sowie Semler: a. a. O. (Fn. 47), S. 681.

[56]   Vgl. Hoyos, Martin/Huber, Frank, in: Beck'scher Bilanz Kommentar – Handelsbilanz Steuerbilanz, 6. Auflage, München 2006, § 247, Rz. 420.

[57]   Vgl. Stiller: a. a. O. (Fn. 53), S. 2619; Rodin, Andreas: Der Einsatz von Buchwertaufstockungsmodellen beim Unternehmenskauf, in: Management von Unternehmensakquisitionen, hrsg. von Gerd Frank und Ingo Stein, Stuttgart 2003, S. 201–234, hier S. 202.

[58]   Semler: a. a. O. (Fn. 47), S. 521; ähnlich Stiller: a. a. O. (Fn. 53), S. 2619. Diese Definition verdeutlicht die in dieser Arbeit thematisierte Bedeutung der immateriellen Werte beim Unternehmenskauf.

[59]   Vgl. Stiller: a. a. O. (Fn. 53), S. 2619.

[60]   Vgl. Picot: a. a. O. (Fn. 41), S. 39.

[61]   Vgl. Klumpp, Hans-Hermann: Der Kaufgegenstand beim Unternehmenskauf, in: Der Unternehmenskauf, 4. Auflage, München 2003, S. 65–73, hier S. 68.

[62]   Vgl. Schüppen/Walz (Fn. 44), S. 42.

[63]   Vgl. Semler: a. a. O. (Fn. 47), S. 557f; Picot: a. a. O. (Fn. 41), S. 39.

[64]   Vgl. Holzapfel/Pöllath: a. a. O. (Fn. 47), S. 104.

[65]   Siehe auch die Ausführungen zu den steuerlichen Nachteilen des Share Deals in Kapitel 2.2.2.

mäßigen Abschreibungen sowie evtl. geringeren Veräußerungsgewinnen in späteren Jahren die ertragssteuerliche Bemessungsgrundlage mindert.[66]

2.2.4   Relevante Transaktionsgestaltung der Untersuchung

Die in diesem Kapitel gewonnenen Erkenntnisse belegen, dass die Transaktionsgestaltung in Form eines Asset Deal aus steuerlicher Sicht gegenüber dem Share Deal klare Vorteile aufweist. So ist es oftmals im Interesse des Erwerbers, den im Rahmen der Akquisition auf die abnutzbaren Wirtschaftsgüter entfallenden Kaufpreis in steuerlich wirksames Abschreibungspotenzial zu transformieren.[67] Da mit Inkrafttreten des Halbeinkünfteverfahrens im Jahr 2002 die Möglichkeiten der Generierung von Abschreibungspotenzial durch Umformung von miterworbenen stillen Reserven und der Vornahme einer ausschüttungsbedingten Teilwertabschreibung nicht mehr gegeben sind, dürfte die für den Käufer steuerlich vorteilhafte Übertragung im Wege des Asset Deals zunehmend an Bedeutung gewinnen.[68] Zudem ist anzumerken, dass der Verkauf von Anteilen an Personengesellschaften steuerlich ohnehin wie ein Asset Deal behandelt wird, d. h., es erfolgt steuerrechtlich ein Durchgriff auf die Wirtschaftsgüter und/oder auf den Geschäftswert bei der Personengesellschaft.[69] Allerdings scheidet die Möglichkeit der Gestaltung eines Unternehmenserwerbes in Form des Asset Deals beim Kauf von Anteilen über die Börse oder bei einem öffentlichen Übernahmeangebot aus.

Grundsätzlich ist eine Reform der Share-Deal-Bilanzierung aus steuerlicher Sicht nicht zu erwarten.[70] Zudem ist die steuerliche Bilanzierung eines Share Deal vor dem Hintergrund des dieser Arbeit zugrunde liegenden Untersuchungsobjektes, nämlich der Identifizierung des Ansatzes und der Bewertung von immateriellen Werten beim Unternehmenserwerb, relativ unproblematisch: Beim Share Deal erfolgt entsprechend den Ausführungen in Kapitel 2.2.2 keine steuerliche Bilanzierung der vom Verkäufer selbst erstellten bzw. nicht aktivierten immateriellen Werte. Die Situation ist beim Asset Deal hingegen völlig anders zu beurteilen. Die Vermutung liegt nahe, dass die jüngsten Entwicklungen in der internationalen Rechnungslegung den Gesetzgeber dazu veranlassen könnten, die steuerrechtliche Bilanzierung des Asset Deals neu zu überdenken. So ist es keinesfalls abwegig, dass der Fiskus – angestoßen von dem Verbot der planmäßigen Abschreibung des erworbenen Geschäftswerts nach IAS/IFRS – die bisherige planmäßige Abschreibung des Geschäftswerts in der Steuerbilanz über eine Nutzungsdauer von 15 Jahren gemäß § 7 Abs. 1 Satz 3 EStG wieder aufgibt.

Vor dem Hintergrund der soeben skizzierten Zusammenhänge wird die Untersuchung im weiteren Verlauf der Arbeit auf die Bilanzierung der Akquisition einer Einzelunternehmung in Form des Asset Deals aus Sicht des Erwerbers beschränkt. Eine solche begrenzte Betrachtung ermöglicht durch die Ausgrenzung steuerlicher Sonderfälle, wie z. B. der steuerlichen Ergänzungsbi-

---

[66]   Vgl. Scheffler, Wolfram: Veräußerung von Kapitalgesellschaften aus steuerlicher Sicht – share deal oder asset deal?, in: StuW, Heft 4, (2001), S. 293–307, hier S. 301.

[67]   Vgl. Haun, Jürgen/Winkler, Hartmut: Unternehmenskaufmodelle zur Erzielung eines Step-up in 2001, in: Der Betrieb, Heft 26, (2001), S. 1389–1391, hier S. 1390; Löffler, Christoph: Tax Due Diligence beim Unternehmenskauf (Teil 2), in: Die Wirtschaftsprüfung, Heft 12, (2004), S. 625–638, hier S. 632; Herzig: Step-Up Modelle, a. a. O. (Fn. 52), S. 133; Scheffler: a. a. O. (Fn. 66), S. 307.

[68]   Vgl. Scheffler: a. a. O. (Fn. 66), S. 295 m. w. N.

[69]   Vgl. BFH-Urteil vom 7.11.1985 IV R 7/83, in: BStBl. 1986 II S. 176; Stiller: a. a. O. (Fn. 53), S. 2620; Hörger, Helmut: Neue Tendenzen zur steuerorientierten Kaufpreisaufteilung beim Kauf von Wirtschaftsgütern und Anteilen an Personengesellschaften, in: Unternehmenskauf im Steuerrecht, hrsg. von Harald Schaumburg, 3. Auflage, Stuttgart 2003, S. 141–161, hier S. 143.

[70]   Vgl. Haaker, Andreas/Paarz, Michael: Einfluss der Vodafone-Diskussion sowie der IFRS auf die steuerrechtliche Behandlung von Akquisitionen, in: StuB, Heft 14, (2004), S. 686–691, hier S. 688.

lanz beim Erwerb eines Mitunternehmeranteils, eine Fokussierung auf die wesentlichen Frage-stellungen dieser Untersuchung, nämlich die bilanzielle Systematik bei der Kaufpreisaufteilung, sowie Identifizierung, Ansatz und Bewertung von immateriellen Werten in der Eröffnungsbi-lanz des Erwerbers im internationalen Vergleich (hier: IAS/IFRS). Zu diesem Zweck wird als Grundlage der Untersuchung im Folgenden zunächst das Rechnungslegungssystem des IASB und dessen „Bussines Combinations Project" vorgestellt.

2.3   Das Rechnungslegungssystem des IASB

2.3.1   Ursprung und Zielsetzung der Rechnungslegung nach IAS/IFRS

Das *International Accounting Standards Board* (IASB) ist aus dem *International Accounting Standards Committee* (IASC) hervorgegangen, welches ursprünglich am 29. Juni 1973 als pri-vatrechtliche Organisation von sich mit der Rechnungslegung und Prüfung befassenden Berufs-verbänden in der Rechtsform eines Vereins mit Sitz in London gegründet wurde.[71] Die Initiative zur Gründung des IASC ging dabei vom britischen Berufsverband aus. Dieser sah durch den EU-Beitritt Großbritanniens im Jahr 1973 seine traditionell großen Einflussmöglichkeiten auf die nationale Rechnungslegung schwinden, da die mit dem EU-Beitritt verbundenen Transfor-mationsverpflichtungen aus britischer Sicht zu einem Vordringen des als zu unflexibel und starr empfundenen kodifizierten Bilanzrechts deutschen Ursprungs führten.[72] Mit der Gründung des IASC sollte daher ein Gremium zum Zweck der international koordinierten Verbesserung und Harmonisierung von Rechnungslegungsnormen geschaffen werden.[73] Nachdem die Arbeit des IASC zu Beginn im Wesentlichen aus der Entwicklung einzelner Standards bestand, wurden im Jahr 1998 die Weichen für eine strategische Neuausrichtung und organisatorische Umgestaltung des IASC gestellt.[74] Im Rahmen dieser Umstrukturierung wurde am 6. Februar 2001 die IASC Foundation (IASCF) als Dach der neuen Organisation mit Sitz in Delware (USA) gegründet.[75] Um den Anspruch als globaler Standardsetter zu untermauern, wurden in der seit dem 1. April 2001 gültigen Satzung die ursprünglichen Ziele des IASB präziser und schärfer formuliert. Da-nach sind die Ziele der IASC Foundation nunmehr:

- „im öffentlichen Interesse einen einzigen gültigen Satz an hochwertigen, verständlichen und durchsetzbaren globalen Standards der Rechnungslegung zu entwickeln, die hochwertige, transparente und vergleichbare Informationen in Abschlüssen und sonstigen Finanzberichten erfordern, um die Teilnehmer in den Kapitalmärkten der Welt und andere Nutzer beim Tref-fen von wirtschaftlichen Entscheidungen zu unterstützen

- die Nutzung und rigorose Anwendung dieser Standards zu fördern

---

[71]   Die Gründungsmitglieder waren nationale Berufsverbände aus Australien, Deutschland, Frankreich, Großbri-tannien, Irland, Japan, Kanada, Mexiko, den Niederlanden sowie dem Vereinigten Staaten von Amerika; KPMG (Hrsg.): International Financial Reporting Standards, 3. Auflage, Stuttgart 2004, S. 1.

[72]   Vgl. Wagenhofer, Alfred: Internationale Rechnungslegungsstandards – IAS/IFRS, 4. Auflage, Frankfurt/M u. Wien 2003, S. 57; Pellens, Bernard: Internationale Rechnungslegung, 4. Auflage, Stuttgart 2001, S. 415.

[73]   Vgl. KPMG (Hrsg.): a. a. O. (Fn. 71), S. 1; Vgl. Pellens/Fülbier/Gassen: a. a. O. (Fn. 46), S. 73. An dieser Stelle ist anzumerken, dass das IASC bis heute die weltweit einzige international besetzte Organisation zur Entwick-lung weltweit gültiger Rechnungslegungsstandards ist; vgl. Kirsch, Hanno: Einführung in die internationale Rechnungslegung nach IAS/IFRS, Berlin 2003, S. 3.

[74]   Für eine detaillierte Darstellung der Entwicklung des IASC vgl. Kleekämper, Heinz/Kuhlewind, Andreas-Markus/Alvarez, Manuel: Ziele, Organisation, Entwicklung und Bedeutung des IASC, in: Rechnungslegung nach International Accounting Standards (IAS), Kommentar auf der Grundlage des deutschen Bilanzrechts, hrsg. von Beatge u. a., 2. Auflage, Stuttgart (Ergänzung Nr. 2: Stand Juni 2005), S. 1–53.

[75]   Vgl. Pellens/Fülbier/Gassen: a. a. O. (Fn. 46), S. 76.

- eine Konvergenz der nationalen Standards der Rechnungslegung mit den International Accounting Standards und International Financial Reporting Standards zu hochwertigen Lösungen herbeizuführen."[76]

Das wichtigste Organ der neuen Organisationsstruktur ist das neu gegründete *International Accounting Standards Board* (IASB)[77], während die grundsätzliche Zielsetzung der Rechnungslegung des IASB im *Framework for the Preparation and Presentation of Financial Statements* (kurz: Framework) kodifiziert ist. Das Framework bildet demzufolge den theoretischen Unterbau der IAS/IFRS-Rechnungslegung und dient primär als konzeptionelle Grundlage für die Entwicklung neuer Standards sowie als Fundament der Klärung von Bilanzierungsfragen, welche nicht explizit in den Standards geregelt sind.[78] In der Normenhierarchie ordnet sich das Framework allerdings den speziellen Regelungen eines Standards unter. Somit sind die im Framework kodifizierten Grundsätze aufgrund ihrer fehlenden Rechtswirkung subsidiär gegenüber den Regelungen einzelner IAS/IFRS-Standards.[79] Mit der Verankerung wesentlicher Grundsätze des Frameworks in IAS 1 (revised 1997) erfuhr diese gleichwohl eine erhebliche Aufwertung hinsichtlich seiner Verbindlichkeit und Zuverlässigkeit.[80] Der elementare Zweck von Abschlüssen nach IAS/IFRS ist nunmehr in R.12 und IAS 1.7 definiert:

„Die Zielsetzung eines Jahresabschlusses für allgemeine Zwecke ist es, Informationen über die Vermögens-, Finanz- und Ertragslage und die Cashflows eines Unternehmens bereitzustellen, die für eine breite Palette von Adressaten nützlich sind, um wirtschaftliche Entscheidungen zu treffen."[81]

Folgerichtig besteht der primäre Zweck eines IAS/IFRS-Abschlusses darin, einem weiten Adressatenkreis[82] entscheidungsrelevante Informationen (sog. *Decision Usefulness*) zur Fundierung von Kapitalanlageentscheidungen zur Verfügung zu stellen. Dieser Zielvorgabe folgend gilt die Vermittlung eines den tatsächlichen Verhältnissen entsprechenden Bildes (sog. *„True and Fair View"*-Prinzip) als „Generalnorm" der Rechnungslegung nach IAS/IFRS.[83] Die stärke-

---

[76] Vgl. Satzung der IASC Foundation, Teil A, Rz. 2.

[77] Vgl. Wagenhofer: a. a. O. (Fn. 72), S. 61. Während das IASB seit diesem Zeitpunkt eigenverantwortlich für die Entwicklung und Interpretationen der Rechnungslegungsstandards zuständig ist, übernimmt das IASCF nunmehr lediglich die Aufgabe der Finanzierung und Überwachung der Arbeit des IASB; vgl. Pellens/Fülbier/Gassen: a. a. O. (Fn. 46), S. 77.

[78] Vgl. Baetge, Jörg/Kirsch, Hans-Jürgen/Wollmert, Peter/Brüggeman, Peter in: Rechnungslegung nach IFRS – Kommentar auf der Grundlage des deutschen Bilanzrechts, hrsg. von Beatge u. a., 2. Auflage, Stuttgart (Ergänzung Nr. 5: Stand Dezember 2007), Kapitel II, Rz. 14.

[79] Vgl. Beatge/Kirsch/Wollmert/Brüggemann in: Rechnungslegung nach IFRS, a.a.O. (Fn. 78), Kapitel II, Rz. 18. So haben beispielsweise die im Rahmenwerk kodifizierten Kriterien zur allgemeinen Bilanzierungsfähigkeit eines Vermögenswertes hinter die speziellen Ansatzkriterien für immaterielle Vermögenswerte nach IAS 38 zurückzutreten.

[80] Vgl. Förschle, Gerhart/Holland, Bettina/Kroner, Matthias: Internationale Rechnungslegung, 6. Auflage, Heidelberg 2003, S. 6.

[81] IASB: Rahmenkonzept, in: International Reporting Standards (deutsche Fassung), London 2005, R. 12.

[82] Die Liste der Abschlussadressaten nach IFRS gleicht denen des HGB und umfasst demnach Investoren, Arbeitnehmer, Kreditgeber, Lieferanten, Kunden, staatliche Einrichtungen sowie die Öffentlichkeit. Der entscheidende Unterschied zum HGB ist allerdings der Fokus auf die Gruppe der Investoren, welche aufgrund ihrer Residualansprüche gegenüber Unternehmen als besonders wichtig empfunden werden. Zugleich decke eine Rechnungslegung, die dem Bedarf der Investoren gerecht werde, gleichzeitig den Bedarf der anderen Adressaten; vgl. Wagenhofer: a. a. O. (Fn. 72), S. 120.

[83] Das IASC war zunächst der Auffassung, dass sich das „True and Fair View"-Prinzip bzw. die Fair Presentation im Allgemeinen aus der Anwendung einzelner Standards automatisch ergibt. Erst der überarbeite IAS 1 fixierte die Generalnorm der Fair Presentation (IAS 1.13) und sieht ein kontrovers diskutiertes *Overriding Principle* vor. Danach ist ein Abweichen von Regelungen einzelner Standards möglich, wenn nur so der Generalnorm entsprochen werden kann (IAS 1.17); vgl. hierzu Pellens/Füllbier/Gassen: a. a. O. (Fn. 46), S. 108f; Wagenhofer: a. a. O. (Fn. 72), S. 123.

re Betonung des Adressaten sowie die übergeordnete Zielsetzung, entscheidungsnützliche Informationen bereitzustellen, führt zu einer allgemeinen Abschwächung des Vorsichtsprinzips; Aspekte des Gläubigerschutzes haben zugunsten eines stärker gewichteten Periodisierungsgrundsatzes nur eine untergeordnete Bedeutung.[84] Eine restriktive Ermittlung des ausschüttungsfähigen Gewinns würde hingegen zu einer erheblichen Beeinträchtigung der als elementar betrachteten Informationsfunktion des IAS/IFRS-Abschlusses führen.[85] Nach dem Framework ist der IAS/IFRS-Abschluss zudem ausdrücklich nicht für die steuerliche Gewinnermittlung konzipiert worden, wobei die Anwendung des IAS/IFRS-Rahmenkonzepts für steuerliche und andere spezielle Zwecke keineswegs ausgeschlossen wird.[86] Daraus lässt sich schließen, dass im Gegensatz zum deutschen Handelsrecht steuerliche Regelungen keinerlei Einfluss auf den IAS/IFRS-Abschluss haben und somit eine umgekehrte Maßgeblichkeit i. S. d. § 5 Abs. 1 S. 2 EStG als prinzipiell systemfremd zu würdigen ist. Letztendlich entspricht die Zielsetzung dieser Konzeption grundsätzlich der rechtlichen Stellung des Konzernabschlusses im HGB, welcher ebenfalls nur Informationszwecken dient, jedoch keine Anspruchsbemessungsfunktion beinhaltet.[87]

2.3.2   Die Gültigkeit der IAS/IFRS in der Bundesrepublik Deutschland de lege lata

Nach der Satzung der IASC Foundation besteht für die einzelnen Mitglieder die faktische Verpflichtung zur rigorosen Förderung und globalen Durchsetzung der IAS/IFRS als führendes Rechnungslegungssystem. Das IASB besitzt jedoch keinerlei direkte Durchsetzungsinstrumentarien, weshalb es grundsätzlich auf die freiwillige Anwendung der IAS/IFRS in der Bilanzierungspraxis angewiesen ist.[88] Da aber auch den Mitgliedsorganisationen der einzelnen Länder ein judikatives Mittel zur Durchsetzung der Standards fehlt, hängt die tatsächliche Umsetzung der IAS/IFRS auf nationaler Ebene zum einen von der Akzeptanz bei Berufsverbänden, den Anwendern in der Praxis sowie den nationalen Börsen und zum anderen von der Anerkennung durch nationale und supranationale Gesetzgeber ab.[89]

Die inzwischen große Bedeutung der IAS/IFRS ist vor allem auf die grundlegend veränderte Haltung der Europäischen Union (EU) gegenüber den IAS/IFRS zurückzuführen. So begegnete die EU den IAS/IFRS bis 1995 noch eher verhalten, um den nach der Verabschiedung der 4., 7. und 8. EG-Richtlinie[90] erreichten Stand der Harmonisierung durch die Entwicklung oder Erarbeitung eigener Standards nicht zu gefährden. Die mit der Verabschiedung des Bilanzrichtliniengesetzes (BiRiLiG) vom 19. Dezember 1985[91] in nationales Recht umgewandelten Richtli-

---

[84]   Vgl. statt vieler Selchert, Friedrich W./Erhardt, Martin: Internationale Rechnungslegung, 3. Auflage, München 2003, S. 30.

[85]   Vgl. KPMG (Hrsg.): a. a. O. (Fn. 71), S. 12;

[86]   Vgl. IASB: Rahmenkonzept, a. a. O. (Fn. 81), R. 6.

[87]   Vgl. Wagenhofer: a. a. O. (Fn. 72), S. 121. Dabei ist anzumerken, dass die IAS/IFRS grundsätzlich nicht zwischen Einzel- und Konzernabschluss unterscheiden und im Framework der Anwendungsbereich auf „Abschlüsse für allgemeine Zwecke einschließlich der Konzernabschlüsse" terminiert wird; vgl. IASB: Rahmenkonzept, a. a. O (Fn. 81), R. 6.

[88]   Vgl. Wagenhofer: a. a. O. (Fn. 72), S. 71.

[89]   Vgl. Heyd/Lutz-Ingold: a. a. O. (Fn. 31), S. 13.

[90]   Es handelt sich um die sogenannte Bilanzrichtlinie: 4. Richtlinie des Rates vom 25.7.1978 aufgrund von Art. 54 Abs. 3 Buchst. g des Vertrages über Jahresabschluss von Gesellschaften bestimmter Rechtsformen (78/660/EWG), ABl. L 222 vom 14.8.1978, S. 11.; die sog. Konzernabschlussrichtlinie: 7. Richtlinie des Rates vom 13.6.1983 aufgrund von Art. 54 Abs. 3 Buchst. g des Vertrages über den konsolidierten Abschluss (83/349/EWG), ABl. L 193 vom 1983 S. 1; die sog. Abschlussprüferrichtlinie: 8. Richtlinie 84/253/EWG des Rates v. 10.4.1984, in: ABl. EG Nr. L 126 vom 12.5.1984, S. 20–26.

[91]   Vgl. BiRiLiG Bilanzrichtlinien-Gesetz vom 19.12.1985, in: BGBl I 1985, S. 2355–2434.

nien sollten mittels einer von der EU vertretenen dynamischen Interpretation zaghaft an die IAS/IFRS angenähert werden.[92] Die Richtlinien stießen jedoch aufgrund ihres Kompromisscharakters und den damit einhergehenden zahlreichen Umsetzungswahlrechten in den einzelnen Mitgliedsstaaten auf insgesamt wenig weltweite Anerkennung.[93]

In den folgenden Jahren verschärfte sich diese problematische Situation insbesondere durch die wachsende Bedeutung der Kapitalmärkte[94] und deren Informationsanforderungen[95], sodass die bisherigen Harmonisierungsbemühungen und -ergebnisse der EU zunehmend kritisch hinterfragt wurden. Mit der Kommissionserteilung vom November 1995 erfolgte schließlich die Bekanntgabe einer neuen Strategie in Richtung einer aktiven Unterstützung des IASC und einer Orientierung der europäischen Rechnungslegung an den IAS/IFRS.[96] Die EU-Kommission wollte mit der Entscheidung für die IAS/IFRS einen flexiblen rechtlichen Rahmen schaffen, innerhalb dessen rasch auf derzeitige und zukünftige Entwicklungen reagiert werden könne.[97] Zu diesem Zweck sollte die EU-Kommission insbesondere auf die Gestaltung der IAS/IFRS verstärkt Einfluss nehmen und zugleich die Konformität der Rechnungslegungsstandards des IASB mit den Bilanzierungsrichtlinien der EU sicherstellen.

Dessen ungeachtet spielt bei dem vom IASC verfolgten Ziel, die IAS/IFRS als globalen Rechnungslegungsstandard zu verbreiten, insbesondere der International Organization of Securities Commissions (IOSCO) als weltweite Organisation der nationalen Wertpapierhandels-Aufsichtsbehörden eine entscheidende Rolle.[98] Diesbezüglich kann die Anerkennung der IAS/IFRS durch die IOSCO am 17. Mai 2000 als eine bedeutende Förderung der weltweiten Akzeptanz der IAS/IFRS gesehen werden.[99] Der aber bisher wohl bedeutendste Schritt in Hinblick auf eine weltweite Anerkennung der IAS/IFRS war jedoch die EG-Verordnung 1606/2002

---

[92]   Diese dynamische Interpretation betonte eine besondere Verantwortung der Mitgliedsstaaten. Diese sollten ausländische Rechnungslegungsstandards bezüglich ihrer Konformität mit den Bilanzrichtlinien eigenverantwortlich prüfen; vgl. hierzu Kleekämper/Kuhlewind/Alvarez: a. a. O. (Fn. 74), Rz. 112–114.

[93]   So wird insbesondere die durch die zahlreichen Wahlrechte verkörperte Kompromiss zwischen kontinentaleuropäischen und angloamerikanischen Rechnungslegungstraditionen kritisiert; vgl. statt vieler Küting, Karl-Heinz: Die Rechnungslegung in Deutschland an der Schwelle zu einem neuen Jahrtausend, in DStR, Heft 1, (2000), S. 38–44, hier S. 39.

[94]   Als Folge der Globalisierung der Kapitalmärkte und des verschärften Kampfes der börsennotierten Unternehmen um das Kapital der grenzüberschreitend agierenden Anleger entschieden sich immer mehr deutsche und europäische Unternehmen für den Gang an die New Yorker Börse (NYSE). Diese Vorhaben wurden jedoch durch die Nichtakzeptanz von europäischen und deutschen Rechnungslegungsnormen durch die US-amerikanische Börsenaufsichtsbehörde (SEC) entscheidend erschwert. Der Börsengang der Daimler-Benz AG im Jahr 1993, welche zu einer Überleitungsrechnung von HGB auf US-GAAP gezwungen wurde, kann demnach als ein maßgeblicher Auslöser für die Hinwendung zu internationalen Rechnungslegungsstandards angesehen werden; vgl. Küting: a. a. O. (Fn. 93), S. 39.

[95]   Zugleich stellen die Kapitalmarktteilnehmer im Zuge der Globalisierung der Kapitalmärkte immer höhere Informationsanforderungen in Form eines sog Business Reporting. Eine gläubigerschutzorientierte Rechnungslegung wird dabei von einer breiten Masse der Adressaten als unvorteilhaft und unzulänglich empfunden; vgl. statt vieler Hartmann, Ulrich: Die Ausrichtung der Rechnungslegung an internationale Standards, in: Die Wirtschaftsprüfung, Heft 7, (1998), S. 259–280, hier S. 260 f.

[96]   Vgl. COM 1995, S. 508 v. 14.11.1995: Mitteilung der Kommission – Harmonisierung auf dem Gebiet der Rechnungslegung: Eine neue Strategie in Hinblick auf die Internationale Harmonisierung (abrufbar unter http:// ec.europa.eu/internal_market/accounting/docs/com-95-508/com-95-508_de.pdf).

[97]   Vgl. COM 1995: a. a. O. (Fn. 96), 5.1–5.8. Dazu müsse auf die zeitaufwendige und politisch schwer durchsetzbareErarbeitung neuer Richtlinien bzw. die Überarbeitung bestehender Richtlinien vermieden werden, wobei jedoch die Bilanzierungsrichtlinien in jedem Falle einzuhalten seien.

[98]   Das einflussreichste Mitglied der IOSCO ist die US-amerikanische SEC, welche wie bereits erwähnt einzig einen US-GAAP-Abschluss zur Zulassung zum US-amerikanischen Wertpapierhandel akzeptiert.

[99]   Der Akzeptanz ging eine langjährige Phase der Überprüfung der IAS/IFRS durch die IOSCO voraus (sog. „Comparability Project"). Die letztendliche Empfehlung durch die IOSCO zur Anwendung der IAS/IFRS war jedoch nicht uneingeschränkt; vgl. Ruhnke, Klaus: Fortschritte bei der Verbreitung von IAS, in: StuB, Heft 17, (2000), S. 876–883, hier: S. 876 f.

des Europäischen Parlamentes und Rates. In dieser Verordnung werden alle börsennotierten bzw. kapitalmarktorientierten EU-Unternehmen ab dem Geschäftsjahr 2005 zur Aufstellung eines Konzernabschlusses nach IAS/IFRS verpflichtet.[100] Darüber hinaus ermöglicht die Verordnung den Mitgliedsstaaten über Wahlrechte, die IAS/IFRS auch für Konzernabschlüsse nicht-kapitalmarktorientierter Unternehmen sowie für Einzelabschlüssen von Kapitalgesellschaften zuzulassen. Ergänzend zu der EU-Verordnung hat die EG-Kommission zudem die sog. Fair-Value-Richtlinie[101] und die sog. Modernisierungsrichtlinie[102] in Hinblick auf die Anpassung bestehender Richtlinien an internationale Rechnungslegungsstandards verabschiedet. Auch hinsichtlich des für die weltweite Durchsetzung der Rechnungslegungsstandards wohl alles entscheidenden Ziels, nämlich die Anerkennung der IAS/FRS durch die amerikanische Börsenaufsichtbehörde SEC, steht der IASB im November 2007 vor dem Durchbruch: Demnach hat die SEC die Anerkennung internationaler Bilanzierungsstandards (IAS/IFRS) für ausländische, an amerikanischen Börsen notierte Unternehmen in einer einstimmigen Entscheidung gebilligt.[103]

Der deutsche Gesetzgeber schuf dessen ungeachtet mit der Einführung des Kapitalaufnahmeerleichterungsgesetzes (KapAEG)[104] im April 1998 schon frühzeitig die Voraussetzungen für die Anwendung der IAS/IFRS im Konzernabschluss. Mithilfe des durch das KapAEG in das deutsche HGB eingefügten § 292a, konnten bestimmte Unternehmen auf die veränderten Bedingungen am Kapitalmarkt reagieren und einen befreienden Konzernabschluss nach international anerkannten Rechnungslegungsgrundsätzen aufstellen.[105] Da das KapAEG aber von vornherein als kurzfristige Reaktion auf die Bedürfnisse der international agierenden Unternehmen vorgesehen war und dessen Regelungen vor dem Hintergrund der deutschen Rechnungslegung ohnehin nicht unumstritten blieben,[106] begrenzte der deutsche Gesetzgeber die Geltungsdauer des § 292a HGB bis Ende des Jahres 2004.[107] Somit ging die Ende 2004 auslaufende deutsche Befreiungsvorschrift des KapAEG nahtlos in die EU-Verordnung 1606/2002[108] über, nach welcher kapi-

---

[100]   Vgl. hierzu Verordnung (EG) Nr. 1606/2002 des Europäischen Parlaments und des Rates vom 19.7.2002 betreffend die Anwendung internationaler Rechnungslegungsstandards, AB1. L 243 vom 11.9.2002, S. 1–4. Die Richtlinienkonformität der IFRS sowie die Einhaltung der europäischen Interessen werden hingegen über einen speziellen Anerkennungsmechanismus geregelt; vgl. hierzu Wagenhofer: a. a. O. (Fn. 72), S. 81 f.

[101]   Richtlinie 2001/65/EG des Europäischen Parlaments und des Rates v. 27.9.2001 zur Änderung der Richtlinien 78/660/EWG, 83/349/EWG und 86/635/EWG, AB1. L. 283 v. 27.10.2001, S. 28–32.

[102]   Richtlinie 2003/51/EG des Europäischen Parlamentes und des Rates v. 18.6.2003 zur Änderung der Richtlinien 78/660/EWG, 83/349/EWG und 91/674/EWG, AB1. L. 178 v. 17.7.2003, S. 16–22.

[103]   Vor dem Hintergrund der vielen noch ausstehenden gegenseitigen Anpassungen von IAS/IFRS und US-GAAP war zunächst von amerikanischer Seite eine Anerkennung nicht vor dem Jahr 2011 befürwortet worden. Die Anerkennung der IAS/IFRS beschränkt sich wohl auch deshalb nur auf die unverfälschte Anwendung der Rechnungslegungsvorschriften des IASB. Die meisten Unternehmen bilanzieren allerdings nach IAS/IFRS, wie sie von den jeweiligen Staaten bzw. der Europäischen Union verabschiedet worden sind. Da diese Bilanzierungsvorschriften regelmäßig von den urspünglichen Vorgaben des IASB abweichen, bleibt vielen Unternehmen voraussichtlich auch weiterhin nur die Erstellung von mindestens zwei Bilanzen; vgl. FAZ vom 19.11.2007.

[104]   „Gesetz zur Verbesserung der Wettbewerbsfähigkeit deutscher Konzerne an Kapitalmärkten und zur Erleichterung der Aufnahme von Gesellschafterdarlehen, Kapitalaufnahmeerleichterungsgesetzt", in: BGBl. I 1998, S. 707.

[105]   Unter „international anerkannten Rechnungslegungsgrundsätzen" werden im Allgemeinen die US-GAAP und IAS/IFRS verstanden; vgl. BT-Drucks. 13/9909 vom 28.2.1998, Beschlussempfehlung und Bericht des Rechtsauschusses (6. Ausschuss) zu dem Gesetzentwurf der Bundesregierung - Drucksache 13/7141 -, Entwurf eines Gesetzes zur Verbesserung der Wettbewerbsfähigkeit deutscher Konzerne an internationalen Kapitalmärkten und der Erleichterung der Aufnahme von Geselllschaftsdarlehen , S. 11.

[106]   Die Regelung des § 292a HGB ist u. a. auf verfassungsrechtliche Bedenken gestoßen; vgl. Kirchhof, Paul: Gesetzgebung und private Regelsetzung als Geltungsgrund für Rechnungslegungspflichten?, in: ZGR, (2000), S. 681–692.

[107]   Vgl. BT-Drucks. 13/9909: a.a.O. (Fn. 105), S. 11 f.

[108]   Verordnung (EG) Nr. 1606/2002 des Europäischen Parlaments und des Rates vom 19.7.2002 betreffend die Anwendung internationaler Rechnungslegungsstandards, AB1. L 243 vom 11.9.2002, S. 1–4.

talmarktorientierte Unternehmen ihren Konzernabschluss ab 31. Dezember 2005 zwingend nach IAS/IFRS aufzustellen haben.

2.3.3   Das „Business Combinations"-Projekt des IASB

Trotz der beachtlichen Erfolge der IAS/IFRS in Europa hing der endgültige internationale Durchbruch der IAS/IFRS lange Zeit von der – nunmehr bedingt erreichten – Anerkennung der Rechnungslegungsvorschriften durch die US-amerikanische Börsenaufsichtsbehörde (SEC) ab.[109] Folglich wurde die Angleichung von IAS/IFRS und den US-GAAP bereits frühzeitig vom von den Rechnungslegungsgremien FASB und IASB mit höchster Priorität verfolgt. Vor diesem Hintergrund kam es zu der am 29. Oktober 2002 vom FASB veröffentlichen Konvergenzvereinbarung (sog. Norwalk Agreement) zwischen FASB und IASB.[110] Mit dieser Vereinbarung beabsichtigten beide Parteien, bestehende Unterschiede zwischen IAS/IFRS und US-GAAP bis spätestens 1. Januar 2005 zu beseitigen.[111]

Im Rahmen dieses gegenseitigen Bestrebens nach einer Konvergenz internationaler Rechnungslegungsvorschriften nehmen die Regeln zur Bilanzierung von Unternehmenszusammenschlüssen eine herausragende Stellung ein. Insbesondere haben die hierbei ermittelten bilanziellen Werte in der Regel eine nicht unerhebliche Höhe und prägen insofern die Jahresabschlussrelationen relativ langfristig, was auf die nationale und internationale Vergleichbarkeit von Abschlüssen beträchtliche Auswirkungen haben kann.[112] Insofern verfasste die Arbeitsgruppe *Group of Four plus One of Accounting Standard Setter* (G4+1)[113] bereits im Jahr 1998 ein Diskussionspapier, welches Empfehlungen an die Standardsetter bezüglich der weltweiten Harmonisierung der bilanziellen Abbildung von Unternehmenszusammenschlüssen beinhaltete.[114] Im Juni desselben Jahres wiederum veröffentlichte das US-amerikanische FASB die *Statements of Financial Accounting Standards* (SFAS) No. 141 „Business Combinations" und SFAS No. 142 „Goodwill and Other Intangible Assets", mit welchen grundlegende Änderungen bezüglich der Bilanzierung von Unternehmenszusammenschlüssen vorgenommen wurden.[115] Durch die Ver-

---

[109] Diesbezüglich ist zu erwarten, dass die SEC die IAS/IFRS nur dann uneingeschränkt akzeptiert, wenn der Aufwand einer Umstellung von US-GAAP auf IAS/IFRS für US-amerikanische Unternehmen marginal, d. h. die IAS/IFRS vom Inhalt her den US-GAAP weitgehend gleichen; vgl. Heyd/Lutz-Ingold: a. a. O. (Fn. 31), S. 10 f.

[110] Vgl. Memorandum of Understanding: "The Norwalk Agreement" vom 29.10.2002 (abrufbar unter www.fasb.org/news/memorandum.pdf).

[111] In dem am 27.10.2006 veröffentlichtem „Memorandum of Understanding" (MOU) bekräftigen FASB und IASB nochmals ihre Bemühungen, eine Konvergenz zwischen IAS/IFRS und US-GAAP herbeizuführen. Allerdings soll die beabsichtigte Konvergenz beider Rechnungslegungssysteme nun bis spätestens 2009 erreicht sein.

[112] Vgl. Fladt, Guido/Feige, Peter: Der Exposure Draft 3 „Business Combinations" des IASB – Konvergenz mit den US-GAAP?, in: Die Wirtschaftsprüfung, Heft 6, (2003), S. 249–262, hier S. 249.

[113] Der G4+1-Verband war eine lose Organisation nationaler angloamerikanischer Standardsetter über das IASC. Auf ihrer letzten Sitzung im Januar 2001 gab die G4+1-Gruppe ihre Auflösung bekannt. Angesichts der Umstrukturierung des IASC sahen die Gruppenvertreter keine Veranlassung mehr, ihre Tätigkeit fortzusetzen. Das IASB wurde aufgrund seiner institutionalisierten Kontakte zu nationalen Standardsettern als ideales Forum für künftige Harmonisierungsbestrebungen angesehen; vgl. Kurznachrichten Internationale Rechnungslegung, in: Der Betrieb (2001), S. 295.

[114] Vgl. IASC (Hrsg.), G4+1 Position Paper: Recommendations for Achieving Convergence on the Methods of Accouting for Business Combinations, London 1998.

[115] Die Neuregelungen umfassen u. a. die Abschaffung der „pooling of interests method" sowie das Verbot der planmäßigen Abschreibung des Goodwill und werden als Paradigmenwechsel bei der Bilanzierung von Unternehmenszusammenschlüssen bezeichnet. Vgl. statt vieler Pellens, Bernhard/Sellhorn, Thorsten: Goodwill-Bilanzierung nach SFAS 141 und 142 für deutsche Unternehmen, in: Der Betrieb, Heft 32, (2001), S. 1681–1689, hier S. 1681.

abschiedung dieser Standards war freilich die uneingeschränkte Anerkennung des IAS 22 (revised 1998) durch die SEC gegenstandslos geworden.[116]

Das IASB hingegen reagierte auf diese Entwicklungen mit der Initiierung des zweiphasigen „Business Combinations"-Projektes, welches zunächst die Konvergenz der IAS/IFRS mit den bestehenden internationalen Rechnungslegungsvorschriften, speziell mit den US-GAAP, anstrebte. Am 31. März 2004 wurde die erste Projektphase mit der Verabschiedung und Veröffentlichung von IFRS 3 „Business Combinations", IAS 36 (revised) „Impairment of Assets" und IAS 38 (revised 2004) „Intangible Assets" durch den IASB abgeschlossen.[117] IFRS 3 ersetzt seinen Vorgänger IAS 22 und weist im Vergleich zu diesem wesentliche Unterschiede auf. So ist unter anderem bei der Bilanzierung eines Unternehmenszusammenschlusses zwingend die Erwerbsmethode anzuwenden, während die Interessenzusammenführungsmethode (sog. „Pooling of Interest"-Methode) vollständig abgeschafft wird. Des Weiteren beinhalten die Änderungen den Verzicht auf die planmäßige Abschreibung des derivativen Geschäfts- oder Firmenwertes zugunsten eines mindestens einmal jährlich durchzuführenden Niederstwerttests (sog. Impairment only Approach). Vor allem aber wurde mit der Verabschiedung des IFRS 3 in Verbindung mit IAS 38 (2004) die erweiterte Ansatzkonzeption zur Bilanzierung immaterieller Werte eingeführt. Im Zuge dieses Konzepts werden u. a. die bestehenden Ansatzvoraussetzungen für immaterielle Werte durch detaillierte Identifizierungs- und Ansatzkriterien konkretisiert und erweitert.[118]

IFRS 3.4 definiert einen Unternehmenszusammenschluss als einen Zusammenschluss von zwei oder mehr separaten Unternehmen (Entity) oder Geschäftsbetrieben (Business)[119] in ein Bericht erstattendes Unternehmen (Reporting Unity). Kennzeichnend für einen Unternehmenszusammenschluss ist des Weiteren, dass das akquirierende Unternehmen die Beherrschung bzw. Kontrolle über die erworbene Einheit erlangt. Nach dieser Definition wird deutlich, dass sich der Geltungsbereich des IFRS 3 grundsätzlich auf alle Arten eines Unternehmenszusammenschlus-

---

[116] IAS 22 gehörte zu den wenigen ohne Überleitungsrechnung oder sonstigen Einschränkungen durch die SEC anerkannten Standards des IASB. Vgl. SEC: Pursuant to Section 509(5) of the National Securities Markets Improvement Act of 1996 Report on Promoting Global Preeminance of American Securities Markets, October 1997 (abrufbar unter: http://www.sec.gov/news/studies/acctgsp.htm).

[117] Sei der Umstrukturierung des IASC und der Bildung des IASB werden die vom IASB entwickelten und veröffentlichten Rechnungslegungsstandards als *International Financial Reporting* Standards (IFRS) bezeichnet. Die bis zum 31.3.2001 verabschiedeten Standards behalten auch weiterhin ihre Bezeichnung als „International Accounting Standards"; vgl. IASB (Hrsg.), IASB Update April 2001, S. 1. Auf die Bezeichnung für „revised" wird im Folgenden verzichtet, da hier stets die aktuellste Version der IAS/IFRS zugrunde gelegt wird.

[118] Damit entsprechen die Vorschriften des IFRS 3 in weiten Teilen den US-amerikanischen Regeln des FASB gemäß SFAS 141 und SFAS 142. Diese oftmals als einseitig empfundene Art der Konvergenz, d. h. weitgehende Übernahme der Regelungen US-amerikanischer Standards, wird zum Teil stark kritisiert. Vgl. hierzu: Heyd/Lutz-Ingold: a. a. O. (Fn. 31), S. 11; Wüstemann, Jens/Duhr, Andreas: Geschäftswertbilanzierung nach dem Exposure Draft ED 3 des IASB – Entobjektivierung auf den Spuren des FASB, in: Betriebs-Berater, Heft 5, (2003), S. 247–253, hier 247.

[119] In der deutschen Version des IFRS 3 wird „Business" als Geschäftsbetrieb übersetzt. Laut der Definition in IFRS 3 Anhang A ist ein Geschäftsbetrieb eine Gruppe von Tätigkeiten oder Vermögenswerten, die mit dem Ziel geführt oder geleitet werden, den Investoren eine Verzinsung auf deren eingesetzte Mittel zu zahlen. Alternativ kann der Nutzen auch in geringeren Kosten oder sonstigen wirtschaftlichen Vorteilen liegen. Ein Geschäftsbetrieb besteht im Allgemeinen aus einem Ressourceneinsatz mit dem Ziel, Erträge zu erwirtschaften. Wenn ein Geschäfts- oder Firmenwert zu einer übertragenen Gruppe von Aktivitäten oder Vermögenswerte gehört, ist bei dieser Gruppe stets von einem Geschäftsbetrieb auszugehen. Da nach IFRS 3 eine sich in der Entwicklungsphase befindliche Einheit bereits ein „Business" darstellen kann, ist die Begriffsdefinition im Vergleich zu den US-GAAP weitreichender. Vgl. Hommel, Michael/Benkel, Muriel/Wich, Stefan: IFRS 3 Business Combinations: Neue Unwägbarkeiten im Jahresabschluss, in: Betriebs-Berater, Heft 23, (2004), S. 1267–1273, hier S. 1268.

ses (folglich Share Deal, Asset Deal und Verschmelzung) erstreckt.[120] Ein Unternehmenszusammenschluss in Form eines Asset Deals führt nach IFRS 3.7 nicht zu einem Mutter-Tochter-Verhältnis, da sich der Erwerb nicht auf das Eigenkapital des akquirierten Unternehmens bezieht und dieses i. d. R. seine Rechtspersönlichkeit verliert. Folglich muss hier der Erwerber die Vorschriften des IFRS 3 bei der Erstellung des Einzelabschlusses anwenden.[121] Im Unterschied gegenüber dem Anteilserwerb (Share Deal) werden die Folgen der Anwendung des IFRS 3 also nicht erst im Konzernabschluss, sondern bereits im Rahmen des Einzelabschlusses sichtbar.[122]

- Ausgenommen vom Anwendungsbereich des IFRS 3 sind gemäß IFRS 3.3:

- Zusammenschlüsse von Unternehmen oder Geschäftsbetrieben zu Joint Ventures

- Zusammenschlüsse von Unternehmen oder Geschäftsbetrieben, die sowohl vor als auch nach der Transaktion unter der Beherrschung desselben Unternehmens stehen (Under Common Control)[123]

- Zusammenschlüsse von Unternehmen oder Geschäftsbetrieben auf Gegenseitigkeit (Mutual Entities)[124]

- Zusammenschlüsse von Unternehmen oder Geschäftsbetrieben, in denen lediglich auf der Basis eines Vertrages, also ohne Anteilserwerb, ein Bericht erstattendes Unternehmen (Reporting Entity) gebildet wird.

Die bislang von Geltungsbereich ausgegliederten Arten von Unternehmenszusammenschlüssen werden entweder in einem anderen Standard geregelt (siehe IAS 31 „Interests in Joint Ventures") oder befinden sich noch in der Diskussions- und Konkretisierungsphase. Unterdessen hat das IABS auch die Phase II des „Business Combinations"-Projekts abgeschlossen und insofern einige in Phase I ausgeklammerte oder nicht abschließend geklärte Detailfragen geregelt.[125] Die Änderungen beziehen sich im Kern auf die Bilanzierung von Minderheitenanteilen bzw. die Anwendung der Full-Goodwill-Methode bei der Bilanzierung des Geschäftswertes bei Erwerb von weniger als 100 Prozent der Kapitalanteile.[126] Die ab dem 1. Juli 2009 in Kraft tretenden Neuerungen betreffen somit fast ausschließlich spezielle Fragestellungen innerhalb des Kon-

---

[120] Ein Unternehmenszusammenschluss i. S. d. IFRS 3 umfasst nach IFRS 3.7 nicht nur Erwerbsvorgänge, in denen ein Mutter-Tochter-Verhältnis entsteht, sondern auch Transaktionen in Form eines Asset Deals. Vgl. Küting, Karl-Heinz/Wirth, Johannes: Bilanzierung von Unternehmenszusam menschlüssen nach IFRS 3, in: KoR, Heft 5, (2004), S. 167–177, hier S. 168; Dabei ist zu beachten, dass das erworbene Vermögen insgesamt ein „Business" i. S. d. IFRS 3 Anhang A darstellen muss, damit die Transaktion ein Unternehmenszusammenschluss nach IFRS 3 darstellt.

[121] Für einen Überblick über die bilanziellen Konsequenzen eines Unternehmenszusammenschlusses in Form eines Asset oder Share Deals nach IFRS 3 für den Einzel- und Konzernabschluss vgl. Pellens/Fülbier/Gassen: a. a. O. (Fn. 46), S. 625–630.

[122] Vgl. Senger, Thomas/Brune, Wilfried/Elprana, Kai in: Beck'sches IFRS-Handbuch, hrsg. von Werner Bohl, Joachim Riese und Jörg Schlüter, 2. Auflage München 2006, § 33 Rz. 30.

[123] Zum Beispiel konzerninterne Umstrukturierungen d. h. die Zusammenführung von zwei Tochterunternehmen desselben Mutterunternehmens; vgl. IASB (Standard 2004): IFRS 3.10-13.

[124] Zum Beispiel ein Versicherungsverein auf Gegenseitigkeit oder ein genossenschaftsähnliches Unternehmen; vgl. IASB (Standard 2004: IFRS 3, Anhang A.

[125] Die Verabschiedung der neuen Fassung des IFRS 3 durch den IASB erfolgte am 10.1.2008. Dem Beschluss ging mit der Veröffentlichung des ersten Entwurfs am 30.6.2005 eine äußerst kontroverse Diskussion voraus.

[126] Für einen detaillierten Überblick der nun beschlossenen Änderungen vgl. Kühne, Mareike/Schwedler, Kristina: Geplante Änderung der Bilanzierung von Unternehmenszusammenschlüssen, in: KoR, Heft 9, (2005), S. 329–338.

zernabschlusses, sodass bis auf wenige Ausnahmen keinerlei Auswirkungen auf die der vorliegenden Arbeit zugrunde liegenden Forschungsziele festzustellen sind.[127]

2.4   Die IAS/IFRS und die steuerliche Gewinnermittlung de lege lata

2.4.1   Einflüsse der IAS/IFRS auf die Modernisierung des Bilanzrechts

Die Verabschiedung der EG-Verordnung 1606/2002 zur Anwendung internationaler Rech-
nungslegungsgrundsätze für börsennotierte EU-Unternehmen durch das Europäische Parlament
stellt den vorläufigen Höhepunkt des tief greifenden Wandels im europäischen und deutschen
Bilanzrecht dar.[128] Obwohl den Mitgliedsstaaten durch das eingeräumte Wahlrecht (Art. 5 der
EG-Verordnung) die Ausdehnung des Anwendungsbereiches der IAS/IFRS auf den Bereich des
Einzelabschlusses grundsätzlich offensteht, blieb der handelsrechtliche Einzelabschluss von der
Internationalisierung der Rechnungslegung bisher weitestgehend verschont.[129] Es ist allerdings
mehr als fraglich, ob die durch die IAS-Verordnung herbeigeführte Spaltung der Rechnungsle-
gungsprinzipien in einen informationsorientierten Konzernabschluss einerseits und einen aus-
schüttungsorientierten Einzelabschluss andererseits auf lange Sicht aufrechtzuerhalten ist.[130]
Zweifelsohne steht vor dem Hintergrund des schier unaufhaltsamen Vordringens internationaler
Bilanzierungsvorschriften ins nationale Handelsrecht auch die bilanzielle Ausgestaltung der
steuerlichen Gewinnermittlung in Deutschland vor einer ungewissen Zukunft.[131]

Den neuen europäischen Bilanzierungsanforderungen begegnete die Bundesregierung auf nationaler Ebene vorerst mit dem am 10. Dezember 2004 in Kraft getretenem Gesetz zur Einführung
internationaler Rechnungslegungsstandards und zu Absicherung der Qualität der Abschlussprüfung (sog. Bilanzrechtsreformgesetz bzw. BilReG).[132] Das BilReG dient dabei in seinem bilanz-

---

[127]   So ist das Grundgerüst der entsprechenden Vorschriften gegenüber der derzeitigen, noch gültigen Fassung weitgehend erhalten geblieben; vgl. Beyhs, Oliver/Wagner, Bernadette: Die neuen Vorschriften des IASB zur
Abbildung von Unternehmenszusammenschlüssen, in: Der Betrieb, Heft 3 (2008), S. 73–83, hier S. 73. Einige
Änderungen – wie etwa die künftige Nichberücksichtigung von Anschaffungsnebenkosten bei der Ermittlung
der Anschaffungskosten eines Unternehmenszusammenschlusses – haben jedoch auch Auswirkungen auf die
hier vorliegende Untersuchung und werden an passender Stelle entsprechend gewürdigt.

[128]   Vgl. die Ausführungen bezüglich der Verordnung (EG) Nr. 1606/2002 des Europäischen Parlaments und des
Rates vom 19.7.2002, ABl. L 243 vom 11.9.2002 in Kapitel 2.3.2.

[129]   So bestand u. a. die Grundidee des Kapitalaufnahmeerleichterungsgesetzes darin, „die Internationalisierung des
deutschen Bilanzrechts zu betreiben, ohne das Gläubigerschutzprinzip als oberstes Prinzip des deutschen
Handelsbilanzrechts und den Maßgeblichkeitsgrundsatz als eine der Essentialen des deutschen Steuerbilanzrechts aufzugeben", Kuhn, Klaus: Die Grundsätze ordnungsgemäßer Buchführung und der Maßgeblichkeitsgrundsatz unter dem Aspekt des Entwurfs eines „Kapitalaufnahmeerleichterungsgesetzes", in: Handels- und
Steuerbilanzen, Festschrift für Heinrich Beisse, hrsg. von Wolfgang Dieter Budde, Adolf Moxter, Klaus
Offerhaus, Düsseldorf 1997, S. 299–313, hier S. 300.

[130]   Vgl. Lüdenbach, Norbert/Hoffmann, Wolf-Dieter: Der lange Schatten des Übergangs auf die IAS-
Rechnungslegung, in: DStR, Heft 6, (2002), S. 231–234, hier S. 231; Herzig, Norbert: Internationalisierung der
Rechnungslegung und steuerliche Gewinnermittlung, in: Die Wirtschaftsprüfung, Heft 2, (2000), S. 104–119,
S. 105; Küting: Rechnungslegung in Deutschland, a. a. O. (Fn. 93), S. 42.; Schreiber, Ulrich: Rechnungslegung
im Einzelabschluss nach internationalen Grundsätzen?, in: Unternehmenspolitik und internationale Besteue-
rung, Festschrift für Lutz Fischer, hrsg. von Hans-Jochen Kleineidam, Berlin 1999, S. 879–912, hier S. 980.

[131]   Der unter Zuhilfenahme der handelsrechtlichen Grundsätze ordnungsgemäßer Buchführung zu ermittelnde Einzelabschluss bildet über das sog. Maßgeblichkeitsprinzip gemäß § 5 Abs. 1 EStG de lega lata die Grundlage der
steuerlichen Gewinnermittlung.

[132]   Vgl. Entwurf eines Gesetzes zur Einführung internationaler Rechnungslegungsstandards und zur Sicherung der
Qualität der Abschlussprüfung (BilReG), Bundesdrucksache 15/3419 vom 24.6.2004.

rechtlichen Teil vorrangig der Anpassung und Fortentwicklung des HGB in Hinblick auf die Internationalisierung des europäischen Bilanzrechts.[133]

Für diese überaus restriktive Haltung des deutschen Gesetzgebers bezüglich der Anwendung der IAS/IFRS im Einzelabschluss sind im Wesentlichen rechtliche und steuerliche Aspekte ausschlaggebend.[134] So bildet der unter Zuhilfenahme der handelsrechtlichen Grundsätze ordnungsgemäßer Buchführung aufgestellte Einzelabschluss die Grundlage der steuerlichen Gewinnermittlung gemäß § 5 Abs. 1 EStG.[135] Diese als Maßgeblichkeit bezeichnete Verkopplung von Handels- und Steuerbilanz wurde in seiner bisherigen Funktion seit jeher als ein „Bollwerk gegen Internationalisierungstendenzen" verstanden.[136] Dementsprechend sprach sich auch der BMJ und der BMF in dem am 25. Februar 2003 vorgestelltem 10-Punkte-Maßnahmenkatalog zur Stärkung des Anlegerschutzes und der Unternehmensintegrität für die Beibehaltung des HGB-Einzelabschlusses zum Zwecke der Ausschüttungsbemessung und Besteuerung aus.[137] Von dieser Grundhaltung wird auch in dem nach jahrelangen Ankündigungen schließlich im Mai 2009 verabschiedeten Gesetz zu Modernisierung des Bilanzrechts (BilMoG) nicht abgerückt.[138] Vielmehr soll anhand der Modernisierung des bewährten HGB-Bilanzrechts eine dauerhafte und im Vergleich zu den IAS/IFRS vollwertige und zugleich kostengünstigere und praktikablere Bilanzierungsalternative entwickelt werden. Nach dem Willen des Bundesministeriums der Justiz steht dabei die Ausschüttungsbemessungsfunktion des HGB weiterhin genauso wenig zur Disposition wie ferner durch Beibehaltung des Maßgeblichkeitsprinzips auch dessen Funktion als bilanzieller Ausgangspunkt der steuerlichen Gewinnermittlung.[139]

Trotz dieses auf den ersten Blick klaren Bekenntnisses zum bewährten HGB sind jedoch zunehmend indirekte Einflüsse der IFRS auf die steuerliche Gewinnermittlung festzustellen. Vor allem spiegelt sich die vom BMJ und BMF angekündigte „Durchforstung und Entrümpelung des HGB durch Abschaffung zahlreicher nicht mehr zeitgemäßer Wahlrechte" im Rahmen einer Anpassung der Bilanzvorschriften des HGB an „europäische und internationale Rechnungslegungsregeln"[140] unerwartet deutlich in den Kernpunkten des Bilanzrechtsmodernisierungsgesetzes wider.[141] Demnach wurde in enger inhaltlicher Anlehnung an die IAS/IFRS beschlossen, das

---

[133]   Dabei regelt es insbesondere die Ausübung der in der IAS-Verordnung enthaltenen Mitgliedswahlrechte und transformiert zudem den Vorgaben der Modernisierungs- und Fair-Value-Richtlinie in das deutsche Recht. Unter anderem stellte der Gesetzgeber im Rahmen des BilReG über den § 315a HGB-BilReG die direkte Verknüpfung des HGB zu der EU-Verordnung 1606/2002 her. Für einen detaillierten Überblick über das Bilanzrechtsreformgesetz vgl. Meyer, Klaus: Der Regierungsentwurf des Bilanzrechtsreformgesetzes (BilReG): Wichtige Neuerungen in der externen Rechnungslegung, in: DStR, Heft 23, (1994), S. 971–974.

[134]   Vgl. die Begründung zum Gesetzentwurf der Bundesregierung – Entwurf eines Gesetzes zur Einführung internationaler Rechnungslegungsstandards und zur Sicherung der Qualität der Abschlussprüfung (BilReG), Bundesdrucksache 15/3419 vom 24.6.2004, S. 24.

[135]   Vgl. zum Maßgeblichkeitsprinzip die Ausführungen in Kapitel 2.5.

[136]   Selchert, Friedrich W.: Internationalisierung der Rechnungslegung und Maßgeblichkeitsprinzip, in: Unternehmenspolitik und internationale Besteuerung, Festschrift für Lutz Fischer, hrsg. von Hans-Jochen Kleineidam, Berlin 1999, S. 913–933, hier S. 914.

[137]   Vgl. Maßnahmenkatalog des BMJ und BMF zur Stärkung des Anlegerschutzes und des Vertrauens in die Aktienmärkte v. 25.2.2003: Anpassung der Bilanzregeln an internationale Standards und Enforcement, in: StuB, Heft 5, (2003), S. 223–224, Punkt 2.

[138]   Vgl. Gesetz zur Modernisierung des Bilanzrechts (Bilanzrechtsmodernisierungsgesetz - BilMoG) vom 29.5.2009, in BGBl. I 2009, S. 1102-1137.

[139]   Vgl. BMJ: Wesentliche Änderungen des Bilanzrechtsmodernisierungsgesetzes im Überblick, Stand: März 2009, S. 2, (abrufbar unter www.bmj.bund.de/bilmog).

[140]   BMJ/BMF: a. a. O. (Fn. 137), Punkt 3 (beide Zitate).

[141]   Für einen Überblick über die Eckpunkte der vom Gesetzgeber verabschiedeten Modernisierung des Bilanzrechts vgl. Ernst, Christoph/Seidler, Holger: Die Kernpunkte des Referentenentwurfs eines Gesetzes zur Modernisierung des Bilanzrechts im Überblick, in: Der Konzern, Heft 12, (2007), S. 822–831, Meyer, Claus: Bilanzrechtsmodernisierungsgesetz (BilMoG) – die wesentlichen Änderungen im Regierungsentwurf, in: DStR, Heft 24; (2008), S. 1153–1155. Einen Überblick über die Änderungen im Gesetzesentwurf gegenüber dem Regie-

Verbot zur Aktivierung selbst hergestellter immaterieller Vermögensgegenstände nach § 248, Abs. 2 HGB aufzuheben.[142] Die in der Literatur bereits frühzeitig befürchtete Aushöhlung des HGB durch eine stärkere Orientierung an den Vorschriften der IAS/IFRS steht somit unmittelbar bevor.[143] Doch damit nicht genug: Schon jetzt wird angenommen, dass es auf lange Sicht keinesfalls bei einer zaghaften, nur partiellen Adaption der IAS/IFRS-Rechnungslegung bleibt und das modernisiertes HGB in Wahrheit nicht mehr ist als eine „Art Zwischenstopp auf dem Weg hinein in die (volle) IFRS-Rechnungslegungswelt".[144] Welche langfristigen Folgen sich vor diesem dynamischen Hintergrund für die wohl weiterhin an die handelsrechtlichen Bilanzierungsvorschriften gekoppelte steuerliche Gewinnermittlung ergeben, bleibt hingegen völlig ungewiss.

2.4.2   Einflüsse der IAS/IFRS auf die Rechtsprechung des EuGH

Vor dem Hintergrund der derzeitigen nationalen Rechtslage wird deutlich, dass sich ein internationaler Einfluss auf den Einzelabschluss – und somit auf die steuerliche Gewinnermittlung – derzeit lediglich indirekt, nämlich über die in Kapitel 2.3.2 angesprochenen Bilanzrichtlinien ergeben kann. So wurden die mit dem Bilanzrichtliniengesetz umgesetzten Rechnungslegungsrichtlinien durch die EU-Verordnung über die Anwendung internationaler Rechnungslegungsstandards keineswegs aufgehoben, sondern bleiben auch für verpflichtend nach IAS/IFRS bilanzierende Unternehmen weiterhin geltendes Recht.[145] In diesem Zusammenhang sorgt speziell der lange verkannte Einfluss der Richtlinien auf die Rechtsprechung des EuGH für lebhafte Diskussionen: Dem EuGH kommt innerhalb der Harmonisierungsbestrebungen der EU eine erhebliche Bedeutung zu, da dieser gemäß Art. 220 EGV die Wahrung und einheitliche Auslegung des europäischen Rechts zu gewährleisten hat. Diese Zuständigkeit umfasst im Rahmen des sekundären Gemeinschaftsrechts hauptsächlich die Auslegung von EU-Verordnungen und EU-Richtlinien.[146] Bedeutsam ist dies insbesondere im Hinblick auf die Berechtigung nationaler Gerichte zur Einholung einer Vorabentscheidung[147] gem. Art. 177 Abs. 2 EGV, in dessen Rahmen der EuGH über die konkrete Auslegung einer Richtlinie bestimmt.[148] Dieser maßgebliche Einfluss auf das deutsche Bilanzrecht ist spätestens seit der sog. „Tomberger"-

rungsentwurf vgl. Melcher, Winfried/Schaier, Sven: Zur Umsetzung der HGB-Modernisierung durch das BilMoG: Einführung und Überblick, in: Der Betrieb, Beilage 5 zum Heft 23 (2009), S. 4–8.

[142] Die Anlehnung an die IAS/IFRS erfolgt dabei nicht nur inhaltlich. So lesen sich etwa die enstprechenden Erläuterungen in der damaligen Gesetzesbegründung des Referentenentwurfs (S. 98 und insbesondere S. 121 f.) in der Tat wie eine Auszug aus IAS 38; vgl. hierzu auch Kapitel 4.2.4.3.4 sowie BMJ, Referentenentwurf eines Gesetzes zur Modernisierung des Bilanzrechts, der Entwurf ist abrufbar unter: www.iasplus.com/europe/-0711germanlawproposal.pdf.

[143] Vgl. Kussmaul, Heinz/Zabel, Michael: Nationale Bilanzierung und steuerliche Gewinnermittlung vor dem Hintergrund der Internationalisierung der Rechnungslegung, in: StuB, Heft 18, (2005), S. 800–805, hier S. 800.

[144] Lüdenbach, Norbert/Hoffmann, Wolf-Dieter: Der lange Schatten der IFRS über die HGB Rechnungslegung, in: DStR, Heft 50 (Beihefter), (2007), S. 3–20, hier S. 3.

[145] So ist das Bilanzrichtliniengesetz vom 19.12.1985 der eigentliche Beginn der Prägung des deutschen Handelsbilanzrechts durch das europäische Recht; vgl. Kussmaul, Heinz/Tcherveniachki, Vassil: Entwicklung der Rechnungslegung mittelständischer Unternehmen im Kontext der Internationalisierung der Bilanzierungspraxis, in: DStR, Heft 14, (2005), S. 616–621, hier S. 616. Ergänzend zu der EU-Verordnung wurden durch zwei Änderungsrichtlinien (Fair-Value-Richtlinie vom 27.9.2001 und Modernisierungsrichtlinie vom 18.6.2003) sowohl die 4. als auch die 7. EU-Richtlinie an internationale Rechnungslegungsstandards angepasst.

[146] Vgl. BGH- Beschluss vom 21.7.1994, II ZR 82/93, in: Betriebs-Berater, Heft 24, (1994), S. 1673–1675.

[147] Zur europarechtlichen Vorentscheidungskompetenz des EuGH im Allgemeinen siehe Schütz, Robert: Der Maßgeblichkeitsgrundsatz gem. § 5 Abs. 1 EStG – ein Fossil?, Diss. Münster et. al. 2002.

[148] Vgl. Groh, Manfred: Bilanzrecht vor dem EuGH, in: DStR, Heft 31, (1996), S. 1206–1211, hier S. 1206;

Entscheidung[149] nicht mehr von der Hand zu weisen. Dieser Fall verdeutlichte, dass auf Grundsätze der 4. EG- Richtlinie zurückgehende Vorschriften des HGB seit 1986 ausschließlich richtlinienkonform zu verstehen sind.[150] Die richtlinienkonforme Anwendung des nationalen Handelsbilanzrechts bezieht sich dabei allerdings vorrangig auf Kapitalgesellschaften. Fraglich ist hingegen, inwieweit die Auslegungskompetenz des EuGH Geltung hat, wenn Inhalte der EG-Bilanzrichtlinie in das für alle Kaufleute geltende Handelsbilanzrecht übernommen wurden.[151] Zudem wird durch die in Deutschland vorherrschende Maßgeblichkeit der handelsrechtlichen Grundsätze ordnungsgemäßer Buchführung für die steuerliche Gewinnermittlung mittelbar auf die EG-Bilanzrichtlinie verwiesen. Zu dem Einfluss einer richtlinienkonformen Auslegung handelsbilanzieller Vorschriften durch den EuGH auf die Steuerbilanz führten vor allem die beim EuGH zu Klärung vorgelegten Fälle „BIAO"[152] und „DE + ES Bauunternehmung GmbH"[153] zu kontroversen Diskussionen. In der BIAO-Entscheidung stellte das EuGH indes fest, dass sich die Interpretation von Zweifelsfragen im nationalen Handels- und Steuerbilanzrecht an den Leitlinien der 4. EG-Richtlinie[154] zu orientieren habe. Folgerichtig entschied das FG Hamburg, dass die für Kapitalgesellschaften und andere Kaufleute geltenden handelsrechtlichen Vorschriften im Sinne der EG-Bilanzrichtlinie und ggf. unter Ergänzung der IAS/IFRS auszulegen sein.[155] In der Literatur werden diese Entscheidungen der Gerichte unlängst als Einzug der IAS/IFRS in das deutsche Bilanzsteuerrecht und somit als eine Veränderung des handelsrechtlichen GoB-Verständnisses gewertet.[156]

2.4.3 Die IAS/IFRS als möglicher Ausgangspunkt der steuerlichen Gewinnermittlung

Die soeben skizzierten Entwicklungen bestätigen die Tendenz, dass eine direkte Übernahme der IAS/IFRS für den Einzelabschluss derzeit nicht unmittelbar bevorsteht. Für die Zukunft ist allerdings keineswegs von vornherein auszuschließen, dass sich der deutsche Gesetzgeber nicht früher später doch für ein einheitliches Rechnungslegungssystem für Konzern- und Einzelabschluss entscheidet. Hier könnte insbesondere das vom IASB seit dem Jahr 2000 verfolgte Projekt der IAS/IFRS für kleine und mittelständische Unternehmen (sog. Small and Medium Sized Entities, SME) eine nicht unerhebliche Rolle spielen. Bei diesem Projekt handelt es sich um grundsätzliche Überlegungen zu einer schlankeren bzw. erleichterten Bilanzierung nach IAS/IFRS für kleinere Unternehmen, wobei über die Abgrenzung von SME sowie die genaue Ausgestaltung noch immer keine Klarheit herrscht.[157] Einen weiteren Einflussfaktor auf die steuerliche Gewinnermittlung verkörpern zudem die laufenden steuerlichen Harmonisierungsüberlegungen der EU-Kommission, welche die IAS/IFRS als Ausgangspunkt einer gemeinsa-

[149] EuGH-Urteil vom 26.6.1996, Waltraud Tomberger gegen Gebrüder Wettern GmbH, in: Der Betrieb 1996, S. 1400.
[150] Vgl. statt vieler Herzig: Internationalisierung der Rechnungslegung, a. a. O. (Fn. 130), S. 107.
[151] Dies ist in Deutschland der Fall, sodass die Zuständigkeit des EugH auf die entsprechenden Rechtsformen ausgedehnt wird; vgl. Vater, Hendrik: Zum Einfluss der IAS/IFRS auf die Auslegung des handelsrechtlichen GoB und das deutsche Bilanzrecht, in: StuB, Heft 2, (2005), S. 67–69, hier S. 67.
[152] Vgl. EuGH vom 7.1.2003 Rs. C 306/99, in: DStR, 2003, S. 73.
[153] Vgl. EuGH vom 14.9.1999 Rs. C275/97, in: DStR 1999, S. 1645.
[154] In dessen Rahmen sind auch die IAS/IFRS zu berücksichtigen.
[155] Vgl. FG Hamburg vom 28.11.2003 III 1/01, in: EFG 2004, S. 746–756.
[156] Vgl. Wehrheim, Michael/Lenz, Thomas: Einfluss der IAS/IFRS auf das Maßgeblichkeitsprinzip, StuB, Heft 10, (2005) S. 455–460, hier S. 455; Vater: a. a. O. (Fn. 151), S. 69.
[157] Vgl. hierzu die IDW-Stellungnahme gegenüber dem IASB vom 29.9.02004, in: Die Wirtschaftsprüfung, Heft 20, (2004), S. 1153–1156, hier S. 1156; IDW-Stellungnahme vom 4.7.2005, in: Die Wirtschaftsprüfung, Heft 14, (2005), S. 789–792, hier S. 792; Lüdenbach, Norbert/Hoffmann, Wolf-Dieter: IFRS für den Mittelstand?, in: BFuP, Heft 6, (2004), S. 596–614.

men (konsolidierten) Körperschaftsteuerbemessungsgrundlage für die EU in Erwägung zieht.[158] Auch in diesem Zusammenhang spielen die immateriellen Wirtschaftsgüter eine nicht unerheblich Rolle, da bei deren wirtschaftlicher Nutzung eine konsolidierte Körperschaftsteuerbemessungsgrundlage Vorteile bei der Aufteilung von Gewinnen multinationaler Unternehmen verspricht.[159] Darüber hinaus erhofft man sich von einer konsolidierten Körperschaftsteuerbemessungsgrundlage u. a. eine Verringerung von steuerlichen Befolgungskosten (sog. Compliance Costs), den Abbau von Behinderungen grenzüberschreitender Reorganisationen sowie die Verrechnung und Konsolidierung von Gewinnen und Verlusten auf EU-Basis.[160] Es bleibt abzuwarten, ob eine derartige unmittelbare Anknüpfung an die IAS/IFRS langfristig ausschließlich auf den Konzernabschluss begrenzt bleiben wird.[161]

Die Entwicklungen im Bereich der internationalen Rechnungslegung sowie die steuerlichen Harmonierungsbestrebungen der EU zeigen auf, dass sich zwischen der Steuerpolitik der EU und den IAS/IFRS eine immer stärker werdende Verbindung herauskristallisiert. Dies unterstreicht ferner das auf dem Gipfel in Lissabon im Jahre 2000 verkündete strategische Ziel der EU, die Union bis 2010 zum wettbewerbsfähigsten und dynamischsten wissensbasierten Wirtschaftsraum der Welt zu machen. Innerhalb der Kommission gilt es dabei als selbstverständlich, dass sich die nationale Steuerpolitik diesen ehrgeizigen Zielen unterzuordnen hat.[162] Die Zukunft der steuerlichen Gewinnermittlung und die diesbezügliche Rolle der IAS/IFRS werden daher auf nationaler Ebene seit Längerem kontrovers diskutiert. Umstritten ist insbesondere die zukünftige Ausgestaltung des Maßgeblichkeitsprinzips, zu dessen möglicher Ausprägung sich verschiedene Modelle herausgebildet haben.[163]

Im Rahmen des sog. *Reduktionsmodells* wird angenommen, dass sich der Einfluss der IAS/IFRS auf den Konzernabschluss begrenzt, während der Einzelabschluss unter Fortführung der bisherigen handelsrechtlichen Prinzipien von den internationalen Einflüssen und Entwicklungen abgeschottet wird.[164] Dieses Modell erscheint jedoch schon aus handelsrechtlicher Sicht als fraglich, da auch dem Einzelabschluss neben der Bemessung von Ausschüttungen eine Informationsfunktion zukommt.[165] Zudem dürfte ein derartiges Konzept infolge der international gestiegenen Transparenz und Informationsbedürfnisse vor allem in Hinblick auf mögliche Kapitalauf-

---

[158]   Vgl. Europäische Kommision: Mitteilung der Kommission an den Rat, das europäische Parlament und den Wirtschafts- und Sozialausschuss, Ein Binnenmarkt ohne steuerliche Hindernisse, KOM (2001) 582 vom 23.10.2001, S. 20–21.

[159]   Vgl. hierzu ausführlich Oestreicher, Andreas: Konzern-Gewinnabgrenzung, München 2000, S. 110–116.

[160]   Vgl. für eine detaillierte Untersuchung Spengel, Christoph/Braunagel, Ralf U.: EU-Recht und Harmonisierung der Konzernbesteuerung in Europa, in: StuW, Heft1, (2006), S. 34–49.

[161]   Die Veröffentlichung erster konkreter Vorschläge durch die Kommission ist für das Jahr 2008 angekündigt; vgl. Kommission der Europäischen Gemeinschaften: Umsetzung des Programms der Gemeinschaft für mehr Wachstum und Beschäftigung eine Steigerung der Wettbewerbsfähigkeit von EU-Unternehmen: Weitere Fortschritte im Jahr 2006 und nächste Schritte zueinem Vorschlag einer gemeinsamen konsolidierten Körperschaftsteuer-Bemessungsgrundlage (GKKB), KOM (2007) 223 endg. vom 2.5.2007, S. 223.

[162]   Vgl. Europäische Kommission: Mitteilung der Kommission an den Rat, das europäische Parlament und den Wirtschafts- und Sozialausschuss, Steuerpolitik der Europäischen Union – Prioritäten für die nächsten Jahre, KOM (2001) 260 vom 23.5.2001.

[163]   Vgl. hierzu insbesondere Herzig, Norbert/Bär, Michaela: Die Zukunft der steuerlichen Gewinnermittlung im Licht des europäischen Bilanzrechts, in: Der Betrieb, Heft 1, (2003); S. 1–8.

[164]   Vgl. Herzig/Bär: a. a. O. (Fn. 163), S. 2, welche sich aus handelrechtlichen und steuerlichen Gründen gegen dieses Modell aussprechen. Für dieses Modell plädieren u. a. FÜLBIER/GASSEN aus, welche darin eine adäquate Antwort auf den im deutschen Handelsrecht praktizierten „Funktionsspagat" sehen; Fülbier, Rolf Uwe/Gassen, Joachim: Wider die Maßgeblichkeit des International Accounting Standards für die steuerliche Gewinnermittlung, in: Der Betrieb, Heft 30, (1999), S. 1511–1513, hier S. 1513.

[165]   Vgl. Herzig/Bär: a. a. O. (Fn. 163), S. 2.

nahmebemühungen problematisch sein.[166] Mit der Konzeption des BilMoG hat sich der Gesetzgeber offensichtlich gegen das Reduktionsmodell entschieden.

Im Modell der *IAS/IFRS-Maßgeblichkeit* könnte hingegen die bestehende Verknüpfung zwischen Steuerbilanz und Einzelabschluss beibehalten werden. Demnach wird lediglich der Bezugspunkt der Steuerbilanz ersetzt, sodass diese nicht mehr gemäß den handelrechtlichen GoB, sondern nach den Vorschriften der IAS/IFRS aufzustellen ist. Damit könnte der Idee der Einheitsbilanz unter den Einflüssen der internationalen Rechnungslegung neues Leben eingehaucht werden.[167] Eine solches Vorgehen wäre insbesondere für kapitalmarktorientierte, konzernverbundene Unternehmen interessant; für diese würde sich hiermit die Möglichkeit einer einheitlichen Bilanzierung nach IAS/IFRS in Konzern- und Einzelabschluss eröffnen.[168] Diese Überlegung stößt jedoch aus mehreren Gründen auf zum Teil heftigen Widerstand. Zum einen ist es aus verfassungsrechtlichen Gründen äußerst fraglich, ob die durch eine private Institution formulierten Rechnungslegungsvorschriften mit den Grundsätzen rechtsstaatlicher Besteuerung vereinbar sind.[169] Zum anderen gibt es auch materielle Gründe, welche gegen die zwingende Anknüpfung der Steuerbilanz an den IAS/IFRS-Einzelabschluss sprechen. So muss ernsthaft bezweifelt werden, dass die IAS/IFRS mit den fundamentalen Zielen und Prinzipien der steuerlichen Gewinnermittlung de lege lata in Einklang stehen. Dies ist insofern fraglich, als das primäre Ziel der IAS/IFRS die Bereitstellung entscheidungsrelevanter Informationen für Investoren ist, während die Steuerbilanz allein der Ermittlung einer adäquaten Bemessungsgrundlage für zu entrichtende Steuerzahlungen dient. Im Mittelpunkt der Diskussion steht in erster Linie die Gefahr der Besteuerung unrealisierter Gewinne infolge einer Fair-Value-Bewertung[170] sowie einmal mehr die (selbst erstellten) immateriellen Vermögenswerte, deren erweiterte Aktivierungsmöglichkeiten nach IAS/IFRS für steuerliche Zwecke entschieden abgelehnt werden.[171] Vor diesem Hintergrund hält ein Großteil der in der Literatur vertretenen Meinungen eine un-

---

[166]   Die vom Basler Ausschuss für Bankenaufsicht in den letzten Jahren hervorgebrachten und unter dem Schlagwort „Basel II" zusammengefasste Gesamtheit der Eigenkapitalvorschriften bedingen ein nicht unerhebliches Maß an Transparenz des erstellten Jahresabschlusses. Ein allein für diese Zwecke aufgestellter Jahresabschluss ist aus wirtschaftlichen Aspekten nicht zu befürworten. Vgl. hierzu die Ausführungen von Schreiber, Ulrich: Gewinnermittlung und Besteuerung der Einkommen, in: StuW, Heft 2, (2002), S. 105–115, hier S. 106.

[167]   Vgl. Herzig/Bär: a. a. O. (Fn. 163), S. 4. Für dieses Modell spricht sich u. a. der Arbeitskreis „Steuern und Revision" im Bund der Wirtschaftsakademiker (BWA) e. V. aus; vgl. Arbeitskreis „Steuern und Revision" im Bund der Wirtschaftsakademiker (BWA) e. V.: Maßgeblichkeit im Wandel der Rechnungslegung, in: DStR, Heft 30, (2004), S. 1267–1268, hier S. 1267 f.

[168]   Vgl. Herzig, Norbert: IAS/IFRS und steuerliche Gewinnermittlung, in: Die Wirtschaftsprüfung, Heft 5, (2005), S. 211–235, hier S. 213.

[169]   Vgl. Kahle, Holger: Maßgeblichkeit auf Basis der IAS?, in: Die Wirtschaftsprüfung, Heft 4, (2002), S. 178–188, hier S. 187.; Schreiber: Gewinnermittlung, a. a. O. (Fn. 166), S. 107.; Hommelhoff, Peter/Schwab, Martin: Staatsersetzende Privatgremien im Unternehmensrecht, in: Festschrift für Heinrich Wilhelm Kruse, hrsg. von Walter Drenseck, Köln 2001, S. 693–718, hier S. 707 f.; Kirchhof: a. a. O. (Fn. 106), S. 681; Die Verfassungsmäßigkeit bejahen hingegen Heintzen, Markus: EU-Verordnungsentwurf zur Anwendung von IAS: Kein Verstoß gegen Unionsverfassungsrecht, in: Betriebs-Berater, Heft 16, (2001), S. 825–829, hier S. 829; Oestreicher, Andreas/Spengel, Christoph: Anwendung der IAS in der EU – Zukunft des Maßgeblichkeitsprinzips und Steuerbelastung, in: RIW, (2001), S. 889–902, hier S. 891 f.

[170]   Die Fair-Value-Bewertung gilt als Beispiel des Paradigmenwechsels weg von der traditionellen Bewertung zu Anschaffungs- bzw. Herstellungskosten hin zu einer Marktbewertung. Dieses Vorgehen ist unter Informationsaspekten zu vertreten, in der Steuerbilanz führt jedoch ein Ansatz von Vermögensgegenständen mit dem Zeitwert zu einem Ausweis nicht realisierter Wertsteigerungen in der Gewinn- und Verlustrechnung.

[171]   Vgl. Herzig, Norbert: IAS/IFRS und steuerliche Gewinnermittlung, Düsseldorf 2004, S. 106–107; Kahle: a. a. O. (Fn. 169), S. 182; Buchholz, Rainer/Weis, Regina: Maßgeblichkeit ade?, in: DStR, Heft 12, (2002), S. 512–517, hier S. 517.

mittelbare Übernahme der IAS/IFRS für die steuerliche Gewinnermittlung für nicht empfehlenswert.[172]

Eine weitere Alternative ist das sog. *Trennungs- oder Abkopplungsmodell*, welches die Entwicklung eines eigenständigen Steuerbilanzrechts im Sinne eines funktionsspezifisch differenzierten Rechnungslegungssystems vorsieht.[173] Nach dieser Idee würden mit dem Handels- und Steuerbilanzrecht zwei völlig von einander losgelöste Bilanzierungsregelwerke entstehen. Bei der Frage nach der Ausgestaltung eines solchen neuen Steuerbilanzrechts steht die Orientierung an den Zielen der steuerlichen Gewinnermittlung im Vordergrund. In Hinblick auf die Praktikabilität wird einerseits zwar eine möglichst hohe Objektivierbarkeit, jedoch kein überbetont „vorsichtig" ermittelter Gewinn gefordert.[174] Zur Umsetzung dieses Konzepts wird der Betriebsvermögensvergleich nach US-amerikanischen Vorbild[175], eine Einnahme-Überschussrechnung gem. § 4 Abs. 3 EStG[176] als auch eine konsumorientierte Cashflow-Rechnung vorgeschlagen.[177]

Hinsichtlich der Zukunft der steuerlichen Gewinnermittlung in Deutschland sind folglich eine Reihe unterschiedlicher Szenarien denkbar. Eine direkte, unmittelbare Übernahme der IAS/IFRS in die Steuerbilanz ist allerdings vor dem Hintergrund der jüngsten Entwicklungen in absehbarer Zeit nicht zu erwarten. Es ist vielmehr wahrscheinlich, dass die internationalen Rechnungslegungsvorschriften (IAS/IFRS) zukünftig verstärkt mittelbar Einfluss auf das deutsche Steuerbilanzrecht nehmen werden. Diese Tendenz bestätigt zum einen das bereits stark an den IAS/IFRS orientierte Bilanzrechtsmodernisierungsgesetz sowie andererseits die erwähnt zunehmende Einflussnahme der Rechtsprechung des EuGH auf das nationale Steuerbilanzrecht.[178] Ein Einfluss der IAS/IFRS auf das handelsrechtliche GoB-Verständnis ist demzufolge hauptsächlich bei Fragen der korrekten Auslegung oder Interpretation bestimmter bilanzieller Sachverhalte möglich.[179] Diese Entwicklungen führen freilich unweigerlich zu der Diskussion, inwieweit einzelne Regelungen der IAS/IFRS den Maßgaben der steuerlichen Fundamentalprinzipien unter Umständen besser gerecht werden als die bisherigen handelsrechtlichen Vorschriften ordnungsgemäßer Buchführung.[180] Diesbezüglich werden keineswegs sämtliche Regelungen der IAS/IFRS für Zwecke der steuerlichen Gewinnermittlung kategorisch abgelehnt, zumal für einige Vertreter in der Literatur die Idee der Schaffung einer einheitlichen europäischen Steuer-

---

[172] Vgl. Esterer, Fritz: Maßgeblichkeit der IAS/IFRS, in: Die internationale Unternehmensbesteuerung im Wandel, hrsg. von Endres/Oestreicher/Scheffler/Spengel, München 2005, S. 110–126, hier S. 121; Herzig: IAS/IFRS, a. a. O. (Fn. 168), S. 214; Kussmaul/Zabel: a. a. O. (Fn. 143), S. 803; Kuntschik, Nina: Steuerliche Gewinnermittlung und IAS/IFRS, Diss. Frankfurt/Main 2004, S. 219; Zeitler, Franz-Christoph: Rechnungslegung und Rechtsstaat, in: Der Betrieb, Heft 29, (2003), S. 1529–1534, hier S. 1431f; Euler, Roland (1998): Steuerbilanzielle Konsequenzen der Internationalen Rechnungslegung: in: StuW, Heft 1, 1998, S. 15–24, hier S. 23.

[173] Vgl. Herzig/Bär: a. a. O. (Fn. 163), S. 5.

[174] Vgl. Herzig: IAS/IFRS, a. a. O. (Fn. 168), S. 214.

[175] Vgl. Wehrheim, Michael/Lenz, Thomas: Einfluss der IAS/IFRS auf das Maßgeblichkeitsprinzip, in: StuB, Heft 10, (2005), S. 455–460, hier S. 459.;

[176] Vgl. Lauth, Bernd: Endgültiger Abschied von der Einheitsbilanz, in: DStR, Heft 32, S. 1365–1372, hier S. 1372; Weber-Grellet; Heinrich: Zur Abschaffung des Maßgeblichkeitsgrundsatzes, in: StuB, Heft 14, (2002), S. 700–706, hier S. 706.

[177] Vgl. Schreiber: Rechnungslegung im Einzelabschluß, a. a. O. (Fn. 130), S. 900f; Wagner, Franz: Aufgabe der Maßgeblichkeit bei einer Internationalisierung der Rechnungslegung?, in: Der Betrieb, Heft 42, (1998), S. 2073–2077, hier S. 2077, jeweils m. w. N.

[178] Siehe hierzu die Ausführungen in Kapitel 2.4.1 und 2.4.2.

[179] Vgl. Herzig, Norbert: Internationalisierung der Rechnungslegung, a. a. O. (Fn. 130), S. 110–111; Herzig, Norbert/Dautzenberg, Norbert: Auswirkungen der Internationalisierungen der Rechnungslegung auf die Steuerbilanz, in: BFuP, Heft 1, (1998), S.23–37, hier S. 32–34; Schreiber, Ulrich: Hat das Maßgeblichkeitsprinzip noch eine Zukunft?, in: Handels- und Steuerbilanzen, Festschrift zum 70. Geburtstag von Heinrich Beisse, hrsg. von Budde, Moxter, Offerhaus, Düsseldorf 2007, S. 491–509, hier S. 509.

[180] Vgl. Schreiber: Gewinnermittlung, a. a. O. (Fn. 166), S. 108.

basis ohnehin eine übergeordnete Bedeutung hat.[181] Es liegt nahe anzunehmen, dass bei der angestrebten Steuerharmonisierung auf die bereits jetzt europaweit geltenden IAS/IFRS Bezug genommen werden wird.[182] Unabhängig davon gibt es bereits gegenwärtig einzelne Stellungnahmen und Untersuchungsergebnisse, welche die bilanzielle Vorgehensweise der IAS/IFRS für die steuerliche Gewinnermittlung in manchen Bereichen für geeignet oder zumindest unproblematisch halten und im selben Zuge eine Anknüpfung an die IAS/IFRS bei der Entwicklung eines neuen Bilanzrechts (als sog. *Starting Point*) befürworten.[183]

Die Ausführungen haben gezeigt, dass eine vollständige Übernahme der IAS/IFRS für die steuerliche Gewinnermittlung weder zu erwarten noch zu befürworten ist. Gleichzeitig zeichnet sich eine partielle Anknüpfung an die IAS/IFRS in Hinblick auf die Bestrebungen nach einer einheitlichen europäischen Steuerbemessungsgrundlage und die jüngsten Entwicklungen bei der Modernisierung des handelsrechtlichen Bilanzrechts ab. Diese Entwicklung macht es notwendig, einzelne Bilanzposten im Rahmen einer detaillierten Untersuchung dahingehend zu hinterfragen, ob sich gewisse Rechnungslegungsvorschriften der IAS/IFRS auch für steuerliche Zwecke eignen.[184] An diese Überlegung anknüpfend haben speziell die Regelungen der IAS/IFRS bezüglich der Bilanzierung von immateriellen Wirtschaftsgütern beim Unternehmenserwerb in Form des *Asset Deals* eine herausragende Bedeutung. Gerade in Hinblick auf dieses für die externe Berichterstattung und steuerliche Gewinnermittlung gleichermaßen bedeutsamen wirtschaftlichen Vorgangs werden die Bilanzierungsvorschriften nach IFRS 3 in Verbindung mit IAS 38 als kompatibel zu den steuerlichen Gewinnermittlungsprinzipien beurteilt.[185] Eine Würdigung dieser Annahme erfordert zunächst ein genaues Verständnis der steuerlichen Gewinnermittlungskonzeption in Deutschland, welche es im anschließenden Kapitel darzustellen gilt.

3   Die steuerliche Gewinnermittlungskonzeption de lege lata

3.1   Ziele und Prinzipen der Besteuerung de lege lata

3.1.1   Der Primärzweck der Besteuerung

Sofern die Bilanzierung nach IAS/IFRS Ausgangspunkt einer harmonisierten steuerlichen Bemessungsgrundlage in der EU in Betracht kommt, ist ein Einklang mit den steuerlichen Zielen und Prinzipien der Besteuerung zwingend geboten. Eine solche steuerliche Eignung der IAS/IFRS gilt es, im Folgenden zu untersuchen. Zu diesem Zweck soll die Systematik und Vorgehensweise des IFRS 3 zur Bilanzierung immaterieller Wirtschaftsgüter im Rahmen eines Unternehmenserwerbes an den Zielen und Prinzipien des deutschen Steuerrechts de lege lata ge-

---

[181] Vgl. Spengel, Christoph: IFRS als Ausgangspunkt der steuerlichen Gewinnermittlung in der Europäischen Union – Steuerbelastungskonsequenzen im Länder- und Branchenvergleich, in: Der Betrieb, Heft 13, (2006), S. 681–687, hier S. 683.

[182] Vgl. Europäische Kommission: a. a. O. (Fn. 162), S. 20–21.

[183] Vgl. Oestreicher, Andreas: Zukunft des Steuerbilanzrechts aus deutscher Sicht, in: Die Wirtschaftsprüfung, Heft 13, (2007), S. 572–582, hier S. 582; Spengel: a. a. O. (Fn. 181), S. 687; Esterer: a. a. O. (Fn. 172), S. 126; Herzig: IAS/IFRS, a. a. O. (Fn. 168), S. 215, Schreiber, Jochem: Der Maßgeblichkeitsgrundsatz des § 5 Abs. 1 EStG und die IAS/IFRS, in: DStR, Heft 32, (2005), S. 1351–1355, hier S. 1355; Böcking, Hans-Joachim/Gros, Marius: IFRS und die Zukunft der steuerlichen Gewinnermittlung, in: DStR: Heft 51–52, (2007), S. 2339–2344, hier S. 2344; SCHÖN legt sich diesbezüglich nicht fest, hebt jedoch auch die Vorteile einzelner IAS/IFRS gegenüber einigen aus steuerlicher Sicht bekannten Mängeln des Handelsrechts hervor; vgl. Schön, Wolfgang: Steuerliche Maßgeblichkeit in Deutschland und Europa, München 2005, S. 248–256.

[184] Vgl. Esterer: a. a. O. (Fn. 172), S. 126.

[185] In Hinblick auf die Aufteilung des Kaufpreises auf die einzelnen immateriellen Einzelwirtschaftsgüter in Abgrenzung zum Geschäfts- oder Firmenwert folgen die IAS/IFRS nach der Ansicht von HERZIG dem Einzelbewertungsgrundsatz; vgl. Herzig: IAS/IFRS, a. a. O. (Fn. 168), S. 226; ders: a. a. O. (Fn. 171), S. 105–107.

messen werden. Entsprechend gilt es zunächst, die primären Ziele der Besteuerung und die damit einhergehenden Bilanzierungsprinzipien der steuerlichen Gewinnermittlung zu identifizieren.

Die primäre Aufgabe der Besteuerung ist im Sinne des *Fiskalzwecks* die Erzielung von Staatseinnahmen.[186] Demzufolge dient die steuerliche Rechnungslegung zunächst der Bestimmung von Steueransprüchen des Fiskus in Vertretung des Staates,[187] wodurch sich die Funktion der Steuerbilanz gegenüber dem handelsrechtlichen Jahresabschluss auf das Ermitteln einer geeigneten Bemessungsgrundlage für die Ertragsteuern reduziert. Abgesehen von der offensichtlich zu vernachlässigenden Informationsfunktion der steuerlichen Gewinnermittlung kann daher analog zur Handelsbilanz von einer Zahlungsbemessungsfunktion der Steuerbilanz gesprochen werden.[188]

Darüber hinaus verfolgt der Steuergesetzgeber in zunehmendem Maße auch *außerfiskalische Ziele*, welche nicht selten im Zielkonflikt mit den primären Zielen der Besteuerung stehen. Diese äußern sich in Normen im Dienst der Sozial- und Wirtschaftspolitik, unter dessen Einsatz der Staat unter anderem bewerkt, die steuerlichen Rahmenbedingungen für Investition und Arbeitsplätze oder die konjunkturelle Situation zu fördern.[189]

3.1.2   Verfassungsrechtliche Grenzen der Besteuerung

3.1.2.1   Gleichmäßigkeit der Besteuerung

Die steuerlichen Zielvorstellungen des Gesetzgebers sind durch verfassungsrechtliche Vorgaben beschränkt, welche sich anhand der Formulierung von grundlegenden Besteuerungsprinzipien äußern. Im Zusammenhang mit den zentralen Anforderungen an eine verfassungskonforme Besteuerung ist in erster Linie der Grundsatz der *Gleichmäßigkeit der Besteuerung* zu nennen, welcher sich unmittelbar aus dem Gleichheitssatz des Grundgesetzes (Art. 3 Abs.1 GG) ableiten lässt.[190] Die Rechtsprechung des Bundesverfassungsgerichtes interpretiert den Gleichheitssatz als Willkürverbot, nach dem der weder wesentlich Gleiches willkürlich ungleich noch wesentlich Ungleiches willkürlich gleich behandelt werden darf.[191] Daraus folgt, dass die Rechtsprechung des Bundesverfassungsgerichtes idealerweise identische Steuertatbestände gleich (horizontale Gerechtigkeit) und entsprechend ungleiche Sachverhalte ungleich behandelt (vertikale Gerechtigkeit), um eine möglichst gleichmäßige Verteilung der Steuerlast auf die Steuerpflichtigen zu erreichen. Da der Grundsatz jedoch keine unmittelbare Antwort auf die Frage gibt, was im Einzelfall gleich oder ungleich ist, steht es dem Gesetzgeber grundsätzlich zu, die Tatbestände auszuwählen, an welche er die entsprechenden Rechtsfolgen knüpft.

---

[186] Vgl. Oestreicher, Andreas: Handels- und Steuerbilanzen, 6. Auflage, Heidelberg 2003, S. 44.

[187] Vgl. Moxter, Adolf: Zum Verhältnis von Handelsbilanz und Steuerbilanz, in: Betriebs-Berater, Heft 4, (1997), S. 195–199, S. 195, Thiel, Jochen: Bilanzrecht, 4. Auflage, Heidelberg 1990, S. 84.

[188] Vgl. Euler, Roland: Steuerbilanzielle Konsequenzen der Internationalen Rechnungslegung, in: StuW 1998, Heft 1, S. 15–24, hier S. 15.

[189] Im einzelnen Oestreicher: Handels- und Steuerbilanzen, a. a. O. (Fn. 186), S. 44.

[190] Vgl. Kirchhof, Paul: Steuergleichheit, in: StuW, Heft 4, (1984), S. 297–314, hier S. 297; Oestreicher: Handels- und Steuerbilanzen, a. a. O. (Fn. 186), S. 45; Kraus-Grünewald, Marion: Steuerbilanzen – Besteuerung nach der Leistungsfähigkeit contra Vorsichtsprinzip?, in: Handels- und Steuerbilanzen, Festschrift für Heinrich Beisse, hrsg. von Wolfgang Dieter Budde, Adolf Moxter und Klaus Offerhaus, Düsseldorf 1997, S. 285–297, hier S. 287.

[191] Vgl. Leibholz, Gerhard/Rinck, Hans J./Hesselberger, Dieter: Grundgesetz für die Bundesrepublik Deutschland: Kommentar an Hand der Rechtsprechung des Bundesverfassungsgerichts, 7. Auflage, Köln 1993. Band 1 Art. 3.

3.1.2.2   Besteuerung nach der wirtschaftlichen Leistungsfähigkeit

Als geeigneter Verteilungsmaßstab gilt das *Prinzip der Besteuerung nach der Leistungsfähigkeit*, welches weltweit und in allen steuerrechtlichen Disziplinen als Fundamentalprinzip gerechter Besteuerung anerkannt wird.[192] Seine herausragende Bedeutung als „Leitgedanke"[193] oder „Obernorm"[194] der Besteuerung wird dabei immer wieder von Staatsrechtlern sowie Steuerwissenschaftlern gleichermaßen betont.[195] Auch der deutsche Steuergesetzgeber bekennt sich in nahezu allen Gesetzesbegründungen zum Besteuerungsprinzip nach der individuellen wirtschaftlichen Leistungsfähigkeit.[196] Durch die Wahl des Leistungsfähigkeitsprinzips als Vergleichsmaßstab im Rahmen des verfassungsrechtlichen Gleichheitssatzes greift der Gesetzgeber indessen eine jahrhundertelange Entwicklung auf. So wurde die Forderung der Übereinstimmung der Steuerlast mit der Leistungsfähigkeit bereits 1891 im Preußischen Einkommensteuergesetz[197] begründet und ebenso in der Verankerung der Steuerlastverteilung der Weimarer Reichsverfassung[198] als auch in neueren Reformbegründungen des Steuergesetzgeber aufgegriffen.[199] Das Prinzip der wirtschaftlichen Leistungsfähigkeit ist allerdings nicht gänzlich unumstritten. Die zahlreichen Kritiker bemängeln primär, dass das Leistungsfähigkeitsprinzip aufgrund seiner Vielseitigkeit nicht konkretisierbar sei und sich daher keine „dogmatischen Konsequenzen" aus ihm ableiten ließen.[200] Diese Auffassung verkennt jedoch die rechtsgebietsprägende Funktion des Leistungsfähigkeitsprinzips als Primärgrundsatz des Steuerrechts, welcher ein inneres System von Rechtsprinzipien leitet. Dieses System von Rechtsprinzipien wiederum konkretisiert das Prinzip der wirtschaftlichen Leistungsfähigkeit.[201] Eine starre inhaltliche Definition der wirtschaftlichen Leistungsfähigkeit hätte hingegen den entscheidenden Nachteil, dass dessen inhaltliche Anpassung und Messbarkeit vor dem Hintergrund dynamischer wirtschaftlicher und rechtlicher Rahmenbedingungen entscheidend erschwert wäre.[202] Zudem unterstreicht auch die deutliche Aufwertung des Prinzips der Besteuerung nach der wirtschaftlichen Leistungsfähigkeit durch die jüngere Rechtsprechung dessen Bedeutung als wichtigster Indikator und Beurteilungsmaßstab von zu untersuchenden Bilanzierungsprinzipien.[203] Demnach müssen unterschiedliche Bilanzierungsgrundsätze grundsätzlich danach beurteilt werden, ob sie die steuerliche Leistungsfähigkeit abzubilden vermögen. Umgekehrt bedarf es bei einer Durchbrechung des Leistungsfähigkeitsprinzips einer gesonderten Rechtfertigung. Folglich unterscheidet die Steuerrechtswissenschaft zwischen Belastungsnormen (gestaltet nach dem Gedanken des Leistungsfä-

---

[192]   Vgl. Lang, Joachim, in: Tipke, Klaus/Lang, Joachim: Steuerrecht, 18 Auflage, Köln 2005, § 4 Rz. 83; Tipke, Klaus: Steuergerechtigkeit, Köln 1981, S. 57.

[193]   Kirchhof: Steuergleichheit, a. a. O. (Fn. 190), S. 305.

[194]   Bach, Stefan: Die Perspektiven des Leistungsfähigkeitsprinzips im gegenwärtigen Steuerrecht, in: StuW, Heft 2, (1991), S. 116–135, hier S. 130.

[195]   Für einen detaillierten Überblick über die Stellung des Leistungsfähigkeitsprinzips im deutschen Steuerrecht vgl. Kraft, Cornelia: Steuergerechtigkeit und Gewinnermittlung, Wiesbaden 1991, S. 12–13.

[196]   Vgl. BT-Drucks. 11/2157, S. 117 f.; BT-Drucksache 8/3648, S. 16; oder BT-Drucksache 14/23, S. 168 f.

[197]   Vgl. § 19 Preussisches Einkommensteuergesetz, 1891, S.175. Zur Historie und Ursprung des Leistungsfähigkeitsprinzips vgl. Birk, Dieter: Das Leistungsfähigkeit als Maßstab der Steuernormen, Köln 1983, S. 6 f, sowie Bach: a. a. O. (Fn. 194), S. 117 f.

[198]   Vgl. hierzu die Forderungen in Artikel 134 der Weimarer Reichsverfassung.

[199]   Vgl. z. B. BT-Drucks. 11/2226, S.6–9 oder BT-Drucksache 11/2157, S.117 f.

[200]   Crezelius, Georg: Maßgeblichkeitsgrundsatz in Liquidation, in: Der Betrieb, Heft 14, (1994), S. 689–691, hier S. 691. Vgl. zudem Kruse, Heinrich Wilhelm: Möglichkeiten und Grenzen der Rechtsfortbildung im Steuerrecht, in: DStJG, Band 5, Köln 1982, S. 71–83, hier S. 80f; Schmidt, Kurt: Die Besteuerung nach der Leistungsfähigkeit – Reflexionen über ein altes Thema, in: JbFSt 1995/96, Berlin 1996, S. 31–47, hier S. 35.

[201]   Vgl. Hey, Johanna in: Tipke, Klaus/Lang, Joachim: Steuerrecht, 18. Auflage, Köln 2005, § 4 RZ. 83.

[202]   Vgl. Herzig, Norbert: Internationalisierung der Rechnungslegung und steuerliche Gewinnermittlung, in: Die Wirtschaftsprüfung, Heft 2, (2000), S. 104–119, hier S. 112.

[203]   Vgl. Pezzer, Heinz-Jürgen: Bilanzierungsprinzipien als sachgerechte Maßstäbe der Besteuerung, in: Probleme des Steuerbilanzrechts, DStJG, Band 14, Köln 1991, S. 3–27, hier: S. 8.

higkeitsprinzips) und Gestaltungsnormen, welche durch die von ihnen verfolgten Ziele begründet werden müssen und im Konfliktfall nach erfolgter Abwägungen eine Durchbrechung der Besteuerung nach der Leistungsfähigkeit rechtfertigen können.[204]

3.1.2.3   Das steuerliche Legalitätsprinzip

Zur Herstellung der Rechtssicherheit und dem Vertrauensschutz unterliegt das Steuerrecht zudem in hohem Maße dem *steuerrechtlichen Legalitätsprinzip*, welches sich aus Art. 2 Abs. 1 GG und Art. 20 Abs. 3 GG ableiten lässt.[205] Das Prinzip setzt sich zusammen aus dem *Grundsatz des Gesetzesvorbehalts* und dem *Prinzip der Tatbestandsmäßigkeit* der Besteuerung. Ein steuerlicher Eingriff ist demzufolge nur dann zulässig, wenn die Besteuerung an ein formelles Gesetz anknüpft (sog. Gesetzmäßigkeit der Besteuerung, „nullum tributum sine lege").[206] Nach dem Prinzip der Tatbestandsmäßigkeit muss zudem der tatsächliche Tatbestand den steuerlichen Eingriff decken[207] sowie die Rechtsfolge im Gesetz festgelegt sein.[208] Eine Befolgung dieses Prinzips stellt die Rechtssicherheit sicher, sodass Steuertatbestände nicht als Generalklauseln oder Ermessenstatbestände gestaltet werden können.

3.1.2.4   Die Praktikabilität der Besteuerung

Die Gleichmäßigkeit der Besteuerung bedingt ein Steuersystem, in welchem die gesetzlichen Besteuerungsvorgaben in einer konstant verlässlichen Art und Weise vollzogen werden können.[209] Auf der Ebene der Rechtsanwendung ist folglich die Einfachheit bzw. *Praktikabilität der Besteuerung* zu gewährleisten, da die Komplexität von praktisch schwer umsetzbaren Gesetzen verschiedene Steuerpflichtige unterschiedlich stark belastet.[210] Praktikabilitätsgründe können demzufolge eine Einschränkung des Prinzips der wirtschaftlichen Leistungsfähigkeit verursachen. Die primäre Aufgabe dieses Prinzips ist daher, die Steuergesetze vor einem Übermaß an Kompliziertheit und praktischen Undurchführbarkeit zu schützen. Ein zentrales Instrument dieses Vereinfachungszwecks ist die Typisierung. Diese gewährleistet, dass die hinsichtlich der Steuererhebung anfallenden Kosten in einem angemessenen Verhältnis zu den Steuereinnahmen stehen.[211]

---

[204] Vgl. Birk: a. a. O. (Fn.197), S. 236 f. Moxter sieht im Falle der steuerrechtlichen Aktivierungsvoraussetzung „entgeltlicher Erwerb" bspw. eine notwendige Durchbrechung des Leistungsfähigkeitsprinzips nach Art. 3 GG durch Art. 1 Abs. 1 GG; vgl. Moxter, Adolf: Die Aktivierungsvoraussetzung „entgeltlicher Erwerb" im Sinne von § 5 abs. 2 EStG, in: Der Betrieb, Heft 38, (1978), S. 1804–1809, hier S. 1807–1808. Siehe hierzu auch die Ausführungen in Kapitel 4.2.4.3.4.

[205] Vgl. Lang in: Tipke/Lang, a. a. O. (Fn. 192), § 4 Rz. 153–154.

[206] Vgl. Bossert, Unternehmensbesteuerung und Bilanzsteuerrecht, Heidelberg 1997, S. 17.

[207] Vgl. Kahle, Holger: Maßgeblichkeitsgrundsatz auf Basis der IAS?, in: Die Wirtschaftsprüfung, Heft 4, (2002), S. 178–188, hier S. 180.

[208] Vgl. Lang in: Tipke/Lang, a. a. O. (Fn. 192) § 4 Rz. 158.

[209] Vgl. Oestreicher, Andreas: Zukunft des Steuerbilanzrechts aus deutscher Sicht, in: Die Wirtschaftsprüfung, Heft 13, (2007), S. 572–582, hier S. 577.

[210] Vgl. Arndt, Hans-Wolfgang: Praktikabilität und Effizienz, Köln 1983, S. 7 f.

[211] Vgl. statt vieler Oestreicher: Zukunft des Steuerbilanzrechts, a. a. O. (Fn. 209), S. 577.

3.2 Konkretisierung der steuerlichen Fundamentalprinzipien durch die periodisierte Gewinnermittlung

3.2.1 Ableitung eines geeigneten Lastenverteilungsmaßstabes

Die mangelnde Konkretisierung der Fundamentalprinzipien des deutschen Steuerrechts führt zu dem grundlegenden Problem, dass sich aus deren Inhalt zunächst keine präzisen Besteuerungsregeln ableiten lassen. Bei der Suche nach einem gerechten Lastenverteilungsmaßstab, bei dem die zuvor ermittelten Fundamentalprinzipien der Besteuerung gewahrt sind, stellt die Frage der horizontalen Gerechtigkeit die zentrale Herausforderung dar. Denn während sich die Verwirklichung der vertikalen Steuergerechtigkeit auf die Gestaltung des Steuertarifs beschränkt, kommt der Bestimmung einer Steuerbemessungsgrundlage im Sinne der horizontalen Gerechtigkeit eine ungleich höhere Bedeutung zu. Dementsprechend bezieht sich das Leistungsfähigkeitsprinzip nicht auf die Bestimmung eines bestimmten Tarifverlaufs, sondern primär auf die Ermittlung einer adäquaten Bemessungsgrundlage.[212] Problematisch erweist sich hier insbesondere die subjektive Komponente der individuellen wirtschaftlichen Leistungsfähigkeit, durch welche dieses Prinzip nur durch geeignete Hilfsgrößen konkretisiert und messbar gemacht werden kann. Um dem Grundsatz der Rechtssicherheit zu genügen, muss folgerichtig ein Maßstab gefunden werden, welcher die grundlegenden Gedanken des Leistungsfähigkeitsprinzips in gesetzliche Normen umsetzt und somit einer intersubjektiven Überprüfung zugänglich macht.

3.2.2 Der Einkommensbegriff aus der Sicht betriebswirtschaftlicher Theorien

Als Indikator für die wirtschaftliche Leistungsfähigkeit eines Steuersubjekts kommt grundsätzlich die Orientierung am Mittelverbrauch (Konsum), dem Vermögen oder dem Einkommen des Besteuerungsobjektes in Betracht.[213] Die herrschende Meinung der Literatur hält diesbezüglich das Einkommen bzw. den Gewinn als bestgeeigneten Maßstab zur Beurteilung der wirtschaftlichen Leistungsfähigkeit.[214] Zwangsläufig stellt sich dann aber die Frage, welcher Definition des Einkommens eigentlich zu folgen ist, um eine möglichst den realen Verhältnissen entsprechende wirtschaftliche Leistungsfähigkeit eines Individuums zu bestimmen. Da bekanntlich keine allgemeingültige, wissenschaftlich exakte Definition des *wahren* Einkommens existiert, steht dem Gesetzgeber bei der Ausgestaltung der Differenzierungskriterien der wirtschaftlichen Leistungsfähigkeit zunächst grundsätzlich frei.[215]

Im Sinne des kapitaltheoretischen oder ökonomischen Gewinns definiert man Einkommen als den Betrag, der bei Erhalt der Einkommensquelle entnommen werden kann, ohne deren Ertragskraft zu beeinträchtigen.[216] Bezogen auf die unternehmerische Tätigkeit stellt der ökonomische Gewinn die Differenz zwischen dem Ertragswert am Periodenende und dem Ertragswert am Periodenanfang korrigiert um Einlagen und Entnahmen dar.[217] Der ideale Indikator der steu-

---

[212]   Vgl. Tipke, Klaus: Die Steuerrechtsordnung, Band 1, Köln 1993, S. 498.

[213]   Vgl. Lang in: Tipke/Lang, a. a. O. (Fn. 192), § 4 Rz. 95.

[214]   Vgl. Tipke: Steuerrechtsordnung, a. a. O. (Fn. 212), S. 500f; Birk: a. a. O. (Fn. 197), S. 33; Clemm, Hermann: Wirtschaftliche versus formalrechtliche Betrachtung im Steuer- und Bilanzrecht, in: Steuerrecht Verfassungsrecht, Finanzpolitik, Festschrift für Franz, hrsg. von Paul Kirchhof, Köln 1994, S. 715–736, hier S. 734; Kraft: a. a. O. (Fn. 195), S. 49; Oestreicher: Handels- und Steuerbilanzen, a. a. O. (Fn. 186), S.46.

[215]   Vgl. Tipke, Klaus: Einkommensteuer – Fundamentalreform, in: StuW, Heft 2, (1986), S. 150–169, hier S. 164; Kraft: a. a. O. (Fn. 195), S. 19.

[216]   Das Konzept des kapitaltheoretischen Einkommensbegriffs, auch „Economic Concept of Income" bezeichnet, lässt sich auf Böhm-Bawerk (1924) zurückverfolgen; vgl. Kraft: a. a. O. (Fn. 195), S. 48.

[217]   Vgl. Moxter, Adolf: Betriebswirtschliche Gewinnermittlung, Tübingen 1982, S. 112–113; Jacobs, Otto: Das Bilanzierungsproblem in der Ertragsteuerbilanz, Stuttgart 1971, S. 16 f.

erlichen Leistungsfähigkeit wäre demnach der Totalgewinn eines Unternehmens.[218] In diesem Falle würde das Ergebnis aller finanziellen Aktivitäten des Unternehmensprozesses, also sämtliche über die Lebensdauer des Unternehmens erzielten Einzahlungsüberschüsse, berücksichtigt werden.[219] Folgerichtig träten kaum Verfälschungen im Sinne von vereinfachenden Bilanzierungs- oder Bewertungsregeln in Erscheinung und der Totalgewinn würde dem Kaufmann als erwirtschaftetes disponibles Einkommen auch tatsächlich zur Verfügung stehen. Zudem könnte eine auf dem Totalgewinn basierende steuerliche Gewinnermittlung unter der Annahme eines vollkommenen Kapitalmarktes sowie vollständiger Information und Sicherheit in Hinblick auf zukünftige Zahlungsüberschüsse den Vorteil einer Investitions- und Inflationsneutralität aufweisen.[220]

Trotz dieser Vorzüge würde die Ausrichtung am Verfügungspotenzial des Steuersubjekts streng genommen eine Besteuerung des dem Individuum zurechenbaren Marktwerts bedeuten, unabhängig davon, ob dessen wirtschaftlichen Mittel bereits verfügbar sind oder erst künftig verfügbar werden könnten.[221] Da der Fiskus jedoch auf regelmäßige, sukzessive Zahlungen des Steuerpflichtigen angewiesen ist, erfordert es den auf einen entsprechenden Gewinnermittlungszeitraum entfallenden partiellen Totalgewinn. Zugleich ist das Konzept der ökonomischen Gewinntheorie unter Beachtung der Tatbestandsmäßigkeit der Besteuerung unzulässig und unpraktikabel, da es nur ein Formalkalkül darstellt und mit zukünftigen und damit unsicheren Größen arbeitet.[222] Dies resultiert aus der Tatsache, dass die wesentlichen Elemente der Ertragswertbestimmung, nämlich die Zukunftszahlungen und Kapitalisierungszinssätze, in nicht unerheblichen Umfang mit subjektiven Wahrscheinlichkeiten gewichtet sind. Die sich somit ergebende Anfälligkeit gegen gezielte Manipulation und die Unzugänglichkeit einer intersubjektiven Nachprüfbarkeit machen das Konzept für die steuerliche Gewinnermittlung zwangsläufig unbrauchbar.[223] Als Ergebnis ist festzuhalten, dass das Steuerrecht eine Gewinnermittlungsmethode benötigt, welche zwar tendenziell den Totalgewinn erfasst, jedoch in kürzeren Gewinnermittlungszeiträumen die Bemessung einer praktikablen und verlässlichen Besteuerungsgrundlage ermöglicht.[224]

Vor diesem Hintergrund hat sich die Ansicht durchgesetzt, zum Zweck der Ermessensbegrenzung und Objektivierbarkeit auf nachvollziehbare Daten der Vergangenheit zurückzugreifen, um somit eine möglichst akzeptable Annäherung an unsichere Zukunftswerte zu erreichen.[225] Die dazu herangezogene Ermittlung eines Periodengewinns wird allerdings aufgrund der nicht von der Hand zu weisenden Eigenschaft als Durchschnitts- und Vereinfachungsparameter schon frühzeitig als „unzuverlässige Globalgröße" mit engen „Aussagegrenzen hinsichtlich der effektiv zu erwartenden finanziellen Zielrealisierungsmöglichkeiten" betrachtet.[226] Dessen ungeachtet hält MOXTER den Periodengewinn für einstweilen „unentbehrlich" und insbesondere für Zwecke der Einkommensbesteuerung als geeignete „Globalgröße".[227] Die infolge der regelmäßigen Steuererhebung nötige periodisierte Gewinnermittlung kann jedoch offensichtlich die Anforderungen des Prinzips der wirtschaftlichen Leistungsfähigkeit nicht voll verwirklichen.

---

[218] Vgl. Thiel: a. a. O. (Fn. 187), S. 85. Zu den Einschränkungen vgl. Kraft: a. a. O. (Fn. 195), S. 49 f.

[219] Vgl. Jacobs, Otto/Schreiber, Ulrich: Betriebliche Kapital- und Substanzerhaltung in Zeiten steigender Preise, Stuttgart 1978, S. 95.

[220] Vgl. Broer, Frank: Maßgeblichkeit und Harmonisierung der Rechnungslegung, Diss. Konstanz 1999, S. 327.

[221] Vgl. Kraus-Grünewald: a. a. O. (Fn. 190), S. 288.

[222] Ähnlich Broer: a. a. O. (Fn. 220), S. 327.

[223] Vgl. Jacobs/Schreiber: a. a. O. (Fn. 219), S. 95–101; Oestreicher: Handels- und Steuerbilanzen, a. a. O. (Fn. 186), S. 46–47.

[224] Vgl. Thiel: a. a. O. (Fn. 187), S. 85.

[225] Vgl. Kraus-Grünewald: a. a. O. (Fn. 190), S. 289–290.

[226] Moxter, Adolf: Bilanzlehre, 2. Auflage, Wiesbaden 1976, S. 386 (beide Zitate).

[227] Moxter: Bilanzlehre, a. a. O. (Fn. 226), S. 387 (beide Zitate).

Die Heranziehung von vergangenheitsorientierten Daten ist somit ein Paradebeispiel für die einschränkende Wirkung des Gebots der Rechtssicherheit, unter dessen Beachtung sich jegliche wirtschaftliche Leistungsfähigkeit nur unter den engen Restriktionen von Vereinfachungs- und Objektivierungserfordernissen bilanziell ermitteln lässt.[228] Somit unterliegt das der Rechtssicherheit der Besteuerung dienende Fundamentalprinzip der wirtschaftlichen Leistungsfähigkeit wiederum den Beschränkungen der allgemeinen Rechtssicherheit.

3.2.3   Der periodisierte Gewinn als objektiver Maßstab der wirtschaftlichen Leistungsfähigkeit

Im Ergebnis lässt sich festhalten, dass sich die Primärziele der Besteuerung unter Beachtung der verfassungsrechtlichen Beschränkungen annäherungsweise durch eine periodisierte und objektivierte Gewinnermittlung im Sinne einer horizontalen Gleichheit der Besteuerung konkretisieren lassen. Entsprechend dieser Feststellungen hat sich der Gesetzgeber nach § 2 Abs. 2 Nr. 1 EStG in Verbindung mit § 2 Abs. 7 S. 1 EStG für den periodisierten Gewinn als Indikator zur Bestimmung der objektiven Leistungsfähigkeit von Gewerbetreibenden entschieden. Zur Ermittlung des Gewinns werden im deutschen Steuergesetz zwei unterschiedliche Methoden verfolgt. Demnach wird bei den sogenannten Überschusseinkünften das zu versteuernde Einkommen durch den Überschuss der Einnahmen über die Werbungskosten ermittelt. Dieser Ausgangspunkt der Einkommensermittlung basiert im Wesentlichen auf die durch FUISTING begründeten Quellentheorie[229], wonach grundsätzlich nicht regelmäßig fließende Zahlungen von der Überschussrechnung ausgeschlossen werden und Vermögensveränderungen an der Einkommensquelle keine Berücksichtigung finden. Eine Periodisierung der Zahlungen ist somit nur eingeschränkt möglich ist.[230]

Die zweite tragende Säule der Einkommensermittlung im deutschen Steuerrecht ist der Betriebsvermögensvergleich nach § 4 Abs. 1 EStG,[231] welcher seinen Ursprung in der *klassischen Reinvermögenzugangstheorie* von SCHANZ hat.[232] Nach dieser Theorie stellt der Gewinn die Differenz aus einem Vergleich der Summe der isoliert erfassten Veränderungen des betrieblichen Reinvermögens mit der Summe der Erfolgsbeiträge aus der vorangegangenen Periode dar. Folglich müssen sämtliche Geschäftsvorgänge in der Steuerbilanz berücksichtigt werden, welche auf den Bestand und Wert des Betriebsvermögens Auswirkung haben. Der mithilfe des steuerlichen Betriebsvermögensvergleiches ermittelte Gewinn ist demzufolge eine Gegenüberstellung des End- und Anfangsvermögens in Form von Vermögensübersichten bzw. Bilanzen im Sinne des § 4 Abs. 2 EStG.

---

[228] Vgl. Moxter, Adolf: Bilanzrechtsprechung, 5. Auflage, Tübingen 1999, S. 7–8.

[229] Vgl. Fuisting, Bernhard: Die Preußischen direkten Steuern, Band 4, Grundzüge der Steuerlehre, Berlin 1902, S. 57; auf die Problematik des „Dualismus der Einkünfte" im herrschenden Einkommensteuergesetz soll hier nicht näher eingegangen werden, da diese Gewinnermittlungsmethode in der vorliegenden Fallkonstellation nicht zur Anwendung kommt und somit nicht Bestandteil der folgenden Untersuchung ist.

[230] Vgl. Schreiber, Ulrich: Gewinnermittlung und Besteuerung des Einkommen, in: StuW, Heft 2, (2002), S. 105–115, hier S. 107.

[231] Vgl. Kahle: a. a. O. (Fn. 207), S. 185. Neben dem Betriebsvermögensvergleich kennt das geltende Steuerrecht auch die Überschussrechnung nach § 4 Abs. 3 EStG. Auf eine detaillierte Darstellung der vereinfachten Gewinnermittlung wird in Hinblick auf das Untersuchungsziel dieser Arbeit verzichtet.

[232] Vgl. Schanz, Georg: Der Einkommensbegriff und die Einkommensteuergesetze, in: Finanz-Archiv, 13. Jg. (1896), S. 1–87.

3.3   Die Maßgeblichkeit der handelsrechtlichen Vorschriften für die steuerliche Gewinnermittlung

3.3.1   Inhalt und Reichweite des Maßgeblichkeitsprinzips

Nach § 5 Abs. 1 Satz 1 EStG haben buchführungspflichtige Gewerbetreibende das für die steuerliche Gewinnermittlung relevante Betriebsvermögen nach handelsrechtlichen Vorschriften zu ermitteln.[233] Durch diese – als Maßgeblichkeit bezeichnete – Verbindung zwischen Handels- und Steuerbilanz verzichtet der Gesetzgeber auf eine eigene, detaillierte Konzeption steuerbilanzieller Gewinnermittlungsregeln für den einkommensteuerrechtlichen Betriebsvermögensvergleich. Ferner wird durch das Maßgeblichkeitsprinzip die in der Handelsbilanz geltende Grundkonzeption des verteilungsfähigen Gewinns auf die Steuerbilanz übertragen.[234]

Hinsichtlich der Frage nach dem konkreten Inhalt und der Reichweite des Maßgeblichkeitsgrundsatzes existieren zum Teil recht unterschiedliche Auffassungen. Insbesondere hat sich seit etwa 1989 eine Ansicht verbreitet, deren Anhänger eine „einengende Interpretation" des Maßgeblichkeitsprinzips vertreten.[235] Die Kritik bezieht sich dabei primär auf handelsrechtliche Ansatz- und Bewertungswahlrechte (bspw. Aufwandrückstellungen nach § 249 Abs. 1 Satz 3, Abs. 2 HGB), welche nach Überzeugung der Verfechter dieser Auffassung Spielräume für Bilanzpolitik eröffnen und somit gegen die handelsrechtlichen GoB verstoßen.[236] Demgegenüber stellt die Auffassung von einer uneingeschränkten Maßgeblichkeit der handelsrechtlichen Vorschriften für die steuerliche Gewinnermittlung nach wie vor die herrschende Meinung in der Literatur dar.[237] Dieser Standpunkt lässt sich vor allem durch vor dem Hintergrund der Entstehungsgeschichte und des Wortlauts des § 5 Abs.1 EStG rechtfertigen, wonach eine Einschränkung des Maßgeblichkeitsgrundsatzes durch den Gesetzgeber weder gewollt noch aus dem Gesetzestext zu entnehmen sei.[238] Ebenso spreche die Systematik des Einkommensteuerrechts in Hinblick auf § 141 Abs. 1 Satz 2 AO[239] gegen eine Einengung des Maßgeblichkeitsgrundsatzes,

---

[233] Vgl. Crezelius, Georg in: Kirchhoff, EStG KompaktKommentar, 5. Auflage, Heidelberg 2005, § 5 Rz. 1. Die Buchführungspflicht ergibt sich in der Regel aus § 140 AO i. V. m. § 238 Abs. 1 HGB, während § 141 AO eine originäre Buchführungspflicht für Gewerbebetriebe bestimmter Betriebsgrößen festlegt. Zudem eröffnet das Gesetz dem nicht buchführungspflichtigen Gewerbetreibenden die Möglichkeit auf eine freiwillige Gewinnermittlung nach § 5 EStG.

[234] Vgl. Moxter, Adolf: Bilanzrechtsprechung, 2. Auflage, Tübingen 1985, S. 47.

[235] Mathiak, Walter: Unmaßgeblichkeit von kodifiziertem Handelsrechnungslegungsrecht für die einkommensteuerliche Gewinnermittlung?, in: Handels- und Steuerbilanzen, Festschrift für Heinrich Beisse, hrsg. von Wolfgang Dieter Budde, Adolf Moxter, Klaus Offerhaus, Düsseldorf 1997, S. 323–334, hier S. 323.

[236] Diese Auffassung vertreten u. a. Schulze-Osterloh, Joachim: Handelsbilanz und steuerliche Gewinnermittlung, in: StuW 1991, S. 284–296, hier S. 242; ders.: Die Steuerbilanz als Tatbestandsmerkmal im Einkommens- und Körperschaftsteuergesetz, in: Probleme des Steuerbilanzrechts, DStJG, Band 14, (1991), S. 123–138, hier S. 123; Weber-Grellet, Heinrich: Steuerbilanzrecht, München 1996, § 1 Rn 9; Kempermann, Micheal in: Kirchhof/Söhn EStG Kommentar, hrsg. von Paul Kirchhof, Hartmut Söhn und Rudolf Mellinghof, Heidelberg (Ergänzung Nr. 63: Stand März 1996), § 5 B119; Wassermeyer, Franz: Die Maßgeblichkeit der Handelsbilanz für die Steuerbilanz und die Umkehr dieses Grundsatzes, in: Probleme des Steuerbilanzrechts, DStJG, Band 14, (1991), S. 29–46, hier S. 29; Thiel: a. a. O. (Fn. 191), S. 107.

[237] Statt vieler Mathiak, a. a. O. (Fn. 235), S. 325 und Schön, Wolfgang: Die Steuerbilanz zwischen Handelsrecht und Grundgesetz, in: StuW, Heft 4, (1995), S. 366–377, hier S. 366 (374f) jeweils m. w. N. Grundsätzlich sprechen die Verfasser von den Vorschriften der §§ 238–263 HGB, wobei die als Normen des Beweisrechts geltenden §§ 258–260 HGB auszuschließen sind.

[238] Vgl. Beisse, Heinrich: Wandlung der Grundsätze ordnungsgemäßer Buchführung, in: Gedächtnisschrift für Brigitte Knobbe-Keuk, hrsg. von Wolfgang Schön, Köln 1997, S. 385–409, hier S. 401.

[239] Diese Vorschrift verpflichtet Nichtkaufleute, welche ab einer bestimmten Größe buchführungs- und bilanzierungspflichtig werden, zur sinngemäßen Anwendung der §§ 238, 240–242 Abs.1, §§ 243–256 HGB.

da eine Einschränkung der GoB für normale Kaufleute bei gleichzeitiger Vorschrift der §§ 238ff HGB für Nichtkaufleute nicht einleuchtend erscheint.[240]

In der Literatur wird üblicherweise zwischen einer materiellen und formellen Maßgeblichkeit unterschieden. Inhaltlich bezieht sich § 5 Abs. 1 EStG auf die Anwendung handelsrechtlicher Grundsätze ordnungsgemäßer Buchführung (GoB), soweit diesen keine steuerrechtlichen Spezialvorschriften entgegenstehen (sog. materielle Maßgeblichkeit).[241] Die materielle Maßgeblichkeit regelt insofern die Verpflichtung des Steuerpflichtigen zur Übernahme der abstrakten handelsrechtlichen Vorgaben bei der steuerlichen Gewinnermittlung.[242] Folglich ist die Steuerbilanz an handelsrechtliche Aktivierungs- bzw. Passivierungsgebote sowie Aktivierungs- bzw. Passivierungsverbote zwingend gebunden. Die Verknüpfung von Handels- und Steuerbilanz ist jedoch nicht auf die Vorgabe abstrakter handelsrechtlicher Normen beschränkt, sondern bindet darüber hinaus durch die Übernahme der konkreten zulässigerweise getroffenen handelsrechtlichen Bilanzierung- und Bewertungsentscheidungen die steuerliche Gewinnermittlung formell an die tatsächlich erstellte Handelsbilanz (sog. formelle Maßgeblichkeit).[243] Die bedeutet, dass Wahlrechte in der Handelsbilanz und in der Steuerbilanz einheitlich ausgeübt werden müssen und somit ggf. steuerrechtliche Sonderregelungen in die Handelbilanz übernommen werden. Durch diese in § 5 Abs.1 Satz 2 EStG verankerte umgekehrte Maßgeblichkeit hat der Gesetzgeber die formelle Maßgeblichkeit unzweifelhaft bestätigt. Denn die umgekehrte Maßgeblichkeit setzt logisch die formelle Maßgeblichkeit voraus.[244]

Im Rahmen der Fortentwicklung eines Bilanzrechtsmodernisierungsgesetzes war zunächst vorgesehen, die umgekehrte bzw. formelle Maßgeblichkeit ersatzlos zu streichen.[245] Diese auf breite Zustimmung treffende Maßnahme wurde im Regierungsentwurf und numehr auch im Gesetzentwurf vom Gesetzgeber durch das Hinzufügen eines Halbsatzes bestätigt.[246] Danach ist im Falle einer von den handelsrechtlichen Vorschriften abweichenden Bilanzierung vorgeschrieben, die von der Ausübung der steuerlichen Wahlrechte betroffenen Wirtschaftsgüter durch Aufnahme in bestimmte Verzeichnisse zu dokumentieren.[247] An diesem Punkt ist anzumerken, dass die neue Fassung des § 5 Abs. 1 EStG (Hs. 2) aufgrund der unpräzisen Formulierung auf Kritik stößt. Vor allem gehe aus der Regelung nicht eindeutig hervor, ob mit den angesprochenen Wahlrechten nur Ansatzwahlrechte oder auch Bewertungswahlrechte gemeint sind. Zu Recht wird deshalb eine Präzisierung des Anwendungsbereichs der Sätze 1 und 2 im weiteren Gesetzgebungsverfahren gefordert.[248]

---

[240] Vgl. Mathiak, a. a. O. (Fn. 235), S. 329.

[241] Vgl. Weber-Grellet, Heinrich: Maßgeblichkeitsgrundsatz in Gefahr, in: Der Betrieb, (1997), S. 385–391, hier S. 385.

[242] Vgl. Crezelius, in: Kirchhof, a. a. O. (Fn. 233), § 5 Rz. 21.

[243] Vgl. Knobbe-Keuk, Brigitte: Bilanz- und Unternehmenssteuerrecht, 9. Auflage, Köln 1993, § 2 II 2.

[244] Vgl. Wassermeyer: a. a. O. (Fn. 236), S. 30 u. 33.

[245] Vgl. Referentenentwurf eines Gesetzes zur Modernisierung des Bilanzrechts vom 8.11.2007 (abrufbar unter www.bmj.de/BilMoG).

[246] Vgl. Weber-Grellet, Heinrich: Die Abschaffung des Maßgeblichkeitsgrundsatzes – Zur (weiteren) Emanzipation des Steurrechts, in: ZRP, Heft 5, (2008), S. 146–149, hier S. 149; Arbeitskreis Bilanzrecht Hochschullehrer Rechtswissenschaft: Nochmals: Plädoyer für eine Abschaffung der „umgekehrten Maßgeblichkeit", in: DStR, Heft 21–22, (2008), S. 1057–1060.

[247] Vgl. Gesetz zur Modernisierung des Bilanzrechts (Bilanzrechtsmodernisierungsgesetz - BilMoG) vom 29.5.2009, in BGBl. I 2009, S. 1102–1137, hier Artikel 3 bzw. S. 1120.

[248] Vgl. Herzig, Norbert: Steuerliche Konsequenzen des Regierungsentwurfs zum BilMoG, in: Der Betrieb, Heft 25, (2008), S. 1339–1345, hier S. 1340.

3.3.2   Zweckmäßigkeit und Grenzen des Maßgeblichkeitsprinzips

Der auf einer fast hundertjährigen Tradition beruhende Maßgeblichkeitsgrundsatz war ursprünglich von der Motivation angetrieben, die Vereinfachung und Praktikabilität der steuerlichen Gewinnermittlung sowie der Anwendung gesicherter und bewährter handelsrechtlicher Regelungen zu gewährleisten.[249] Der alleinige Objektivierungs- und Vereinfachungszweck hat allerdings aufgrund der zahlreichen steuergesetzlichen Durchbrechungen des Maßgeblichkeitsprinzips und damit verbundenen Abkehr von der Einheitsbilanz zunehmend an Bedeutung verloren.[250] Es ist daher auch nicht verwunderlich, dass die rechtlich konkretisierte Konzeption einer ausschüttungsorientierten Einheitsbilanz im Laufe der Zeit immer wieder in Frage gestellt wurde. Die grundlegende Kritik an dem Maßgeblichkeitsgrundsatz ist dabei zunächst völlig losgelöst von der zunehmenden Internationalisierung der kapitalmarktorientierten Rechnungslegung und des Vordringens der IAS/IFRS zu sehen.[251] Im Zentrum der Diskussion steht vielmehr seit jeher die Frage, ob die durch die Maßgeblichkeit gesetzlich verankerte Verknüpfung von Handels- und Steuerbilanz den Anforderungen einer auf dem Leistungsfähigkeitsprinzip beruhenden Besteuerung gerecht werden kann. Die nun bereits etwa 30 Jahre andauernde Diskussion um das Maßgeblichkeitsprinzip ist zuletzt durch den von WEBER-GRELLET Mitte der 90er Jahre forcierten Kampf um ein eigenständiges Steuerbilanzrecht neu entfacht worden.[252] Die Forderung nach der Abschaffung des § 5 Abs. 1 Satz 1 EStG stützt sich dabei vornehmlich auf der Überzeugung einer grundlegenden Inkompatibilität von Handels- und Steuerbilanz. Demnach verfolgen Handels- und Steuerbilanz verschiedene bzw. konträre Ziele, was zu einer Unvereinbarkeit der durch die kaufmännische Vorsicht geprägten handelsrechtlichen Gewinnermittlung mit dem Grundsatz der Gleichmäßigkeit der Besteuerung führe.[253] Zudem wird von einem Teil der Kritiker die Abschaffung des Betriebsvermögensvergleiches zugunsten einer Gewinnermittlung auf Basis von Zahlungsüberschüssen gefordert, da die handelsrechtlichen GoB nicht ausreichend konkretisiert sein, zahlreiche Wahlrechte enthalten und ferner die Antizipation zukünftiger Verluste ermöglichen.[254]

Andererseits erfuhr das Maßgeblichkeitsprinzip vor allem durch die auf DÖLLERER zurückgehende Annahme einer grundsätzlich identischen Zwecksetzung von Handels- und Steuerbilanz

---

[249]   Vgl. Wehrheim, Michael/Lenz, Thomas: Einfluss der IAS/IFRS auf das Maßgeblichkeitsprinzip, in: StuB, Heft 10, (2005), S. 455–460, hier S. 455; Schön, Wolfgang: Steuerliche Maßgeblichkeit in Deutschland und Europa, Köln 2005, S. 4; Alsheimer, Herbert: Einhundert Jahre Prinzip der Maßgeblichkeit der Handelsbilanz für die Steuerbilanz, in: ZfB 1974, S. 841–848, hier S. 842 f. Zur historischen Entwicklung des Maßgeblichkeitsprinzips siehe Söffing, Günter: Für und Wider den Maßgeblichkeitsgrundsatz, in: Festschrift für Wolfgang Dieter Budde, hrsg. von Gerhard Förschle, Klaus Kaiser, Adolf Moxter, München 1995, S. 635–673, hier S. 636 f.

[250]   Vgl. Hey in: Tipke/Lang a. a. O. (Fn. 201), § 17, Rz. 43.

[251]   Vgl. zu den bisherigen und möglichen Auswirkungen des zunehmenden Vordringens der IAS/IFRS in der Rechnungslegung die Ausführungen in Kapitel 2.4.

[252]   Vgl. Weber-Grellet, Heinrich: Maßgeblichkeitsschutz und eigenständige Zielsetzung der Steuerbilanz, in: Der Betrieb, Heft 6, (1994), S. 288–291, hier S. 288 f.

[253]   Vgl. Weber-Grellet, Heinrich: Der Maßgeblichkeitsgrundsatz im Lichte aktueller Entwicklungen, in: Der Betrieb-Berater, Heft 51/52 (1999), S. 2659–2666, hier S. 2661 u. 2666. Gleicher Ansicht ist Siegel, Theodor: Rückstellungen, Teilwertabschreibungen und Maßgeblichkeitsprinzip, in: StuB, Heft 4, (1999), S. 195–201, hier S. 195f; Wagner, Franz: Aufgabe der Maßgeblichkeit bei einer Internationalisierung der Rechnungslegung?, in: Der Betrieb, Heft 42, (1998), S. 2073–2077; ders.: Kann es eine Beseitigung aller steuerlichen Ausnahmen geben, wenn es keine Regel gibt?, in: DStR, Heft 14, (1997) S. 517–521, hier S. 517 f.

[254]   Vgl. Weber-Grellet, Henrich: Bestand und Reform des Bilanzsteuerrechts, in: DStR, Heft 35, (1998), S. 1343–1349, hier: S. 1348–1349.; Müller, Ursula: Imparitätsprinzip und Erfolgsermittlung, in: Der Betrieb, Heft 14, (1996), S. 689–695, hier S. 694; ähnlich Schneider, Dieter: Abbau von Steuervergünstigungen durch Skalpierung der Maßgeblichkeit und Verlustverrechnung als „Stärkung der Investitionskraft"?, in: Der Betrieb, Heft 3; (1999), S. 105–110, hier S. 107.

seine bis heute geltende Legitimation.[255] Im Fokus der Betrachtung steht hier die von Handels- und Steuerbilanz gleichermaßen bezweckte Zahlungsbemessungsfunktion in Hinblick auf die vorsichtige Ermittlung eines ausschüttungsfähigen Gewinns, während die Informationsfunktion in den Hintergrund rückt. Gedanklich wird ferner von einer gleichmäßigen *Teilhabe* von Staat und Unternehmer an den betrieblichen Vermögensmehrungen ausgegangen, deren Gleichstellung in Bezug auf Steueranspruch und Ausschüttung durch das Maßgeblichkeitsprinzip garantiert wird.[256] Der Maßgeblichkeitsgrundsatz nimmt demzufolge eine Schutzfunktion gegen eine übermäßige Besteuerung ein, indem es eine einseitige Auslegung der steuerlichen Gewinnermittlung für fiskalische Zwecke durch den Gesetzgeber verhindert.[257] Gleichzeitig wird der auf Basis von handelsrechtlichen Vorschriften ermittelte Gewinn als geeigneter Maßstab zur Beurteilung der steuerlichen Leistungsfähigkeit der Unternehmung beurteilt.[258] Entscheidend ist dabei, dass die Begrenzung der Entnahmen oder Ausschüttungen auf den vorsichtig ermittelten Gewinn den Fortbestand der Unternehmung sichere. Zudem sei das Steuerrecht nicht in der Lage, einen eigenen Maßstab zur Messung der steuerlichen Leistungsfähigkeit von Gewerbetreibenden zu konkretisieren.[259]

Die Beachtung der fundamentalen Prinzipien der Besteuerung führt hingegen dazu, dass die Anknüpfung der Steuerbilanz an die handelsrechtlichen GoB nicht unbedingter bzw. sklavischer Natur sein kann und im Konfliktfall das Prinzip der steuerlichen Leistungsfähigkeit grundsätzlich Vorrang vor der Maßgeblichkeit handelsrechtlicher Bilanzierungsgrundsätze haben sollte.[260] Demzufolge inkorporiert der § 5 Abs. 1 EStG die GoB in das Einkommensteuerrecht, wodurch diese sich den spezifischen Rechtsprinzipien des Steuerrechts, insbesondere dem Leistungsfähigkeitsprinzip, unterzuordnen haben.[261] Somit hängt die Beurteilung des Maßgeblichkeitsgrundsatzes davon ab, ob die sich in den handelsrechtlichen Grundsätzen ordnungsgemäßer Buchführung ausdrückenden Prinzipien der Bilanzierung mit den Anforderungen und Zielen der steuerlichen Gewinnermittlung im Einklang stehen.[262]

Vor dem soeben skizzierten Hintergrund wird im Folgenden untersucht, inwiefern die durch § 5 Abs. 1 EStG für die steuerliche Gewinnermittlung zugrunde gelegten handelsrechtlichen Ge-

---

[255] Vgl. Döllerer, Georg: Maßgeblichkeit der Handelsbilanz in Gefahr, in: Betriebs-Berater, Heft 31, (1971), S. 1333–1335, hier S. 1334–1335.

[256] Vgl. Euler: Steuerbilanzielle Konsequenzen, a. a. O. (Fn. 188), S. 15, Moxter: Zum Verhältnis von Handelsbilanz und Steuerbilanz, a. a. O. (Fn. 187), S. 195; Schön: Die Steuerbilanz zwischen Handelsrecht und Grundgesetz, a. a. O. (Fn. 237), S. 376–377, Söffing: a. a. O. (Fn. 249), S. 658; Crezelius: Maßgeblichkeitsgrundsatz in Liquidation, a. a. O. (Fn. 200), S. 691; kritisch hierzu Wagner, Franz: Welche Kriterien sollten die Neuordnung der steuerlichen Gewinnermittlung bestimmen, in: Betriebs-Berater, Heft 37, (2002), S. 1885–1892, hier S. 1887.

[257] Vgl. Beisse, Heinrich: Zum neuen Bild des Bilanzrechtssystems, in: Bilanzrecht und Kapitalmarkt, Festschrift für Adolf Moxter, hrsg. von Wolfgang Ballwieser u. a., Düsseldorf 1994, S. 3–31, hier S. 3f; Frey, Günther: Die Behandlung steuerlicher Sachverhalte nach der 4. EG-Richtlinie, in: Betriebs-Berater, Heft 25, (1978), S. 1225–1230, hier S. 1230.

[258] Vgl. Hauser, Hansgeorg/Meurer, Ingetraut: Die Maßgeblichkeit der Handelsbilanz im Lichte neuer Entwicklungen, in: Die Wirtschaftsprüfung, Heft 7, (1998), S. 269–280, hier S. 269, 271; Kraus-Grünewald: a. a. O. (Fn. 190), S. 285; Döllerer: Maßgeblichkeit, a. a. O. (Fn. 255), S. 1334; als „prinzipiell" geeignet befindet es Lang, Joachim, in: Tipke, Klaus/Lang, Joachim, Steuerrecht, 17. Auflage 2002; § 9 Rz. 307 (in der 18. Auflage wird die prinzipielle Geeignetheit des Maßgeblichkeitsprinzips nicht weiter erörtert); kritisch hierzu Wagner: Kriterien, a. a. O. (Fn. 256), S. 1888.

[259] Vgl. Döllerer: Maßgeblichkeit, a. a. O. (Fn. 255), S. 1334.

[260] Vgl. Sinn und Zweck des BFH Beschlusses vom 3.2.1969 GrS 2/68, BStBl. II 1969, S. 291 u. 293. Ähnlich Stobbe, Thomas in: Herrmann/Heuer/Raupach: Einkommensteuer- und Körperschaftssteuergesetz Kommentar, hrsg. von Arndt Raupach u. a. , Köln (Ergänzung Nr. 211: Stand August 2003), § 5, Rz. 82.

[261] Vgl. Pezzer: a. a. O. (Fn. 207), S. 19.

[262] Ähnlich Hey in: Tipke/Lang, a. a. O. (Fn. 205), § 17, Rz. 44 sowie Pezzer: a. a. O. (Fn. 207), S. 20.

winnermittlungsprinzipien ein brauchbares Instrumentarium zur verfassungskonformen Bestimmung der wirtschaftlichen Leistungsfähigkeit darstellen.

3.4   Die handelsrechtlichen Prinzipien der steuerlichen Gewinnermittlung

3.4.1   Das offene System der handelsrechtlichen GoB als Anknüpfungspunkt

Das Maßgeblichkeitsprinzip verweist auf die handelsrechtlichen Grundsätze ordnungsgemäßer Buchführung (GoB), welche somit der zentrale Anknüpfungspunkt der steuerlichen Gewinnermittlung sind. Die für den Kaufmann bei der Aufstellung des Jahresabschlusses verpflichtend anzuwendenden GoB (sog. Generalnorm: §§ 238 Abs.1 S. 1, 243 Abs.1 HGB) werden durch kodifizierte Jahresabschlussprinzipien (insb. § 252 Abs.1 HGB) und verschiedene Einzelnormen (insb. §§ 238–263 HGB) konkretisiert.[263] Dieser zunächst unbestimmte Rechtsbegriff lässt auch nach zahlreichen Kodifizierungen in § 238–263 HGB noch Raum für ungeschriebene GoB und wird deshalb auch als ein *offenes System* bezeichnet, dass dem Rechtsanwender, insbesondere dem Richter, die Möglichkeit gibt, unbestimmte Rechtsbegriffe mithilfe von Prinzipien zu konkretisieren und das geltende Recht an wirtschaftliche Veränderungen anzupassen.[264] Diese Betrachtungsweise lässt sich auf BEISSE zurückführen, welcher das „Rechtsinstitut Handelsbilanz" als ein „organisches" Sinnganzes beschreibt, das Änderungen und Anpassungen in der Art des Zusammenspiels von Prinzipien als auch in deren Reichweite und wechselseitigen Beschränkungen erlaubt.[265] Durch diese Möglichkeiten der stetigen Anpassung und Entwicklung von Prinzipien durch die Rechtswissenschaft oder Rechtsprechung unterscheidet sich dieses innere System von dem durch Begriffspyramiden und strengen Abbildungszusammenhängen geprägten Systemdenken der Begriffsjurisprudenz.[266]

Bei der Untersuchung einzelner GoB ist zunächst zwischen den sogenannten formellen und den materiellen Bilanzierungsprinzipien zu unterscheiden. Die *formellen Grundsätze* beinhalten nur Ordnungsvorschriften über die äußere Form der Buchführung, wodurch sich aus diesen lediglich die Darstellung, nicht aber der Inhalt der Gewinnermittlung ableiten lässt.[267] Trotzdem stellen die formellen Grundsätze ordnungsgemäßer Buchführung eine notwendige Grundvoraussetzung dar, um die steuerliche Leistungsfähigkeit nachvollziehbar, transparent und vergleichbar abzubilden.

Die *materiellen Bilanzierungsprinzipien* sind als sog. Fundamentalprinzipien der eigentliche Kern der ordnungsgemäßen Bilanzerstellung.[268] Ähnlich den formellen Bilanzierungsgrundsätzen stellen auch einige der materiellen Grundsätze, wie etwa der Grundsätze der Bilanzwahrheit, der Bilanzidentität oder der Grundsatz der Bilanzkontinuität, eine wichtige Basis für eine objektive Ermittlung der wirtschaftlichen Leistungsfähigkeit dar. Unter das Prinzip der

---

[263]   Vgl. Euler, Roland: Paradigmenwechsel im handelsrechtlichen Einzelabschluss: Von den GoB zu den IAS?, in: Betriebs-Berater, Heft 17, (2002), S. 875–880, hier S. 875.

[264]   Vgl. Hey in: Tipke/Lang, a. a. O. (Fn. 201), §17, Rz. 60.

[265]   Beisse, Heinrich: ZumVerhältnis von Bilanzrecht und Betriebswirtschaftslehre, in: StuW, Heft 1, 1984, S. 1–14, hier S. 6 u. 2.

[266]   Vgl. Beisse: Bilanzrecht und Betriebswirtschaftslehre, a. a. O. (Fn. 265), S. 2.

[267]   Vgl. Hey in: Tipke/Lang, a. a. O. (Fn. 201), § 17, RZ. 62. So sind beispielsweise Buchungen vollständig, richtig, zeitgerecht (§ 239, Abs. 2 HGB) und nur mit Beleg vorzunehmen (sog. Belegprinzip, s. § 257 Abs. 1 Nr. 4 HGB). Ferner ist der Jahresabschluss klar und übersichtlich aufzustellen (§ 243 Abs. 2 HGB). Insofern sollen diese Grundsätze sicherstellen, dass ein Sachverständiger Dritter sich in angemessener Zeit einen Überblick über die Geschäftsvorfälle und die Lage des Unternehmens verschaffen kann (§ 238 Abs. 1, Satz 2,3 HGB).

[268]   Vgl. Moxter, Adolf: Fundamentalgrundsätze ordnungsgemäßer Rechenschaft, in: Bilanzfragen, Festschrift zum 65. Geburtstag von Ulrich Leffson, hrsg. von Jörg Baetge, Adolf Moxter und Dieter Schneider, Düsseldorf 1976, S. 87–100, hier S. 90.

Bilanzwahrheit (§ 239 Abs. 2 HGB) fällt allerdings nicht die Darstellung der objektiven Wahrheit bzw. die Darstellung der wirklichen Vermögenslage in der Bilanz im Sinne des „True and Fair View", sondern vielmehr eine materielle richtige Buchhaltung im Sinne der Vollständigkeit der erfassten Geschäftsvorfälle.[269] Der Grundsatz der Bilanzidentität wiederum verlangt eine Übereinstimmung der Wertansätze in der Eröffnungsbilanz des Geschäftsjahres mit denen der Schlussbilanz des vorherigen Geschäftsjahres (§ 252 Abs. 1 Nr.1 HGB), während nach dem Prinzip der Bilanzkontinuität die auf den vorangegangenen Jahresabschuss angewandten Bewertungsmethoden beibehalten werden sollen (§ 252 Abs. 1 Nr. 6 HGB). Aus diesen ineinander greifenden GoB resultiert die sog. Zweischneidigkeit der Bilanz, d. h., jeder Jahresabschluss ist zugleich Schlussbilanz des abgelaufenen und Anfangsbilanz des folgenden Jahres, sodass sich im Sinne der Ermittlung eines zutreffenden Totalgewinns eine zu niedrige oder zu hohe Bewertung in den Folgejahren ausgleicht.[270]

3.4.2   Die steuerliche Rechtfertigung der handelsrechtlichen Bilanzierungsprinzipien

3.4.2.1   Das Vorsichtsprinzip

Von besonderem rechtssystematischem Interesse sind jene Bilanzierungsprinzipien, welche durch die Bestimmung der Höhe und des Zeitpunkts des Bilanzansatzes einen unmittelbaren Einfluss auf den zu ermittelnden Gewinn haben und somit die wirtschaftliche Leistungsfähigkeit des Steuersubjekts determinieren.[271] Hierzu zählt speziell das nach § 252 Abs.1 Nr. 4 HGB normierte Vorsichtsprinzip, unter dessen Beachtung der Kaufmann alle bis zum Abschlussstichtag entstandenen und vorhersehbaren wertbeeinflussenden Risiken zu würdigen und ggf. zu berücksichtigen hat. Obwohl das Vorsichtsprinzip im Handelsrecht unter den allgemeinen Bewertungsgrundsätzen zu finden ist, hat es auch für den Bilanzansatz auf der Aktiv- und Passivseite eine herausragende Bedeutung.[272] Das auch als „oberstes Prinzip"[273] bezeichnete Vorsichtsprinzip gilt als eine der zentralen Ausprägungen des Gläubigerschutzgedankens. Es soll den Kaufmann vor einer zu optimistischen Einschätzung seiner Geschäftslage schützen, dadurch überhöhte Ausschüttungen vermeiden und letztendlich die Gläubiger vor einer Gefährdung der Haftungssubstanz bewahren.[274]

Vor dem Hintergrund der grundsätzlichen Zielsetzungen des Steuerrechts und besonders aus dem Blickwinkel des Leistungsfähigkeitsprinzips erscheint der Grundsatz der Vorsicht zunächst systemfremd. So fordert der Grundgedanke des Leistungsfähigkeitsprinzips eine zutreffende Ermittlung des wirtschaftlichen Leistungsvermögens des Steuersubjekts, während sich aus diesem keine ausdrückliche Vorsicht bei der Gewinnermittlung direkt ableiten lässt.[275] Letztendlich ist die Konkretisierung der besteuerungswürdigen Leistungsfähigkeit wohl eher eine „Wertungsfrage", bei der potenziell divergierende Interessen zu berücksichtigen sind.[276] Als wesentliches Bindeglied zwischen der steuerlichen Gewinnermittlung und der vom Vorsichtsprinzip dominierten Handelsbilanz entpuppt sich hier die beidseitige Notwendigkeit an einem Mindest-

[269] Vgl. Knobbe, Keuk: a. a. O. (Fn. 243), § 3 III, 1.
[270] Statt vieler Hey in: Tipke/Lang a. a. O. (Fn. 201), § 17, Rz. 66.
[271] Ähnlich Pezzer: a. a. O. (Fn. 203), S. 21.
[272] Vgl. Weber-Grellet, Heinrich in: Ludwig Schmidt EStG Kommentar, hrsg. von Ludwig Schmidt, 26. Auflage, München 2007, § 5, Rz. 7.
[273] Beisse, Heinrich: Normqualität und Normstruktur von Bilanzvorschriften und Standards, in: Betriebs-Berater Heft 42, (1999), S. 2180–2186, hier S. 2182.
[274] Vgl. Kobbe-Keuk: a. a. O. (Fn. 243), § 3 III, S. 47; Thurmayr, Georg: Vorsichtsprinzip und Pensionsrückstellungen, Diss. Wiesbaden 1992, S. 18.
[275] Vgl. Kuntschik, Nina: SteuerlicheGewinnermittlung und IAS/IFRS, Diss. Frankfurt/Main 2004, S. 67
[276] Kuntschik: a. a. O. (Fn. 275), S. 67.

maß an Objektivierung, welche unverkennbar aus den steuerlichen Grundsätzen einer gleichmäßigen, tatbestandsmäßigen und substanzschonenden Besteuerung resultiert.[277] Ein steuerlicher Vermögenseingriff ist demnach nur dann verfassungskonform, wenn der erzielte Gewinn sowohl in seiner Existenz als auch der Höhe nach eindeutig nachweisbar und frei von jeglicher Subjektivität und Unsicherheit ist.[278]

Handelsrechtlich gilt das Objektivierungsprinzip als ein Grundsatz, welcher das Vorsichtsprinzip „konkretisiert, ergänzt und begrenzt".[279] Zweifelsfrei wäre die der handelsrechtlichen Rechnungslegung innewohnende Gläubigerschutzfunktion wohl kaum zu gewährleisten, wenn die Ermittlung des ausschüttungsfähigen Gewinns im unbeschränkten Ermessen des Bilanzierenden läge.[280] Dennoch darf das handelsrechtliche Objektivierungsprinzip keinesfalls eine „absolute Restriktion des Bilanzinhalts" herbeiführen, sondern soll vielmehr notwendiges Ermessen in Form von Prognosen gewähren und gleichzeitig willkürliche Ermessensmissbräuche unterbinden.[281]

Handels- und Steuerbilanzrecht ist also gemein, dass der Grundsatz der Vorsicht nur insoweit auf die konkrete Auslegung der Gewinnermittlungsprinzipien übertragen werden kann, als begrenzende Vorgaben der Objektivierung beachtet werden und somit der jeweilige Primärzweck der Rechnungslegung nicht außer Acht gelassen wird. Es stellt sich daher augenscheinlich nicht die Frage, *ob* der handelsrechtliche Grundsatz der Vorsicht steuerrechtlich grundsätzlich gerechtfertigt ist. Vielmehr gilt es, die Grenzen einer vorsichtigen Gewinnermittlung unter Beachtung des steuerlichen Leistungsfähigkeitsprinzips zu bestimmen. Um eine solche Würdigung aus der Sicht des Leistungsfähigkeitsprinzips vorzunehmen, bedarf es einer näheren Untersuchung der Ausprägungen und Folgeprinzipien des Vorsichtsprinzips. Von zentraler Bedeutung sind hier das Realisationsprinzip, das Anschaffungskostenprinzip, das Imparitätsprinzip sowie das Verbot der Aktivierung selbst erstellter immaterieller Vermögensgegenstände und selbst geschaffener originärer Geschäftswerte. Anhand dieser Prinzipien und Gebote erfährt das Vorsichtsprinzip seine inhaltliche Konkretisierung.[282]

3.4.2.2 Das Realisationsprinzip

Das Realisationsprinzip gilt als der „erste Pfeiler der periodengerechten Erfolgsermittlung"[283] und kann im deutschen Rechtsraum auf eine mehr als 100-jährige Tradition zurückblicken.[284]

Das *Realisationsprinzip* umfasst sowohl das Periodisierungsprinzip nach § 252 Abs.1 Nr. 5 HGB als auch die Konkretisierung des Objektivierungsprinzips im Sinne der Ermittlung des

---

[277] Vgl. hierzu Kapitel 3.1.2.

[278] Vgl. Buchholz, Rainer/Weis, Regina: Maßgeblichkeit ade?, in: DStR, Heft 12, (2002), S. 512–517, hier S. 513; Hennrichs, Joachim: Maßgeblichkeitsgrundsatz oder eigenständige Prinzipien für die Steuerbilanz?, in: Besteuerung von Einkommen, DStJG, Band 21, Köln 2001, S. 301–328, hier S. 316; Kuntschik: a. a. O. (Fn. 275), S. 67.

[279] Beisse: Bilanzrechtssystem, a. a. O. (Fn. 257), S. 16.

[280] Moxter: Grundsätze, a. a. O. (Fn. 280), S. 16.

[281] Vgl. Moxter, Adolf: Grundsätze ordnungsgemäßer Rechnungslegung, Düsseldorf 2003, S. 16.

[282] Vgl. Hey in: Tipke/Lang, a. a. O. (Fn. 201), § 17, Rz. 67–70; Weber-Grellet in: Ludwig Schmidt EStG Kommentar, a. a. O. (Fn. 272), § 5, Rz. 8; Kobbe-Keuk: a. a. O. (Fn. 243), § 3 III, S. 47–51.

[283] Baetge, Jörg/Kirsch, Hans-Jürgen in: Küting/Weber, Handbuch der Rechnungslegung, 4. Auflage, Stuttgart 2002, Kapitel I, Rz. 319.

[284] Zum Ursprung und Begründung des Realisationsprinzips durch die Aktienrechtsnovelle von 1884 vgl. Moxter, Adolf: Das Realisationsprinzip – 1884 und heute, in: Betriebs-Berater, Heft 28, (1984), S. 1780–1786, hier S. 1780–1781.

„verteilungsfähigen, umsatzbezogenen Gewinns".[285] Gemäß LEFFSON ist das Realisationsprinzip in zwei Komponenten zu unterteilen. So legt es einerseits den Zeitpunkt fest, an welchem die Güter und Leistungen des Unternehmens bilanziell nicht mehr als interne Produktionserzeugnisse, sondern in Form der aus ihrem Verkauf am Absatzmarkt erzielten Erträge auszuweisen sind.[286] Danach sind Gewinne nur dann zu berücksichtigen, wenn sie am Abschlussstichtag realisiert sind (§ 252 Abs.1 Nr. 4 HGB). Folglich verhindert es die Erfassung bloßer bzw. unrealisierter Wertsteigerungen. Der Realisationszeitpunkt bezieht sich dabei jedoch keineswegs auf den tatsächlichen Mittelzufluss. Ein Ausweis erfolgt nur dann, wenn der mit einer Markttransaktion verbundene Gewinn ein Mindestmaß an Sicherheit und Objektivität aufweist und als „so gut wie sicher" bezeichnet werden kann.[287] Somit wird auf den Zeitpunkt der „wirtschaftlichen Erfüllung"[288] abgestellt, welcher nach geltender Meinung der Zeitpunkt des Gefahrenübergangs ist, d. h., der Zeitpunkt, zu dem das Gut den Verfügungsbereich und damit den Verwertungsbereich des liefernden oder leistenden Unternehmens verlässt.[289] Entsprechend dieser Konzeption wird die Realisierung von Gewinnen an den Umsatz bzw. Abrechnungsfähigkeit einer Markttransaktion gebunden, wodurch das Realisationsprinzip gleichzeitig dem Ziel einer objektiven, vorsichtigen Gewinnermittlung als auch der periodengerechten Gewinnermittlung dient.[290] Die Wahl des Gefahrenübergangs bzw. der Leistungserfüllung als Realisationszeitpunkt ist im Hinblick auf den unsicheren Zeitpunkt des Vertragsschlusses und des sichersten, aber zu späten Zeitpunkts der Zahlung des Kaufpreises die wohl einzig sinnvolle Lösung. Insbesondere hat der Kaufmann seinerseits alles Erforderliche für den Vollzug der Markttransaktion getan. Dadurch ist sein Anspruch auf Gegenleistung nicht mehr mit der Einrede des nicht erfüllten Vertrages (§ 320 BGB) behaftet, sondern gleicht nunmehr einem durchsetzbaren Forderungsrecht bzw. einem vollwertigen Wirtschaftsgut.[291] Durch diesen Tatbestand tritt die Gewinnrealisierung ein.

Durch die Wahl auf einen möglichst objektiv feststellbaren und relativ späten Gewinnrealisierungszeitpunkt leistet das Realisationsprinzip einen wichtigen Betrag zum Ziel der Kapitalerhaltung. Dennoch wird das Realisationsprinzip keineswegs vom Vorsichtsprinzip bzw. vom Streben nach Kapitalerhaltung dominiert. In diesem Falle müsste die Wahl auf den letztmöglichen Realisationszeitpunkt, nämlich den Zahlungszeitpunkt, fallen. Durch die Festlegung auf den Leistungszeitpunkt als Realisationszeitpunkt werden die aus den Unternehmensleistungen entstehenden Erträge jedoch leistungsbezogen, und somit nicht primär nach Maßgabe des Vorsichtsprinzips bzw. zahlungsbezogen, periodisiert.[292]

Das Realisationsprinzip legt zudem nicht nur den Zeitpunkt der Gewinnrealisierung fest, sondern bestimmt darüber hinaus im Rahmen seiner zweiten Komponente auch die Obergrenze der Bewertung der dem Unternehmen zugehenden als auch der selbst erstellten Güter und Leistungen.[293] Dieser Bestandteil des Realisationsprinzips wird als das *Anschaffungskostenprinzip*

---

[285]   Moxter, Adolf: Periodengerechte Gewinnermittlung und Bilanz im Rechtssinne, in: Handelsrecht und Steuerrecht, Festschrift für Georg Döllerer, hrsg. von Brigitte Knobbe-Keuk, Franz Klein und Adolf Moxter, Düsseldorf 1988, S. 447–458, hier S. 447.

[286]   Vgl. Leffson, Ulrich: Die Grunsätze ordnungsgemäßer Buchführung, 7. Auflage, Düsseldorf 1987, S. 247.

[287]   Das „Prinzip des quasi sicheren Anspruchs" bezieht sich offenkundig nur die Erfassung objektivierter Gewinne dem Grunde nach, während die höhenmäßige Objektivierung der Gewinnentstehung im Rahmen der vorsichtigen Bewertung sicherzustellen ist; vgl. Moxter: Bilanzrechtsprechung, a. a. O. (Fn. 228), S. 47–49.

[288]   Moxter: Bilanzrechtsprechung, a. a. O. (Fn. 228), S. 47.

[289]   Vgl. Baetge, Jörg/Kirsch, Hans-Jürgen/Thiele, Stefan: Bilanzen, 7. Auflage, Düsseldorf 2003, S. 121; Coenenberg, Adolf G.: Jahresabschluss & Jahresabschlussanalyse, 19. Auflage, Stuttgart 2003, S. 50; Bareis, Peter/Brönner, Herbert: Die Bilanz nach Handels- und Steuerrecht, 9. Auflage, Stuttgart 1991, S. 173, Rz. 308.

[290]   Vgl. Beatge/Kirsch/Thiele: a. a. O. (Fn. 289), S. 121.

[291]   Vgl. Pezzer: a. a. O. (Fn. 203), S. 22.

[292]   Vgl. Baetge/Kirsch in Küting/Weber: a. a. O. (Fn. 283), Kapital I, Rz. 320.

[293]   Vgl. Leffson: a. a. O. (Fn. 286), S. 247.

bzw. *Anschaffungswertprinzip* bezeichnet.[294] Nach dem Anschaffungskostenprinzip sind dem Unternehmen zugehende oder selbst erstellte Güter bzw. Leistungen, unabhängig jeglicher Wertsteigerungen vor einem Ausscheiden aus dem Unternehmen, höchstens mit ihren Anschaffungs- oder Herstellungskosten zu bewerten (§§ 252 Abs. 1 Nr. 4; 253 Abs. 1; 255 Abs.1 HGB). Durch die diese erfolgsneutrale Behandlung von erworbenen oder erstellten Gütern und Leistungen sichert das Anschaffungskostenprinzip im Sinne des Vorsichtsprinzips die Gewinnneutralität von Zugängen.[295] Zugleich dient es der Objektivierung der Bewertung eines Wirtschaftsguts, da die Anschaffungskosten in der Regel relativ rechtssicher zu ermitteln sind.[296] Dieses Objektivierungserfordernis führt ferner zu Ansatzbeschränkungen auf der Aktivseite.[297] So besteht für die Aktivierung von selbst erstellten immateriellen Vermögensgegenständen die Notwendigkeit des entgeltlichen Erwerbs gem. § 248 Abs. 2 HGB sowie für die Aktivierung des originären Geschäfts- oder Firmenwertes ein generelles Aktivierungsverbot (§ 255 Abs. 4 HGB).[298]

Trotz der Maßgeblichkeit des handelsrechtlichen Realisationsprinzips für die steuerliche Gewinnermittlung kennt das Steuerrecht Gewinnrealisierungen ohne Umsatzakt bzw. ohne Bestätigung der realisierten Gewinne am Markt. Dies ist beispielsweise bei Entnahmen, Betriebsveräußerungen oder Liquidationen der Fall. Diese das Realisationsprinzip ergänzenden Sondertatbestände finden jedoch nur dann eine Berücksichtigung, wenn ansonsten die Besteuerung stiller Reserven nicht sichergestellt wäre.[299] Dementsprechend greifen sie nur dort ein, wo das Realisationsprinzip durch eine nicht vollständige Erfassung von Besteuerungstatbeständen im Konflikt mit dem Leistungsfähigkeitsprinzip und der Gleichmäßigkeit der Besteuerung steht.[300]

3.4.2.3   Das Imparitätsprinzip

Neben der vorsichtigen Gewinnermittlung fordert das Vorsichtsprinzip als zentrales Leitprinzip des Gläubigerschutzes eine entsprechende Verlustantizipation, welche der Kapitalerhaltung dient und somit Gläubigeransprüche in einem möglichen Haftungsfall sichern soll.[301] Während Gewinne bekanntlich erst mit ihrer „quasi sicheren" Realisierung ausgewiesen werden, erfolgt die Erfassung vorhersehbarer Verluste nach § 252 Abs. 1 Nr. 4 HGB hingegen bereits vor ihrer tatsächlichen Entstehung. Diese vorgezogene Erfassung negativer Erfolgsbeiträge bzw. die ungleiche Behandlung von nicht realisierten Gewinnen und nicht realisierten Verlusten wird als *Imparitätsprinzip* bezeichnet.[302] Das Imparitätsprinzip stellt unter dem Aspekt der Kapitalerhal-

---

[294]   MOXTER bezeichnet das Anschaffungswertprinzip als „offenkundiger Bestandteil" des Realisationsprinzips; vgl. Moxter: Realisationsprinzip a. a. O. (Fn. 284), S. 1783; nach LEFFSON ist das Anschaffungswertprinzip eine „Ausprägung des Realisationsprinzips"; vgl. Leffson: a. a. O. (Fn. 286), S. 252. Nach HEY „folgt" aus dem Realisationsprinzip das Anschaffungskostenprinzip; vgl. Hey in: Tipke/Lang, a. a. O. (Fn. 201), § 17, Rz. 70.

[295]   Vgl. Beatge/Kirsch/Thiele: a. a. O. (Fn. 289), S. 120.

[296]   Vgl. Oestreicher: Handels- und Steuerbilanzen, a. a. O. (Fn. 186), S. 65.

[297]   Vgl. Moxter, Adolf: Zur wirtschaftlichen Betrachtungsweise im Bilanzrecht, in: StuW, Heft 3, (1989), S. 232–241, hier S. 234.

[298]   Vgl. hierzu sowie zur Einschränkung des Aktivierungsverbots für selbst erstellte immaterielle Vermögensgegenstände im Rahmen des Bilanzrechtsmodernisierungsgesetzes die detaillierten Ausführungen in Kapitel 4.2.4.3.4.

[299]   Vgl. Pezzer: a. a. O. (Fn. 203), S. 23.

[300]   Vgl. Beisse, Heinrich: Gewinnrealisierung – Ein systematischer Überblick über Rechtsgrundlagen, Grundtatbestände und grundsätzliche Streitfragen, in: DStJG, Band 4, Köln 1981, S. 13–43, hier S. 28 f.

[301]   Vgl. Leffson, Ulrich: a. a. O. (Fn. 286), S. 347, Groh, Manfred: Steuerentlastungsgesetz 1999/2000/2002: Imparitätsprinzip und Teilwertabschreibung, in: Der Betrieb, Heft 19, (1999), S. 978–984, hier S. 978; Beatge/Kirsch/Thiele: a. a. O. (Fn. 289), S. 124.

[302]   Vgl. Hey in: Tipke/Lang, a. a. O. (Fn. 201), §17, Rz. 69; Kobbe-Keuk: a. a. O. (Fn. 243), § 3 III, S. 49.

tung sicher, dass Gewinne nur dann ausschüttungsfähig sind, wenn am Bilanzstichtag alle vorhersehbaren und greifbaren Vermögensminderungen antizipiert sind.[303] Diese ungleiche Behandlung, d. h. die relativ späte Erfassung von Gewinnen und andererseits die vergleichsweise frühe Berücksichtigung von Verlusten, erscheint auf den ersten Blick im Widerspruch mit den fundamentalen Zielen und Prinzipien der Besteuerung zu stehen: Aus diesem Grunde wird von WEBER-GRELLET kritisiert, dass eine Besteuerung nach der wirtschaftlichen Leistungsfähigkeit und der Grundsatz der Gleichmäßigkeit der Besteuerung eine Erfassung des *richtigen* Gewinns verlange. Eine Ermittlung des entnahmefähigen Gewinns hingegen verkenne die betriebswirtschaftliche Bedeutung der Bilanz sowie die Zielsetzung der steuerrechtlichen Gewinnermittlung nach der Erfassung des *vollen* Gewinns.[304] Gegen eine Gleichmäßigkeit der Besteuerung spricht zudem die im Vergleich zu anderen Einkunftsarten privilegierte Stellung des Kaufmanns, welche sich in den Augen mancher Kritiker durch die Berechtigung, innerhalb einer bestimmten Gewinnermittlungsart zukünftige Verluste bereits vor deren Realisation zu verbuchen, steuerbilanzpolitische Taktiken und Strategien eröffnen.[305]

Der steuerrechtssystematische Stellenwert des Realisations- und Imparitätsprinzips erschließt sich aber erst dann, wenn dessen grundlegendes und wechselwirkendes Zusammenwirken innerhalb der einkommensteuerrechtlichen Gewinnermittlung betrachtet wird. So verkörpern das Realisationsprinzip und das Imparitätsprinzip im Kern nicht nur eine sinnvolle Lösung des Konflikts zwischen Ansprüchen der Anteilseigner und Unternehmerinteressen, sondern übernehmen zudem auch wichtige Objektivierungsfunktionen. MOXTER sieht gerade in dieser relativ groben Typisierung und dem Verzicht auf eine Einzelfallgerechtigkeit und deren erhöhte Ermessenspielräume eine bessere Wahrung der Gleichmäßigkeit der Besteuerung.[306] Auch aus Sicht des Leistungsfähigkeitsprinzips lässt sich die Verkettung von Realisations- und Imparitätsprinzip sinnvoll begründen. Da der Betriebsvermögensvergleich anhand des am Markt ermittelten Reinvermögenszuwachses die wirtschaftliche Leistungsfähigkeit messen soll, kann zur Vermeidung von Überbesteuerungen nur ein als gesichert befundener Reinvermögenszuwachs einer Besteuerung unterworfen werden.[307] Ein mit Unsicherheiten und Zweifeln behafteter Gewinn kann folgerichtig kein geeigneter Indikator steuerlicher Leistungsfähigkeit sein. Die logische Schlussfolgerung ist umgekehrt die Notwendigkeit, zweifelhaftes Vermögen zu eliminieren. Somit wird aus gewinnbringendem Vermögen durch den Eintritt gewisser Kriterien ein unzweifelhaftes Vermögen, während das verlustbringende Vermögen bereits bei Vorhersehbarkeit der Verluste als unsicher gilt.[308] Demzufolge werden mit dem Imparitätsprinzip keine zukünftigen Verluste vorweggenommen, sondern bereits eingetretene, wenn auch nicht endgültige Vermögensminderungen in Form von quasi bereits entstandenem Aufwand berücksichtigt.[309] Das Prinzip der steuerlichen Leistungsfähigkeit erfordert letztendlich die Nichtberücksichtigung von unsicheren Vermögensbestandteilen, weswegen es zwangsläufig zu unterschiedlichen Realisationszeitpunkten von positiven und negativen Erfolgsbeiträgen kommt. Zwar wird die Gefahr des

---

[303] Vgl. Beisse: Bilanzrechtssystem, a. a. O. (Fn. 257), S. 18 f.
[304] Vgl. Weber-Grellet: Maßgeblichkeitsschutz, a. a. O. (Fn. 252), S. 288 u. 289; ders.: Adolf Moxter und die Bilanzrechtsprechung, in: Betriebs-Berater, Heft 1, (1994), S. 30–33, hier S. 31 u. 33.
[305] Vgl. Müller, Ursula: Imparitätsprinzip und Erfolgsermittlung, in: Der Betrieb, Heft 14, (1996), S. 689–695, hier: S. 693; Weber-Grellet: Maßgeblichkeitsschutz, a. a. O. (Fn. 252), S. 289.
[306] Vgl. Moxter: Bilanzrechtsprechung, a. a. O. (Fn. 228), S. 197 u. 198; Clemm, Hermann/Nonnenmacher, Rolf: Die Steuerbilanz – ein fragwürdiger Besteuerungsschlüssel, in: Der BFH und seine Rechtsprechung, Grundfragen – Grundlagen, Festschrift für Hugo von Wallis, hrsg. von Franz Klein und Klaus Vogel, Bonn 1985, S. 227–243, hier S. 237.
[307] Vgl. Pezzer: a.a. O. (Fn. 203), S. 24; Lambrecht, Claus in: Kirchhof/Söhn EStG Kommentar, hrsg. von Paul Kirchhof, Hartmut Söhn und Rudolf Mellinghof, Heidelberg (Ergänzung Nr. 44: Stand Mai 1993), § 5 Rz. D 32.
[308] Vgl. Pezzer: a.a . O. (Fn. 203), S. 24 f.
[309] Vgl. Beisse: Bilanzrechtssystem, a. a. O. (Fn. 257), S. 19.

Missbrauchs des Imparitätsprinzips zwecks bewusster Bildung stiller Reserven erkannt, doch hindert dieser Umstand keinesfalls dessen Anerkennung als sachgerechtes Gewinnermittlungsprinzip.[310]

3.4.3   Gesamtwürdigung der Verknüpfung von Handels- und Steuerbilanz

Abschließend ist festzustellen, dass der Grundsatz der Vorsicht unter Beachtung des Leistungsfähigkeitsaspektes auch im Steuerbilanzrecht unverzichtbar ist. Demnach sind zukünftige Risiken angemessen zu berücksichtigen, sodass eine Besteuerung nicht auf Wertunsicherheiten, sondern auf realer Unternehmensliquidität basiert.[311] Es ist daher kaum verwunderlich, dass ein eigenständiges Steuerbilanzrecht wohl in weiten Teilen mit den geltenden, durch das Maßgeblichkeitsprinzip geprägten steuerlichen Bilanzierungsvorschriften übereinstimmen würde.[312] Auch die sachliche Kritik am Maßgeblichkeitsprinzip bzw. der Übernahme der handelsrechtlichen Bilanzierungsprinzipien für die steuerliche Gewinnermittlung richtet sich in der Regel nicht gegen die zentralen Bilanzierungsprinzipien der §§ 238 ff. HGB. Vielmehr wird eine gewisse Übergewichtung des Vorsichtsgedankens im Handelsrecht bemängelt, welche sich durch die zahlreichen Bilanzierungs- und Bewertungswahlrechte des Kaufmanns äußert.[313] So wird angenommen, dass die Wahlrechte dem Kaufmann durch die Möglichkeit der willkürlichen Unterbewertung einen systemwidrigen Spielraum für Bilanzmanipulationen zulasten anderer Steuerpflichtiger eröffnen. Ohne Zweifel wäre dieser Tatbestand ein Verstoß gegen den Grundsatz der Gleichmäßigkeit der Besteuerung sowie gegen das Prinzip der wirtschaftlichen Leistungsfähigkeit. Aus diesem Zweck hat der Große Senat des BFH bereits 1969 entschieden, dass im Sinne der steuerlichen Leistungsfähigkeit und der Belastungsgleichheit der *volle* Gewinn für die steuerrechtliche Gewinnermittlung zu erfassen sei.[314] Danach müssen unter Hinweis auf Art. 3 Abs. 1 GG Aktivierung- und Passivierungswahlrechte in der Steuerbilanz zwingend zum Nachteil des Steuerpflichtigen ausgeübt werden, um einer bewussten Bildung stiller Reserven entgegenzuwirken.[315] Gleichermaßen problematisch verhält es sich mit den steuerlichen Wahlrechten, durch welche der Steuerpflichtige bewusst Einfluss auf die steuerliche Bemessungsgrundlage nehmen kann.[316]

Zwar sind die noch vorhandenen, als problematisch erachteten handelsrechtlichen Ansatz- und Bewertungswahlrechte sowie die oftmals subventionellen steuerlichen Sondervorschriften, die derzeit noch über die umgekehrte Maßgeblichkeit zu einer Deformation der Handelsbilanz führen, Gegenstand berechtigter Kritik. Doch dessen ungeachtet ist zu konstatieren, dass im Kern ein System von Gewinnermittlungsprinzipien besteht, welches den steuerlichen Anforderungen an eine objektive und vorsichtige Periodisierung des Totalerfolges im Sinne einer Besteuerung

---

[310]   Zur Begegnung von zweckwidrigen Überdehnungen des Imparitätsprinzips nennt PEZZER die Rechtsprechung mit ihren Grundsätzen der Beweis- und Feststellungslast; vgl. Pezzer: a. a. O. (Fn. 203), S. 25.

[311]   Vgl. Lang, Joachim: Prinzipien und Systeme der Besteuerung von Einkommen, in: Besteuerung von Einkommen, DStJG, Band 14, S. 49–133, hier S. 115.

[312]   Vgl. Hennrichs, Joachim: Maßgeblichkeitsgrundsatz oder eigenständige Prinzipien für die Steuerbilanz?, in: Besteuerung von Einkommen, DStJG, Band 21, Köln 2001, S. 301–328, hier S. 328; Herzig, Norbert/Bär, Michaela: Die Zukunft der steuerlichen Gewinnermittlung im Licht des europäischen Bilanzrechts, in: Der Betrieb, Heft 1, (2003), S. 1–8, hier S. 7.

[313]   Vgl. Weber-Grellet, Heinrich: Maßgeblichkeitsgrundsatz in Gefahr a. a. O. (Fn. 241), S. 391; Pezzer: a. a. O. (Fn. 203), S. 26.

[314]   Vgl. BFH-Beschluss vom 3.2.1969 GrS 2/68, in: BStBl. II 1969, S. 291

[315]   Vgl. BFH-Beschluss vom 3.2.1969 GrS 2/68, in: BStBl. II 1969, S. 291.

[316]   Vgl. Tipke: Steuerrechtsordnung, a. a. O. (Fn. 212), S. 506–509.

nach der wirtschaftlichen Leistungsfähigkeit genügt.[317] Die teilweise in der Literatur vertretene These einer prinzipiellen Inkompatibilität von Handels- und Steuerbilanz ist somit trotz des im Handelsrecht vorherrschenden „Zielpluralismus"[318] kritisch zu hinterfragen.[319] Vielmehr streben Steuer- und Handelsbilanz von Grund auf nach einer möglichst objektiven Gewinnermittlung und sind größtenteils geprägt von einem Kompromiss zwischen dem Interesse der Unternehmensgläubiger an einem möglichst vorsichtig bemessenen Gesellschaftsvermögen sowie dem Interesse der Gesellschafter nach einer Maximierung des ausschüttungsfähigen Gewinns.[320] In Verbindung mit der Suche nach einem objektiven Maßstab der steuerlichen Leistungsfähigkeit durch den Gesetzgeber sind folgerichtig sinnvolle Übereinstimmungen mit den Zielen der Handelsbilanz erkennbar. Diese weitgehende Einheit von Handels- und Steuerbilanz verdeutlicht sich insbesondere durch die Umsetzlichkeit wesentlicher Bilanzierungsgrundsätze des HGB für die mögliche Konzeption eines eigenständigen Steuerbilanzrechts.[321] So sind viele der in der Debatte um ein vom Handelsrecht losgelöstes Steuerbilanzrecht diskutierten Gewinnermittlungsprinzipien zentrale Grundsätze des altbewährten HGB (§ 252 Abs. 1 HGB). Diesbezüglich empfiehlt unter anderem HERZIG, aus Gründen der Objektivierung der Gewinnermittlung an dem Realisations- und dem Imparitätsprinzip des geltende Steuerbilanzrechts grundsätzlich festzuhalten.[322] Genannt werden weiterhin das mit dem Realisationsprinzip einhergehende Anschaffungskostenprinzip bzw. Herstellungskostenprinzip, das Prinzip der Einzelbewertung und das Prinzip der Stetigkeit.[323] Daher wird angenommen, dass die fundamentalen handelsrechtlichen Bilanzierungsprinzipien grundsätzlich zur objektiven Messung der wirtschaftlichen Leistungsfähigkeit mithilfe der Abbildung des am Markt erwirtschafteten Reinvermögenszugangs geeignet sind.[324] Die Beurteilung internationaler Bilanzierungsprinzipien hinsichtlich einer Eignung für die steuerliche Gewinnmittlung ist daher kein isoliertes Problem des Steuerrechts, sondern primär aus der Perspektive der handelsrechtlichen Gewinnermittlung zu beurteilen.[325]

Die vorangegangenen Ausführungen haben gezeigt, dass sich das Konstrukt der Maßgeblichkeit der handelsrechtlichen Bilanzierungsprinzipien für die steuerliche Gewinnermittlung grundsätzlich zur objektiven Messung der wirtschaftlichen Leistungsfähigkeit bzw. zur Abbildung des am Markt erwirtschafteten Reinvermögenszugangs eignet. Andererseits ist es durchaus denkbar, dass einzelne Regelungen der IAS/IFRS den Anforderungen der fundamentalen Prinzipien der Besteuerung de lege lata besser gerecht werden als die handelsrechtlichen GoB. Zu diesem

[317] Ähnlich auch Drescher, Sebastian: Zur Zukunft des deutschen Maßgeblichkeitsgrundsatzes, Diss. Düsseldorf 2002, S. 607. Die Abschaffung der umgekehrten Maßgeblichkeit wurde indessen im Regierungsentwurf des Bilanzrechtsmodernisierungsgesetzes bestätigt, vgl. Abschnitt 3.3.1 in diesem Kapitel.

[318] Leffson: a. a. O. (Fn. 286), S. 59. Die Ziele der handelsrechtlichen Rechnungslegung reichen vom Gläubigerschutz über die Dokumentation, Gewinnverteilung und Information bis hin zur Beeinflussung von Dispositionen in Unternehmen; vgl. Moxter, Adolf: Bilanzlehre, Band I: Einführung in die Bilanztheorie, 3. Auflage, Wiesbaden 1984, S. 81–82.

[319] Vgl. die Ausführungen von Weber-Grellet: Steuerbilanzrecht, a. a. O. (Fn. 236), § 2 Rz. 7, ders.: Maßgeblichkeitsschutz, a. a. O. (Fn. 252), S. 288 f.

[320] Vgl. Euler: Steuerbilabzielle Konsequenzen, a. a. O. (Fn. 188), S. 18–19; Schön: Die Steuerbilanz zwischen Handelsrecht und Grundgesetz, a. a. O. (Fn. 237), S. 376; Döllerer, Georg: Handelsbilanz ist gleich Steuerbilanz, in: Der Jahresabschluss im Widerstreit der Interessen, hrsg. von Joerg Baetge, Düsseldof 1983, S. 157–177, hier S. 160–164.

[321] Vgl. Hennrichs: Joachim: Der steuerrechtliche Maßgeblichkeitsgrundsatz gem. § 5 EStG, in: StuW, Heft 2, (1999), S. 138–153, hier S. 146.

[322] So stellen bei HERZIG das Realisations- und das Imparitätsprinzip die Grundpfeiler einer zu entwickelnden steuerlichen Gewinnermittlung dar; vgl. Herzig, Norbert: IAS/IFRS und steuerliche Gewinnermittlung, in: Die Wirtschaftsprüfung, Heft 5, (2005), S. 211–235, hier S. 217; ders.: Internationalisierung der Rechnungslegung und steuerliche Gewinnermittlung, in: Die Wirtschaftsprüfung, Heft 2, (2000), S. 104–119, hier S. 113.

[323] Vgl. Weber-Grellet, Heinrich: Bestand und Reform des Bilanzsteuerrechts, in: DStR, Heft 35, (1998), S. 1343–1349, hier S. 1347.

[324] Vgl. Pezzer: a. a. O. (Fn. 203), S. 26.

[325] Ähnlich Moxter: Zum Verhältnis von Handelsbilanz und Steuerbilanz, a. a. O. (Fn. 187), S. 198, 199.

Zweck werden im anschließenden Kapitel die Vorschriften zur Erfassung immaterieller Wirtschaftsgüter bzw. Vermögenswerte bei einem Unternehmenserwerb nach geltendem Steuerbilanzrecht bzw. IAS/IFRS einer detaillierten Analyse unterzogen. Die aus dieser Untersuchung gewonnenen Erkenntnisse sollen eine Beurteilung ermöglichen, inwiefern die entsprechenden Regelungen nach IAS/IFRS der steuerlichen Gewinnermittlung als Vorbild dienen könnten.

4   Ansatz des immateriellen Vermögens beim Unternehmenserwerb

4.1   Ansatz immaterieller Vermögenswerte beim Unternehmenserwerb nach IFRS 3

4.1.1   Das Purchase Only Accounting

4.1.1.1   Die Grundgedanken der Erwerbsbilanzierung

Die Vorschriften des IFRS 3 sind erstmals für die Bilanzierung von Unternehmenszusammenschlüsse anzuwenden, die nach dem 31. März 2004 vertraglich vereinbart und bekannt gemacht worden sind.[326] Wie bereits in Kapitel 2.3.3 erwähnt, schreibt IFRS 3.14 die zwingende Anwendung der Erwerbsmethode (Purchase Method) bei der Bilanzierung von Unternehmenszusammenschlüssen vor. Obwohl sich der Geltungsbereich des IFRS 3 grundsätzlich auch auf den Einzelabschluss erstreckt,[327] ist die Erwerbsmethode hauptsächlich im Hinblick auf die Kapitalkonsolidierung im Rahmen eines Konzernabschlusses bekannt. Der Grundgedanke ist dabei, bei einem Unternehmenszusammenschluss die Vermögens-, Finanz- und Ertragslage des gesamten Konzerns so darzustellen, als ob dieser eine rechtliche Einheit wäre.[328] Da eine bloße horizontale Addition der einzelnen Abschlüsse der Konzernunternehmen auch konzerninterne Verflechtungen beinhaltet, müssen diese internen Beziehungen und Doppelerfassung durch eine Kapitalkonsolidierung herausgerechnet werden.[329] Zu diesem Zweck werden die Anschaffungskosten der Beteiligung beim Mutterunternehmen mit den auf die Beteiligung entfallenden Eigenkapitalanteilen der erworbenen Einheiten bzw. Tochterunternehmen verrechnet.

Bei der Kapitalkonsolidierung nach IAS/IFRS wurde bis zur Einführung des IFRS 3 neben der Erwerbsmethode auch die Interessenzusammenführungsmethode (sog. Pooling of Interests-Method) angewendet. Im Gegensatz zur Erwerbsmethode betrachtet diese die Transaktion eines Unternehmenserwerbes als einen Zusammenschluss von gleichberechtigten Partnern auf Basis eines Anteilstausches. Konsequenz dieser Überlegung ist, dass die Buchwerte der Vermögenswerte und Schulden der sich zusammenschließenden Unternehmen ohne die Aufdeckung der stillen Reserven in den Konzernabschluss zu übernehmen sind. Dadurch werden die zum Zeitpunkt des Zusammenschlusses beim Tochterunternehmen nicht bilanzierten Vermögensgegenstände und Schulden auch im Konzernabschluss nicht angesetzt. Ferner ist die Aktivierung eines erworbenen Geschäftswertes unzulässig.[330]

Die Erwerbsmethode hingegen unterstellt bei einem Unternehmenszusammenschluss die Identifikation eines die Beherrschung über das erworbene Unternehmen ausübenden Erwerbers.[331]

---

[326] Vgl. zum sog. „Agreement Date" IASB (Standard 2004): IFRS 3.78 sowie IFRS 3 Anhang A.

[327] Vgl. hierzu die Ausführungen in Kapitel 2.3.3.

[328] Vgl. zu den Zielsetzungen des Konzernabschlusses die Definitionen in IAS 27.4 (überarbeitet 2003).

[329] So wird auf dem Summenabschluss vor der notwendigen Kapitalkonsolidierung die Beteiligung des Mutterunternehmens am Eigenkapital des Tochterunternehmens als auch das jeweilige Eigenkapital des in den Konzernabschluss einbezogenen Tochterunternehmens ausgewiesen; vgl. hierzu ausführlich Baetge, Jörg/Kirch, Hans-Jürgen/Thiele, Stefan: Konzernbilanzen, 6. Auflage, Düsseldorf 2002, S. 193.

[330] Für eine detaillierte Darstellung der Grundgedanken der Interessenzusammenführungsmethode vgl. Rammert, Stefan: Pooling of interests – Die Entdeckung eines Auslaufmodells durch deutsche Konzerne?, in: DBW, Heft 59, (1999), S. 620–632, hier S. 621–622.

[331] Vgl. IASB (Standard 2004): IFRS 3.10.

Nach der Grundkonzeption der Erwerbsmethode werden Unternehmenszusammenschlüsse prinzipiell ähnlich dem Erwerb von einzelnen Wirtschaftsgütern behandelt, wobei die Anschaffungskosten für das erworbene Unternehmen dem Wert des akquirierten Reinvermögens zum Erwerbszeitpunkt gegenübergestellt werden.[332] Dei Bilanzierung erfolgt dabei unanhängig davon, ob die entsprechenden Vermögenswerte und Schulden zuvor beim akquirierten Unternehmen angesetzt waren.[333]

Die Anwendung der Erwerbsmethode vollzieht sich in drei einzelnen Schritten:[334]

a) Identifikation eines Erwerbers

b) Ermittlung der Anschaffungskosten eines Unternehmenszusammenschlusses

c) Verteilung der Anschaffungskosten des Unternehmenszusammenschlusses auf die übernommenen Vermögenswerte und Schulden und Eventualschulden zum Erwerbszeitpunkt

In den folgenden Ausführungen wird die Konzeption der Erwerbsmethode anhand einer detaillierten Darstellung der oben genannten Schritte erläutert.

4.1.1.2   Die Konzeption der Erwerbsmethode

4.1.1.2.1 Die Identifizierung des Erwerbers

Die Kapitalkonsolidierung nach der Erwerbsmethode bildet einen Unternehmenszusammenschluss aus Sicht des Erwerbers ab. Der Auffassung des IASB liegt somit die Annahme zugrunde, dass bei jedem Unternehmenszusammenschluss ein entsprechender Erwerber identifiziert werden kann. Zu diesem Zweck werden in IFRS 3.19–23 beispielhafte Indikatoren aufgezeigt, mit deren Hilfe sich die erwerbende Partei bei einem Unternehmenszusammenschluss bestimmen lassen soll. Grundsätzlich wird in IFRS 3.17 dasjenige Unternehmen als Erbwerber definiert, welches in Zuge der Transaktion die Beherrschung (Control) über die anderen am Zusammenschluss beteiligten Unternehmen erlangt.[335] Die Beherrschung wird angenommen, wenn ein Unternehmen die Möglichkeit erlangt, die Finanz- und Geschäftspolitik eines anderen Unternehmens zu bestimmen und zudem aus dessen Tätigkeit wirtschaftliche Vorteile erzielen kann.[336] Nach IFRS 3.19 besteht die widerlegbare Vermutung, dass der Erwerber über ein anderes Unternehmen eine Beherrschung ausüben kann, wenn das akquirierte Unternehmen über mehr als die Hälfte der Stimmrechte des erworbenen Unternehmens verfügt.[337] Kommt es zu dem Fall, dass der Erwerber zunächst nicht eindeutig identifiziert werden kann, hält IFRS 3.20 weitere Anhaltspunkte zur Bestimmung des Erwerbers bereit:[338]

• Der beizulegende Zeitwert eines Unternehmens ist signifikant höher als der des anderen Transaktionspartners,

---

[332] Vgl. KPMG (Hrsg.): IFRS aktuell, Stuttgart 2004, S. 66.

[333] Vgl. IASB (Standard 2004): IFRS 3.15.

[334] Vgl. IASB (Standard 2004): IFRS 3.16.

[335] Vgl. IASB (Standard 2004): IFRS 3.17. Die Begriffsdefinition der Beherrschung ist nach IFRS 3 dabei nahezu identisch zu dem bisher geltenden Standard (IAS 22), wodurch auch weiterhin die Kompatibilität mit IAS 27 gewährleistet ist; vgl. Watrin, Christoph/Strohm, Christiane/Struffert, Ralf: Aktuelle Entwicklungen der Bilanzierung von Unternehmenszusammenschlüssen nach IFRS, in: Die Wirtschaftsprüfung, Heft 24, (2004), S. 1450–1461, hier S. 1453.

[336] Vgl. IASB: IFRS 3.19 (2004) sowie IAS 22.20 (2003).

[337] Vgl. bezüglich weiterer Kriterien zum Bestehen eines Kontroll-Verhältnisses IFRS 3.19b–d.

[338] Vgl. für einen Überblick über die diesbezüglichen Vorschriften des IFRS 3 auch Lopatte, Kerstin/Wiechen, Lars: Darstellung und Würdigung der Bilanzierungsvorschriften nach IFRS 3 Business Combinations, in: Der Konzern, Heft 8, (2004), S. 534–544, hier S. 535 f.

- eine der Parteien gewährt Zahlungsmittel oder andere Vermögenswerte für den Bezug von stimmberechtigten Stammaktien eines Unternehmens,

- eine der Parteien hat einen dominierenden Einfluss auf die Zusammensetzung der Unternehmensleitungsgremien (Management) des zusammengeschlossenen Unternehmens.

IFRS 3 enthält keinerlei konkrete Hinweise auf die Gewichtung der soeben genannten Kriterien, sodass die Verantwortung für eine sachgerechte Einschätzung der jeweiligen Situation bei den am Unternehmenszusammenschluss beteiligten Parteien liegt.

Zusammenfassend kann festgehalten werden, dass die mit dem Inkrafttreten von IFRS 3 erzielte Konvergenz von IASB und FASB in Bezug auf die alleinige Anwendung der Erwerbsmethode – unabhängig von ihrer rechtlichen Gestaltung – eine nahezu ausschließliche Qualifizierung von Unternehmenszusammenschlüssen als Unternehmenserwerbe mit sich bringt.

4.1.1.2.2 Ermittlung der Anschaffungskosten des Unternehmenszusammenschlusses

Im Anschluss an die Identifikation eines erwerbenden Unternehmens erfolgt die Ermittlung der Anschaffungskosten des Unternehmenszusammenschlusses, welche gemäß IFRS 3.16 den Ausgangspunkt der Erwerbsmethode darstellen. Die zentrale Komponente ist hierbei der Anschaffungspreis der Beteiligung bzw. der Geschäftseinheit.[339] Diesbezüglich umfassen die Anschaffungskosten des Unternehmenszusammenschlusses nach der Definition des IFRS 3.24, die mit dem beizulegenden Zeitwert bewertete Gesamtheit der für die Erlangung der Beherrschungsmöglichkeit über das erworbene Unternehmen übertragenen Ressourcen.[340]

Die nach IFRS 3.24 zu ermittelnden Anschaffungskosten eines Unternehmenserwerbes entsprechen somit dem Betrag der geleisteten Zahlungsmittel oder den zum Erwerbszeitpunkt ermittelnden Zeitwerten der als Gegenleistung für den Erwerb übertragenen Vermögenswerte, noch nicht beglichener bzw. übernommenen Schulden. Werden indessen Eigenkapitalinstrumente als Gegenleistung für die Transaktion von Anteilen des zu akquirierende Unternehmens ausgegeben, so sind grundsätzlich auch die ausgegebenen Wertpapiere mit ihrem beizulegendem Zeitwert zum Tauschzeitpunkt zu bewerten.[341] Dabei stellt gemäß IFRS 3.27 der veröffentlichte Börsenkurs am Tag des Erwerbs i. d. R. den zuverlässigsten Marktwert dar. Nur in wenigen Ausnahmefällen, wie z. B. bei der Existenz von nicht liquiden Märkten, was bei der Hingabe nicht börsennotierter Eigenkapitalinstrumente regelmäßig der Fall ist, sind ggf. Schätzungen bzw. weitere Indikatoren für die Bestimmung des beizulegenden Zeitwertes der ausgegeben Eigenkapitalinstruments zu berücksichtigen.[342]

Darüber hinaus werden direkt dem Erwerb zurechenbare Nebenkosten bei der Kaufpreisbemessung berücksichtigt. IFRS 3.29 nennt hier Rechts- und Beratungskosten wie beispielsweise Honorare für Wirtschaftsprüfer, Rechtsanwälte sowie die Kosten für andere direkt im Zusammenhang mit dem Unternehmenszusammenschluss tätige Berater. Nicht direkt zurechenbare Ge-

[339] Vgl. Küting, Karl-Heinz/Wirth, Johannes: Bilanzierung von Unternehmenszusammenschlüssen nach IFRS 3, in: KoR, Heft 5, (2004), S. 167–177, hier S. 169.

[340] Somit beinhaltet IFRS 3 (2004) trotz verändertem Wortlaut aus wirtschaftlicher Sicht das gleiche Volumen an Anschaffungskosten wie IAS 22.21 (1998). Vgl. Brune, J. Wilfried/Senger, Thomas in: Beck'sches IFRS-Handbuch, hrsg. von Werner Bohl, Joachim Riese und Jörg Schlüter, München 2004, § 15 Rz. 211.

[341] Vgl. Küting/Wirth: a. a. O. (Fn. 339), S. 168; Andrejewski, Kai C./Kühn, Siegfried: Grundzüge und Anwendungsfragen des IFRS 3, in: Der Konzern, Heft 4 (2006), S. 221–228, hier S. 224.

[342] Außergewöhnliche Marktschwankungen stellen hingegen in Abweichung von den bisherigen Regelungen des IAS 22.24 (1998) i. V. m. SIC-28 (2001) keinen Grund zur Abweichung vom Börsenwert dar. Vgl. hierzu Brune/Senger in: Beck'sches IFRS-Handbuch, (Fn. 345), § 15, Rz. 212–213; Heuser, Paul J./Theile, Carsten: IAS/IFRS Handbuch. 2. Auflage, Köln 2005, S. 564.

meinkosten wie etwa Verwaltungskosten in Form einer Akquisitionsabteilung oder die mit dem Erwerb verbundene Finanzierungskosten werden hingegen explizit von der Ermittlung der Anschaffungskosten ausgegrenzt.[343] An dieser Stelle ist anzumerken, dass das IASB in seiner nunmehr beschlossenen Neufassung des IFRS 3 eine neue Ansicht bezüglich der Behandlung von Nebenkosten eines Unternehmenserwerbes vertritt: Während bisher alle *direkt* mit dem Unternehmenszusammenschluss in Verbindung stehenden Aufwendungen den Anschaffungskosten zu zurechnen waren, sind zukünftig sämtliche Anschaffungsnebenkosten als Aufwand auszuweisen.[344] Der IASB begründet diese Ansicht insbesondere mit dem Argument, dass derartige Aufwendungen den Wertansatz der zum beizulegenden Zeitwert zu bemessenden Vermögenswerte und Schulden verzerren.[345]

Grundsätzlich sieht IFRS 3.24 vor, dass der Kaufpreis auf Grundlage der beizulegenden Zeitwerte von Vermögenswerten, Schulden und Eigenkapitaltiteln zum Zeitpunkt des Erhalts der Gegenleistung für den Erwerb zu bestimmen ist.[346] Diese Konzeption der stichtagsgenauen Bewertung der Anschaffungskosten wird auch bei Erwerbvorgängen in mehreren Schritten (sukzessiver Erwerb) beibehalten. In einem solchen Fall ist gemäß IFRS 3.58f jede Transaktion vom Erwerber getrennt zu behandeln; es wird so jeweils auf den entsprechenden Tag des anteiligen Erwerbs bzw. den Tag des Tauschvorgangs abgestellt. Ähnliches gilt auch für den Fall, dass die Gegenleistung für die Erlangung der Beherrschungsmöglichkeit nicht zum Erwerbszeitpunkt, sondern zu einem späteren Zeitpunkt transferiert wird. Diesbezüglich sieht IFRS 3.26 die Abzinsung des zukünftig abzuführenden Betrages auf den Barwert des Erwerbszeitpunktes vor.

Im Rahmen der Bestimmung des Kaufpreises durch die am Unternehmenskauf beteiligten Parteien, kommt es häufig zu einer Kaufpreissicherung in Form eines Leistungsvorbehalts, welcher z. B. bei Veränderung von wirtschaftlichen Verhältnissen zur Anpassung des zu entrichtenden Betrages verpflichtet.347 Sind solche oder ähnliche nachträgliche Anpassungen der Anschaffungskosten aufgrund vertraglicher Vereinbarungen wahrscheinlich und zuverlässig ermittelbar, schreibt IFRS 3.32-35 deren Berücksichtigung bei der Ermittlung der Anschaffungskosten bereits zum Erwerbszeitpunkt vor.348 Eine Anpassung des Kaufpreises hat auch dann zu erfolgen, wenn die künftigen Ereignisse zu einem späteren Zeitpunkt als dem Erwerbszeitpunkt wahrscheinlich werden und zudem zuverlässig quantifizierbar sind.349 Eine sofortige oder nachträgliche Anpassung der Anschaffungskosten ist in Form einer Berichtigung des Geschäftswertes bzw. des erfolgswirksam erfassten negativen Unterschiedsbetrages vorzunehmen.[350]

[343] Vgl. IASB (Standard 2004): IFRS 3.29.
[344] Vgl. IASB (Standard 2007): IFRS 3.53 (n. F.) sowie die Ausführungen in Kapitel 6.2.2.
[345] Vgl. IASB (2007): Exposure Draft of Proposed Amendments to IFRS 3 Business Combinations vom 30.6.2005, BC 85 sowie Kühne, Mareike/Schwedler, Kristina: Geplante Änderung der Bilanzierung von Unternehmenszusammenschlüssen, in: KoR, Heft 9, (2005), S. 329–338, hier S. 332.
[346] Als Erwerbszeitpunkt wird nach IFRS 3.25 der Tag bezeichnet, an dem das erwerbende Unternehmen die Beherrschungsmöglichkeit (*Control*) über das erworbene Unternehmen erlangt.
[347] Vgl. Klumpp, Hans-Hermann: Der Kaufpreis, in: Der Unternehmenskauf, hrsg. von Beisel, Wilhelm und Klumpp, Hans-Herrman, 4. Auflage, München 2003, S. 211–215, hier S. 207.
[348] Vgl. Brune/Senger in: Beck´sches IFRS-Handbuch, a. a. O. (Fn. 340), § 15 Rz. 219 u. 256.
[349] Vgl. IASB (Standard 2004): IFRS 3.35.
[350] Das identifizierbare Vermögen ist nach IAS/IFRS immer mit dem Fair Value anzusetzen, sodass die Anpassung nur im Geschäfts- oder Firmenwert vorgenommen werden kann; vgl. Küting/Wirth: a. a. O. (Fn. 339), S. 170.

4.1.1.3   Die Kaufpreisallokation

4.1.1.3.1   Die Fiktion des Einzelerwerbs von Vermögensgegenständen und Schulden

Der Erwerbsmethode liegt die gedankliche Konzeption zugrunde, dass mit der Akquisition eines Unternehmens nicht eine Beteiligung am Eigenkapital, sondern unmittelbar die einzelnen Vermögensgegenstände und Schulden erworben wurden.[351] Durch die Fokussierung auf den Ansatz und die Bewertung einzelner Vermögensgegenstände und Schulden wird bei Anwendung der Erwerbsmethode faktisch jeder Unternehmenszusammenschluss wie die Übernahme eines Gesamthandsvermögens (Asset Deal) behandelt.[352]

Nach der Erwerbsfiktion werden im Jahresabschluss folglich anstelle der Anteile am Eigenkapital des erworbenen Unternehmens einzelne Vermögensgegenstände und Schulden des akquirierten Unternehmens ausgewiesen. Infolgedessen muss im Rahmen der Erstkonsolidierung eine Zuordnung der Bilanzposten des erworbenen Unternehmens zu den dazugehörigen Anteilen des Kaufpreises vorgenommen werden.[353] Dieses Vorgehen schließt eine unveränderte Übernahme des Ansatzes und der Bewertung der einzelnen Vermögensgegenstände und Schulden aus dem Einzelabschluss des erworbenen Unternehmens aus.[354] Maßgebend sind vielmehr die fiktiven Anschaffungskosten, welche aus der Sicht des erwerbenden Unternehmens zum Zeitpunkt der Akquisition für die entsprechenden Vermögensgegenstände und Schulden einzeln angefallen wären.[355] Entsprechend der *Erwerbsfiktion* bedeutet dies, dass der Erwerber die zu übernehmenden Posten mit den Werten anzusetzen hat, welche er anstelle der Beteiligung für die einzelnen Vermögensgegenstände und Schulden aufgewendet hätte.[356]

Mit Anwendung der Erwerbsmethode im Rahmen der Kapitalkonsolidierung werden folglich die Buchwerte der Vermögensgegenstände und Schulden des erworbenen Unternehmens durch die zum Erwerbszeitpunkt zutreffenden Anschaffungskosten ersetzt. Da nach Konzeption der Erwerbsmethode als Bewertungsmaßstab allein der Zeitwert in Betracht kommt, stellt dieses Vorgehen eine Überführung von Buchwerten in Tagesbeschaffungswerte dar.[357] Entsprechend sieht auch der IASB mit der Verpflichtung zur alleinigen Anwendung der Erwerbsmethode eine vollständige Neubewertung des erworbenen Reinvermögens zu Zeitwerten (*Fair Values*) im Erwerbszeitpunkt vor.[358]

[351]   Vgl. Ordelheide, Dieter: Kapitalkonsolidierung nach der Erwerbsmethode (Teil 1), in: Die Wirtschaftsprüfung, Heft 9, (1984), S. 237–245, hier S. 240.

[352]   Vgl. hierzu die Ausführungen zum Asset Deal in Kapitel 2.2.3 sowie Brune/Senger in: Beck´sches IFRS-Handbuch, (Fn. 340), § 15, Rz. 220; Baetge, Jörg/Heidemann, Christian in: Bilanzrecht Kommentar, hrsg. von Jörg Beatge, Hans-Jürgen Kirsch und Stefan Thiele, Bonn 2008, Band 2, § 301, Rz. 6.

[353]   Vgl. Adler, Hans/Düring, Walther/Schmaltz, Kurt: Rechnungslegung und Prüfung der Unternehmen, 6. Auflage, Stuttgart 2006, § 301 HGB, Rz. 37.

[354]   Vgl. Schildbach, Thomas: Der Konzernabschluss nach HGB, IAS und US-GAAP, 6. Auflage, München 2006, S. 160.

[355]   Vgl. Ordelheide, Dieter: Anschaffungskostenprinzip im Rahmen der Erstkonsolidierung gem. § 301 HGB, in: Der Betrieb, (1986), S. 493–499, hier S. 493.

[356]   Vgl. Förschle, Gerhardt/Deubert, Michael in: Beck'scher Bilanz-Kommentar, hrsg. von Helmut Ellrott u. a, 6. Auflage, München 2006, § 301, Rz. 3.

[357]   Vgl. Küting, Karl-Heinz/Weber, Claus-Peter: Der Konzernabschluss, 5. Auflage, Stuttgart 1999.

[358]   Vgl. IASB (Standard 2004): IFRS 3.10.

4.1.1.3.2 Verteilung der Anschaffungskosten des Unternehmenserwerbes auf die erworbenen Vermögenswerte und Schulden (Purchase Price Allocation)

Die Kaufpreisallokation (sog. Purchase Price Allocation) stellt den dritten und letztendlich zentralen Schritt in Rahmen der Abbildung eines Unternehmenszusammenschlusses nach der Erwerbsmethode dar.[359] Kern dieser Maßnahme ist der Ansatz und die Bewertung identifizierbarer Vermögenswerte, Schulden und Eventualschulden des erworbenen Unternehmens. Die Kaufpreisallokation nach IFRS 3 wird in diesem Kontext auch als „Zugangsbilanzierung des mit einem Geschäftsbetrieb erworbenen Gesamthandsvermögens" verstanden.[360] Dabei werden die Buchwerte des erworbenen Unternehmens durch das Aufdecken sämtlicher stiller Reserven und Lasten in eine das Reinvermögen widerspiegelnde Bilanz überführt. Die Kaufpreisallokation gliedert sich unter Berücksichtigung der Fiktion des Einzelerwerbs[361] in folgende Schritte:

Zunächst ist das erworbene Nettovermögen hinsichtlich seiner Bilanzierungsfähigkeit und Bewertung neu zu beurteilen, wobei die vor dem Akquisitionszeitpunkt beim Verkäufer angewendeten Bilanzierungs- und Bewertungsmethoden als irrelevant einzustufen sind.[362] Im Rahmen dieses ersten Schrittes sind alle zum Erwerbszeitpunkt identifizierbaren Vermögenswerte, Schulden und Eventualschulden in eine Neubewertungsbilanz aufzunehmen.[363] Die Identifizierung der beim erworbenen Unternehmen bereits vor dem Unternehmenszusammenschluss bilanzierten Vermögenswerte und Schulden erweist sich hier in der Regel als unproblematisch. Da die Bilanzierung nach IFRS 3 jedoch unanhängig davon erfolgt, ob die entsprechenden Vermögenswerte und Schulden zuvor beim akquirierten Unternehmen angesetzt waren, liegt der Schwerpunkt der Kaufpreisallokation regelmäßig auf der Identifizierung der vom erworbenen Unternehmen selbst erstellten, bislang nicht bilanziell erfassten immateriellen Vermögenswerte.[364] Zwar orientiert sich IFRS 3 hinsichtlich des Bilanzansatzes im Wesentlichen am Framework und den Regelungen anderer Standards, doch genügen diese Vorschriften alleine nicht dem Anspruch des IASB nach einem möglichst vollständigen Ansatz des beim erworbenen Unternehmen zuvor nicht bilanzierungsfähigen Vermögens. Die Regelungen des IFRS 3 sehen daher spezielle Ansatzvorschriften für die Bilanzierung der im Rahmen eines Unternehmenserwerbes akquirierten immateriellen Vermögenswerte und Eventualschulden vor.[365]

In einem zweiten Schritt sind die identifizierten Vermögenswerte und Schulden entsprechend der Erwerbsmethode neu zu bewerten. Die identifizierten und ansatzfähigen Vermögenswerte, Schulden und Eventualschulden sind dabei – wie bereits erwähnt – gemäß IFR 3.36 mit den jeweiligen Zeitwerten zum Erwerbszeitpunkt anzusetzen.[366] Das Anschaffungskostenprinzip

---

[359]   Vgl. Lüdenbach, Norbert in: Haufe IFRS-Kommentar, hrsg. von: Norbert Lüdenbach, Wolf-Dieter Hoffmann, 4. Auflage, Freiburg i. Br. 2006, § 31, Rz. 16; Adler/Düring/Schmaltz: a. a. O. (Fn. 353), § 301 HGB, Rz. 37

[360]   Senger, Thomas/Brune, Wilfried/Elprana, Kai in: Beck´sches IFRS-Handbuch, hrsg. von Werner Bohl, Joachim Riese und Jörg Schlüter, 2. Auflage, München 2006, § 33, Rz. 57.

[361]   Vgl. zur Fiktion des Einzelerwerbs die Ausführungen in Abschnitt 4.1.1.3.1 in diesem Kapitel.

[362]   Vgl. Lüdenbach in: Haufe IFRS-Kommentar, a. a. O. (Fn. 359), § 31, Rz. 51.

[363]   Vgl. Küting/Wirth: a. a. O. (Fn. 339), S. 170; Lopatta/Wiechen: a. a. O. (Fn. 338), S. 536.

[364]   Vgl. Lopatta/Wiechen: a. a. O. (Fn. 338), S. 536. Die Problematik von Identifizierung, Ansatz und Bewertung der beim erworbenen Unternehmen selbst erstellten immateriellen Vermögenswerte bildet den Schwerpunkt dieser Arbeit, weshalb auf eine nähere Erläuterung an dieser Stelle verzichtet wird.

[365]   Vgl. Lüdenbach in: Haufe IFRS- Kommentar a. a. O. (Fn. 359), § 31, Rz. 51. Die Darstellung und Analyse der Ansatz- und Bewertungsvorschriften für immaterielle Vermögensgegenstände nach IFRS 3 erfolgt im weiteren Verlauf der Arbeit.

[366]   Vgl. IASB (Standard 2004): IFRS 3.36. Die zur Veräußerung gehaltenen Vermögenswerte oder Gruppen von Vermögenswerten fallen hingegen unter den Anwendungsbereich des IFRS 5 und sind folglich mit ihrem beizulegenden Zeitwert abzüglich der Veräußerungskosten anzusetzen; vgl. IASB (2004): IFRS 3.36.

findet diesbezüglich keine Anwendung, sodass die Aufdeckung eventueller stiller Reserven nicht durch die Anschaffungskosten des Unternehmenszusammenschlusses begrenzt ist.[367] Abschließend wird der ggf. anzusetzende Geschäftswert ermittelt, indem sämtliche identifizierte und bewertete Vermögenswerte und Schulden den Anschaffungskosten des Unternehmenszusammenschlusses gegenübergestellt werden. Da in der Regel der Kaufpreis das neubewertete Eigenkapital des erworbenen Unternehmens übersteigt (unterschreitet), ergibt sich aus der Differenz zwischen Anschaffungskosten und Reinvermögen ein aktiver (passiver) Unterschiedsbetrag. Ein positiver Unterschiedsbetrag wird als Geschäftswert (*Goodwill*) aktiviert, während ein negativer Unterschiedsbetrag (*Excess*) sofort erfolgswirksam zu vereinnahmen ist.[368]

4.1.2   Aktivierungsfähigkeit erworbener immaterieller Vermögenswerte nach IFRS 3

4.1.2.1   Abstrakte Aktivierungsfähigkeit immaterieller Vermögenswerte

4.1.2.1.1   Die Ansatzkriterien des Frameworks als Ausgangspunkt

Die Vorschriften zum Ansatz von immateriellen Vermögenswerten nach IFRS 3 basieren grundsätzlich auf den Aktivierungsvoraussetzungen für immaterielle Vermögenswerte gemäß IAS 38.[369] Da der Begriff eines Vermögenswertes (Asset) jedoch nicht in den einzelnen Standards definiert ist, bildet das übergeordnete Framework den eigentlichen Ausgangspunkt der heranzuziehenden Ansatzkriterien.[370] Entsprechend des Frameworks sind die Aktivierungsvoraussetzungen eines immateriellen Vermögenswertes in einer zweistufigen Ansatzkonzeption zu prüfen. Zunächst wird dabei auf der Ebene der *abstrakten Aktivierbarkeit* untersucht, ob für ein Einnahmepotenzial die definitorischen Begriffsmerkmale eines Vermögenswertes erfüllt sind.[371] Diesbezüglich versteht das IASB unter einem Vermögenswert „eine in der Verfügungsmacht des Unternehmens stehende Ressource, die ein Ergebnis von Ereignissen in der Vergangenheit darstellt, und von der erwartet wird, dass dem Unternehmen aus ihr künftiger wirtschaftlicher Nutzen zufließt".[372]

Die Definition des IASB setzt folglich voraus, dass ein immaterieller Vermögenswert das Potenzial zur Generierung zukünftiger Zahlungsmittelzuflüsse besitzt und dadurch einen Beitrag zur Steigerung des zukünftigen wirtschaftlichen Nutzens des Unternehmens zu leisten vermag (*künftiger Nutzenzufluss*). Durch die Erfordernis des Vergangenheitsbezug (*Ergebnis vergangener Ereignisse*) wird hingegen zum Ausdruck gebracht, dass die bloße Erwerbsabsicht einer Nutzen generierenden Ressource keinen aktivierbaren Vermögenswert begründet. Letztendlich soll das Kriterium der Kontrolle (*Verfügungsmacht*) nach der Definition des IASB sicherstellen, dass dem Unternehmen die wirtschaftlichen Vorteile der Ressource zustehen und es in der Lage ist, Dritte von diesen Vorteilen erfolgreich auszuschließen.

---

[367] Vgl. Schmidtbauer, Rainer: Die Bilanzierung von Unternehmenszusammenschlüssen nach IFRS 3, in DStR, Heft 3, (2005), S. 121–126, hier S. 122, Brücks, Michael/Wiederhold, Philipp: Exposure Draft 3 „Business Combinations" des IASB, in: KoR, Heft 1, (2003), S. 21–29, hier S. 21; Loppatte/Wiechen: a. a. O. (Fn. 338), S. 534.

[368] Vgl. IASB (Standard 2004): IFRS 3.36 i. V. m. IFRS 3.51–3.56.

[369] Vgl. IASB (Standard 2004): IFRS 3.45.

[370] Vgl. Schmidtbauer, Rainer: Die Bilanzierung und Bewertung immaterieller Vermögensgegenstände bzw. Vermögenswerte in der deutschen Rechnungslegung sowie nach IAS, in DStR, Heft 47, (2003), S. 2035–2042, hier S. 2035; Wehrheim, Michael: Die Bilanzierung immaterieller Vermögenswerte (Intangible Assets) nach IAS 38, in: DStR, Heft 2, (2000), S. 86–88, hier S. 86.

[371] Vgl. Esser, Maik/Hackmann, Jens: Immaterielle Vermögenswerte des Anlagevermögens und Goodwill in der IFRS-Rechnungslegung, in: DStR, Heft 16, (2005), S. 708–713, hier S. 708.

[372] IASB: Rahmenkonzept, in: International Reporting Standards (deutsche Fassung), London 2005, R.49 (a).

Zusammenfassend kann festgehalten werden, dass die abstrakte Aktivierbarkeit nach dem Framework zwar wesentliche Merkmale eines Vermögenswertes definiert, es jedoch insbesondere hinsichtlich der erfolgreichen Abgrenzung zu monetären Ressourcen oder dem Geschäftswert einer weiteren Konkretisierung bedarf.

4.1.2.1.2 Die Konkretisierung der abstrakten Aktivierbarkeit durch IAS 38

Während sich die soeben dargestellte Definition des Frameworks auf die allgemeinen abstrakten Ansatzvoraussetzungen eines *Assets* beschränkt, werden in IAS 38 notwendige Konkretisierungen in Bezug auf immaterielle Vermögenswerte vorgenommen. Das IASB definiert hier einen immateriellen Vermögenswert als „an identifiable non monetary asset without physical substance".[373] Im Vergleich zur allgemeinen Vermögenswertdefinition des Frameworks weist diese Definition somit einige wichtige Ergänzungen auf. Zum einen werden immaterielle Vermögenswerte von den monetären Ressourcen sowie Ressourcen mit physischer Substanz negativ abgegrenzt.[374] Zum anderen wird mit dem Kriterium der Identifizierbarkeit eine zusätzliche, entscheidende Ansatzvoraussetzung auf Ebene der abstrakten Aktivierbarkeit hinzugefügt.[375]

Bezüglich der abstrakten Aktivierbarkeit eines immateriellen Vermögensgegenstandes kommt dem Kriterium der Verfügungsmacht bzw. der Kontrolle über ein Nutzenpotenzial eine besondere Bedeutung zu. Genauer gesagt ist es der entscheidende Indikator hinsichtlich einer tatsächlich existenten Möglichkeit zur Nutzung eines wirtschaftlichen Vorteils. Aus diesem Grund wird dieses bereits im Framework enthaltene Kriterium der Verfügungsmacht in IAS 38 weiter präzisiert. Das Kriterium der Kontrolle über einen Vermögenswert definiert hier die Fähigkeit eines Unternehmens, potenzielle Konkurrenten von dem zu erwartendem Nutzen des Vermögenswertes auszuschließen. Dies ist beispielsweise bei einem gesetzlich geschützten Patent der Fall.

Grundsätzlich kann davon ausgegangen werden, dass der Erwerber des zivilrechtlichen Rechts an einem Vermögenswert auch regelmäßig die Kontrolle über den entsprechenden wirtschaftlichen Vorteil ausübt.[376] Das IASB spricht in diesem Zusammenhang von juristisch durchsetzbaren Ansprüchen, welche allerdings nicht zwingende Voraussetzung für die Kontrolle des wirtschaftlichen Vorteils sind.[377] Vielmehr weist das IASB darauf hin, dass beim Fehlen der gesetzlichen Verfügungsmacht die wirtschaftliche Betrachtungsweise bzw. die faktische Durchsetzbarkeit der Verfügungsmacht über einen wirtschaftlichen Vorteil als Entscheidungskriterium heranzuziehen ist. So kann beispielsweise ein Unternehmen die Kontrolle über die Forschungsergebnisse seiner Entwicklungstätigkeit ausüben, wenn das hier erlangte Wissen durch eine den

---

[373] IASB (Standard 2004): IAS 38.35.

[374] Hat ein Vermögenswert einen physischen als auch einen immateriellen Bestandteil, so ist dieser als ein immaterieller Vermögenswert einzustufen, wenn der immaterielle Bestandteil als wesentlicher beurteilt werden kann; vgl. IASB (Standard 2004): IAS 38.4.

[375] Die Problematik bei der Abgrenzung der immateriellen Vermögenswerte vom Geschäftswert führt u. a. dazu, dass die Regelungen des IAS 38 bezüglich des Kriteriums der Identifizierbarkeit in IFRS 3.46 nochmals aufgeführt werden. Aus diesem Grund wird das Kriterium der Identifizierbarkeit erst im Zuge der Darstellung der erweiterten Ansatzkonzeption nach IFRS 3 näher untersucht; vgl. Kapitel 4.1.3.

[376] Vgl Baetge, Jörg/Keitz, Isabel v. in: Rechnungslegung nach IFRS, hrsg. von: Baetge u. a., 2. Auflage, Stuttgart 2006, IAS 38, Rz. 21; Wagenhofer, Alfred: Internationale Rechnungslegungsstandards – IAS/IFRS, 4. Auflage, Frankfurt/M u. Wien 2003, S. 204.

[377] Vgl. IASB (Standard 2004): IAS 38.13.

Mitarbeitern auferlegte Verschwiegenheitspflicht einer Geheimhaltung unterliegt und somit dessen Nutzung durch Dritte weitgehend verhindert werden kann.[378]

Das Kontrollkriterium hat insbesondere bei der Frage des Ansatzes von Wissensressourcen einer qualifizierten Belegschaft bzw. Humankapital des Unternehmens eine entscheidende Bedeutung. Da gerade die Kontrolle derartiger personengebundener wirtschaftlicher Vorteile durch ein Unternehmen in der Regel nicht uneingeschränkt gewährleistet werden kann (z. B. Wechsel des Arbeitgebers), lässt auch das IASB Zweifel an der Kontrollierbarkeit von Humankapital erkennen.[379] Des Weiteren wirkt sich dieses Kriterium auch auf die Bilanzierungsfähigkeit von kundenbezogenen immateriellen Vermögenswerten aus. Demgemäß erfüllen nach IAS 38.16 der Kundenstamm, Marktanteile sowie Kundenbeziehungen und Kundenloyalität wegen mangelnder Beherrschungsmöglichkeiten seitens des Unternehmens für gewöhnlich nicht die Definition eines immateriellen Vermögenswertes.[380]

4.1.2.2   Konkrete Aktivierungsfähigkeit immaterieller Vermögenswerte

Die zweite Stufe der Ansatzkonzeption für materielle sowie immaterielle Vermögenswerte nach IAS/IFRS erweitert die Anforderungen der abstrakten Aktivierungsfähigkeit um zwei weitere Kriterien. Demnach ist ein Vermögenswert konkret aktivierbar, wenn er zusätzlich zu den zuvor beschriebenen Voraussetzungen kumulativ folgende Merkmale aufweist:

- der Zufluss des mit dem immateriellen Vermögenswert einhergehenden Nutzens muss wahrscheinlich (probable) sein (IAS 38.21a)

- eine *objektive Mess- und Bewertbarkeit*, d. h. die zuverlässige (reliably) Ermittlung der Anschaffungs- oder Herstellungskosten muss gewährleistet sein (IAS 38.21b)[381]

Diese Ansatzkriterien sind deckungsgleich mit denen des Frameworks,[382] wobei das IASB das Wahrscheinlichkeitskriterium auch in IAS 38 in quantitativer Hinsicht nicht konkretisiert.[383] Vielmehr fordert IAS 38.22, dass ein Unternehmen die Wahrscheinlichkeit des zukünftigen wirtschaftlichen Nutzens eines immateriellen Vermögenswertes anhand von vernünftigen und begründbaren Annnahmen bemisst. Das IASB verlangt in diesem Zusammenhang jedoch keinerlei objektive Nachweise und vertraut somit mehr oder weniger den bestmöglichen Einschätzungen seitens des Managements.[384]

Die Bedeutung des Kriteriums der verlässlichen Bewertbarkeit lässt sich wiederum vor allem am Beispiel selbst erstellter immaterieller Vermögenswerte verdeutlichen. Denn der Zeitwert eines selbst geschaffenen immateriellen Vermögenswertes wird häufig von einer Reihe unterschiedlicher Leistungen beeinflusst, deren Aufwand sich jedoch gewöhnlich nur schwer einem

---

[378] Vgl. IASB (Standard 2004): IAS 38.14; IASB: Rahmenkonzept in: International Reporting Standards (deutsche Fassung), London 2005, R.57; Dawo, Sascha: Immaterielle Güter in der Rechnungslegung nach HGB, IAS/IFRS und US-GAAP, Berlin 2003, S. 196.

[379] Vgl. IASB (Standard 2004): IAS 38.15.

[380] Vgl. IASB (Standard 2004): IAS 38.16.

[381] Vgl. Wehrheim: a. a. O. (Fn. 370), S. 87; Brune/Senger in: Beck'sches IFRS-Handbuch, a. a. O. (Fn. 340), § 15, Rz. 220a; Esser/Hackmann: a. a. O. (Fn. 371), S. 709.

[382] Vgl. IASB: Rahmenkonzept, a. a. O. (Fn. 378), R.85 u. R.86. Trotz der inhaltlich weitgehenden Deckungsgleichheit der konkreten Ansatzkriterien in IAS 38 mit dem Framework werden die ergänzenden Vorschriften des IAS 38 auch als dritte Stufe der Aktivierbarkeit eines immateriellen Vermögenswertes bezeichnet; vgl. hierzu Wehrheim: a. a. O. (Fn. 370), S. 87.

[383] Bei der Bilanzierung von Rückstellung wird der Wahrscheinlichkeitsbegriff durch das IASB in IAS 37.15 durch die Angabe eines Grenzwertes präzisiert, vgl. Wagenhofer: a. a. O. (Fn. 376), S. 140.

[384] Vgl. IASB (Standard 2004): IAS 38.22.

einzelnen Vermögenswert zuordnen lassen.[385] Grundsätzlich ist die zuverlässige Bewertbarkeit eines immateriellen Vermögenswertes eng mit der Art des Zugangs verbunden, sodass die Erfüllung dieser Voraussetzung an den im Einzelfall verfügbaren Bewertungsparametern zu beurteilen ist. Folglich muss in Abhängigkeit der gegebenen Zugangsform des immateriellen Vermögenswertes entschieden werden, ob die im Einzelfall zur Verfügung stehenden Bewertungsinformationen eine objektive Mess- und Bewertbarkeit entsprechend des Regelwerks ermöglichen.[386]

4.1.2.3 Der Ansatz von selbst erstellten immateriellen Vermögenswerten

Grundsätzlich wird im IAS 38 nicht zwischen entgeltlich erworbenen und selbst geschaffenen immateriellen Vermögenswerten unterschieden.[387] Berechtigterweise hat jedoch auch das IASB besonders in Hinblick auf die mit den selbst erstellten immateriellen Vermögenswerten verbundenen Unsicherheiten Zweifel an der Praktikabilität des Wahrscheinlichkeitskriteriums sowie am Kriterium der zuverlässigen Bewertbarkeit. Diesbezüglich ist auf die mit den Investitionen in immaterielle Vermögenswerte verbundenen hohen Risiken hinzuweisen. Bekanntlich kann es durchaus Jahrzehnte dauern, bis zumeist kostenintensive Forschungs- und Entwicklungsprojekten unmittelbare wirtschaftliche Erträge generieren. Zudem resultieren aus den Investitionen in immaterielle Ressourcen oftmals nur mittelbare Vorteile oder die Abgrenzung in sachlicher und zeitlicher Sicht ist in der Berichtsperiode nicht möglich.[388] Aus diesem Grund werden in IAS 38 zusätzliche kumulativ zu erfüllende konkrete Ansatzkriterien für den Ansatz selbst erstellter immaterieller Vermögenswerte definiert. Beim Erstellungsprozess eines immateriellen Vermögenswertes wird dabei zwischen einer Forschungs- und eine Entwicklungsphase differenziert.[389] Die Forschungsphase wird vom IASB als die eigenständige und planmäßige Suche nach Erfolg versprechenden technischen oder wissenschaftlichen Erkenntnissen definiert, während die Entwicklungsphase die Anwendung jener Forschungsergebnisse oder anderem Wissen für Pläne oder Entwürfe zur allgemeinen Steigerung der wirtschaftlichen Leistungsfähigkeit des Unternehmens umfasst.[390] Sind die im Zusammenhang mit einem selbst geschaffenen immateriellen Vermögenswert stehenden Aufwendungen des Unternehmens der Forschungsphase zuzuordnen, müssen diese aufgrund ihres nicht zuverlässig einschätzbaren wirtschaftlichen Nutzens sofort als Aufwand erfasst werden.[391] Können die Ausgaben der Erstellung des immateriellen Vermögenswerte hingegen der Entwicklungsphase zugeordnet werden, hat das Unternehmen die Herstellungskosten unter der Berücksichtigung der kumulativ zu erfüllenden Ansatzkriterien zu aktivieren.[392] Allerdings wird selbst beim Erfüllen sämtlicher Ansatzkriterien gemäß IAS 38 der

---

[385] Vgl. Wehrheim: a. a. O. (Fn. 370), S. 87.

[386] Vgl. Küting, Karl-Heinz/Dawo, Sascha: Die Bilanzierung immaterieller Vermögenswerte nach IAS 38 – gegenwärtige Regelungen und geplante Änderungen: Ein Beispiel für die Polarität von Vollständigkeitsprinzip und Objektivierungsprinzip, in: BFuP, Heft 3, (2003), S. 397–416, hier S. 404–405.

[387] Vgl. Schnoor, Randolf: Nationale und internationale Aktivierungsvoraussetzungen der Rechnungslegung in Handels- und Steuerbilanz, in: StuW, Heft 4, (2004), S. 305–317, hier S. 310 m. w. N.

[388] Vgl. zu der Problematik des Ansatzes von selbst erstellten immateriellen Vermögenswerten statt vieler Hegenloh, Gerd Uwe: Die steuerbilanzielle Behandlung von Forschung und Entwicklung, Diss. Nürnberg 1985.

[389] Vgl. IASB (Standard 2004): IAS 38.51.

[390] Vgl. IASB (Standard 2004): IAS 38.7.

[391] Vgl. IASB (Standard 2004): IAS 38.43.

[392] Das IASB führt insgesamt sechs kumulativ zu erfüllende Ansatzkriterien (u.a. Realisierbarkeit, Absicht zur Fertigstellung, wirtschaftlicher Nutzen); vgl. hierzu IASB (Standard 2004): IAS 38.57. Obwohl es sich nach dem Wortlaut des IAS 38 um ein Aktivierungsgebot handelt, ist aufgrund des Ermessensspielraumes bei der Auslegung der Kriterien faktisch von einem Aktivierungswahlrecht auszugehen. Vgl. statt vieler Gstraunthaler, Thomas: Die Bewertung und Bilanzierung von intangible Assets nach IAS 38 in der Neufassung vom 31.3.2004

Bilanzansatz einiger besonders strittiger immaterieller Vermögenswerte, wie etwa Marken oder Kundenlisten, vom IASB ausdrücklich untersagt.[393]

Wie zuvor erwähnt, betrachtet das IASB die konkreten Ansatzkriterien im Erwerbsfall als grundsätzlich erfüllt. Dies trifft insbesondere auf von im Rahmen eines Unternehmenskaufs erworbene Forschungs- und Entwicklungsprojekte zu.[394] Da folglich die Problematik der Aktivierung selbst geschaffener Vermögenswerte im Rahmen einer Unternehmensakquisition in den Geltungsbereich des IFRS 3 fallen, soll an dieser Stelle auf eine weiterführende Diskussion verzichtet werden.[395]

4.1.3   Das erweiterte Konzept ansatzpflichtiger immaterieller Vermögenswerte

4.1.3.1   Die Ansatzkonzeption für immaterielle Vermögenswerte nach IFRS 3

Eine der wesentlichen Herausforderungen der ersten Phase des „Business Combinations"-Projekts des IASB war die weitere Konkretisierung der Ansatzvorschriften für immaterielle Vermögenswerte. Dieses Bestreben des IASB resultierte aus der Tatsache, dass viele Unternehmen in der Vergangenheit auf einen gesonderten Ausweis der im Zuge einer Unternehmensakquisition erworbenen immateriellen Vermögenswerte verzichteten und das erworbene immaterielle Vermögen stattdessen undifferenziert im Wertekonglomerat Goodwill aufgehen ließen.[396] Der Grund für diese Vorgehensweise lag vor allem in der mangelnden Praktikabilität der bisherigen Ansatzkriterien nach IAS/IFRS für immaterielle Vermögenswerte. Zudem erweist sich die Überprüfung der mehrstufigen Ansatzkonzeption nach IAS/IFRS bei einem Unternehmenskauf als weitaus schwieriger als im Falle eines separaten Erwerbs.[397] Das IASB schilderte diese Umstände mit der Aussage: „The Board observed that intangible assets comprise an increasing proportion of the assets in many entities, and that intangible assets acquired in a business combination were often included in the amount recognised as goodwill, despite the previous requirements in IAS 22 and the previous version of IAS 38 that they should be recognised seperatly from goodwill."[398]

Um diesem Verhalten der Unternehmen entgegenzuwirken, hat das IASB mit dem Entwurf des IFRS 3 in Verbindung mit der Überarbeitung von IAS 38 die Ansatzvorschriften für immaterielle Vermögenswerte in einigen Punkten wesentlich überarbeitet. Zentraler Ansatzpunkt war einerseits die bereits angesprochene Konkretisierung des Kriteriums der Identifizierbarkeit[399], welche in der ursprünglichen Fassung des IAS 38 nicht genauer definiert war.[400] Die bedeutendste Neuerung betrifft jedoch die Modifikation der konkreten Aktivierbarkeit. So gilt die Ansatzvoraussetzung der Wahrscheinlichkeit des zukünftigen Nutzenzuflusses für im Rahmen eines Unternehmenszusammenschluss erworbene immaterielle Vermögenswerte nunmehr

und ihre Auswirkungen, in: Immaterielle Vermögenswerte, hrsg. von Matzler u. a., Berlin 2006, S. 89–102, hier S. 101.

[393] Vgl. IASB (Standard 2004): IAS 38.63 f.

[394] Vgl. IASB (Standard 2004): IFRS 3.45. Vgl hierzu ausführlich die Diskussion in Kapitel 6.5.4.

[395] Siehe hierzu die ausführliche Würdigung der Ansatzvorschriften gemäß IFRS 3 in Kapitel 6.

[396] Vgl. Kütin/Wirth: a. a. O. (Fn. 339) S. 171; Sellhorn, Thorsten: Ansätze zur bilanziellen Behandlung des Goodwill im Rahmen der kapitalmarktorientierten Rechnungslegung, in: Der Betrieb, Heft 18, (2000), S. 885–892, hier S. 885.

[397] Die Anwendungsschwierigkeiten sind insbesondere auf beim erworbenen Unternehmen zuvor nicht bilanzierten immateriellen Vermögenswerten zurückzuführen; vgl. hierzu Fladt, Guido/Feige, Peter: Exposure Draft 3 „Business Combinations" des IASB – Konvergenz mit den US-GAAP?, in: Die Wirtschaftsprüfung, Heft 6, (2003), S. 249–262, hier S. 257.

[398] IASB: Basis for Conclusion on Exposure Draft ED3 Business Combinations, London 2002, BC68.

[399] Vgl. IASB (Standard 2004): IFRS 3.46 i. V. m. IAS 38.12.

[400] Vgl. IASB (Standard 1998). IAS 38.11; Küting/Wirth: a. a. O. (Fn. 339), S. 171.

grundsätzlich als erfüllt.[401] Dementsprechend ist ein im Rahmen einer Unternehmensakquisition erworbene immaterieller Vermögenswert unabhängig vom bisherigen Ansatz beim erworbenen Unternehmen bereits dann konkret aktivierbar, wenn sich dessen beizulegender Zeitwert (Fair Value) verlässlich bestimmen lässt.[402]

Durch die Neuregelungen in IFRS 3 (2004) und IAS 38 (2004) bleibt die zweistufige Ansatz-konzeption des IASB in ihrer Grundstruktur unverändert. Demnach ist auf der **ersten Stufe** zu-nächst unter der Beachtung der Vorschriften des IAS 38.8-17 die *abstrakte Aktivierbarkeit* des immateriellen Vermögenswerts zu prüfen. Auf dieser Stufe kommt speziell die Präzisierung des Kriteriums der Identifizierbarkeit durch IAS 38 (2004) zur Geltung. Daran anschließend gilt es auf der **zweiten Stufe** gemäß IFRS 3.37 zu untersuchen, ob der beizulegende Zeitwert des im-materiellen Vermögenswertes zuverlässig ermittelt werden kann.[403]

4.1.3.2   Die Präzisierung der Identifizierbarkeit als Aktivierungskriterium

Die Erweiterung der abstrakten Aktivierungsfähigkeit des Frameworks um das Kriterium der Identifizierbarkeit dient der eindeutigen Abgrenzung immaterieller Vermögenswerte vom Ge-schäftswert.[404] Gemäß IAS 38 gilt ein Vermögenswert als identifizierbar, wenn er separierbar ist oder auf einem vertraglichen oder sonstigen gesetzlichen Recht basiert.[405] Das letztgenannte „Legal contractual"-Kriterium erweist sich nach Ansicht der Literatur als weitgehend unkritisch, da insbesondere ein Recht in der Regel die Identifizierung des zu bilanzierenden wirtschaftli-chen Vorteils ermöglicht.[406] Nach Ansicht des IASB erlauben die inhärenten Eigenschaften ei-nes Rechts selbst dann die Abgrenzbarkeit von der erworbenen Einheit, wenn eine selbständige Verwertbarkeit nur in Verbindung mit anderen Vermögenswerten möglich erscheint[407] oder eine Übertragung auf Dritte völlig ausgeschlossen ist.[408] Demnach werden nicht nur Schutzrechte, Urheberrechte und gewerbliche Schutzrechte als immaterielle Vermögenswerte behandelt, son-dern auch einfache Lizenzen, auch wenn diese einem Übertragungsverbot unterliegen oder nicht durch die Vergabe von Unterlizenzen extern verwertet werden können.[409]

Für Vermögenswerte, die nicht in einem Recht verkörpert werden oder einem vertraglichen Schutz unterliegen, erweist sich das Identifizierbarkeitskriterium hingegen als eine weitaus grö-ßere Aktivierungshürde. In diesem Fall ist die Identifizierbarkeit anhand des Kriteriums der Separierbarkeit zu prüfen. Die Separierbarkeit verkörpert die Möglichkeit einer eigenständigen Verwertung eines potenziellen immateriellen Vermögenswertes, wobei für die Beurteilung die konkrete Verwertungsabsicht des erwerbenden Unternehmens nicht von Bedeutung ist.[410] Von einer Separierbarkeit ist dann auszugehen, wenn das Unternehmen den dem entsprechenden Vermögenswert zuzuordnenden wirtschaftlichen Nutzen vermieten, veräußern, tauschen oder

---

[401]   Vgl. IASB (Standard 2004): IFRS 38.33 i. V. m. IFRS 3.37.

[402]   Vgl. IASB (Standard 2004): IFRS 38.34.

[403]   Vgl. Baetge, Jörg/Hayn, Sven/Ströher, Thomas in: Rechnungslegung nach IFRS, hrsg. von: Baetge u. a., 2. Auflage, Stuttgart 2006, IFRS 3, Rz. 130; Senger/Brune/Elprana in: Beck'sches IFRS-Handbuch, a. a. O. (Fn. 360), § 33, Rz. 57.

[404]   Vgl. Esser/Hackmann: a. a. O. (Fn. 371), S. 709.

[405]   Vgl. IASB (Standard 2004): IAS 38.12.

[406]   Vgl. Hommel, Michael: Internationale Bilanzrechtskonzeptionen und immaterielle Vermögensgegenstände, in: ZfbF, Heft 4, 1997, S. 345–369, hier S. 401; Senger/Brune/Elprana in: Beck'sches IFRS-Handbuch, a. a. O. (Fn. 360), § 33, Rz. 60.

[407]   Vgl. IASB (Standard 2004): IAS 38.12

[408]   Vgl. Dawo: a. a. O. (Fn. 378), S. 195.

[409]   Vgl. Küting/Dawo: a. a. O. (Fn. 386), S. 401.

[410]   Vgl. Senger/Brune/Elprana in: Beck'sches IFRS-Handbuch, a. a. O. (Fn. 360), § 33, Rz. 60.

anderweitig transferieren kann, ohne dabei gleichzeitig das Nutzenpotenzial anderer Vermögenswerte zu schmälern.[411] Hierbei ist es unerheblich, ob diese Handlungsoption nur isoliert oder ausschließlich in Verbindung mit einem Vertrag, einem anderen Vermögenswert oder einer Schuld besteht.[412] Insgesamt wird vermutet, dass das Kriterium der Identifizierbarkeit im Vergleich zum im HGB-Einzelabschluss vorherrschenden Prinzip der konkreten Einzelveräußerbarkeit zu einem vermehrten Bilanzansatz immaterieller Vermögenswerte führt und dass somit mit ihm auch unweigerlich zusätzliche Ermessensspielräume einhergehen.[413]

Zur Erläuterung der soeben dargestellten Kriterien enthält IFRS 3 einen vom FASB übernommenen Beispielkatalog identifizierbarer immaterieller Vermögenswerte.[414] Anhand dieser Hilfestellung des IASB zur Abgrenzung identifizierbarer immaterieller Vermögenswerte im Zuge einer Kaufpreisallokation wird deutlich, dass bei einer Unternehmensakquisition auch diejenigen Vermögenswerte separat anzusetzen sind, welche nach IAS 38.63 noch einem expliziten Aktivierungsverbot unterlagen.[415]

4.1.3.3   Wahrscheinlichkeit des Nutzenzuflusses nach IFRS 3

Sowohl die Verlautbarungen im Framework als auch die Vorschriften des IAS 38 verlangen hinsichtlich der konkreten Aktivierbarkeit eines immateriellen Vermögenswertes, dass der Nutzenzufluss eines vorhandenen zukünftigen Einnahmepotenzials als wahrscheinlich zu beurteilen ist.[416] Mit der Veröffentlichung von IFRS 3 und der neuen Fassung von IAS 38 verzichtet der IASB nunmehr beim Erwerb immaterieller Vermögenswerte im Zuge eines Unternehmenskaufs bewusst auf dieses Kriterium, während die Wahrscheinlichkeit des Nutzenzuflusses (Probability) noch in IAS 22 als eigenständige Aktivierungsvoraussetzung aufgeführt wurde.[417] Der IASB begründet diese Änderung mit der Vermutung, dass sich die Annahme der Wahrscheinlichkeit eines zukünftigen Nutzenzuflusses aus der Ermittlung des die Markterwartungen widerspiegelnden beizulegenden positiven Zeitwerts für den Vermögenswert ergibt.[418] Die Möglichkeit der Bewertung eines immateriellen Vermögenswertes mit seinem beizulegenden Zeitwert (Fair Value) ist demnach mit den positiven Erwartungen der Marktteilnehmer hinsichtlich der Wahrscheinlichkeit des Nutzenzuflusses gleichzusetzen. Die aus dieser Überarbeitung resultierenden Änderungen führen folglich zu einem konkreten Widerspruch zu den im Rahmenkonzept und in IAS 38 definierten Ansatzvoraussetzungen eines immateriellen Vermögenswertes.[419] Das IASB hat vor diesem Hintergrund die Korrektur der entsprechenden Inkonsistenzen durch zukünftige Projekte angekündigt.[420]

Auch wenn die offensichtlichen Inkonsistenzen mit dem Framework und anderen Standards von nur vorübergehender Natur sind, führt der Verzicht des IASB auf das Wahrscheinlichkeitskriterium dennoch zu einer Ansatzerleichterung für immaterielle Vermögenswerte auf der Ebene der konkreten Aktivierbarkeit. Dieser Umstand wird in Hinblick auf die nunmehr höheren Nach-

---

[411]   Vgl. Schnoor: a. a. O. (Fn. 387), S. 309.

[412]   Vgl. IASB (Standard 2004): IAS 38.12

[413]   Vgl. Schnoor: a. a. O. (Fn. 387), S. 310, ähnlich auch Grüner, Tanja: Behandlung der immateriellen Vermögenswerte im Rahmen der Erstkonsolidierung nach IAS/IFRS, Diss. München 2006, S. 59.

[414]   Vgl. IASB: IFRS 3 Business Combinations, Illustrative Examples, London 2004.

[415]   Dies trifft hauptsächlich auf Markennamen oder etwa Kundenlisten zu. Vgl. hierzu auch die Ausführungen zum Ansatz von selbst erstellten immateriellen Vermögenswerten nach IAS 38 in Kapitel 4.1.2.3.

[416]   Vgl. IASB: Rahmenkonzept, a. a. O. (Fn. 378), R.85 und IASB (Standard 2004): IAS 38.21a.

[417]   Vgl. IASB (Standard 2004): IAS 38.33 i. V. m. IFRS 3.45 sowie IASB (revised 1998): IAS 22.26 (a)

[418]   Vgl. KPMG: a. a. O. (Fn. 332), S. 78–79.

[419]   Vgl. hierzu die Ausführungen in 4.1.2.2.

[420]   Vgl. KPMG: a. a. O. (Fn. 332), S. 79.

weisschwellen für erworbenes materielles Vermögen zum Teil heftig kritisiert.[421] Zudem wird befürchtet, dass es durch den Verzicht auf das Wahrscheinlichkeitskriterium zu Abgrenzungsproblemen zwischen immateriellen Vermögenswerten und Eventualforderungen kommt, welche nach dem derzeitigen Stand von IFRS 3 nicht angesetzt werden dürfen.[422] Auch in diesem Fall hat das IASB bereits Vorschläge zur Bereinigung der bestehenden Unklarheiten erarbeitet, welche jedoch schon im Vorfeld auf breite Kritik gestoßen sind.[423]

4.1.3.4   Zuverlässige Bewertbarkeit

Zusätzlich zur Erfüllung der definitorischen Voraussetzung bzw. abstrakten Aktivierbarkeit gemäß IAS 38.11-17, setzt die konkrete Aktivierbarkeit eines immateriellen Vermögenswertes voraus, dass der beizulegende Zeitwert der im Rahmen eines Unternehmenszusammenschlusses erworbenen immateriellen Vermögenswerte zuverlässig ermittelt werden kann. Das Kriterium der *zuverlässigen Bewertbarkeit* ist folglich durch den Verzicht des IASB auf das Wahrscheinlichkeitskriterium die allein entscheidende Aktivierungsvoraussetzung auf der Stufe der konkreten Aktivierbarkeit.

Die Aktivierungsvoraussetzung der zuverlässigen Bewertbarkeit steht im Einklang mit der laut IAS 38 und IFRS 3 geforderten Neubewertung sämtlicher identifizierbarer Vermögenswerte mit ihrem beizulegendem Zeitwert (Fair Value) im Erwerbszeitpunkt.[424] Wie bereits erwähnt, erweist sich dabei das Kriterium der zuverlässigen Bewertbarkeit primär bei selbst erstellten immateriellen Vermögenswerten als eine kritische Ansatzvoraussetzung.[425] Im Gegensatz dazu geht das IASB bei im Rahmen von Unternehmenszusammenschlüssen erworbenen Intangible Assets zunächst grundsätzlich von einer zuverlässigen Bestimmbarkeit des Fair Value aus.[426] Diese Vermutung des IASB gilt nur dann als widerlegbar, wenn der immaterielle Vermögensgegenstand entweder eine unbegrenzte Nutzungsdauer hat[427] oder dessen Identifizierbarkeit auf vertraglichen oder anderen gesetzlichen Rechten basiert und dieser:

(1) nicht separierbar ist, oder

(2) theoretisch zwar separierbar ist, in der Vergangenheit jedoch keine Veräußerungs- oder Tauschgeschäfte für dieselben oder ähnliche Vermögenswerte zu beobachten waren und folglich eine Bewertung nur anhand von unzuverlässigen Schätzungen möglich wäre.[428]

Folgerichtig sind im Umkehrschluss sämtliche bei einem Unternehmenserwerb akquirierten immateriellen Vermögenswerte mit begrenzter Nutzungsdauer per Definition zuverlässig bewertbar, sofern diese nicht anhand des „Legal contractual"-Kriteriums identifiziert wurden.[429] Diese Auffassung erscheint vor den nahezu deckungsgleichen Bedingungen der Identifizierbarkeit auf der Ebene der abstrakten Aktivierbarkeit logisch. Denn ist ein im Zuge einer Unternehmensakquisition erworbener immaterieller Vermögenswert nicht von anderen Vermögenswerten

---

[421] Vgl. insbesondere Hommel, Michael/Benkel, Muriel /Wich, Stefan: IFRS 3 Business Combinations: Neue Unwägbarkeiten im Jahresabschluss, in: Betriebs-Berater, Heft 23, (2004), S. 1267–1273. Siehe zu dieser Problematik zudem die ausführliche Diskussion in Kapitel 6.5.4.4.

[422] Vgl. Watrin/Strohm/Struffert: a. a. O. (Fn. 335), S. 1454.

[423] Vgl. hierzu insbesondere Brücks, Michael/Duhr, Andreas: Bilanzierung von Contingent Assets und Contingent Liabilities: Beispielhafte Würdigung der aktuellen Überlegungen von IASB und FASB, in: KoR, Heft 4, (2006), S. 243–251, hier S. 251.

[424] Vgl. IASB (Standard 2004): IAS 38.33 i.V.m. IFRS 3.36.

[425] Vgl. hierzu die Ausführungen in Kapitel 3.2.2.2.

[426] Vgl. IASB (Standard 2004): IAS 38.35 i.V.m. IFRS 3.45.

[427] Vgl. IASB (Standard 2004): IAS 38.35

[428] Vgl. IASB (Standard 2004): IAS 38.38.

[429] Ähnlich Senger/Brune/Elprana in: Beck'sches IFRS-Handbuch, a. a. O. (Fn. 360), § 33, Rz. 61.

abgrenzbar, so ist analog davon auszugehen, dass auch der dem immateriellen Vermögenswert zuzuordnende Aufwand nicht mit ausreichender Sicherheit ermittelt werden kann.[430]

Das Kriterium der zuverlässigen Bewertbarkeit schließt nicht aus, dass für einen abgrenzbaren immateriellen Vermögenswert eine Bandbreite von Wertansätzen mit unterschiedlichen Eintrittswahrscheinlichkeiten geschätzt werden kann. Vielmehr ist in diesem Fall die vorherrschende Unsicherheit bei der Gewichtung der unterschiedlichen Wertansätze nach deren Zuverlässigkeit zu berücksichtigen.[431] Kann ein Unternehmen einen im Rahmen eines Unternehmenserwerbes erlangten immateriellen Vermögenswert mit begrenzter Nutzungsdauer nicht mit ausreichender Sicherheit bewerten, gilt die Vermutung der grundsätzlich konkreten Aktivierbarkeit immaterieller Vermögenswerte nach IFRS 3 als widerlegt. Das erworbene Unternehmen hat dann jedoch im Anhang zu erläutern, welche immateriellen Vermögenswerte nicht getrennt vom Geschäftswert angesetzt wurden und warum der beizulegende Zeitwert nicht mit hinreichender Sicherheit ermittelt werden konnte.[432]

4.1.4   Ansatz eines erworbenen Geschäftswertes

4.1.4.1   Der erworbene Geschäftswert als Residualgröße der Kaufpreisallokation

Sind die Anschaffungskosten des Unternehmenserwerbes höher als die beizulegenden Zeitwerte der im Zuge der Kaufpreisallokation identifizierten Vermögenswerte, Schulden und Eventualschulden, ist gemäß IFRS 3 zum Erwerbszeitpunkt ein positiver Geschäftswert (Goodwill) anzusetzen.[433] Dementsprechend stellt der Geschäftswert einen Residualwert aus der Gegenüberstellung der Anschaffungskosten der Unternehmensakquisition und den erworbenen separat ansatzfähigen Vermögenswerten und Schulden dar.

Obwohl der Geschäftswert lediglich eine Restgröße der durchzuführenden Kaufpreisallokation verkörpert, betrachtet ihn das IASB als einen aktivierungspflichtigen Vermögenswert.[434] Diese Auffassung lässt sich nach Meinung des IASB mit den wesentlichen Komponenten des Geschäftswertes begründen, sodass dieser letztendlich nur im Kern ein Asset verkörpert (Core Goodwill).[435] Genauer gesagt setzt sich der Goodwill demnach primär aus den beizulegenden Zeitwerten von zu erwartenden Synergieeffekten und der profitablen Unternehmensfortführung des Erwerbers zusammen, während er nur in zu vernachlässigendem Maße durch überhöhte Kaufpreiszahlungen oder Bewertungsfehler geprägt ist.[436] Entsprechend definiert das IASB den Geschäftswert als Zahlungen des Erwerbers für antizipierte wirtschaftlicher Nutzenzuflüsse aus nicht aktivierbaren immateriellen Vermögenswerten.[437]

4.1.4.2   Bilanzierung eines negativen Unterschiedsbetrages

Liegen die Anschaffungskosten des Unternehmenszusammenschlusses unter dem Gesamtwert des auf Basis der beizulegenden Zeitwerte identifizierbaren Nettovermögens der akquirierten Gesellschaft, ergibt sich aus Kaufpreisallokation anstatt eines positiven Geschäftswertes ein

---

[430]   Vgl. Keitz, Isabell v.: Immaterielle Güter in der internationalen Rechnungslegung, Düsseldorf 1997, S. 202.
[431]   Vgl. IASB (Standard 2004): IAS 38.35; KPMG: a. a. O. (Fn. 336), S. 77.
[432]   Vgl. IASB (Standard 2004): IFRS 3.67h.
[433]   Vgl. IASB (Standard 2004): IFRS 3.36 i. V. m. IFRS 3.51.
[434]   Vgl. IASB (Standard 2004): IFRS 3.51a.
[435]   Vgl. Saelzle, Rainer/Kronner, Markus: Die Informationsfunktion des Jahresabschlusses dargestellt am sog. „impairment-only-Ansatz", in: Die Wirtschaftsprüfung, Sonderheft 2004, S. 154–165, hier S. 159.
[436]   Vgl. Watrin/Strohm,/Struffert: a. a. O. (Fn. 335), S. 1456.
[437]   Vgl. IASB (Standard 2004): IFRS 3.52.

negativer Unterschiedsbetrag (Excess). Während IAS 22 in diesem Fall unter gewissen Umständen den Ansatz eines als negativer Goodwill ausgewiesenen Passivpostens vorsah, wird in IFRS 3 auf diese Bezeichnung sowie den Ansatz einer eigenständigen Bilanzposition verzichtet.[438] Der IASB bezeichnet einen negativen Unterschiedsbetrag nunmehr entsprechend seiner Berechnung als „Excess of aquirer´s interest in the net fair value of aquiree´s identifiable assets, liabilities and contingent liabilities over cost".[439]

Der IASB für schreibt für einen im Rahmen der Kaufpreisallokation ermittelten negativen Unterschiedsbetrag vor, sowohl den Ansatz und die Bewertung sämtlicher identifizierbarer Vermögenswerte, Schulden und Eventualschulden als auch die Anschaffungskosten des Unternehmenszusammenschlusses erneut zu überprüfen (Re-Assessment).[440] Ein über diese erneute Beurteilung verbleibender negativer Unterschiedsbetrag ist in einem zweiten Schritt in voller Höhe erfolgswirksam zu erfassen.[441] Die Bewertung des erworbenen Vermögens mit Zeitwerten wird dabei nicht durch die Höhe der Anschaffungskosten des Unternehmenszusammenschlusses nach oben begrenzt.[442] An diesem Punkt unterscheidet sich IFRS 3 indes noch immer grundlegend von den US-GAAP, welche bei der bilanziellen Behandlung eines negativen Unterschiedsbetrages eine Abstockung der nichtmonetären Aktiva vorsehen.[443]

---

[438] Vgl. Watrin/Strohm/Struffert: a. a. O. (Fn. 335), S. 1459. Zur bilanziellen Behandlung eines negativen Unterschiedsbetrages gemäß IAS 22 vgl. auch Hommel, Michael: Bilanzierung von Goodwill und Badwill im internationalen Vergleich, in: RIW, Heft 11, (2001), S. 801–809.

[439] IASB (Standard 2004): IFRS 3.56.

[440] Vgl. IASB (Standard 2004): IFRS 3.56a.

[441] Vgl. IASB (Standard 2004): IFRS 3.56b.

[442] Nach IAS 22.40 war die Neubewertung immaterieller Vermögenswerte, welche nicht an einem aktiven Markt gehandelt wurden, durch die Höhe der Anschaffungskosten der Beteiligung begrenzt; vgl. hierzu IASB (1998): IAS 22.40.

[443] Diesbezüglich ist eine Anpassung des FASB an IFRS 3 zu erwarten; vgl. Brücks/Wiederhold: a. a. O. (Fn. 367), S. 27.

4.2   Ansatz immaterieller Wirtschaftsgüter beim Unternehmenserwerb in der Steuerbilanz

4.2.1   Der Verzicht auf kasuistische Vorschriften in der Steuerbilanz

Bereits zu Beginn der Untersuchung wurde die Problematik der steuerbilanziellen Abbildung immaterieller Wirtschaftsgüter im Zuge eines Unternehmenskaufs aufgezeigt.[444] So lässt sich bei der Bemessung des Unternehmenswertes häufig nur ein geringer Anteil von dem das bilanzielle Eigenkapital übersteigenden Betrages solchen stillen Reserven zuordnen, welche auf materiellen Wirtschaftsgütern beruhen.[445] Oftmals entfällt der Großteil des Mehrwertes auf die immateriellen Wirtschaftsgüter, welche in ihrer Gesamtheit die zukünftigen Ertragspotenziale des Unternehmens regelmäßig in einem weitaus größeren Maße repräsentieren als traditionelle bzw. physische Wirtschaftsgüter. Im Hinblick auf die Unzulänglichkeiten der gegenwärtigen Rechnungslegungssysteme, die immateriellen Werte eines Unternehmens zuverlässig und den tatsächlichen Gegebenheiten entsprechend abzubilden, wird seit Längerem die Weiterentwicklung der derzeitigen Rechnungslegungs- und Berichtsinstrumente gefordert. In diesem Zusammenhang werden gegenwärtig eine Vielzahl neuartiger Konzepte – wie etwa das sog. „Value Reporting"[446] oder das sog. „Intellectual Property Statement"[447] in der Fachliteratur diskutiert.

Wenngleich derartige zumeist freiwillige Ergänzungen der externen Berichterstattung für Zwecke der kapitalmarktorientierten Rechnungslegung durchaus sinnvoll erscheinen, sind sie für Zwecke der steuerlichen Gewinnermittlung infolge der Aktivierungsvoraussetzung des entgeltlichen Erwerbs gemäß § 248 Abs. 2 HGB bzw. § 5 Abs. 2 EStG allgemein unbrauchbar. Im Falle eines Unternehmenszusammenschlusses ist die Situation dagegen eine völlig andere. Da hier in der Regel ein durch den Markt objektivierter Kaufpreis für den Erwerb eines Bündels von wirtschaftlichen Vorteilen entrichtet wird, gilt auch die Werthaltigkeit der grundsätzlich für *unsicher* befundenen immateriellen Werte als durch den Markt bestätigt.[448] Daher werden nach IFRS 3 die im Rahmen eines Unternehmenszusammenschlusses erworbenen immateriellen Vermögenswerte in Hinblick auf ihr zukünftiges Wertschöpfungspotenzial und ihre Werthaltigkeit als weitestgehend sicher beurteilt und auf eine nähere Quantifizierung der Wahrscheinlichkeit der Nutzenstiftung verzichtet.[449] Es gilt entsprechend im Folgenden zu klären, anhand welcher Konzepte der deutsche Gesetzgeber die steuerbilanzielle Erfassung immaterieller Wirtschaftsgüter beim Unternehmenserwerb regelt. Zu diesem Zweck wird im anschließenden Abschnitt die maßgeblich aus der Rechtsprechung des BFH abgeleitete Vorgehensweise der steuerlichen Bilanzierung von im Rahmen eines Unternehmenskaufs erworbenen immateriellen Wirtschaftsgütern systematisch untersucht.

---

[444]   Vgl. die Ausführungen in Kapitel 1 in Verbindung mit Kapitel 2.2.1.

[445]   So konnte auch unmittelbar nach dem „New Economy"-Börsencrash Mitte 2001 bei den im Neuen Markt enthaltenen Aktiengesellschaften im Durchschnitt ein Marktwert-Buchwert-Verhältnis von 14,4 festgestellt werden; vgl. Burmann, Christoph: Wissensmanagement als Determinante des Unternehmenswertes, in: ZfO, Heft 6, (2002), S. 334–341, hier S. 334.

[446]   Vgl. statt vieler Arbeitskreis Externe Unternehmensrechnung der Schmalenbach-Gesellschaft: Grundsätze des Value Reporting, in: Der Betrieb, Heft 45, (2002), S. 2337–2340.

[447]   Vgl. Maul, Karl-Heinz/Menninger, Jutta: Das „Intellectuel Property Statement" –eine notwendige Ergänzung des Jahresabschlusses?, in: Der Betrieb, Heft 11, (2000), S. 529–533.

[448]   Zur Objektivierungsfunktion des entgeltlichen Erwerbs im Steuerrecht vgl. die Ausführungen in Abschnitt 4.2.4.4 in diesem Kapitel.

[449]   Vgl. hierzu die Ausführungen in Kapitel 4.1.3.

4.2.2 Die Erfolgsneutralität des Anschaffungsvorgangs in der steuerlichen Gewinnermittlung

Zentrale Aufgabe der Steuerbilanz ist die Ermittlung einer Bemessungsgrundlage für die Ertragsteuern unter Beachtung der fundamentalen Prinzipien des deutschen Steuerrechts.[450] Die Ermittlung des periodisierten Gewinns erfolgt im deutschen Steuerrecht anhand des Betriebsvermögensvergleichs, welcher auf einer Gegenüberstellung des End- und Anfangsvermögens in Form von Bilanzen beruht. Dabei gilt der Grundsatz der Bilanzidentität, d. h., die Schlussbilanz des vorangegangenen Wirtschaftsjahres ist zwingend identisch mit der Eröffnungsbilanz des laufenden Geschäftsjahres. Durch dieses Vorgehen wird eine abschnittsweise Besteuerung des Totalgewinns der Unternehmung gewährleistet.[451]

Im Zeitpunkt des Erwerbs einer Unternehmung zeichnet sich der Anschaffungsvorgang zunächst durch den transaktionskostenbedingten Abfluss an liquiden Mitteln aus. Um die periodengerechte Ermittlung des zu versteuernden Gewinns zu gewährleisten, ist die Erfolgsneutralität eines Anschaffungsvorganges sicherzustellen, welche durch das handelsrechtliche Realisationsprinzip impliziert wird.[452] Der Anschaffungsvorgang soll folglich keine Vermögensmehrung oder -minderung ergeben, sondern im Zeitpunkt des Erwerbs lediglich eine Vermögensumschichtung bewirken.[453] Hierbei hat Anschaffungskostenprinzip als Ausprägung des Realisationsprinzips eine zentrale Bedeutung. Die Wirtschaftsgüter sind demnach höchstens mit dem in Geld oder Zahlungsmitteläquivalenten bemessenen Betrag anzusetzen, der zu ihrer Beschaffung oder Herstellung zum Erwerbszeitpunkt aufgewendet wurde.[454] Eine Gewinnminderung erfolgt erst simultan mit dem Beginn der Nutzung des Wirtschaftsgutes durch die Unternehmung. Dabei werden die durch die Nutzung ausgelösten Wertminderungen in Form von gewinnwirksamen Abschreibungen im Betriebsvermögensvergleich erfasst. Die Summe der über die Nutzungsdauer des Wirtschaftgutes erfassten Wertminderungen kann wiederum höchstens den Anschaffungs- bzw. Herstellungskosten gleichkommen.

Für den weiteren Verlauf der Untersuchung ist von zentralem Interesse, nach welcher Systematik das deutsche Steuerrecht eine Zuordnung der Anschaffungskosten zu den erworbenen Wirtschaftsgütern vornimmt. Nachfolgend werden deshalb die beim Asset Deal geltenden Ansatz- und Bewertungsvorschriften für erworbene Wirtschaftsgüter sowie die eventuelle Aufteilung der stillen Reserven im deutschen Steuerrecht näher untersucht.[455]

4.2.3 Die Verteilung des Gesamtkaufpreises auf die erworbenen Wirtschaftsgüter

4.2.3.1 Aufdeckung der stillen Reserven unter Beachtung des Einzelbewertungsprinzips

Die steuerrechtliche Bilanzierung eines Asset Deals erfolgt grundsätzlich entsprechend dem Maßgeblichkeitsprinzip unter der Beachtung der handelsrechtlichen GoB.[456] Das zentrale Prob-

---

[450] Vgl. hierzu die Ausführungen in Kapitel 3.1.

[451] Vgl. hierzu die Ausführungen in Kapitel 3.3.2.

[452] Vgl. Euler, Roland: Das System der Grundsätze ordnungsgemäßer Bilanzierung, Stuttgart 1996, S. 163.

[453] Vgl. Moxter, Adolf: Bilanzrechtsprechung, Tübingen 1999, S. 165 und S. 187 f.

[454] § 253, Abs. 1, Satz 1 HGB sowie § 6, Abs. 1, Nr. 1 und 2 EStG.

[455] Vgl. Kapitel 2.2.4 hinsichtlich der relevanten Transaktionsformen der Untersuchung.

[456] So kann z. B. trotz der grundlegend unterschiedlichen Bilanzierung von Handels- und Steuerbilanz beim Erwerb von Anteilen an einer Personengesellschaft beim Unternehmenskauf auf die handelsrechtlichen GoB zurückgegriffen werden; vgl. Hörger, Herlmut/Stobbe, Thomas: Die Zuordnung stiller Reserven beim Ausscheiden eines Gesellschafters einer Personengesellschaft, in: DStR, Heft 37, (1991), S. 1230–1235, hier S. 1231; zum Maßgeblichkeitsprinzip siehe Kapitel 3.3.

lem beim Unternehmenskauf in Form des Asset Deals ist dabei, dass für ein akquiriertes Unternehmen in der Regel ein einheitlicher Gesamtkaufpreis entrichtet wird, der in einem sachgerechten Maßstab auf die erworbenen Einzelwirtschaftsgüter aufzuteilen ist.[457]

Bei einem Unternehmenskauf in Ausgestaltung eines Vermögenskaufs ist der vereinbarte Gesamtkaufpreis nach dem handelsrechtlichen Grundsatz der Einzelbewertung gemäß § 252 Abs. 1 Nr. 3 HGB auf die erlangten Vermögensgegenstände unabhängig von deren bisherigen Buchwerten auf Zeitwertbasis im Erwerbszeitpunkt aufzuteilen.[458] Die Aufteilung der Gesamtanschaffungskosten einer Akquisition auf die einzelnen Vermögenswerte (Wirtschaftsgüter) hat dabei unter Beachtung der unterschiedlichen Wertansätze in einem angemessenen Verhältnis zu erfolgen.[459] Zunächst sind dabei die einzeln erworbenen Vermögenswerte sowie sämtliche Schulden zu identifizieren.[460] Unerheblich ist, ob die Vermögensgegenstände schon beim Veräußerer bilanziert wurden, da diese durch den Unternehmenskauf entgeltlich erworben wurden.[461] In einem zweiten Schritt ist anschließend die eigentliche Aufteilung des Gesamtkaufpreises nach dem Verhältnis der Zeitwerte (Verkehrswerte) vorzunehmen. Zu diesem Zweck ist eine vorsichtige Ermittlung der Zeitwerte der im Erwerbszeitpunkt anzusetzenden Vermögenswerte, Schulden und Abgrenzungsposten erforderlich.[462] Die Zeitwerte sind dabei grundsätzlich entsprechend des dem Vermögenswert vom Erwerber zugedachten Verwendungszwecks zu ermitteln.[463] Wenn der Verkehrswert für einen Vermögenswert nicht bestimmbar ist oder der zur Ermittlung des Zeitwertes benötigte Aufwand den daraus gewonnenen wirtschaftlichen Nutzen bei Weitem übersteigt, kann hingegen auch auf einen anderen zweckdienlichen Verteilungsmaßstab zurückgegriffen werden (z. B. Buchwerte).[464] Die den einzelnen Vermögenswerten zugeordneten Verkehrswerte stellen hierbei deren beizulegende Anschaffungskosten im Erwerbszeitpunkt dar. Eine den Ansatz und Bewertung bestimmende Rangfolge zwischen bereits bilanzierten Vermögenswerten und beim Veräußerer vormals nicht ansatzfähigen bzw. selbst geschaffenen immateriellen Vermögenswerten ist aus dem Handelsrecht hingegen nicht ableitbar.[465] Übersteigt der Gesamtkaufpreis die im Rahmen der Kaufpreisaufteilung ermittelten Zeitwerte des identifizierten Reinvermögens, kann nach § 255 Abs. 4 Satz 1 HGB ein Geschäfts- oder Firmenwert angesetzt werden.[466] Wird hingegen der Substanzwert des akquirierten Unternehmens vom Gesamtkaufpreis unterschritten, kommt es keineswegs zu einer Aktivierung eines (negativen) Geschäfts- oder Firmenwertes. In diesem Fall sind die Zeitwerte der einzelnen

---

[457] Vgl. Hötzel, Oliver: Unternehmenskauf und Steuern, Düsseldorf 1997, S. 10.

[458] Vgl. Adler, Hans/Düring, Walther/Schmaltz, Kurt: Rechnungslegung und Prüfung der Unternehmen, 6. Auflage, Stuttgart 2000, § 255 Rz. 269. Diese Erfordernis besteht nur, wenn die Vermögensgegenstände und Schulden des Unternehmens einzeln im Rahmen eines Asset Deals erworben werden. Die Anschaffungskosten der einzelnen Vermögensgegenstände sind jedoch auch als Folge eines Share Deals bei der Konsolidierung für den Konzernabschluss zu ermitteln.

[459] Vgl. Ellrot, Helmut/Brendt, Peter in: Beck'scher Bilanz Kommentar, hrsg. von Helmut Ellrott u. a., 6. Auflage, München 2006, §255, Rz. 81; Knop, Wolfgang/Küting, Karlheinz in: Handbuch der Rechnungslegung, hrsg. von Karlheinz Küting und Claus-Peter Weber, 5. Auflage, Stuttgart 2006, § 255, Rz. 23.

[460] Vgl. Ellrott/Brendt in: Beck'scher Bilanz Kommentar, a. a. O. (Fn. 459), § 255, Rz. 512; Adler/Düring/Schmaltz: a. a. O. (Fn. 458), § 255 Rz. 106.

[461] Infolgedessen sind auch beim Veräußerer selbst erstellte immaterielle Vermögenswerte anzusetzen; vgl. Adler/Düring/Schmaltz: a. a. O. (Fn. 458), § 255 Tz. 265.

[462] Vgl. Adler/Düring/Schmaltz: a. a. O. (Fn. 458), § 255 Rz. 106 u. 269.

[463] Vgl. Adler/Düring/Schmaltz: a. a. O. (Fn. 458), § 255 Rz. 269.

[464] Vgl. Knop/Küting: a. a. O. (Fn. 459), § 255, Rz. 24.

[465] Vgl. Ellrott/Brendt in: Beck'scher Bilanz Kommentar: a. a. O. (Fn. 459), § 255, Rz. 513.

[466] Vgl. Söffing, Günter: Der Geschäfts- oder Firmenwert, in: Handelsrecht und Steuerrecht, Festschrift für Georg Döllerer, hrsg. von Brigitte Knobbe-Keuk, Franz Klein und Adolf Moxter, Düsseldorf 1988, S. 593–614, hier S. 604; Adler/Düring/Schmaltz: a. a. O. (Fn. 458), § 255 Rz. 106.

Vermögenswerte in Höhe des negativen Unterschiedsbetrages und in einem die unterschiedlichen Wertansätze widerspiegelndem Verhältnis abzustocken.[467]

Die soeben beschriebenen Grundsätze gelten unter Beachtung einiger steuerlicher Besonderheiten auch weitestgehend für das *Steuerrecht*. Demnach sind in dem Fall, dass der Gesamtkaufpreis des Unternehmens die Summe der Buchwerte des Vermögens beim Rechtsvorgänger übersteigt, die stillen Reserven in Höhe der Differenz zwischen Kaufpreis und Buchwertsumme aufzulösen und den erworbenen Einzelwirtschaftsgütern anteilig zuzurechnen.[468] Entsprechend schreibt § 6 Abs. 1 Nr. 7 EStG vor, beim entgeltlichen Erwerb eines Betriebs bzw. Unternehmens die Wirtschaftsgüter mit deren Teilwert unter Wahrung der Anschaffungs- bzw. Herstellungskosten als Wertobergrenze anzusetzen.[469] Ein praktischer Unterschied zum handelsrechtlichen Ansatz mit dem Zeitwert wird in der Literatur indessen nicht angenommen.[470]

Die Zuordnung der im Rahmen des Unternehmenskaufs aufgedeckten stillen Reserven zu den anzusetzenden Wirtschaftsgütern hat aus steuerlicher Sicht aus weiteren Gründen eine besondere Bedeutung. Zum einen wird ein Unternehmenskaufpreis in der Regel durch die Ermittlung des Ertragswertes festgelegt. Diese betriebswirtschaftliche Kalkulationsgröße muss für Zwecke der steuerlichen Gewinnermittlung in rein theoretisch geprägte Teilwerte überführt werden, sodass im Ergebnis der ertragswertorientierte Gesamtwert eines Unternehmens in substanzorientierte Einzelwerte transformiert werden muss.[471] Zum anderen besteht simultan zur der Situation in der internationalen Rechnungslegung im nationalen Steuerrecht das Problem, dass mit dem Unternehmen nicht nur bilanzierte Wirtschaftsgüter, sondern vor allem auch beim Veräußerer gemäß § 248 Abs. 2 HGB vormals nicht ansatzfähige, selbst erstellte immaterielle Wirtschaftsgüter erworben werden. Letztendlich schafft diese Zuordnungsproblematik erhebliche steuerliche Gestaltungsspielräume: Beispielsweise kann durch die Zuordnung von stillen Reserven zu Wirtschaftsgütern mit einer vergleichsweise geringen Nutzungsdauer ein erhöhtes Abschreibungsvolumen generiert werden, wodurch der mit dem Anschaffungsvorgang verbundene steuerliche Entlastungseffekt vorzeitig eintritt.[472]

Vor dem Hinblick dieser Zuordnungsproblematik wurden auf Basis der Rechtsprechung des BFH verschiedene Modelle entwickelt, welche eine sachgerechte Verteilung der stillen Reserven auf die einzelnen Wirtschaftsgüter ermöglichen sollen. Die Darstellung der sog. Stufentheorie erfolgt im anschließenden Kapitel.

4.2.3.2   Die modifizierte Stufentheorie

Bezüglich der Frage, wie der im Rahmen eines Unternehmenskaufs in Form der Einzelrechtsnachfolge (Asset Deal) vergütete Kaufpreis auf die erworbenen Wirtschaftsgüter zu verteilen ist, werden von der Rechtsprechung und der Literatur unterschiedliche Ansätze vertreten. Hinsichtlich der Rechtsprechung des BFH ist anzumerken, dass diese sich fast ausschließlich mit der Verteilung der stillen Reserven beim Erwerb einer Personengesellschaft (Mitunternehmeranteil-

---

[467] Vgl. BFH-Urteil vom 12.12.1996 IV R 77/93, in: BStBl. II 1998, S. 180; Söffing: a. a. O. (Fn. 466), S. 605; Ellrott/Brendt in: Beck'scher Bilanz Kommentar: a. a. O. (Fn. 459), § 255, Rz. 516.

[468] Vgl. Biergans, Enno: Einkommensteuer und Steuerbilanz, 5. Auflage, München 1990, S. 364.

[469] Vgl. § 6 Abs. 1 Nr. 7 EStG.

[470] Vgl. Schult, Eberhard/Richter, Heiner: Wider den Teilwert – eine Schimäre des Steuerrechts, in: DStR, Heft 39, (1991), S. 1261–1265, hier S. 1265; Ellrott/Brendt in: Beck'scher Bilanz Kommentar: a. a. O. (Fn. 459), § 255, Rz. 83; Söffing: a. a. O. (Fn. 466), S. 604. Die Ausführliche Diskussion des steuerrechtlichen Teilwertbegriffs erfolgt in Kapitel 5.2.2.

[471] Vgl. Hötzel: a. a. O. (Fn. 457), S. 10 f.

[472] Vgl. Herzig, Norbert: Steuerorientierte Grundmodelle des Unternehmenskaufs, in: Der Betrieb, Heft 3, (1990), S. 133–138, hier S. 134.

len) befasst. Aufgrund der faktischen Gleichbehandlung des Erwerbs eines Mitunternehmeranteils mit dem Erwerb eines Einzelunternehmens sind die folgenden Ausführungen jedoch uneingeschränkt auf den Erwerb eines Unternehmens in Form eines Asset Deals anwendbar.[473]

Als Ausgangspunkt vieler Argumentationen im Schrifttum gilt die sog. „Stufentheorie", welche auf die Interpretation der Rechtsprechung des BFH durch verschiedene Autoren zurückzuführen ist.[474] Danach ist zunächst in einer ersten Stufe der über die Buchwerte hinaus vergütete Teil des Kaufpreises (Mehrwert) auf die bilanzierten Wirtschaftsgüter im Verhältnis ihrer stillen Reserven aufzuteilen. Erst wenn der zu verteilende Mehrwert nicht den bereits beim Verkäufer bilanzierten Wirtschaftsgütern zugeordnet werden kann, sieht die *einfache* Stufen-theorie die Verteilung des Restbetrages auf nicht bilanzierte immaterielle Einzelwirtschaftsgüter vor. Ein danach verbleibender Restbetrag ist als Geschäft- oder Firmenwert zu aktivieren.

Da jedoch sowohl im HGB[475] als auch in der der Rechtsprechung des BFH[476] kein Vorrang von bereits bilanzierten Wirtschaftsgütern vor erstmalig anzusetzenden bzw. selbst erstellten Wirtschaftsgütern zu erkennen ist, wird in der Literatur zunehmend die Anwendung der sog. *modifizierten Stufentheorie* vertreten.[477] Der grundlegende Unterschied zur einfachen Stufentheorie ist dabei die Gleichbehandlung von bilanzierten und vormals nicht bilanzierten (selbst erstellten immateriellen) Wirtschaftsgütern, in deren Folge die Stufen 1 und 2 in der modifizierten Stufentheorie zu einer Stufe zusammengefasst werden. Die modifizierte Stufentheorie stellt sich demnach wie folgt dar:

Stufe 1: Die aufgedeckten stillen Reserven werden auf die bilanzierten sowie die beim Verkäufer zuvor nicht bilanzierten materiellen und immateriellen Wirtschaftsgüter bis zur Höhe des Mehrbetrags aktiviert.

Stufe 2: Kann der zu verteilende Mehrwert nicht vollständig durch materielle und immaterielle Einzelwirtschaftsgüter belegt werden, ist der verbleibende Unterschiedsbetrag als Geschäfts- oder Firmenwert zu aktivieren.

Stufe 3: Soweit stille Reserven nicht festzustellen sind und/oder kein Geschäftswert erworben wurde, kann ein danach verbleibender Restbetrag als Betriebsausgabe abgezogen werden, sofern die Mehrzahlungen nicht außerbetrieblich veranlasst waren.[478]

Der in der modifizierten Stufentheorie praktizierten grundsätzlichen Gleichbehandlung von erworbenen selbst erstellten immateriellen Wirtschaftsgütern mit den bereits bilanzierten Wirtschaftsgütern des Rechtsvorgängers ist sowohl vor dem Hintergrund der stetig wachsenden ökonomischen Bedeutung immaterieller Werte[479] als auch im Hinblick auf die Maßgeblichkeit

---

[473]   Vgl. hierzu die Ausführungen in Kapitel 2.2.3.

[474]   Vgl. Wacker, Roland in: Ludwig Schmidt Einkommensteuergesetz, hrsg. von: Walter Drenseck, 26. Auflage, München 2007, § 16, Rz.487–489; Herzig: Steuerorientierte Grundmodelle, a. a. O. (Fn. 472), S. 133. Für einen Überblick über die herangezogene Rechtsprechung des BFH siehe Hörger, Herlmut/Rapp, Steffen in: Littmann/Bitz/Pust: Das Einkommensteuerrecht, hrsg. von Eberhard Littmann, Horst Bitz und Hartmut Pust, Stuttgart (Ergänzung Nr. 73: Stand Februar 2007), § 16, Rz. 162 f.

[475]   Vgl. Kapitel 4.1.3.1.

[476]   Vgl. BFH-Urteil vom 18.2.1993 IV R40/92, in: BStBl II 1994, S. 224, 226; BFH-Urteil vom 6.7.1995 IV R30/93, in: BStBl II 1995, S. 831, 832; vgl. hierzu auch die Analyse der Rechsprechung des BFH von Hörger/Stobbe: a. a. O. (Fn. 456), S. 1232 f.

[477]   Vgl. Hörger/Rapp in: Littmann/Bitz/Pust: a. a. O. (Fn. 474), § 16, Rz. 163; Hörger/Stobbe: a. a. O. (Fn. 456), S. 1233; Förster, Guido/Brinkmann, Lars: Teilentgeltliche Nachfolge in betrieblichen Einheiten, in: Betriebs-Berater, Heft 13, (2003), S. 657–665, hier S. 659; Siegel, Theodor: Stille Reserven beim Unternehmens- oder Anteilsverkauf, Geschäftswert und Teilwert, in: DStR, Heft 45, (1991), S. 1477–1481, hier S. 1477.

[478]   Vgl. statt vieler Hörger/Rapp in: Littmann/Bitz/Pust: a. a. O. (Fn. 474), § 16, Rz. 163.

[479]   Immaterielle Werte stellen häufig das eigentliche Akquisitionsziel eines Unternehmenserwerbs dar; vgl. hierzu die Ausführungen in Kapitel 2.2.1.

der handelsrechtlichen GoB für die steuerliche Gewinnermittlung zuzustimmen. Demnach sind grundsätzlich sämtliche verlässlich bewertbare bzw. verkehrsfähige immaterielle Einzelwirtschaftsgüter zwingend anzusetzen.[480]

4.2.3.3   Das Aufteilungsverhältnis

Die modifizierte Stufentheorie stellt letztendlich einen vertretbaren Lösungsansatz bei der Aufteilung des durch den Gesamtkaufpreis vergüteten Mehrwerts über die Buchwerte dar. Nicht abschließend geklärt ist darüber hinaus jedoch die Frage, mit welchem Wertansatz die Aktivierung der einzelnen Wirtschaftsgüter zu erfolgen hat.

Die Problematik des Aufteilungsverhältnisses kommt besonders dann zum Tragen, wenn der gezahlte Gesamtkaufpreis unter dem Substanzwert des Unternehmens liegt und der Ansatz eines negativen Geschäftswertes bzw. passiven Ausgleichspostens abgelehnt wird.[481] Im Rahmen der klassischen Stufentheorie ist der Mehrwert bis zur Höhe des entrichteten Kaufpreises nach dem Verhältnis der stillen Reserven aufzuteilen. Nach der modifizierten Stufentheorie erfolgt die Aufstockung der Buchwerte in Höhe des Mehrwerts hingegen nach dem Verhältnis der Teilwerte.[482] Im Ergebnis kommt es im betrachteten Fall nach der klassischen Stufentheorie erst sehr spät zu einem Ansatz der selbst erstellten immateriellen Wirtschaftsgüter, da der Mehrwert in Stufe 1 zunächst auf die bereits bilanzierten Wirtschaftsgüter zu verteilen wäre. Im Vergleich ergäbe sich bei der modifizierten Stufentheorie eine gleichmäßige Abstockung des Teilwerts der Einzelwirtschaftsgüter aus den Stufen 1 und 2, sodass es tendenziell früher zu einem Ausweis der beim Verkäufer selbst erstellten immateriellen Wirtschaftsgüter kommt. Dies impliziert zudem eine Verlagerung vom Geschäftswert und von materiellen Wirtschaftsgütern auf immaterielle Einzelwirtschaftsgüter, was unter der Vermutung einer überwiegend kürzeren Restnutzungsdauer bei immateriellen Vermögenswerten zu einer Abschreibungsbeschleunigung führt.[483]

Dem Gedanken der Aufteilung nach den stillen Reserven liegt der Gedanke zugrunde, dass insbesondere beim Erwerb eines Mitunternehmensanteils nicht nur die Buchwerte, sondern auch die stillen Reserven mit dem Kaufpreis abgegolten werden. Diese Ansicht ist allerdings insofern zweifelhaft, als die bisherigen Buchwerte aus Sicht des Erwerbers keine bedeutende Rolle mehr spielen dürften und stattdessen eine sachgerechte Verteilung des Gesamtkaufpreises nach dem Anschaffungskostenprinzip vordergründig sein sollte.[484] Aus diesem Grund ist der Verteilung des Mehrwertes nach dem Verhältnis der Teilwerte zuzustimmen.

---

[480]   Vgl. Ellrott/Brendt in: Beck'scher Bilanz Kommentar: a. a. O. (Fn. 459), § 255, Rz. 513. Die ausführliche Darstellung der Aktivierungsvoraussetzung für immaterielle Wirtschaftsgüter des Handels- und Steuerrechts erfolgt in Abschnitt 4.2.4.3 dieses Kapitels.

[481]   Vgl. zur steuerlichen Behandlung eines „negativen" Geschäftswert die Ausführungen in Abschnitt 4.2.5.4 dieses Kapitels.

[482]   Die Rechtsprechung enthält hinsichtlich dieser strittigen Frage keine eindeutige Aussage. Für eine Überblick über die unterschiedlichen BFH-Urteile zu dieser Thematik vgl. Hörger, Helmut: Steuerorientierte Kaufpreisaufteilung beim Kauf von Wirtschaftsgütern, in: Unternehmenskauf im Steuerrecht, hrsg. von Harald Schaumburg, 3. Auflage, Stuttgart 2003, S. 141–161, hier S. 149.

[483]   Vgl. Hörger: a. a. O. (Fn. 482), S. 109; Hötzel: a. a. O. (Fn. 457), S. 15.

[484]   Vgl. Hörger: a. a. O. (Fn. 482), S. 108; Köhler, Stefan: Seminar F: Amortisation von immateriellen Wirtschaftsgütern bei einem Unternehmenskauf, in: IStR, Heft 17, (2001), S. 560–564, hier S. 560; ähnlicher Ansicht auch Siegel: a. a. O. (Fn. 477), S. 1478.

4.2.4   Ansatz immaterieller Wirtschaftsgüter in der Steuerbilanz

4.2.4.1   Der handelsrechtliche Vermögensgegenstand als Ausgangspunkt

4.2.4.1.1   Die Maßgeblichkeit der Handelsbilanz für die Steuerbilanz

Während im vorangegangenen Kapitel die grundsätzliche Darstellung der Vorgehensweise bei der Aufteilung des Gesamtkaufpreises auf die im Rahmen eines Unternehmenszusammenschlusses erworbenen Wirtschaftsgütern erfolgte, sollen im Folgenden die expliziten Aktivierungsvoraussetzungen für immaterielle Wirtschaftsgüter in der Steuerbilanz untersucht werden, die in diesem Zusammenhang zu beachten sind.

In § 5 Abs. 1 EStG wird bestimmt, dass das für Zwecke der steuerlichen Gewinnermittlung auszuweisende Betriebsvermögen des Betriebsvermögensvergleichs nach den handelsrechtlichen Grundsätzen ordnungsgemäßer Buchführung (GoB) zu ermitteln ist.[485] Da die Steuerbilanz demnach zweifelsfrei eine abgeleitete Handelsbilanz verkörpert, wird auch die Herleitung des Begriffsinhalts des steuerrechtlichen Wirtschaftsguts durch den handelsrechtlichen Begriff des Vermögensgegenstands determiniert.[486] Der Begriff des Vermögensgegenstandes ist jedoch im Handelsrecht nicht explizit definiert und wird infolgedessen unter den unbestimmten Rechtsbegriffen des Handelsrechts aufgeführt.[487] Die fehlende Legaldefinition erfordert deshalb eine sachgerechte Ableitung des Vermögensgegenstandsbegriffs aus den zu interpretierenden handelsrechtlichen GoB. Dies führt letztendlich dazu, dass in der Literatur eine Vielzahl unterschiedlicher Ansichten hinsichtlich der Bestimmungsmerkmale eines Vermögensgegenstandes vorzufinden sind.[488]

In den anschließenden Ausführungen werden die wichtigsten Aspekte der Aktivierungsgrundsätze des Handelsrechts erläutert. Dabei wird simultan zu den IAS/IFRS zwischen einer *konkreten* und einer *abstrakten* Aktivierungsfähigkeit unterschieden. Diese Trennung der Ansatzvorschriften in zwei Stufen hat ihren Ursprung im Wortlaut des § 246 Abs. 1 Satz 1 HGB, nach dem im Jahresabschluss sämtliche aktivierungsfähigen Vermögensgegenstände anzusetzen sind, soweit gesetzliche Vorschriften nichts Gegensätzliches bestimmen.[489]

4.2.4.1.2   Abstrakte Aktivierungsfähigkeit immaterieller Vermögensgegenstände

Die aus den handelsrechtlichen GoB abzuleitenden bilanziellen Ansatzvorschriften für Vermögensgegenstände werden im Schrifttum einstimmig als *abstrakte Aktivierungsfähigkeit* bezeichnet.[490] Die abstrakte Aktivierungsfähigkeit umfasst die grundsätzliche bzw. die von

---

[485]   Vgl. hierzu die Ausführungen in Kapitel 3.3.1.

[486]   Vgl. Pfeiffer, Thomas: Begriffsbestimmung und Bilanzfähigkeit der immateriellen Wirtschaftsgutes, in: StuW, Heft 4, (1984), S. 326–339, hier S. 329; Knobbe-Keuk, Brigitte: Bilanz- und Unternehmenssteuerrecht, 9. Auflage, Köln 1993, S. 87; Moxter: Bilanzrechtsprechung, a. a. O. (Fn. 453), S. 9, Oestreicher, Andreas: Handels- und Steuerbilanzen, 6. Auflage, Heidelberg 2003, S. 277.

[487]   Vgl. Schneider, Dieter: Vermögensgegenstände und Schulden, in: Handwörterbuch unbestimmter Rechtsbegriffe im Bilanzrecht des HGB, hrsg. von Ulrich Leffson, Dieter Rückle und Bernhard Großfeld, Köln 1986, S. 335–343.

[488]   Vgl. für eine detaillierte Darstellung der verschiedenen Ansichten Ross, Norbert: Gemeinsamkeiten und Unterschiede handels- und steuerrechtlicher Aktivierungskonzeptionen, in: Rechnungslegung und Prüfung, hrsg. von Baetge, Jörg, Düsseldorf 1996, S. 231–253, hier S. 233 f.

[489]   Vgl. Baetge, Jörg/Kirsch, Hans-Jürgen/Thiele, Stefan: Bilanzen, 7. Auflage, Düsseldorf 2003, S. 138.

[490]   Vgl. Freericks, Wolfgang: Bilanzierungsfähigkeit und Bilanzpflicht in Handels- und Steuerbilanz, Köln u. a. 1976, S. 141; Lamers, Alfons: Aktivierungsfähigkeit und Aktivierungspflicht immaterieller Werte, München 1981, S. 192.

eventuellen konkreten handelsrechtlichen Vorschriften unabhängige Aktivierbarkeit eines Vermögensgegenstandes in der Bilanz des Kaufmanns.[491]

Die handelsrechtliche Aktivierungskonzeption beruht in ihren Grundzügen auf der statischen Gegenüberstellung von Vermögen und Schulden.[492] Dieser Grundgedanke findet sich im geltenden Handelsrecht im § 242 Abs. 2 HGB wieder, in dessen Folge der handelsrechtliche Vermögensgegenstand vornehmlich anhand seines Potenzials zur Deckung von Schulden (Schuldendeckungsfähigkeit) definiert wird.[493] Der durch die statische Bilanzauffassung geprägte Vermögensgegenstandsbegriff steht somit im Einklang mit der am Gläubigerschutz orientierten Ermittlung eines ausschüttungsfähigen Gewinns.[494]

Grundsätzlich besteht im handelsrechtlichen Schrifttum dahingehend Einigkeit, dass ein Vermögensgegenstand für den Kaufmann einen wirtschaftlich verwertbaren Vermögensvorteil darstellen muss, um abstrakt aktivierungsfähig zu sein.[495]

Darüber hinaus vertritt ein Teil des handelsrechtlichen Schrifttums hinsichtlich der abstrakten Aktivierbarkeit die Ansicht, dass die Handelsbilanz den Kapitalerhaltungszweck im Sinne des Gläubigerschutzes am besten gewährleistet, wenn ein Vermögensgegenstand das Kriterium der *konkreten Einzelverkehrsfähigkeit* erfüllt.[496] Die konkrete selbständige Verkehrsfähigkeit ist dabei gleichbedeutend mit der Einzelübertragbarkeit, nach welcher das Vorhandensein eines Vermögensgegenstandes die Möglichkeit zur einzelnen Veräußerung des entsprechenden Gutes durch den Bilanzierenden voraussetzt.[497] Damit einher geht die Forderung, dass das potenzielle Vermögensobjekt Gegenstand des Rechtsverkehrs sein müsse.[498] Nach dieser strengen Auffassung wären Vermögensgegenstände, welche einem gesetzlichen oder vertraglichen Veräußerungsverbot unterliegen, von einer Aktivierung ausgeschlossen.[499]

Entgegen dieser engen Auslegung des Gläubigerschutzes wird auch die Ansicht vertreten, dass bereits die *abstrakte selbständige Verkehrsfähigkeit* für die Begründung eines handelsrechtlichen Vermögensgegenstandes ausreiche.[500] Diese Auffassung wird von den Verfechtern durch die Notwendigkeit der Abgrenzung wirtschaftlicher Vorteile vom Geschäfts- oder Firmenwert begründet, sodass im Ergebnis bereits eine theoretisch denkbare Veräußerbarkeit zur Konkreti-

---

[491]   Vgl. Mutze, Otto: Aktivierung und Bewertung immaterieller Wirtschaftsgüter nach Handels- und Steuerrecht, Berlin 1960, S. 25.

[492]   Vgl. Simon, Herman Veit: Die Bilanzen der Aktiengesellschaft und der Kommanditgesellschaften auf Aktien, 3. Auflage, Berlin 1899, S. 149–200.

[493]   Vgl. statt vieler Oberbrinkmann, Frank: Statische und dynamische Interpretation der Handelsbilanz, Düsseldorf 1990, S. 219.

[494]   Vgl. Döllerer, Georg: Grundsätze ordnungsmäßiger Bilanzierung, deren Entstehung und Ermittlung, in: Betriebs-Berater, (1959), S. 1217–1221, hier S. 1219.

[495]   Vgl. statt vieler Freericks: a. a. O. (Fn. 490), S. 145; Moxter: Bilanzrechtsprechung, a. a. O. (Fn. 453), S. 10f; Tiedchen, Susanne: Der Vermögensgegenstand im Handelbilanzrecht, Köln 1991, S. 9.

[496]   Vgl. u. a. Freericks: a. a. O. (Fn. 490), S. 145; Moxter, Adolf: Aktivierungsgrenzen bei "immateriellen Anlagewerten", in: Betriebs-Berater, (1978), S. 821–825, hier S. 823; Maul, Karl-Heinz: Handelsrechtliche Rechnungslegung, Frankfurt am Main 1978, S. 44; Crezelius, Georg: Aktienrechtlichen Eigentum, in: Der Betrieb, Heft 38, (1983), S. 2019–2023, hier S. 2020; Knapp, Lotte: Was darf der Kaufmann als seine Vermögensgegenstände bilanzieren?, in: Der Betrieb, Heft 24, (1971), S. 1121–1129, hier S. 1122.

[497]   Vgl. statt vieler Ley, Ursula: Der Begriff „Wirtschaftgut" und seine Bedeutung für die Aktivierung, 2. Auflage, Köln 1987, S. 130.

[498]   Vgl. Maul: a. a. O. (Fn. 496), S. 26; Moxter: Aktivierungsgrenzen, a. a. O. (Fn. 496), S. 823.

[499]   Vgl. Adler/Düring/Schmaltz: a. a. O. (Fn. 458), § 46 Rz. 18.

[500]   Vertreter dieser Auffassung sind u. a. Kropff, Bruno in: Aktiengesetz, Kommentar, hrsg. von Geßler/ Hefermehl/Eckardt/Kropff, München 1973, Bd. III, § 149, Rz. 47; Haas, Franz Josef: Gesellschaftsrechtliche Kriterien zur Sacheinlagefähigkeit von obligatorischen Nutzungsrechten, Festschrift für Georg Döllerer, hrsg. von Knobbe-Keuk, Brigitte/Klein, Franz/Moxter, Adolf, Düsseldorf 1988, S. 169–183, hier S. 177; Pfeiffer: a. a. O. (Fn. 486), S. 335;

sierung eine aktivierbaren Vermögensgegenstandes genügt.[501] Im Umkehrschluss sind demnach auch die mit einem gesetzlichen Veräußerungsverbot belegten Sachen und Rechte abstrakt aktivierbar. So verdeutliche gerade hier ein konkretes Veräußerungsverbot die grundsätzliche Veräußerbarkeit und damit abstrakte Verkehrsfähigkeit eines Vermögensgegenstandes.[502]

Im Zuge der Kritik an der konkreten wie auch abstrakten Verkehrsfähigkeit entstand letztendlich das Kriterium der *selbständigen Verwertbarkeit*, welches sowohl dem Gläubigerschutz als auch der Abgrenzung von wirtschaftlichen Vorteilen Rechnung tragen soll.[503] Die Verwertbarkeit eines Vermögensgegenstandes drückt dabei aus, inwiefern ein potenzieller Vermögensgegenstand außerhalb des eigenen Unternehmens gegenüber Dritten in liquide Mittel transformiert werden kann.[504] Die Verwertung eines Vermögensgegenstandes kann dabei in Form der Veräußerung, durch entgeltliche Nutzungsüberlassung oder durch den bedingten Verzicht erfolgen.[505]

Abschließend ist noch das Kriterium der Einzelvollstreckbarkeit zu erwähnen, welches eine abstrakte Aktivierungsfähigkeit dann vorsieht, wenn auf ein Vermögensobjekt in Form der Einzelvollstreckung (Pfändung) zugegriffen werden kann.[506]

4.2.4.1.3 Konkrete Bilanzierungsfähigkeit immaterieller Vermögensgegenstände

Die abstrakte Aktivierungsfähigkeit wird als grundsätzliche Eignung eines potenziellen Vermögensgegenstandes verstanden, als eigenständige Position in der Bilanz des Kaufmanns ausgewiesen zu werden. Darüber hinaus bedarf es jedoch einer konkreten Aktivierungsfähigkeit, welche weitestgehend gleichbedeutend mit dem Fehlen eines Aktivierungsverbots im konkreten Fall ist.[507]

In § 246 Abs. 1 HGB wird der Grundsatz kodifiziert, dass der Kaufmann grundsätzlich sämtliche Vermögensgegenstände in die Bilanz aufzunehmen hat, soweit dem Gesetz keine entgegenstehenden Vorschriften zu entnehmen sind. Dieser Grundsatz gilt zunächst auch für alle abstrakt aktivierungsfähigen immateriellen Vermögensgegenstände.[508] Darüber hinaus muss ein immaterieller Vermögensgegenstand jedoch konkret aktivierungsfähig sein. Damit einher gehen die Forderungen, dass der potenzielle Vermögensgegenstand zum einen objektiv als auch subjektiv dem Betriebsvermögen zugerechnet werden kann und vor allem keine gesetzlichen Bilanzierungsverbote ausgesprochen sind.[509] Der abstrakten Aktivierungsfähigkeit eines immateriellen Vermögenswertes steht mit dem § 248 Abs. 2 HGB, nach welchem nicht entgeltlich erworbene bzw. selbst erstellte immaterielle Vermögensgegenstände des Anlagevermögens nicht aktiviert werden dürfen, ein solches konkretes Aktivierungsverbot entgegen.[510] Selbst erstellte immate-

---

[501] Ein umfassende Würdigung der Argumente findet sich bei Tiedchen: a. a. O. (Fn. 495), S. 34–36.

[502] Vgl. Keitz: a. a. O. (Fn. 430), S. 24.

[503] Vgl. insbesondere Lamers: a. a. O. (Fn. 490), S. 205f sowie Fabri, Stephan: Grundsätze ordnungsgemäßer Bilanzierung entgeltlicher Nutzungsverhältnisse, Köln 1986, S. 48–51; Marx, Jürgen: Objektivierungserfordernisse bei der Bilanzierung immaterieller Werte, in: Betriebs-Berater, Heft 34, (1994), S. 2379–2388, hier S. 2382.

[504] Vgl. Lamers: a. a. O. (Fn. 490), S. 216; Marx: a. a. O. (Fn. 503), S. 2382.

[505] Vgl. Lamers: a. a. O. (Fn. 490), S. 216.

[506] Dieses Kriterium wurde infolge des bei der selbständigen Verwertbarkeit kritisierten Gestaltungsspielraums des Kaufmanns formuliert; vgl. Tiedchen: a. a. O. (495), S. 44–59.

[507] Vgl. Tiedchen: a. a. O. (Fn. 495), S. 81.

[508] Vgl. hierzu insbesondere Leffson, Ulrich: Die Grundsätze ordnungsgemäßer Buchführung, 7. Auflage, Düsseldorf 1987, S. 220–225.

[509] Vgl. statt vieler Hennrichs, Joachim in: Münchener Kommentar Aktiengesetz, hrsg. von Bruno Kropff und Johannes Semler, 2. Auflage, München 2003, § 246, Rz. 12.

[510] Vgl. statt vieler Förschle, Gerhart in: Beck'scher Bilanz Kommentar, hrsg. von Helmut Ellrott u.a., 6. Auflage, München 2006, § 248, Rz. 7.

rielle Vermögensgegenstände des Anlagevermögens sind demzufolge nicht konkret aktivierungsfähig. An dieser Stelle ist anzumerken, dass die handelsrechtliche Rechnungslegung mit der Verabschliedung des Bilanzrechtsmodernisierungsgesetztes vor tief greifenden Veränderungen steht. Demnach ist beschlossen, die Aktivierung selbst erstellter immaterieller Vermögenswerte unter bestimmten – an die Regelungen der IAS/IFRS angelehnten – Voraussetzungen zu ermöglichen.[511] Da der handelsrechtliche Jahresabschluss jedoch nicht nur eine Informationsfunktion zukommt, sondern auch weiterhin im Sinne des Vorsichtsprinzips dem Gläubigerschutz dienen soll, wird die neue Regelung in § 268 Abs. 8 HGB n. F. für Kapitalgesellschaften mit einer Ausschüttungssperre flankiert.[512]

Insgesamt wird durch die Ausführungen zur konkreten und abstrakten Aktivierungsfähigkeit deutlich, dass die Bestimmungen des Handelsrechts zum Vorliegen eines Vermögensgegenstands stark abhängig von der Gewichtung der unterschiedlichen Ziele und Zwecke des handelsrechtlichen Jahresabschlusses und der damit verbundenen Auslegung der GoB sind.[513] Aus diesem Grund kam es schon früh zur Konkretisierung des für steuerliche Zwecke als ungefestigt empfundenen Begriffs des handelsrechtlichen Vermögensgegenstandes durch die Steuerrechtsprechung.[514] Die nachfolgenden Ausführungen geben Aufschluss über die grundlegenden Kriterien für das Vorhandensein eines Wirtschaftgutes innerhalb der steuerrechtlichen Aktivierungskonzeption.

4.2.4.2 Der Begriff Wirtschaftsgut in der Steuerbilanz

4.2.4.2.1 Das immaterielle Wirtschaftsgut als unbestimmter Rechtsbegriff

Der Inhalt und Umfang des Begriffs Wirtschaftsgut hat für die steuerliche Gewinnermittlung und die Bemessung der steuerlichen Leistungsfähigkeit eine zentrale Bedeutung. So entscheiden insbesondere die Bestimmungsmerkmale des Wirtschaftsguts unmittelbar darüber, ob wirtschaftliche Sachverhalte gewinnneutral in der Steuerbilanz zu erfassen sind oder als Betriebsausgabe den Gewinn und damit die steuerliche Bemessungsgrundlage mindern.[515] Obwohl der Begriff über die steuerliche Gewinnermittlung hinaus in mehreren Gesetzen des Steuerrechts zu finden ist, existiert für das steuerliche Wirtschaftsgut keine Gesetzesdefinition.[516]

Infolge dieses Tatbestands mangelt es also auch dem immateriellen Wirtschaftsgut an einer Legaldefinition. Vielmehr hat der Gesetzgeber den begrifflichen Inhalt und Reichweite des immateriellen Wirtschaftsguts in weiten Teilen bewusst offengelassen, sodass es trotz der Anlehnung

---

[511] Die inhaltlichen Ähnlichkeiten verdeutlichen sich speziell im Rahmen der Bilanzierung von Forschungs- und Entwicklungskosten. Analog zu den IAS/IFRS ist auch im modernisierten HGB ausschließlich der Ansatz von Entwicklungskosten gestattet. Zudem weist der Wortlaut des Gesetzentwurfs starke Ähnlichkeiten zu den Formulierungen des IAS 38 auf. Vgl. zum Bilanzrechtsmodernisierungsgesetzt die Ausführungen in Kapitel 2.4.1.

[512] Zudem ist ein gesonderter Ausweis der selbst erstellten immateriellen Vermögenswerte durch Einfügen eines gesonderten Postens im Gliederungsschema des § 266, Abs. 2 HGB sowie die Angabe der entsprechenden Forschungs- und Entwicklungskosten im Anhang des Jahresabschlusses vorgesehen, vgl. Laubach, Wolfgang/ Kraus, Silvia: Zum Referentenentwurf des Bilanzrechtsmodernisierungsgesetzes (BilMoG): Die Bilanzierung selbst geschaffener immaterieller Vermögensgegenstände und der Aufwendungen für die Ingangsetzung und Erweiterung des Geschäftsbetriebs, in: Der Betrieb, Beilage 1 zu Heft 7, (2008), S. 16–19, hier S. 16. Die Vorschriften des § 268 Abs. 8 HGB n. F. wurden auch im endgültigen Gesetzestext beibehalten.

[513] Vgl. Glade, Hans-Joachim: Immaterielle Anlagewerte in Handelsbilanz, Steuerbilanz und Vermögensaufstellung, Bergisch Gladbach, Köln 1991, S. 15 u. 27.

[514] Vgl. Moxter: Bilanzrechtsprechung, a. a. O. (Fn. 453), S. 12.

[515] Vgl. Oestreicher: a. a. O. (Fn. 486), S. 277.

[516] Vgl. Westerfelhaus, Herwarth: Zwei-Stufen-Ermittlung zum bilanzierungsfähigen Vermögensgegenstand, in: Der Betrieb, Heft 18, (1995), S. 885–889, hier S. 885.

an das Handelsrecht überwiegend der Rechtsprechung überlassen bleibt, diesen unbestimmten Rechtsbegriff inhaltlich zu konkretisieren.[517]

4.2.4.2.2 Wirtschaftsgut und Vermögensgegenstand

Die durch den in § 5 Abs. 1 EStG begründete Anlehnung der Steuerbilanz an die Handelsbilanz führt zu der Vermutung, der steuerrechtliche Begriff des Wirtschaftsgutes müsse mit dem handelsrechtlichen Begriff des Vermögensgegenstandes übereinstimmen. Folglich wird von der Rechtsprechung des BFH[518] und auch in weiten Teilen der Literatur[519] von einem identischen Begriffsinhalt beider Terminologien ausgegangen. Da der Begriff des steuerlichen Wirtschaftsguts jedoch eine Auslegung der handelsrechtlichen GoB im Sinne einer gerechten Besteuerung nach der wirtschaftlichen Leitungsfähigkeit erfordert, wird eine sklavische Bindung des Wirtschaftsguts an den handelsrechtlichen Vermögensgegenstand gemäß § 5 Abs. 1 EStG teilweise als zweckwidrig empfunden.[520] Nach dieser Auffasung ist es nicht ausgeschlossen, dass die fundamentalen Prinzipien der steuerlichen Gewinnermittlung eine vom Handelsrecht abweichende Auslegung des steuerrechtlichen Wirtschaftsgutsbegriffs erfordern. Insofern kommt dem Wirtschaftsgut als einem der Grundbegriffe der steuerlichen Einkünfteermittlung und des Bewertungsrechts eine Bedeutung zu, die weit über die bilanzielle Rechnungslegung hinausreicht.[521]

Somit ist zu konstatieren, dass trotz der durch § 5 Abs. 1 EStG implizierten grundsätzlichen Übereinstimmung von Wirtschaftsgut und Vermögensgegenstand die richterlich-teleologische Reduktion der handelsrechtlichen GoB auf die Zwecke der steuerlichen Gewinnermittlung zu auslegungsbedingten Abweichungen beider Begriffe führen kann.[522] Die Rechtsprechung greift diesbezüglich regelmäßig auf folgende Definition des Wirtschaftsguts zurück:

„Der Begriff Wirtschaftsgut ist weit zu fassen. Er umfasst nicht nur Gegenstände im Sinne des bürgerlichen Rechts, wie Sachen, und Rechte, sondern auch tatsächliche Zustände, konkrete Möglichkeiten und Vorteile für den Betrieb, deren Erlangung sich der Kaufmann sich etwas kosten lässt und die nach Verkehrsauffassung einer besonderen Bewertung zugänglich sind."[523]

Im Folgenden wird diese Auslegung des Begriffs Wirtschaftsguts in der höchstrichterlichen Rechsprechung in Hinblick auf die vom Handelsrecht abweichende Ansatzkriterien näher untersucht.

---

[517] Vgl. Pfeiffer: a. a. O. (Fn. 486), S. 326f; Reuleaux, Susanne: Immaterielle Wirtschaftsgüter, Wiesbaden 1987, S. 17.

[518] So u. a. ausdrücklich BFH-Beschluss vom 26.10.1987 GrS 2/86, in: BStBl. II 1988, S. 348 sowie BFH-Beschluss vom 7.8.2000 GrS 2/99, in: BStBl. II 2000, S. 632.

[519] Vgl. u. a. Glanegger, Peter: Bewertungfreiheit und einheitliches Wirtschaftsgut, in: Festschrift für Ludwig Schmidt, hrsg. von Arndt Raupach, München 1993, S. 147; Weber-Grellet, Heinrich in: Ludwig Schmidt EStG Kommentar, hrsg. von Ludwig Schmidt, 26. Auflage, München 2007, § 5, Rz. 94; Moxter: Bilanzrechtsprechung, a. a. O. (Fn. 453), S. 12.

[520] Vgl. insbesondere Costede, Jürgen: Die Aktivierung von Wirtschaftsgütern im Einkommensteuerrecht, in: StuW, Heft 2, (1995), 115–123, hier S. 116.

[521] Vgl. Lang, Joachim, in: Tipke, Klaus/Lang, Joachim, Steuerrecht, 17. Auflage 2002, § 9, Rz. 339.

[522] Vgl. Lang in: Tipke/Lang, a. a. O. (Fn. 521), § 9, Rz. 339; Costede: a. a. O. (Fn. 520), S. 116f;

[523] BFH-Urteil vom 29.4.1965 IV 403/62 U, in: BStBl. III 1965, S. 415. Für einen Überblick über Entstehung der Definition des Wirtschaftsguts in der höchstrichterlichen Rechtsprechung vgl. Reuleaux: a. a. O. (Fn. 517), S. 17–22.

4.2.4.3   Die Auslegung des Wirtschaftsguts in der höchstrichterlichen Rechtsprechung

4.2.4.3.1 Das Vermögensprinzip

Nach dem Vermögensprinzip muss ein Wirtschaftgut einen wirtschaftlich verwertbaren Vermögensvorteil darstellen, um abstrakt aktivierbar zu sein.[524] Das von der höchstrichterlichen Rechsprechung entwickelte Begriffsmerkmal des wirtschaftlichen Wertes hat speziell in Hinblick auf immaterielle Wirtschaftsgüter eine entscheidende Bedeutung.[525] Ein wirtschaftlicher Wert äußert sich grundsätzlich dadurch, dass sich das Wirtschaftgut bei der Erstellung oder Vermarktung von betrieblichen Leistungen durch einen wirtschaftlichen Nutzen auszeichnet, welcher dem Bilanzierenden bei der Erzielung künftiger Einnahmeüberschüsse dienlich ist.[526] Einen wirtschaftlichen Wert können folglich auch immaterielle Nutzenvorteile bzw. tatsächliche Zustände, konkrete Möglichkeiten und andere Vorteile des Betriebs darstellen.[527] Fraglich ist allerdings, unter welchen Gesichtspunkten sich die Werthaltigkeit einer Vermögensposition konkretisiert. Grundsätzlich gilt, dass sich der wirtschaftliche Wert eines Wirtschaftsguts nicht nach unternehmsexternen Faktoren, sondern nach den unternehmenspezifischen Nutzungsmöglichkeiten richtet.[528] Das Kriterium dient somit der Abgrenzung eines Wirtschaftsguts von bloßen Ausgaben, sodass letztendlich nicht die getätigten Aufwendungen, sondern die erlangten Ausgabengegenwerte aktiviert werden.[529]

4.2.4.3.2 Das Greifbarkeitsprinzip

Für das Vorliegen eines aktivierbaren Wirtschaftsguts ist es nach der Ansicht des BFH entscheidend, dass ein wirtschaftlicher Vorteil „einen über mehrere Wirtschaftsjahre sich erstreckenden greifbaren Nutzen" verkörpert.[530] Bei einem Wirtschaftgut hat es sich zudem um ein Gut zu handeln, welches sich „nicht so ins Allgemeine verflüchtigt",[531] sondern vielmehr im Rahmen einer fiktiven Kaufpreisbemessung bei Fortführung des Unternehmens von einem potenziellen Erwerber berücksichtigt werden würde.[532]

Gegenüber den immateriellen Vorteilen können materielle Gegenstände des bürgerlichen Rechts grundsätzlich Gegenstände des Rechtsverkehrs sein, in dessen Folge ihre bilanzielle Greifbarkeit stets zu bejahen ist.[533] Dadurch erlangt das Greifbarkeitsprinzip insbesondere bei der Beurteilung der abstrakten Aktivierungsfähigkeit von immateriellen Wirtschaftsgütern eine zentrale

---

[524] Vgl. BFH-Urteil vom 23.5.1984 I R 266/81, in: BStBl. II 1984, S. 725; BFH-Urteil vom 9.7.1986 I R218/82, in: BStBl. II 1987, S. 14; Moxter: Bilanzrechtsprechung, a. a. O. (Fn. 453), S. 11; Freericks: a. a. O. (Fn. 490), S. 145f; Schmidtbauer, Rainer: Die Bilanzierung und Bewertung immaterieller Vermögensgegenstände bzw. Vermögenswerte in der deutschen Rechnungslegung sowie nach IAS, in DStR, Heft 47, (2003), S. 2035–2042, hier S. 2037.

[525] Vgl. Pfeiffer: a. a. O. (Fn. 486), S. 333 f.

[526] Vgl. BFH-Urteil vom 9.2.1978 IV R 201/74, in BStBl. II 1978, S. 371; Costede: a. a. O. (Fn. 520), S. 117; Glade: a. a. O. (Fn. 513), S. 29–31.

[527] Vgl. BFH-Beschluss vom 16.2.1990 III B 90/88, in: BStBl. II 1990, S. 794.

[528] Vgl. Hommel, Michael: Bilanzierung immaterieller Anlagewerte, Stuttgart 1998, S. 209–214; Reuleaux: a. a. O. (Fn. 517), S. 23; Freericks: a. a. O. (Fn. 490), S. 147.

[529] Vgl. RFH-Urteil vom 21.9.1927 VI A 383/27, in: StuW 1927 II, S. 803; BFH-Urteil vom 9.7.1969, in: BStBl. II 1969, S. 744–747; Eibelshäuser, Manfred: Immaterielle Anlagewerte in der höchstrichterlichen Finanzrechtsprechung, Wiesbaden 1983. S. 240f; Moxter: Bilanzrechtsprechung, a. a. O. (Fn. 453), S. 11.

[530] BFH-Urteil vom 29.4.1965 IV 403/62 U, in: BStBl. III 1965, S. 415.

[531] RFH-Urteil vom 21.10.1931 VI A 2002/29, in: RStBl. 1932, S. 305.

[532] Vgl. BFH-Urteil vom 9.7.1986 I R218/82, in: BStBl. II 1987, S. 14; Moxter: Bilanzrechtsprechung, a. a. O. (Fn. 453), S. 12. Das Greifbarkeitsprinzip wurde im Wesentlichen durch den damaligen Staatspräsident des Reichsfinanzhofs Enno Becker geprägt; vgl. Reuleaux: a. a. O. (Fn. 517), S. 17–22.

[533] Vgl. statt vieler Biergans: a. a. O. (Fn. 468), S. 190.

Bedeutung.[534] Denn gerade die Bestimmung der Grenze zwischen immateriellen Wirtschaftsgütern und bloßen Vorteilen, welche lediglich der Steigerung des Geschäfts- oder Firmenwertes dienlich sind, erweist sich in vielen Fällen als besonderes schwierig. In diesem Kontext typisiert das Greifbarkeitsprinzip die Isolierbarkeit eines wirtschaftlichen Wertes dem Grunde nach, wobei grundsätzlich auch rein wirtschaftliche Güter unter dem eindeutigen Nachweis der Werthaltigkeit Einzelwirtschaftsgüter darstellen können.[535]

Anhand des Greifbarkeitsprinzips wird die steuerrechtliche Auslegung der handelsrechtlichen abstrakten Aktivierungsfähigkeit durch die Rechtsprechung deutlich. Während sich nämlich die handelsrechtlichen Überlegungen in erster Linie auf die Möglichkeit der Einzelveräußerbarkeit des Vermögensgegenstandes stützen, genügt dem Steuerrecht als entscheidendes Kriterium bereits die Übertragbarkeit zusammen mit einem Betrieb.[536] Insofern gilt die selbständige Verkehrsfähigkeit steuerbilanziell keineswegs als abstrakte Aktivierungsvoraussetzung, weshalb das Steuerbilanzrecht von der notwendigen Gesamtverkehrsfähigkeit eines Wirtschaftsguts spricht.[537] Somit kann festgehalten werden, dass für die Aktivierbarkeit eines Wirtschaftsguts letztendlich nicht dessen körperliche Erfassbarkeit, sondern vielmehr die Werthaltigkeit des durch getätigte Ausgaben erlangten Vorteils entscheidend ist.[538]

4.2.4.3.3 Das Prinzip der selbständigen Bewertbarkeit

Nach der steuerrechtlichen Ansatzkonzeption muss ein aktivierungsfähiges Wirtschaftsgut neben der Greifbarkeit zudem das Kriterium der *selbständigen Bewertbarkeit* erfüllen.[539] Das Erfordernis der selbständigen Bewertbarkeit findet seine Begründung im handelsrechtlichen Einzelbewertungsgrundsatz, wonach der Wert jedes Wirtschaftsguts getrennt von anderen Vermögens- und Schuldenpositionen isoliert zu ermitteln ist.[540] Einem Wirtschaftsgut müssen folglich im Zugangszeitpunkt konkrete Aufwendungen zugeordnet werden können,[541] wobei der Rechtsprechung unter Umständen bereits „griffsweise" Schätzungen genügen.[542] Die Bemessung des Wertansatzes eines Wirtschaftsguts hat jedoch grundsätzlich frei von jeglicher subjektiver Spekulation zu erfolgen.[543] Darüber hinaus muss neben der Möglichkeit einer willkürfreien Bestimmung eines Zugangswerts auch die objektive Schätzbarkeit von Folgewerten gewährleistet sein.[544] Das Prinzip der selbständigen Bewertbarkeit stellt insgesamt also nicht auf das grundlegende Vorhandensein eines wirtschaftlichen Wertes ab, sondern verkörpert die Mög-

---

[534] Vgl. Oestreicher: a. a. O. (Fn. 486), S. 279 f.

[535] Vgl. Kronner, Markus: GoB für immaterielle Anlagewerte und Tauschgeschäfte, Düsseldorf 1993, S. 14.

[536] Vgl. Weber-Grellet in: Ludwig Schmidt EStG Kommentar, a. a. O. (Fn 519), § 5, Rz. 95; Oestreicher: a. a. O. (Fn. 486), S. 280; Beisse, Heinrich: Handelsbilanzrecht in der Rechtsprechung des Bundesfinanzhofs, in: Betriebs-Berater, (1980), S. 637–646, hier S. 639.

[537] Vgl. Ross: a. a. O. (Fn. 488), S. 243.

[538] Vgl. Schön, Michael: Aktivierung von immateriellen Anlagewerten in den USA und im Vergleich zur deutschen Rechnungslegung, Frankfurt a. M. 1997, S.73.

[539] Vgl. BFH-Urteil vom 13.2.1970 III 156/65, in: BStBl. II 1970, S. 369 u. 371; BFH-Urteil vom 26.5.1982 I R 180/80, in: BStBl. II 1982, S. 695; BFH-Urteil vom 23.11.1988 II R 209/82, in: BStBl. II 1989, S. 82.

[540] Vgl. Moxter: Bilanzrechtsprechung, a. a. O. (Fn. 453), S. 13; Pfeiffer: a. a. O. (Fn. 486), S. 335; Freericks: a. a. O. (Fn. 490), S. 318.

[541] Vgl. Kussmaul, Heinz: Ertragsteuerliche Bedeutung des Begriffs „Wirtschaftsgut" in: Besteuerung und Unternehmenspolitik, Festschrift für Günter Wöhe, hrsg. von Gerd, John, München 1989, S. 252–276, S. 256.

[542] Moxter: Bilanzrechtsprechung, a. a. O. (Fn. 453), S. 14.

[543] Vgl. Moxter, Adolf: Die Aktivierungsvoraussetzung „entgeltlicher Erwerb" im Sinne von § 5 abs. 2 EStG, in: Der Betrieb, Heft 38, (1978), S. 1804–1809, hier S. 1807.

[544] Vgl. Euler: Grundsätze ordnungsgemäßer Bilanzierung, a. a. O. (Fn. 452), S. 152 f.

lichkeit einer abgrenzbaren Wertfeststellung der Bewertungseinheit innerhalb des Gesamtvermögens.[545]

Die Bedeutung des Kriteriums der selbständigen Bewertbarkeit liegt demzufolge in der Abgrenzung von Vermögenspositionen untereinander sowie in der getrennten Bilanzierung immaterieller Wirtschaftsgüter vom Geschäfts- oder Firmenwert. Hinsichtlich dieser Zwecksetzung sind Überschneidungen zum Greifbarkeitsprinzip unüberschaubar. Während jedoch die Greifbarkeit lediglich die Isolierbarkeit eines wirtschaftlichen Vorteils dem Grunde nach sichert, zielt das nachgelagerte Prinzip der selbständigen Bewertbarkeit auf die konkrete Isolierbarkeit der Höhe nach ab.[546] Dennoch hält ein Teil der Literatur das Greifbarkeitsprinzip für entbehrlich, da insbesondere die durch die Greifbarkeit bezweckte Objektivierung und Konkretisierung bereits durch die selbständige Bewertbarkeit sichergestellt sei.[547] Demgegenüber zeigt MOXTER eindeutige Unterschiede beider Kriterien auf: Danach setzt die Greifbarkeit nur bei bloßen Vorteilen, welche weder Sachen noch Rechte bilden, die selbständige Bewertbarkeit zwingend voraus. Hingegen stellen einige mit abgrenzbaren Aufwendungen bewertbare Vorteile, wie etwa Werbefeldzüge, mangels Greifbarkeit des wirtschaftlichen Nutzens keine Wirtschaftsgüter dar.[548]

Hinsichtlich der selbständigen Bewertbarkeit wird zudem der Vorwurf geäußert, das Kriterium verlagere ein Problem der Bewertungsstufe in den vorgelagerten Bereich der abstrakten Aktivierbarkeit, wodurch gewissermaßen der zweite Schritt vor den ersten erfolge.[549] Dem sind jedoch die Objektivierungserfordernisse eines vorsichtig ermittelten ausschüttbaren Gewinns entgegenzuhalten, wonach der Bilanzansatz eine hinreichend sichere selbständige Bewertbarkeit erfordert.[550] Zudem scheint es wenig sinnvoll, in einer auf dem Einzelbewertungsprinzip basierenden Bilanz zunächst solche Positionen zu aktivieren, welche letztendlich keiner isolierter Wertermittlung zugänglich sind.[551]

4.2.4.3.4 Die Objektivierungsfunktion des entgeltlicher Erwerbs

Durch die im Vergleich zur handelsrechtlichen Ansatzkonzeption schwächere Gewichtung des Kriteriums der selbständigen Verkehrsfähigkeit durch den BFH wird der Kreis der steuerrechtlich abstrakt aktivierungsfähigen immateriellen Wirtschaftsgüter tendenziell weiter gefasst als im Handelsrecht.[552] Infolgedessen erweist sich die konkrete Aktivierungsvoraussetzung des entgeltlichen Erwerbs als die zentrale Hürde beim Ansatz immaterieller Wirtschaftsgüter in der Steuerbilanz.[553]

Die Aktivierungsvoraussetzung des entgeltlichen Erwerbs wird primär mit dem Grundsatz der kaufmännischen Vorsicht begründet. Danach sind in Hinblick auf den Schutz der Gläubiger handelsrechtlich nur solche Gegenstände in der Bilanz anzusetzen, deren Wert möglichst objektiv und zuverlässig bestimmbar ist. Hierbei gelten die Anschaffungskosten gegenüber den Herstellungskosten grundsätzlich als überlegen, da diese nicht wie die Herstellungskosten mehr

[545] Vgl. Pfeiffer: a. a. O. (Fn. 486), S. 335; BFH-Urteil vom 10.8.1989 X R 176-177/87, in: BStBl. II 1990, S. 15.

[546] Vgl. Hommel: Bilanzierung immaterieller Anlagewerte, a. a. O. (Fn. 528), S. 209–214.

[547] Vgl. Marx: a. a. O. (Fn. 503), S. 2382; Pfeiffer: a. a. O. (Fn. 486), S. 335.

[548] Vgl. Moxter: Bilanzrechtsprechung, a. a. O. (Fn. 453), S. 13.

[549] Vgl. Glade: a. a. O. (Fn. 513), S. 47; Ley: a. a. O. (Fn. 497), S. 143.

[550] Vgl. Moxter, Adolf: Selbständige Bewertbarkeit als Aktivierungsvoraussetzung, in: Betriebs-Berater, Heft 27, (1987), S. 1846–1851, hier S. 1847.

[551] Vgl. Gruber, Thomas: Der Bilanzansatz in der neueren BFH-Rechtsprechung, Stuttgart 1991, S. 120.

[552] Vgl. Adler/Düring/Schmaltz: a. a. O. (Fn. 458), § 246, Rz. 13; Kussmaul: a. a. O. (Fn. 541) S. 259 f.; Ellrott, Helmut/Krämer, Andreas in: Beck'scher Bilanz Kommentar, hrsg. von Helmut Ellrott u. a., 6. Auflage, München 2006, § 247, Rz. 13; Gruber: a. a. O. (Fn. 551), S. 235.

[553] Vgl. Moxter: Die Aktivierungsvoraussetzung „entgeltlicher Erwerb", a. a. O. (Fn. 543), S. 1809.

oder weniger subjektiv vom Bilanzierenden bestimmt werden, sondern im Regelfall das Ergebnis von objektiven Verhandlungen mit einem fremden Dritten verkörpern.[554] Diese Überlegungen harmonieren inhaltlich mit dem handelsrechtlichen Vorsichtsprinzip,[555] weshalb das Aktivierungsverbot des entgeltlichen Erwerbs in der Handelsbilanz schon frühzeitig bestand hat.[556] Gleichzeitig wurde in Hinblick auf die mit den immateriellen Nutzenpotenzialen verbundenen Unsicherheiten auch steuerrechtlich die Notwendigkeit einer Wertbestätigung für immaterielle Wirtschaftsgüter durch den Markt erkannt.[557] Die zwingend notwendige Mindestobjektivierung in Form des Aktivierungsverbots selbst erstellter immaterieller Wirtschaftsgüter wurde daher in § 5 Abs. 2 EStG ebenso steuerrechtlich ausgesprochen.

Diese seit Jahrzehnten bewährte Aktivierungshürde der handels- und steuerrechtlichen Bilanzierungskonzeption wird nunmehr durch die beschlossenen Änderungen im Rahmen des Bilanzrechtsmodernisierungsgesetzes obsolet. Denn eines der Kernstücke des Bilanzrechtsmodernisierungsgesetztes ist die Streichung des bisherigen Ansatzverbots für selbst erstellte immaterielle Vermögensgegenstände des Anlagevermögens gemäß § 248 Abs. 2 HGB.[558] Als Begründung dienen die aus Informationsgesichtspunkten realistischere Außendarstellung sowie die Verbreiterung der Eigenkapitalbasis für Zwecke der Kapitalbeschaffung.[559] In diesem Kontext ist allerdings die Wirkung von lediglich verbesserten Bilanzzahlen auf die Kreditwürdigkeit eines Unternehmens zu bezweifeln. Vielmehr wird die Kreditwürdigkeit eines Unternehmens zwingend auch auf Basis einer sorgfältigen Bilanz- und Unternehmensanalyse beurteilt, in deren Rahmen bereits gegenwärtig erfolgversprechende und plausibel vorgetragene immaterielle Vermögenswerte entsprechend berücksichtigt werden.[560]

Aus steuerbilanzieller Sicht gleicht die Objektivierungsfunktion des entgeltlichen Erwerbs mit Blick auf die Erfassung der vollen individuellen wirtschaftlichen Leistungsfähigkeit und dem Grundsatz der Gleichmäßigkeit der Besteuerung zunächst einem erheblichen Verstoß gegen fundamentale Vermögensermittlungsprinzipen.[561] Im gleichen Zuge trägt eine solche Mindestobjektivierung aber gerade zur Sicherung des steuerlichen Gleichmäßigkeitsgrundsatzes bei, da diese Rechtssicherheit gewährleistet und den Ermessensspielraum aller Beteiligten einschränkt.[562] Das Kriterium des entgeltlichen Erwerbs erfährt seine Begründung darüber hinaus

---

[554] Vgl. Döllerer, Georg: Die Maßgeblichkeit der Handelsbilanz für die Steuerbilanz, in: Betriebs-Berater, Heft 12, (1969), S. 501–507, hier S. 505.

[555] Vgl. Knobbe-Keuk: a. a. O. (Fn. 486), S. 90.

[556] § 248 Abs. 2 HGB übernimmt mit nur geringfügig geändertem Wortlaut das in § 153 Abs. 3 AktG formulierte Aktivierungsverbot für selbst geschaffene immaterielle Vermögensgegenstände aus dem Jahr 1965; vgl. hierzu Niemann, Ursula: Immaterielle Wirtschaftsgüter im Handels- und Steuerrecht, Bielefeld 1999, S. 3.

[557] Vgl. Kronner, Markus: Entgeltlicher Erwerb und Erwerb im Tauschwege bei immateriellen Wirtschaftsgütern des Anlagevermögens, in: DStR, Heft 31, (1996), S. 1185–1191, hier S. 1186.; Costede: a. a. O. (Fn. 520), S. 119; Siegers, Dirk: Die verdeckte Einlage immaterieller Wirtschaftsgüter – Ansatz in der Steuerbilanz und Gewinnrealisierung?, in: DStR, Heft 45, (1992), S. 1570–1576, hier S. 1573. Diese Ansicht war jedoch trotz des Maßgeblichkeitsgrundsatzes nicht immer unumstritten, sodass der BFH lange Zeit die Aktivierung selbst erstellter immaterieller Wirtschaftsgüter bejahte. Vgl. hierzu ausführlich Littman, Eberhard: Zur Tragweite der neugefassten §§ 5, 6 EStG, in: DStR. Heft 11, (1969), S. 321–325.

[558] Vgl. hierzu die Ausführungen in Kapitel 2.4.2 und 4.2.4.1.3.

[559] Vgl. BMJ: Wesentliche Änderungen des Bilanzrechtsmodernisierungsgesetzes im Überblick, Stand: März 2009, S. 3, (abrufbar unter www.bmj.bund.de/bilmog).

[560] Vgl. Arbeitskreis Bilanzrecht der Hochschullehrer Rechtswissenschaft: Stellungnahme zu dem Entwurf eines BilMoG: Grundkonzept und Aktivierungsfragen, in: Betriebs-Berater, Heft 4, (2008), S. 152–158, hier S. 157.

[561] Vgl. zu diesem grundsätzlichen Konflikt Euler, Roland: Grundsätze ordnungsgemäßer Gewinnrealisierung, Düsseldorf 1989, S. 91–93; Hommel, Michael: Grundsätze ordnungsgemäßer Bilanzierung für Dauerschuldverhältnisse, Wiesbaden 1992, S. 192.

[562] Vgl. Moxter: Die Aktivierungsvoraussetzung „entgeltlicher Erwerb", a. a. O. (Fn. 543), S. 1807–1808. Vgl. zudem die Ausführungen in Kapitel 3.1.2.2 bezüglich der eventuellen Durchbrechung des steuerlichen Leistungsfähigkeitsprinzips bei einem bestehendem Konflikt mit Gestaltungsnormen des Steuergesetzes.

auch aus einem der hochrangigen Gewinnermittlungsprinzipien, nämlich dem Realisationsprinzip.[563] Danach verhindert das Realisationsprinzip den Ansatz unentgeltlich erworbener Wirtschaftsgüter, indem es den bilanziellen Erfolgsausweis an den Umsatzakt bindet, welcher im
Falle des unentgeltlichen Erwerbs jedoch nicht vorliegt.[564] Bei originär erstellten immateriellen
Wirtschaftsgütern bzw. erst künftig Umsätze generierender Investitionen stellt das Realisationsprinzip hingegen auf dessen Umsatzalimentationsfähigkeit ab. So fingiert das Realisationsprinzip zutreffend, dass die Umsatzalimentationsfähigkeit originär erstellter immaterieller Wirtschaftsgüter erheblichen Ermessensspielräumen unterliegt und daher bereits im Zugangsjahr die
vollständige Erschöpfung der mit originär erlangten immateriellen Wirtschaftsgütern verbundenen Umsatzalimentation anzunehmen ist.[565] Insofern liegt es auf der Hand, auch dem Wahlrecht
zur Aktivierung selbst erstellter immaterieller Vermögenswerte im modernisierten Handelsrecht
die Vereinbarkeit mit dem Realisationsprinzip abzusprechen.[566] Dessen ungeachtet ist gegenwärtig davon auszugehen, dass zumindest das steuerrechtliche Aktivierungsverbot für selbst
erstellte immaterielle Wirtschaftsgüter auch künftig unangetastet bleibt.[567]

Als Konsequenz der Aktivierungsvoraussetzung des entgeltlicher Erwerbs im Sinne des § 5
Abs. 2 EStG bleibt folgerichtig auch künftig ein Großteil der den Unternehmenswert bildenden
Wirtschaftsgüter wie z. B. selbst geschaffene Warenzeichen, Humankapital oder Kundenbeziehungen bei der steuerlichen Gewinnermittlung unberücksichtigt. Diese Nichtaktivierbarkeit gewisser immaterieller Einnahmepotenziale darf allerdings nicht dazu verleiten, die immateriellen
Wirtschaftsgüter als substanziellen Bestandteil des Unternehmenswertes bei der Vermögensrechnung zu vernachlässigen. Entsprechend wurde schon frühzeitig vehement darauf hingewiesen, dass immaterielle Werte sehr reale Vermögensteile bilden, zumeist hohe Mittel für ihre
Beschaffung aufgewendet werden und sie für den Erwerber eines Unternehmens einen erheblichen Vermögenswert darstellen können.[568] Dieser Tatsache zum Trotz richtet sich die allgemeine Kritik am § 5 Abs. 2 EStG allerdings weniger gegen das Aktivierungsverbot an sich, sondern
vielmehr gegen die faktischen Möglichkeiten seiner Umgehung: So besteht insbesondere bei
konzerninternen Transaktionen die Gefahr, dass der zur Objektivierung notwendige Kaufpreis
nicht den marktüblichen Konditionen entspricht.[569] Diesbezüglich wird der entgeltliche Erwerb
grundsätzlich bejaht, wenn zuvor eine kritische Prüfung die Angemessenheit des Kaufpreises
bzw. Existenz der Werthaltigkeit des immateriellen Wirtschaftsguts bestätigt hat.[570] Des Weiteren führt auch der vom BFH vertretene Vorrang der Abgrenzung der privaten von der betrieblichen Sphäre zu einer Durchbrechung des § 5 Abs. 2 EStG. Nach dieser Ansicht kommt es im
Falle eines verdeckten oder offenen Einlagevorgangs gem. § 6 Abs. 6 Satz 2 und 3 EStG zu

[563] Vgl. Euler: Grundsätze ordnungsgemäßer Gewinnrealisierung, a. a. O. (Fn. 561), S. 199–203; Hommel:
       Bilanzierung immaterieller Anlagewerte, a. a. O. (Fn. 528), S. 287–298.
[564] Vgl. Hommel: Bilanzierung immaterieller Anlagewerte, a. a. O. (Fn. 528), S. 287–290.
[565] Vgl. Hommel: Bilanzierung immaterieller Anlagewerte, a. a. O. (Fn. 528), S. 291–298.
[566] Vgl. Arbeitskreis Bilanzrecht der Hochschullehrer Rechtswissenschaft: a. a. O. (Fn. 560), S. 157.
[567] Vgl. BMJ: Wesentliche Änderungen des Bilanzrechtsmodernisierungsgesetzes im Überblick, Stand: März 2009,
       S. 3, (abrufbar unter www.bmj.bund.de/bilmog); Die aus den numehr unterschiedlichen Aktivierungskonzeptio-
       nen resultierenden temporären Differenzen begründen allerdings unter Umständen zurückzustellende passive la-
       tente Steuern, vgl. Laubach/Kraus: a. a. O. (Fn. 512), S. 16–17.
[568] Vgl. Passow, Richard: Die Bilanzen der privaten und öffentlichen Unternehmen, Bd. 1, 2. Auflage, Leipzig u.
       Berlin 1918, S. 65.
[569] Vgl. statt vieler Nonnenmacher, Rolf: Bilanzierung von Forschung und Entwicklung, in: DStR, Heft 33, (1993),
       S. 1231–1235, hier S. 1234.
[570] Vgl. Adler/Düring/Schmaltz: a. a. O. (Fn 458), § 248, Rz. 15; Moxter: Bilanzrechtsprechung, a. a. O. (Fn. 453),
       S. 30.

einer Nichtanwendung des Aktivierungsverbots für selbst erstellte immaterielle Wirtschaftsgüter.[571]

Aufgrund der betrachteten Kriterien lässt sich festhalten, dass die Aktivierungsvoraussetzung des entgeltlichen Erwerbs grundsätzlich eine Bewertungsobjektivierung bei isolierter Anschaffung erlaubt. Fraglich ist jedoch, inwiefern das Kriterium des entgeltlichen Erwerbs eine wertmäßige Abgrenzung von bei einem Gesamtunternehmenskauf zugegangenen immateriellen Wirtschaftsgütern ermöglicht. Das grundsätzliche Problem beim Ansatzkriterium des entgeltlichen Erwerbs besteht hier zunächst in der Beurteilung, ob im konkreten Fall ein entgeltlicher Erwerb im steuerrechtlichen Sinne zu bejahen ist.[572] Vor diesem Hintergrund wird im Folgenden die Konstellation des entgeltlichen Erwerbs immaterieller Wirtschaftsgüter im Zuge eines Unternehmenskaufs näher untersucht.

4.2.4.4   Der entgeltliche Erwerb im Rahmen eines Unternehmenskaufs

4.2.4.4.1   Die Kriterien des entgeltlichen Erwerbs immaterieller Wirtschaftsgüter

In Hinblick auf die vorliegende Untersuchung gilt es zu klären, unter welchen Bedingungen der Erwerb von selbst erstellten immateriellen Wirtschaftsgütern im Rahmen eines Unternehmenskaufs als entgeltlicher Erwerb zu klassifizieren ist.[573] Grundsätzlich wird unter einem entgeltlichen Erwerb einen auf einem Leistungsaustausch am Markt beruhenden, abgeleiteten Anschaffungsvorgang verstanden.[574] Nach DÖLLERER müssen grundsätzlich drei Bedingungen zutreffen, um die Voraussetzungen des entgeltlichen Erwerbs zu erfüllen:[575]

(1) Der immaterielle Vermögenswert (Wirtschaftsgut) muss durch einen abgeleiteten Anschaffungsvorgang auf dem Markt erworben werden, d. h., die eigene Herstellung ist das entsprechende Gegenteil.[576]

(2) Der immaterielle Vermögenswert (Wirtschaftsgut) als solcher muss Gegenstand des Erwerbsvorgangs sein, d. h., es muss eine Kausalität zwischen dem Entgelt und dem erworbenen immateriellen Gegenwert bestehen.

(3) Der Erwerb muss entgeltlich erfolgen.

Bei der Anwendung der soeben aufgeführten Kriterien auf die dieser Untersuchung zugrunde liegende Fallkonstellation, nämlich den Erwerb eines Unternehmens von einer Drittpartei in Form des Asset Deals durch den Transfer liquider Mittel, wird deutlich, dass hier sowohl der Anschaffungsvorgang am Markt als auch die Entgeltlichkeit zweifelsfrei zu bejahen sind. In der beschriebenen Ausgangssituation erweist sich demnach allenfalls die in Teilen der Literatur

---

[571]   Vgl. BFH-Urteil vom 20.8.1986 I R 150/82, BStBl. II 1987, S. 455 unter Leitsatz, sowie BFH-Urteil vom 1.8.1990 II R 17/87, BStBl. II 1990, S. 879; vgl. zur Kritik an dieser Vorgehensweise ausführlich Siegers: a. a. O. (Fn. 557), S. 1570–1576.

[572]   Vgl. Kussmaul: a. a. O. (Fn. 541), S. 2056.

[573]   Vor diesem Hintergrund Grund wird im weiteren Verlauf die Problematik des entgeltlichen Erwerbs bei Tausch, Einlage oder gesellschaftsrechtlichen Vorgängen nicht weiter untersucht.

[574]   Vgl. BFH-Urteil vom 3.8.1993 VIII R 37/92, in: BStBl. II 1994, S. 447. Vgl. auch statt vieler Kleindiek, Detlef, in: HGB Großkommentar, hrsg. von Claus-Wilhelm Canaris, Wolfgang Schilling und Peter Ulmer, 4. Auflage. Dritter Band, 1. Teilband: §§ 238–289, Berlin/New York 2002, § 248, Rz. 13f;

[575]   Vgl zu den unterschiedlichen Bedingungen Döllerer: Maßgeblichkeit, a. a. O. (Fn. 554), S. 505.

[576]   Die Bedingung des abgeleiteten Anschaffungsvorgangs wurde im Laufe der Zeit zunehmend konkretisiert, sodass man heute auch von einem Erwerb unter Marktbedingungen spricht. Vgl. hierzu Hennrichs, Joachim: § 248 HGB Bilanzierungsverbote, in: Münchner Kommentar Aktiengesetz, Band 5/1, §§ 148–151, 161–178 AktG, §§ 238–264c 342, 342a HGB, hrsg. von Bruno Kropff und Johannes Semler, 2. Auflage, München 2003, § 248, Rz. 17.

erhobene Forderung nach einer unmittelbaren Gegenleistung für das erworbene immaterielle Wirtschaftsgut als kritisch.[577] Mithilfe dieses Kriteriums wird die Unterbindung des Ansatzes solcher Zuschüsse bezweckt, welche in keinem Zusammenhang mit einem dadurch erlangten Vorteil stehen.[578] Dabei ist es allerdings unerheblich, ob das immaterielle Wirtschaftsgut erst durch den Abschluss des Rechtsgeschäfts begründet wird oder bereits davor Bestand hatte.[579]

Die Heranziehung des letztgenannten Kriteriums ist aus berechtigten Gründen kritisch zu hinterfragen. Zum einen widerspricht es sowohl der im Handelsrecht als auch der im Steuerrecht vorzufindenden zweistufigen Ansatzkonzeption. Denn durch die Bedingung, dass das immaterielle Wirtschaftsgut als solches Gegenstand des Erwerbsvorganges sein muss, wird die Konkretisierung des erlangten immateriellen Vorteils auf die Stufe der konkreten Aktivierbarkeit verlagert. Infolge einer solchen Auffassung verliert der Begriff Wirtschaftsgut als zentrale Aktivierungsvoraussetzung gegenüber dem Kriterium des entgeltlichen Erwerbs entscheidend an Bedeutung. Zum anderen wird durch dieses Vorgehen verkannt, dass der eigentliche Erwerb als solches kein Wirtschaftsgut begründet, sondern vielmehr als Objektivierungskriterium das Vorliegen von eindeutig nachweisbaren Anschaffungskosten oder gleichwertigen Leistungen an unabhängige Dritte sicherstellen soll.[580]

Als Ergebnis bleibt festzuhalten, dass im Einklang mit der herrschenden Meinung der Literatur auch dann von einem entgeltlichen Erwerb auszugehen ist, wenn immaterielle Vermögensgegenstände/Wirtschaftsgüter zusammen mit anderen Vermögenspositionen oder im Rahmen einer Sachgesamtheit erworben werden, ohne dass ein Kaufpreis für jeden einzelnen Vermögensgegenstand/Wirtschaftsgut festgesetzt wird.[581] Dies ist zweifelsfrei auch bei einem Unternehmenskauf in Form des Asset Deals der Fall.

4.2.4.4.2   Die beschränkte Objektivierungsfunktion des entgeltlichen Erwerbs im Rahmen eines Unternehmenserwerbes

Bei einem Gesamtunternehmenskauf in der Form des Asset Deals wird i. d. R. ein Bündel von immateriellen Wirtschaftsgütern im Rahmen einer Sachgesamtheit erworben, ohne dass ein isolierter Kaufpreis für die einzelnen immateriellen Wirtschaftsgüter festgesetzt wird. Die mit der notwendigen Kaufpreisaufteilung verbundene Abgrenzungsproblematik[582] führt dazu, dass hier die Objektivierungsfunktion des entgeltlichen Erwerbs in seiner Wirkung eine wesentliche Einschränkung erfährt.[583]

Als Indiz für das Vorliegen eines greifbaren und selbständig bewertbaren Wirtschaftsguts gilt gemäß den bereits erläuterten Ansatzkriterien, dass der Kaufmann sich gerade dessen Anschaffung etwas kosten lässt: „Der Vorteil muss bei der Bemessung der Gegenleistung als werthalti-

---

[577] Vgl. Döllerer: Maßgeblichkeit, a. a. O. (Fn. 554), S. 505, ihm folgend BFH-Urteil vom 26.2.1975 I R 32/73, in BStBl. II 1975, S. 443ff, hier S. 445, sowie BFH-Urteil vom 26.2.1980 VIII R 80/77, in BStBl. II 1980, S. 687f, hier S. 688; ferner Freericks: a. a. O. (Fn. 490), S. 521; Maul, Karl-Heinz: Immaterielle Anlagewerte im Jahresabschluss der Aktiengesellschaften, in: ZfbF, Heft 25, (1973), S. 16–28, hier S. 19.

[578] Vgl. Kussmaul: a. a. O. (Fn. 541), S. 256.

[579] Vgl. Förschle: a. a. O. (Fn. 510), § 248, Rz. 10 sowie die beispielsweise Entscheidung des BFH zur Aktivierung eines Wettbewerbsverbots, vgl. BFH-Urteil vom 25.1.1979, in: BStBl. II 1979, S. 369.

[580] Vgl. Moxter: Bilanzrechtsprechung, a. a. O. (Fn. 453), S. 1807; Kussmaul: a. a. O. (Fn. 541), S. 256.

[581] Vgl. u. a. Adler/Düring/Schmaltz: a. a. O. (Fn. 458), § 248 Rz. 15; Förschel: a. a. O. (Fn. 510), § 248, Rz. 13; Moxter: Bilanzrechtsprechung, a. a. O. (Fn. 453), § 248 Rz. 31; Kuhner, Christoph: Die immateriellen Anlagewerte, in: HdJ, Köln (Ergänzung Nr. 40: Stand Februar 2007), Band II, Abt II/1, Rz. 220.

[582] Vgl. hierzu die Ausführungen in Kapitel 4.2.3.

[583] Vgl. Hommel: Bilanzierung immaterieller Anlagewerte, a. a. O. (Fn. 528), S. 142.

ge, greifbare, gegenüber dem Geschäfts- oder Firmenwert abgrenzbare Einzelheit ins Gewicht fallen."[584] Es muss folglich „eine nachvollziehbare Relation zwischen dem Vorhandensein des immateriellen Wirtschaftsguts und der Höhe des Kaufpreises"[585] bestehen. Die Ermittlung des Grenzpreises für ein Unternehmen erfolgt jedoch in der betriebswirtschaftlichen Unternehmensbewertungslehre nicht auf Basis von einzelnen Wirtschaftsgütern, sondern vorwiegend auf der Grundlage des Kapitalwerts zukünftiger Ausschüttungserwartungen.[586] Ein anhand objektiver Erträge und objektivierter Kapitalisierungszinssätze vereinbarter Unternehmenskaufpreis spiegelt demzufolge lediglich die durch den Markt bestätigte Einschätzung der Ertragserwartungen durch die Verhandlungsparteien wider, ohne jedoch eine Aussage über den individuellen Wertansatz der erworbenen Wirtschaftsgüter zu treffen. Der Gesamtkaufpreis hat demnach nur insofern eine Objektivierungsfunktion, als dass er eine durch den Markt bestätigte Wertobergrenze für die Summe der erworbenen Wirtschaftsgüter darstellt.

Hinsichtlich dieser sich aus dem Unternehmenskauf ergebende Abgrenzungsproblematik liegt die Vermutung nahe, eine bereits im Kaufvertrag vorgenommene Aufteilung des Kaufpreises auf die zu erwerbenden Wirtschaftsgüter führe zu einer Lösung des Problems. In diesem Zusammenhang ist jedoch bedenklich, dass sich dem Erwerber hierdurch ein nicht unwesentlicher Manipulationsspielraum eröffnen würde. Der Verkäufer hat nämlich aus steuerlicher Sicht ein nicht unerhebliches Motiv, einer nicht den Tatsachen entsprechenden Kaufpreiszumessung auf einzelne Wirtschaftsgüter vorzunehmen, da für ihn hierdurch der mit der Entrichtung des Kaufpreises verbundene steuerliche Entlastungseffekt vorzeitig erzielt werden kann.[587] Zudem hat der Verkäufer i. d. R. keinen Grund, einer nicht den Tatsachen entsprechenden Kaufpreiszumessung auf einzelne Wirtschaftsgüter zu widersprechen, da für ihn lediglich der Gesamtkaufpreis von Interesse ist.[588] Es ist deshalb nicht verwunderlich, dass der BFH einer solchen Antizipierung der steuerbilanziellen Aufteilungsproblematik grundsätzlich mit Misstrauen begegnet und ihr deshalb auch keinesfalls zwingend zu folgen hat.[589]

Enthält der Kaufvertrag hingegen keine präzise Aufgliederung des Kaufpreises auf die vergüteten Wirtschaftsgüter, kann es zu steuerlich folgenschweren Beweisschwierigkeiten in Hinblick auf den isolierten Ansatzes eines Wirtschaftsguts beim bilanzierenden Erwerber kommen.[590] Die Objektivierungsfunktion des entgeltlichen Erwerbs rückt folglich gegenüber dem Prinzip der selbständigen Bewertbarkeit in den Hintergrund, sodass der Gesamtanschaffungspreis nur noch als Obergrenze für die Bewertung der Wirtschaftsgüter abzüglich der Schulden dienen kann.[591] Für die einzelnen immateriellen Wirtschaftsgüter erfolgt durch den entgeltlichen Erwerb dagegen keine hinreichende Bewertungsobjektivierung mehr, da der Gesamtkaufpreis oft willkürlich und subjektiv auf bestimmte Vermögenspositionen verteilt wird. Aus steuerlicher Sicht ist für die Beurteilung des separaten Bilanzansatzes somit trotz des beim Asset Deal zweifelsfrei vorliegenden entgeltlichen Erwerbs vielmehr entscheidend, ob ein Wirtschaftsgut ein-

---

[584]   Arnold, Hans-Joachim: Die Bilanzierung des Geschäfts- oder Firmenwertes in der Handels-, Steuer- und Ergänzungsbilanz, Diss. Frankfurt am Main 1997, S. 49; vgl. hierzu auch BFH-Urteil vom 18.6.1975 I R 24/73, in: BStBl. II 1975, S. 811.

[585]   BFH-Urteil vom 10.8.1989 X R 176-177/87, in: BStBl. II 1990, S. 16.

[586]   Vgl. Moxter, Adolf: Grundsätze ordnungsgemäßer Unternehmensbewertung, 2. Auflage, Wiesbaden 1983, S. 75–84.

[587]   Vgl. statt vieler Herzig: Steuerorientierte Grundmodelle, a. a. O. (Fn. 472), S. 134.

[588]   Vgl. Greinert, Markus: Die bilanzielle Behandlung von Marken, Lohmar/Köln 2002, S. 56.

[589]   Lediglich eine mit Gutachten von anerkannten Sachverständigen oder dem Testat eines Wirtschaftsprüfers belegte Kaufpreisaufteilung gilt als schwer anzweifelbar; vgl. Kaligin, Thomas: Unternehmenskauf, Heidelberg 1995, S. 48.

[590]   Vgl. hierzu beispielsweise die Entscheidung des BFH hinsichtlich der Abgrenzung eines Verlagswertes von Belieferungsrechten, BFH-Urteil vom 14.3.1979 I R 37/75, in: BStBl. II 1979, S. 472 f.

[591]   Vgl. hierzu die Ausführungen in Kapitel 4.2.3.

zeln bewertbar ist oder stattdessen mit anderen Wirtschaftsgütern eine unzertrennliche Bewertungseinheit bildet.[592]

Vor dem Hintergrund der soeben skizzierten Zuordnungsproblematik wird im anschließenden Kapitel die Abgrenzung selbständig ansatzfähiger immaterieller Wirtschaftsgüter vom Geschäft- oder Firmenwert in der Steuerbilanz näher untersucht.

4.2.4.5   Die Abgrenzung selbständig ansatzfähiger immaterieller Wirtschaftsgüter vom Geschäfts- oder Firmenwert

4.2.4.5.1   Ermittlung der Einzelwirtschaftsgüter nach Maßgabe des Vorsichtsprinzips

Die Darstellung der Ansatzkriterien für immaterielle Wirtschaftsgüter in der Steuerbilanz hat deutlich gemacht, dass einige immaterielle wirtschaftliche Nutzenvorteile mangels Greifbarkeit oder selbständiger Bewertbarkeit geschäftswertbildende Faktoren darstellen. Der Ansatz eines Geschäfts- oder Firmenwertes kommt jedoch nur in Betracht, wenn der Gesamtkaufpreis nicht nachweislich für einzelne materielle oder immaterielle Einzelwirtschaftsgüter entrichtet wurde.[593] Vor dem Hintergrund einer gleichmäßigen und rechtssicheren steuerlichen Gewinnermittlung hat folglich eine objektive Bestimmung der ansatzfähigen immateriellen Einzelwirtschaftsgüter zu erfolgen. Dies erfordert zum einen die aus den Interpretationen des BFH hergeleitete Vorgehensweise bei der Aufteilung des Gesamtkaufpreises.[594] Andererseits ist die objektive Ermittlung der Einzelwirtschaftsgüter auch in Folge des steuerlichen Maßgeblichkeitsprinzips unter Beachtung des handelsrechtlichen Vollständigkeitsgrundsatzes gemäß § 246 Abs. 1 Satz 1 HGB und des sich im Einzelbewertungsgrundsatz ausdrückenden Vorsichtsprinzip gemäß § 252 Abs. 1 Nr. 3 HGB zwingend geboten.[595] Die sachgerechte Abgrenzung kann darüber hinaus für den bilanzierenden Erwerber eine erhebliche Bedeutung haben, da bestimmte immaterielle Einzelwirtschaftsgüter im Vergleich zum Geschäftswert über einen zum Teil erheblich kürzeren Zeitraum abgeschrieben werden und sich somit ein vorzeitiger steuerlicher Entlastungseffekt erzielen lässt.[596]

4.2.4.5.2 Abgrenzung anhand objektiver Gegebenheiten

Die grundlegende Voraussetzung für eine separate Aktivierung immaterieller Einzelwirtschaftsgüter vom Geschäfts- oder Firmenwertes ist, dass bei der Bemessung des Gesamtkaufpreises des Unternehmens faktische wirtschaftliche Werte und Rechtspositionen gesondert berücksichtigt wurden.[597] Dies allein genügt jedoch nicht für den einzelnen Bilanzansatz, denn bloße Hoffnungen und Erwartungen auf wirtschaftliche Erträge begründen weder einen handelsrechtlichen Vermögensgegenstand noch ein steuerrechtliches Wirtschaftsgut.[598] Entscheidend ist vielmehr,

---

[592] Vgl. Arnold: a. a. O. (Fn. 584), S. 50.
[593] Vgl. Weber-Grellet in: Ludwig Schmidt EStG Kommentar, a. a. O. (Fn. 519), § 5, Rz. 223; Ehmcke, Thorsten in: Blümich EStG, hrsg. von Bernd Heuermann, München 2006, § 6, Rz. 758.
[594] Vgl. hierzu die Ausführungen in Abschnitt 4.2.3.
[595] Vgl. Moxter: Bilanzrechtsprechung, a. a. O. (Fn. 453), S. 31.
[596] Für den Geschäfts- oder Firmenwert gilt nach § 7 Abs. 3 Satz 1 EStG die Fiktion einer Nutzungsdauer von 15 Jahren, während die Nutzungsdauer für immaterielle Einzelwirtschaftsgüter grundsätzlich anhand der wirtschaftlichen Begebenheiten objektiv zu beurteilen ist; vgl. Wolffgang, Hans-Michael in: Kirchhof/Söhn EStG Kommentar, hrsg. von Paul Kirchhof, Hartmut Söhn und Rudolf Mellinghof, Heidelberg (Ergänzung Nr. 79: Stand Februar 1998), § 5 Rz. C159.
[597] Vgl. Wolffgang in: Kirchhof/Söhn EStG Kommentar: a. a. O. (Fn. 596), § 5, Rz. C161.
[598] Vgl. hierzu die Ausführungen in Kapitel 4.2.4.1 und 4.2.4.3.

dass sich die Hoffungen und Erwartungen des Erwerbers zum Zeitpunkt der Akquisition zu tatsächlichen wirtschaftlichen Ertragschancen konkretisiert haben.[599] Zu diesem Zweck müssen die bei der Festlegung des Unternehmenskaufpreises berücksichtigten wirtschaftlichen Werte zwingend die durch den BFH konkretisierten Aktivierungsvoraussetzungen eines Wirtschaftsguts erfüllen.[600] Eine bloße äußerliche Bezeichnung als immaterielles Wirtschaftsgut ist für die Zuordnung des Kaufpreises indessen unerheblich. Von entscheidender Bedeutung ist dagegen, dass die mit einzelnen immateriellen Werten verbundenen Aufwendungen und Willenserklärungen auch tatsächlich den objektiven Gegebenheiten entsprechen.[601] Das Vorliegen eines selbständig bewertbaren immateriellen Wirtschaftsguts wird demzufolge durch eine auf rational nachvollziehbaren Einzelbewertungen beruhende Kaufpreisfindung der Vertragsparteien des Unternehmenskaufs indiziert. Ein gesonderter Ausweis kommt wiederum nicht in Betracht, wenn der betreffende immaterielle Wert unter Berücksichtigung der Verkehrsanschauung und der steuerrechtlichen Definition eines Wirtschaftsguts einen geschäftswertbildenden Faktor darstellt.[602] In Abgrenzung zum immateriellen Einzelwirtschaftsgut stellen solche geschäftswertbildende Faktoren lediglich unselbständige Rechtsreflexe oder Nutzungsvorteile einzelner Wirtschaftsgüter dar.[603]

Durch die Abgrenzung anhand der objektiven Gegebenheiten erfahren erworbene immaterielle Werte eine sachliche Wertermittlung und Wertbestätigung durch den Markt, während sie zugleich einen direkten Einfluss auf die Kaufpreisverhandlung des Unternehmenskaufs ausüben. Darüber hinaus wird der im Rahmen des entgeltlichen Erwerbs geforderten Kausalität zwischen Entgelt und Wirtschaftsgut eine erhöhte Bedeutung beigemessen.[604] Kausalität bedeutet jedoch auch in diesem Kontext keineswegs, dass im Rahmen des Unternehmenskaufvertrages für einzelne immaterielle Wirtschaftsgüter ein bestimmter Geldbetrag festgesetzt wird. Es ist vielmehr objektiv festzustellen, ob immaterielle Wirtschaftsgüter im Zuge des Anschaffungsvorgangs auf den bilanzierenden Erwerber übergegangen sind.[605]

4.2.4.5.3 Firmenwertähnliche Wirtschaftsgüter

Bei der Abgrenzung immaterieller Einzelwirtschaftsgüter von nicht greifbaren Faktoren des Geschäfts- oder Firmenwertes erweist sich speziell die bilanzielle Behandlung der sog. firmenwertähnlichen Wirtschaftsgüter als problematisch. Die Bezeichnung firmenwertähnlich resultiert aus dem Umstand, dass solche Wirtschaftsgüter, ähnlich wie der Geschäfts- oder Firmenwert, mit dem Unternehmen und seinen Gewinnchancen unmittelbar verknüpft sind.[606] Demnach stellen firmenwertähnliche Wirtschaftsgüter mit einem Unternehmen und dessen zukünftigen Gewinnchancen verknüpfte Rechtspositionen oder faktische Verhältnisse dar, welche je-

---

[599] Vgl. Arnold: a. a. O. (Fn. 584), S. 47.
[600] Vgl. BFH-Urteil vom 7.11.1985 IV R 7/83, in: BStBl. II 1986, S. 176.
[601] Vgl. BFH vom 5.8.1970 I R 180/66, in: BStBl. II 1970, S. 805; BFH-Urteil vom 25.11.1981 I R 54/77, in: BStBl. II 1982, S 190; BFH-Urteil vom 7.11.1985 IV R 7/83, in: BStBl. II 1986, S. 176.; Söffing: a. a. O. (Fn. 466), S. 605; Weber-Grellet in: Ludwig Schmidt EStG Kommentar, a. a. O. (Fn. 519), § 5, Rz. 223.
[602] Vgl. Arnold: a. a. O. (Fn. 584), S. 49.
[603] Vgl. Weber-Grellet in: Ludwig Schmidt EStG Kommentar, a. a. O. (Fn. 519), § 5, Rz. 96.
[604] Vgl. Wolffgang in: Kirchhof/Söhn EStG Kommentar: a. a. O. (Fn. 601), § 5, Rz. C161.
[605] Vgl. BFH-Urteil vom 5.2.1969 I R 21/66, in: BStBl. II 1969, S. 336; BFH-Urteil vom 5.08.1970 I R 180/66, in: BStBl. II 1970, S. 805.
[606] Vgl. Tiedchen, Susanne in: Herrmann/Heuer/Raupach – Einkommensteuer- und Körperschaftsteuergesetz Kommentar, hrsg. von Arndt Raupach u. a., Köln (Ergänzung Nr. 205: Stand Januar 2002), § 5, Rz. 381.

doch losgelöst vom Geschäfts- oder Firmenwert als vermögenswerte Position bzw. Wirtschaftsgut übertragbar sind.[607]

Die Intention zur Abgrenzung der firmenwertähnlichen Wirtschaftsgüter von gewöhnlichen
Wirtschaftsgütern beruhte ursprünglich auf der im Vergleich zu den immateriellen Wirtschaftsgütern versagten steuerlichen Abnutzbarkeit.[608] Nach dieser Ansicht erschöpft sich der Wert
eines firmenwertähnlichen Wirtschaftsguts für das Unternehmen nicht innerhalb einer bestimmbaren Zeit, sondern repräsentiert simultan zum Geschäftswert einen nachhaltigen und somit
nicht laufend abschreibbaren wirtschaftlichen Vorteil für den Erwerber.[609]

Mit der Einführung einer fingierten 15-jährigen Nutzungsdauer für Geschäfts- oder Firmenwerte
durch § 7 Abs. 1 Satz 3 EStG ist jedoch auch bei den firmenwertähnlichen Wirtschaftsgütern
von einer grundsätzlichen Abnutzbarkeit auszugehen.[610] Infolgedessen hat die Bezeichnung
firmenwertähnlich für weite Teile der Literatur seine praktische Bedeutung verloren.[611] Die Bezeichnung hat höchstens insofern noch eine Berechtigung, als dass sie die hinsichtlich ihrer Abnutzbarkeit besonders strittigen immateriellen Einzelwirtschaftsgüter umfasst und dass bei vergleichbarer Interessenlage zum Geschäfts- oder Firmenwert (Verflüchtigung durch Zeitablauf)
die Regelungen des § 7 Abs. 1 Satz 3 EStG analog anwendbar sein können.[612]

Letztendlich gilt es festzuhalten, dass die zu den firmenwertähnlichen Wirtschaftsgütern zäh-
lenden immateriellen Wirtschaftsgüter im Rahmen eines Unternehmenskaufs eine oftmals
herausragende Bedeutung haben (wie z. B. Kundenstamm, Qualität der Belegschaft oder die
Reputation des Unternehmens). Hinsichtlich der Zielsetzung der systematischen Abgrenzung
von immateriellen Einzelwirtschaftsgütern vom Geschäfts- oder Firmenwert erweist sich die
Unterscheidung zwischen firmenwertähnlichen und gewöhnlichen immateriellen Wirtschaftsgütern allerdings als wenig hilfreich und teilweise sogar irreführend. Die Abgrenzung der immateriellen Einzelwirtschaftsgüter vom Geschäfts- oder Firmenwert sollte daher grundsätzlich ausschließlich entsprechend der durch die Rechtsprechung des BFH begründeten Kriterien der
Greifbarkeit und selbständigen Bewertbarkeit erfolgen. Erst im Anschluss an einen separaten
Bilanzansatz vom Geschäftswert ist im Rahmen der Folgewertung analog zur Vorgehensweise
bei den gewöhnlichen immateriellen Einzelwirtschaftsgütern zu beurteilen, ob im konkreten
Einzelfall von einer laufenden Abnutzbarkeit des immateriellen Wirtschaftsguts auszugehen
ist.[613]

---

[607] Vgl. BFH-Urteil vom 18.2.1993 IV R 40/92, in: BStBl. II 1994 II, S. 226; BFH-Urteil vom 28.5.1998 IV R
       48/97, in: BStBl. II 1998 II, S. 775.
[608] Vgl. Weber-Grellet, Heinrich: Steuerbilanzrecht, München 1996, § 8, Rz. 28.
[609] Vgl. BFH-Urteil vom 1.8.1968 I 206/65, in BStBl. II 1968, S. 67; BFH-Urteil vom 5.8.1970 I R 180/66, in:
       BStBl. II 1970, S. 806.
[610] Bei den vom BFH als firmenwertähnliche Wirtschaftsgüter qualifizierten Güterverkehrsgenehmigungen wird
       hingegen weiterhin ein Abschreibungsverbot ausgesprochen, vgl. BFH-Urteil vom 28.5.1998 IV R 48/97, in:
       BStBl. II 1998 II, S. 775
[611] Vgl. Weber-Grellet: Steuerbilanzrecht, a. a. O. (Fn. 608), § 8 Rz. 28; Zeitler, Franz-Christoph: Der Firmenwert
       und verwandte immaterielle Wirtschaftsgüter in der Bilanz, in: DStR, Heft 10, (1988), S. 303–308, hier S. 307;
       Niemann, Ursula: Immaterielle Wirtschaftsgüter im Handels- und Steuerrecht, Bielefeld 1999, S. 49; Tiedchen
       in: Herrmann/Heuer/Raupach, a. a. O. (Fn. 606), § 5, Rz. 381.
[612] Vgl. Weber-Grellet: Steuerbilanzrecht, a. a. O. (Fn. 608), § 8 Rz. 28.
[613] Ähnlich Tiedchen in: Herrmann/Heuer/Raupach – EStG und KStG Kommentar, a. a. O. (Fn. 606), § 5, Rz. 381;
       Zeitler: a. a. O. (Fn. 611), S. 307.

4.2.5   Der Ansatz eines Geschäfts- oder Firmenwertes

4.2.5.1   Der Geschäftswertbegriff in der Rechtsprechung des BFH

Der Geschäfts- oder Firmenwert wird als der sich in Überzahlungen des Käufers ausdrückende Mehrwert umschrieben, der einem gewerblichen Unternehmen über den Substanzwert der einzelnen materiellen und immateriellen Wirtschaftsgüter abzüglich der Schulden hinaus innewohnt.[614] Inhaltlich wird der Geschäfts- oder Firmenwert dabei vornehmlich durch die sog. Übergewinndoktrin charakterisiert.[615] Die Übergewinndoktrin beruht auf der Annahme, dass die veräußernde Vertragspartei mit ihrem Unternehmen einen Übergewinn erwirtschaftet, der die gewöhnliche Kapitalverzinsung und einen angemessenen Unternehmerlohn übersteigt. Dabei verkörpert der Geschäft- oder Firmenwert „die Gewinnchancen eines Unternehmens, soweit sie nicht in einzelnen Wirtschaftsgütern verkörpert sind, sondern durch den Betrieb des eingeführten und fortlebenden Unternehmens im Ganzen gewährleistet erscheinen".[616] Anhand dieser Definition wird deutlich, dass der BFH den Geschäfts- oder Firmenwert nicht ausschließlich auf erwirtschaftete Zahlungsüberschüsse zurückführt, sondern ihn zugleich als einen Sammelposten für nicht greifbare Faktoren, wie etwa die Reputation des Unternehmens oder Qualität der Belegschaft, interpretiert.[617] Entscheidend ist zudem, dass die Gewinnaussichten auf von der Person des Unternehmers unabhängigen Faktoren beruhen[618] und darüber hinaus auf exklusiv dem Unternehmen zu Verfügung stehende Vorteile zurückzuführen sind, welche im Vergleich zu konkurrierenden Unternehmen sicherer oder werthaltiger erscheinen.[619] Da jedoch gerade die Ermittlung des Unternehmenswerts nur unter Zuhilfenahme von subjektiven Annahmen und Schätzungen möglich ist, ist folglich auch der Geschäfts- oder Firmenwert keine objektive Größe, sondern ein mit erheblichen Ermessensspielräumen behaftetes Konglomerat vielfältiger wirtschaftlicher Vorteile.[620]

Entsprechend des Aktivierungsverbots für nicht entgeltlich erworbene immaterielle Wirtschaftsgüter nach § 248 Abs. 2 HGB bzw. § 5 Abs. 2 EStG gilt für einen vom Bilanzierenden selbst geschaffener (originärer) Geschäfts- oder Firmenwert handelsrechtlich als auch steuerrechtlich ein ausdrückliches Aktivierungsverbot. Für einen entgeltlich erworbenen (derivativen) Geschäft- oder Firmenwert besteht nach § 255 Abs. 4 Satz 1 HGB a.F. hingegen ein handelsrechtliches Ansatzwahlrecht, welches steuerrechtlich in Folge des § 5 Abs. 2 EStG einer Aktivierungspflicht gleich kommt.[621]

---

[614]   Vgl. BFH-Urteil vom 27.3.1996 I R 60/95, in: BStBl. II 1996, S. 577; BFH-Urteil vom 27.3.2001 I R 42/00, in: BStBl. II 01, S. 772.

[615]   Vgl. insbesondere Moxter, Adolf: Die Geschäftswertbilanzierung in der Rechtsprechung des Bundesfinanzhofs und nach EG-Bilanzrecht, in: Betriebs-Berater, Heft 34, (1979), S. 741–747, hier S. 743 f.

[616]   BFH-Urteil vom 28.3.1966 VI 320/64, in: BStBl. III 1966, S. 457; BFH-Urteil vom 25.11.1981 I R 54/77, in: BStBl. II 1982, S. 190.

[617]   Anhand dieser Interpretation des Geschäfts- oder Firmenwertes wird die Abgrenzungsproblematik zu selbständig bilanzierbaren Einzelwirtschaftsgütern nochmals deutlich.

[618]   Vgl. BFH-Urteil vom 10.11.1960 IV 62/60 U, in: BStBl. III 1961, S. 96.

[619]   Vgl. BFH-Urteil vom 27.3.1996 I R 60/95, in: BStBl. II 1996, S. 577; BFH-Urteil vom 30.1.2002 X R 56/99, in: BStBl. II 02, S. 390.

[620]   Vgl. Martens, Klaus-Peter/Röttger, Robert: Aktivierung eines Geschäfts- oder Firmenwertes bei Umwandlung einer Personengesellschaft in eine GmbH nach §§ 46 ff. UmwG?, in: Der Betrieb, Heft 22, (1990), S. 1097–1102, hier S. 1098.

[621]   Vgl. statt vieler Crezelius Georg, in: Kirchhoff, EStG KompaktKommentar, 5. Auflage, Heidelberg 2005, § 5, Rz. 77. Im Rahmen des Bilanzrechtsmodernisierungsgesetzes wurde das Wahlrecht zur Aktivierung des Geschäfts- oder Firmenwertes durch eine Aktivierungspflicht ersetzt, vgl. § 246, Abs. 1 HGB.

4.2.5.2   Der Geschäfts- oder Firmenwert: Wirtschaftsgut oder Ausgleichsposten?

Der bilanzielle Charakter des Geschäfts- oder Firmenwertes bedingt, dass dieser weder als iso-lierte Größe einzeln greifbar noch losgelöst vom Unternehmen übertragbar ist und zudem infolge seiner ertragswertorientierten Bestandteile regelmäßig zu erheblichen Bewertungs-problemen führt.[622] Folglich wird in der Literatur immer wieder die Frage aufgeworfen, ob es sich beim Geschäfts- oder Firmenwert überhaupt um ein Wirtschaftsgut bzw. einen Vermögens-gegenstand handelt.

Vor dem Hintergrund der soeben skizzierten Bilanzierungsprobleme betrachten Teile des Schrifttums den Geschäfts- oder Firmenwert hinsichtlich seiner dogmatischen Qualifizierung lediglich als einen bilanziellen Ausgleichsposten.[623] Zur Begründung dieser Auffassung wird in erster Linie auf dessen rechnerische Ermittlung als Residualgröße gemäß § 255 Abs. 4 Satz 1 HGB verwiesen. Der Geschäfts- oder Firmenwert verkörpert demnach einen technischen Diffe-renzbetrag der sog. „Nicht-Vermögensgegenstände", welcher folglich selbst keinen Vermö-gensgegenstand darstellen kann.[624] Ein anderer Teil der Literatur wiederum versteht den Ge-schäfts- oder Firmenwert aufgrund seiner mangelnden Vermögenswerteigenschaften als Bilan-zierungshilfe.[625] Gegen diese Auffassung spricht allerdings, dass der Gesetzgeber den aktivier-ten Geschäfts- oder Firmenwert nicht mit einer entsprechenden Ausschüttungssperre flankiert, wie es im Handelsrecht bei bloßen Bilanzierungshilfen zur Vermeidung von Vermögensüber-bewertungen immer vorgesehen ist.[626] Nicht zuletzt deshalb qualifiziert ein Großteil des Schrift-tums den entgeltlich erworbenen Geschäfts- oder Firmenwert mit Verweis auf seine Aufführung in den Gliederungsvorschriften in § 266 Abs. 2 HGB als einen handelsrechtlichen Vermögens-gegenstand trotz der mit ihm verbundenen bilanziellen Unsicherheiten.[627] Diese Auffassung wurde derweil mit der expliziten Bezeichung des erworbenen Geschäft- oder Fimenwerts als Vermögensgegenstand im Bilanzrechtsmodernisierungsgesetz vom Gesetzgeber bestätigt.

Ungeachtet der handelsrechtlichen Diskussion wird der derivative Geschäfts- oder Firmenwert vom BHF eindeutig als steuerrechtliches Wirtschaftsgut definiert.[628] Die Zuordnung des Ge-schäfts- oder Firmenwertes zu den Wirtschaftsgütern findet zudem mit der Abschreibungsrege-

---

[622] Vgl. Moxter, Adolf: Bilanzrechtliche Probleme beim Geschäfts- oder Firmenwert, in: Festschrift für Johannes Semler, hrsg. von Markus Bierich, Peter Hommelhoff, Bruno Kropff, Berlin 1993, S. 853–861, hier S. 853.

[623] Vgl. Crezelius in: Kirchhoff, EStG KompaktKommentar, a. a. O. (Fn. 621), § 5, Rz. 78; Eibelshäuser: a. a. O, (Fn. 529), S. 252; Martens/Röttger: a. a. O. (Fn. 620), S. 1098; Pfeifer: a. a. O. (Fn. 486), S. 337; Schneider, Dieter: Aktienrechtlicher Gewinn und ausschüttungsfähiger Betrag, in: Die Wirtschaftsprüfung, Heft 23, (1971), S. 607–617, hier S. 608 f.

[624] Crezelius in: Kirchhoff, EStG KompaktKommentar, a. a. O. (Fn. 621), § 5, Rz. 78.

[625] Vgl. Doralt, Werner: Der Firmenwert in Handels- und Steuerbilanz, Berlin 1976, S. 18; Wöhe, Günter: Zur Bilanzierung und Bewertung des Firmenwertes, in: StuW, Heft 2, (1980), S. 89–108, hier: S. 96f; Knobbe-Keuk: a. a. O. Fn. 486), S. 96; Mujikanovic, Robin: Der derivative Geschäftswert im handelsrechtlichen Jahres-abschluss, in: Betriebs-Berater, Heft 13, (1994), S. 894–898, hier S. 898; Wichmann, Gerd: Der Geschäftswert – wirklich ein Chamäleon?, in: Betriebs-Berater, Heft 24, (1994), S. 1673, hier S. 1673. Unter einer handelsrecht-lichen Bilanzierungshilfe wird die periodengerechte Verrechnung von Aufwendungen, die nicht zur Anschaf-fung oder Herstellung von Vermögensgegenständen geführt haben, und in erster Linie die Überschuldung ver-meiden sollen, verstanden; vgl. Söffing: a. a. O. (Fn. 466), S. 600.

[626] Vgl. Moxter: Bilanzrechtliche Probleme, a. a. O. (Fn. 622), S. 855.

[627] Vgl. Moxter: Bilanzrechtliche Probleme, a. a. O. (Fn. 622), S. 860f; Hoyos, Martin/Huber, Frank in: Beck'scher Bilanz Kommentar, hrsg. von Helmut Ellrott u. a., 6. Auflage, München 2006, §247. Rz. 400; Schuhmann, Helmut: Ausgewählte Fragen des Firmen-/Geschäftswerts, in: StBP, Heft 3, (1994), S. 50–58, hier S. 51; trotz Kritik an dieser Auffassung wohl auch Weber-Grellet in: Ludwig Schmidt EStG Kommentar, a. a. O. (Fn. 519), § 5, Rz. 222.

[628] Vgl. BFH-Urteil vom 20.8.1986 I R 150/82, BStBl. II 1987, S. 457; BFH-Urteil vom 24.3.1987 I R 202/83, in: BStBl. II 1987, S. 706.

lung des § 7 Abs. 1 Satz 1 und 3 EStG ihre explizite Berücksichtigung im Gesetzeswortlaut.[629] Die steuerliche Betrachtung als Wirtschaftsgut lässt sich nach SÖFFING dadurch erklären, dass der Gesetzgeber hinsichtlich der angestrebten Aktivierung des Geschäfts- oder Firmenwertes in der Steuerbilanz nicht von dem Grundsatz abzuweichen wollte, nur solche Aufwendungen zu aktivieren, welche zur Anschaffung oder Herstellung eines steuerrechtlichen Wirtschaftsguts aufgewendet wurden. Da handelsrechtliche Bilanzierungshilfen dem Steuerrecht fremd sind, hat sich der Gesetzgeber zur Qualifizierung des Geschäfts- oder Firmenwertes als Wirtschaftsgut entschieden.[630] Zudem ist diese Betrachtung zumindest insofern schlüssig, als der BFH die Möglichkeit der Veräußerbarkeit zusammen mit einem Unternehmen ohnehin als ausreichend für das Vorliegen eines Wirtschaftsguts betrachtet.[631]

4.2.5.3   Ansatz eines Geschäfts- oder Firmenwertes im Steuerrecht

Grundsätzlich kommt im deutschen Steuerrecht der Ansatz eines entgeltlich erworbenen Geschäfts- oder Firmenwertes nur dann in Betracht, wenn ein Betrieb oder Teilbetrieb im Rahmen eines Asset Deals erworben wird bzw. es im Fall der Akquisition eines Mitunternehmeranteils zum steuerrechtlichen Durchgriff auf die anteiligen Wirtschaftsgüter kommt.[632] Der Ansatz eines entgeltlich erworbenen Geschäfts- oder Firmenwertes hat zwingend zu erfolgen, sofern die Summe der Teilwerte der bilanzierten materiellen und abgrenzbaren immateriellen Wirtschaftsgüter (nach Abzug der Schulden) unter den Anschaffungskosten des Unternehmenszusammenschlusses liegt.[633] Diese Auffassung des BFH steht im Einklang mit der bereits erläuterten modifizierten Stufentheorie, nach welcher der Ansatz eines Geschäfts- oder Firmenwertes erst in Stufe 3, d. h. nach der Identifizierung und Bewertung aller ansatzfähigen materiellen und immateriellen Wirtschaftsgüter mit ihren Zeitwerten, vorgesehen ist.[634] Das Vorliegen eines derivativen Geschäfts- oder Firmenwertes kann demnach erst nach Aktivierung und Bewertung der im Unternehmen selbständig ansatzfähigen Wirtschaftsgüter beurteilt werden, weshalb diese indirekte Ermittlung des Geschäfts- oder Firmenwertes auch als sog. Restwertmethode bezeichnet wird.[635]

Durch die soeben erläuterte Vorgehensweise werden die systematischen Unterschiede in der bilanziellen Behandlung des Geschäfts- oder Firmenwertes zu den immateriellen Einzelwirtschaftsgütern deutlich. Während nämlich die Voraussetzung des entgeltlichen Erwerbs nach § 5 Abs. 2 EStG das Vorhandensein eines immateriellen Wirtschaftsguts auf der 2. Stufe der Aktivierungskonzeption lediglich konkretisiert, indiziert der entgeltliche Erwerb eines Geschäfts- oder Firmenwertes primär dessen grundsätzliche Existenz.[636]

---

[629]   Vgl. Wolffgang in: Kirchhof/Söhn EStG Kommentar, a. a. O. (Fn. 596), § 5, Rz. C156.

[630]   Vgl. Söffing: a. a. O. (Fn. 466), S. 600.

[631]   Vgl. hierzu die Ausführungen in Kapitel 4.2.4.3 sowie Crezelius in: Kirchhoff, EStG KompaktKommentar, a. a. O. (Fn. 621,), § 5, Rz. 78; Wolffgang in: Kirchhof/Söhn EStG Kommentar: a. a. O. (Fn. 596), § 5, Rz. C156.

[632]   Beim Erwerb im Rahmen eines Share Deals erfolgt hingegen nur die Aktivierung einer Beteiligung in Höhe der Anschaffungskosten und somit nicht der Ansatz eines Geschäft- oder Firmenwertes; vgl. hierzu Kapitel 2.2.

[633]   BFH-Urteil vom 31.1.1973 I R 197/70, in: BStBl.II 1973, S. 391; BFH-Urteil vom 27.2.1992 IV R 129/90, in: BStBl. II 1992, S. 842.

[634]   Siehe hierzu die Ausführungen in Abschnitt 4.2.3.2 in diesem Kapitel.

[635]   Vgl. Ehmcke in: Blümich EStG, a. a. O. (Fn. 593), § 6, Rz. 759.

[636]   Vgl. Kuntschik, Nina: Steuerliche Gewinnermittlung in IAS/IFRS am Beispiel immaterieller Vermögenswerte, Frankfurt am Main 2004, S. 101.

4.2.5.4   Der negative Geschäftswert in der Steuerbilanz

Neben der Diskussion um den Ansatz eines positiven Geschäfts- oder Firmenwertes gilt insbesondere die Frage nach der bilanziellen Behandlung eines negativen Unterschiedsbetrages in der der Handels-, Steuer- oder Ergänzungsbilanz noch immer als strittig. Ein sogenannter negativer Geschäfts- oder Firmenwert liegt vor,[637] wenn der Gesamtkaufpreis des Unternehmens im Fortführungsfall den Substanzwert der übernommenen Einzelwirtschaftsgüter unterschreitet.[638] In diesem Zusammenhang verkörpert der negative Unterschiedsbetrag in erster Linie vom Erwerber antizipierte zukünftige Verluste eines Unternehmens und ist in der Mehrzahl der Fälle auf eine schlechte Ertragslage des Akquisitionsobjekts zurückzuführen.[639] Darüber hinaus wird die Entstehung eines negativen Geschäfts- oder Firmenwertes aber auch ihm Rahmen eines sog. „Lucky Buy" für möglich gehalten und angenommen, dass sich in diesem hauptsächlich das Verhandlungsgeschick des Käufers oder Synergieeffekte niederschlagen.[640]

Analog zum originären positiven Geschäfts- oder Firmenwert herrscht in der Literatur ein allgemeiner Konsens darüber, dass der originäre negative Geschäfts- oder Firmenwert nicht bilanzierbar ist und insofern seine Berücksichtigung höchstens im Wertansatz der einzelnen bilanzierten Vermögensgegenstände bzw. Wirtschaftsgüter oder im Ausweis einer zu passivierenden Rückstellung findet.[641] Ungemein schwerer gestaltet sich jedoch auch hier die Frage nach der bilanziellen Behandlung eines derivativ erworbenen negativen Geschäfts- oder Firmenwertes.[642] Während die Befürworter eines negativen Geschäfts- oder Firmenwertes in ihm eine analoge Position zum positiven Geschäftswert sehen,[643] stellt er für andere wiederum einen rückstellungsähnlichen Sachverhalt dar.[644] Für die herrschende Meinung der Literatur liegt im Falle eines negativen Unterschiedsbetrags allerdings kein selbständig aktivierungsfähiger Vermögensgegenstand bzw. Wirtschaftsgut vor.[645] Dementsprechend findet sich weder im handelsrechtlichen noch im steuerrechtlichen Gesetzeswortlaut (§ 255, Abs. 4, § 266 Abs. 1 A I 2 HGB

---

[637]   Der negative Geschäfts- oder Firmenwert wird in der Literatur auch als „Badwill" bezeichnet; vgl. Hommel: Michael: Bilanzierung von Goodwill und Badwill im internationalen Vergleich, in: RIW, Heft 11, (2001), S. 801–809.

[638]   Vgl. Hoyos/Huber in: Beck'scher Bilanz Kommentar a. a. O. (Fn. 627), § 247, Rz. 407; Schreiber, Jochem in: Blümich EStG, hrsg. von Bernd Heuermann, München 2006, § 5, Rz. 625.

[639]   Vgl. Ernsting, Ingo: Zur Bilanzierung eines negativen Geschäfts- oder Firmenwertes nach Handels- und Steuerrecht, in: Die Wirtschaftsprüfung, Heft 9, (1998), S. 405–420, hier S. 406. Für eine detaillierte Übersicht der zur Entstehung eines negativen Geschäftswerts beitragenden Faktoren, vgl. Gießler, Oliver S.: Der negative Geschäftswert in Handels-, Steuer- und Ergänzungsbilanz, Frankfurt am Main 1996, S. 59–62.

[640]   Vgl. Siegel, Theodor: Zum Geheimnis des „negativen Geschäftswerts", in: StuW, Heft 4, (1995), S. 390–400, hier S. 392.

[641]   Siehe hierzu § 248 Abs. 2 HGB bzw. § 5 Abs. 2 EStG sowie Weber-Grellet: Steuerbilanzrecht, a. a. O. (Fn. 608), § 8, Rz. 27; Regniet, Michael: Ergänzungsbilanzen bei der Personengesellschaft, Köln 1990, S. 15.

[642]   Im Folgenden werden die unterschiedlichen Positionen zu diesem höchst umstrittenen Bilanzierungsproblem nur knapp umschrieben, da eine abschließende Würdigung im Vergleich zu den Vorschriften der IAS/IFRS unter Berücksichtigung der fundamentalen Prinzipien der steuerlichen Gewinnermittlung an einer anderen Stelle erfolgt; vgl. hierzu die Ausführungen in Kapitel 6.5.6.

[643]   Vgl. zu dieser Ansicht insbesondere Breidert, Ulrike: Grundsätze ordnungsgemäßer Abschreibungen auf abnutzbare Anlagegegenstände, Düsseldorf 1994, S. 206 f.

[644]   Vgl. zu dieser Ansicht insbesondere Bachem, Rolf-Georg: Berücksichtigung negativer Geschäftswerte in Handels-, Steuer- und Ergänzungsbilanz, in: Betriebs-Berater, Heft 14, (1993), S. 967–973, hier S. 969.

[645]   Vgl. Knobbe-Keuk: a. a. O. (Fn. 486), S. 97; Siegel, Theodor/Bareis, Peter: Zum „negativen Geschäftswert" in Realität und Bilanz, in: Betriebs-Berater, Heft 5, (1994), S. 317–322, hier S. 322; Söffing, a. a. O. (Fn. 466), S. 596 sowie weitere Literatur und Urteilsnachweise in Schreiber: Blümich EStG, a. a. O. (Fn. 638), § 5, Rz. 625.

und § 7 Abs. 1 Satz EStG) eine Vorschrift wieder, aus der sich die Aktivierungsfähigkeit eines negativen Unterschiedbetrags ableiten ließe.[646]

Ungeachtet dessen wird das Vorliegen eines negativen Unterschiedbetrages bisweilen auch durch eine Abstockung der Buchwerte (ausschließlich Bar- und Buchgeld) der aktivierten Wirtschaftsgüter gehandhabt.[647] Diese Vorgehensweise basiert auf der Rechtsprechung des RFH aus dem Jahr 1924, welche bei einem das Bilanzreinvermögen unterschreitenden Unternehmensgesamtwertes auf einen falschen Wertansatz einzelner Wirtschaftsgüter in der Steuerbilanz schließt und infolgedessen eine Abschreibung auf den niedrigeren Verkehrswert im Akquisitionszeitpunkt bzw. auf den niedrigeren Teilwert in den Folgejahren fordert.[648] Kann hingegen auch durch die Auf- bzw. Abstockung der Buchwerte die Erfolgsneutralität des Erwerbsvorgangs nicht vollständig gewährleistet werden, kommt der Ansatz eines in den Folgejahren aufzulösenden passiven Ausgleichspostens in Höhe des verbleibenden Differenzbetrages in Betracht, um einen unmittelbaren steuerwirksamen Ertrag zu vermeiden.[649]

5   Bewertung des immateriellen Vermögens beim Unternehmenserwerb

5.1   Bewertung immaterieller Vermögenswerte nach IAS/IFRS

5.1.1   Der Fair Value als Regelwert des Anschaffungsvorgangs

5.1.1.1   Die Konzeption des Fair Value Accounting

Der dominierende Zweck des vom IASB proklamierten *Fair Value Accounting* besteht darin, die Vermögenswerte und Schulden eines Unternehmens in der Bilanz möglichst marktnah abzubilden, um somit dem Kapitalmarkt entscheidungsrelevante und zugleich zuverlässige Informationen bereitzustellen.[650] Im Einklang mit dieser Auffassung sind nach IFRS 3.36 alle im Rahmen eines Unternehmenszusammenschlusses identifizierbaren Vermögenswerte, Schulden und Eventualschulden mit ihrem jeweiligen Zeitwert (Fair Value) im Erwerbszeitpunkt neu zu bewerten.[651] Zugleich wird mit der Einführung des IFRS 3 die Fair-Value-Bewertung auf die Minderheitsgesellschafter ausgedehnt, wohingegen IAS 22 noch überwiegend eine beteiligungsproportionale Neubewertung vorsah.[652]

Die soeben skizzierten Neuregelungen des IFRS 3 verdeutlichen das zunehmende Vordringen der Idee des *Fair Value Accounting* in einzelne Rechnungslegungsstandards des IASB. Dieser nachhaltige und aus theoretischer Überzeugung vorangetriebene Prozess des Infragestellens kostenbasierter Wertkonzeptionen wird zugleich als die Integration der Investitionsrechnung in eine ökonomisierte Rechnungslegung gewertet.[653] Im Mittelpunkt der nachfolgenden Ausfüh-

---

[646] Vgl. Schreiber in: Blümich EStG, a. a. O. (Fn. 638), § 5, Rz. 625; Söffing: a. a. O. (Fn. 466), S. 596; Dieser Tatsache ist jedoch in Hinblick auf die dem Gesetzeswortlaut übergeordneten handelsrechtlichen GoB von nur nachrangiger Bedeutung; vgl. Moxter: Bilanzrechtsprechung, a. a. O. (Fn. 453), S. 86.

[647] Zustimmend Weber-Grellet in: Ludwig Schmidt EStG Kommentar, a. a. O. (Fn. 519), § 5, Rz. 226.

[648] Vgl. mit den entsprechenden Urteilsnachweisen Ernsting: a. a. O. (Fn. 639), S. 408.

[649] Vgl. BFH-Urteil vom 21.4.1994 IV R 70/92, in: BStBl. II 1994, S. 745–749.

[650] Vgl. Baetge, Jörg/Zülch, Henning: Fair Value-Accounting, in: BFuP, Heft 6, (2001), S. 543–562, hier S. 545.

[651] Vgl. IASB (Standard 2004): IFRS 3.36.

[652] Vgl. Küting, Karl-Heinz/Wirth, Johannes: Bilanzierung von Unternehmenszusammenschlüssen nach IFRS 3, in: KoR, Heft 5, (2004), S. 167–177, hier S. 170.

[653] Vgl. Hitz, Jörg-Markus: Fair Value in der IFRS-Rechnungslegung, in: Die Wirtschaftsprüfung, Heft 18, (2005), S. 1013–1027, hier S. 1026.

rungen steht deshalb der inzwischen als „Markenzeichen" der internationalen Rechnungslegung betrachtete Begriff des Fair Value.[654]

5.1.1.2   Die Definition des Fair Value und seine möglichen theoretischen Ausprägungen

Gemäß einer dem Terminus *fair* tatsächlich gerecht werdenden Definition des „Fair Value" entspricht dieser dem hypothetischen Marktpreis in einer theoretischen idealen Welt von vollkommenen und vollständigen Güter- und Kapitalmärkten im Gleichgewicht.[655] Der Fair Value dieser irrealen Welt muss allerdings für die Zwecke der Rechnungslegung in eine praktisch handhabbare Definition überführt werden. Während das IASB den Fair Value im *Framework* bisher nicht näher erläutert hat, geschieht dies bisweilen anhand einer einheitlichen Begriffsdefinition in den Regelungen diverser Einzelstandards der IAS/IFRS. Danach entspricht der Fair Value dem Betrag, zu dem ein Vermögenswert zwischen sachverständigen, vertragswilligen und von einander unabhängigen Geschäftspartnern getauscht werden könnte.[656] In den neueren Standards – wie etwa dem IFRS 3 – erhält diese Definition durch den Zusatz *unter marktüblichen Bedingungen* eine weitere Konkretisierung.[657]

Zusammenfassend ist der Fair Value nach der Auffassung des IASB als ein marktorientierter Wertmaßstab zu verstehen, dessen Anforderungen als durchaus streng und idealtypisch beurteilt werden können.[658] Vor dem Hintergrund einer praxistauglichen Ermittlung des Fair Value wird in der Literatur ein dreistufiges Konzept möglicher Ausprägungen diskutiert, welches den Umstand der in der Realität vorzufindenden unvollständigen und unvollkommenen Märkte berücksichtigt:[659] Die Konzeption umfasst im Einzelnen den Markteintrittspreis (*Entry Price*), den Marktaustrittspreis (*Exit Price*) sowie den Nutzungswert (*Value in Use*) des Vermögenswertes. Die Begriffe unterscheiden sich dabei nicht nur in der Höhe ihres Wertansatzes, sondern auch hinsichtlich ihrer Qualität bezogen auf die Objektivität bzw. Verlässlichkeit bei der Wertermittlung.[660]

Der Markteintrittpreis entspricht hier grundsätzlich dem Betrag, den der Erwerber zur Beschaffung des einzelnen Vermögenswertes aufzuwenden hätte. Folglich orientiert sich der Markteintrittspreis an den Preisverhältnissen des Beschaffungsmarktes.[661] Diese auf dem Grundsatz der

---

[654] Vater, Hendrik: Grundlagen und Probleme des Fair Value Accounting, in: Unternehmenswertorientiertes Management 2003, S. 141–148, hier S. 141.

[655] Vgl. Ballwieser, Wolfgang/Küting, Karlheinz/Schildbach, Thomas: Fair Value – erstrebenswerter Wertansatz im Rahmen einer Reform der handelsrechtlichen Rechnungslegung?, in: BFuP, Heft 6, (2004), S. 529–549, hier S. 530 f.

[656] Vgl. beispielsweise IAS 2.6; IAS 16.6; IAS 18.7; IAS 38.8; IAS 39.9.

[657] Vgl. IASB (Standard 2004): IFRS 3 Anhang A. Damit greift der IASB die Auffassung des FASB auf, welches ebenfalls einen Wertmaßstab vor dem Hintergrund einer drohenden Liquidation ausschließt; vgl. Pfaff, Dieter/Kukule, Wilfried: Wie fair ist der Fair Value?, in: KoR, Heft 9, (2006), S. 542–549, hier S. 543.

[658] Vgl. Baetge/Zülch: a. a. O. (Fn. 650), S. 545; Tanski, Joachim/Zeretzke, Ralf: Die Fair Value Fiktion, in: DStR, Heft 2, (2006), S. 53–58, hier S. 54.

[659] Vgl. Shim, Eunsup D./Larkin, Joseph M.: Towards Relevancy in Financial Reporting: Market-to-Market Accounting, in: Journal of Applied Business Research, Spring 1998, S. 33–42, hier S. 38; Baetge/Zülch: a. a. O. (Fn. 650), S. 547; Jäger, Rainer/Himmel, Holger: Die Fair Value-Bewertung immaterieller Vermögenswerte vor dem Hintergrund der Umsetzung internationaler Rechnungslegungsstandards, in: BFuP, Heft 3, (2003), S. 417–440, hier S. 424 f.

[660] Vgl. Jäger/Himmel: a. a. O. (Fn. 659), S. 425.

[661] Vgl. Hitz, Jörg-Markus/Kuhner, Christoph: Erweiterung des US-amerikanischen conceptual framework um Grundsätze der Barwertermittlung – Inhalt und Bedeutung des Statement of Financial Accounting Concepts No. 7, in: Die Wirtschaftsprüfung, Heft 18, (2000), S. 889–902, hier S. 899.

Einzelbewertung basierende Ausprägung des Fair Value als Einstiegspreis führt im Ergebnis zu der Konzeption der Wiederbeschaffungswertbilanz.[662]

Der Marktaustrittspreis spiegelt hingegen den Betrag wider, den das Unternehmen durch die Veräußerung des identifizierbaren Vermögenswertes zum Zeitpunkt der Bewertung erzielen könnte. Im Falle dieser Ausprägung wird die Ermittlung des Fair Value deshalb primär durch die auf dem Absatzmarkt des entsprechenden Vermögenswertes herrschenden Marktbedingungen konkretisiert.[663] In Übereinstimmung mit dem „Entry Price" hat auch die Ermittlung des Marktaustrittspreises nach dem Grundsatz der Einzelbewertung zu erfolgen, sodass eine Fortführung dieses Gedankens in der Konzeption einer Veräußerungswertbilanz resultieren würde.[664] Bei der Interpretation des Marktaustrittspreises ist unter Beachtung der in der Rechnungslegung des IASB unterstellten Prämisse der Unternehmensfortführung (Going Concern)[665] jedoch nicht auf eine tatsächliche oder fingierte Unternehmenszerschlagung abzustellen, sondern dieser vielmehr im Sinne der Fortführungsstatik als Einzelveräußerungspreis zu verstehen.[666]

Im Gegensatz zu den soeben vorgestellten marktpreisorientierten Ermittlungsmethoden wird der Nutzungswert (sog. Value in Use) in erster Linie von subjektiven Entscheidungen des Managements geprägt und stellt daher eine sehr unternehmensspezifische Ausprägung des Fair Value dar.[667] Die Ermittlung des Nutzungswerts erfolgt aufgrund des Mangels an objektiven Marktpreisen durch die Gegenüberstellung künftiger Ein- und Auszahlungen im Wege des Barwertkalküls; die Ertragserwartungen sind dabei unter Berücksichtigung der subjektiven und tatsächlichen Nutzungsabsicht zu bestimmen.[668] Demzufolge verkörpert der Nutzungswert den Ertragswertanteil des Vermögenswertes am Gesamtwert des bilanzierenden Unternehmens, was letztendlich zu einer Durchbrechung des Einzelbewertungsgrundsatzes und einer Berücksichtigung von Bestandteilen des originären Geschäfts- oder Firmenwertes in der Bewertung einzelner Vermögenswerte führt.[669]

Letztendlich ist zu konstatieren, dass die Ermittlung des in hohem Maße subjektiven Nutzungswertes zu gravierenden Objektivierungsproblemen führt. Der beizulegende Zeitwert wird daher in dieser Ausprägung von den internationalen Standardsettern abgelehnt.[670] Gegen den Markteintrittpreis im Sinne des klassischen Wiederbeschaffungspreises spricht hingegen, dass dieser zum Großteil lediglich das entgangene und damit nicht realisierte Ergebnis widerspiegelt.[671] Dementsprechend ist nach der herrschenden Meinung des Schrifttums der auf dem Ab-

---

[662] Vgl. Kümmel, Jens: Grundsätze für die Fair Value-Ermittlung mit Barwertkalkülen, Düsseldorf 2002, S. 49. Zur Konzeption der Wiederbeschaffungswertbilanz vgl. Moxter, Adolf: Betriebswirtschaftliche Gewinnermittlung, Tübingen 1982, S. 103–126.

[663] Vgl. Barth, Mary E./Landsman, Wayne R.: Fundamental Issues Related to Using Fair Value Accounting for Financial Reporting, in: Accounting Horizons, December 1995, S. 997–107, hier S. 99.

[664] Vgl. Kümmel: a. a. O. (Fn. 662), S. 49. Zur Konzeption der Veräußerungswertbilanz vgl. Moxter: Betriebswirtschaftliche Gewinnermittlung, a. a. O. (Fn. 662), S. 126–141.

[665] Vgl. IASB: Rahmenkonzept, in: International Financial Reporting Standards (deutsche Fassung), London 2005, R.23.

[666] Vgl. Kümmel: a. a. O. (Fn. 662), S. 49. Zum Begriff der Fortführungsstatik vgl. Moxter, Adolf: Bilanzlehre Band I: Einführung in die Bilanztheorie, 3. Auflage, Wiesbaden 1984, S. 6.

[667] Vgl. Lienau, Achim/Zülch, Henning: Die Ermittlung des value in use nach IFRS, in: KoR. Heft 5, (2006), S. 319–329, hier S. 319.

[668] Vgl. Jäger/Himmel: a. a. O. (Fn. 659), S. 425; Lienau/Zülch: a. a. O. (Fn. 667), S. 319.

[669] Vgl. Kümmel: a. a. O. (Fn. 662), S. 50; Jäger/Himmel: a. a. O. (Fn. 659), S. 426.

[670] Vgl. Kümmel: a. a. O. (Fn. 662), S. 52.

[671] Vgl. Moxter, Adolf: Bilanzrechtsprechung, 5. Auflage, Tübingen 1999, S. 247–256; Euler, Roland: Zur Verlustantizipation mittels des niedrigeren beizulegenden Wertes und des Teilwertes, in: ZfbF, Heft 43, (1991), S. 191–212, hier S. 196–198.

satzmarkt erzielbare Marktausstiegspreis grundsätzlich bei der Fair-Value-Ermittlung zu präferieren.[672]

5.1.1.3 Die vollständige Neubewertung beim Unternehmenszusammenschluss

Die Regelungen des IFRS 3 sehen eine vollständige Neubewertung der zum Akquisitionszeitpunkt identifizierbaren Vermögenswerte des erworbenen Unternehmens vor. Die mit der Neubewertung einhergehende Aufdeckung der stillen Reserven ist dabei nicht durch die Anschaffungskosten des Unternehmenszusammenschlusses begrenzt.[673] Der Verzicht auf die Anschaffungskosten als Bewertungsobergrenze kommt insbesondere bei der sofortigen gewinnwirksamen Erfassung eines negativen Unterschiedbetrages im Akquisitionszeitpunkt zum Tragen.[674] Für den Ansatz eines Geschäfts- oder Firmenwertes hat der Verzicht auf das Anschaffungskostenprinzip hingegen keine direkte Auswirkung, da dieser ohnehin nur entstehen kann, wenn die Summe der Fair Values der identifizierbaren Einzelvermögenswerte unter den Anschaffungskosten des Unternehmenszusammenschlusses liegt.[675]

Der Verzicht auf das Anschaffungskostenprinzip im Rahmen der vollständigen Neubewertung ist einerseits die konsequente Umsetzung der Idee des Fair Value Accounting, nach welcher der Relevanz in Form von möglichst marktnahen Wertansätzen die höchste Priorität eingeräumt wird.[676] Die Besonderheit der Vorschriften des IFRS 3.36 liegt jedoch darin, dass nach IFRS 3 die Durchbrechung des Anschaffungskostenprinzips bereits zum Erwerbszeitpunkt erfolgt, während die Fair-Value-Bewertung in anderen Standards des IASB auf die Folgebewertung beschränkt ist.[677] Die Interpretation des Fair Value Accounting im Sinne einer in der Höhe des Wertansatzes unbegrenzten Neubewertung des erworbenen Vermögens im Akquisitionszeitpunkt führt somit im Ergebnis zur Aufhebung der Erfolgsneutralität des Anschaffungsvorgangs. Dieser Verzicht auf das Anschaffungskostenprinzip markiert konzeptionell einen klaren Bruch mit den kostenorientierten Wertkonzeptionen der traditionellen Rechnungslegungssysteme.[678]

5.1.2 Bestimmung des Fair Value immaterieller Vermögenswerte beim Unternehmenserwerb

5.1.2.1 Die Vorschriften des IFRS 3 zur Ermittlung des Fair Value

Im Zuge der durch IFRS 3 vorgeschriebenen Neubewertung des bei einem Unternehmenserwerb identifizierbaren Vermögens erweist sich speziell die Bestimmung des Fair Value der bislang

---

[672] Vgl. Kümmel: a. a. O. (Fn. 662), S. 52; Baetge/Zülch: a. a. O. (Fn. 650), S. 545; Jäger/Himmel: a. a. O. (Fn. 659), S. 425; Hitz: a. a. O. (Fn. 653), S. 1014; Mujkanovic, Robin: Fair Value im Financial Statement nach International Accounting Standards, Düsseldorf 2003, S. 115.
[673] Vgl. Küting/Wirth: Bilanzierung von Unternehmenszusammenschlüssen, a. a. O. (Fn. 652), S. 170; Schmidtbauer, Rainer: Die Bilanzierung von Unternehmenszusammenschlüssen nach IFRS 3, in DStR, Heft 3, 2005, S. 21–26, hier S. 121f; Lopatta, Kerstin/Wiechen, Lars (2004): Darstellung und Würdigung der Bilanzierungsvorschriften nach IFRS 3 Business Combinations, in: Der Konzern, Heft 8, (2004), S. 534–544, hier S. 534.
[674] Vgl. hierzu die Ausführungen in Kapitel 6.5.6.
[675] Vgl. hierzu die Ausführungen in Kapitel 4.1.4.1.
[676] Vgl. zum Konzept des Fair Value Accounting die Ausführungen in Kapitel 5.1.1.1.
[677] Vgl. hierzu insbesondere IASB (Standard 2004): IAS 38.75 sowie IASB: IAS 39.48.
[678] Vgl. hierzu die Ausführungen zum handels- und steuerrechtlichen Anschaffungskostenprinzip in Kapitel 3.4.2.2.

beim Veräußerer nicht bilanzierten immaterielle Vermögenswerte als Kernproblem.[679] IFRS 3 gibt hier im Anhang lediglich verschiedene Ermittlungskonzepte vor, welche den beizulegenden Zeitwert abhängig von der jeweiligen Bilanzposition zu konkretisieren versuchen. Demgemäß ist der Fair Value für immaterielle Vermögenswerte entweder durch den Rückgriff auf einen *aktiven Markt* gemäß IAS 38 oder – wenn kein aktiver Markt besteht – unter Verwendung der qualitativ hochwertigsten Informationen zu bestimmen.[680] Ein aktiver Markt liegt nach IAS 38.8 vor, wenn (a) ein Handel mit homogenen Gütern möglich ist, (b) Käufer wie auch Verkäufer in der Regel jederzeit aufzufinden sind und (c) die Preise der Öffentlichkeit zur Verfügung stehen.[681] Nach Ansicht des IASB existiert ein aktiver Markt für immaterielle Vermögenswerte allerdings nur in den seltensten Fällen. Selbst wenn Nutzungsrechte an bestimmten immateriellen Vermögenswerten, wie etwa bei Marken, Musik- und Filmrechten sowie Patenten, gehandelt werden, ist aufgrund der hohen Produktspezifität nicht vom Vorhandensein eines aktiven Marktes auszugehen.[682] Die Ausführungen machen deutlich, das die Anwendungsleitlinien des IFRS 3 zur Ermittlung des Fair Value nicht vielmehr als bloße Anhaltspunkte darstellen.[683]

Infolge des regelmäßigen Fehlens von aktiven Marktpreisen und der in hohem Maße interpretationsbedürftigen Vorschriften des IASB wird in der Literatur die Anwendung von drei unterschiedlichen und hierarchisch geordneten Bewertungstechniken zur Ermittlung des Fair Value vorgeschlagen. Hierbei wird zwischen dem marktpreisorientierten (Market Approach), dem kapitalwertorientierten (Income Approach) und dem kostenorientierten Ansatz (Cost Approach) unterschieden.[684] Während im Falle der Erstkonsolidierung bzw. Kaufpreisallokation eine Verfahrenshierarchie bislang lediglich vom Schrifttum angenommen wurde,[685] hat das IASB mit der Verabschiedung der überarbeiteten Fassung des IFRS 3 und der Übernahme der hier vorgestellten Konzeption nunmehr erstmals eine explizite Hierarchisierung von Bewertungsverfahren zum Zwecke der Fair-Value-Ermittlung im Rahmen einer Kaufpreisallokation vorgenommen.[686]

5.1.2.2   Zulässige Methoden und Verfahren zur Bestimmung des Fair Value

Grundsätzlich betrachtet das IASB das Vorhandensein von öffentlich verfügbaren Marktpreisen als den bestmöglichen Indikator zur Bestimmung des beizulegenden Zeitwertes. Dementsprechend sind diese immer dann heranzuziehen, wenn ein aktiver Markt für den entsprechenden

---

[679] Vgl. Jäger/Himmel: a. a. O. (Fn. 659), S. 417f; Lüdenbach, Norbert/Prusacyk, Peter: Bilanzierung von „In-Process Research and Development" beim Unternehmenserwerb nach IFRS und US-GAAP, in: KoR, Heft 10, (2004), S. 415–422.

[680] Vgl. IASB (Standard 2004): IFRS 3.B16.

[681] Vgl. IASB (Standard 2004): IAS 38.8.

[682] Vgl. IASB (Standard 2004): IAS 38.78.

[683] Vgl. Küting, Karlheinz/Wirth, Johannes: Kapitalkonsolidierung im Spiegel der Bilanzwelten HGB-IAS/IFRS-US-GAAP (Teil 1), in: DStR, Heft 12, (2003), S. 475–484, hier S. 477.

[684] Vgl. insbesondere die IDW-Stellungnahme zur Rechnungslegung: Bewertung bei der Abbildung von Unternehmenserwerben und bei Werthaltigkeitsprüfungen nach IFRS (IDW RS HFA 16), in: Die Wirtschaftsprüfung, Heft 24, (2005), S. 1415–1426, hier S. 1417f, sowie Smith, Gordon/Parr, Russel L.: Valuation of Intellectual Property and Intangible Assets, 2. Auflage, New York u. a. 1994, S. 151f; Jäger/Himmel: (Fn. 659), S. 419; Küting, Karlheinz/Hayn, Marc: Anwendungsgrenzen des Gesamtbewertungskonzepts in der IFRS-Rechnungslegung, in: Betriebs-Berater, Heft 61, (2006), S. 1211–1217, hier S. 1211 f.

[685] Eine Hierarchie der Bewertung kann zumindest nicht direkt aus IFRS 3 abgeleitet werden; vgl. Lüdenbach, Norbert/Freiberg, Jens: Zweifelhafter Objektivierungsbeitrag des Fair Value Measurements-Projekts für die IFRS-Bilanz, in: KoR 7–8, (2006), S. 437–445, hier S. 438.

[686] Vgl. IASB (2007): Exposure Draft of Proposed Amendments to IFRS 3 Business Combinations vom 30.6.2005, E12-22.

Vermögenswert besteht.[687] Bei den marktpreisorientierten Verfahren wird zwischen dem direkten Heranziehen gängiger Marktpreise und dem Rückgriff auf Markt- bzw. Transaktionspreise vergleichbarer Vermögenswerte (Analogiemethode) unterschieden.[688] Der direkte Rückgriff auf einen aktiven Marktpreis ist im Falle der bislang nicht bilanzierten bzw. selbst geschaffenen immateriellen Vermögenswerten allerdings nur äußerst selten möglich. Zugleich zeichnen sich selbst erstellte immaterielle Vermögenswerte in aller Regel durch eine hohe Unternehmensspezifität aus, weshalb auch die Anwendung der Analogiemethode üblicherweise mit erheblichen Problemen verbunden ist.[689]

Sofern mit der Anwendung des marktwertorientierten Verfahrens keine befriedigende Ergebnisse erzielt werden können, kommt die Anwendung der kapitalwertorientierten Verfahren in Betracht. Die *kapitalwertorientierten Verfahren* stellen dabei auf die Fähigkeit des immateriellen Vermögenswertes ab, zukünftige Erträge zu erwirtschaften.[690] Danach wird der Fair Value als Kapitalwert der zum Erwerbszeitpunkt abgezinsten Cashflows der entsprechenden Vermögenswerte verstanden, sodass diese Methode letztendlich nur auf solche immateriellen Vermögenswerte anzuwenden ist, denen eindeutig abgrenzbare Zahlungsströme zugeordnet werden können.[691] Innerhalb der kapitalwertorientierten Verfahren wird zwischen der unmittelbaren Cashflow-Prognose, der Methode der Lizenzanalogie (Berechnung anhand ersparter, fiktiver Lizenzzahlungen für vergleichbare Vermögenswerte) sowie der Residual- und Mehrgewinnmethode (Ermittlung mithilfe unterschiedlicher fiktiver Vergleichswerte) unterschieden.[692] Vor dem Hintergrund eines gewissen Grades der Mindestobjektivierung bei der Fair-Value-Ermittlung erweist sich die Ableitung der mit den immateriellen Vermögenswerten verbundenen künftigen Zahlungsüberschüsse und des risikoadjustierten Kapitalisierungszinssatzes als Kernproblem.[693] Die Zuverlässigkeit des Bewertungsergebnisses hängt daher bei den kapitalwertorientierten Verfahren in besonders hohem Maße von der dem Ermittlungsverfahren zugrunde liegenden Informationsqualität sowie von der Person des Ermittlers ab.

Im Gegensatz zu den soeben aufgeführten Bewertungsmethoden stellt der Wertansatz nach den *kostenorientierten Verfahren* auf die zur Wiederbeschaffung des immateriellen Vermögenswertes aufzuwendenden Kosten ab.[694] Hinsichtlich der Ermittlung des relevanten Aufwandes wird zwischen der Herstellung eines exakten Duplikats des entsprechenden Vermögenswertes (Reproduktionsmethode) und der Erzeugung eines nutzenäquivalenten Vermögenswertes (Wiederbeschaffungskostenmethode) unterschieden.[695] Dabei stellen die auszahlungswirksamen Kosten (Einzel- und Gemeinkosten) sowie die Opportunitätskosten (Gewinn des Entwicklers, Unternehmervergütung) die wesentlichen Kostenkomponenten dar.[696] Das kostenorientierte Verfahren ist aufgrund des Rückgriffs auf größtenteils vergangenheitsorientierte Faktoren die zuverlässigste Methode zur Ermittlung des Fair Value und kommt demzufolge den Anforderungen eines objektivierten Wertansatzes am nächsten. Andererseits führt dessen Anwendung wegen des ausgeprägten Vergangenheitsbezugs zu einer nicht unerheblichen Zurückdrängung des im Fair Va-

[687] Vgl. Theile, Carsten: Systematik der fair value-Ermittlung, in: PiR. Heft 1, (2007), S. 1–8, hier S. 4; Küting/Hayn: a. a. O. (Fn. 684), S. 1212;

[688] Vgl. Küting/Hayn: a. a. O. (Fn. 684), S. 1212–1213; Jäger/Himmel: a. a. O. (Fn. 659), S. 428.

[689] Vgl. Jäger/Himmel: a. a. O. (Fn. 659), S. 428–429.

[690] Vgl. Reilly, Robert/Schweihs, Robert P.: Valuing intangible assets, New York 1999, S. 113.

[691] Vgl. Küting/Hayn: a. a. O. (Fn. 684), S. 1213.

[692] Vgl. Mackenstedt, Andreas/Fladung, Hans-Dieter/Himmel, Holger: Ausgewählte Aspekte bei der Bestimmung beizulegender Zeitwerte nach IFRS 3, in: Die Wirtschaftsprüfung, Heft 16, (2006), S. 103–1048, hier S. 1039–1046; IDW RS HFA 16: a. a. O. (Fn. 684), S. 1420 f.

[693] Vgl. Jäger/Himmel: a. a. O. (Fn. 659), S. 436 f.

[694] Vgl. Smith/Parr: a. a. O. (Fn. 684), S. 187–205 ; Reilly/Schweihs: a. a. O. (Fn. 690), S. 118–145.

[695] Vgl. IDW RS HFA 16: a. a. O. (Fn. 684), S. 1420; Mujkanovic: Fair Value, a. a. O. (Fn. 672), S. 122 f.

[696] Vgl. Reilly/Schweihs: a. a. O. (Fn. 690), S. 99 u. 124 f.

lue Accounting dominierenden Informationsprinzips. Dem kostenorientierten Verfahren wird deshalb bei der Fair-Value-Ermittlung lediglich der Charakter eines Hilfsverfahrens zugesprochen.[697]

5.1.3   Folgebewertung immaterieller Vermögenswerte

5.1.3.1   Die Folgebilanzierung einzeln identifizierbarer immaterieller Vermögenswerte

Die Folgebewertung der im Rahmen eines Unternehmenszusammenschlusses erworbenen immateriellen Vermögenswerte richtet sich grundsätzlich nach den Vorschriften des IAS 38. IAS 38.72 sieht diesbezüglich ein einfaches Wahlrecht zwischen dem Anschaffungskostenmodell auf Basis der fortgeführten historischen Anschaffungs- oder Herstellungskosten und der Anwendung eines grundsätzlich erfolgsneutralen Neubewertungsmodells vor.[698] Die bilanzierten immateriellen Vermögenswerte sind dabei unabhängig von der gewählten Bewertungsmethode entsprechend ihrer voraussichtlichen Nutzungsdauer planmäßig sowie ggf. nach Maßgabe außerplanmäßiger Wertminderungen abzuschreiben.[699] Im Folgenden wird zunächst die Ermittlung der gewöhnlichen Nutzungsdauer als auch die Berücksichtigung außerplanmäßiger Abschreibung auf Basis des gängigeren Anschaffungskostenmodells aufzeigt. Im Anschluss daran erfolgt eine Darstellung der Anwendungsvoraussetzungen des Neubewertungsmodells gemäß IAS 38.74 sowie die Erläuterung der im Vergleich zum Anschaffungskostenmodell vorhandenen Abweichungen.

5.1.3.2   Folgewertung nach dem Anschaffungskostenmodell (Cost Model)

5.1.3.2.1   Bestimmung der Nutzungsdauer (Useful Life)

Noch in den Bestimmungen des IAS 38 in der Fassung von 1998 nahm der der IASB eine generell beschränkte Nutzungsdauer von immateriellen Vermögenswerten an, nach der obligatorisch eine planmäßige Abschreibung auf die entsprechenden Wertansätze erfolgte.[700] Der aktuell gültige IAS 38 verzichtet hingegen auf diese Annahme und differenziert stattdessen zwischen immateriellen Vermögenswerten mit zeitlich beschränkter und unbestimmter (indefinite) Nutzungsdauer.[701]

Die Nutzungsdauer eines immateriellen Vermögenswerts gilt als unbeschränkt, wenn nach der Einschätzung des Managements keine vorhersehbare Zeitbegrenzung für die Generierung von Zahlungsüberschüssen durch den immateriellen Vermögenswert existiert.[702] In IAS 38 werden unterschiedliche Bestimmungsfaktoren aufgeführt (u. a. Nutzungsdauer ähnlicher Vermögens-

---

[697] Vgl. Jäger/Himmel: a. a. O. (Fn. 659), S. 427f; Theile: a. a. O. (Fn. 687), S. 5;

[698] Vgl. IASB (Standard 2004): IAS.38.72. Die historischen Anschaffungs- oder Herstellungskosten entsprechen bei einem Unternehmenskauf den gemäß IFRS 3 im Rahmen der vollständigen Neubewertung ermittelten Fair Values der erworbenen immateriellen Vermögenswerte; vgl. hierzu Kapitel 5.1.1.3.

[699] Vgl. IASB (Standard 2004): IAS 38.74 i. V. m. IAS 38.75.

[700] Vgl. Esser, Maik/Hackenberger, Jens: Bilanzierung immaterieller Vermögenswerte des Anlagevermögens nach IFRS und US-GAAP, in: KoR, Heft 10, (2004), S. 402–414, hier S. 408. In IAS 38 (Standard 1998) wurde von einer widerlegbaren Vermutung einer auf maximal 20 Jahre beschränkten Nutzungsdauer für immaterielle Vermögenswerte ausgegangen; vgl. IASB (Standard 1998): IAS 38.79.

[701] Vgl. Wendlandt, Klaus/Vogler, Gerlinde: Bilanzierung von immateriellen Vermögenswerten und Impairment-Test nach Überarbeitung von IFRS und IAS 38, in: KoR, Heft 2, (2003), S. 66–74, hier S. 69.

[702] Vgl. IASB (Standard 2004): IAS 38.88. Dies impliziert nicht das tatsächlich eine „unbeschränkte" Nutzungsdauer vorliegt. Vielmehr kann das Ende der Nutzung zum Zeitpunkt der Beurteilung nicht abgesehen werden, vgl. Hoffmann, Wolf-Dieter in: Haufe IFRS-Kommentar, hrsg. von Norbert Lüdenbach und Wolf-Dieter Hoffmann, 4. Auflage, Freiburg i. Br. 2006, § 13, Rz. 59.

werte, Produktlebenszyklen, Stabilität der Branche, erforderliche Erhaltungsaufwendungen etc.), welche Hinweise über die anzunehmende Nutzungsdauer liefern sollen.[703] Basiert der immaterielle Vermögenswert hingegen auf vertraglichen oder gesetzlichen Rechten, wird prinzipiell auf die entsprechende rechtliche gesicherte Nutzenperiode abgestellt. Die vertraglich oder gesetzliche gesicherte Laufzeit stellt in diesem Fall die maximal zulässige Nutzungsdauer dar, es sei denn, das Unternehmen kann die rechtliche Schutzfrist nachweislich ohne das Anfallen wesentlicher Kosten erneuern.[704] Sprechen die tatsächlichen Nutzungsverhältnisse im Unternehmen allerdings eindeutig für eine kürzere Nutzungsdauer, sieht IAS 38 ausnahmsweise auch die Unterschreitung der Zeitspanne des rechtlichen Schutzes vor.[705]

5.1.3.2.2 Planmäßige Abschreibungen

Wird ein immaterieller Vermögenswert als ein solcher mit unbestimmter Nutzungsdauer klassifiziert, hat eine planmäßige Abschreibung der aufgewendeten Anschaffungs- oder Herstellungskosten gemäß IAS 38.107 zu unterbleiben.[706] In diesem Fall ist stattdessen die Durchführung eines Wertminderungstest nach Maßgabe von IAS 36 vorgeschrieben.[707] Die hypothetische Festlegung der unbestimmten Nutzungsdauer durch das Management ist allerdings jährlich unter Beachtung der zugrunde gelegten Bestimmungsfaktoren kritisch zu hinterfragen. Resultiert daraus gegebenenfalls eine Vermutung, dass für den immateriellen Vermögenswert nunmehr eine zeitlich beschränkte Nutzungsdauer anzunehmen ist, hat unverzüglich eine Umqualifizierung sowie eine von diesem Zeitpunkt aus planmäßige Abschreibung zu erfolgen.[708]

Immaterielle Vermögenswerte mit einer zeitlich beschränkten Nutzungsdauer werden hingegen grundsätzlich planmäßig abgeschrieben. Analog zum deutschen Bilanzrecht ist unter der planmäßigen Abschreibung die systematische und periodengerechte Verteilung des gesamten Abschreibungsvolumens auf die zuvor festgelegte Nutungsdauer des immateriellen Vermögenswertes zu verstehen.[709] Die hier anzuwendende Abschreibungsmethode hat dabei den Werteverzehr des aus dem immateriellen Vermögenswert resultierenden wirtschaftlichen Nutzens durch das Unternehmen bestmöglich widerzuspiegeln. Kann der Nutzenverbrauch durch das Unternehmen hingegen nicht zuverlässig bestimmt werden, sieht IAS 38.97 die Anwendung der linearen Abschreibungsmethode vor.[710] Die ermittelten Abschreibungsbeträge werden in der jeweiligen Periode erfolgswirksam erfasst, sofern diese nicht nach den Vorschriften eines anderen Standards anderweitig zu berücksichtigen sind (z. B. als Herstellungskosten von Vorräten gemäß IAS 2).[711]

5.1.3.2.3 Außerplanmäßige Abschreibungen

Analog zum HGB und EStG betrachten auch die IFRS eine außerplanmäßige Abschreibung (steuerlich: Teilwertabschreibung) als erforderlich, sofern der Buchwert den erzielbaren Betrag

---

[703] Vgl. IASB (Standard 2004): IAS 38.90.
[704] Vgl. IASB (Standard 2004): IAS 38.94; Hoffmann: a. a. O. (Fn. 702), § 13, Rz. 58.
[705] Vgl. IASB (Standard 2004): IAS 38.94; Esser/Hackenberger: a. a. O. (Fn. 700), S. 408.
[706] Vgl. IASB (Standard 2004): IAS 38.107.
[707] Vgl. IASB (Standard 2004): IAS 38.108; siehe hierzu Kapitel 4.2.3.2.3.
[708] Vgl. IASB (Standard 2004): IAS 38.109.
[709] Vgl. Hoffmann: a. a. O. (Fn. 702), § 10, Rz. 24.
[710] Vgl. IASB (Standard 2004): IAS 38.97.
[711] Vgl. IASB (Standard 2004): IAS 38.99.

(Recoverable Amount) dauernd überschreitet.[712] Folglich entspricht der erzielbare Betrag von seiner Funktion her dem beizulegenden Zeitwert gemäß § 253 Abs. 2 HGB.[713] Während der deutsche Gesetzgeber die Ermittlung des niedrigeren beizulegenden Zeitwerts jedoch vorwiegend der Kommentarliteratur und der Rechtsprechung überlässt, erfolgt die Beurteilung und Bemessung einer Wertminderung in den IFRS anhand eines äußerst detaillierten Regelwerks.[714]

Nach IAS 36.6 stellt der erzielbare Betrag (Recoverable Amount) den höheren Wert der beiden Beträge Nutzungswert (*Value in Use* bzw. Barwert der Cashflows der zukünftigen Nutzung) und dem beizulegenden Zeitwert abzüglich Veräußerungskosten (*fair value less costs to sell* bzw. Marktwert abzüglich Veräußerungskosten) dar.[715] Eine Wertminderung und eine damit verbundene Abschreibungserfordernis liegt vor, wenn der erzielbare Betrag unter dem Buchwert des entsprechenden Vermögenswertes liegt.[716] Die Höhe der erfolgswirksam zu erfassenden außerplanmäßigen Abschreibung ergibt sich folglich aus der Differenz beider Beträge.[717]

Während bei den immateriellen Vermögenswerten mit unbestimmter Nutzungsdauer mindestens einmal jährlich die Ermittlung des erzielbaren Betrags zu erfolgen hat (quantitativer Test), sind bei planmäßig abzuschreibenden immateriellen Vermögenswerten lediglich die Indikatoren einer Wertminderung zum Bilanzstichtag zu prüfen (qualitativer Test).[718] Da eine Überprüfung sämtlicher Vermögenswerte am Bilanzstichtag auf Wertminderung mit einem nicht zu vertretenen Aufwand verbunden wäre, beschränkt der IASB die Betrachtung auf hinsichtlich ihres Wertminderungsrisikos wesentliche Sachverhalte.[719] In diesem Zusammenhang nennt das IASB in IAS 36 unterschiedliche unternehmensexterne (z. B. Rückgang des Marktwertes für spezifische Vermögenswerte) als auch unternehmensinterne Indikatoren (z. B. Anzeichen der Überalterung oder physische Beschädigung), welche bei der Beurteilung des Wertminderungsrisikos herangezogen werden sollten.[720]

Grundsätzlich hat der Wertminderungstest für jeden immateriellen Vermögenswert einzeln zu erfolgen. Sollte die isolierte Bestimmung des erzielbaren Betrages für einen spezifischen immateriellen Vermögenswertes nicht möglich sein, hat der Wertminderungstest auf Ebene der kleinstmöglichen Zusammenfassung von Vermögenswerten, für die separate Cashflows identifiziert werden können, zu erfolgen (sog. zahlungsmittelgenerierende Einheit bzw. *Cash-generating Unit*).[721] Die Ermittlung des Fair Value im Sinne des erzielbaren Betrages einer zahlungsmittelgenerierenden Einheit (ZMGE) erfolgt dabei grundsätzlich analog zum Werthaltigkeitstest bei einzelnen Vermögenswerten.[722] Resultiert aus dem Wertminderungstest für eine ZGE eine Abschreibungserfordernis, ist zunächst in einem ersten Schritt zu prüfen, ob der ermittelte Wertberichtigungsbedarf auf einen eventuell vorhandenen wertgeminderten Goodwill der entsprechenden Einheit entfällt.[723] Ein danach verbleibender Abschreibungsbedarf ist in

---

[712] Vgl. IASB (Standard 2004): IAS 36.8. Im Gegensatz zum HGB differenzieren die IAS/IFRS grundsätzlich nicht zwischen einer vorübergehenden und einer dauerhaften Wertminderung; vgl. hierzu die weiteren Ausführungen in diesem Kapitel.

[713] Vgl. Wagenhofer, Alfred: Internationale Rechnungslegungsstandards – IAS/IFRS, 4. Auflage, Frankfurt/M u. Wien 2003, S. 165.

[714] Vgl. Hoffmann: a. a. O. (Fn. 702), § 11, Rz. 1,2. Siehe zur Veranschaulichung auch das beachtliche Volumen des IAS 36.

[715] Vgl. IASB (Standard 2004): IAS 36.6.

[716] Vgl. IASB (Standard 2004): IAS 36.8.

[717] Vgl. IASB (Standard 2004): IAS 36.59.

[718] Vgl. IASB (Standard 2004): IAS 36.8; Hoffmann: a. a. O. (Fn. 702), § 11, Rz. 10.

[719] Vgl. Peemöller, Volker in: Wiley Kommentar zur internationalen Rechnungslegung – IFRS 2007, hrsg. von Wolfgang Ballwieser u. a., 3. Auflage, Weinheim 2007.

[720] Vgl. IASB (Standard 2004): IAS 36.12.

[721] Vgl. IASB (Standard 2004): IAS 36.22 u. 66.

[722] Vgl. IASB (Standard 2004): IAS 36.75.

[723] Vgl. Kapitel 4.2.3.2 zur Ermittlung des Wertberichtigungsbedarfs beim Geschäfts- oder Firmenwert.

einem zweiten Schritt proportional zu den jeweiligen Buchwerten der übrigen Vermögenswerte zu verteilen.[724]

Nimmt das Unternehmen auf einen planmäßig abzuschreibenden immateriellen Vermögenswert eine außerplanmäßige Abschreibung vor, ist in jeder Folgeperiode das Fortbestehen der Anhaltspunkte für die außerplanmäßige Wertminderung zu überprüfen.[725] Bestehen hier Hinweise auf eine signifikante Änderung der beim Wertminderungstest zugrunde gelegten Indikatoren, muss der erzielbare Ertrag des entsprechenden Vermögenswertes erneut ermittelt werden.[726] Die Vorschriften des IAS 36.116 sehen eine Wertaufholung vor, wenn der aktuell erzielbare Betrag den Buchwert des entsprechenden Vermögenswertes übersteigt.[727] Die Wertaufholung des entsprechenden Vermögenswertes ist dabei auf den Betrag begrenzt, der ohne die vorgenommene Wertminderung abzüglich der zu erfassenden Abschreibungen dem aktuellen Buchwert entsprechen würde.[728]

5.1.3.3   Folgebewertung nach dem Neubewertungsmodell (Revaluation Model)

Nach IAS 38.75 besteht neben dem Ansatz mit den fortgeführten Anschaffungs- bzw. Herstellungskosten die Möglichkeit, bestimmte bereits aktivierte immaterielle Vermögenswerte anhand des sog. Neubewertungsmodells zu bewerten.[729] Das Neubewertungsmodell sieht die regelmäßige, jedoch nicht zwingend periodische Bewertung mit dem aktuellen beizulegenden Zeitwert vor.[730] Diesem Vorgehen liegt das Konzept der Substanzerhaltung zugrunde, nach welchem der Ausweis eines ausschüttungsfähigen Gewinns den gütermäßigen Reproduktionswert des Unternehmens nicht mindern soll.[731] Reine Preisänderungen der Vermögenswerte stellen somit keine wirtschaftlichen Gewinne, sondern lediglich Scheingewinne dar. Dieser Konzeption wird durch die erfolgneutrale bilanzielle Erfassung der Wertsteigerungen Rechnung getragen.[732] Entsprechend werden die Neubewertungsdifferenzen nur innerhalb der fortgeführten historischen Anschaffungskosten erfolgswirksam erfasst, während eine über diese Schwelle hinausgehende Korrektur über ein erfolgsneutrales Eigenkapitalkonto (Revaluation Surplus) abgefangen wird.[733] Allerdings ist zu beachten, dass das Neubewertungsmodell durch das Aufdecken der über den Zeitablauf angesammelten stillen Reserven dennoch zu einer Außerkraftsetzung des kostenorientierten Anschaffungskostenprinzips führt.[734]

Obwohl die Neubewertungsmethode in ihrer Erfolgswirksamkeit durch das Anschaffungskostenprinzip begrenzt ist, bleibt die Ergebnisrelevanz der infolge der Neubewertung erhöhten Abschreibungen auf Basis der neuen Anschreibungsbemessungsgrundlage in den IAS/IFRS unbe-

---

[724] Vgl. IASB (Standard 2004): IAS 36.104; Streim, Hannes/Bieker, Marcus/Esser, Maik: Vermittlung entscheidungsnützlicher Informationen durch Fair Values – Sackgasse oder Licht am Horizont?, in: BFuP, Heft 4, (2003), S. 457–479, hier S. 466 f.

[725] Vgl. IASB (Standard 2004): IAS 36.110.

[726] Vgl. hierzu die vom IASB (Standard 2004) aufgeführten Wertaufholungsindikatoren in IAS 36.111.

[727] Vgl. IASB (Standard 2004): IAS 36.114.

[728] Vgl. IASB (Standard 2004): IAS 36.117. Folglich führt die Wertaufholung nicht zur Wiederherstellung des Gesamtbuchwertes, zu dem der Vermögenswert vor der vorgenommenen außerplanmäßigen Wertminderung bilanziert wurde; vgl. Peemöller: a. a. O. (Fn. 719), S. 346.

[729] Vgl. IASB (Standard 2004). IAS 38.75.

[730] Vgl. IASB (Standard 2004). IAS 38.79.

[731] Vgl. Hitz: a. a. O. (Fn. 653), S. 1019.

[732] Vgl. Wagenhofer: a. a. O. (Fn. 713), S. 363 f.

[733] Vgl. IASB (Standard 2004). IAS 38.85 f.

[734] Vgl. Schildbach, Thomas: Zeitwertbilanzierung in den USA, in: BFuP, Heft 5, (1998), S. 580–592, hier S. 586 f.

antwortet.[735] Systematisch konsequent erscheint hier ausschließlich die erfolgsneutrale Verrechnung der zusätzlichen Abschreibungen mit der im Zuge der Neubewertung gebildeten Neubewertungsrücklage. Diese Ansicht entspräche zudem dem Vorgehen nach IAS 36.60, bei welchem außerplanmäßige Abschreibungen aufgrund von Wertminderungen bei einer zuvor durchgeführten Neubewertung gegen die Neubewertungsrücklage zu buchen sind.[736]

Die Ausübung des Neubewertungsmodells ist im Fall von immateriellen Vermögenswerten aus Objektivierungsgründen an das Vorliegen eines aktiven Marktes gebunden.[737] Bekanntlich existiert ein solcher aktiver Markt bei immateriellen Vermögenswerten nur in den seltensten Fällen.[738] Aus diesem Grund wird dem Neubewertungsmodell bei der Folgebewertung immaterieller Vermögenswerte so gut wie keine Bedeutung beigemessen.[739]

5.1.4   Die Folgebilanzierung des Geschäfts- oder Firmenwertes

5.1.4.1   Der Impairment-Only-Ansatz des IASB

Das IASB hat mit der Veröffentlichung des IFRS 3 im März 2004 sowie der Überarbeitung von IAS 36 und IAS 38 die Bilanzierung und Bewertung des derivativen Geschäfts- oder Firmenwertes (*Goodwill*) grundlegend geändert.[740] Die Regelungen der Standards ersetzten die Vorschriften des IAS 22[741], wodurch im selben Zug der Wandel von der planmäßigen Abschreibung des Goodwills hin zu einer Abschreibung auf Basis von Werthaltigkeitsprüfungen (*Impairment only Approach*) gemäß IAS 36 (2004) vollzogen wurde.[742] Die Einführung des Impairment-Only-Ansatz (auch *non-amortization-approach*) beruht auf der Auffassung, dass der Geschäfts- oder Firmenwert einen nicht abnutzbaren und demzufolge auch nicht planmäßig abzuschreibenden Vermögenswert verkörpert. Aufgrund ihrer offensichtlich starken Orientierung an den entsprechenden US-amerikanischen Rechnungslegungsvorschriften werden die neuen Regelungen indes als eine weitere Annäherung der Rechnungslegungsgremien IASB und FASB gewertet.[743]

---

[735] Vgl. Hoffmann: a. a. O. (Fn. 702), § 8, Rz. 63–65.

[736] Vgl. Hoffmann: a. a. O. (Fn. 702), § 8, Rz. 65.

[737] Vgl. Achleitner, Ann-Kristin/Behr, Giorgio: International Accounting Standards, 3, Auflage, München 2003, S. 131; Wagenhofer: a. a. O. (Fn. 713), S. 370.

[738] Vgl. hierzu die Ausführungen in Abschnitt 5.1.2.1 in diesem Kapitel.

[739] Vgl. Pellens, Bernhard/Fülbier, Rolf Uwe/Gassen, Joachim: Internationale Rechnungslegung, 5. Auflage, Stuttgart 2004, S. 262; Gstraunthaler, Thomas: Die Bewertung und Bilanzierung von intangible Assets nach IAS 38 in der Neufassung vom 31.3.2004 und ihre Auswirkungen, in: Immaterielle Vermögenswerte, hrsg. von Matzler u. a., Berlin 2006, S. 89–102, hier S. 97; Hoffmann: a. a. O. (Fn. 702), § 8, Rz. 54; Wagenhofer: a. a. O. (Fn. 713), S. 371.

[740] Die Vorschriften des IFRS 3 sind für nach dem 31.3.2004 beginnende Geschäftsjahre zwingend anzuwenden; vgl. IASB (Standard 2004): IFRS 3.78. Dabei enthält IFRS 3 die Definition des Goodwills, IAS 38 konkretisiert die Ansatzvoraussetzungen für immaterielle Vermögenswerte, während IAS 36 den für den Goodwill zwingend anzuwendenden Werthaltigkeitstest regelt.

[741] Nach IAS 22.44 war ein zwingend zu aktivierender Geschäfts- oder Firmenwert planmäßig über seine Nutzungsdauer abzuschreiben. Hinsichtlich der zu schätzenden Nutzungsdauer galt die widerlegbare Vermutung eines Zeitraums von 20 Jahren. Grundsätzlich war die lineare Abschreibungsmethode vorgesehen; Vgl. IASB (Standard 1998): IAS 22.44, 45.

[742] Vgl. hierzu die Ausführungen in Kapitel 2.3.3.

[743] Vgl. hierzu die Ausführungen zu den Konvergenzvereinbarungen (sog. Norwalk Agreement) zwischen FASB und IASB sowie zur Anlehnung der Vorschriften des IFRS 3 an US-amerikanische Rechnungslegungsstandards in Kapitel 2.3.3. Im Gegensatz zu den US-amerikanischen Rechnungslegungsvorschriften sieht IFRS 3 aus Vereinfachungsgründen nur eine einstufige Wertminderungsprüfung vor, während nach SFAS 142 ein äußerst komplexer zweistufiger Ansatz zur Anwendung kommt; vgl. KPMG (Hrsg.): IFRS aktuell, Stuttgart 2004, S. 103.

Analog zum FASB dient das Argument der adäquaten Informationsvermittlung als primäre Begründung zur der Einführung eines Werthaltigkeitstests (*Impairment Test*) für den Goodwill. Dabei erschien den Mitgliedern des Boards mit Verweis auf die Annahme einer unbegrenzten Nutzungsdauer des Geschäfts- oder Firmenwertes die planmäßige Abschreibung als nicht sachgerechtes Instrumentarium zur Abbildung entscheidungsrelevanter Informationen.[744] Insbesondere unter Berücksichtigung des Oberziels der *Fair Presentation*[745] betrachtet das IASB stattdessen die Durchführung eines mindestens einmal im Jahr durchzuführenden Wertminderungstest als die sachgerechtere Methodik. Die Abstellung auf die jeweilige Situation des entsprechenden Bilanzstichtags zielt dabei auf eine realitätsnahere Abbildung der wirtschaftlichen Lage des Unternehmens ab.[746]

5.1.4.2   Der Werthaltigkeitstest für den Geschäfts- oder Firmenwert

Der vom IASB verfolgte Impairment-Only-Ansatz impliziert die Durchführung eines sowohl jährlich als auch fallweise durchzuführenden Werthaltigkeitstests für den Geschäfts- oder Firmenwert.[747] Der Wertminderungstest erfolgt dabei nicht auf der Ebene der bilanziell ausgewiesenen Kaufpreisdifferenz der Gesamtunternehmung, sondern durch die Aufteilung des als Residualwert ermittelten Geschäftswertes auf sog. zahlungsmittelgenerierende Einheiten (*Cash-generating Units*) im Erwerbszeitpunkt. Als Anhaltspunkt für die Zuordnung dient primär die interne Steuerung des Unternehmens, welche zugleich eine Zuordnungsobergrenze definiert.[748] Durch dieses Vorgehen wird deutlich, dass sich der Werthaltigkeitstest für den Geschäfts- oder Firmenwert vor allem auf diejenigen Vermögenswerte bezieht, welche Einfluss auf die Zahlungsstromerzielung der jeweiligen zahlungsmittelgenerierenden Einheit haben.[749]

Nach erfolgreicher Verteilung des Geschäfts- oder Firmenwertes auf die entsprechenden ZMGE hat zum Zeitpunkt der Durchführung des Werthaltigkeitstests die Gegenüberstellung des erzielbaren Betrags einer firmenwerttragenden zahlungsmittelgenerierenden Einheit mit dem entsprechenden Buchwert der Berichtseinheit zu erfolgen.[750] Liegt dabei der erzielbare Betrag über dem Buchwert, ist von einer Werthaltigkeit des Goodwills auszugehen, sodass keine weiteren Schritte vorzunehmen sind. Stellt sich hingegen heraus, dass der implizite Wert des Goodwills den Buchwert der betreffenden ZMGE unterschreitet, ist die Erfassung einer erfolgswirksamen außerplanmäßigen Geschäftswertabschreibung (*Impairment Loss*) in Höhe des Differenzbetrags beider Größen erforderlich.[751] Der auf der Ebene einer einzelnen ZMGE ermittelte *Impairment*

---

[744]   Vgl. Saelzle, Rainer/Kronner, Markus: Die Informationsfunktion des Jahresabschlusses dargestellt am sog. „impairment-only-Ansatz", in: Die Wirtschaftsprüfung, Sonderheft 2004, S. 154–165, hier S. 159; IASB (Standard 2004): IFRS 3.55.

[745]   Vgl. zur Zielsetzung des Rechnungslegungssystem des IASB die Ausführungen in Kapitel 2.3.1.

[746]   Vgl. Pottgießer, Gaby/Velte, Patrick/Weber, Stefan: Ermessensspielräume im Rahmen des Impairment-Only-Approach, in: DStR, Heft 41, (2005), S. 1748–1752, hier S. 1749.

[747]   Der Grundsätzlich besteht gemäß IAS 36.96 die Wahl. Zu welchem Zeitpunkt der Test durchgeführt wird. Zwischen den unterschiedlichen Werthaltigkeitstests dürfen jedoch maximal zwölf Monate liegen; vgl. IASB (Standard 2004): IAS 36.96. Bestehen jedoch unterjährig Indizien für eine vermutliche Wertminderung des Goodwills (Triggering Event), hat unverzüglich ein zusätzlicher Impairment-Test zu erfolgen; vgl. IASB (2004): IAS 36.90. Zu den beispielhaften internen und externen Anzeichen auf eine unterjährige Wertminderung vgl. die Ausführungen in Kapitel 5.1.3.2.3.

[748]   Vgl. IASB (Standard 2004): IAS 36.80a und IAS 36.80b. Für Abgrenzungsbeispiel einer ZMGE, vgl. KPMG: a. a. O. (Fn. 743), S. 104.

[749]   Vgl. Küting/Wirth: Bilanzierung von Unternehmenszusammenschlüssen, a. a. O. (Fn. 652), S. 174.

[750]   Vgl. zu diesem Vorgehen sowie zur Definition und Ermittlung des erzielbaren Betrages nach IFRS Kapitel 4.2.3.2.3.

[751]   Vgl. IASB (Standard 2004): IAS 36.90.

Loss reduziert dabei zunächst den Buchwert des der ZMGE zugeordneten Geschäfts- oder Firmenwertes. Übersteigt die außerplanmäßige Abschreibung den Buchwert des Geschäftswertes, ist der verbleibende Betrag auf die restlichen Vermögenswerte der ZMGE anteilig auf Basis ihrer Buchwerte zu verteilen.[752]

Entfallen die Gründe für die Wertminderung des Goodwills, sieht IAS 36.124 im Gegensatz zum Vorgehen bei den immateriellen Vermögenswerten ein striktes Wertaufholungsverbot vor.[753] Hier ist das IASB der Auffassung, dass eine solche Werterholung des erzielbaren Betrags des Geschäftswertes nicht im Zusammenhang mit der Umkehr der ursprünglichen Wertminderungsgründe stehe, sondern vielmehr regelmäßig auf eine Wertsteigerung des intern generierten, originären Geschäftswertes zurückzuführen sei.[754] Da folglich im Zeitablauf lediglich Wertminderung und keine Wertsteigerungen des Geschäftswertes erfasst werden, stellt der Impairment-Only-Ansatz des IASB ein „imparitätisches" Werthaltigkeitskonzept dar.[755]

5.2   Die Bewertung immaterieller Wirtschaftsgüter im Rahmen eines Unternehmenserwerbes in der Steuerbilanz

5.2.1   Bewertungsgrundsätze für immaterielle Wirtschaftsgüter in der Steuerbilanz

Im Anschluss an die Identifizierung eines steuerlich ansatzpflichtigen immateriellen Wirtschaftsguts gilt es, im Zuge der vorzunehmenden Kaufpreisaufteilung die Höhe des zulässigen Wertansatzes in der Steuerbilanz zu ermitteln.[756] Die Notwendigkeit der Bewertung von Wirtschaftsgütern resultiert dabei ursprünglich aus dem der steuerlichen Gewinnermittlung zugrunde liegenden Stichtagsprinzip sowie der Heranziehung von monetären Größen als steuerliche Bemessungsgrundlage durch den Gesetzgeber.[757] Danach erfordert die Bestimmung eines bezifferbaren Periodenerfolgs die Zuordnung von Geldeinheiten zu Wirtschaftsgütern am Bilanzstichtag.[758] Da die Bewertung eines ansatzfähigen Wirtschaftsgutes vor dem Hintergrund der Ungewissheit über zukünftige wirtschaftliche Entwicklungen oder etwa der Bemessung der Nutzungsdauer unweigerlich mit subjektiven Schätzungen verbunden ist, hat die Bestimmung des Wertansatzes in der Steuerbilanz unter der zwingenden Beachtung steuerrechtlicher Bewertungsbestimmungen zu erfolgen.[759] Entsprechend schreibt § 6 Abs. 1 EStG speziell im Hinblick auf die Gleichmäßigkeit der Besteuerung die Bewertung eines Wirtschaftsguts nach objektiven

---

[752] Vgl. IASB (Standard 2004): IAS 36.104b; für eine detaillierte Darstellung der Verbuchung der Wertminderungsaufwandes vgl. Dobler, Michael: Folgebewertung des Goodwill nach IFRS 3 und IAS 36, in: PiR, Heft 2, (2005), S. 24–29, hier S. 27 f.

[753] Vgl. IASB (Standard 2004): IAS 36.124. Zur Wertaufholung beim Wegfallen der Indizien für eine außerplanmäßige Abschreibung bei sonstigen Vermögenswerten vgl. IASB (2004): IAS 36.114, sowie Kapitel 4.2.3.2.3.

[754] Mit diesem Vorgehen wird dem nach IAS 38 untersagten Ansatz eines intern generierten Geschäfts- oder Firmenwertes Rechnung getragen; vgl. Watrin, Christoph/Strohm, Christiane/Struffert, Ralf: Aktuelle Entwicklungen der Bilanzierung von Unternehmenszusammenschlüssen nach IFRS, in: Die Wirtschaftsprüfung, Heft 24, (2004), S. 1450–1461, hier S. 1458.

[755] Vgl. Haaker, Andreas/Paarz, Michael: Einfluss der Vodafone-Diskussion sowie der IFRS auf die steuerrechtliche Behandlung von Akquisitionen, in: StuB, Heft 14, (2004), S. 686–691, hier S. 689.

[756] Vgl. hierzu die Ausführungen in Kapitel 4.2.3.

[757] Die Bewertung würde sich bei einer Besteuerung des Totalerfolgs hingegen erübrigen; vgl. statt vieler Werndl, Josef in: Kirchhof/Söhn EStG Kommentar, hrsg. von Paul Kirchhof, Hartmut Söhn und Rudolf Mellinghof, Heidelberg (Ergänzung Nr. 54: Stand Juli 1994), § 6, Rz. A2 u. A4.

[758] Vgl. Weber-Grellet, Heinrich: Steuerbilanzrecht, München 1996, S. 205.

[759] Vgl. Knobbe-Keuk, Brigitte: Bilanz- und Unternehmenssteuerrecht, 9. Auflage, Köln 1993, § 5 I.

und für alle Steuerpflichtigen gleichermaßen verpflichtend anzuwenden Bewertungsmaßstäben vor.[760]

Die im Einkommensteuergesetz vorgeschriebene Orientierung der steuerlichen Bewertungsmaßstäbe an den Zielsetzungen der steuerlichen Gewinnermittlung führt in einigen Fällen trotz des Maßgeblichkeitsprinzips zu Unterschieden in der handels- und steuerrechtlichen Bewertung.[761] So greift das Steuerrecht hinsichtlich der anzuwendenden Bewertungsvorschriften zwar grundsätzlich auf die allgemeinen handelsrechtlichen Bewertungsgrundsätze des § 252 HGB zurück.[762] Im Hinblick auf eine möglichst gleichmäßige Besteuerung hat der Gesetzgeber mit dem § 5 Abs. 6 EStG jedoch einen steuerlichen Bewertungsvorbehalt geschaffen, nach welchem spezielle steuerrechtliche Bewertungsvorschriften Vorrang gegenüber den entsprechenden handelsrechtlichen Regelungen haben.[763] Die in § 6 EStG normierten Regelungen betreffen dabei im Wesentlichen die Wertkategorien der Anschaffungs- und Herstellungskosten sowie des Teilwerts, dessen Bedeutung im Folgenden vor dem Hintergrund der Bewertung von im Rahmen eines Unternehmenskaufs erworbenen immateriellen Wirtschaftsgütern durchleuchtet wird.

5.2.2   Die Wertansatz nach § 6 Abs. 1 Nr. 7 EStG

5.2.2.1   Der Wertansatz auf der Erwerberseite

Die der Untersuchung zugrunde liegende Fallkonstellation des Erwerbs einer Einzelunternehmung in Form eines Asset Deals führt zu einem Ansatz der erworbenen Wirtschaftsgüter und ggf. eines Geschäfts- oder Firmenwertes in der Eröffnungsbilanz des Erwerbers. Aus ertragsteuerlicher Sicht hat der Verkäufer des Unternehmens bei einem über dem Buchwert liegenden Verkaufspreis die realisierten stillen Reserven einschließlich eines mit dem Verkaufspreis abgegoltenen Geschäfts- oder Firmenwertes der Besteuerung zu unterwerfen.[764] Dagegen hat der Erwerber die erworbenen Wirtschaftsgüter sowie ggf. einen derivativ erworbenen Geschäfts- oder Firmenwert mit den jeweils anteiligen Anschaffungskosten am Gesamtkaufpreis in der Eröffnungsbilanz auszuweisen.[765] Die Aufdeckung der stillen Reserven im Rahmen der Kaufpreisaufteilung impliziert folglich ein Wertgefälle zwischen dem Wertansatz der erworbenen Wirtschaftsgüter in der Schlussbilanz des Verkäufers und der Eröffnungsbilanz des Erwerbers. Eine Buchwertfortführung der entgeltlich erworbenen Wirtschaftsgüter beim Erwerber kommt insofern nicht in Frage, als durch ein solches Vorgehen die Erfolgsneutralität des Anschaffungsvorgangs nicht gewährleistet wäre und dies zugleich zu einer doppelten Besteuerung der

---

[760]   Vgl. Stobbe, Thomas in: Herrmann/Heuer/Raupach: Einkommensteuer- und Körperschaftssteuergesetz Kommentar, Arndt Raupach u. a., Köln (Ergänzung Nr. 211: Stand August 2003), § 6, Rz. 3; Werndl in: Kirchhof/Söhn EStG Kommentar, a. a. O. (Fn. 757), § 6, Rz. A4.

[761]   Vgl. Knobbe-Keuk: a. a. O. (Fn. 759), § 5 I. So soll insbesondere § 6 Abs. 1 Nr. 1 bis 3a eine willkürliche Bildung stiller Reserven im Sinne einer Unterbewertung erschweren, sodass die Bewertungsmaßstäbe nach § 6 EStG als Mindestwerte zu verstehen sind. Damit unterscheidet sich das Steuerrecht eindeutig von der handelsrechtlichen Bewertungskonzeption gemäß §§ 252 bis 256 HGB, welche vor allem im Hinblick auf den Gläubigerschutz die Vermeidung einer Überbewertung bezweckt; vgl. statt vieler Ehmcke, Torsten in: Blümich EStG, hrsg. von Bernd Heuermann, München (Ergänzung Nr. 97: Stand Dezember 2007), § 6, Rz. 5.

[762]   Vgl. Ehmcke in: Blümich EStG, a. a. O. (Fn. 761), § 6, Rz. 36; Weber-Grellet, Heinrich in: Ludwig Schmidt EStG, hrsg. von Ludwig Schmidt, 26. Auflage, München 2007, § 5, Rz. 17; Stobbe in: Herrmann/Heuer/Raupach, a. a. O. (Fn. 760), § 6, Rz. 3.

[763]   Vgl. Weber-Grellet: Steuerbilanzrecht, a. a. O. (Fn. 758), S. 206.

[764]   Der bei der Veräußerung des Unternehmens entstehende Gewinn wird nach § 16 Abs. 4 EStG der Einkommensteuer unterworfen, soweit bestimmte Freibeträge überschritten werden. Als Veräußerungsgewinn gilt nach § 16 Abs. 2 Satz 1 EStG die Differenz zwischen Veräußerungspreis abzüglich der Veräußerungskosten und dem Wert des Betriebsvermögens.

[765]   Vgl. zur Kaufpreisaufteilung im Steuerrecht die Ausführungen in Kapitel 4.2.3.

Differenz zwischen der Summe der Anschaffungskosten des Unternehmenserwerbes und der alten Buchwerte führen würde.[766] Hinsichtlich der Höhe des Wertansatzes sieht das Einkommensteuerrecht nach § 6 Abs. 1 Nr. 7 EStG im Falle des entgeltlichen Erwerbs eines Unternehmens deshalb vor, „die Wirtschaftsgüter mit dem Teilwert, höchstens jedoch mit den Anschaffungs- oder Herstellungskosten anzusetzen".[767]

Die Bewertung mit dem Teilwert nach § 6 Abs. 1 Nr. 7 EStG regelt demzufolge die Verteilung des Kaufpreises für eine Sachgesamtheit auf die einzelnen Wirtschaftsgüter des erworbenen Unternehmens. Dabei hat die Bewertung grundsätzlich aus der Sicht des Erwerbers und damit unabhängig von den bisherigen betrieblichen Zusammenhängen zu erfolgen.[768]

5.2.2.2   Die Definition und Funktion des Teilwerts im Einkommensteuerrecht

Der Teilwert ist nach § 6 Abs. 1 Nr. 1 Satz 3 der Betrag, den der Erwerber eines ganzen Betriebs im Rahmen des Gesamtkaufpreises unter der Annahme der Unternehmensfortführung für das einzelne Wirtschaftsgut ansetzen würde.[769] Anhand dieser Definition wird deutlich, dass sich der Teilwertbegriff auf einen betriebsbezogenen Wertansatz eines Wirtschaftsgutes bezieht und seine Ermittlung auf einer Reihe von Fiktionen beruht: (1) Zum einem ist ein vom fiktiven Erwerber zu entrichtender fiktiver Gesamtkaufpreis zu ermitteln, welcher (2) wiederum unter der Fiktion der Fortführung des Unternehmens (3) auf die einzelnen Wirtschaftsgüter fiktiv aufgeteilt werden soll.[770] Aufgrund dieser hypothetischen Voraussetzungen wird die praktische Ermittlung des Teilwertes in der Literatur auch als eine Schätzung betrachtet.[771] Trotz der subjektiven und betriebsbezogenen Komponenten des Teilwerts verkörpert dieser nach Ansicht des BFH dennoch einen auf objektiven Werteinschätzungen beruhenden Wert, in welchem die Marktlage am Bilanzstichtag ihren Ausdruck finden soll.[772] Da die Umsetzung der verschiedenen Fiktionen in der Praxis jedoch unweigerlich mit erheblichen Problemen verbunden ist, hat die Rechtsprechung zur Präzisierung des Schätzrahmens unterschiedliche Vermutungen zur Teilwertbestimmung erarbeitet.[773] Nach diesen vom Steuerpflichtigen widerlegbaren Vermutungen bewegt sich der Teilwert zwischen dem Einzelveräußerungspreis als Wertuntergrenze und den Wiederbeschaffungskosten oder den Wiederherstellungskosten als Wertobergrenze.[774]

Der steuerrechtliche Teilwert dient, neben der bereits erwähnten Funktion hinsichtlich der Bewertung von Wirtschaftsgütern bei Betriebseröffnung bzw. Betriebserwerb (§ 6 Abs. 2 Nr. 6 und 7 EStG), unter anderem als Bewertungsmaßstab für Einlagen (§ 6 Abs. 1 Nr. 5 EStG) und Entnahmen (§ 6 Abs. 1 Nr. 4 EStG) sowie zur Erfassung von dauerhaften Wertminderungen im

---

[766] Vgl. hierzu die Ausführungen zur Erfolgsneutralität des steuerlichen Anschaffungsvorgangs in Kapitel 4.2.2.

[767] § 6 Abs. 1 Nr. 7 EStG. Der Wortlaut dieser Definition ist identisch mit der Definition des Teilwerts gemäß § 10 Satz 2 und 3 BewG.

[768] Vgl. Werndl in: Kirchhof/Söhn EStG Kommentar, a. a. O. (Fn. 757), § 6, Rz. H1.

[769] Vgl. § 6 Abs. 1 Satz 3 EStG.

[770] Vgl. Crezelius, Georg: Steuerrecht II, 2. Auflage, München 1994, S. 165f; Knobbe-Keuk: a. a. O. (Fn. 759), S. 174f; Weber-Grellet: Steuerbilanzrecht, a. a. O. (Fn. 758), S. 248; Werndl in: Kirchhof/Söhn EStG Kommentar, a. a. O. (Fn. 757), § 6, Rz. B326.

[771] Vgl. Glanegger, Peter in: Ludwig Schmidt EStG, hrsg. von Ludwig Schmidt, 26. Auflage, München 2007, § 6, Rz. 216.

[772] Vgl. BFH-Urteil vom 7.11.1990 I R 116/86, in: BStBl. II 1991, S. 344.

[773] Für einen Überblick über die verschiedenen Teilwertvermutungen siehe Glanegger in: Ludwig Schmidt EStG, a. a. O. (Fn. 771), § 6 Rz. 229–239.

[774] Vgl. BFH-Urteil vom 8.03.1968 III 85/65, in: BStBl. II 1968, S. 578; BFH-Urteil vom 2.3.1973 III R 88/69, in: BStBl. II 1973 S. 476. Siehe Kapitel 5.2.3 für eine Darstellung der allgemeinen Grundsätze der Teilwertermittlung.

Sinne einer Teilwertabschreibung.[775] Aus dem Aufbau des § 6 Abs. 1 Nr. 1 und 2 EStG wird indes ersichtlich, dass im Regelfall die Anschaffungs- bzw. Herstellungskosten den primären Wertmaßstab der steuerlichen Gewinnermittlung darstellen.[776] Der Teilwert hat folglich die Funktion eines *Korrekturwerts* zu den Anschaffungs- bzw. Herstellungskosten eines Wirtschaftguts, der alle bis dahin steuerlich nicht planmäßig erfassten wertbestimmenden Faktoren berücksichtigt.[777] Durch diese Methodik erhofft sich der Gesetzgeber in erster Linie eine exaktere Erfassung der Reinvermögensänderungen als Indikator der Leistungsfähigkeit des Steuerpflichtigen. Gleichzeitig wird durch die Einführung eines Grenzwertes gegen Unterbewertungen die willkürliche Bildung stiller Reserven verhindert.[778]

5.2.2.3   Der Teilwert als primärer Wertmaßstab des Anschaffungsvorgangs

Der Wortlaut des § 6 Abs. 1 Nr. 7 EStG macht deutlich, dass im Falle eines entgeltlichen Unternehmenserwerbes die allgemeinen Bewertungsvorschriften des § 6 Abs. 1 bis Nr. 3 EStG keine Anwendung finden. Folglich stellt der Teilwert bei einem entgeltlichten Unternehmenserwerb keinen Korrekturwert, sondern den *Regelwert* der steuerlichen Bewertung dar.[779] Bei der Bemessung des Wertansatzes dienen die Anschaffungs- oder Herstellungskosten hingegen lediglich als Wertobergrenze, sodass der § 6 Abs. 1 Nr. 7 EStG als *lex specialis* zur Anschaffungsbewertung nach § 6 Abs. 1 Nr. 1 bis 3 EStG gilt.[780] Mithilfe des § 6 Abs. 1 Nr. 7 EStG sollen hauptsächlich Überbewertungen verhindert werden, da der Steuerpflichtige ansonsten nach § 6 Abs. 1 Nr. 1 EStG bei abnutzbaren Anlagegütern das Wahlrecht zwischen dem Ansatz zu Anschaffungskosten oder dem niedrigeren Teilwert hätte und somit ein Anreiz zur Überbewertung zwecks Generierung eines gewinnmindernden Abschreibungsvolumens bestünde.[781]

Durch die Begrenzung der Summe der Wertansätze nach oben stellt der Gesetzgeber ferner die Funktionstüchtigkeit der steuerlichen Gewinnermittlung sicher. Überstiege nämlich die Summe der Wertansätze der einzelnen Wirtschaftsgüter den Gesamtkaufpreis des Unternehmenserwerbes, würden stille Reserven ohne eine entsprechende steuerliche Belastung auf der Seite des Verkäufers realisiert werden. Die Folge wären ungewollte Steuerausfälle, da der Erwerber ein über den Gesamtkaufpreis hinausgehendes Abschreibungsvolumen geltend machen könnte. Der Teilwert stellt somit den primären Wertmaßstab für die anzusetzenden Wirtschaftsgüter bei einem entgeltlichen Unternehmenserwerb dar, wobei die eventuell mit dem Teilwertansatz verbundene Aufwertung des übernommenen Vermögens aus steuersystematischen Gründen durch die Gesamtanschaffungskosten des Unternehmenserwerbes nach oben begrenzt sein muss.[782]

Hinsichtlich des dieser Arbeit zugrunde liegenden Untersuchungsgegenstandes ist zudem zu beachten, dass bei der betrachteten Fallkonstellation exakt die Fiktion der Teilwertdefinition eintritt. So hat der Erwerber bei einem entgeltlichen Unternehmenserwerb in Ausgestaltung eines Asset Deals tatsächlich den Gesamtkaufpreis des Unternehmenskaufs auf die einzelnen

---

[775] Vgl. satt vieler Knobbe-Keuk: a. a. O. (Fn. 759), S. 174.

[776] Vgl. Ehmcke in: Blümich EStG, a. a. O. (Fn. 761), § 6, Rz. 544 und 545.

[777] Vgl. Weber-Grellet: Steuerbilanzrecht, a. a. O. (Fn. 758), S. 247.

[778] Vgl. Werndl in: Kirchhof/Söhn EStG Kommentar, a. a. O. (Fn. 757), § 6, Rz. B321.

[779] Vgl. BFH-Urteil vom 6.7.1995 IV R30/93, in: BStBl. II 1995, S. 832.

[780] Vgl. Ehmcke in: Blümich EStG, a. a. O. (Fn. 761), § 6, Rz. 545; Werndl in: Kirchhof/Söhn EStG Kommentar, a. a. O. (Fn. 757), § 6, Rz. H2.

[781] Vgl. Ortmann-Babel, Martina in: Lademann- Kommentar zum Einkommensteuergesetz, hrsg. von Lademann u. a., Stuttgart (Ergänzung: Stand Juli 1999), § 6, Rz. 945.

[782] Vgl. Mujkanovic, Robin: Der Erwerb einer Unternehmung im Wege des Vermögenskaufs in der steuerlichen Eröffnungsbilanz des Erwerbers – Normgerechte Interpretation des Teilwerts und Bilanzierung eines negativen Geschäftswerts, Wiesbaden 1994, S. 24–26.

Wirtschaftsgüter unter der Prämisse der Unternehmensfortführung aufzuteilen.[783] Die vorliegende Fallkonstellation trifft insofern genau den Kerngedanken der Teilwertkonzeption, nach welcher mithilfe des Teilwerts die Ermittlung eines von der Person des Unternehmers unabhängigen objektiven Wertes für jedes Wirtschaftsgut in der Eröffnungsbilanz des Erwerbers sicher gestellt werden soll.[784]

5.2.3   Die Bewertung in der Eröffnungsbilanz des Erwerbers

5.2.3.1   Substanzwertorientierte Bemessung des Teilwerts unter Beachtung des Einzelbewertungsprinzips

Der Ausgangspunkt für die Erstbewertung in der Eröffnungsbilanz des Erwerbers sind die Anschaffungskosten des Unternehmenszusammenschlusses, welche auf die einzelnen Wirtschaftsgüter der erworbenen Sachgesamtheit unabhängig vom Wertansatz beim Veräußerer aufzuteilen sind.[785] Die Teilwertermittlung in der Eröffnungsbilanz des Erwerbers hat unter der zwingenden Beachtung des Prinzips der Einzelbewertung zu erfolgen.[786] Daher ist es nicht zulässig, den Teilwert retrograd durch die Aufteilung eines zuvor anhand eines Ertragswertverfahrens hergeleiteten Unternehmenswertes auf die einzelnen Wirtschaftsgüter zu ermitteln.[787] Stattdessen ist vielmehr eine objektive und wertbestimmende Gewichtung der funktionalen Bedeutung jedes einzelnen Wirtschaftsguts aus Sicht des Gesamtunternehmens vorgesehen.[788] Ausgangspunkt der Teilwertermittlung ist somit grundsätzlich der ertragswertunabhängige Substanzwert des jeweiligen Wirtschaftsguts.[789] Ein solches Teilwertverständnis impliziert wiederum, dass die Substanzwerte der einzelnen Wirtschaftsgüter in der Gesamtbewertung des Unternehmens im Rahmen der Kaufpreisfindung entsprechend berücksichtigt wurden.[790] Erfolgte die Kaufpreisfindung tatsächlich auf Grundlage der Substanzwertmethode, kann den entsprechenden Wertansätzen der Verhandlungspartner unter Umständen gefolgt werden.[791] Da der Gesamtkaufpreis eines Unternehmens aber regelmäßig nicht durch kontrollierte Schätzungen des Substanzwerts einzelner Wirtschaftsgüter, sondern unter Ertragswertgesichtspunkten bemessen wird, muss in der Mehrzahl der Fälle eine vollständige Neubewertung sämtlicher Wirtschaftsgüter durchgeführt werden.[792] Diesem Umstand tragen auch die von der Rechtsprechung rein kasuistisch entwickelten Teilwertvermutungen Rechnung, welche freilich kaum mehr einen Bezug zur gesetzlichen Definition des Teilwerts vorweisen.[793] Die Ermittlung des Teilwerts der einzelnen Wirt-

---

[783] Vgl. zur Kaufpreisaufteilung im deutschen Steuerrecht Kapitel 4.2.3.

[784] Vgl. Werndl in: Kirchhof/Söhn EStG Kommentar, a. a. O. (Fn. 757), § 6, Rz. H2.

[785] Vgl. hiezu die detaillierten Ausführungen in Kapitel 4.2.3.

[786] Vgl. BFH-Urteil vom 2.03.1973 III R 88/69, in: BStBl. II 1973 S. 476.

[787] Vgl. Groh, Manfred: Künftige Verluste in der Handels- und Steuerbilanz, zugleich ein Beitrag zur Teilwertdiskussion, in: StuW, Heft 1, (1976), S. 33–42, hier S. 35; Glanegger in: Ludwig Schmidt EStG, a. a. O. (Fn. 771), § 6, Rz. 215.

[788] Dies ergibt sich aus dem Wortlaut des Gesetzgebers, welcher in der Definition des Teilwerts nicht vom „Teil des Gesamtkaufpreises" spricht, sondern eine Ermittlung „im Rahmen des Gesamtkaufpreises" verlangt; vgl. Winkeljohann, Norbert in: Herrmann/Heuer/Raupach: Einkommensteuer- und Körperschaftsteuergesetz Kommentar, Köln (Loseblatt), § 6, Rz. 582.

[789] Vgl. BFH-Urteil vom 2.3.1973 III R 88/69, in: BStBl. II 1973, S. 476; BFH-Urteil vom 12.5.1993 II R 2/90, in: BStBl. II 1993, S. 588.

[790] Vgl. Groh: a. a. O. (Fn. 787), S. 35.

[791] Vgl. BFH-Urteil vom 31.1.1973 I R 197/70, in: BStBl. II 1973, S. 393; BFH-Urteil vom 17.9.1987 III R 272/83, in: BStBl. II 1988, S. 441–442.

[792] Vgl. Winkeljohann in: Herrmann/Heuer/Raupach, a. a. O. (Fn. 788), § 6, Rz. 582; Werndl in: Kirchhof/Söhn EStG Kommentar, a. a. O. (Fn. 757), § 6, Rz. H15.

[793] Vgl. Doralt, Werner: Der Teilwert als Anwendungsfall des Going-Concern-Prinzips – Eine Kritik an der Teilwertkritik, in: Werte und Werteermittlung im Steuerrecht, DStJG, Band 7, Köln 1984, S. 141–153, S. 147 f.

schaftsgüter erfolgt somit grundsätzlich unabhängig vom Gesamtkaufpreis des Unternehmenskaufs auf Basis einer preis- bzw. kostenorientierten Substanzbewertung.[794]

5.2.3.2 Die mangelnde Eignung der Teilwertvermutungen im Falle des entgeltlichen Unternehmenserwerbes

Da sich in der Regel die funktionale Bedeutung vieler materieller Wirtschaftsgüter durch den Unternehmenserwerb nicht ändert, wird hier bei der Bemessung des Teilwerts regelmäßig auf die Anschaffungs- oder Herstellungskosten des Rechtsvorgängers abgestellt.[795] Als problematisch erweist sich indes die Ermittlung des Teilwerts derjenigen immateriellen Wirtschaftsgüter, welche vom Veräußerer gemäß § 5 Abs. 2 EStG nicht angesetzt wurden und nun im Rahmen des entgeltlichen Unternehmenserwerbes bei der Bewertung zu berücksichtigen sind.[796]

Das Ansatzkriterium der selbständigen Bewertbarkeit setzt voraus, dass dem immateriellen Wirtschaftsgut zum Zugangszeitpunkt konkrete Aufwendungen zugeordnet werden können.[797] Im Allgemeinen nehmen die Teilwertvermutungen des BFH an, dass sich der Teilwert im Zeitpunkt des Erwerbs mit den Anschaffungskosten des jeweiligen Wirtschaftsguts deckt.[798] Die Funktion des entgeltlichen Erwerbs gewährleistet jedoch bei einem entgeltlichen Unternehmenserwerb nur eine eingeschränkte Zugangskonkretisierung, da hier ein Gesamtkaufpreises für eine aus einzelnen Wirtschaftsgütern bestehenden Sachgesamtheit entrichtet wird. Infolgedessen lassen sich den einzelnen immateriellen Wirtschaftsgütern im Erwerbszeitpunkt meist keine direkten Anschaffungskosten zuweisen.[799] Die Anwendbarkeit der Teilwertvermutungen des BFH ist daher bei der Zugangsbewerung im Rahmen eines entgeltlichen Unternehmenserwerbes grundsätzlich zu bezweifeln.[800]

Die bisherigen Erkenntnisse führen vor Augen, dass die Teilwertvermutungen bei einem entgeltlichen Unternehmenserwerb keine konkreten Anhaltspunkte zur Bewertung der immateriellen Wirtschaftsgüter liefern können. Vielmehr tritt im vorliegenden Untersuchungsfall in der Realität ein, was die fiktive Teilwertidee in der Fiktion annimmt. Diese Tatsache bedingt die ausschließliche Orientierung des Erwerbers an der gesetzlichen Legaldefinition des Teilwerts. Zu diesem Zweck sind anhand einer sachgerechten Teilwertinterpretation geeignete Bewertungsverfahren zu bestimmen, mit deren Hilfe die objektiv zutreffenden Werteansätze der aktivierungspflichtigen Wirtschaftsgüter in der Eröffnungsbilanz des Erwerbers ermittelt werden können.

---

[794] Vgl. Knobbe-Keuk: a. a. O. (Fn. 759), S. 176; Winkeljohann in: Herrmann/Heuer/Raupach, a. a. O. (Fn. 788), § 6, Rz. 582

[795] Vgl. Ehmcke in: Blümich EStG, a. a. O. (Fn. 761), § 6, Rz. 545; Ortmann-Babel in: Lademann EStG, a. a. O. (Fn. 781), § 6, Rz. 954. Auf die Anschaffung bzw. Herstellungskosten des Veräußerers darf hingegen nicht zurückgegriffen werden, wenn die Wiederbeschaffungskosten des beweglichen Anlagevermögens zum Zeitpunkt der Aufstellung der Eröffnungsbilanz erheblich gestiegen sind; vgl. BFH-Urteil vom 9.10.1969 IV 160/64, in: BStBl. II 1970, S. 205–207.

[796] Vgl. BFH-Urteil vom 18.2.1993 IV R 40/92, in: BStBl II 1994, S. 224; Stobbe in: Herrmann/Heuer/Raupach a. a. O. (Fn. 760), § 6, Rz. 725. Die Reihenfolge der zu bewertenden Wirtschaftsgüter richtet sich dabei nach der durch die Rechtsprechung begründeten modifizierten Stufentheorie, in deren Folge es bereits auf der ersten Stufe zwingend zu einer Teilwertermittlung für ggf. vormals bilanzierte immaterielle Einzelwirtschaftsgüter kommt; vgl. hierzu die Ausführungen zur modifizierten Stufentheorie in Kapitel 4.2.3.2.

[797] Vgl. hierzu die Ausführungen in Kapitel 4.2.4.3.3.

[798] Vgl. BFH-Beschluss vom 25.10.1972 Gr. S. 6/71, in: BStBl. II 1973, S. 81; BFH-Urteil vom 28.10.1976 IV R 76/72, in: BStBl. II 1977, S. 74.

[799] Wie bereits erwähnt ist die durch die Vertragspartner vorgenommene Kaufpreisaufteilung für die Rechtsprechung keinesfalls zwingend bindend; vgl. Kapitel 4.2.4.5.

[800] Vgl. BFH-Urteil vom 6.7.1995, in: BStBl. II 1995, S. 831–833, hier S. 832.

5.2.3.3   Die Ermittlung des Teilwerts für immaterielle Wirtschaftsgüter

Hinsichtlich der durchzuführenden Zugangsbewertung immaterieller Wirtschaftsgüter ist zwischen zwei unterschiedlichen Ausgangssituationen zu unterscheiden. Zum einen müssen die bereits beim Veräußerer bilanzierten Wirtschaftsgüter unabhängig von ihrem bisherigen Buchwert in der Eröffnungsbilanz mit ihrem Teilwert angesetzt werden. Zum anderen sind auch die bislang nicht beim Verkäufer bilanzierten immateriellen Wirtschaftsgüter mit ihrem Teilwert im Zugangszeitpunkt zu bewerten.[801] Die Rechtsprechung sieht hier prinzipiell eine Orientierung an den Wiederbeschaffungskosten des entsprechenden Wirtschaftsguts vor.[802] Aus Gründen der willkürfreien Besteuerung hat es sich nach Ansicht des BFH dabei zwingend um *objektive Werte* zu handeln, wobei allerdings keinerlei allgemeingültige Aussagen über deren Bestimmung getroffen werden.[803] Allgemein ist anzunehmen, dass eine Ermessensspielraum beschränkende Zugangsbewertung nur dann gelingt, wenn für die entsprechenden Wirtschaftsgüter zumindest objektivierte Marktpreise oder vergleichbare Werte ermittelbar sind.[804] Da jedoch insbesondere immaterielle Wirtschaftsgüter nur selten auf geregelten Märkten gehandelt werden,[805] ist hier die Quantifizierung eines ermessensbeschränkten Teilwerts unweigerlich mit erheblichen Schwierigkeiten verbunden. Stellvertretend hierfür ist hauptsächlich die objektive Zugangsbewertung von bislang beim Verkäufer nicht bilanzierten immateriellen Wirtschaftsgütern. In einem älteren Urteil räumt der BFH ein, dass der Teilwert für derartige immaterielle Wirtschaftsgüter im Rahmen einer Kaufpreisaufteilung nur in Form von geschätzten Annäherungswerten ermittelt werden kann. Speziell sei festzustellen, „was die Vertragsbeteiligten, wenn sie den Kaufpreis nach ernsthaften wirtschaftlichen Maßstäben aufgeteilt hätten, dabei für die einzelnen übernommenen Wirtschaftsgüter voraussichtlich angesetzt hätten".[806]

In der Literatur wird in diesem Zusammenhang eine Bewertung nach anerkannten, jedoch nicht näher quantifizierten betriebswirtschaftlichen Methoden gefordert.[807] Eine zentrale Bedeutung wird dabei vor allem der intersubjektiven Nachvollziehbarkeit des jeweiligen Wertfindungsprozesses beigemessen.[808] Auch der Rechtsprechung des BFH und der Finanzverwaltung sind hinsichtlich der bei der Teilwertermittlung anwendbaren Verfahren lediglich grobe Vorgaben zu entnehmen. So hat beispielsweise der BFH bezüglich der Aufteilung eines Gesamtkaufpreises zwischen einem Grundstück und einem Gebäude die Anwendung des Vergleichswert-, des Ertragswert- oder des Sachwertverfahrens vorgeschrieben.[809] Speziell auf die Problematik der immateriellen Wirtschaftsgüter bezogen lässt sich zudem auf die Verwaltungsanweisung zur Umsetzung der Dokumentationspflichten bei Verrechnungspreisfestsetzungen verweisen, in

---

[801] Vgl. die Ausführungen die Ausführungen zur Verteilung des Kaufpreises in der Steuerbilanz anhand der Stufentheorie in Kapitel 4.2.3.

[802] Vgl. BFH-Urteil vom 6.7.1995 IV R30/93, in: BStBl. II 1995, S. 832. Siehe zu dem an den Wiederbeschaffungskosten orientierten Teilwertverständnis der Rechtsprechung insbesondere Moxter: Bilanzrechtsprechung, a. a. O. (Fn. 671), S. 237–242.

[803] Vgl. BFH-Urteil vom 19.12.1972 VIII R 29/70, in: BStBl. II 1973, S. 296.

[804] Vgl. Hoffmann, Wolf-Dieter in: Littmann/Bitz/Pust – Das Einkommensteuerrecht, hrsg. von Horst Bitz, Stuttgart (Ergänzung: Stand Mai 2005), Band 2, § 6, Rz. 191.

[805] Vgl. Jäger, Rainer/Himmel, Holger: Die Fair Value-Bewertung immaterieller Vermögenswerte vor dem Hintergrund der Umsetzung internationaler Rechnungslegungsstandards, in: BFuP, Heft 3, (2003), S. 417–440, S. 428.

[806] BFH-Urteil vom 28.3.1966 VI 320/64, in: BStBl. III 1966, S. 458. Vgl. hierzu zudem die Ausführungen in Abschnitt 5.1.2.1.

[807] Vgl. Döllerer, Georg: Verdeckte Gewinnausschüttungen und verdeckte Einlagen bei Kapitalgesellschaften, 2. Auflage, Heidelberg 1990, S. 191.

[808] Vgl. Leffson, Ulrich: Die Grundsätze ordnungsgemäßer Buchführung, 7. Auflage, Düsseldorf 1987, S. 197.

[809] Vgl. BFH-Beschluss vom 23.6.200 IX B 117/04, in: BFH/NV II 2005, S. 1813.

welcher bei einer fehlenden Anwendbarkeit von den Standardmethoden[810] die Heranziehung von gewinnorientierten Methoden vorgeschlagen wird.[811] Insgesamt wird ersichtlich, dass die kasuistische Rechtsprechung eine abschließende Klärung der Zugangsbewertung immaterieller Werte auf abstrakter Ebene unmöglich macht. Obwohl die Ermittlung des Teilwerts von bislang nicht bilanzierten immateriellen Wirtschaftsgütern folglich in hohem Maße einzelfallabhängig zu betrachten ist, lässt sich dennoch Folgendes festhalten: Die Teilwertermittlung hat gemäß der gesetzlichen Legaldefinition sowie in Bezug auf die Teilwertvermutungen der Rechtsprechung im Regelfall unter Ausschluss von Ertragswertgesichtspunkten zu erfolgen.[812] Dabei ist dem Steuerrecht hinsichtlich der anzuwendenden Methoden der Wertbestimmung keine konkrete „Verfahrenshierarchie" zu entnehmen, wobei wann immer möglich der objektivierte Marktwert des jeweiligen Wirtschaftsguts heranzuziehen ist.

5.2.3.4   Die Anschaffungskosten des Unternehmenserwerbes als Bewertungsobergrenze

Nach dem Wortlaut des § 6 Abs. 1 Nr. 7 EStG stellen die Anschaffungs- oder Herstellungskosten die Wertobergrenze für den Ansatz der erworbenen Wirtschaftsgüter mit dem Teilwert dar. Zweck dieser Regelung ist die Unterbindung eines über den tatsächlichen Wert des Wirtschaftsguts hinausgehenden Wertansatzes.[813] Die Verwendung des Begriffs der Herstellungskosten ist in diesem Zusammenhang allerdings höchst missverständlich, da nach allgemeinem Verständnis beim Kauf eines Unternehmens keine Herstellungskosten entstehen.[814] Zudem können unter den Anschaffungs- oder Herstellungskosten insofern eigentlich nur die Gesamtanschaffungskosten des Unternehmenserwerbes verstanden werden, da im Rahmen eines Unternehmenskaufs in der Regel nur ein Gesamtpreis für das zu übernehmende Reinvermögen des Akquisitionsobjekts entrichtet wird.[815] Demnach ist eine mit einem entgeltlichen Unternehmenserwerb verbundene Bewertungsobergrenze nur dann sinnvoll, wenn sie als eine auf den Erwerbsvorgang bezogene inhaltliche Bewertungsobergrenze für die Gesamtheit der erworbenen Wirtschaftsgüter verstanden wird.[816] Im Einklang mit dieser Ansicht steht zudem die Konzeption der Stufentheorie sowie die Vorgehensweise bei der Behandlung eines Geschäfts- oder Firmenwertes bzw. eines passiven Ausgleichspostens nach der Rechtsprechung des BFH, wo ebenfalls die Anschaffungskosten des Unternehmenserwerbes als Wertmaßstab im Sinne des Anschaffungskostenprinzips herangezogen werden.[817]

[810] Als Standardmethoden gelten in diesem Zusammenhang die Preisvergleichsmethode, die Wiederverkaufspreismethode sowie die Kostenaufschlagsmethode; vgl. Finsterwalder, Oliver: Bemessung von Verrechnungspreisen bei grenzüberschreitender Know-how-Überlassungen im Konzern, in: IStR, Heft 10, (2006), S. 355–360, hier S. 357.

[811] Vgl. BMF-Schreiben vom 12.4.2005: Zur umsatzsteuerlichen Behandlung der Übertragung von Wertpapieren (IV A 5 - S 7306 - 5/05), in: BStBl. I 2005, S. 570.

[812] Vgl. Kapitel 4.1.4.1.

[813] Vgl. hierzu die Ausführungen in Kapitel 4.2.2.

[814] Aus diesem Grund wird hinsichtlich der Erwähnung der Herstellungskosten in § 6 Abs. 1 Nr. 7 EStG auch von einem redaktionellen Fehler ausgegangen, vgl. Ortmann-Babel in: Lademann EStG, a. a. O. (Fn. 781), § 6, Rz. 953.

[815] Ortmann-Babel in: Lademann EStG, a. a. O. (Fn. 781), § 6, Rz. 956. Vgl. hierzu zudem die Ausführungen in Kapitel 4.2.3.1.

[816] Gleiche Ansicht Werndl in: Kirchhof/Söhn EStG Kommentar, a. a. O. (Fn. 757), § 6, Rz. H19.

[817] Vgl. hierzu die Ausführungen in Kapitel 4.2.4.5.

5.2.4   Die Folgebewertung immaterieller Wirtschaftsgüter in der Steuerbilanz

5.2.4.1   Zweck und Prinzipien der Absetzung für Abnutzung in der Steuerbilanz

Allgemein unterliegen Wirtschaftsgüter einem Werteverzehr, welcher steuerlich bei der Bewertung des Betriebsvermögens durch eine Absetzung der Wertminderungen vom Ausgangswert zu erfassen ist.[818] Diese im Steuerrecht als Absetzung für Abnutzung (Afa)[819] bezeichnete Erfassung des Werteverzehrs hat dabei zwei grundlegende Funktionen. Nach der *Aufwandsverteilungsthese* dient die Absetzung vor allem der Kostenverteilung. Demnach ist die Afa so zu bemessen, dass eine gleichmäßige Verteilung des Ausgangsbetrags im Sinne der Anschaffungs- oder Herstellungskosten eines Wirtschaftsguts auf dessen voraussichtliche Gesamtnutzungsdauer gewährleistet ist.[820] Nach dieser Sichtweise bezweckt die Afa in erster Linie die Sicherstellung der Gleichmäßigkeit der Besteuerung.[821] Demgegenüber vertreten die Verfechter der *Werteverzehrthese* die Auffassung, die Bemessung der steuerlichen Abschreibung sei allein nach Maßgabe des durch die Nutzung des Wirtschaftsguts zur Einkunftserzielung bedingten Werteverzehrs vorzunehmen.[822] Obwohl sich beide Funktionen grundsätzlich nicht ausschließen, wird der Aufwandsverteilungsfunktion allgemein eine höhere Bedeutung beigemessen, da steuerrechtliche Abschreibungen prinzipiell auch ohne einen tatsächlich vorhandenen Werteverzehr zulässig sind.[823] Im Vordergrund der steuerlichen Absetzungsvorschriften steht folglich nicht die Abbildung der tatsächlichen Vermögenssituation, sondern die korrekte Darstellung der Ertragslage durch eine periodengerechte Verteilung der ursprünglichen Anschaffungs- oder Herstellungskosten.[824]

Die Grundlage der Afa-Ermittlung ist in erster Linie das *Verursachungsprinzip*, welches im Einklang mit dem Prinzip der periodengerechten Gewinnermittlung steht.[825] Die konkrete Ausgestaltung der steuerlichen Afa-Methoden wird allerdings vom Vereinfachungsprinzip dominiert, unter dessen Einfluss die gesetzlichen Afa-Regelungen vor allem eine schematische Verteilung der ursprünglichen Anschaffungsaufwendungen auf die Jahre der erwarteten betriebsgewöhnlichen Nutzung bezwecken.[826] Der Zurückdrängung des Prinzips der periodengerechten Gewinnermittlung durch die Typisierung sind dennoch Grenzen gesetzt. In diesem Zusammenhang ist vor allem das bilanzrechtliche *Vorsichtsprinzip* zu beachten, unter dessen maßgebli-

---

[818] Vgl. Weber-Grellet: Steuerbilanzrecht, a. a. O. (Fn. 758), S. 256.

[819] Das Handelsrecht spricht im selben Zusammenhang von Abschreibungen; vgl. § 253 HGB. Trotz der formalen Identität beider Begriffe haben sich die steuerrechtlichen Abschreibungsmodalitäten inhaltlich weitgehend vom Handelsrecht gelöst. Die Vorschriften beider Regelwerke sind grundsätzlich unabhängig voneinander zu betrachten, wobei infolge des Maßgeblichkeitsprinzips im Falle eines steuerlichen Absetzungswahlrechts der in der Handelsbilanz gewählte Ansatz zu übernehmen ist; vgl. Knobbe-Keuk: a. a. O. (Fn. 759), S. 189.

[820] Der Werteverzehr dient hier lediglich als Maßstab, in welchem Umfang die Verteilung im einzelnen Veranlagungszeitraum zu erfolgen hat; vgl. Schmidt-Liebig, Axel: Die Afa-Basis von ins Privatvermögen überführten Wirtschaftsgütern, in: DStR, Heft 49, (1992), S. 1745–1750, hier S. 1747.

[821] Vgl. Oestreicher, Andreas: Handels- und Steuerbilanzen, 6. Auflage Heidelberg 2003, S. 309.

[822] Vgl. Drenseck, Walter in: Ludwig Schmidt EStG, hrsg. von Ludwig Schmidt, 26. Auflage, München 2007, § 7, Rz. 3.

[823] Vgl. Handzik, Hermann in: Littman/Bitz/Pust – Das Einkommensteuerrecht, hrsg. von Eberhard Littmann, Horst Bitz und Hartmut Pust, Stuttgart (Ergänzung Nr. 72: Stand November 2006), Band 2, § 7, Rz. 10; Brandis, Peter: § 7 EStG, in: Blümich EStG, hrsg. von Klaus Ebling, München (Ergänzung Nr. 92: Stand Oktober 2006), § 7, Rz. 32–34.

[824] Vgl. Hoyos, Martin/Schramm, Marianne/Ring, Maximilian in: Beck'scher Bilanz Kommentar, hrsg. von Helmut Ellrott u. a., 6. Auflage, München 2006, § 253, Rz. 202.

[825] Vgl. Weber-Grellet: Steuerbilanzrecht, a. a. O. (Fn. 758), S. 257.

[826] Vgl. Moxter: Bilanzrechtsprechung, a. a. O. (Fn. 671), S. 228; Knobbe-Keuk: a. a. O. (Fn. 759), S. 189.

chem Einfluss die erwartete betriebsgewöhnliche Nutzungsdauer des jeweiligen Wirtschaftsguts zu bemessen ist.[827]

5.2.4.2   Abnutzbarkeit immaterieller Wirtschaftsgüter

Im Gegensatz zu den materiellen Wirtschaftsgütern unterliegen die immateriellen Wirtschaftsgüter weder einem technischen Verschleiß noch einer subtanzbedingten Abnutzung.[828] Gleichwohl ist auch die Nutzungsdauer immaterieller Wirtschaftsgüter begrenzt, da diese insbesondere infolge des technischen Fortschritts oder eines befristeten Rechtsschutzes im Zeitablauf wirtschaftlich an Wert verlieren.[829] Aus diesem Grund sind die Anschaffungskosten eines immateriellen Wirtschaftsguts des Anlagevermögens sowohl handelsrechtlich gemäß § 253 Abs. 2 HGB als auch steuerrechtlich nach § 7 EStG planmäßig über den Zeitraum der betriebsgewöhnlichen Nutzungsdauer abzuschreiben.

Nach § 7 EStG sind solche immateriellen Wirtschaftsgüter planmäßig abzuschreiben, deren betriebsgewöhnliche Nutzungsmöglichkeit zeitlich begrenzt ist.[830] Der Grundsatz der Planmäßigkeit der Abschreibung beinhaltet zum einen die Schätzung der zu erwartenden Nutzungsdauer sowie die Bestimmung der Absetzungsmethode, nach welcher die jährlich zu erfassenden Absetzungsaufwendungen zu bemessen sind.[831] Da immaterielle Wirtschaftsgüter aufgrund ihrer mangelnden physischen Substanz jedoch weder beweglich noch unbeweglich sein können, ist steuerrechtlich gemäß § 7 Abs.1 S. 1 i. V. m. Abs. 2 EStG ausschließlich die *lineare Abschreibungsmethode* im Sinne einer gleichmäßigen Verteilung der Wertminderungsbeträge über die jeweilige Nutzungsdauer zulässig.[832] Diesbezüglich wird angenommen, dass die immateriellen Wirtschaftsgüter aufgrund ihrer inhärenten Eigenschaften grundsätzlich einen gleichmäßigen Wertminderungsverlauf aufweisen.[833]

5.2.4.3   Bestimmung der Nutzungsdauer erworbener immaterieller Wirtschaftsgüter

Im Rahmen der planmäßigen Abschreibung richtet sich die Höhe der jährlichen Absetzungsbeträge gemäß § 7 Abs. 1 Satz 2 EStG nach der betriebsgewöhnlichen Nutzungsdauer des jeweiligen Wirtschaftsguts. Im Anschaffungszeitpunkt müssen folglich die Geschäftsjahre der voraussichtlichen Nutzung des immateriellen Wirtschaftsguts festgelegt werden. Die Nutzungsdauer ist dabei der Zeitraum, in der das jeweilige Wirtschaftsgut „voraussichtlich seiner Zweckbestimmung entsprechend genutzt oder verwendet werden kann".[834] Die Betriebsbezogenheit der

---

[827] Vgl. Weber-Grellet: Steuerbilanzrecht, a. a. O. (Fn. 758), S. 257.

[828] Vgl. Glade, Hans-Joachim: Immaterielle Anlagewerte in Handelsbilanz, Steuerbilanz und Vermögensaufstellung, Bergisch Gladbach, Köln 1991, S. 230.

[829] Vgl. Glade: a. a. O. (Fn. 828), S. 230; Niemann, Ursula: Immaterielle Wirtschaftsgüter im Handels- und Steuerrecht, Bielefeld 1999, S. 69.

[830] Nicht abnutzbar sind u. a. solche zeitlich begrenzte Rechte, bei denen stets mit einer Verlängerung der Laufzeit auf unbestimmte Zeit zu rechnen ist (z. B. Verkehrskonzessionen); vgl. Drenseck in: Ludwig Schmidt EStG, a. a. O. (Fn. 822), § 7, Rz. 19.

[831] Vgl. Knobbe-Keuk: a. a. O. (Fn. 759), S. 188.

[832] Vgl. Reuleaux, Susanne: Immaterielle Wirtschaftsgüter, Wiesbaden 1987, S. 108. Zum generellen Verbot der degressiven Abschreibungsmethode durch Artikel 1 des Unternehmensteuerreformgesetzes 2008, vgl. Kapitel 6.4.2.1.

[833] Vgl. Hoyos/Schramm/Ring in: Beck'scher Bilanz Kommentar, a. a. O. (Fn. 824), § 253, Rz. 320. Für bewegliche Wirtschaftsgüter konnte die Absetzung für Abnutzung hingegen bis zum Inkrafttreten des Unternehmenssteuerreformgesetzes 2008 auch in fallenden Jahresbeträgen bemessen werden; vgl. § 7 Abs. 2 Satz 1 EStG (a. F.) sowie die Ausführungen in Kapitel 6.4.2.1.

[834] Brandis in: Blümich EStG : a. a. O. (Fn. 823), § 7, Rz. 344.

Nutzungsdauer macht deutlich, dass es sich hierbei primär um eine Erwartungsgröße des Bilanzierenden handelt, bei der gewisse Ungenauigkeiten in Kauf genommen werden müssen.[835] Die Bestimmung der betriebsgewöhnlichen Nutzungsdauer ist folglich ein „Element der Zukunftsbezogenheit stichtagsbezogener Bewertung und daher mit Prognoseunsicherheiten behaftet".[836]

Beim Erwerb gebrauchter Wirtschaftsgüter sieht die Rechtsprechung vor, die betriebsgewöhnliche Restnutzungsdauer im Zeitpunkt des Erwerbs neu zu bemessen.[837] Folglich kann die Gesamtnutzungsdauer des Wirtschaftsguts unter Umständen die betriebsgewöhnliche Nutzungsdauer ohne Eigentümerwechsel überschreiten. Gleiches gilt bei einem Unternehmenserwerb im Wege des Asset Deals, da in gewisser Weise auch hier ein Erwerb von *gebrauchten* Wirtschaftsgütern stattfindet.[838] Bei bislang nicht bilanzierten immateriellen Wirtschaftsgütern bedarf es hingegen einer erstmaligen Ermittlung der betriebsgewöhnlichen Nutzungsdauer im Erwerbszeitpunkt. Dies ist insofern einleuchtend, als dass der Schlussbilanz des Verkäufers ohnehin keine Anhaltspunkte hinsichtlich des voraussichtlichen Nutzungszeitraums des jeweiligen Wirtschaftsguts zu entnehmen sind.[839]

Bei der Ermittlung der betriebsgewöhnlichen Nutzungsdauer wird zwischen einer technischen (Verwendungsfähigkeit des Wirtschaftsguts) und einer wirtschaftlichen Nutzungsdauer (Rentabilität des Wirtschaftsguts) unterschieden.[840] Maßgebend ist dabei der jeweils kürzere Zeitraum, wobei regelmäßig wirtschaftliche oder rechtliche Gründe das Ende der tatsächlichen Laufzeit bestimmen.[841] Folglich ist die Bemessung der Nutzungsdauer von immateriellen Wirtschaftsgütern relativ problemlos möglich, wenn die technische Nutzungsdauer kürzer oder gleich der wirtschaftlichen Nutzungsdauer ist. Dies ist zum Beispiel bei einer vertraglich oder gesetzlich festgelegten Laufzeit des immateriellen Wirtschaftsguts der Fall. Da jedoch bei immateriellen Wirtschaftsgütern die wirtschaftliche Nutzungsdauer gewöhnlich die technische unterschreitet, ist grundsätzlich der Zeitraum maßgebend, in welchem durch das immaterielle Wirtschaftsgut voraussichtlich Einnahmeüberschüsse erwirtschaftet werden können.[842]

5.2.4.4   Außerplanmäßige Abschreibung auf immaterielle Wirtschaftsgüter

Sinkt der Wert eines Wirtschaftguts in den Folgeperioden der Akquisition infolge einer dauerhaften Wertminderung auf einen unter den Anschaffungs- oder Herstellungskosten bzw. fortgeführten Anschaffungs- oder Herstellungskosten liegenden Wert, gebietet das Niederstwertprinzip die Vornahme einer außerplanmäßigen Abschreibung.[843] Die Pflicht zur außerplanmäßigen Abschreibung ist dabei unabhängig von der planmäßigen Abschreibung zu sehen und kann so-

---

[835]   Vgl. Drenseck in: Ludwig Schmidt EStG, a. a. O. (Fn. 822), § 7, Rz. 82.

[836]   Glade: a. a. O. (Fn. 828), S. 242.

[837]   Vgl. BFH-Urteil vom 19.5.1976 I R 164/74, in: BStBl. II 1977, S. 61; BFH-Beschuss vom 17.4.2001 VI B 306/00, in: BFH/NV II 2001, S. 1255.

[838]   Vgl. hierzu die Ausführungen zum Unternehmenskauf in Ausgestaltung eines Asset Deals in Kapitel 2.2.3.

[839]   Siehe hierzu die Vorgehensweise bei Ergänzungsbilanzen von Personengesellschaften; vgl. Regniet, Micheal: Ergänzungsbilanzen von Personengesellschaften, Köln 1990, S. 163.

[840]   Vgl. Drenseck in: Ludwig Schmidt EStG, a. a. O. (Fn. 822), § 7, Rz. 80.

[841]   Vgl. Hoyos/Schramm/Ring in: Beck'scher Bilanz Kommentar, a. a. O. (Fn. 824), § 253, Rz. 230; Brandis in: Blümich EStG, a. a. O. (Fn. 823), § 7, Rz. 339–340.

[842]   Dabei ist die zuvor angewandte Bewertungsmethode unerheblich, da die Bestimmung der wirtschaftlichen Nutzungsdauer bzw. des Zeitraums der rentablen Nutzung grundsätzlich auf denselben Schätzwerten beruht wie die Bestimmung des Ertragswertes; vgl. Glade: a. a. O. (Fn. 828), S. 244–245.

[843]   Das nach § 6 Abs. 1 Satz 2 EStG formal bestehende Wahlrecht führt infolge des Maßgeblichkeitsprinzips gemäß § 5 Abs. 1 Satz 1 EStG zu einem Abwertungsgebot, da in der Handelsbilanz bei einer voraussichtlich dauerhaften Wertminderung nach § 253 Abs. 2 Satz 3 HGB eine Abwertungspflicht besteht; vgl. BFH-Urteil vom 31.1.1991 IV R 31/90, in: BStBl. II 1991, S. 627.

wohl bei zeitlich begrenzt als auch unbegrenzt nutzbaren Wirtschaftsgütern erforderlich sein.[844] Die Erfassung einer dauerhaften Wertminderung wird in der Steuerbilanz entweder auf einer Absetzung für außergewöhnliche technische oder wirtschaftliche Abnutzung (AfaA) oder durch eine Teilwertabschreibung begründet.[845] Während die AfaA außergewöhnliche technische Abnutzungen (z. B. Brand oder sonstige Beschädigungen) erfasst, berücksichtigt die Teilwertabschreibung keine Abnutzung im eigentlichen Sinne, sondern eine auf das Sinken der Wiederbeschaffungskosten bezogene Wertminderung des Wirtschaftsguts.[846]

In der Steuerbilanz ist die Vornahme einer außerplanmäßigen Abschreibung nur bei einer voraussichtlich dauerhaften Wertminderung zulässig.[847] Eine dauerhafte Wertminderung ist nach Interpretation des BMF immer dann anzunehmen, wenn der Bilanzierende am Bilanzstichtag aufgrund objektiver Anzeichen ernsthaft mit einer den Großteil der Restnutzungsdauer betreffenden Wertminderung des Wirtschaftsguts rechnen muss.[848] In der Regel ist eine dauerhafte Wertminderung im Rahmen von einer außergewöhnlichen technischen Abnutzug bzw. Beschädigung eines Wirtschaftsguts unstrittig, sodass die zentrale Bedeutung der außerplanmäßigen Wertminderungserfassung auf immaterielle Wirtschaftsgüter in der Vornahme etwaiger Teilwertabschreibungen liegt.[849]

Infolge der Änderung des § 6 Abs. 1 Nr. 1 Satz 4 EStG durch das Steuerentlastungsgesetz 1999/2000/2002 gilt für den Wegfall der dauerhaften Wertminderung ein striktes Wertaufholungsgebot.[850] Demnach darf eine in einem Wirtschaftsjahr vorgenommene Teilwertabschreibung nur beibehalten werden, wenn zu einem späteren Bilanzstichtag weiterhin dieselben oder andere objektive Gründe für die Bewertung mit dem niedrigeren Teilwert sprechen.[851]

5.2.5 Die Folgebewertung des Geschäfts- oder Firmenwertes in der Steuerbilanz

5.2.5.1 Die planmäßige Abschreibung

Mit der Einführung des § 7 Abs. 1 Satz 3 EStG durch das BiRiLiG ergab sich eine wesentliche Änderung in der steuerbilanziellen Behandlung des derivativen Geschäftswerts. Während dieser nach § 6 Abs. 1 Nr. 2 EStG (a. F.) noch als ein nicht abnutzbares Wirtschaftsgut betrachtet wurde, lässt der Gesetzgeber durch Artikel 10 Abs. 15 BiRiLiG erstmals die lange geforderte planmäßige Abschreibung des derivativen Geschäftswerts zu.[852] Seither ist der einkommensteuerliche Geschäftswert gemäß § 7 Abs. 1 Satz 3 EStG grundsätzlich über eine fingierte Nutzungs-

[844] Vgl. Hoyos/Schramm/Ring in: Beck'scher Bilanz Kommentar, a. a. O. (Fn. 824), § 253, Rz. 324; Niemann: a. a. O. (Fn. 829), S. 70.

[845] Vgl. § 7 Abs. 1 Satz 5 EStG iVm. § 6 Abs. 1 Nr. 1 Satz 2 und Nr. 2 Satz 2 EStG.

[846] Vgl. Wöhe, Günter: Die Handels- und Steuerbilanz, 2. Auflage, München 1990, S. 173. Vgl. zur Teilwertermittlung die Ausführungen in Abschnitt 5.2.3 dieses Kapitels.

[847] Vgl. Hoyos/Schramm/Ring in: Beck'scher Bilanz Kommentar, a. a. O. (Fn. 824), § 253, Rz. 13.

[848] Vgl. BMF vom 25.02.2000: Neuregelung des Teilwertabschreibung gemäß § 6 Abs. 1 Nr. 1 und 2 EStG durch das Steuerentlastungsgesetz 1999/2000/2002; voraussichtlich dauernde Wertminderung; Wertaufholungsgebot; steuerliche Rücklage nach § 52 Abs. 16 EStG (IV C 2-S 2171b-14/00), in: BStBl. I 2000, S. 372–375.

[849] Vgl. ähnlich Niemann: a. a. O. (Fn. 829), S. 70.

[850] Vgl. Weber-Grellet, Heinrich: Die Gewinnermittlungsvorschriften des Steuerentlastungsgesetzes 1999/2000/2002 – Ein Fortschritt, in: Der Betrieb, Heft 4, (2000), S. 165–169, hier S. 165. Demgegenüber galt nach § 6 Abs. 1 Nr. 1 Satz 4 (a. F.) noch ein Zuschreibungswahlrecht; vgl. Mayer-Wegelin in: Bordewin/Brandt Kommentar zum Einkommensteuergesetz (Loseblatt), hrsg. von Arno Bordewin und Jürgen Brandt, Heidelberg (Ergänzung Nr. 217: Stand März 2002), § 6, Rz. 152.

[851] Vgl. Ehmcke in: Blümich EStG, a. a. O. (Fn. 761), § 6, Rz. 579b.

[852] Vgl. Knobbe-Keuk: a. a. O. (Fn. 759), S. 241; Reuleaux: a. a. O. (Fn. 832), S. 110.

dauer von 15 Jahren abzuschreiben.[853] Da der Geschäftwert ein unbewegliches Wirtschaftsgut darstellt, ist allerdings ausschließlich die Absetzung in gleichmäßigen Beträgen entsprechend der linearen Abschreibungsmethode zulässig.[854] Bei der festgelegten Nutzungsdauer von 15 Jahren handelt es sich um eine steuerlich unwiderlegbare Vermutung, welche selbst dann anzuwenden ist, wenn im Einzelfall gesicherte Erkenntnisse für eine kürzere Nutzungsdauer sprechen.[855] Die Annahme der Nutzungsdauer von 15 Jahren für den Geschäftswert ist demgemäß nicht als ein tatsächlicher Erfahrungswert anzusehen,[856] sondern soll lediglich verhindern, dass ein Anreiz zum überhöhten Ansatz des Geschäftswerts zulasten anderer aktivierungspflichtiger Wirtschaftsgüter mit einer längeren Nutzungsdauer entsteht.[857] Letztendlich wird eine abweichende Nutzungsdauer lediglich dann erwogen, wenn die Absetzung des Geschäftswerts über 15 Jahren nachweislich zu einer unzutreffenden Besteuerung führt.[858]

5.2.5.2   Die Teilwertabschreibung des Geschäftswerts

Grundsätzlich ist unstrittig, dass mit der Einführung des § 7Abs. 1 Satz 3 EStG neben der planmäßigen Absetzung des Geschäftswerts auch weiterhin die Möglichkeit einer *Teilwertabschreibung* besteht.[859] Zu einer Teilwertabschreibung kommt es entsprechend dann, wenn am Bilanzstichtag der Teilwert des erworbenen Geschäftswerts infolge einer dauerhaften Wertminderung unter dessen fortgeführte Anschaffungskosten fällt.[860] Dessen ungeachtet ist die Folgebewertung des derivativ erworbenen Geschäftswerts jedoch alles andere als unumstritten. Insbesondere ist unklar, ob die durch die Rechtsprechung begründete und vom Schrifttum oftmals kritisierte sog. *Einheitstheorie*[861] auch nach dem Inkrafttreten des Bilanzrichtliniengesetzes für die Teilwertermittlung angewendet werden muss.

Die Einheitstheorie basiert auf der Annahme, dass der Geschäftswert ein einheitliches Wirtschaftsgut verkörpert, welches nicht in einen derivativ erworbenen und einen selbst geschaffe-

---

[853] Die fingierte Nutzungdauer von 15 Jahren ist primär auf haushaltspolitische Gründe zurückzuführen; vgl. Söffing, Günter: Der Geschäfts- oder Firmenwert, in: Handelsrecht und Steuerrecht, Festschrift für Georg Döllerer, hrsg. von Brigitte Knobbe-Keuk, Franz Klein und Adolf Moxter, Düsseldorf 1988, S. 593–614, hier S. 610.

[854] Vgl. Ellrot, Helmut/Brendt, Peter in: Beck'scher Bilanz Kommentar, hrsg. von Helmut Ellrott u.a., 6. Auflage, München 2006, § 255, Rz. 525; Ortmann-Babel in: Lademann EStG, a. a. O. (Fn. 781), § 6, Rz. 480.

[855] Vgl. BMF-Schreiben vom 20.11.1986: Bilanzsteuerrechtliche Behandlung des Geschäfts- oder Firmenwerts, des Praxiswerts und sogenannter firmenwertähnlicher Wirtschaftsgüter (IV B 2-S 2172-13/86), in: BStBl. I 1986, S. 532–533, hier S. 532; Ellrott/Brendt in: Beck'scher Bilanz Kommentar, a. a. O. (Fn. 854), § 255, Rz. 525.

[856] Vgl. Moxter, Adolf (1979): Die Geschäftswertbilanzierung in der Rechtsprechung des Bundesfinanzhofs und nach EG-Bilanzrecht, in: Betriebs-Berater, Heft 34, (1979), S. 741–747, hier S. 745.

[857] Vgl. Arnold, Hans-Joachim: Bilanzierung des Geschäfts- oder Firmenwertes, Diss. Frankfurt/Main 1997, S. 183.

[858] Vgl. BFH-Urteil vom 3.8.1993 VIII R 37/92, in: BStBl. II 1994, S. 449. Der BFH macht hinsichtlich der genauen Umstände einer Durchbrechung des § 7Abs. 1 Satz 3 EStG allerdings keine näheren Angaben, sodass diesbezüglich lediglich neue steuerbilanzielle Unsicherheiten befürchtet werden; vgl. Handzik in: Littman-Bitz-Pust: a. a. O. (Fn. 823), § 7, Abs. 208.

[859] Vgl. BMF-Schreiben vom 20.11.1986: a. a. O. (Fn. 855), S. 532; Schoor, Hans Walter: Abschreibung von Geschäfts- und Praxiswert, in: DStZ, Heft 18, (2000), S. 667–674, hier S. 669; Claßen, Andrea in: Lademann – Kommentar zum Einkommensteuergesetz, hrsg. von Lademann u. a., Stuttgart (Ergänzung Nr. 159: Stand März 2008) 2001, § 7, Rz. 19; Mayer-Wegelin in: Bordewin/Brandt a. a. O. (Fn. 850), § 6, Rz. 266. Die Teilwertabschreibung war bis zur Einführung des § 7 Abs. 1 Satz 3 EStG die einzige Möglichkeit, den derivativen Geschäftswert abzuschreiben.

[860] Vgl. 253 Abs. 2 HGB i.V.m. § 6 Abs. 1 Nr. 2 Satz 2 EStG.

[861] Die Einheitstheorie geht auf die Rechtsprechung des RFH zurück; vgl. zur Entstehungsgeschichte der Einheitstheorie insbesondere das BFH-Urteil vom 21.7.1982 I R 177/77, in: BStBl. II 1982, S. 758-760

nen originären Bestandteil zerlegt werden kann.[862] Vielmehr würden die sich im Zeitverlauf verflüchtigenden derivativen Bestandteile des Geschäftswerts durch vom Erwerber neu geschaffene originäre Bestandteile ersetzt, weshalb der Geschäftswert in den Folgeperioden regelmäßig seinen Wert behielte. Entgegen dieser Vermutung zog der BFH eine Teilwertabschreibung dennoch in Betracht, wenn sich entweder der Erwerb des Geschäftswerts als offensichtliche Fehlmaßnahme erwies oder der Teilwert des Geschäftswerts unter dessen ursprüngliche Anschaffungskosten sank.

Ausgehend von der Beibehaltung der Einheitstheorie ist eine Teilwertabschreibung folglich nur dann möglich, wenn der Gesamtwert des Geschäftswerts – einschließlich der nach dem Erwerb angesammelten originären Faktoren – unter den Buchwert der fortgeführten Anschaffungskosten sinkt. Dies käme einer sehr strengen Voraussetzung für die Teilwertabschreibung des Geschäftswerts gleich und würde eine Unterschreitung der 15-jährigen Nutzungsdauer erheblich erschweren.[863] Für die Beibehaltung der Einheitstheorie spricht sich neben der Finanzverwaltung auch ein Teil der Literatur aus.[864]

Nach einer anderen Ansicht wurde der Einheitstheorie spätestens durch das Inkrafttreten des Bilanzrichtliniengesetzes die Grundlage entzogen.[865] In erster Linie wird hier angenommen, dass die Vorschrift des § 7 Abs. 1 Satz 3 ausschließlich auf den derivativen Geschäftswert abstelle und folglich auch bei der Teilwertermittlung nur der entgeltlich erworbene Teil des Geschäftswerts in die Betrachtung einzubeziehen sei.[866] Die Berücksichtigung eines selbst geschaffenen originären Geschäftswerts gemäß der Einheitstheorie führe hingegen zu einer Saldierung der Abnutzung des derivativen Geschäftswerts mit den Aufwendungen zur Schaffung neuer Geschäftswertbestandteile, was einem Verstoß gegen das Ansatzverbot für selbst geschaffene immaterielle Wirtschaftsgüter gemäß § 5 Abs. 2 EStG gleich komme.[867] Zudem sei infolge der nunmehr planmäßigen Abschreibung und des Zuschreibungsverbots nach § 6 Abs. 1 Nr. 1 Satz 4 EStG eine „Wertauffüllung" durch originäre Geschäftswertbestandteile nicht vertretbar.[868] Im Ergebnis herrscht Einigkeit darüber, dass hinsichtlich der Teilwertabschreibung lediglich auf diejenigen Bestimmungsfaktoren des Geschäftswerts abzustellen sei, welche im Zeitpunkt des entgeltlichen Erwerbs den planmäßig abzuschreibenden Geschäftswert begründeten.[869] Durch diese Beschränkung der Teilwertermittlung auf die derivativen Bestandteile des Geschäftswerts seien darüber hinaus auch die von der Rechtsprechung tolerierten Kontrollrechnungen hinfällig, da die unterschiedlichen Berechnungsmethoden grundsätzlich die Ermittlung

---

[862] Vgl. BFH-Urteil vom 13.4.1983 I R 63/79, in: BStBl. II 1983, S. 668. Für weitere Urteilsnachweise vgl. Moxter: Bilanzrechtsprechung, a. a. O. (Fn. 671), S. 274 f.

[863] Vgl. Ortmann-Babel in: Lademann EStG, a. a. O. (Fn. 781), § 6, Rz. 499.

[864] Vgl. BMF-Schreiben vom 20.11.1986: a. a. O. (Fn. 855), S. 532; Schreiber, Jochem in: Blümich EStG, hrsg. von Bernd Heuermann, München (Ergänzung Nr. 94: Stand April 2007)), § 5, Rz. 629; Glanegger in: Ludwig Schmidt EStG, a. a. O. (Fn. 771), § 6, Rz. 242; Ortmann-Babel in: Lademann EStG, a. a. O. (Fn. 781), § 6, Rz. 499; Mathiak, Walter: Rechtsprechung zum Bilanzrecht, in: StuW, Heft 3, (1986), S. 287–292, hier S. 289 f.

[865] Vgl. Ellrott/Brendt in: Beck'scher Bilanz Kommentar, a. a. O. (Fn. 854), § 255, Rz. 526; Knobbe-Keuk: a. a. O. (Fn. 759), S. 242; Mayer-Wegelin in: Bordewin/Brandt a. a. O. (Fn. 850), § 6, Rz. 266; Söffing: a. a. O. (Fn. 853), S. 611f; Stobbe in: Herrmann/Heuer/Raupach a. a. O. (Fn. 757), § 6, Rz. Werndl in: Kirchhof/Söhn EStG Kommentar, a. a. O. (Fn. 757), § 6, Rz. B479; Moxter, Adolf: Bilanzrechtliche Probleme beim Geschäfts- oder Firmenwert, in: Festschrift für Johannes Semler, hrsg. von Marcus Bierich, Peter Hommelhoff, Bruno Kropff, Berlin, New York 1993, S. 853–861, hier S. 860; differenzierend Moxter: Bilanzrechtsprechung, a. a. O. (Fn. 671), S. 275.

[866] Vgl. Mayer-Wegelin in: Bordewin/Brandt a. a. O. (Fn. 850), § 6, Rz. 266; Werndl in: Kirchhof/Söhn EStG Kommentar, a. a. O. (Fn. 757), § 6, Rz. B 479.

[867] Vgl. Ellrott/Brendt in: Beck'scherBilanz Kommentar, a. a. O. (Fn. 854), § 255, Rz 526; Werndl in: Kirchhof/Söhn EStG Kommentar, a. a. O. (Fn. 757), § 6, Rz. B 479; Söffing: a. a. O. (Fn. 853), S. 612.

[868] Mayer-Wegelin in: Bordewin/Brandt a. a. O. (Fn. 850), § 6, Rz. 266.

[869] Vgl. Ellrott/Brendt in: Beck'scher Bilanz Kommentar, a. a. O. (Fn. 854), § 255, Rz. 526; Werndl in: Kirchhof/Söhn EStG Kommentar, a. a. O. (Fn. 757), § 6, Rz. B479

der Ertragskraft des Unternehmens unter Berücksichtigung der originären Geschäftswertbe-standteile anstreben.[870]

Die Rechtsprechung selbst hat bezüglich der dargestellten Problematik noch keine eindeutige Stellung bezogen. Einerseits hat sich der BFH beim Praxiswert für die Trennung des Geschäftswerts in einen entgeltlich erworbenen und einen selbst geschaffenen Bestandteil ausgesprochen und später auch beim Geschäftswert die Aufgabe der Einheitstheorie zugunsten der sog. *Trennungsthese* propagiert. Demgegenüber wird jedoch in einem neueren Urteil das Fortbestehen der Einheitstheorie in Zusammenhang mit einer Teilwertabschreibung ausdrücklich offengelassen.[871]

---

[870] Vgl. Werndl in: Kirchhof/Söhn EStG Kommentar, a. a. O. (Fn. 757), § 6, Rz. B 481. Für eine Darstellung der durch den BFH vertetenen indirekten, direkten oder Mittelwertmethode, vgl. Mayer-Weglin in: Bordewin/ Brandt, a. a. O. (Fn. 850), § 6, Rz. 270–276.

[871] Vgl. BFH-Urteil vom 16.5.2002 III R 45/98, in: BStBl. II 2003, S. 12–13.

6   Normgerechte Bilanzierung immaterieller Wirtschaftsgüter

6.1   Vorüberlegungen

Bereits in Kapitel 2.4 wurde ausführlich dargelegt, dass ein Vordringen der IAS/IFRS in den Einzelabschluss und damit auch ein unmittelbarer Einfluss der internationalen Rechnungslegung auf die steuerliche Gewinnermittlung in absehbarer Zeit wenig wahrscheinlich ist. Andererseits zeichnen sich jedoch bereits jetzt klare Tendenzen ab, welche für einen partiellen Einfluss der IAS/IFRS auf die Steuerbilanz im Zeitablauf sprechen. Zu erwähnen sind hier neben der angekündigten Internationalisierung der deutschen Rechnungslegung im Rahmen des Bilanzrechtsmodernisierungsgesetzes vor allem die Bestrebungen der EU nach einer einheitlichen Steuerbemessungsgrundlage in Europa. Daher soll an dieser Stelle keine Diskussion über die formelle Eignung bzw. Zulässigkeit der IAS/IFRS als Gesamtregelwerk für Zwecke der nationalen Besteuerung erfolgen, sondern vielmehr die *materielle* Eignung einzelner Rechnungslegungsvorschriften des IASB durchleuchtet werden.

Im Mittelpunkt der Betrachtung nach materiellen Aspekten steht vor allem die Frage, inwieweit eine steuerliche Gewinnermittlung auf Basis der IAS/IFRS eine gleichmäßige und substanzschonende Besteuerung gewährleisten kann.[872] In diesem Kontext wurde bei der Darstellung der fundamentalen Prinzipien der steuerlichen Gewinnermittlung schnell deutlich, dass sich speziell aus dem dominierenden Prinzip der Besteuerung nach der wirtschaftlichen Leistungsfähigkeit keine konkreten bzw. allgemeingültigen Bilanzierungsvorschriften ableiten lassen.[873] Dem Gesetzgeber steht somit bei der Ausgestaltung einzelner Bilanzierungsfragen innerhalb der steuerlichen Gewinnermittlung de lege lata bereits heute eine Anpassung an internationale Rechnungslegungskonzeptionen in einem gewissen Rahmen frei.[874] Vor dem Hintergrund dieser Tatsache wird ersichtlich, dass der sowohl in der internationalen Rechnungslegung als auch im deutschen Steuerrecht herangezogene Gewinnbegriff in hohem Maße relativ ist. Der handelsrechtliche Gewinnbegriff wird hier im Allgemeinen keineswegs als unumstößliche Richtgröße befunden, was durch den unaufhaltsamen Vormarsch der internationalen Rechnungslegungsvorschriften eindeutig vor Augen geführt wird. Da offensichtlich die Abbildung des *richtigen* wirtschaftlichen Gewinns niemals abschließend gelingen wird und dieser vielmehr ein Resultat unterschiedlicher Auslegungen ist, gilt dies unweigerlich auch für die Frage nach der *richtigen* wirtschaftlichen Leistungsfähigkeit und deren Bemessung.[875]

Das Festhalten an der bewährten Anknüpfung an der handelsrechtlichen Gewinnermittlungsvorschriften, welche selbst zunehmend verdrängt bzw. aus Informationsgesichtspunkten in Frage gestellt werden, ist somit keineswegs selbstverständlich, zumal diese unlängst auch auf Ebene des handelsrechtlichen Einzelabschlusses im Zuge der Verabschiedung des Bilanzrechtsmodernisierungsgesetzes vor gravierenden Änderungen stehen. Letztendlich bedeutet dies, dass die steuerliche Gewinnermittlung auf Basis der derzeit *noch* gültigen handelsrechtlichen GoB nicht zwingend als einzige sachgerechte Lösung zur Ermittlung einer adäquaten steuerlichen Leistungsfähigkeit beurteilt werden muss.[876] Zwar wird die Eignung der IAS/IFRS für die steuerliche Gewinnermittlung mit Hinweis auf die unterschiedlichen Rechnungslegungszwecke bei-

---

[872] Vgl. Kuntschik, Nina: Steuerliche Gewinnermittlung und IAS/IFRS, Diss. Frankfurt/Main 2004, S. 187.

[873] Vgl. hierzu Kapitel 3.2. Gleiche Auffassung Oestreicher, Andreas: Zukunft des Steuerbilanzrechts aus deutscher Sicht, in: Die Wirtschaftsprüfung, Heft 13, (2007), S. 572–582, hier S. 580.

[874] Vgl. Kahle, Holger: Maßgeblichkeit auf Basis der IAS?, in: Die Wirtschaftsprüfung, Heft 4, (2002), S. 178–188, hier S. 184 f.

[875] Vgl. Kuntschik: a. a. O. (Fn. 872), S. 167; Herzig, Norbert: Internationalisierung der Rechnungslegung und steuerliche Gewinnermittlung, in: Die Wirtschaftsprüfung, Heft 2, (2000), S. 104–119, hier S. 104 u. S. 112; Herzig, Norbert/Dautzenberg, Norbert: Auswirkungen der Internationalisierungen der Rechnungslegung auf die Steuerbilanz, in: BFuP, Heft 1, (1998), S.23–37, hier S. 25.

[876] Vgl. Kuntschik: a. a. O. (Fn. 872), S. 167.

der Systeme regelmäßig abgelehnt.[877] Grundsätzlich gilt jedoch, dass unterschiedliche Zwecke eine Zweckkompatibilität nicht grundsätzlich ausschließen.[878] Vielmehr strebt auch die Rechnungslegung nach IAS/IFRS nach einer möglichst unverfälschten Abbildung der wirtschaftlichen Leistungsfähigkeit eines Unternehmens, weshalb dieser insoweit zumindest theoretisch eine grundsätzliche Eignung für die Steuerbemessung zugesprochen werden kann.[879] Eine Beurteilung der materiellen Eignung der IAS/IFRS für die steuerliche Gewinnermittlung kann demnach nur danach beurteilt werden, ob deren konkrete Bilanzierungsregeln den fundamentalen Besteuerungsprinzipien – primär der Gleichmäßigkeit und Rechtssicherheit der Besteuerung – ausreichend Rechnung tragen. Vor diesem Hintergrund gilt es im Folgenden, anhand einer systematischen Gegenüberstellung zu untersuchen, ob die Abbildung der wirtschaftlichen Leistungsfähigkeit anhand der Regelungen des IFRS 3 zur Bilanzierung immaterieller Wirtschaftsgüter im Rahmen eines Unternehmenskaufs und des Geschäftswerts im Vergleich zu den handelsrechtlichen GoB zu einer ebenbürtigen, unterlegenen oder gar überlegenen steuerlichen Bemessungsgrundlage mündet.

Zu diesem Zweck ist es zunächst erforderlich, die durch die Ausgestaltung der Transaktion determinierten Rahmenbedingungen der bilanziellen Abbildung immaterieller Wirtschaftsgüter systematisch zu analysieren. Dabei handelt es sich gewissermaßen um die *formellen* Voraussetzungen für eine Übernahme des Business Combinations-Projekts des IASB für Zwecke der steuerlichen Gewinnermittlung. So werden anhand der transaktionsbedingten Determinanten die Eckpfeiler der Kaufpreisaufteilung bestimmt, welche im weiteren Verlauf der Untersuchung immer wieder einen signifikanten Einfluss auf die Bilanzierung des erworbenen Vermögens sowie ggf. des Geschäftswerts dem Grunde sowie der Höhe nach ausüben.

---

[877]   Vgl. hierzu die Diskussion in Kapitel 2.3.2.

[878]   Vgl. Herzig, Norbert: Steuerliche Gewinnermittlung und handelsrechtliche Rechnungslegung, in: IStR, Heft 16, (2006), S. 557–560, hier S. 559

[879]   Vgl. Schön, Wolfgang: Steuerliche Maßgeblichkeit in Deutschland und Europa, München 2005, S. 47; Kirsch, Hanno: Zukunft der HGB-Rechnungslegung und des steuerlichen Maßgeblichkeitsprinzips im Zeitalter der IFRS-Rechnungslegung?, in: DStZ, Heft 14, (2004), S. 470–476, hier S. 475; Kort, Michael: Der Maßgeblichkeitsgrundsatz des § 5 Abs. 1 EStG – Plädoyer für dessen Aufgabe, in: FR, Heft 2, (2001), S. 53–112, hier S. 59 f.

6.2 Transaktionsbedingte Determinanten der Kaufpreisaufteilung

6.2.1 Identifizierung des erwerbenden Rechtsträgers

Nach IFRS 3.15 erfolgt die Bilanzierung eines Unternehmenszusammenschlusses grundsätzlich aus der Sicht des als Erwerber identifizierten Unternehmens. Die Bestimmung des erwerbenden Rechtsträgers richtet sich dabei nicht nach der rechtlichen Struktur des Unternehmenserwerbes, sondern allein danach, welche Gesellschaft gemäß IFRS 3.17 die *Beherrschung* über das andere Unternehmen erlangt.[880] Dies kann unter Umständen zu der Situation führen, dass der rechtliche Erwerber für die Zwecke der Rechnungslegung als das erworbene Unternehmen zu klassifizieren ist (sog. Reverse Acquisition).[881] Das durch das IASB vertretene Vorgehen bei der Bestimmung des erwerbenden Rechtsträgers definiert folglich einen eindeutigen Vorrang der *wirtschaftlichen Betrachtungsweise*.

Beim Asset Deal richtet sich die steuerliche Unterscheidung zwischen dem erwerbenden und dem erworbenen Rechtsträger hingegen unmittelbar nach der zivilrechtlichen Ausgestaltung der Transaktion.[882] Demgemäß ist steuerlich jenes Unternehmen als Erwerber zu klassifizieren, welches entsprechend dem Kaufvertrag als die erwerbende Partei definiert ist. Eine auf Marktanteilen oder Beherrschungsmöglichkeiten basierende Zuordnung von Käufer und Verkäufer ist nach geltendem Steuerrecht also zunächst nicht vorgesehen, sodass die rein wirtschaftliche Beurteilung und die zivilrechtliche Struktur des Unternehmenskaufs unter Umständen voneinander abweichen können.[883] Die gezielte Steuerung der Transaktionsrichtung hat steuerrechtlich deshalb eine Bedeutung, da dadurch die Aufdeckung von stillen Reserven und somit die Generierung von zukünftigem Abschreibungspotenzial beeinflusst werden kann.[884] Ein solcher Anreiz zu einer von den wirtschaftlichen Tatbeständen abweichenden Transaktionsgestaltung besteht besonders dann, wenn sich eines der beiden Unternehmen im Besitz von nicht ansatzfähigen selbst erstellten immateriellen Wirtschaftsgütern befindet, welche ggf. im Zuge des entgeltlichen Unternehmenserwerbes aktiviert werden können.[885]

Die vorangegangenen Ausführungen zeigen auf, dass die unterschiedliche Betrachtungsweise der Transaktion in Steuerrecht und IAS/IFRS unter gewissen Umständen zu grundlegend verschiedenen Ausgangssituationen hinsichtlich der Bilanzierung eines Unternehmenskaufs führen können. Die Existenz beider Sichtweisen ist hauptsächlich auf die grundlegend verschiedenen

---

[880] Vgl. hierzu die Ausführungen in Kapitel 4.1.1.2.1.

[881] Vgl. Küting, Karl-Heinz/Wirth, Johannes: Bilanzierung von Unternehmenszusammenschlüssen nach IFRS 3, in: KoR, Heft 5, (2004), S. 167–177, hier S. 168 u. S.169. Ein typischer Anwendungsfall eines umgekehrten Unternehmenserwerbes ist die Einbringung eines großen nichtbörsennotierten Unternehmens in ein kleineres börsengelistetes Unternehmen gegen die Gewährung von Anteilen; vgl. für eine beispielhafte Darstellung einer *Reverse Acquisition* Zeiger, Hansjörg: Purchase Price Allocation nach IFRS und US-GAAP, in: Unternehmenskauf nach IFRS & US-GAAP, hrsg. von Wolfgang Ballwieser, Sven Beyer und Hansjörg Zelger, Stuttgart 2005, S. 91–120, hier S. 100.

[882] Vgl. Hötzel, Oliver: Unternehmenskauf und Steuern, Düsseldorf 1997, S. 38.

[883] Ebenso kann eine Transaktionsgestaltung zwecks Vermeidung der laufenden Gewinnbesteuerung missbräuchlich sein. Dem Missbrauch rechtlicher Gestaltungsmöglichkeiten steht § 42 AO entgegen, sodass ggf. auch in der Steuerbilanz die wirtschaftliche Betrachtungsweise gilt; vgl. hierzu die nachfolgenden Ausführungen in diesem Abschnitt.

[884] Die Übertragung von steuerlichen Verlustvorträgen ist beim Asset Deal aufgrund des Rechtsträgerwechsels hingegen nicht möglich, sodass diesbezüglich kein Anreiz zur Änderung der Transaktionsrichtung besteht; vgl. Kraft, Gerhard: Steuerplanung bei unternehmerischen Konzernstrategien, in: DStR, Heft 3, (2000), S. 94–101, hier S. 96.

[885] Der Unternehmenskauf in Form des Asset Deals führ zu einer vollständigen Aufdeckung der stillen Reserven des erworbenen Vermögens in der Eröffnungsbilanz des Erwerbers. Zudem bedingt der entgeltliche Unternehmenskauf, dass die Aktivierung der Wirtschaftsgüter in der Eröffnungsbilanz der Erwerbers unabhängig vom bisherigen Ansatz in der Schlussbilanz des Verkäufers zu erfolgen hat; vgl. Kapitel 4.2.3.

Ziele der betrachteten Rechnungslegungssysteme zurückzuführen. So entspricht es dem im Framework der IAS/IFRS festgeschriebenen Grundsatz des *substance over form*[886], dass die rein rechtliche Gestaltung eines Unternehmenskaufs keinen Einfluss auf dessen bilanzielle Abbildung hat.[887] Durch die ausschließlich wirtschaftliche Betrachtungsweise wird somit verhindert, dass gesellschaftsrechtlich oder steuerlich motivierte Transaktionsgestaltungen die Bilanzierung eines Unternehmenskaufs bzw. die in diesem Zusammenhang stehenden Informationen für den Kapitalmarkt verfälschen.

Im Steuerrecht hat die Anknüpfung an die zivilrechtliche Gestaltung des Unternehmenskaufs indessen berechtigte Gründe und resultiert in erster Linie aus dem Grundsatz der Rechtssicherheit der Besteuerung. So würde eine rein wirtschaftliche Betrachtungsweise etwa im Fall des Zusammenschlusses von ähnlich großen Unternehmen keine objektive Qualifizierung des Erwerbers sicherstellen. Entsprechend verlangt der Grundsatz der Rechtssicherheit eine möglichst klare Formulierung der steuerlichen Tatbestände, sodass der Steuerpflichtige die steuerlichen Folgen seines Handelns absehen kann. Aus diesem Grund schließt sich das Steuerrecht in der Regel an die sich aus zivilrechtlichen Verträgen ergebenden Ansprüche und Verpflichtungen an, welche für den Fiskus objektiv und vergleichsweise einfach zu erfassen sind.[888]

Die im Steuerrecht überwiegend vorherrschende Anknüpfung an die zivilrechtliche Gestaltung eines Sachverhalts löst allerdings allein keine unmittelbare Rechtsfolge aus.[889] Vielmehr greift die wirtschaftliche Betrachtungsweise bzw. die teleologische Auslegung einer Norm vor allem dann auch steuerrechtlich ein, wenn die Anknüpfung des steuerlichen Tatbestandes an das Zivilrecht schwach ausgeprägt ist und zwischen den Vertragspartnern keine marktüblichen Interessensengegensätze erkennbar sind.[890] Knüpft das Steuerrecht hingegen, wie im Falle des Asset Deals, direkt an das Zivilrecht an, werden die sich hier zwangsläufig ergebenden vertraglichen Gestaltungsmöglichkeiten durch den Gesetzgeber vorerst hingenommen. Erst wenn die vertragliche Gestaltung gemessen an den wirtschaftlichen Zielen unangemessen ist und ausschließlich der Steuerminderung dient, verhindert § 42 AO den steuerlichen Missbrauch der Vertragsgestaltung.[891] Für den Asset Deal bedeutet dies, dass wenn eine grundlegende Einigung der Vertragspartner über den Unternehmenskauf erzielt worden ist, die steuerrechtlichen Tatbestände nicht durch rein formale Gestaltungen, sondern im Widerstreit der wirtschaftlichen Interessen entstanden sind. Die Vorschriften des § 42 AO stehen daher der Wahl einer für alle Parteien günstigen Vertragsform regelmäßig nicht entgegen.

Im Ergebnis ist die direkte Anknüpfung des Steuerrechts an die zivilrechtliche Gestaltung des Asset Deals vor dem Hintergrund der Rechtssicherheit der Besteuerung als systemgerecht zu beurteilen. Dies gilt vor allem, wenn berücksichtigt wird, dass hier eine rein wirtschaftliche Betrachtungsweise vor dem Hintergrund der Rechtssicherheit der Besteuerung unter Umständen zu Abgrenzungsschwierigkeiten und formalistischen Gradwanderungen führt.[892] Andererseits ist auch der vom IASB vertretene Vorrang der wirtschaftlichen Betrachtungsweise bei der Identifizierung des erwerbenden Rechtsträgers in sich schlüssig. Die divergierenden Auffassungen beider Regelwerke können also an diesem Punkt in unvereinbare Differenzen münden. Dieser partiellen Inkompatibilität beider Regelwerke sollte an dieser Stelle allerdings keine allzu große

[886] Vgl. IASB: Rahmenkonzept, in: International Financial Reporting Standards (deutsche Fassung), London 2005, R. 35.
[887] Das primäre Ziel des Rechnungslegungssystems des IASB ist die Bereitstellung von entscheidungsrelevanten Informationen; vgl. Kapitel 2.3.1.
[888] Vgl. Schreiber, Ulrich: Besteuerung der Unternehmen, Berlin/Heidelberg 2005, S. 583.
[889] Vgl. BFH-Urteil vom 20.3.2002 I R 38/00, in: BStBl. II 2002, S. 819.
[890] Vgl. Schreiber: a. a. O. (Fn. 888), S. 586.
[891] Vgl. BFH-Urteil vom 16.1.1992 V R 1/91, in: BStBl. II 1992, S. 541–543.
[892] Vgl. Hommel, Michael/Benkel, Muriel/Wich, Stefan: IFRS 3 Business Combinations: Neue Unwägbarkeiten im Jahresabschluss, in: Betriebs-Berater, Heft 23, (2004), S. 1267–1273, hier S.1268.

Bedeutung beigemessen werden. Denn an dieser Stelle gilt es zu berücksichtigen, dass sich die vorliegende Untersuchung ausschließlich auf den Unternehmenserwerb in Ausgestaltung eines Asset Deals beschränkt und insofern regelmäßig von der Identität des wirtschaftlichen und des zivilrechtlichen Erwerbers auszugehen ist. Sonderfälle wie die im Rahmen eines Share Deals auftretende Ausnahme der *Reverse Acquisition* haben daher für den weiteren Verlauf der Arbeit keinerlei Bedeutung.

6.2.2   Umfang der Anschaffungskosten des Unternehmenserwerbes

6.2.2.1   Einzelzurechenbarkeit zu berücksichtigender Aufwendungen

Die Bilanzierung erworbener Wirtschaftsgüter bzw. eines entgeltlichen Unternehmenserwerbes erfolgt steuerrechtlich grundsätzlich nach Maßgabe der entrichteten oder entstandenen Anschaffungskosten.[893] Entsprechendes gilt bei der bilanziellen Abbildung von Unternehmenszusammenschlüssen nach IFRS 3 grundsätzlich auch für das Rechnungslegungssystem des IASB.[894] Der Inhalt und Umfang der bei der Bilanzierung des Unternehmenserwerbes mit einzubeziehenden Anschaffungskosten hat somit in beiden Regelwerken einen unmittelbaren Einfluss auf den Ausweis und die Bewertungshöhe der erworbenen immateriellen Wirtschaftsgüter in der Eröffnungsbilanz des Erwerbers.[895] Im Folgenden wird deshalb untersucht, inwiefern die Vorschriften zur Ermittlung der Anschaffungskosten eines Unternehmenserwerbes gemäß IFRS 3 im Einklang mit den Besteuerungsprinzipien de lege lata stehen.

Nach IFRS 3.24 werden die Anschaffungskosten eines Unternehmenserwerbes durch das an den Verkäufer entrichtete Entgelt bestimmt.[896] Darüber hinaus sind direkt zurechenbare Anschaffungsnebenkosten in die Bemessung mit einzubeziehen. Nicht direkt zurechenbare Gemeinkosten, wie etwa Verwaltungs- oder Finanzierungskosten, werden hingegen von der Ermittlung der Anschaffungskosten ausgegrenzt.[897]

Die Pflicht zum Ansatz von erworbenen Wirtschaftsgütern mit deren Anschaffungs- bzw. Herstellungskosten in der Steuerbilanz ergibt sich unterdessen aus § 6 Abs. 1 Nr. 1 und 2 EStG. Das Steuerrecht verzichtet hier allerdings auf eine eigene Begriffsdefinition, sodass der konkrete Umfang der einzubeziehenden Anschaffungskosten gemäß dem Maßgeblichkeitsprinzip im Sinne des § 255 Abs. 1 HGB zu bemessen ist.[898] Zu den Anschaffungskosten des Unternehmenserwerbes gehören dementsprechend neben den direkten Aufwendungen ferner auch die Anschaffungsnebenkosten sowie die nachträglichen Anschaffungskosten.[899] Als Anschaffungsnebenkosten kommen allerdings nur eindeutig und konkret dem erworbenen Wirtschaftsgut zurechenbare Einzelkosten in Betracht. Folglich sind bei der Bemessung der Gesamtanschaf-

---

[893]   Die Anschaffungs- bzw. Herstellungskosten sind der primäre Wertmaßstab der steuerlichen Gewinnermittlung; vgl. statt vieler Knobbe-Keuk, Brigitte: Bilanz- und Unternehmenssteuerrecht, 9. Auflage, Köln 1993, S. 162.

[894]   Vgl. IASB (Standard 2004): IFRS 3.24.

[895]   Nur wenn die Anschaffungskosten des Unternehmenskaufs den Substanzwert des erworbenen Unternehmens übersteigen, kommt es zum Ansatz von zuvor beim Verkäufer nicht bilanzierten immateriellen Vermögenswerten bzw. eines Geschäftswerts; vgl. Kapitel 4.2.3. Gleiches gilt grundsätzlich auch für die IAS/IFRS, auch wenn die Aufdeckung der stillen Reserven bzw. der Ansatz erworbener immaterieller Vermögenswerte nicht durch die Höhe der Anschaffungskosten begrenzt ist; vgl. Kapitel 4.1.1.3.

[896]   Hierbei ist zu beachten, dass mit der Absicht auf Wiederveräußerung erworbene Vermögenswerte gemäß IFRS 5 mit ihrem beizulegenden Zeitwert abzüglich der anfallenden Veräußerungskosten anzusetzen sind; vgl. IASB: IFRS 5.16.

[897]   Vgl. hierzu ausführlich Kapitel 4.1.1.2.2.

[898]   Vgl. § 5 Abs. 1 EStG sowie BFH-Urteil vom 21.1.1999 IV R 27/97, in: BStBl. II 1999, S. 640.

[899]   Vgl. § 255 Abs. 1 Satz 2 HGB. Zum Umfang der Anschaffungskosten vgl. Offerhaus, Klaus: Zum Umfang der Anschaffungskosten, in: DStR, Heft 1/2 , (1967), S. 14–17.

fungskosten des Asset Deals beispielsweise Makler- und Vermittlungsgebühren, Notariatskosten oder Beraterhonorare zu berücksichtigen.[900] Nicht direkt zurechenbare Gemeinkosten wie etwa interne Verwaltungskosten oder sonstige sich ins Allgemeine verflüchtigende innerbetriebliche Leistungen sind hingegen – in Übereinstimmung mit den Vorschriften des IFRS 3 – von der Aktivierung ausgeschlossen.[901]

Der Umfang der nach IFRS 3 bei der Kaufpreisaufteilung zugrunde zu legenden Anschaffungskosten ist somit grundsätzlich deckungsgleich mit den entsprechend steuerbilanziell zu berücksichtigenden Aufwendungen. An dieser Stelle muss allerdings darauf hingewiesen werden, dass die im Rahmen der 2. Phase des „Business Combinations"-Projekts des IASB beschlossene überarbeitete Fassung des IFRS 3 hinsichtlich der Bemessung der Anschaffungskosten des Unternehmenszusammenschlusses gravierende Änderungen vorsieht. Demnach verbietet IFRS 3.54 (n. F.) die Einbeziehung von Nebenkosten (z. B. Honorare für Wirtschaftsprüfer oder Rechtsanwälte) bei der Bewertung der übertragenen Gegenleistung und schreibt stattdessen eine sofortige Erfassung derartiger Positionen als Aufwand im Erwerbszeitpunkt vor.[902] Das IASB begründet dieses Vorgehen mit der Vermutung, dass die Anschaffungsnebenkosten nicht zwingend integraler Bestandteil der Transaktion seien und daher auch nicht bei der Bemessung der Bewertung der übernommenen Vermögenswerte und Schulden berücksichtigt werden sollten.[903] Dieser Ansatz ist aus Informationsgesichtspunkten durchaus nachvollziehbar. Aus handels- und steuerrechtlicher Sicht stellt eine solche sofortige aufwandswirksame Erfassung der Anschaffungsnebenkosten im Erwerbszeitpunkt dagegen zweifelsfrei einen klaren Verstoß gegen das Anschaffungskostenprinzip dar. Denn die Besteuerung nach der wirtschaftlichen Leistungsfähigkeit erfordert eine Zuordnung der Aufwendung zu den Perioden, in welchen die erworbenen Einnahmepotenziale konkrete Erträge generieren. Zum anderen sind die erheblichen Unterschiede bei Behandlung von Anschaffungsnebenkosten im Rahmen der Bilanzierung der gewöhnlichen Wirtschaftsgüter des Anlagevermögens weder nach IAS/IFRS noch nach geltendem Steuerrecht konzeptionell zu rechtfertigen. Der Neufassung des IFRS 3 steht in diesem Zusammenhang also in einem eindeutigen und schwerwiegenden Konflikt mit den fundamentalen Prinzipien der steuerlichen Gewinnermittlung de lege lata.

6.2.2.2   Antizipierung nachträglicher Kaufpreisanpassungen im Erwerbszeitpunkt

Bereits im Zusammenhang mit der Erläuterung des Umfangs der Anschaffungskosten eines Unternehmenszusammenschlusses nach IFRS 3 wurde angesprochen, dass Unternehmenskaufverträge zunehmend vertragliche Abreden enthalten, welche den Gesamtkaufpreis von der ergebnisgebundenen Entwicklung des Unternehmens in einem gewissen Zeitraum nach Vertragsabschluss abhängig machen.[904] Derartige als *Earn-Out*-Regelungen bezeichnete Klauseln spiegeln in der Regel die unterschiedlichen Ertragserwartungen und Preisvorstellungen der Vertragsparteien wider.[905] Da die Einschätzung der zukünftigen Erträge und Risiken vor allem beim Erwerb

[900]   Vgl. Hötzel: a. a. O. (Fn. 882), S. 9.
[901]   Vgl. Ordelheide, Dieter: Zu den Anschaffungskosten nach Handels- und Steuerrecht, in: Herausforderungen – Steuerberatung im Spannungsfeld der Teilrechtsordnung, Festschrift für Günter Felix, hrsg. von Dieter Carle, Klaus Korn und Rudolf Stahl, Köln 1989, S. 223–237, hier S. 245.
[902]   Vgl. IASB (Standard 2007): IFRS 3.53 (n.F.)
[903]   Vgl. Kühne, Mareike/Schwedler, Kristina: Geplante Änderung der Bilanzierung von Unternehmenszusammenschlüssen, in: KoR, Heft 9, (2005). S. 329–338; Schwedler, Kristina: IASB-Projekt „Business Combinations": Überblick und aktuelle Bestandsaufnahme, in: KoR, Heft 6, (2006), S. 410–415, hier S. 414.
[904]   Vgl. Kapitel 4.1.1.2.2 sowie Picot, Gerhard: Unternehmenskauf und Restrukturierung, 2. Auflage, München 1998, S. 46.
[905]   Vgl. Holzapfel, Hans-Joachim/Pöllath, Reinhard: Unternehmenskauf in Recht und Praxis, 9. Auflage, Köln 2000, S. 411; Picot: a. a. O. (Fn. 904), S. 46.

von immateriellen Wirtschaftsgütern mit erheblichen Unsicherheiten verbunden ist, steht die Vereinbarung von ertragsabhängigen Kaufpreisbestandteilen oftmals in einem unmittelbaren Zusammenhang mit der Akquisition von wissens- bzw. technologieintensiven Unternehmen. Folglich eröffnet die Platzierung einer Earn-Out-Klausel im Unternehmenskaufvertrag den Vertragsparteien die Möglichkeit, die eventuell mit dem erworbenen Geschäftsfeld oder der neuartigen Technologien verbundenen Unsicherheiten bei der Kaufpreisbemessung angemessen zu berücksichtigen.[906]

Die bilanzielle Behandlung von Earn-Out-Klauseln ist in den Vorschriften des IFRS 3 explizit geregelt. Danach sind zusätzlich vereinbarte erfolgsbedingte oder kurswertabhängige Kaufpreisanpassungen bereits im Erwerbszeitpunkt als nachträgliche Anschaffungskosten zu antizipieren, sofern deren Höhe im Zeitpunkt des Erwerbs zuverlässig quantifizierbar ist. Die Anschaffungskosten entsprechen dann dem Barwert der laut Vertragsbedingungen zu erwartenden künftigen Zahlungen, abgezinst mit dem für den Erwerber für die Aufnahme von Finanzmitteln üblichen Zinssatz.[907] Das IASB nimmt diesbezüglich an, dass die vereinbarten Anpassungsbeträge im Erwerbszeitpunkt regelmäßig schätzbar sind, wobei das Bestehen gewisser Unsicherheiten bewusst in Kauf genommen wird.[908] Im Ergebnis führt die Berücksichtigung einer Earn-Out-Klausel im Erwerbszeitpunkt zu einer Erhöhung oder Minderung von Verbindlichkeiten (oder Forderungen) gegenüber dem Veräußerer, während andererseits der bar zu zahlende Kaufpreis und damit die Residualgröße Goodwill entsprechend anzupassen sind.[909]

Die steuerbilanzielle Berücksichtigung dieses Vertragstyps ist indessen mangels konkreter Stellungnahme durch die höchstrichterliche Finanzrechtsprechung nicht eindeutig geregelt. Demzufolge ist weitestgehend unklar, inwiefern die steuerbilanzielle Antizipierung der durch die Earn-Out-Klauseln zu erwartenden Aufwendungen bereits im Erwerbszeitpunkt in Betracht kommt.

Sofern die durch die Earn-Out-Regelungen vereinbarten künftigen Zahlungen an ergebnisorientierte Größen anknüpfen, liegt es nahe, eine entsprechende Verpflichtung steuerbilanziell als eine von zukünftigen Gewinnen abhängige Verbindlichkeit im Sinne des § 5 Abs 2a EStG zu interpretieren. Eine aufwandswirksame Passivierung gewinnabhängiger Verpflichtungen ist demgemäß vor Realisierung der entsprechenden Einnahmen unzulässig.[910] Diese Vorgehensweise ist Ausdruck des Prinzips der wirtschaftlichen Verursachung, da es durch die enge Verknüpfung der Verpflichtung an künftige Erträge an einer gegenwärtigen wirtschaftlichen Last

---

[906] Vgl. Baums, Theodor: Ergebnisabhängige Preisvereinbarungen in Unternehmenskaufverträgen (Earn-Outs), in: Der Betrieb, Heft 25, (1993), S. 1273–1276, hier S. 1273.

[907] Vgl. Weber, Claus-Peter in: Wiley Kommentar zur internationalen Rechnungslegung – IFRS 2007, hrsg. von Wolfgang Ballwieser u. a., 3. Auflage, Weinheim 2007, S. 538.

[908] Vgl. IASB (Standard 2004): IFRS 3.32–33.

[909] Vgl. Lüdenbach, Norbert in: Haufe IFRS- Kommentar, hrsg. von: Norbert Lüdenbach und Wolf-Dieter, 4. Auflage, Freiburg i. Br. 2006, § 31, Rz. 44.

[910] Vgl. hierzu die Einführung des Abs. 2a in den § 5 EStG durch das StBereinG 1999 v. 22.12.1999 (BStB I 2000, S. 13). Zur Rechtsentwicklung des Abs. 2a vgl. Richter, H. in: Herrmann/Heuer/Raupach – Einkommensteuer- und Körperschaftsteuergesetz Kommentar, hrsg. von Arndt Raupach u. a., Köln (Ergänzung Nr. 210: Stand Juli 2003), § 5, Rz. 1761.

fehlt.[911] Die rechtliche Entstehung der Verpflichtung ist somit irrelevant, sodass nicht die gegenwärtigen, sondern die zukünftigen Gewinne wirtschaftlich belastet werden.[912]

Wenn aus dieser Vorschrift auf eine grundsätzliche Nichtberücksichtung der variablen Kaufpreisbestandteile bei der Bemessung der Gesamtanschaffungskosten geschlossen wird, hätte dies zur Folge, dass aufgrund von Earn-Out-Regelungen zusätzlich anfallende Kaufpreiszahlungen frühestens im Zeitpunkt der wirtschaftlichen Verursachung bzw. des tatsächlichen Mittelabflusses als zusätzliche Anschaffungskosten des Asset Deals in der Steuerbilanz zu erfassen wären.[913] Hiervon zu unterscheiden sind indessen gewinnabhängig zu *tilgende* Verpflichtungen: Steht eine gewinnabhängig zu tilgende Verpflichtung in einem direkten Zusammenhang mit dem Erwerb eines abnutzbaren Wirtschaftsguts, ist diese nach herrschender Meinung der Literatur zu aktivieren und gleichzeitig durch den Ansatz des Passivpostens *haftendes Kapital* zu neutralisieren.[914] Die gewinnabhängigen Tilgungsraten beziehen sich hier nämlich lediglich auf den Zeitpunkt der Fälligkeit der Verpflichtung, nicht aber auf die Existenz der Verbindlichkeit als solche.[915] Soweit eine derartige Verpflichtung eindeutig materiellen Wirtschaftsgütern zuzuordnen ist und der Zugang des aktivierungspflichtigen Wirtschaftsguts zur Verletzung der periodengerechten Aufwandsabgrenzung und folglich auch zur Gewinnerhöhung beim Erwerber führen würde, wird dieses Vorgehen grundsätzlich auch im Falle einer beim Erwerb eines Unternehmens entstandenen gewinn- oder umsatzabhängigen Verbindlichkeit befürwortet.[916]

Bezogen auf immaterielle Wirtschaftsgüter bleibt indes ungeklärt, inwiefern die Vereinbarung eines konkret auf ein immaterielles Wirtschaftsgut bezogenen variablen Kaufpreisbestandteils einen wertobjektivierenden entgeltlichen Erwerb im Erwerbszeitpunkt darstellt.[917] Die Problematik wird besonders dann deutlich, wenn der Unternehmenskaufpreis als Gesamtheit der an den Unternehmenserwerb geknüpften Ertragserwartungen des Käufers betrachtet wird. Kommt es nun im Zusammenhang mit dem Erwerb eines bislang beim Veräußerer nicht bilanzierten immateriellen Wirtschaftsgut (z. B. Patent) zur Aufnahme einer Earn-Out-Regelung im Unternehmenskaufvertrag, ist anzunehmen, dass hinsichtlich des wirtschaftlichen Nutzenpotenzials

---

[911] Schon vor Einführung des Abs. 2a in den § 5 HGB waren gewinnabhängige bzw. bedingte Verbindlichkeiten nach Handels- und Steuerbilanz grundsätzlich nicht passivierbar; vgl. BFH-Urteil vom 18.6.1980 I R 72/76, in: BStBl. II 1980, S. 742–743; BFH-Urteil vom 19.2.1981 IV R 112/78, in: BStBl. II 1981, S. 658. Vgl. zur Problematik des wirtschaftlichen Belastungszeitpunktes Moxter, Adolf: Bilanzrechtsprechung, 5. Auflage, Tübingen 1999, S. 107 f.

[912] Vgl. Plewka, Harald in: Lademann – Kommentar zum Einkommensteuergesetz, hrsg. von Fritz Lademann u. a., Stuttgart (Ergänzung Nr. 149: Stand 2005), § 5, Rz. 1658.

[913] Vgl. Kraft, G.: Steuerplanung bei unternehmerischen Konzernstrategien a. a. O. (Fn. 889), S. 97. Nach der hier vertretenen Auffassung kann eine hierdurch bedingte nachträgliche Anpassung des Gesamtkaufpreises nur durch eine Korrektur des Geschäftswerts bzw. des negativen Unterschiedsbetrags erfolgen, es sei denn, die nachträglichen Anschaffungkosten beziehen sich unzweifelhaft auf ein bestimmtes Wirtschaftsgut des Asset Deals.

[914] Vgl. Böcking, Hans-Joachim: Verbindlichkeitsbilanzierung: Wirtschaftliche versus formalrechtliche Betrachtungsweise, Wiesbaden 1994, S. 55; Knobbe-Keuk: a. a. O. (Fn. 893), S. 114. In Hinblick auf § 5 Abs. 2b HGB darf allerdings zum Erwerbszeitpunkt noch kein Aufwand entstehen. Vielmehr ist die Afa für das entsprechende Wirtschaftsgut frühestens mit der wirtschaftlichen Entstehung der nachträglichen Anschaffungskosten ertragswirksam zu erfassen, während die nachträglichen Kaufpreiszahlungen gleichzeitig zu einer schrittweisen Auflösung des *haftenden* Kapitals führen; vgl. Weber-Grellet, Heinrich in: Ludwig Schmidt EStG, hrsg. von Ludwig Schmidt , 26. Auflage, München 2007, § 5, Rz. 315

[915] Vgl. Hüttemann, Ulrich in: HdJ – Handbuch des Jahresabschlusses, hrsg. von Klaus v. Wysockiv u.a., 2. Auflage Köln 1988., Abt. III/8 Rz. 57

[916] Vgl. BFH-Urteil vom 14.5.2002 VIII R 8/01, in: BStBl. II 2002, S. 536. Die Rechtslage ist diesbezüglich ungeachtet der Einführung von § 5 Abs. 2a EStG unverändert geblieben, vgl. Schreiber, Ulrich in: Blümich EStG, hrsg. von Bernd Heuermann, München (Ergänzung Nr. 94: Stand April 2007), § 5, Rz. 758; Richter in: Herrmann/Heuer/Raupach, a.a.O. (Fn. 910), § 5, Rz. 1777.

[917] Vgl. zur bei dieser bilanziellen Behandlung in Hinblick auf immaterielle Wirtschaftsgüter gebotenen Vorsicht, wenn auch in einem anderen Zusammenhang Knobbe-Keuk: a. a. O. (Fn. 893), S. 114.

des immateriellen Wirtschaftsguts eine – von beiden Vertragsparteien antizipierte – erhöhte Unsicherheit besteht. Folglich hat die Werthaltigkeit des immateriellen Wirtschaftsguts durch die bloße Vereinbarung einer Earn-Out-Klausel im Unternehmenskaufvertrag noch keine objektivierte Bestätigung am Markt gefunden. Aufschlussreich ist hier vor allem ein Fall, in welchem ein Steuerpflichtiger den Vertreterbezirk eines Handelsvertreters durch die Verrechnung mit einem prozentualen Anteil an zukünftigen Provisionen erworben hatte. Der BFH entschied hier, dass ein derivativer bzw. entgeltlicher Erwerb des immateriellen Wirtschaftguts *Vertreterrecht* auch dann gegeben sei, wenn dieses erst durch eine Vereinbarung zwischen den Vertragspartnern konkretisiert werde.[918] Der BFH begründete seine Entscheidung damit, dass die absolute Höhe des zu entrichtenden Entgelts im Wesentlichen durch die Vereinbarung beider Vertragsparteien objektiviert war und lediglich der Zeitraum der Verpflichtungsfälligkeit unbestimmt blieb.[919]

Eine hiervon abweichende Beurteilung ist gewiss dann zwingend geboten, sobald die gewinn- oder umsatzabhängige Verpflichtung auch in ihrer Höhe ungewiss ist.[920] Folglich hängt die sofortige Berücksichtigung von variablen Anschaffungskostenbestandteilen mit der einhergehenden Aktivierung eines immateriellen Wirtschaftsguts in erster Linie davon ab, die Höhe der zukünftigen Belastung, und damit der Wert des Wirtschaftsguts, im Erwerbszeitpunkt mit hinreichender Sicherheit bestimmt werden kann. Entsprechend vertritt die Rechtsprechung den Standpunkt, dass die lediglich schrittweise Aktivierung des entgeltlich erworbenen Wirtschaftsguts nach Maßgabe der geleisteten Zahlungen in Erwägung zu ziehen ist, wenn die Erwerbsaufwendungen von stark schwankenden Bezugsgrößen wie Umsatz oder Gewinn abhängen und dadurch der Wert des erworbenen Wirtschaftsguts nicht zuverlässig bewertbar ist.[921] Hervorzuheben ist diesbezüglich ein älteres Urteil des BFH, in welchem dem Erwerber eines Unternehmens die Möglichkeit eingeräumt wurde, ein durch Zahlung einer lebenslänglichen ertragsabhängigen Rente erworbenes objektiv schwer bewertbares immaterielles Wirtschaftsgut zu aktivieren. Nach geltender Rechtsprechung besteht hier also faktisch ein Wahlrecht zwischen sofortiger Aktivierung des immateriellen Wirtschaftsguts bei gleichzeitiger Passivierung der Rentenlast mit dem geschätzten Zeitwert und der schrittweisen Aktivierung des immateriellen Wirtschaftsguts nach Maßgabe der laufenden Rentenzahlungen.[922]

Im Hinblick auf die dargestellten Möglichkeiten der bilanziellen Behandlung von Earn-Out-Regelungen aus Sicht der fundamentalen Besteuerungsprinzipien lässt sich Folgendes festhalten: Im Gegensatz zum Steuerrecht sieht IFRS 3 die grundsätzliche Einbeziehung der zuverlässig bewertbaren variablen Kaufpreisbestandteile in die Bemessung der Anschaffungskosten des Unternehmenserwerbes im Erwerbszeitpunkt vor. Dies lässt sich darauf zurückführen, dass nach IFRS 3 ohnehin sämtliche Wirtschaftsgüter mit ihrem Zeitwert im Erwerbszeitpunkt anzusetzen sind und somit die notwendige Anknüpfung der Verpflichtung an einen konkreten Gegenstand des im Rahmen des Asset Deals überführten Vermögens erübrigt. Nachträgliche Anpassungen der Gesamtanschaffungskosten werden folglich ausschließlich durch eine Korrektur des Ge-

---

[918]   Vgl. BFH-Urteil vom 18.1.1989 X R 10/86, in: BStBl. II 1989, S. 550.

[919]   Die ungefähre Höhe des Ausgleichsanspruchs war von den Vertragsparteien im Erwerbszeitpunkt mündlich vereinbart worden; vgl. BFH- Urteil vom 18.1.1989 X R 10/86, in: BStBl. II 1989, S. 550.

[920]   Vgl. Plewka in: Lademann EStG, a. a. O. (Fn. 917), § 5, Rz. 1658.

[921]   Kann zudem die Nutzungsdauer des Wirtschaftsguts nicht eindeutig bestimmt werden, ist gänzlich von einer Aktivierung abzusehen. Stattdessen sind die laufenden Zahlungen als Betriebsausgaben abzuziehen; vgl. BFH-Urteil vom 17.12.1964 IV 378/61 U, in. BStBl. III 1965, S. 172; BFH-Urteil vom 18.1.1989 X R 10/86, in: BStBl. II 1989, S. 550.

[922]   In dem Urteil heißt es, dass es grundsätzlich dem Steuerpflichtigen frei steht, die Risiken der Ermittlung des Zeitwerts einer Rentenlast zu übernehmen. Indessen blieb ungeklärt, ob es sich dabei bei dem immateriellen Wirtschaftsgut um einen Geschäftswert handelte; vgl. BFH-Urteil vom 2.2.1967 IV 246/64, in: BStBl. III 1967, S. 366–367.

schäftswerts berücksichtigt. Im Ergebnis entspricht diese Vorgehensweise einem Vorrang der wirtschaftlichen Betrachtungsweise, da Erträge und Aufwendungen möglichst im Zeitpunkt ihrer wirtschaftlichen Verursachung periodengerecht erfasst werden. Hier ist allerdings anzumerken, dass die Neufassung des IFRS 3 nunmehr eine Berücksichtigung jeglicher bedingter Gegenleistungen bei der Bemessung der Anschaffungskosten des Unternehmenskaufs im Erwerbszeitpunkt vorsieht, und das unabhängig von der Wahrscheinlichkeit des Eintretens der Bedingung. Nachträgliche Anpassungen führen somit künftig nicht mehr zu Anpassungen des Geschäftswerts, sondern sind im jeweiligen Zeitpunkt des Eintretens ertragswirksam zu erfassen. Dieses Vorgehen ist in Hinblick auf eine gleichmäßige Besteuerung äußerst kritisch zu sehen, da durch die undifferenzierte Einbeziehung von variablen Kaufpreisbestandteilen tendenziell eine hohe Anzahl von ertragswirksamen nachträglichen Kaufpreisanpassungen zu erwarten ist.[923]

Die Rechtsprechung des BFH vertritt indessen den Standpunkt, dass die Berücksichtigung des variablen Kaufpreisbestandteils im Erwerbszeitpunkt ausschließlich dann zu erfolgen hat, wenn sich die ertragsabhängige Verpflichtung konkret auf ein erworbenes Wirtschaftsgut bezieht. Diese Auffassung entspricht dem Realisationsprinzip, da die gewinnabhängige Verpflichtung in diesem Fall mit einem Wirtschaftsgut korrespondiert und somit die Realisation eines Gewinns im Zugangszeitpunkt ausscheidet.[924] Zudem ist für den Ansatz des Wirtschaftsguts und der dazugehörigen Verpflichtung im Erwerbszeitpunkt von entscheidender Bedeutung, ob sich der variable Kaufpreisbestandteil nur auf die Höhe der Tilgungsraten bzw. die Fälligkeit der Verpflichtung bezieht oder ob auch dessen endgültige Höhe als solche ungewiss ist. Im ersten Fall ist auch in der Steuerbilanz bereits im Erwerbszeitpunkt das immaterielle Wirtschaftsgut zu aktivieren, da dessen Werthaltigkeit durch die vereinbarte Verpflichtungshöhe eine objektive Bestätigung am Markt erhalten hat. Steht eine Earn-Out-Vereinbarung allerdings im Zusammenhang mit dem Erwerb eines immateriellen Wirtschaftguts, dessen absolute Höhe der Anschaffungsaufwendungen von stark schwankenden Bezugsgrößen wie Gewinn, Umsatz oder sonstigen Unwägbarkeiten abhängt, erfährt das Prinzip der Besteuerung nach der wirtschaftlichen Leistungsfähigkeit eine sachgerechte Einschränkung durch die Gleichmäßigkeit der Besteuerung. Im Erwerbszeitpunkt tritt folglich der Vollständigkeitsgrundsatz im Sinne der Periodisierung hinter den Grundsatz objektiver Bilanzierung bzw. das Vorsichtsprinzips zurück. Die Aktivierung des immateriellen Wirtschaftsguts erfolgt dann vorzugsweise nach Maßgabe der geleisteten Zahlungen, während die Passivierung der gewinnabhängigen Verpflichtung im Erwerbszeitpunkt zu unterbleiben hat.[925] Die differenzierende Betrachtungsweise des BFH ist letztendlich aus Gründen der Gleichmäßigkeit der Besteuerung den Verlautbarungen des IFRS 3 (sowohl alte als auch neue Fassung) vorzuziehen.

6.2.3   Bilanzielle Grundsätze bei der Kaufpreisaufteilung

Steuerrechtlich wird beim Asset Deal sowie beim Erwerb von Anteilen an einer Personengesellschaft kein eigenständiges Wirtschaftsgut, sondern die Gesamtheit an positiven und negativen Wirtschaftsgütern erworben.[926] Dabei gehen die im Rahmen der Transaktion akquirierten Wirtschaftsgüter in das Betriebsvermögen des Erwerbers über, welcher diese in seiner Bilanz zu aktivieren hat. Der Ansatz in der Bilanz des Erwerbers erfolgt dabei grundsätzlich nach dem

---

[923] Vgl. Beyhs, Oliver/Wagner, Bernadette: Die neuen Vorschriften des IASB zur Abbildung von Unternehmenszusammenschlüssen, in: Der Betrieb, Heft 3 (2008), S. 73–83, hier S. 79 f.

[924] Vgl. Euler, Roland: Das System der Grundsätze ordnungsgemäßer Bilanzierung, Stuttgart 1996, S. 176.

[925] Gleiche Auffassung Schreiber in: Blümich EStG: a. a. O. (Fn. 916), § 5, Rz. 758.

[926] Vgl. für eine detaillierte Darstellung des Asset Deals die Ausführungen in Kapitel 2.2.3.

Grundsatz der Einzelbewertung durch eine Aufteilung des Gesamtkaufpreises auf die erworbenen Einzelwirtschaftsgüter.[927] Des Weiteren hat der Ansatz der Wirtschaftsgüter unabhängig vom vorigen Ansatz in der Schlussbilanz des erworbenen Unternehmens zu erfolgen. Beim Veräußerer selbst erstellte immaterielle Wirtschaftsgüter sind somit zwingend einzeln anzusetzen, sofern diese die Definitionskriterien eines Einzelwirtschaftsguts erfüllen. Der Geschäfts- oder Firmenwert ergibt sich schließlich als Restbetrag zwischen dem Substanzwert der einzeln angesetzten Wirtschaftsgüter und dem Gesamtkaufpreis des Unternehmens.

Nach IFRS 3 erfolgt die bilanzielle Erfassung sämtlicher Unternehmenszusammenschlüsse ausschließlich anhand der Erwerbsmethode. Der Erwerbsmethode liegt die Fiktion zugrunde, dass der Erwerber im Akquisitionszeitpunkt die Vermögenswerte und Schulden des erworbenen Unternehmens einzeln übernommen hat.[928] Infolge des erklärten Ziels, die Residualgröße Goodwill zu minimieren, sind alle identifizierbaren Vermögensgegenstände zwingend einzeln in der Eröffnungsbilanz der Erwerbers anzusetzen. Der Grundsatz der Einzelbewertung erfährt demzufolge eine vergleichsweise hohe Gewichtung.

Bei der Gegenüberstellung beider Konzeptionen wird deutlich, dass hinsichtlich der bilanziellen Grundsätze bei der Kaufpreisaufteilung im Rahmen eines Unternehmenskaufs eine grundlegende Konvergenz zwischen IAS/IFRS und dem geltenden Steuerbilanzrecht besteht. So basiert die bilanzielle Behandlung des Anteilserwerbs in beiden Systemen auf einer *Einzelerwerbsfiktion*. Der Ansatz des erworbenen Vermögens in der Eröffnungsbilanz der Erwerbers erfolgt danach jeweils unter der Wahrung des Grundsatzes der Einzelbewertung, sofern die definitorischen Aktivierungsvoraussetzungen für einen Vermögenswert (IAS/IFRS) bzw. Wirtschaftsgut (Steuerrecht) erfüllt sind.

Der Grundsatz der Einzelbewertung dabei steht in einem engen Zusammenhang mit den konfliktären Zielen der unterschiedlichen Rechnungslegungssysteme. So ist sowohl für die Bereitstellung entscheidungsrelevanter Informationen als auch für die Messung der tatsächlichen wirtschaftlichen Leistungsfähigkeit, die Gesamtbeurteilung eines Unternehmens auf der Basis von Einzahlungsüberschüssen die theoretisch am meisten geeignete Methode.[929] Dem entgegen steht allerdings die Notwendigkeit einer gewissen Mindestobjektivierung der durch den Jahresabschluss vermittelten Informationen. Dies resultiert zum einen daraus, dass die Kapitalmarktteilnehmer nicht nur die Bereitstellung relevanter, sondern vor allem auch vertrauenswürdiger Informationen verlangen. Zum anderen ist vor dem Hintergrund der Prinzipien der Gleichmäßigkeit und Rechtssicherheit der Besteuerung eine ermessensbeschränkte bzw. willkürfreie Gewinnermittlung unverzichtbar.[930] Da kapitalwertorientierte Verfahren jedoch in hohem Maße von einer subjektiven Komponente beeinflusst werden, ist ein auf Grundlage von geschätzten und saldierten Zahlungsströmen errechneter Unternehmensgesamtwert weder aus entscheidungstheoretischer noch aus steuerlicher Sicht zweckdienlich. Die Notwendigkeit der Mindestobjektivierung resultiert letztendlich in der Anwendung des Grundsatzes der Einzelbewertung, welcher als Ausfluss des handelsrechtlichen Vorsichtsprinzips den objektiven und unsaldierten Ausweis der im Jahresabschluss bewerteten Wirtschaftsgüter gewährleistet.[931] Die nach IFRS 3

---

927 Dies ergibt sich aus § 252 Abs. 1 Nr. 3 HGB i. V. m. § 5 Abs. 1 EStG und § 6 Abs. 1 EStG; vgl. Kapitel 4.2.3.

928 Vgl. Küting, Karlheinz/Weber, Claus Peter: Der Konzernabschluss, 10. Auflage, Stuttgart 2006, S. 230.

929 Der entscheidungstheoretisch heranzuziehende Gesamtwert eines Unternehmens ist idealtypischerweise durch kapitalisierte Einnahmeüberschüsse zu ermitteln; vgl. Baetge, Jörg/Kirch, Hans-Jürgen/Thiele, Stefan: Konzernbilanzen, 6. Auflage, Düsseldorf 2002, S. 116. Zugleich stellt ein auf Basis von Einzahlungsüberschüssen ermittelter Totalgewinn eines Unternehmens den theoretisch idealen Indikator der steuerlichen Leistungsfähigkeit dar; vgl. Kapitel 3.2.

930 Vgl. zur Gleichmäßigkeit und Rechtssicherheit der Besteuerung die Ausführungen in Kapitel 3.1.2.

931 Vgl. Kupsch, Peter: Zum Verhältnis von Einzelbewertungsprinzip und Imparitätsprinzip, in: Rechnungslegung Entwicklungen bei der Bilanzierung und Prüfung von Kapitalgesellschaften, Festschrift für Karl-Heinz Forster, hrsg. von Adolf Moxter u. a., Düsseldof 1992, S. 229–357, hier S. 341; Moxter: Bilanzrechtsprechung, a. a. O.

bei Unternehmenszusammenschlüssen zwingend anzuwendende Erwerbsmethode steht folglich im Einklang mit den handelsrechtlichen GoB, sodass in diesem Zusammenhang kein Verstoß gegen geltende Besteuerungsprinzipien feststellbar ist.

6.3   Ansatz des erworbenen immateriellen Vermögens

6.3.1   Konkretisierung eines Wirtschaftsguts bzw. Assets

6.3.1.1   Prinzip objektivierter Vermögensermittlung

Im System der verfassungsrechtlichen Prinzipien eines rechtsstaatlichen Steuerrechts gilt das Leistungsfähigkeitsprinzip als unbestrittenes Fundamentalprinzip einer gerechten Besteuerung.[932] In dessen Ausgestaltung verlangt der Grundsatz der Gleichmäßigkeit und Rechtssicherheit der Besteuerung, dass die Bemessung der tatsächlichen Betriebsvermögensmehrung auf Basis einer objektiv richtigen und willkürfreien Rechnungslegung zu erfolgen hat. Hier bietet sich besonders das Konzept des realisierten Reinvermögenszugangs an, welches Vermögensänderungen über vergangenheitsorientierte und mit Dritten abgeschlossene Markttransaktionen misst.[933] Die steuerliche Leistungsfähigkeit setzt darüber hinaus die Liquidität des Steuerpflichtigen sowie die Sicherung des Fortbestehens der Steuerquelle voraus, sodass die heranzuziehenden Rechnungslegungsgrundsätze – ähnlich dem handelsrechtlichen System der Kapitalerhaltung – die Ermittlung des *entziehbaren* Gewinns zu gewährleisten haben.[934] Dieser Zusammenhang spiegelt letztendlich die grundlegende Zweckmäßigkeit der vom Gesetzgeber gemäß § 5 Abs. 1 EStG installierte Anknüpfung der steuerliche Gewinnermittlung an das handelsrechtliche System der GoB wider.[935]

Die Grundlage einer GoB-konformen und somit auch einer (besteuerungs-)prinzipiengerechten Gewinnermittlung ist das Prinzip der objektivierten Vermögensermittlung, dessen Konzeption nur die Aktivierung sicherer und wertbestätigter Wirtschaftsgüter vorsieht.[936] Die Aktivierung von Wirtschaftsgütern ist dabei eine elementare Voraussetzung für die Zurechnung von Zahlungsströmen zum Umsatz.[937] Vor diesem Hintergrund wird das Prinzip der objektivierten Vermögensermittlung durch das Realisationsprinzip ergänzt,[938] welches somit als zentraler und unverzichtbarer Eckpfeiler einer umsatzbezogenen steuerbilanziellen Gewinnermittlung das grundlegende Aktivierungsprinzip der steuerbilanziellen Gewinnermittlung darstellt.[939] Die Ausgangsbasis der steuerlichen Gewinnermittlung stimmt an dieser Stelle mit dem Rechnungslegungssystem des IASB überein, welches ebenfalls das zum Realisationsprinzip äquivalente

---

(Fn. 911), S. 31; Winkeljohann, Norbert/Geißler, Horst in: Beck'scher Bilanz Kommentar, hrsg. von Helmut Ellrott u. a., 6. Auflage, München 2006, § 252, Rz. 22.

[932]   Vgl. hierzu die Ausführungen in Kapitel 3.1.2.2.

[933]   Vgl. Fulbier, Rolf Uwe: Systemtauglichkeit der International Financial Reporting Standards für Zwecke der steuerlichen Gewinnermittlung, in: StuW Heft 3, (2006), S. 228–242, hier S. 234. Vgl. zudem die Ausführungen in Kapitel 3.2.3.

[934]   Vgl. Herzig, Norbert: Internationalisierung der Rechnungslegung und steuerliche Gewinnermittlung, in: Die Wirtschaftsprüfung, Heft 2, (2000), S. 104–119, hier S. 113.

[935]   Vgl. hierzu die Untersuchungsergebnisse in Kapitel 3.4.3.

[936]   Vgl. Euler; Roland: Paradigmenwechsel im handelsrechtlichen Einzelabschluss: Von den GoB zu den IAS?, in: Betriebs-Berater, Heft 17, (2002), S. 875–880, hier S. 876.

[937]   Vgl. Oestreicher, Andreas: Zukunft des Steuerbilanzrechts aus deutscher Sicht, in: Die Wirtschaftsprüfung, Heft 13, (2007), S. 572–582, hier S. 578.

[938]   Vgl. Euler: Paradigmenwechsel, a. a. O. (Fn. 936), S. 877.

[939]   Vgl. Herzig: Internationalisierung der Rechnungslegung, a. a. O. (Fn. 934), S. 113; Oestreicher: Zukunft des Steuerbilanzrechts, a. a. O. (Fn. 937), S. 578.

Matching Principle zum obersten Bilanzierungsgrundsatz erhebt.[940] Durch das Realisationsprinzip wird darüber hinaus die Anwendung des Vorsichtsprinzips und dessen Folgeprinzipien (z. B. des Anschaffungskostenprinzips) in der steuerlichen Gewinnermittlung begründet. Fraglich ist jedoch, inwieweit die periodengerechte Verteilung von Ausgaben eine objektivierungsbedingte Einschränkung zu erfahren hat. Grundsätzlich gilt, dass eine Überobjektivierung zu einer verzerrten Abbildung der wirtschaftlichen Leistungsfähigkeit führt, was impliziert, dass die letztendliche Reichweite des Vorsichtsprinzips stets aus Sicht einer prinzipiengerechten steuerlichen Gewinnermittlung zu beurteilen ist.[941]

Der der Ansatz immaterieller Wirtschaftsgüter im Rahmen eines Asset Deals erfolgt sowohl nach IFRS 3 als auch nach geltendem Steuerrecht nach dem Grundsatz der Einzelbewertung. Aus diesem Grunde gilt es im Folgenden zu analysieren, inwiefern die Bilanzierung eines Assets gemäß IFRS 3 die Anforderungen einer *objektivierten* Vermögensermittlung erfüllt. Ein grundlegender Unterschied zwischen beiden Systemen besteht zunächst darin, dass die steuerbilanzielle Aktivierungsfähigkeit eines immateriellen Wirtschaftsguts zwingend den entgeltlichen Erwerb und damit das Vorliegen einer Wertbestätigung am Markt durch Dritte voraussetzt.[942] Eine derartige Unterscheidung in entgeltlich und unentgeltlich erworbene Wirtschaftsgüter ist den IAS/IFRS dagegen grundsätzlich fremd.[943] Für die vorliegende Untersuchung hat dieser Umstand darüber hinaus keine materiellen Konsequenzen, da die zentrale Aktivierungsvoraussetzung des entgeltlichen Erwerbs beim Erwerbsvorgang in Ausgestaltung des Asset Deals stets erfüllt ist. Im Fokus des vorzunehmenden Systemvergleichs steht deshalb vielmehr die Frage, nach welchen Kriterien eine objektivierte Abgrenzbarkeit der erworbenen immateriellen Einzelwirtschaftsgüter vom Geschäfts- oder Firmenwert nach IAS/FRS und geltendem Steuerbilanzrecht bestimmt wird.

6.3.1.2   Vorliegen eines wirtschaftlichen Wertes

Die Analyse der im Kapitel 4 dargestellten Ansatzvorschriften nach IAS/IFRS und dem geltenden Steuerbilanzrecht zeigt zunächst den *Vergangenheitsbezug* der Begriffe Asset und Wirtschaftsgut als grundlegende Gemeinsamkeit auf.[944] Beide Vermögensbegriffe knüpfen demnach vorwiegend an bereits getätigte Ausgaben in Form von Anschaffungs- oder Herstellungskosten an. Aktiviert werden jeweils nicht die eigentlichen Ausgaben, sondern die durch die Ausgaben erlangten Gegenwerte.[945]

Darüber hinaus ist das wesentliche Bestimmungsmerkmal eines Assets sein *zukünftiger wirtschaftlicher Nutzen* bzw. das mit dem Asset verbundene Erfolgspotenzial. Die Definition eines Assets folgt also eher einer dynamischen Ausrichtung und ist deshalb grundsätzlich sehr weit

---

[940]   Vgl. Schnorr, Randolf: Nationale und internationale Aktivierungsvoraussetzungen der Rechnungslegung in Handels- und Steuerbilanz, in: StuW, Heft 4, (2004), S. 305–317, hier S. 315f

[941]   Vgl. Herzig: Internationalisierung der Rechnungslegung, a. a. O. (Fn. 934), S. 113.

[942]   Vgl. hierzu die Ausführungen in Kapitel 4.2.4.3.4.

[943]   Die Objektivierung immaterieller Vermögenswerte erfolgt nach IAS 38 nicht über den entgeltlichen Erwerb, sondern vorwiegend über das Kriterium der *Kontrolle* sowie die zusätzlichen Ansatzkriterien für selbst erstellte Vermögenswerte (Entwicklungskosten); vgl. Kapitel 4.1.2.1. und Kapitel 4.1.2.3.

[944]   Der IASB führt die Existenz eines *Assets* auf „ein Ergebnis von Ereignissen in der Vergangenheit" zurück; IASB: Rahmenkonzept, in: International Reporting Standards (deutsche Fassung), London 2005, R.49 (a). Demgegenüber kommt der *Vergangenheitsbezug* des Wirtschaftsguts durch die steuerlich vorgeschriebene Vermögensbestandsrechnung zum Ausdruck; vgl. BFH-Urteil vom 26.4.1995 I R 92/94, in: BStBl. II 1995, S. 595.

[945]   Vgl. Herzig, Norbert: IAS/IFRS und steuerliche Gewinnermittlung, Düsseldorf 2004, S. 66.

gefasst.[946] Zwecks besserer Abgrenzung der wirtschaftlichen Tatbestände wird daneben gefordert, dass die durch das Asset begründeten wirtschaftlichen Nutzenzuflüsse ausreichend wahrscheinlich sein müssen.[947] Eine solche Einschätzung ist indessen nur unter subjektiven Gesichtspunkten möglich und eröffnet daher regelmäßig erhebliche Beurteilungsspielräume. Aus Gründen der Objektivierung und Nachprüfbarkeit wird die Verknüpfung der Kriterien des zukünftigen Nutzenzuflusses mit dem *Wahrscheinlichkeitskriterium* deshalb äußerst kritisch gesehen.[948] Gleichzeitig erfolgt die Objektivierung der zunächst sehr weitläufigen Asset-Definition vorwiegend auf der Ebene der Einzelstandards, sodass beispielsweise die Bilanzierungsfähigkeit vieler immaterieller Vermögenswerte gemäß IAS 38 erheblich eingeschränkt ist.[949] Infolge dieser Konzeption besteht im Rechnungslegungssystem des IASB allerdings die Gefahr einer unüberschaubaren Kasuistik.[950]

Im Vordergrund der steuerrechtlichen Definition eines aktivierungsfähigen Wirtschaftsguts stehen hingegen keine dynamischen wirtschaftlichen Größen, sondern eine zeitpunktbezogene Übertragbarkeit.[951] Anhand dieser vorwiegend *statischen* Ausrichtung unterscheiden sich die steuerlichen Ansatzkriterien also sehr deutlich von den IAS/IFRS. Trotzdem darf dieser konzeptionelle Unterschied nicht darüber hinwegtäuschen, dass der Kreis der steuerrechtlich aktivierungsfähigen Wirtschaftsgüter sehr weit gefasst ist.[952] So knüpft das Steuerrecht das Vorliegen eines Wirtschaftsgutes ebenfalls an die künftige Gewinnwirksamkeit bzw. ein zukünftiges Nettoeinnahmepotenzial eines wirtschaftlichen Wertes.[953] HERZIG sieht hier einen entscheidenden Unterschied darin, dass die steuerlichen Objektivierungsanforderungen im Gegensatz zu den IFRS auf die konkret betriebsbezogene Nutzung des entsprechenden Einnahmepotenzials abstellen, wodurch die Ermessensspielräume des Bilanzierenden in der Regel begrenzt seien.[954] Diese Begründung ist jedoch insofern nicht überzeugend, als dass gerade dieses Abstellen auf die betrieblichen Nutzungsmöglichkeiten des Bilanzierenden in der Steuerbilanz aus Objektivierungsgründen kritisiert wird.[955] Hinsichtlich der Frage, ob ein wirtschaftliches Erfolgspotenzial ein aktivierungsfähiges Wirtschaftsgut darstellt, ist folglich vielmehr auch in der Steuerbilanz „der Erkenntnisstand des sorgfältigen Kaufmanns im Zeitpunkt der Bilanzaufstellung maßgebend".[956]

Das Vorliegen eines steuerbilanziellen vermögenswerten Vorteils ist somit ähnlich zu den IAS/IFRS auf Basis der wirtschaftlichen Betrachtungsweise und damit im Sinne des Vollständigkeitsprinzips zu beurteilen.[957] Ein wesentlicher Unterschied zu den IAS/IFRS besteht jedoch

---

[946] Vgl. Achleitner, Ann-Kristin/Behr, Giorgio: International Accounting Standards, 3. Auflage, München 2003, S. 102; Goebel, Andrea/Heinrich, Christoph: Die bilanzielle Behandlung immaterieller Vermögenswerte nach den IAS, in: DStR, Heft 38, (1995), S. 1484–1488, hier S. 1485.

[947] Vgl. hierzu die Ausführungen in Kapitel 4.1.2.2.

[948] Vgl. Arbeitskreis Bilanzrecht der Hochschullehrer Rechtswissenschaft: Zur Fortentwicklung des deutschen Bilanzrechts, in: Betriebs-Berater, Heft 46, (2002), S. 2372–2381, hier S. 2374; Herzig: IAS/IFRS und steuerliche Gewinnermittlung, a. a. O. (Fn. 945), S. 69 f.

[949] Die Konkretisierung der abstrakten Aktivierbarkeit immaterieller Vermögenswerte erfolgt durch IAS 38; vgl. Kapitel 4.1.2.1.2.

[950] Vgl. Herzig: IAS/IFRS und steuerliche Gewinnermittlung a. a. O. (Fn. 945), S. 67

[951] Vgl. Buchholz, Rainer/Weis, Regina: Maßgeblichkeit ade?, in: DStR, Heft 12, (2002), S. 512–517, hier S. 515.

[952] Vgl. hierzu die Ausführungen in Kapitel 4.2.4.3.

[953] Vgl. Moxter, Adolf: Immaterielle Anlagewerte im neuen Bilanzrecht, in: Betriebs-Berater, (1979), S. 1102–1109, hier S. 1107f; Euler: Grundsätze, a. a. O. (Fn. 924), S. 146, Kronner, Markus: GoB für immaterielle Anlagewerte und Tauschgeschäfte, Düsseldorf 1993, S. 13.

[954] Vgl. Herzig: IAS/IFRS und steuerliche Gewinnermittlung, a. a. O. (Fn. 950), S. 70.

[955] Vgl. Ley, Ursula: Der Begriff „Wirtschaftgut" und seine Bedeutung für die Aktivierung, 2. Auflage, Köln 1987, S. 133–135; Tiedchen, Susanne: Der Vermögensgegenstand im Handelsbilanzrecht, Köln 1991, S. 66; Hommel, Michael: Bilanzierung immaterieller Anlagewerte, Stuttgart 1998, S. 59.

[956] BFH-Urteil vom 23.5.1984 I R 266/81, in: BStBl. II 1984, S. 725.

[957] Vgl. Kronner: a. a. O. (Fn. 953), S. 13.

darin, dass das Steuerrecht nicht nur rein wirtschaftliche Größen betrachtet, sondern für Zwecke der steuerbilanziell notwendigen Objektivierung primär auf zivilrechtliche Strukturen zurückgreift.[958] Ein lediglich auf getätigten Ausgaben und zivilrechtlichen Strukturen basierender wirtschaftlicher Vorteil begründet jedoch allein kein aktivierungsfähiges Wirtschaftsgut. Um willkürliche Ausgabenaktivierungen zu unterbinden, bedarf es im Steuerrecht darüber hinaus vermögenseingrenzender Kriterien, infolge derer ein vermögenswerter Vorteil seine notwendige Objektivierung in erster Linie über das Greifbarkeitsprinzip und das Prinzip der selbständigen Bewertung erfährt.

Anhand der Ausführungen wird deutlich, dass der weitläufige Asset-Begriff des IASB grundsätzlich im Einklang mit dem handels- sowie steuerrechtlichen Vermögensprinzip steht.[959] Demnach ist auch nach IAS/IFRS das bloße Tätigen von Ausgaben kein schlüssiges Indiz für das Vorliegen eines erlangten wirtschaftlichen Wertes.[960] Bilanziert werden in beiden Rechnungslegungssystemen die erlangten wirtschaftlichen Ausgabengegenwerte.[961] Ausgangspunkt eines möglichen Bilanzansatzes ist somit jeweils ein zunächst weit gefasster Vermögensbegriff im Sinne eines an künftigen Erträgen ausgerichteten Nutzenpotenzials.[962] Nach beiden Ansatzkonzeptionen findet zudem die Aktivierungsfähigkeit eines immateriellen Vorteils ihre Grenze dort, wo das wirtschaftliche Nutzenpotenzial einer zu bilanzierenden Position nicht mehr objektiv nachgewiesen werden kann. Im Prinzip führt der Grundsatz der Relevanz nach IAS/IFRS hier also zu einer ähnlichen Ausgangssituation wie das steuerliche Gebot der Periodisierung bzw. der vollständigen Erfassung der wirtschaftlichen Leistungsfähigkeit. Gleichwohl stellt der statische Begriff des Wirtschaftsguts wegen seiner Nähe zum Zivilrecht ein zumindest theoretisch besser nachprüfbares Mengengerüst dar, weshalb das Konstrukt des Wirtschaftguts vor dem Hintergrund der Rechtssicherheit und Tatbestandsmäßigkeit der Besteuerung dem Asset vorzuziehen ist.

6.3.1.3   Isolierbarkeit erworbener immaterieller Einnahmepotenziale

Eine GoB-konforme Abgrenzung von immateriellen bzw. rein wirtschaftlichen Gütern beim Unternehmenskauf hat eine ermessensbeschränkende Würdigung der abstrakten Bilanzierungsfähigkeit erworbener Einnahmepotenziale zu ermöglichen.[963] Die abstrakte Aktivierbarkeit von im Rahmen eines Unternehmenskaufs erworbenen immateriellen Vermögenswerten ist nach IAS/IFRS durch das Kriterium der *Identifizierbarkeit* geprägt. Die Identifizierbarkeit liegt vor, wenn das erwartete wirtschaftliche Nutzenpotenzial entweder auf einer rechtsähnlichen Position beruht („*Legal contractual*"-Kriterium) oder separierbar ist.[964] Ein immaterieller Vermögenswert ist wiederum separierbar, wenn er vom erwerbenden Unternehmen selbständig verwertet werden kann.[965] Im Vergleich zum schuldendeckungsorientierten Handelsrecht umfasst die Separierbarkeit allerdings keine Verwertbarkeit im statischen Sinne. Basierend auf der dynamisch orientierten Asset-Definition des Frameworks ist vielmehr von Bedeutung, dass ein zukünftiger Nutzenzufluss von den Nutzenpotenzialen andere Vermögenswerte des Unternehmens abge-

[958]   Vgl. Herzig: IAS/IFRS und steuerliche Gewinnermittlung a. a. O. (Fn. 945), S. 70; Schön, Wolfgang: Die Steuerbilanz zwischen Handelsrecht und Grundgesetz, in: StuW, Heft 4, (1995), S. 366–r377, hier S. 375.
[959]   Moxter: Bilanzrechtsprechung, a. a. O. (Fn. 911), S. 11.
[960]   Vgl. Schnorr: a. a. O. (Fn. 940), S. 311.
[961]   Vgl. hierzu die Ausführungen in Kapitel 4.1.2. und Kapitel 4.2.4.3.
[962]   Vgl. Schnorr: a. a. O. (Fn. 940), S. 315.
[963]   Vgl. Euler: Grundsätze, a. a. O. (Fn. 924), S. 144.
[964]   Vgl. hierzu die Ausführungen in Kapitel 4.1.3.2.
[965]   Die selbständige Verwertbarkeit umfasst den Verkauf, die Vermietung, die Lizenzierung oder sonstige Übertragung des immateriellen Vermögenswertes durch das Unternehmen; vgl. Kapitel 4.1.3.2.

grenzt werden kann.[966] Folgerichtig ist die konkrete Verwertbarkeit eine hinreichende, jedoch keine notwendige Voraussetzung zur Identifizierbarkeit immaterieller Vermögenswerte.[967]

Das Kriterium der Identifizierbarkeit wird bezüglich der Abgrenzung immaterieller Wirtschaftsgüter vom Geschäfts- oder Firmenwert nach IFRS 3 zusätzlich vom sog. *Legalcontractual*-Kriterium konkretisiert. Nach dieser Konzeption ermöglicht das Vorliegen eines Eigentumsrechts an einer Sache oder die Inhaberschaft an einem Recht grundsätzlich die Identifizierung des zu bilanzierenden wirtschaftlichen Vorteils.[968] Die abstrakte Aktivierbarkeit erfährt hier auch dann keine Einschränkung, wenn eine selbständige Verwertbarkeit nur in Verbindung mit anderen Vermögenswerten möglich erscheint oder eine Übertragung auf Dritte völlig ausgeschlossen ist.[969] Somit erfüllen beispielsweise auch lediglich zusammen mit dem Betrieb übertragbare Konzessionen das Kriterium der Identifizierbarkeit.[970]

Demgegenüber ist nach ständiger Rechtsprechung die steuerbilanzielle abstrakte Aktivierungsfähigkeit eines übertragenen immateriellen Einnahmepotenzials in erster Linie anhand des Kriteriums der Greifbarkeit zu beurteilen. Dabei gilt die selbständige Verkehrsfähigkeit eines Wirtschaftsguts – wie von Teilen des handelsrechtlichen Schrifttums gefordert[971] – als unerheblich, sodass vielmehr die Möglichkeit der Übertragbarkeit zusammen mit dem Betrieb bzw. dem Unternehmen als hinreichende Bedingung betrachtet wird.[972] MOXTER formuliert diesbezüglich das sog. Übertragbarkeitsprinzip, welches als Ausprägung das Greifbarkeitsprinzips ein Wirtschaftsgut als greifbar definiert, wenn es nicht an einem Kaufmann „haftet" und insofern als „sicher" gilt, dass es zumindest zusammen mit einem Unternehmen übertragen werden kann.[973] Zwischen IAS/IFRS und dem geltenden Steuerbilanzrecht kommt es somit insofern zu einer grundlegenden Übereinstimmung, als dass auch das Kriterium der Separierbarkeit den Ansatz rein wirtschaftlicher Güter nicht an dessen selbständigen Verkehrsfähigkeit knüpft.[974]

Zudem hat auch der BFH – ähnlich wie das IASB – immer wieder versucht, die bilanzielle Greifbarkeit anhand des Rückgriffs auf rechts- oder rechtsähnliche Kriterien zu konkretisieren.[975] Demnach muss ein wirtschaftlicher Vorteil aus Gründen der Objektivierung durch ein Recht, eine rechtsähnliche Position oder durch die Aufgabe eines Rechts hinreichend nachweisbar sein.[976] Auch HOMMEL geht mit der Entwicklung des sog. Unentziehbarkeitstheorems von der grundsätzlichen Werthaltigkeit eines Rechts aus.[977] Nach dieser Auffassung gilt ein Wirtschaftsgut dann als hinreichend greifbar, wenn es dem Bilanzierenden von Dritten nicht ohne Sanktionsbefürchtungen entzogen werden kann. Trotz alledem impliziert ein in einem Recht

---

[966] Vgl. Baetge, Jörg/Keitz, Isabel v. in: Rechnungslegung nach IFRS, hrsg. von Jörg Baetge u. a., 2. Auflage, Stuttgart 2007, IAS 38, Rz. 18.

[967] Vgl. Küting, Karl-Heinz/Dawo, Sascha: Die Bilanzierung immaterieller Vermögenswerte nach IAS 38 – gegenwärtige Regelungen und geplante Änderungen: Ein Beispiel für die Polarität von Vollständigkeitsprinzip und Objektivierungsprinzip, in: BFuP, Heft 3, (2003), S. 397–416, hier S. 401; Schnoor: a. a. O. (Fn. 940), S. 310.

[968] Vgl. Hommel, Michael: Internationale Bilanzrechtskonzeptionen und immaterielle Vermögensgegenstände, in: ZfbF, 1997, S. 345–369, hier S. 401; Senger, Thomas/Brune, Wilfried/Elprana, Kai in: Beck'sches IFRS-Handbuch, hrsg. von Werner Bohl, Joachim Riese und Jörg Schlüter, 2. Auflage München 2006, § 33, Rz. 60.

[969] Vgl. hierzu die Ausführungen in Kapitel 4.1.3.2.

[970] Vgl. Küting/Dawo: a. a. O. (Fn. 967), S. 401.

[971] Vgl. hierzu die Ausführungen in Kapitel 3.1.4.1.2.

[972] Vgl. Euler: Grundsätze, a. a. O. (Fn. 924), S. 146.

[973] Moxter: Bilanzrechtsprechung, a. a. O. (Fn. 911), S. 12.

[974] Vgl. Hommel/Benkel/Wich: a. a. O. (Fn. 892), S. 1269; Kuntschik: a. a. O. (Fn. 872), S. 189.

[975] Vgl. Eibelshäuser, Manfred: Immaterielle Anlagewerte in der höchstrichterlichen Finanzrechtsprechung, Wiesbaden 1983, S. 240 f.

[976] Vgl Kussmaul, Heinz: Ertragsteuerliche Bedeutung des Begriffs „Wirtschaftsgut" in: Besteuerung und Unternehmenspolitik, Festschrift für Günter Wöhe, hrsg. von Gerd John, München 1989, S. 252–276, hier S. 256.

[977] Vgl. Hommel: Bilanzierung immaterieller Anlagewerte, a. a. O. (Fn. 955), S. 152.

verkörperter Vorteil steuerbilanziell keineswegs unweigerlich dessen bilanzielle Greifbarkeit. Zwar begünstigt das Vorliegen einer rechtlich gesicherten Position zweifellos den objektiven Nachweis eines greifbaren immateriellen Vorteils,[978] bilanziert werden jedoch nicht Rechte als solche, sondern der aus der rechtlichen Position resultierende wirtschaftliche Nutzen.[979] Der Rechtsschutz gehört somit „keinesfalls zu den konstituierenden Merkmalen eines Wirtschaftsgutes".[980] Folglich ist das Kriterium der Greifbarkeit bzw. der Übertragbarkeit vorwiegend im Sinne der *wirtschaftlichen Betrachtungsweise* zu verstehen.[981] Diese führt im Ergebnis dazu, dass steuerrechtlich prinzipiell auch ungeschütztes Know-how oder ein zwischen zwei Vertragsparteien vereinbartes Wettbewerbsverbot abstrakt aktivierungsfähig sein kann.[982]

Somit ist zu konstatieren, dass der Vergleich zwischen dem Greifbarkeitskriterium und dem Kriterium der Identifizierbarkeit im Ergebnis unverkennbare Parallelen aufzeigt. Insbesondere knüpfen beide Kriterien die Aktivierungsfähigkeit eines immateriellen Wirtschaftsguts bzw. Vermögenswerts daran, dass sich diese als Einzelheit vom Geschäfts- oder Firmenwert abgrenzen lassen.[983] Gemeinsamkeiten bestehen darüber hinaus beim Kriterium der *selbständigen Verwertbarkeit* (IAS/IFRS) und dem steuerrechtlichen Übertragbarkeitsprinzip, unter dessen Beachtung in beiden Rechnungslegungssystemen auf die Forderung nach einer konkreten Einzelverkehrsfähigkeit des immateriellen Wirtschaftsguts verzichtet wird. Ein differenziertes Bild besteht demgegenüber hinsichtlich der Gewichtung von Rechten und rechtsähnlichen Positionen. Während nach den Vorstellungen des IASB ein Recht grundsätzlich die Identifizierung eines immateriellen Vermögenswertes gewährleistet, gilt nach geltendem Bilanzsteuerrecht für vertragsbezogene immaterielle Wirtschaftsgüter lediglich eine Greifbarkeitsvermutung. Steuerrechtlich ist hier anhand der wirtschaftlichen Betrachtungsweise zu beurteilen, ob die Gestaltung des Sachverhalts ein selbständiges Einnahmepotenzial repräsentiert oder nur einen unselbständigen bzw. dienenden Anspruch begründet.[984] Strittig ist hingegen, ob die steuerbilanzielle Aktivierungsfähigkeit eines Rechts auch dessen Übertragbarkeit mit dem Unternehmen voraussetzt.[985]

Im Ergebnis stellt das Prinzip der Identifizierbarkeit des IASB wohl einen mit dem Greifbarkeitskriterium und damit den handelsrechtlichen GoB vergleichbaren Objektivierungsgrad sicher. Gegenüber den wesentlichen Gemeinsamkeiten beim Ansatz von rein wirtschaftlichen Einnahmepotenzialen bestehen deutliche Unterschiede bei der Bilanzierung von Rechten und rechtsähnlichen Positionen. Diesbezüglich gilt es in einer Einzelfalluntersuchung zu klären, ob vor dem Hintergrund einer prinzipienkonformen steuerlichen Gewinnermittlung eine Zurück-

---

[978]   Vgl. Moxter, Adolf: Aktivierungsgrenzen bei „immateriellen Anlagewerten", in: Betriebs-Berater, (1978), S. 821–825, hier S. 823 f.

[979]   Vgl. Oestreicher, Andreas: Handels- und Steuerbilanzen, 6. Auflage, Heidelberg 2003, S. 280.

[980]   Vgl. Binder, Odilo: Die steuerliche Behandlung betrieblicher Forschungs- und Entwicklungskosten, in: Betriebs-Berater, (1956), S. 537–540, hier S. 539.

[981]   Vgl. u. a. BFH-Urteil vom 26.5.1982 I R 180/80, in: BStBl II 1982, S. 695, Euler: Paradigmenwechsel, a. a. O. (Fn. 936), S. 876.

[982]   Vgl. hierzu mit Verweis auf die entsprechenden BFH-Urteile Weber-Grellet in: Ludwig Schmidt EStG, a. a. O. (Fn. 914), § 5, Rz. 113. Siehe Kapitel 4.2.4.3.4 hinsichtlich zu der in diesem Zusammenhang zu erfüllenden konkreten Ansatzvoraussetzung des entgeltlichen Erwerbs für immaterielle Wirtschaftsgüter.

[983]   Vgl. Hommel: Bilanzierung immaterieller Anlagewerte, a. a. O. (Fn. 965), S. 199.

[984]   Vgl. hierzu insbesondere die Rechtsprechung zum Wettbewerbsverbot. Dieses ist als eigenständiges Recht aktivierungsfähig, wenn es einen eigenständigen Anspruch auf Unterlassung verkörpert und ferner zeitlich begrenzt ist, sich in seiner wirtschaftlichen Bedeutung heraushebt und im Rahmen des entrichteten Kaufpreises klar zum Ausdruck gelangt ist; vgl. BFH-Urteil vom 26.7.1972 I R 146/70, in: BStBl. II 1979, S. 937. Hat ein Wettbewerb dagegen lediglich den Charakter einer Nebenabrede des Unternehmenskaufs, wird die gesonderte Aktivierung vom Unternehmen durch die Rechtsprechung des BFH untersagt; vgl. BFH-Urteil vom 24.3.1983 IV R 138/80, in: BStBl. II 1984, S. 233.

[985]   Vgl. Euler: Grundsätze, a. a. O. (Fn. 929), S. 142 f.

drängung der wirtschaftlichen Betrachtungsweise bei vertragbezogenen immateriellen Vermögenswerten geboten ist.[986]

6.3.1.4   Isolierbarkeit der Höhe nach

Sowohl im Steuerrecht und als auch nach IAS/IFRS hat die Bilanzierung eines Asset Deals zwingenden nach dem Grundsatz der Einzelbewertung zu erfolgen.[987] Aus diesem Grundsatz lässt sich wiederum die Unverzichtbarkeit des Prinzips der selbständigen Bewertbarkeit als notwendige Aktivierungsvoraussetzung einer prinzipiengerechten steuerlichen Gewinnermittlung ableiten.[988] Hiernach erfordert der sich im Vorsichtsprinzip ausdrückende Grundsatz der Gleichmäßigkeit der Besteuerung, dass nur diejenigen Werte in der Bilanz anzusetzen sind, „deren Wert möglichst objektiv bestimmt werden kann".[989] Für die Bilanzierung des im Rahmen eines Asset Deals erworbenen Vermögens bedeutet dies, dass nur dann der Ausweis eines immateriellen Einzelwirtschaftsguts zulässig ist, wenn das erworbene Einnahmepotenzial in seiner Existenz konkretisiert bzw. isoliert werden kann und darüber hinaus einer objektivierten und mithin *geschäftswertunabhängigen* Bewertung zugänglich ist.[990] Als selbständig bewertbar gilt ein Vermögenswert laut Rechtsprechung des BFH dann, wenn der Erwerber des Gesamtunternehmens in ihm einen greifbaren Wert ansieht, für den er im Rahmen des Gesamtkaufpreises ein besonderes ins Gewicht fallendes Entgelt ansetzen würde.[991] Die Bewertbarkeit setzt folglich eine sich im Gesamtkaufpreis des Unternehmens konkretisierende wertmäßige Greifbarkeit des erworbenen Einnahmepotenzials voraus.[992] Indessen fehlt es an der bilanzrechtlichen Bewertbarkeit, wenn das entsprechende Einnahmepotenzial nur zusammen mit dem ganzen Unternehmen und somit untrennbar vom Geschäfts- oder Firmenwert bewertet werden kann.[993] Das Prinzip der selbständigen Bewertbarkeit wird dabei von der Rechtsprechung relativ großzügig ausgelegt, sodass im Grunde schon die „Zuordnung eines betriebswirtschaftlichen Wertes" zu einem Wirtschaftgut als ausreichend gilt.[994]

Auch nach den Vorschriften des IFRS 3 ist die Aktivierung eines immateriellen Vermögenswerts an die Möglichkeit einer geschäftswertunabhängigen Bewertbarkeit geknüpft. Demnach ist ein im Rahmen eines Unternehmenserwerbes erworbener immaterieller Vermögenswert konkret aktivierbar, wenn dessen Fair Value zuverlässig bestimmbar ist.[995] Das Bewertbarkeitskriterium wird nach IFRS 3 zwecks besserer Abgrenzbarkeit immaterieller Vermögenswerte vom Goodwill jedoch durch zwei Besonderheiten flankiert. Zum einen besteht für im Rahmen eines Unternehmenskaufs erworbene immaterielle Vermögenswerte die widerlegbare Vermutung, dass deren Fair Value verlässlich geschätzt werden kann.[996] Zum anderen impliziert die ange-

[986]   Vgl. hierzu die Einzelfalluntersuchung in Kapitel 6.5.3.
[987]   Vgl. Abschnitt 6.2.3 in diesem Kapitel.
[988]   Das Prinzip der selbständigen Bewertbarkeit ist eine logische Konsequenz des Einzelbewertungsgrundsatzes; vgl. hierzu die Ausführungen in Kapitel 4.2.4.3.3.
[989]   Döller, Georg: Die Maßgeblichkeit der Handelsbilanz für die Steuerbilanz, in: Betriebs-Berater, (1969), S. 501–507, hier S. 505.
[990]   Vgl. Hommel: Bilanzierung immaterieller Anlagewerte, a. a. O. (Fn. 955), S. 206; Euler: Grundsätze, a. a. O. (Fn. 924), S. 152.
[991]   Vgl. BFH-Urteil vom 9.7.1986 I R 218/82, in: BStBl. II 1987, S. 14.
[992]   Vgl. Moxter, Adolf: Selbständige Bewertbarkeit als Aktivierungsvoraussetzung, in: Betriebs-Berater, Heft 27, (1987), S. 1846–1851, hier S. 1851.
[993]   Vgl. Hommel: Bilanzierung immaterieller Anlagewerte, a. a. O. (Fn. 955), S. 207;
[994]   Glade, Hans-Joachim: Immaterielle Anlagewerte in Handelsbilanz, Steuerbilanz und Vermögensaufstellung, Bergisch Gladbach, Köln 1991, S. 47. Vgl. zudem die Ausführungen in Kapitel 4.2.4.3.3.
[995]   Vgl. IASB (Standard 2004): IFRS 3.37c.
[996]   Vgl. hierzu die Ausführungen in Kapitel 4.1.3.4.

nommene zuverlässige Bewertbarkeit eines immateriellen Vermögenswertes nach IFRS 3.45, dass dem Unternehmen die wirtschaftlichen Erträge aus der künftigen Nutzung des jeweiligen Vermögenswerts mit ausreichender Wahrscheinlichkeit zufließen.[997] Das IASB verlagert somit das Wahrscheinlichkeitskriterium von der Ansatz- in die Bewertungsebene.[998]

Die Verlässlichkeit der Wertermittlung stellt nach IAS/IFRS ein eigenständiges konkretes Aktivierungskriterium dar, welches auf den ersten Blick über die Bewertungsanforderungen des Steuerrechts hinausgeht. Diese augenscheinlich stärkere Betonung des Fair Value Accounting führt letztendlich auch zum Verzicht auf das *Probable*-Kritererium. Gleichzeitig erfährt die Gewichtung der zuverlässigen Bewertbarkeit als eigenständige konkrete Aktivierungsvoraussetzung zugunsten der besseren Abgrenzbarkeit vom Geschäftswert eine empfindliche Einschränkung, und zwar durch die den IASB vertretene widerlegbare Vermutung der grundsätzlich zuverlässigen Bewertbarkeit von im Rahmen eines Unternehmenskaufs erworbener immaterieller Vermögenswerte. Zudem ist eine zuverlässige Ermittlung des Fair Value eines immateriellen Vermögensgegenstands bzw. Wirtschaftsguts nach herrschender Meinung nur durch das Heranziehen eines auf einem aktiven Markt verwendeten Marktpreises gewährleistet.[999] Existiert für das entsprechende Wirtschaftsgut hingegen kein aktiver Markt, was nach der herrschenden Meinung die Regel darstellt, ist nach IAS 38.40 als Anschaffungskosten der Betrag anzusetzen, den das Unternehmen in einer fiktiven Transaktion zwischen unabhängigen Vertragspartnern unter objektiven Marktbedingungen im Erwerbszeitpunkt zur Erlangung des Wirtschaftguts aufgewendet hätte.[1000] Die ermittelten Zugangswerte im Erwerbszeitpunkt stellen somit oftmals nur Näherungswerte dar. Daher ist anzunehmen, dass die vermeintlich exaktere Wertermittlung anhand des Fair Value nach IFRS 3 und die steuerliche Wertzuweisung unter Berücksichtigung der objektiven Gegebenheiten gewöhnlich zu weitestgehend übereinstimmenden Bewertungsergebnissen von immateriellen Wirtschaftsgütern führen.[1001]

Im Ergebnis gleicht also das Kriterium der zuverlässigen Bewertbarkeit nach IFRS 3 in seiner Funktion als Aktivierungsvoraussetzung mehr oder weniger der großzügigen Auslegung des Prinzips der selbständigen Bewertbarkeit durch die Rechtsprechung des BFH. Dies wird besonders an der bilanziellen Behandlung rein wirtschaftlicher Einnahmepotenziale deutlich. So setzt nach geltendem Steuerbilanzrecht „die Greifbarkeit die selbständige Bewertbarkeit im Sinne der Abgrenzbarkeit von Zugangswerten voraus".[1002] Gleiches gilt auch nach IFRS 3, denn die Vermutung der zuverlässigen Bewertbarkeit ist nach IAS 38.38 nur widerlegbar, wenn die Identifizierbarkeit des immateriellen Vermögenswerts auf vertraglichen oder gesetzlichen Rechten basiert. Ein identifizierbares rein wirtschaftliches Einnahmepotenzial impliziert folglich ebenfalls dessen grundsätzliche Bewertbarkeit.[1003] Dementsprechend wird beispielsweise ein durch Werbeaktivitäten geschaffener immaterieller Vorteil in beiden Rechnungslegungssystemen identisch behandelt. Zwar ist hier das rein wirtschaftliche Einnahmepotenzial anhand der getätigten Aus-

---

[997] Vgl. hierzu die Ausführungen in Kapitel 4.1.3.3.

[998] Vgl. Lüdenbach, Norbert in: Haufe IFRS-Kommentar, hrsg. von Norbert Lüdenbach und Wolf-Dieter Hoffmann, 4. Auflage, Freiburg i. Br. 2006, § 31, Rz. 80.

[999] Vgl. IASB (Standard 2004), IAS 38.39 sowie Kapitel 5.1.2.2.

[1000] Vgl. IASB (Standard 2004), IAS 38.40, zum regelmäßigen Fehlen eines aktiven Marktes für immaterielle Vermögenswerte vgl. statt vieler Jäger, Rainer/Himmel, Holger: Die Fair Value-Bewertung immaterieller Vermögenswerte vor dem Hintergrund der Umsetzung internationaler Rechnungslegungsstandards, in: BFuP, Heft 4, (2003), S. 417–439, hier S. 428, sowie die Ausführungen in Kapitel 5.1.2.1.

[1001] Vgl. hierzu die ausführliche Diskussion in Kapitel 6.4.

[1002] Moxter: Bilanzrechtsprechung, a. a. O. (Fn. 911), S. 13.

[1003] Vgl. hierzu die Ausführungen in Kapitel 4.1.3.4.

gaben regelmäßig selbständig bzw. zuverlässig bewertbar,[1004] die Aktivierung scheitert jedoch letztendlich nach beiden Konzeptionen bereits an der gedanklich vorgelagerten Greifbarkeit[1005] bzw. der Identifizierbarkeit des erlangten wirtschaftlichen Vorteils.[1006]

Ein differenzierendes Bild besteht hingegen im Falle von Rechten oder rechtsähnlichen Positionen. So ist nach geltendem Bilanzsteuerrecht ein als Recht greifbares immaterielles Einnahmepotenzial nicht auch zwangsläufig selbständig bewertbar.[1007] Der BFH hat beispielsweise die Aktivierbarkeit von erworbenen Leistungsschutzrechten in einem Fall abgelehnt, in welchem ein einheitliches Entgelt für die künstlerische Darbietung sowie für das Recht auf die Vervielfältigung von Tonträgern entrichtet wurde. Der auf die Leistungsschutzrechte entfallende Entgeltanteil ist hier offensichtlich „unbestimmt und nicht konkretisierbar",[1008] sodass die Aktivierung aufgrund der fehlenden „zuverlässigen Wertbestimmung"[1009] dieser Befugnis zu Recht scheitert.[1010] Nach den Verlautbarungen des IFRS 3 sind erworbene Leistungsschutzrechte indessen zunächst grundsätzlich identifizierbar, da hier der dem erwerbenden Unternehmen zufließende wirtschaftliche Vorteil auf einem vertraglichen Recht beruht.[1011] Zusätzlich besteht durch das entrichtete Entgelt die widerlegbare Vermutung der zuverlässigen Bewertbarkeit des erworbenen immateriellen Einnahmepotenzials.[1012] Zwar kann, wenn sich der vertragsbezogene immaterielle Vorteil nicht separieren oder zuverlässig schätzen lässt, einem anhand des *Legalcontractual*-Kriteriums identifizierten immateriellen Einnahmepotenzial die Eigenschaft der zuverlässigen Bewertbarkeit theoretisch abgesprochen werden.[1013] Am vorliegenden Beispiel wird jedoch deutlich, dass die konkrete Aktivierbarkeit eines solchen vertragsbezogenen immateriellen Wirtschaftsguts letztendlich an subjektiven Einschätzungen und somit vom Ermessen des bilanzierenden Erwerbers abhängt. Grundlegende unterschiedliche Bilanzansätze sind somit vor allem dort zu erwarten, wo der Bilanzierende durch subjektive Einschätzungen die Auslegung der heranzuziehenden Objektivierungskriterien maßgeblich beeinflussen kann.[1014] Ein derartiges bilanzielles Gestaltungspotenzial ist natürlich kaum mit dem Postulat einer gleichmäßigen Besteuerung vereinbar.[1015]

[1004] Vgl. Moxter: Bilanzrechtsprechung, a. a. O. (Fn. 911), S. 13; Freericks, Wolfgang: Bilanzierungsfähigkeit und Bilanzpflicht in Handels- und Steuerbilanz, Köln u. a. 1976, S. 152.

[1005] Vgl. Hommel: Bilanzierung immaterieller Anlagewerte, a. a. O. (Fn. 955), S. 214.

[1006] Ein aus einer Werbekampagne resultierender wirtschaftlicher Vorteil ist im Sinne das IAS 38 nicht separierbar bzw. selbständig vewertbar; vgl. Achleitner/Behr: a. a. O. (Fn. 946), S. 127; Wehrheim, Michael: Die Bilanzierung immaterieller Vermögenswerte („Intangible Assets") nach IAS 38, in: DStR, Heft 2, (2000), S. 86–88, hier S. 87.

[1007] Vgl. Moxter: Bilanzrechtsprechung, a. a. O. (Fn. 911), S. 13.

[1008] BFH-Urteil vom 28.05.1979 I R 1/76, in: BStBl. II 1979, S. 737

[1009] BFH-Urteil vom 28.05.1979 I R 1/76, in: BStBl. II 1979, S. 734

[1010] Beisse, Heinrich: Handelsbilanzrecht in der Rechtsprechung des Bundesfinanzhofs, in: Betriebs-Berater, (1980), S. 637–646, hier S. 638; Euler: Grundsätze, a. a. O. (Fn. 924), S. 153.

[1011] Ein immaterieller Vermögenswert ist nach IAS 38.12 identifizierbar, wenn er auf einem vertraglichen oder sonstigen Recht beruht; vgl. Kapitel 4.1.3.2.

[1012] Vgl. IASB (Standard 2004): IAS 38.33 in Verbindung mit IASB (Standard 2004): IFRS 3.36.

[1013] Nach IAS 38.38 kann die zuverlässige Bewertbarkeit eines bei einem Unternehmenszusammenschluss erworbenen immateriellen Vermögenswertes verneint werden, wenn der immaterielle Vermögenswert aus vertraglichen oder gesetzlichen Rechten ensteht und entweder nicht separierbar ist oder die Schätzung des Wertes von unbestimmten Variablen abhängig ist; vgl. Kapitel 4.1.3.4.

[1014] Man spricht in diesem Zusammenhang auch von verdeckten Bilanzierungswahlrechten; vgl. insbesondere Kirsch, Hanno: Gestaltungspotenzial durch verdeckte Bilanzierungswahlrechte nach IAS/IFRS, in: Betriebs-Berater, Heft 21, (2003), S. 1111–1116.

[1015] Vgl. zur detaillierten Einzelfalluntersuchung der Bilanzierung von auf Verträgen basierenden immateriellen Wirtschaftsgütern im Rahmen eines Unternehmenskaufs die Ausführungen in Kapitel 6.5.3.

6.4   Bewertung des erworbenen immateriellen Vermögens

6.4.1   Zugangsbewertung ansatzfähiger immaterieller Wirtschaftsgüter

6.4.1.1   Der Fair Value als Renaissance des Teilwertgedankens?

Sowohl die Vorschriften des IASB als auch das geltende Steuerbilanzrecht sehen im Zeitpunkt des Unternehmenserwerbes die vollständige Neubewertung des übertragenen Vermögens auf der Basis stichtagsbezogener Zeitwerte vor.[1016] Dabei fällt zunächst auf, dass die in den jeweiligen Rechnungslegungssystemen zur Anwendung kommenden Begriffsdefinitionen unübersehbare Gemeinsamkeiten aufweisen. So wird in beiden Regelwerken die Ermittlung des tatsächlichen Wertes am Bilanzstichtag anhand objektivierbarer Marktpreise angestrebt, während es sich jedoch faktisch beim Fair Value genau wie beim Teilwert um einen hypothetischen Wert handelt.[1017] Vor allem beruhen beide Werte auf der Fiktion einer gedachten Interaktion zwischen fiktiven Marktteilnehmern.[1018] Dabei wird in beiden Konzeptionen die Objektivität der heranzuziehenden Markttransaktion vorausgesetzt, obwohl in der Realität sowohl der Teilwert als auch der Fair Value nur mithilfe subjektiver Annahmen des Bilanzierenden ermittelt werden können. Mangels konkreter wertbestätigender Markthandlungen wird daher jeweils auf bestimmte Wertunterstellungen bzw. Wertvermutung zurückgegriffen, deren Ausgangspunkt typischerweise Marktpreise vergleichbarer Transaktionen sind.[1019]

Trotz der soeben aufgeführten konzeptionellen Ähnlichkeiten kommen bei genauerer Betrachtung einige zumindest theoretisch bedeutende Abweichungen zwischen dem Teilwert und Fair Value zum Vorschein. Während nämlich das Steuerrecht den Teilwert aus dem Blickwinkel des „Erwerbers des ganzen Betriebs" ermittelt,[1020] stellt der Fair Value auf den Wert aus Sicht von „sachverständigen, vertragswilligen und voneinander unabhängigen Geschäftspartnern" ab.[1021] Der Fair Value grenzt die Betrachtung im Gegensatz zum Teilwert also nicht auf einen fiktiven Unternehmenserwerb ein, sondern strebt vielmehr eine isolierte Wertbestimmung einzelner Vermögenswerte unabhängig vom Gesamtkaufpreis an. Der Fair Value ist somit der maximale Betrag, den der Erwerber *eines Vermögenswertes* und nicht eines Unternehmens zu zahlen bereit wäre.[1022] Zwar liegt im Fall eines Asset Deals ohnehin ein tatsächlicher Unternehmenskauf vor, sodass auch die IAS/IFRS vor einer mit der Aufteilung des Gesamtkaufpreises verbundenen Ermittlungsproblematik stehen. Der grundlegende theoretische Unterschied zwischen dem Teilwert und dem Fair Value äußert sich jedoch gerade anhand der unterschiedlichen Bewertungsperspektiven. Denn nach dem Teilwertansatz soll das einzelne Wirtschaftsgut ja gerade nicht losgelöst, sondern innerhalb des höheren Gesamtunternehmenswertes als Funktionsteil eines bestimmten, fortzuführenden Unternehmens bewertet werden.[1023]

Die Folge dieser divergierenden Ausrichtung ist, dass der als marktorientierte Wertmaßstab verstandene Fair Value so weit wie möglich auf unternehmensunabhängige und am Absatzmarkt

---

[1016] Vgl. hierzu die Ausführungen in Kapitel 4.1.1.3.1 sowie Kapitel 4.2.3.1.

[1017] Vgl. Tanski, Joachim/Zeretzke, Ralf: Die Fair Value Fiktion, in: DStR, Heft 2, (2006), S. 53–58, hier S. 54; ähnlich, jedoch bezogen auf den beizulegenden Teitwert nach HGB, Ballwieser, Wolfgang/Küting, Karlheinz/ Schildbach, Thomas: Fair Value – erstrebenswerter Wertansatz im Rahmen einer Reform der handelsrechtlichen Rechnungslegung?, in: BFuP, Heft 6, (2004), S. 529–549, hier S. 545.

[1018] Die IAS/IFRS sprechen hier von „unabhängigen Geschäftspartnern" während die Teilwertdefintion im Steuerrecht auf den „Erwerber des ganzen Betriebes" abstellt.

[1019] Vgl. Tanski: a. a. O. (Fn. 1017), S. 54; Heuser, Paul/Theile, Carsten: IAS/IFRS Handbuch Einzel- und Konzernabschluss, 2. Auflage, Köln 2005, Rz. 313–314.

[1020] § 6 Abs. 1 Nr. 1 Satz 3 EStG.

[1021] IASB (Standard 2004): IAS 38.8.

[1022] Vgl. Heuser/Theile: a. a. O. (Fn. 1019), Rz. 315.

[1023] Vgl. BFH-Beschluss vom 16.7.1968 GR. S. 7/67, in: BStBl. II 1969, S. 112; BFH-Urteil vom 30.1.1980 I R 89/79, in. BStBl. II 1980, S. 329.

erzielbare Marktaustrittspreise zurückgreift. Somit stellt der Fair Value eines Vermögensgegenstandes regelmäßig auf den realisierbaren Cashflow im Falle der Veräußerung ab.[1024] Freilich könnte auch der in der Teilwertdefinition nach § 6 Abs. 1 Nr. 1 Satz 3 EStG enthaltene Bezug auf den regelmäßig unter Ertragswertgesichtspunkten ermittelten Gesamtunternehmenskaufpreis als ein Indiz für ein ertragswertorientiertes Teilwertverständnis interpretiert werden. Eine derartige Auslegung des Teilwertbegriffs hat die Rechtsprechung des BFH jedoch stets vehement verneint; bei der Ermittlung des Teilwerts eines Wirtschaftsguts sind daher absatzmarktbezogene Ertragserwartungen ausdrücklich nicht zu berücksichtigen.[1025] Insbesondere käme die Teilwertermittlung unter Ertragswertgesichtspunkten einer Einbeziehung von geschäftswertbildenden Faktoren in die Wertbemessung einzelner Wirtschaftsgüter gleich, was letztendlich einen Verstoß gegen den Grundsatz der Einzelbewertung darstellen würde.[1026] Gesucht wird deshalb vielmehr der Wert, welcher unter der Berücksichtigung des Prinzips der Einzelbewertung und der Bedeutung des Wirtschaftsguts für die betriebliche Leistungserstellung dessen Nichtvorhandensein im Unternehmen ausgleicht.[1027] Dieser Sichtweise ist auch ein Großteil des Schrifttums gefolgt, welches den Teilwert folglich als Substanzwert und beileibe nicht als absatzbezogenen Marktpreis bzw. Ertragswert versteht.[1028]

Die theoretische Gegenüberstellung beider Begriffsdefinitionen hat gezeigt, dass der Teilwert und der Fair Value auf grundlegend verschiedenen ökonomischen Annahmen beruhen und daher im Zusammenhang mit dem Fair Value Accounting keinesfalls von einer Renaissance des Teilwertgedankens gesprochen werden kann. Fraglich bleibt hingegen, inwiefern diese konzeptionellen Unterschiede bei der Zugangsbewertung nicht marktgehandelter immaterieller Wirtschaftsgüter tatsächlich zu qualitativ divergierenden Bewertungsergebnissen führen.

6.4.1.2   Hierarchie der Bewertungsverfahren bei der Zugangswertung erworbener immaterieller Einzelwirtschaftsgüter

Sowohl die Konzeption des Fair Value als auch des Teilwerts hat regelmäßig mit dem Umstand zu kämpfen, dass sich der Marktwert eines bislang nicht bilanzierten immateriellen Einzelwirtschaftsguts bei einem Unternehmenserwerb nicht direkt herleiten lässt.[1029] Die tatsächliche

---

[1024] Vgl. Kley, Karl-Ludwig: Die Fair Value-Bilanzierung in der Rechnungslegung nach International Accounting Standards, in: Der Betrieb, Heft 43, (2001), S. 2256–2262, hier S. 2259.

[1025] Vgl. BFH-Urteil vom 12.5.1993 II R 2/90, in: BStBl. II 1993, S. 587: „Aus dem Hinweis auf den gedachten Gesamtkaufpreis für ein Unternehmen, der auch durch Ertragserwartungen beeinflusst wird, folgt nicht, dass der Teilwert der einzelnen Wirtschaftsgüter durch deren kapitalisierten Beitrag zum Erfolg des Unternehmens bestimmt wird. Vielmehr ist der Teilwert der einzelnen Wirtschaftsgüter unabhängig von den (positiven oder negativen) Ertragsaussichten des Unternehmens zu bestimmen."

[1026] Vgl. BFH-Urteil vom 2.3.1973 III R 88/69, in: BStBl. II 1973, S. 474; Glanegger, Peter in: Ludwig Schmidt EStG, hrsg. von Ludwig Schmidt, 26. Auflage, München 2007, § 6, Rz. 215; Winnefeld, Robert: Bilanzhandbuch, 4. Auflage, München 2006, S. 1083.

[1027] Vgl. Mujkanovic, Robin: Teilwertermittlung – ein betriebswirtschaftlich lösbares Problem, in: Der Betrieb, Heft 17, (1995), S. 837–843, hier S. 839.

[1028] Vgl. insbesondere Moxter, Adolf: Zur Klärung der Teilwertkonzeption, in: Steuerrecht, Verfassungsrecht, Finanzpolitik, Festschrift für Franz Klein, hrsg. von Paul Kirchhof, Klaus Offerhaus, Horst Schöberle, Köln 1994, S. 827–839, hier S. 829; Doralt, Werner: Der Teilwert als Anwendungsfall des Going-Concern-Prinzips – Eine Kritik an der Teilwertkritik, in: Werte und Werteermittlung im Steuerrecht, DStJG, Band 7, Köln 1984, S. 141–153, hier S. 141–147; Herzig: IAS/IFRS und steuerliche Gewinnermittlung, a. a. O. (Fn. 945), S. 198; Wissenschaftlicher Beirat des Fachbereichs Steuer der Ernst & Young Wirtschaftsprüfungsgesellschaft: Stellungnahme zur Abschaffung des Teilwerts, in: Betriebs-Berater, Beilage 3, (2004), S. 9.

[1029] Vgl. hierzu die Ausführungen in Kapitel 5.1.2.1 sowie Kapitel 5.2.2.3.

Wertermittlung im Zugangszeitpunkt muss daher nach beiden Konzeptionen zwangsläufig mithilfe geeigneter Bewertungsverfahren bzw. Wertvermutungen erfolgen.[1030]

Die Verlautbarungen des IASB sehen vor, eine ausreichend objektive Wertbestimmung der erworbenen Vermögenspositionen durch den Rückgriff auf am Markt objektiv bestätigte Werte bzw. durch markpreisorientierte Verfahren zu gewährleisten.[1031] Da jedoch bei selbst erstellten immateriellen Vermögenswerten grundsätzlich von der Nichtexistenz eines gängigen Marktes auszugehen ist und auch oftmals keine vergleichbaren Transaktionen vorliegen, ist dem vom IASB vertretenen Objektivierungskriterium des aktiven Marktes hier praktisch keine Bedeutung beizumessen. Die Anwendung von marktpreisorientierten Verfahren wird daher vielmehr als Idealvorstellung gewertet, während unter realen Umständen vorwiegend eine auf Barwertkalkülen basierende einkommensorientierte Ermittlung des Zugangswerte üblich ist.[1032] Demgegenüber wird der Gebrauch von kostenorientierten Verfahren nur dann in Betracht gezogen, wenn die beiden anderen Ansätze mangels verfügbarer Datenbasis keine zuverlässigen Wertansätze sicherstellen.[1033] Die Ertragswertmethode ist gemäß IFRS 3 somit eindeutig das dominierende Bewertungsverfahren im Rechnungslegungssystem des IASB.

Diese vom IASB und IDW vertretene Bewertungshierarchie, nach welcher den kostenorientierten Verfahren zur Ermittlung des beizulegenden Zeitwerts offensichtlich nur eine untergeordnete Rolle zukommt, steht im Widerspruch zu der geltenden Legaldefinition des Teilwerts. Denn die Teilwertidee basiert auf der Annahme, dass ein Erwerber des fortzuführenden Unternehmens in der Regel nicht bereit ist, mehr für das einzelne Wirtschaftsgut zu vergüten als dessen Substitutionswert.[1034] Andernfalls wäre es nämlich für einen rational handelnden Erwerber vorteilhaft, das Unternehmen ohne dieses spezielle Wirtschaftsgut zu erwerben und das entsprechende Wirtschaftsgut stattdessen auf einem anderen Weg zu beschaffen.[1035] Entgegen der absatzmarktbezogenen ertragswertorientierten Ermittlung des beizulegenden Zeitwerts nach IAS/IFRS bemisst sich der Wert eines Wirtschaftsguts somit durch die Höhe der Aufwendungen, welche der Erwerber durch die nicht mehr notwendige Beschaffung der entsprechenden Vermögensposition einspart.[1036] Nach der herrschenden Meinung entspricht dieser Betrag den zur anderweitigen Beschaffung notwendigen Aufwendungen, genauer gesagt den Wiederbeschaffungskosten.[1037] Da sich die Wiederbeschaffungskosten für selbst erstellte immaterielle Wirtschaftsgüter jedoch nicht unmittelbar bestimmen lassen, sind diese aus den für die Rekonstruktion des durch das Bewertungsobjekt repräsentierten Leistungspotenzials anfallenden Reproduktionskosten abzuleiten.[1038]

[1030] Während dem geltenden Steuerrecht bzgl. der anzuwendenden Bewertungsverfahren keine expliziten Aussagen zu entnehmen sind, legt das IASB in ED IFRS erstmals eine konkrete Hierarchie der Bewertungsverfahren fest; vgl. IASB (2005): Exposure Draft of Proposed Amendments to IFRS 3 Business Combinations vom 30.6.2005, E12–22.

[1031] Die Anwendung des Objektivierungskriteriums des aktiven Marktes eignet sich in diesem Kontext insbesondere für homogene Güter (z. B. Rohstoffe), welche an organisierten Märkten gehandelt werden; vgl. Kapitel Jäger/Himmel: a. a. O. (Fn. 1000), S. 429.

[1032] Vgl. Zülch, Henning/Lienau, Achim/Willeke, Clemens: Bewertung bei der Abbildung von Unternehmenserwerben und bei der Werthaltigkeitsprüfung nach IFRS – eine kritische Würdigung des IDW ERS HFA 16, in: UM, Heft 4, (2005), S. 103–109, hier S. 105.

[1033] Vgl. Jäger/Himmel: a. a. O. (Fn. 1000), S. 428.

[1034] Vgl. Moxter: Teilwertkonzeption, a. a. O. (Fn. 1028), S. 830.

[1035] Vgl. Winnefeld: a. a. O. (Fn. 1026), S. 1084.

[1036] Vgl. Mellwig, Winfried: Für ein bilanzadäquates Teilwertverständnis, in: Bilanzrecht und Kapitelmarkt, Festschrift für Adolf Moxter, hrsg. von Wolfgang Ballwieser u. a., Düsseldorf 1994, S. 1071–1088, hier S. 1073.

[1037] Vgl. Moxter: Teilwertkonzeption, a. a. O. (Fn. 1028), S. 830; Euler, Roland: Zur Verlustantizipation mittels des niedrigeren beizulegenden Wertes und des Teilwertes, in: Zfbf, Jg. 43, (1991), 191–213, hier S. 205;

[1038] Vgl. Mujkanovic: Teilwertermittlung, a. a. O. (Fn. 1027), S. 839; Winnefeld: a. a. O. (Fn. 1026), S. 1084.

Nach einer aus dem geltenden Teilwertverständnis abgeleiteten Hierarchie der Bewertungsverfahren ist der Teilwert also vorzugsweise nach dem kostenorientierten Ansatz zu ermitteln.[1039] Die dem Teilwert zugrunde liegende substanzwertorientierte Sichtweise führt somit im Vergleich zum Fair Value nach IAS/IFRS zu gravierenden Unterschieden hinsichtlich der vorrangig anzuwendenden Bewertungsverfahren. Im folgenden Abschnitt gilt es deshalb zu untersuchen, inwiefern sich die jeweils präferierten Bewertungsverfahren für Zwecke einer prinzipienkonformen steuerlichen Gewinnermittlung eignen.

6.4.1.3 Objektivierung und intersubjektive Nachprüfbarkeit der ermittelten Zugangswerte

Bei dem Versuch der objektiven Ermittlung eines stichtagsbezogenen Zugangswerts von bislang nicht bilanzierten immateriellen Einzelwirtschaftsgütern auf Zeitwertbasis wird der Zielkonflikt zwischen Vollständigkeit und Verlässlichkeit der Rechnungslegung in besonders hohem Maße deutlich. Denn zum einen stellt die korrekte Bewertung einzelner Vermögenspositionen einen elementaren Bestandteil der Ermittlung der steuerlichen Leistungsfähigkeit dar, während gleichzeitig sowohl der Grundsatz der Rechtssicherheit als auch die Praktikabilität der Besteuerung nach einer möglichst objektiven und einfach handhabbaren Wertermittlung verlangen. Grundsätzlich ist der Wertansatz jedoch – abgesehen von den tatsächlich für ein einzelnes Wirtschaftsgut aufgewendeten Anschaffungskosten und einem tatsächlich erzielten Verkaufspreis im Zugangs bzw. Abgangszeitpunkt – nicht frei von subjektiven Einflüssen bestimmbar.[1040]

So verkörpern anhand von Bewertungsverfahren ermittelte Wertansätze grundsätzlich Wertvorstellungen, welche im Gegensatz zu Marktpreisen überwiegend auf subjektiven „Projektionen und Erwartungen" beruhen und daher nur äußerst schwer objektivierbar sind.[1041] Ein gewisser Subjektbezug ist demzufolge auch in der steuerlichen Gewinnermittlung unvermeidbar. Entsprechend stellt einerseits die Teilwertdefinition auf einen betriebsbezogenen und damit notwendigerweise subjektiven Wert ab, während andererseits auch das steuerliche Leistungsfähigkeitsprinzip zwangsläufig eine subjektbezogene Betrachtung impliziert.[1042] Da zudem die Zugangsbewertung bei einem Unternehmenserwerb im Fall nicht marktgehandelter immaterieller Wirtschaftsgüter regelmäßig nicht ohne ein adäquates Wertermittlungsverfahren durchführbar ist, muss hier folglich zumindest die Überprüfbarkeit der zugrunde gelegten Daten sowie die Willkürfreiheit der getroffenen Annahmen sichergestellt sein. Objektivität bedeutet in diesem Kontext also nichts anderes als intersubjektive Nachprüfbarkeit. Ein sachverständiger Dritter sollte demzufolge auf der Basis gleicher Voraussetzungen dieselben Schlussfolgerungen ziehen und letztendlich zu den gleichen Bewertungsergebnissen kommen können wie der bilanzierende Erwerber.[1043]

Das nach IAS/IFRS im Rahmen der Zugangsbewertung grundsätzlich präferierte bzw. maßgeblich zur Anwendung kommende Ertragswertverfahren wirft hinsichtlich dieses steuerlich unverzichtbaren Objektivierungserfordernisses erhebliche Zweifel auf. Grund hierfür ist, dass bei

---

[1039] Hinsichtlich der methodischen Vorgehensweise sind das kostenorientierte Verfahren und das Substanzwertverfahren nahezu identisch; vgl. Sanfleber-Decher, Martin: Unternehmensbewertung in den USA, in: Die Wirtschaftsprüfung, Heft 20, (1992), S. 597–603, hier S. 598, sowie Moxter, Adolf: Grundsätze ordnungsmäßiger Unternehmensbewertung, 2. Auflage, Wiesbaden 1983, S. 41–55.

[1040] Vgl. Kley: a. a. O. (Fn. 1024), S. 2261.

[1041] Hitz, Jörg-Markus: Fair Value in der IFRS-Rechnungslegung, in: Die Wirtschaftsprüfung, Heft 18, (2005), S. 1013–1027, hier S. 1025.

[1042] Ähnlich Mujkanovic: Teilwertermittlung, a. a. O. (Fn. 1027), S. 838

[1043] Vgl. Kümmel, Jens: Grundsätze für die Fair Value-Ermittlung mit Barwertkalkülen, Düsseldorf 2002, S. 90; Mujkanovic: Teilwertermittlung, a. a. O. (Fn. 1027), S. 838; Tanski: a. a. O. (Fn. 1017), S. 56.

einkommensorientierten Bewertungsverfahren nahezu sämtliche wertbestimmende Faktoren des Fair Value durch das Management geschätzt werden müssen. Dies gilt speziell für die Höhe und den zeitlichen Anfall der künftigen Zahlungsströme des immateriellen Bewertungsobjekts, welche aufgrund ihrer hohen Unternehmensspezifität nicht direkt vom Markt abgelesen werden können. Zudem schmälert die mit dem fortschreitenden Planungshorizont verbundene Prognoseunsicherheit die Zuverlässigkeit der Bewertungsergebnisse. Zusammen führen diese Umstände mit der darüber hinaus notwendigen subjektiven Festlegung von Zins- und Steuereffekten zu insgesamt beträchtlichen Ermessensspielräumen. Gleichzeitig gilt es zu bedenken, dass besonders die Höhe des Diskontierungszinssatzes im Regelfall von den Renditevorstellungen des Erwerbers sowie den individuellen Finanzierungskosten abhängig ist.[1044] Um dennoch eine in einem beschränkten Grad ausreichende Zuverlässigkeit der Bewertungsergebnisse zu gewährleisten, werden an die einkommensorientierte Fair-Value-Ermittlung diverse objektivierende Anforderungen gestellt. Insbesondere hat die Bemessung der relevanten Einzahlungsüberschüsse gemäß des Einzelbewertungsgrundsatzes zu erfolgen, sodass idealerweise nur die tatsächlich durch das einzelne immaterielle Wirtschaftgut generierten Zahlungsströme bei der Wertermittlung zu berücksichtigen sind (sog. Stand-Alone-Hypothese).[1045] Freilich ist gerade diese äußerst problematische Abstraktion relevanter Einnahmeüberschüsse von geschäftswertbildenden Faktoren bzw. von unternehmensspezifischen Ertragsströmen und Synergieeffekten der Grund, warum eine ertragswertorientierte Bewertung im Steuerrecht auf vehemente Ablehnung stößt.[1046] Insgesamt sind die Möglichkeiten der Objektivierung der Einflussfaktoren des Barwertkalküls also äußerst beschränkt, sodass sich die hier ermittelten Wertansätze nur in den seltensten Fällen als intersubjektiv nachprüfbar erweisen.[1047]

Demgegenüber wird der steuerbilanzadäquate Teilwert im Wesentlichen durch die Kosten zur Herstellung eines nutzenäquivalenten Wirtschaftsguts bestimmt. Diese an der Substanzerhaltung orientierte Interpretation des Teilwertbegriffs impliziert grundsätzlich die Anwendung eines kostenorientierten Bewertungsverfahrens.[1048] Auf der Basis einer solchen normgerechten Interpretation des Teilwerts entwickelte MUJKANOVIC eine überzeugende und in sich geschlossene Konzeption zur Teilwertermittlung im Zuge eines Unternehmenskaufs erworbene Wirtschaftsgüter.[1049] Ausgangspunkt der Wertbestimmung ist dabei die in der Legaldefinition des Teilwerts geforderte gesamtunternehmensabhängige Bewertung aus Erwerbersicht. Dieser Umstand macht es erforderlich, bei der Rekonstruktion eines funktionsgleichen Wirtschaftsguts auf die Fortführungsplanung des Erwerbers bzw. das Planerfüllungspotenzial abzustellen. Der Wert eines Wirtschaftsguts wird danach im Wesentlichen durch die ersparten Ausgaben für die Rekonstruktion des erworbenen Leistungspotenzials bestimmt. Neben der Ermittlung der Anschaffungsausgaben für das Vergleichsobjekt ist es ferner notwendig, ggf. vorhandene Leistungsunterschiede zwischen dem Bewertungs- und dem Vergleichsobjekt sowie jegliche wirtschaftliche Vor- und Nachteile (z. B. Abschläge wegen technischer oder physischer Veralterung) zu be-

---

[1044] Vgl. Baetge, Jörg/Zülch, Henning: Fair Value-Accounting, in: BFuP, Heft 6, (2001), S. 543–562, hier S. 559f; Küting, Karlheinz: Die Bedeutung der Fair-Value-Bewertung für Bilanzanalyse und Bilanzpolitik, in: Fair Value – Bewertung in Rechnungslegung, Controlling und Finanzwirtschaft, hrsg. von Hartmut Bieg und Reinhard Heyd, München 2005, S. 495–516, hier S. 509; Jäger/Himmel: a. a. O. (Fn. 1000), S. 436 f.

[1045] Vgl. Jäger/Himmel: a. a. O. (Fn. 1000), S. 430 u. 437.

[1046] Vgl. hiezu die Ausführungen in Kapitel 6.4.1.1.

[1047] Vgl. hierzu insbesondere Kümmel: a. a. O. (Fn. 1043), S. 189 f.

[1048] Beim kostenorientierten Ansatz wird zwischen den Kosten für ein identisches Wirtschaftsgut (Reproduktionsmethode) und den Kosten für ein Wirtschaftsgut mit gleichen Nutzen (Wiederbeschaffungskostenmethode) unterschieden; vgl. hierzu Kapitel 5.1.2.2.

[1049] Vgl. hierzu ausführlich Mujkanovic, Robin: Der Erwerb einer Unternehmung im Wege des Vermögenskaufs – zur steuerlichen Eröffnungsbilanz des Erwerbers – Normgerechte Interpretation des Teilwerts und Bilanzierung eines negativen Geschäftswerts, Wiesbaden 1994.

rücksichtigen.[1050] Da sich insbesondere immaterielle Wirtschaftsgüter regelmäßig durch eine hohe Spezifität auszeichnen, erweist sich die Bestimmung derartiger leistungsbeeinträchtigender Faktoren in diesem Zusammenhang als zentrale Herausforderung.[1051]

Insgesamt hat eine substanz- bzw. kostenorientierte Bewertung immaterieller Wirtschaftsgüter den Vorteil, dass der Wertansatz vorrangig auf am Markt bestätigten Preisen basiert. Die Anwendung eines kostenorientierten Verfahrens wird dabei entscheidend erleichtert, wenn das akquirierte Unternehmen über ein adäquates Kostenrechnungssystem verfügt und infolgedessen zumindest ein Ansatzpunkt für die Wertfindung von spezifischen selbst erstellten Einzelwirtschaftsgütern besteht. Gleichwohl wird ein solches Wiederbeschaffungsszenario aufgrund der Einzigartigkeit vieler immaterieller Vermögenswerte und der Nichtberücksichtigung des zukünftigen Nutzens auch als „artifiziell" und daher als „regelmäßig nicht valide" bezeichnet.[1052] Dem ist allerdings entgegenzusetzen, dass hier im Gegensatz zum einkommensorientierten Ansatz nicht auf erwartete und damit in erster Linie subjektive Größen, sondern überwiegend vergangenheitsorientierten Daten abgestellt wird. Im Ganzen handelt es sich also um einen hinsichtlich des Objektivierungsprinzips – gewiss eingeschränkt – intersubjektiv nachprüfbaren und somit vergleichsweise zuverlässigen Wertansatz.[1053] Vorteile ergeben sich zudem hinsichtlich der Einfachheit und Praktikabilität der eigentlichen Bewertungsdurchführung. Vor allem sind die zur Reproduktion eines nutzenäquivalenten Wirtschaftsguts anfallenden Kosten in der Regel relativ einfach bestimm- und zuordenbar.[1054] Dies setzt freilich eine prinzipiell lückenlose Aufzeichnung über sämtliche in der Vergangenheit angefallenen Kosten voraus.[1055]

Alles in allem ist zu konstatieren, dass eine kostenorientierte Bewertung von im Rahmen eines Unternehmenskaufs zugegangenen immateriellen Vermögenswerten deren zukünftige Erfolgsbeiträge negiert und daher zweifellos den Informationsansprüchen des Fair-Value-Konzepts nicht zu genügen vermag. Ein substanzwertorientiertes Bewertungsverfahren hingegen wird der Legaldefinition des Teilwerts sowie den Anforderungen einer objektivierten bzw. rechtsstaatlichen und praktikablen Ermittlung der Besteuerungsgrundlage weitaus besser gerecht.

6.4.1.4   Die eingeschränkte Anwendbarkeit kostenorientierter Bewertungsverfahren

Die vorangegangenen Ausführungen belegen, dass die im deutschen Steuerrecht präferierte Anwendung von kostenorientierten Bewertungsverfahren ein Resultat des in der Teilwertdefinition manifestierten „Bemühens um Objektivierung der Wertzumessung" ist.[1056] Ein solches substanzwertorientiertes Bewertungsverfahren eignet sich dabei durchaus auch für die Bewertung spezifischer und unsicherer immaterieller Wirtschaftsgüter. Dies gilt vor allem, wenn berück-

---

[1050] Vgl. Mujkanovic: Erwerb einer Unternehmung, a. a. O. (Fn. 1049), S. 98; ders.: Teilwertermittlung, a. a. O. (Fn. 1027), S. 839. Entsprechendes gilt auch für den kostenorientierten Ansatz; vgl. IDW Stellungnahme zur Rechnungslegung: Bewertung bei der Abbildung von Unternehmenserwerben und bei Werthaltigkeitsprüfungen nach IFRS (IDW RS HFA 16), in: Die Wirtschaftsprüfung, Heft 24, (2005), S. 1415–1426, hier S. 1420.

[1051] Vgl. hierzu ausführlich Reilly, Robert/Schweihs, Robert P.: Valuing intangible assets, New York 1999, S. 97.

[1052] Beide Zitate Lüdenbach, Norbert/Prusaczyk, Peter: Bilanzierung von „In-Process Research and Developement" beim Unternehmenserwerb nach IFRS und US-GAAP, in: KoR, Heft 10, (2004), S. 415–422, hier S. 418.

[1053] Gleichwohl ist auch das kostenorientierte Verfahren nicht immer gänzlich von subjektiven Erwartungen befreit. So sieht beispielsweise MUJKANOVIC in seiner Teilwertermittlungskonzeption die Berücksichtigung von Zinseffekten dort zeitlich verschobenen Zahlungen vor; vgl. Mujkanovic: Erwerb einer Unternehmung, a. a. O. (Fn. 1049), S. 100.

[1054] Vgl. Grüner, Tanja: Behandlung immaterieller Vermögenswerte im Rahmen der Erstkonsolidierung nach IAS/IFRS, Diss. München 2006, S. 179; Jäger/Himmel: a. a. O. (Fn. 1000), S. 427 f.

[1055] Vgl. Beyer, Sven: Fair Value-Bewertung von Vermögenswerten und Schulden, in: Unternehmenskauf nach IFRS & US-GAAP, hrsg. von Wolfgang Ballwieser u. a., Stuttgart 2005, 141–189, hier S. 165.

[1056] Mellwig: a. a. O. (Fn. 1036), S. 1079.

sichtigt wird, dass keineswegs sämtliche erworbene immaterielle Wirtschaftsgüter im Erwerbszeitpunkt bereits eindeutig zuordenbare Zahlungsströme generieren und eine einkommensorientierte Zugangsbewertung hier daher ohnehin nur auf der Basis zweifelhafter Prognosen möglich
wäre.[1057] Dessen ungeachtet empfiehlt sich der kostenorientierte Ansatz grundsätzlich für die
Bewertung derjenigen immateriellen Wirtschaftsgüter, deren Erstellung schrittweise erfolgt und
bei denen folglich die anfallenden Kosten relativ unproblematisch bemessen werden können
(z. B. selbst erstellte Computersoftware).[1058]

Dessen ungeachtet ist der ausschließliche Rückgriff auf vergangenheitsorientierte Daten im Sinne eines kostenorientierten Verfahrens bei der Ermittlung eines objektivierten Zugangswerts
von bestimmten, meist absatzmarktbezogenen immateriellen Wirtschaftsgütern nicht immer
uneingeschränkt möglich. Als zentrales Problem erweisen sich hier die Ermessensspielräume,
welche sich aufgrund der Schlüsselungsproblematik von Gemeinkosten bei der Ermittlung der
Herstellungskosten vieler immaterieller Wirtschaftsgüter ergeben.[1059] Teile des Schrifttums for-
dern daher bei der Teilwertbestimmung die Berücksichtigung von absatzmarktorientierten Faktoren, wenn dem jeweiligen Wirtschaftsgut im Erwerbszeitpunkt eindeutig isolierbare und kau-
sal verursachte Nettoerträge zugeordnet werden können.[1060] Demzufolge wird eine Bewertung
anhand kapitalisierter Einnahmeüberschüsse insofern steuerbilanziell vertreten, als dass das
immaterielle Wirtschaftsgut im Zugangszeitpunkt eine eigenständige Ertragsquelle für das Unternehmen darstellt.[1061] Freilich kommt eine an bestimmte Ertragserwartungen anknüpfende
Bewertung immaterieller Einzelwirtschaftsgüter gemäß dem Einzelbewertungsprinzip aber nur
dann in Betracht, wenn die jeweilige Ertragskomponente nicht dem Wertansatz des Geschäfts-
oder Firmenwertes zuzuordnen ist.[1062]

Vor dem Hintergrund einer prinzipienkonformen steuerlichen Gewinnermittlung bleibt somit
keine andere Schlussfolgerung, als die hierarchische Gliederung der anwendbaren Bewertungsverfahren nach IAS/IFRS entschieden abzulehnen. Vielmehr ist gerade deren Umkehr erforderlich. Denn aus Objektivierungsgründen bzw. der Gleichmäßigkeit und Rechtssicherheit der Besteuerung stellt nicht der kostenorientierte Ansatz, sondern die einkommensorientierte Wertbemessung das steuerbilanziell nachrangig anzuwendende Bewertungsverfahren dar. Führt hingegen die substanzwertorientierte Bewertung aufgrund der Unmöglichkeit der kalkulatorischen
Reproduktion eines nutzenäquivalenten immateriellen Wirtschaftguts zu einer offensichtlich
falschen Abbildung der steuerlichen Leistungsfähigkeit, gilt es die Anwendbarkeit der einkom-
men- bzw. ertragswertorientierten Zugangsbewertung zu überprüfen. Steuerrechtlich handelt es
sich beim einkommensorientierten Bewertungsverfahren bzw. dem Ertragswert also lediglich
um einen „sekundären Bewertungsmaßstab, der erst dann greift, wenn die Bewertung mit einem
primären Bewertungsmaßstab nicht möglich ist".[1063]

[1057] Vgl. Grüner: a. a. O. (Fn. 1054), S. 179

[1058] Vgl. Jäger/Himmel: a. a. O. (Fn. 1000), S. 428; Greinert, Markus: Die bilanzielle Behandlung von Marken,
Lohmar/Köln 2002, S. 159.

[1059] Vgl. Moxter: Immaterielle Anlagewerte, a. a. O. (Fn. 958), S. 1105. Siehe hierzu auch die Diskussion in Kapitel
6.5.2.4.2.

[1060] Vgl. Glade, Hans-Joachim: Immaterielle Anlagewerte in Handelsbilanz, Steuerbilanz und Vermögensaufstellung, Bergisch Gladbach 1991, S. 217; Mellwig: a. a. O. (Fn. 1036), S. 1088; Ehmcke, Torsten in: Blümich
EStG, hrsg. von Bernd Heuermann, München (Ergänzung Nr. 97: Stand Dezember 2007), § 6, Rz. 590; Teschke, Manuel: Der Begriff der voraussichtlich dauernden Wertminderung bei der Teilwertabschreibung, in DStZ,
Heft 19, (2006), S. 661–665, hier S. 665.

[1061] Vgl. Glade: a. a. O. (Fn. 1060), S. 217; Hoyos, Martin/Schramm, Marianne/Ring, Maximilian in: Beck'scher
Bilanz Kommentar, hrsg. von Ellrott u.a., 6. Auflage, München 2006, §253, Rz. 306; Glanegger in: Ludwig
Schmidt EStG: a. a. O. (Fn. 1026), § 6, Rz. 249.

[1062] Vgl. Glanegger in: Ludwig Schmidt EStG, a. a. O. (Fn. 1026), § 6, Rz. 249.

[1063] Glade: a. a. O. (Fn. 1060), S. 216.

6.4.2   Folgebewertung der erworbenen immateriellen Wirtschaftsgüter

6.4.2.1   Planmäßige Abschreibung als Ausdruck einer praktikablen und objektivierten Aufwandsverteilung nach dem Realisationsprinzip

Die im Steuerrecht mit 15 Jahren sehr hoch bemessene und nach IAS/IFRS gänzlich untersagte planmäßige Abschreibung des Geschäftswerts ist Ursache dafür, dass die differente Folgewertung immaterieller Einzelwirtschaftsgüter ein aus steuerlicher als auch aus kapitalmarktorientierter Sicht nicht zu vernachlässigender Faktor bei der Abgrenzung immaterieller Wirtschaftsgüter vom Geschäftswert ist. Insbesondere weckt der durch den IASB im Rahmen des „Business Combinations"-Projekts eingeführte und kontrovers diskutierte Impairment-Only-Ansatz unweigerlich Erinnerungen an die steuerliche Einheitstheorie. Dies ist auch der Grund, weshalb in dieser Arbeit primär der Vergleich zwischen Teilwertabschreibung und außerplanmäßiger Abschreibung nach IAS 36 im Fokus der Untersuchung steht. In Anbetracht dessen erfolgt hier lediglich eine Würdigung der wesentlichen Grundzüge der planmäßigen Folgebewertung nach IAS/IFRS und geltendem Steuerrecht.[1064]

Grundsätzlich verfolgen beiden Konzeption die am Realisationsprinzip bzw. des *Matching Principle* orientierte periodengerechte Zuordnung von Aufwendungen zu den Perioden, in denen die dazugehörigen Erträge realisiert wurden. Dabei wird aus Vereinfachungsgründen einheitlich auf planmäßige Abschreibungen zurückgegriffen, zu deren Durchführung im Erwerbszeitpunkt jeweils eine vom Verkäufer des Unternehmens unabhängige Einschätzung der betriebsgewöhnlichen Restnutzungsdauer vorzunehmen ist. Dieses planmäßige Vorgehen, welches folglich von der tatsächlichen Wertentwicklung losgelöst ist und Abschreibungsbeträge methodisch auf die Nutzungsdauer verteilt, entspricht den Grundsätzen der Gleichmäßigkeit und Rechtssicherheit der Besteuerung.[1065] Demgegenüber bestehen zwischen beiden Rechnungslegungssystemen gravierende Unterschiede hinsichtlich der heranzuziehenden Grundsätze bei der Schätzung der verbleibenden Abschreibungsdauer. So wird nach IAS/IFRS insbesondere ein Abstellen auf die betriebsindividuelle Nutzungsdauer des bilanzierenden Unternehmens propagiert. Ein solches Vorgehen wirkt allerdings in hohem Maße entobjektivierend und ist daher in Hinblick auf die Rechtssicherheit und Praktikabilität der Besteuerung abzulehnen.[1066] Es besteht demnach kein vertretbarer Grund, diesbezüglich von dem steuerbilanziell maßgeblichen Zeitraum der technischen Abnutzbarkeit eines Wirtschaftsguts abzuweichen.[1067]

Bei der Bestimmung der zulässigen Abschreibungsmethoden existieren derweil weitere grundlegende Unterschiede. Denn während nach IAS/IFRS ausschließlich die wirtschaftliche Betrachtungsweise über die Höhe der jährlichen Abschreibungsbeträge bestimmt, ist eine derartige, aus dem Umstand der betriebsindividuellen und leistungsabhängigen Festlegung der Abschreibungsverläufe resultierende Methodenvielfalt steuerlich untersagt. Der uneingeschränkte Vorrang der wirtschaftlichen Betrachtungsweise würde hier vielmehr zu im Ermessen des Bilanzie-

---

[1064] Für einen detaillierten Vergleich und Würdigung der planmäßigen Folgebewertung nach IAS/IFRS und Steuerrecht vgl. Herzig: IAS/IFRS und steuerliche Gewinnermittlung, a. a. O. (Fn. 945), S. 169–188.

[1065] Vgl. Endres, Dieter/Scheffler, Wolfram/Oestreicher, Andreas/Spengel, Christoph: The determination of corporate taxable income in the EU member states, Alphen/Rijn, 2007, S. 51–59.

[1066] Vgl. Herzig: IAS/IFRS und steuerliche Gewinnermittlung, a. a. O. (Fn. 945), S. 182 u. 185; Breithecker, Volker/ Klapdor, Ralf/Rokitta, Miriam: Stellen die IFRS die richtige Grundlage für eine gemeinsame steuerliche Bemessungsgrundlage der EU dar?, in: StuW, Heft 2, (2007), S. 145–160, hier S. 156.

[1067] Vgl. hierzu die Ausführungen in Kapitel 5.2.4.3. Steuerrechtlich erfährt die Bestimmung der betriebsgewöhnlichen Nutzungsdauer zudem durch die Afa-Tabellen des Gesetzgebers eine objektivierende Einschränkung. Die in den Afa-Tabellen festgelegten Abschreibungszeiträume haben zwar keine unmittelbare Rechtswirkung, können jedoch nur durch die Darlegung objektiv nachprüfbarer Gründe widerlegt werden; vgl. Herzig: IAS/IFRS und steuerliche Gewinnermittlung, a. a. O. (Fn. 945), S. 179.

renden liegenden Abschreibungsverläufen und somit zu nur mit erheblichem Aufwand intersubjektiv nachprüfbaren Bewertungsergebnissen führen. Aus diesem Grund erfährt hier das im Steuerrecht vorherrschende Leitungsfähigkeitsprinzip durch die zwingend anzuwendende lineare Abschreibungsmethode zu Recht eine Einschränkung durch die Objektivierung und Praktikabilität der Besteuerung. Indessen konnte das Verbot der degressiven Abschreibungsmethode für immaterielle Wirtschaftsgüter nach § 7 Abs. 2 EStG (a. F.) aufgrund des diesbezüglich vertretenen Abstellens auf das Kriterium der Unbeweglichkeit immaterieller Wirtschaftsgüter keineswegs überzeugen.[1068] Mit dem generellen Verbot der degressiven Abschreibungsmethode durch Artikel 1 des Unternehmensteuerreformgesetzes 2008 vom 14. August 2007 wurde diese Ungleichbehandlung zwischen materiellen und immateriellen Wirtschaftsgütern allerdings zugunsten der Gleichmäßigkeit der Besteuerung abgeschafft.[1069]

6.4.2.2   Erfassung außerplanmäßiger Wertminderungen

6.4.2.2.1   Antizipation bereits eingetretener Wertminderungen nach Maßgabe der wirtschaftlichen Leistungsfähigkeit

Die steuerbilanziell gebotene Erfassung von außerplanmäßigen Wertminderungen im Rahmen der Teilwertabschreibung resultiert aus dem einzelbewertungsgeprägten Imparitätsprinzip, welches als Ausfluss des Vorsichtsprinzips die verlustfreie Bilanzierung und Bewertung von bilanzierten Wirtschaftsgütern sicherstellt.[1070] Das Imparitätsprinzip ordnet sich dabei dem vorgelagerten Realisationsprinzip unter, sodass nicht stichtagbezogene Effektivvermögensänderungen, sondern zukünftig drohende, jedoch bereits zum Abschlussstichtag wirtschaftlich entstandene Ausschüttungsbelastungen antizipiert werden.[1071] Demgemäß wird nach diesem Teilwertverständnis nur dann ein Verlust vorzeitig erfasst, wenn die höheren Buchwerte bzw. die fortgeführten Anschaffungs- und Herstellungskosten am Bilanzstichtag nicht mehr durch objektiv zurechenbare Nettoerträge gedeckt werden, sodass beim künftigen Abgang des entsprechenden Wirtschaftsguts die Realisierung eines hinreichend sicheren Verlusts zu erwarten ist.[1072]

Zugleich steht eine durch Teilwertabschreibungen verkörperte verlustfreie Bewertung zweifelsfrei im Einklang mit dem objektiven Nettoprinzip, welches als Ausdruck steuerlicher Leistungsfähigkeit die uneingeschränkte Berücksichtigung von leistungsfähigkeitsmindernden Faktoren – und somit auch der Verluste – bei der steuerlichen Gewinnermittlung gebietet.[1073] Entsprechend käme ein Verzicht auf die Teilwertabschreibung dem Ausweis und der Besteuerung einer tatsächlich nicht vorhandenen wirtschaftlichen Leistungsfähigkeit gleich. Zwecks Verhinderung einer derartigen Übermaßbesteuerung ist es zwingend notwendig, eine Eliminierung von zweifelhaften Vermögensbestandteilen bei der Erfassung des am Markt erwirtschafteten Reinvermögenszugangs vorzunehmen.[1074]

[1068] Vgl. Herzig: IAS/IFRS und steuerliche Gewinnermittlung, a. a. O. (Fn. 945), S. 190.

[1069] Vgl. Unternehmensteuerreformgesetz 2008 – Drucksache 384/07, Beschluss des Bundestages vom 24.5.2007, § 1, Nr. 10.

[1070] Vgl. Euler: Verlustantizipation, a. a. O. (Fn. 1037), S. 191 und 209f; Moxter: Teilwertkonzeption, a. a. O. (Fn. 1028), S. 831 f.

[1071] Vgl. Moxter: Teilwertkonzeption, a. a. O. (Fn. 1028), S. 831f; Hommel, Michael/Berndt, Thomas: Voraussichtlich dauernde Wertminderungen bei der Teilwertabschreibung und Abschlussstichtagsprinzip, in: FR, 82. Jg. (2000), S. 1305–1376, hier S. 1306.

[1072] Vgl. Hommel/Berndt: a. a. O. (Fn. 1071), S. 1306.

[1073] Vgl. Lang, Joachim, in: Tipke, Klaus/Lang, Joachim: Steuerrecht, 18 Auflage, Köln 2005, § 4 Rz. 83. Ebenso Siegel, Theodor: Rückstellungen, Teilwertabschreibungen und Maßgeblichkeitsprinzip, in: StuB, Heft 4, (1999), S. 195–201, hier S. 200.

[1074] Vgl. hierzu auch die Ausführungen zur steuerlichen Rechtfertigung des Imparitätsprinzips in Kapitel 3.4.2.3.

Insoweit wird deutlich, dass die steuerliche Teilwertkonzeption in Hinblick auf eine vorzuneh-
mende außerplanmäßige Abschreibung grundsätzlich den durch die Prinzipien der steuerlichen
Gewinnermittlung gestellten Anforderungen gerecht wird. So wird einerseits durch das Abstellen auf eine fiktive Transaktion dem Umstand Rechnung getragen, dass am Bilanzstichtag gerade keine tatsächliche Bestätigung der Wertminderung am Markt vorlag. Zum anderen wird somit auch die Berücksichtigung von Wertminderungsverlusten der nicht einzeln am Markt ver-
äußerbaren Wirtschaftsgüter ermöglicht (z. B. Geschäftswert).[1075] Strittig ist hingegen, ob vor
dem Hintergrund der Periodenabgrenzung auch vorübergehende Wertminderungen durch Teilwertabschreibungen und Wertaufholungen abzubilden sind.[1076] Die Erfassung nicht dauerhafter
Wertminderungen scheint jedoch bezogen auf Wirtschaftsgüter des Anlagevermögens sowohl
aus Sicht des Imparitätsprinzips als auch unter dem Aspekt der objektiven Erfassung der wirtschaftlichen Leistungsfähigkeit nicht vertretbar. Speziell das Anlagevermögen ist definitions-
gemäß dazu bestimmt, dem Unternehmen dauerhaft zu dienen. Demgemäß handelt es sich bei
einem im Vergleich zum Buchwert vorübergehend niedrigeren Zeitwert wohl kaum um einen
„entstandenen Verlust im Sinne des Bilanzrechts".[1077] Analog zu der hier handelsrechtlich fehlenden Ausschüttungsbelastung gebietet auch eine prinzipienkonforme und funktionale Teilwertabschreibung die Ausblendung von kurzfristigen, sich ggf. zukünftig wieder ausgleichen-
den Wertschwankungen.[1078] Anhand der Teilwertabschreibungen wird aus steuersystematischer
Sicht insofern kein zukünftiger oder vorübergehender Verlust antizipiert, sondern eine im Sinne
des steuerlichen Leistungsfähigkeitsprinzips bereits eingetretene Wertminderung erfasst.[1079]

Freilich ist den Informationszwecken dienenden IAS/IFRS die Berücksichtigung von außerplanmäßigen Wertminderungen und damit die Pflicht zur Vornahme außerplanmäßiger Abschreibungen auf wertgeminderte Vermögenswerte keineswegs fremd.[1080] Im Unterschied zum
geltenden Bilanzsteuerrecht wird dabei allerdings zunächst nicht zwischen einem vorübergehenden und einem dauerhaften Abwertungsbedarf unterschieden. Die genauere Betrachtung der
in IAS 36.9 aufgeführten Beispiele lässt jedoch darauf schließen, dass im Ergebnis fast ausschließlich dauerhafte Wertminderungen bilanziell berücksichtigt werden.[1081] Trotz grundsätzlich unterschiedlicher Konzeptionen in der Vorgehensweise führen das *Matching Principle* nach
IAS/IFRS und das steuerbilanzielle Konzept der Verlustantizipation also zu nahezu deckungsgleichen Ergebnissen.[1082] Beide Rechnungslegungssysteme antizipieren demnach bereits einge-

---

[1075] Vgl. Kuntschik: a. a. O. (Fn. 872), S. 122.

[1076] Der Gesetzgeber hat mit der Einführung des Steuerentlastungsgesetzes 1999/2000/2001 die Vornahme einer
Teilwertabschreibung an das Vorliegen einer dauerhaften Wertminderung geknüpft, vgl. hierzu den Wortlaut
des § 6 Abs. 1 Nr. 1 Satz2 EStG. Nach Ansicht des BFH ist diese Voraussetzung bei abnutzbaren Wirtschaftsgütern des Anlagevermögens dann erfüllt, wenn der Teilwert zumindest während der halben Restnutzungsdauer
den planmäßigen Restbuchwert unterschreitet; vgl. BFH-Urteil vom 14.3.2006 I R 22/05, in: BStBl. II 2006,
S. 681.

[1077] Wüstemann, Jens: Funktionale Interpretation des Imparitätsprinzips, in: Zfbf, Heft 11, (1995), S. 1029–1043,
hier S. 1038.

[1078] Vgl. Moxter: Teilwertkonzeption, a. a. O. (Fn. 1028), S. 832; Hennrichs, Joachim: Maßgeblichkeitsgrundsatz
oder eigenständige Prinzipien für die Steuerbilanz?, in: Besteuerung von Einkommen, DStJG, Band 21, Köln
2001, S. 301–328, hier S. 323.

[1079] Vgl. Piltz, Detlev J.: Verbindlichkeit versus Drohverlust – Welche Rückstellungen sind noch erlaubt?, in: StbJb
1999/2000, Köln 2000, S. 221–248, hier S. 224; Hennrichs: Maßgeblichkeitsgrundsatz, a. a. O. (Fn. 1078),
S. 322; Kuntschik: a. a. O. (Fn. 872), S. 122 m. w. N.

[1080] Vgl. hierzu die Ausführungen in Kapitel 5.1.2.3.2.

[1081] Vgl. Kirsch, Hanno: Außerplanmäßige Abschreibung von Sachanlagen und immateriellen Vermögenswerten
nach IAS 36 und nach § 6 Abs. 1 EStG, in: DStR, Heft 15, (2002), S. 646–650, hier S. 649; Herzig: IAS/IFRS
und steuerliche Gewinnermittlung, a. a. O. (Fn. 945), S. 197

[1082] Vgl. Hoffmann, Wolf-Dieter in: Haufe IFRS-Kommentar, hrsg. von Norbert Lüdenbach und Wolf-Dieter Hoffmann, 4. Auflage, Freiburg i. Br. 2006., § 11, Rz. 16; Herzig: IAS/IFRS und steuerliche Gewinnermittlung,
a. a. O. (Fn. 945), S. 197.

tretene dauerhafte Wertminderungen unabhängig von der tatsächlichen Marktrealisation, daher genügen auch die IAS/IFRS in diesem Punkt den Anforderungen eines objektivierten steuerlichen Leistungsfähigkeitsprinzips. Von entscheidender Bedeutung ist dabei allerdings, inwieweit der im jeweiligen Rechnungslegungssystem heranzuziehende Vergleichsmaßstab eine ermessensbeschränkende und somit praktikable und rechtssichere Vornahme einer außerplanmäßigen Abschreibung stützt.

6.4.2.2.2 Erzielbarer Betrag versus Teilwert

Als Vergleichsmaßstab einer außerplanmäßigen Abschreibung nach IAS 36 dient der erzielbare Betrag, welcher aus dem Höchstwert aus Nettoveräußerungspreis und Nutzungswert abzuleiten ist.[1083] An dieser Stelle wird nochmals deutlich, dass die IAS/IFRS im Gegensatz zu einer mit der Legaldefinition des Teilwertes konformen Teilwertermittlung ausschließlich auf die Wertverhältnisse am Absatzmarkt abstellen.[1084] Dennoch existieren Ausnahmefälle, in denen auch im Steuerrecht von der beschaffungsmarktorientierten Teilwertermittlung abgewichen wird. So wird zum einen bei nicht betriebsnotwendigen Wirtschaftsgütern der Teilwert richtigerweise durch die erzielbaren Einzelveräußerungspreise bestimmt.[1085] Gleiches gilt bei einer schlechten Ertragslage des Unternehmens, bei welcher sowohl nach deutschem Steuerrecht als auch nach IAS/IFRS der Nettoveräußerungspreis zum relevanten Wertansatz wird.[1086] Während in diesem Fall der Nutzungswert nach IAS/IFRS regelmäßig den Nettoveräußerungspreis unterschreitet, ist hier der steuerrechtliche Rückgriff auf die Einzelveräußerungskosten durch das Imparitätsprinzip bedingt.[1087] Danach macht bei einer schlechten Ertragslage des Gesamtunternehmens das Ansatzverbot für den negativen Geschäftswert den Durchgriff auf die Einzelwirtschaftsgüter zwingend erforderlich.[1088] Andererseits lässt sich eine schlechte Ertragslage unter Umständen auch direkt auf solche Einzelwirtschaftsgüter zurückführen, welche sich aufgrund mangelnder Rentabilität als Fehlinvestitionen erwiesen haben.[1089] In solchen Fällen ist eine Teilwertabschreibung laut Rechtsprechung unabhängig von der Ertragslage des Unternehmens zulässig und geboten.[1090] Somit stimmt in diesen Ausnahmefällen die Wertuntergrenze des Teilwerts mit dem nach IAS/IFRS heranzuziehenden Veräußerungspreis abzüglich der Veräußerungskosten überein, sodass hier nach beiden Konzeptionen ein absatzmarktbezogener Wertansatz als Vergleichsmaßstab dient.[1091]

Dessen ungeachtet ist im Regelfall davon auszugehen, dass steuerlich nicht die Einzelveräußerungskosten, sondern die beschaffungsmarktorientierten Wiederbeschaffungskosten die Wertuntergrenze einer vorzunehmenden Teilwertabschreibung markieren. Der steuerlichen Vorge-

---

[1083] Vgl. hierzu die Ausführungen in Kapitel 5.1.3.2.3.

[1084] Vgl. hierzu die Ausführungen in Kapitel 6.4.1.1.

[1085] Vgl. Moxter: Teilwertkonzeption, a. a. O. (Fn. 1028), S. 830; Muijkanovic: Teilwertermittlung, a. a. O. (Fn. 1027), S. 839; BFH-Urteil vom 5.10.1972 IV R 118/70, in: BStBl. II 1973, S. 207.

[1086] Vgl. Kirsch: Außerplanmäßige Abschreibung, a. a. O. (Fn. 1081), S. 648.

[1087] Vgl. Beiser. Reinhold: Der Teilwert im Schnittbereich zwischen Substanz- und Ertragswert, in: DStR, Heft 41, (2002), S. 1777–1782, hier S. 1779. Unterschreiten die Einzelveräußerungskosten die Wiederbeschaffungskosten, stellen diese die maßgebende Wertuntergrenze dar; vgl. BFH-Urteil vom 2.3.1973 III R 88/69, in: BStBl. II 1973, S. 476, sowie BFH-Urteil vom 17.9.1987 III R 272/83, in: BStBl. II 1988, S. 441.

[1088] Vgl. Herzig: IAS/IFRS und steuerliche Gewinnermittlung, a. a. O. (Fn. 945), S. 202 m. w. N.

[1089] Vgl. Beiser: a. a. O. (Fn. 1087), S. 1779f; Glanegger: a. a. O. (Fn. 1026), § 6, Rz. 1073. Eine Fehlinvestition liegtlaut BFH dann vor, wenn der wirtschaftliche Nutzen eines Wirtschaftguts bei objektiver Betrachtung deutlich hinter den zum Erwerb des Wirtschaftguts getätigten Aufwand zurückbleibt; vgl. BFH-Urteil vom 20.5.1988 III R 151/86, in: BStBl. II 1989, S. 269.

[1090] Vgl. BFH-Urteil vom 17.9.1987 III R 272/83, in: BStBl. II 1988, S. 441.

[1091] Vgl. Kirsch: Außerplanmäßige Abschreibung, a. a. O. (Fn. 1081), S. 648; Herzig: IAS/IFRS und steuerliche Gewinnermittlung , a. a. O. (Fn. 945), S. 202 f.

hensweise liegt die Annahme zugrunde, dass nach der Legaldefinition des Teilwertes ein fiktiver Erwerber des Unternehmens stets den niedrigeren der beiden Werte aus Nettoveräußerungspreis und Wiederbeschaffungskosten ansetzen würde.[1092] Gemäß IAS/IFRS wird hingegen der hier vermutlich regelmäßig über dem Nettoveräußerungspreis liegende Nutzenwert als maßgeblicher Vergleichsmaßstab für die außerplanmäßige Abschreibung herangezogen. Zwar ist die steuerliche Vorgehensweise aus Objektivierungsgründen grundsätzlich vorzuziehen, ungeklärt bleibt jedoch auch hier die Frage, wie die Wiederbeschaffungskosten von spezifischen, insbesondere immateriellen Wirtschaftsgütern im Rahmen der Folgebewertung überhaupt ermittelt werden sollen.

Die angesprochene Problematik zeigt sich besonders deutlich in der Tatsache, dass bei der Folgebewertung – im Gegensatz zur Zugangbewertung – eine Situation eintritt, in welcher die Bewertung entgegen der Legaldefinition des Teilwerts zwangsläufig aus der Sicht des Betriebsinhabers zu erfolgen hat. Das Abstellen auf die Sicht des Erwerbers erweist sich also bei der Folgebewertung als eine tatsächliche Fiktion, welche die Objektivierungsbemühungen des Gesetzgebers ausdrückt. Abgesehen davon, dass danach die Wiederbeschaffungskosten bei der Folgebewertung die Kriterien der Legaldefinition des Teilwerts offensichtlich nicht erfüllen, bleibt das Problem der ohnehin eingeschränkten Anwendbarkeit von kostenorientierten Verfahren bei der Teilwertbestimmung vieler immaterieller Wirtschaftsgüter weiterhin ungelöst. So ist hinsichtlich der Folgebewertung immaterieller Wirtschaftsgüter vor allem fraglich, auf welche Art und Weise technische Fortschritte oder ökonomische Beeinträchtigungen (z. B. Nachfrageverschiebungen) bei der Bemessung der Wiederbeschaffungskosten berücksichtigt werden sollen. Die Bestimmung der diesbezüglich bei der kostenorientierten Wertermittlung vorzunehmenden Wertabschläge erweist sich bekanntlich schon im Zeitpunkt der Erstbewertung als kritisch und wird zunehmend schwieriger, je älter und spezifischer das immaterielle Wirtschaftgut ist.[1093] Es erscheint daher nahezu illusorisch, einen solchen Wertabschlag im Rahmen der Folgebewertung eines hochspezifischen und relativ lange im Unternehmen gehaltenen immateriellen Wirtschaftsguts objektiv zu bemessen. Vor dem Hintergrund dieser Überlegungen ist es nicht verwunderlich, dass nach IAS/IFRS die Anwendung von kostenorientierten Verfahren auf die Zugangbewertung im Rahmen der Kaufpreisallokation begrenzt ist.[1094]

Die einkommensorientierte Bewertung stellt somit trotz der offensichtlichen Schwächen hinsichtlich der mangelnden intersubjektiven Nachprüfbarkeit oft die einzige Möglichkeit dar, außerplanmäßige Wertminderungen immaterieller Wirtschaftsgüter zu erfassen.[1095] Der in diesem Rahmen heranzuziehende Vergleichsmaßstab kann demnach nur pauschal durch vergangenheits- bzw. kostenorientierte Verfahren ermittelt werden und ist vielmehr unter sorgfältiger Abwägung aller wertbeeinflussenden und objektivierenden Faktoren einzelfallabhängig zu bestimmen. Handelt es sich dabei um ein immaterielles Wirtschaftsgut, dessen Zahlungsströme sich objektiv vom Geschäftswert abgrenzen lassen, dienen grundsätzlich Ertragserwartungen als Vergleichsmaßstab. Im Regelfall führen also auch hier die Konzeptionen von Teilwert und erzielbarer Betrag zu inhaltlich weitestgehend deckungsgleichen Ergebnissen.

[1092] Vgl. Herzig: IAS/IFRS und steuerliche Gewinnermittlung, a. a. O. (Fn. 945), S. 203; Beiser: a. a. O. (Fn. 1087), S. 1134.

[1093] Vgl. hierzu die Ausführungen in Kapitel 6.3.1.3 und 6.4.1.3 sowie Jäger/Himmel: a. a. O. (Fn. 1000), S. 427.

[1094] Vgl. IDW Stellungnahme: a. a. O. (Fn. 1050), S. 1420.

[1095] Vgl. hierzu die Ausführungen in Kapitel 6.4.1.4.

6.4.2.2.3   Die Bemessung außerplanmäßiger Wertminderungen auf Basis zahlungsmittel-generierender Einheiten

Häufig tritt bei der einkommensorientierten Bemessung einer außerplanmäßigen Wertminderung das Problem auf, dass Zahlungsmittelströme nicht einzelnen immateriellen Wirtschaftsgütern zugeordnet werden können. Ist infolgedessen der erzielbare Betrag eines immateriellen Vermögenswerts nicht zuverlässig bestimmbar, sieht IAS 36 die Ermittlung der außerplanmäßigen Wertminderung auf der Ebene von zu bildenden zahlungsmittelgenerierenden Einheiten (ZMGE) bzw. der kleinsten identifizierbare Gruppe von Vermögenswerten vor.[1096] Die Bildung einer ZMGE ist gemäß IAS 36.70 immer dann zulässig, wenn ein aktiver Markt für die entsprechende Gruppe von Vermögenswerten oder Dienstleistungen besteht und diese von anderen Vermögenswerten weitgehend unabgängige Zahlungsströme generiert. Dies ist nach Ansicht des IASB beispielsweise bei bestimmten Produktlinien, Produktionsanlagen oder etwa ganzen Geschäftsbereichen und Segmenten denkbar.[1097]

Obwohl der vom IASB eingeschlagene Weg offensichtlich die einzige Möglichkeit ist, bestimmte wirtschaftliche Sachverhalte (etwa den Wertverlauf einer oftmals untrennbar mit einem Produkt verbundene Marke) abzubilden, führt die damit verbundene Durchbrechung des Einzelbewertungsgrundsatzes sowie die mangelnde Konkretisierung der Vorschriften zur Bildung der ZMGE in IAS 36 dennoch zu einer Fülle von Bewertungsspielräumen und bilanziellen Gestaltungsmöglichkeiten.[1098] Vor allem ist zu bedenken, dass selbst hinsichtlich der Wertschöpfungskette gleichartige Unternehmen ihre entsprechenden ZMGE theoretisch völlig unterschiedlich definieren können. Der Bilanzierende kann somit mehr oder weniger die Zusammenfassung bestimmter Vermögenswerte in einer ZMGE bewusst steuern, sodass im Ergebnis wirtschaftlich grundsätzlich gleiche Sachverhalte in verschiedenen Unternehmen oftmals bilanziell ungleich behandelt werden.[1099]

Demgegenüber ist das deutsche Handels- und Steuerrecht aus Objektivierungsgründen vom Einzelbewertungsgrundsatz geprägt, welcher als Ausfluss des Vorsichtsprinzips auch im Rahmen der Folgebewertung gemäß § 253 HGB unmittelbar Bestand hat. Dem Einzelbewertungsprinzip kommt in diesem Kontext die Funktion eines Saldierungsverbots zu, welches insofern die Kompensation bestimmter Verlustrisiken einzelner Wirtschaftsgüter durch Gewinnchancen anderer unterbindet.[1100] Freilich wird der Grundsatz der Einzelbewertung selbst im Handelsrecht gelegentlich durchbrochen, was sogar geboten ist, sobald der Wert einer marktgängigen und als Einheit wahrgenommenen Gruppe von Vermögenswerten objektiv ermittelbar ist.[1101] Die Bildung von Bewertungseinheiten im Handelsrecht erfolgt dabei im Wesentlichen bei der Zuordnung von Anschaffungs- und Herstellkosten. An dieser Stelle wird ersichtlich, dass der kostenorientierte Begriff der handelsrechtlichen Bewertungseinheit wohl kaum mit dem einkommensorientierten Konstrukt der ZMGE nach IAS/IFRS verglichen werden kann.[1102]

[1096] Vgl. hierzu die Ausführungen in Kapitel 5.1.3.2.3.

[1097] Vgl. hierzu die vom IASB (Standard 2004) aufgeführten Beispiele in IAS 36.130 (d).

[1098] Vgl. hierzu ausführlich Klingels, Bernd: Die cash generating unit nach IAS 36 im IFRS-Jahresabschluss, Diss. Berlin 2005, S. 13 f.

[1099] Vgl. Zülch, Henning/Hoffmann, Sebastian: Zahlungsmittelgenerierende Einheiten im deutschen Handelsrecht und die Bedeutung des Einzelbewertungsgrundsatzes, in : StuB, Heft 2, (2008), S. 45–50, hier S. 46.

[1100] Vgl. Moxter, Adolf: Grundsätze ordnungsgemäßer Rechnungslegung, Düsseldorf 2003, S. 23.

[1101] Vgl. Moxter: Grundsätze, a. a. O. (Fn. 1100), S. 27 f.

[1102] So wurde der Fall, in welchem ein Produktionswerk mit dem damit wertmäßig verbundenen Know-how für Planung und Steuerung einem ertragswertbasierten Wertminderungstest unterzogen wurde, bisher nicht von der Rechtsprechung bestätigt; vgl. Zülch/Hoffman: a. a. O. (Fn. 1099), S. 47.

Dessen ungeachtet ist die Bedeutung des handels- und steuerrechtlichen Einzelbewertungs-grundsatzes in diesem Kontext alles andere als gesichert. So war im Rahmen des Referenten-entwurfs des Bilanzrechtsmodernisierungsgesetzes zunächst vorgesehen, die dominierende Stel-lung des Einzelbewertungsprinzips bei der Ermittlung eines außerplanmäßigen Abschreibungs-bedarfs zu relativieren. Demnach sollten einzelne Vermögensgegenstände zur Ermittlung einer voraussichtlich dauerhaften Wertminderung in einer bewertungstechnischen Einheit aggregiert werden, sofern die Vermögensgegenstände „notwendigerweise nur zusammen genutzt werden können".[1103] Ziel der geplanten Regelung war es, wirtschaftlich nicht gerechtfertigte außer-planmäßige Abschreibungen durch das Ausblenden einzelner stiller Lasten möglichst zu ver-meiden.[1104] Die Vornahme einer außerplanmäßigen Abschreibung sollte also nur dann in Be-tracht kommen, wenn der beizulegende Zeitwert der gesamten Bewertungseinheit unter deren Buchwert sinkt.

Die im Rahmen des Referentenentwurfs des BilMoG vorgeschlagenen Vorschriften zur Bildung von Bewertungseinheiten zeigten dabei unverkennbare Parallelen zu den Bilanzierungsvor-schriften der IAS/IFRS auf. Gleichwohl bestanden bei genauer Betrachtung erheblich Unter-schiede zum Konzept der zahlungsmittelgenerierenden Einheiten nach IAS 36. Dies betonte der Gesetzgeber zum einen durch den Zusatz *notwendigerweise*, durch welchen eine klare Trennli-nie zwischen beiden Bewertungskonzepten gezogen wurde, sodass im BilMoG ausschließlich die bewertungstechnische Zusammenfassung permanenter Nutzungsbeziehungen von Vermö-gensgegenständen in einer Einheit gestattet werden sollten.[1105] Auf der anderen Seite waren auch die Gestaltungsmöglichkeiten bei der Bildung einer solchen Bewertungseinheit im zukünf-tigen Handelsrecht wesentlich restriktiver. So wurde der Grundsatz der Einzelbewertung kei-neswegs in Frage gestellt, sondern in § 253 Abs. 3 Satz 5 HGB-E lediglich eine *lex specialis* bzw. „Ausnahme vom Grundsatz der Einzelbewertung" geschaffen.[1106] Eine wie nach IAS/IFRS durchaus übliche Behandlung ganzer Geschäftssegmente als einheitlichen Bewertungsgegen-stand war somit nach den Vorschriften des Referentenentwurfs ausgeschlossen. Abgesehen von dieser begrüßenswerten Einschränkung des Konstrukts blieben dennoch einige Fragen bezüglich der praktischen Anwendung offen. Ungewiss war insbesondere, wie genau und anhand welcher Kriterien (rechtliche, wirtschaftliche, technische etc.) die Nichtaufhebbarkeit der gemeinsamen Nutzung bzw. die Verbindungsfestigkeit zwischen einer Gruppe von Vermögensgegenständen zu beurteilen sei.[1107] Aufgrund dieser Bedenken ist es zu begrüßen, dass der § 253 Abs. 3 Satz 5 HGB-RefE in dem endgültigen Gesetzestext des Bilanzrechtsmodernisierungsgesetzes zuguns-ten der Objektivierung und damit des Einzelbewertungsprinzips letztendlich wieder gestrichen wurde. Den Vorgaben des IASB wurde somit zumindest in diesem Punkt zu Recht eine klare Absage erteilt.

Der Entwurf des § 253 Abs. 3 Satz 5 HGB-RefE sollte nach der ursprünglichen Gesetzesbe-gründung über das Maßgeblichkeitsprinzip auch eine steuerliche Wirkung entfalten.[1108] Die nunmehr revidierte Neuregelung hätte allerdings ohnehin faktisch keinerlei Einfluss auf die steuerliche Teilwertabschreibung sowie für Absetzungen für außergewöhnliche technische oder

---

[1103] § 253 Abs. 3 Satz 5 HGB-RefE, vgl. BMJ, Referentenentwurf eines Gesetzes zur Modernisierung des Bilanz-rechts, der Entwurf ist abrufbar unter: www.iasplus.com/europe/0711germanlawproposal.pdf.

[1104] Vgl. Beyhs, Oliver/Melcher, Winfried: Zum Referentenentwurf des Bilanzrechtsmodernisierungsgesetzes (BiMoG): Vom Niederstwert- zum Impairment-Test? Die wesentlichen BilMoG-Änderungen bei außerplan-mäßigen Abschreibungen und Wertaufholungen, in: Der Betrieb, Beilage 1 zu Heft 7, (2008), S. 19–23, hier S. 21.

[1105] Vgl. Beyhs/Melcher: a. a. O. (Fn. 1104), S. 21.

[1106] Vgl. hierzu ausführlich Zülch/Hoffmann: a. a. O. (Fn. 1099), S. 48–50.

[1107] Vgl. Beyhs/Melcher: a. a. O. (Fn. 1104), S. 21; Zülch/Hoffmann: a. a. O. (Fn. 1099), S. 50.

[1108] Vgl. BMJ, Referentenentwurf eines Gesetzes zur Modernisierung des Bilanzrechts, der Entwurf ist abrufbar unter: www.iasplus.com/europe/0711germanlawproposal.pdf, S. 78.

wirtschaftliche Abnutzung gehabt, da § 6 Abs.1 Satz 1 EStG explizit auf die Bewertung der „einzelnen Wirtschaftsgüter" des Betriebsvermögens abstellt.[1109] Für das Steuerrecht gilt somit also vielmehr auch künftig ein eigener und konkretisierter Grundsatz der Einzelbewertung.[1110] Vor dem Hintergrund der nach IAS/IFRS bestehenden und auch im Rahmen der Modernisierung des HGB erkannten Objektivierungsprobleme und Anwendungsschwierigkeiten im Zusammenhang mit der Bemessung außerplanmäßiger Wertminderungen auf Basis zahlungsmittelgenerierender Einheiten ist das Fortgelten des strengen Einzelbewertungsprinzips im Steuerrecht ausdrücklich zu befürworten. Damit bleiben zwar weiterhin nicht unerhebliche Probleme bei der Bemessung einer steuerlichen außerplanmäßigen Wertminderung von immateriellen Wirtschaftsgütern oder etwa des Geschäftswerts ungelöst, eine Übernahme der IAS/IFRS oder der Vorschläge des BilMoG in der ursprünglichen Fassung wäre demgegenüber allerdings aus Gründen der Gleichmäßigkeit und Rechtssicherheit der Besteuerung mehr als bedenklich.

6.5   Einzelfallbezogene Überprüfung der Ansatz- und Bewertungsvorschriften

6.5.1   Zwischenergebnis der konzeptionellen Gegenüberstellung und Ausblick

Bekanntlich besteht der Primärzweck der Rechnungslegung nach IAS/IFRS in der Informationsvermittlung, während das deutsche Bilanzsteuerrecht ausschließlich der Ermittlung einer die wirtschaftliche Leistungsfähigkeit des Steuersubjekts widerspiegelnden Bemessungsgrundlage dient. Da die Rechnungslegung nach IAS/IFRS die ökonomische Realität möglichst unverfälscht abbilden soll und insoweit der Reinvermögenzuwachstheorie zumindest im Ansatz ähnelt, besteht die Möglichkeit, dass diese gegenüber der steuerlichen Gewinnermittlung auf Basis der handelsrechtlichen GoB ein präziseres Abbild der wirtschaftlichen Leistungsfähigkeit vermitteln. Von Teilen der Literatur wird deshalb angenommen, dass eine Eignung der IAS/IFRS für Zwecke der steuerlichen Gewinnermittlung keineswegs kategorisch ausgeschlossen werden kann.[1111]

Die Kritiker einer solchen Kompatibilität beider Rechnungslegungssysteme weisen hingegen darauf hin, dass sich die Ungeeignetheit der IAS/IFRS für Besteuerungszwecke vielmehr in der Handhabung des potenziellen Grundkonflikts zwischen Relevanz und Objektivierung bzw. Verlässlichkeit der Gewinnermittlung ausdrückt. In diesem Zusammenhang wird konstatiert, dass die IAS/IFRS im Rahmen der Informationsvermittlung der Relevanz grundsätzlich eine erhöhte Priorität einräumen und dass das deutsche Steuerbilanzrecht demgegenüber in Hinblick auf die

---

[1109] Vgl. Dörfler, Oliver/Adrian, Gerrit: Zum Referentenentwurf des Bilanzrechtsmodernisierungsgesetzes (BilMog): Steuerliche Auswirkungen, in: Der Betrieb, Beilage 1 zu Heft 7, (2008), S. 44–49, hier S. 47. Anderer Auffassung Kirsch, Hanno: Steuerliche Auswirkungen des geplanten Bilanzrechtsmodernisierungsgesetzes, in: DStZ, Nr. 1–2, S. 28–33, hier S. 32.

[1110] Vgl. BFH-Beschluss vom 16.7.1968 GR. S. 7/67, in: BStBl. II 1969, S. 108; Ehmcke in: Blümich EStG, a. a. O. (Fn. 1060), § 6, Rz. 56.

[1111] Vgl. Oestreicher: Zukunft des Steuerbilanzrechts, a. a. O. (Fn. 937), S. 582; Spengel, Christoph: IFRS als Ausgangspunkt der steuerlichen Gewinnermittlung in der Europäischen Union – Steuerbelastungskonsequenzen im Länder- und Branchenvergleich, in: Der Betrieb, Heft 13, (2006), S. 681–687, hier S. 681–683; Siegloch, Jochen: Einheitliche Gewinnermittlung nach Handels- und Steuerrecht – Utopie oder realistische Vision?, in: Kritisches zu Rechnungslegung und Unternehmensbesteuerung, Festschrift für Theodor Siegel, hrsg. Dieter Schneider u. a., Berlin 2005, S. 551–568, hier S. 560f; Schön, Wolfgang: Steuerliche Maßgeblichkeit in Deutschland und Europa, München 2005, S. 47 u. S. 256; Kahle, Holger: Maßgeblichkeit auf Basis der IAS?, in: Die Wirtschaftsprüfung, (2002), S. 178–188, hier S. 188. Vgl. hierzu zudem die Ausführungen in Kapitel 2.4.3 hinsichtlich der Befürwortung der IAS/IFRS als den Ausgangspunkt für eine zukünftige steuerliche Gewinnermittlung in Deutschland und Europa.

gebotene Gleichmäßigkeit und Rechtssicherheit der Besteuerung im Einzelfall eher zu einer Objektivierbarkeit und Verlässlichkeit der entsprechenden Bilanzausweise tendiert.[1112]

Die konzeptionelle Würdigung der Ansatz- und Bewertungsvorschriften für immaterielle Wirtschaftsgüter bei einem Unternehmenskauf hat diesen eindeutigen Hang der steuerlichen Gewinnermittlung de lege lata in Richtung Verlässlichkeit bzw. Objektivierung bestätigt. Insofern zieht sich die Anforderung an ein gewisses Mindestmaß an Objektivierung bis auf wenige Ausnahmen wie ein roter Faden durch die steuerbilanzielle Abbildung von Unternehmensakquisitionen. So wurde schon durch die Gegenüberstellung der transaktionsbedingten Rahmenfaktoren der bilanziellen Kaufpreisaufteilung deutlich, dass das deutsche Steuerbilanzrecht die wirtschaftliche Betrachtungsweise im Sinne der Gesetz- und Tatbestandsmäßigkeit oftmals durch das Anknüpfen an die zivilrechtliche Transaktionsausgestaltung beschränkt, während die IAS/IFRS der wirtschaftliche Betrachtungsweise für Zwecke der Informationsvermittlung hier eindeutig den Vorrang einräumen. Diese ausschließliche Orientierung an der ökonomischen Realität ist für steuerliche Zwecke allerdings keineswegs unproblematisch. Dies gilt vor allem deswegen, da eine solche Betrachtungsweise im Einzelfall oftmals in Abgrenzungsschwierigkeiten, die Ermessensspielräume eröffnen, und damit unzuverlässigen Bilanzausweisen zu münden droht. Demgegenüber kam bei der Analyse der in den jeweiligen Rechnungslegungssystemen beim Unternehmenskauf zur Anwendung kommenden Ansatzkriterien für erworbene immaterielle Wirtschaftsgüter zum Vorschein, dass die dynamische Asset-Definition der IAS/IFRS trotz vieler theoretischer Unterschiede weitgehend mit dem statischen steuer- bzw. handelrechtlichen Vermögensprinzip im Einklang steht. Von entscheidender Bedeutung sind jedoch in erster Linie die im jeweiligen Rechnungslegungssystem nachgelagerten Kriterien der Identifizierbarkeit bzw. das steuerbilanzielle Greifbarkeitsprinzip, unter deren Berücksichtigung eine objektive und den wirtschaftlichen Tatsachen entsprechende Abgrenzung immaterieller Wirtschaftsgüter vom derivativen Geschäftswert ermöglicht werden soll. Während auch in diesem Fall zunächst beide Kriterien ein ähnliches Maß an Objektivierung sicherstellen, kommt es bei der Bilanzierung von rechtsähnlichen Positionen nach IAS/IFRS erstaunlicherweise zu einer Zurückdrängung der wirtschaftlichen Betrachtungsweise. Dies ist umso bemerkenswerter, als dass gerade hier das Steuerrecht bei der Identifizierung eines immateriellen Einzelwirtschaftsguts wider erwarten nicht zwangsläufig an zivilrechtliche Strukturen anknüpft. Ebenfalls äußerst fragwürdig ist der vom IASB vertretene Verzicht auf das Wahrscheinlichkeitskriterium bei der Beurteilung des wirtschaftlichen Nutzenzuflusses durch den erworbenen immateriellen Vermögenswert sowie die Annahme von dessen grundsätzlich zuverlässiger Bewertbarkeit; einige Autoren befürchten zu Recht daraus eine Entobjektivierung der Kaufpreisallokation. Bezüglich dieser Bedenken gilt es daher in einer Einzelfallbetrachtung zu klären, ob die Bezugnahme auf vertragliche oder gesetzliche Anhaltspunkte sowie das Verlagern der Wahrscheinlichkeitseinschätzung auf die Bewertungsebene einen aus steuerlichen Gesichtspunkten vorteilhaften Bilanzausweis begründen.

Ein ähnlich differenziertes Bild zeichnet sich bei der Beurteilung des Kriteriums der selbständigen Bewertbarkeit und den bei der Zugangsbewertung heranzuziehenden Bewertungsverfahren ab. Erwartungsgemäß dominiert steuerlich zunächst eine verstärkte Betonung der Objektivierung und intersubjektiven Nachprüfbarkeit der Bilanzansätze. Dies äußert sich vor allem in der grundsätzlich substanzwertorientiert vorzunehmenden Zugangsbewertung von erworbenen Wirtschaftsgütern mit deren Teilwert. Nach IAS/IFRS wurde hingegen unlängst eine dem Fair-

---

[1112] Vgl. Herzig, Norbert: Steuerliche Gewinnermittlung und handelsrechtliche Rechnungslegung, in: IStR, Heft 16, (2006), S. 557–560, hier S. 559. Noch drastischer WAGNER, welcher die Notwendigkeit von Schätzgrößen und Prognosen zum Zwecke der steuerlichen Gewinnermittlung gänzlich negiert; vgl. Wagner, Franz: Welche Kriterien sollten die Neuordnung der steuerlichen Gewinnermittlung bestimmen, in: Betriebs-Berater, Heft 37, (2002), S. 1885–1892, hier S. 1888.

Value-Gedanken entsprechende Bewertungshierarchie formuliert. Nach dieser sind hinsichtlich der Erstbewertung von bei einem Unternehmenserwerb erlangten immateriellen Vermögenswerten unmissverständlich ertragswertorientierte Verfahren vorrangig anzuwenden. Ungeachtet dieser rein theoretisch gegensätzlichen Hierarchie der Bewertungsverfahren kommt es jedoch im Rahmen der Zugangsbewertung von vormals nicht aktivierten bzw. vom Veräußerer selbst erstellen immateriellen Wirtschaftsgütern regelmäßig zu der Situation, dass eine kostenorientierte Reproduktion des Wiederbeschaffungswerts nicht möglich ist und folglich auch steuerrechtlich auf zahlungsstromorientierte Bewertungsverfahren zurückgegriffen werden muss. Daher gilt es auch hier in einer einzelfallbezogenen Betrachtung zu überprüfen, inwieweit die im Rechnungslegungssystem des IASB angewendeten Bewertungsverfahren eine verlässlichere und praktikablere Handhabung der gesetzlichen Teilwertdefinition gewährleisten können.

Zu diesem Zweck wird im Folgenden die Ansatz- und Bewertungskonzeption nach IAS/IFRS und deutschen Bilanzsteuerrecht anhand von ausgewählten, bilanziell besonders strittigen immateriellen Akquisitionsobjekten eines Unternehmenskaufs einzelfallbezogen analysiert.

6.5.2   Bilanzierung von absatzmarktbezogenen immateriellen Werten: Marken

6.5.2.1   Ökonomische Einordnung

Die ökonomische Bedeutung von Marken resultiert aus der als Markenkraft oder Markenstärke bezeichneten subjektiven Wertschätzung – der sog. „Markierung" – durch die Konsumenten.[1113] Nach dem Markengesetz[1114] stellt eine Marke ein gewerbliches Schutzrecht dar, welches seinem Inhaber das Recht auf die exklusive Nutzung von geschützten Zeichen zur Einkommenserzielung einräumt.[1115] Marken verkörpern demnach einen rechtlich begründeten wirtschaftlichen Vorteil, welcher dem Markeninhaber die Möglichkeit verschafft, die größtenteils homogenen Produkte durch Schaffung einer „künstlichen Heterogenität" differenzierbar zu machen um damit Umsatzzuwächse zu erzielen.[1116]

Neben der Differenzierung gegenüber Wettbewerbern ermöglichen erfolgreiche Marken insbesondere die Realisierung höherer Produktpreise und die langfristige Bindung von Kunden. Unternehmensextern können sie darüber hinaus auch durch Verkauf, Lizenzierung oder Verpachtung unmittelbar zur Generierung von Zahlungsströmen beitragen. Erfolgreichen Marken wird in diesem Kontext regelmäßig der Stellenwert einer entscheidenden Determinante des Unternehmenserfolges beigemessen, wodurch sie ebenso einen maßgeblichen Einfluss auf die Höhe des Unternehmenswertes haben können.[1117] Der monetäre Wert einer Marke spiegelt insofern

[1113] Havenstein, Moritz/Heiden, Mathias: Markenwertmessung im betrieblichen Rechnungswesen – Entscheidungshilfe vor Sorgenkind, in: Betriebs-Berater, Heft 24, (2003), S. 1272–1277.

[1114] Das Markenrecht wurde mit Inkrafttreten des Markengesetztes am 1.1.1995 neu geregelt und löst das bis dahin geltende Warenzeichengesetz ab. Die Einführung des Markengesetzes ist ein Resultat des Markenrechtsreformgesetzes vom 25.10.1994 in Zusammenhang mit der Umsetzung der Ersten Richtlinie 89/104 ESG des Rates vom 21.12.1988 zur Angleichung der Rechtsvorschriften der Mitgliedstaaten über die Marken; vgl. BGBl. I 1994, S. 3082.

[1115] Vgl. § 14 MarkenG. Als Marke schutzfähig sind gemäß § 3 Abs. 1 MarkenG alle Zeichen, insbesondere Wörter einschließlich Personennamen, Abbildungen, Zahlen, Hörzeichen, dreidimensionale Gestaltungen einschließlich der Form der Ware oder ihrer Verpackung sowie sonstige Aufmachungen einschließlich Farben und Farbzusammenstellungen, die geeignet sind, Waren oder Dienstleistungen eines Unternehmens von denjenigen anderer Unternehmen zu unterscheiden.

[1116] Barth, Thomas/Kneisel, Holger: Entgeltlich erworbene Warenzeichen in der Handels- und Steuerbilanz, in: Die Wirtschaftsprüfung, Heft 14, (1997), S. 473–479, hier S. 474.

[1117] Vgl. Morwind, Klaus: Marke als strategischer Erfolgsfaktor in der Konsumgüterindustrie, in: Handbuch Strategisches Management, hrsg. von Harald Hangenberg und Jürgen Meffert, 1. Auflage, Wiesbaden 2003, S. 783–806, S. 786. So wird beispielsweise der Wert der Marke Coca-Cola in Abhängigkeit von der zugrunde

deren Potenzial zur Einkommenserzielung wider. Die herausragende ökonomische Bedeutung von Marken kommt dementsprechend auch im Rahmen von Unternehmenserwerben zum Tragen, sodass etablierte Marken häufig das entscheidende und kaufpreisbestimmende Akquisitionsmotiv darstellen.[1118]

Letztendlich ist zu konstatieren, dass wertvolle Marken aus wirtschaftlicher Betrachtungsweise einen der potenziell bedeutendsten immateriellen Werte eines Unternehmens verkörpern und nicht selten auf Basis deren Beurteilung die Leistungsfähigkeit des gesamten Unternehmens bemessen wird.[1119] Marken sind somit zwingend auch ein elementarer und daher nicht zu vernachlässigender Indikator der steuerlichen Leistungsfähigkeit.

6.5.2.2 Aktivierbarkeit nach IFRS 3

Marken verkörpern nicht monetäre Vermögenswerte ohne physische Substanz und gehören daher unstrittig zu der Kategorie der immateriellen Vermögenswerte gemäß IAS 38. Um jedoch nach IFRS 3 im Rahmen einer Unternehmensakquisition getrennt vom Geschäfts- oder Firmenwert angesetzt werden zu können, muss die erlangte Marke zwingend die abstrakte Aktivierungsvoraussetzung der Identifizierbarkeit erfüllen. Während das Identifizierbarkeitskriterium hinsichtlich der Bilanzierung eines rein wirtschaftlichen Einnahmepotenzials oftmals eine kritische Aktivierungshürde für immaterielle Vermögenswerte darstellte, führen nun die präzisierten Vorschriften des IAS 38 beim Vorliegen eines Rechts oder einer rechtsähnlichen Position zu einer wesentlichen Ansatzerleichterung. Im Ergebnis bedeutet dies, dass der entsprechende immaterielle Vermögenswert weder zwingend übertragbar noch von anderen Vermögenseinheiten separierbar sein muss, um als getrennt von Goodwill ausgewiesen zu werden.[1120] Marken sind demnach als ein rechtlich begründeter Vermögensvorteil grundsätzlich identifizierbar, sofern deren Markenschutz gemäß § 4 MarkenG durch Eintragung als Marke in das vom Patentamt geführte Register durch Erlangung von Verkehrsgeltung oder durch notorische Bekanntheit im Sinn der Verbandübereinkunft rechtskräftig geworden ist.[1121] Gewiss hat sich darüber hinaus der aus einem vergangenen Ereignis hervorgegangene Vermögenswert in der Verfügungsmacht des Unternehmens zu befinden (Kontrolle) sowie einen künftigen wirtschaftlichen Nutzen zu generieren. Aufgrund des durch Eintragung der Marke begründeten durchsetzbaren Rechtsanspruchs und der vielfältigen wirtschaftlichen Verwendungsmöglichkeiten der Marken gelten diese beiden Voraussetzungen für gewöhnlich als erfüllt.[1122] Eine erworbene Marke ist deshalb entsprechend der definitorischen Ansatzvoraussetzungen des IASB im Regelfall als abstrakt aktivierbarer immaterieller Vermögenswert einzustufen.

Neben der abstrakten Aktivierbarkeit müssen Marken natürlich auch die konkreten Aktivierungsvoraussetzungen eines immateriellen Vermögenswerts erfüllen. Spätestens an diesem

---

gelegten Berechnungsmethode auf einen Wert zwischen 48 Mrd. und 83 Mrd. US-Dollar geschätzt und umfasst damit ca. 50 Prozent des gesamten Unternehmenswertes; vgl. Burmann, Christoph/Meffert, Heribert/Koers, Martin: Stellenwert und Gegenstand des Markenmanagements, in: Markenmanagement, hrsg. von Heribert Meffert, Christoph Burmann und Martin Koers, 2. Auflage, Wiesbaden 2005, S. 3–15, hier S. 4.

[1118] Vgl. statt vieler Kriegbaum, Catharina: Markencontrolling, München 2001, S. 78. So war beispielsweise beim Kauf von Kraft Foods (Markeninhaber von z. B. Miracle Whip) durch Philip Morris Co. im Jahr 1988 der Unternehmenskaufpreis mit 12,9 Mrd. US-Dollar mehr als viermal so hoch wie der Buchwert des Unternehmens.

[1119] Vgl. Bruhn Manfred: Markenpolitik, in: Vahlens großes Marketing Lexikon, hrsg. von Hermann Diller, München 1994, S. 646.

[1120] Vgl. hierzu die Ausführungen zur Präzisierung des Identifizierbarkeitskriteriums gemäß IFRS 3 in Kapitel 4.1.3.2.

[1121] Vgl. Niemann, Ursula: Immaterielle Wirtschaftsgüter im Handels- und Steuerrecht, Bielefeld 1999, S. 38.

[1122] Vgl. zur ökonomischen Nutzenstiftung von Marken die Ausführungen in Kapitel 6.4.2.2.

Punkt kommen die Neuregelungen des IFRS 3 erneut entscheidend zur Geltung. Denn im Standardfall hat das bilanzierende Unternehmen den aus einem Vermögenswert zufließenden erwarteten wirtschaftlichen Nutzen intersubjektiv nachprüfbar zu belegen. Dies bedeutet, dass die einer Marke innewohnende absatzfördernde Funktion in Form von künftigen Erträgen – beispielsweise durch objektive Studien, Geschäfts- und Finanzpläne oder plausible Kalkulationen des Controllings – zuverlässig nachgewiesen werden muss.[1123] Wird eine Marke hingegen mit einer Sachgesamtheit (Unternehmenserwerb) akquiriert, setzt IFRS 3 das Wahrscheinlichkeitskriterium außer Kraft bzw. verlagert es in die Bewertungsebene, sodass selbst die als unsicher geltenden Nutzenzuflüsse aus einem akquirierten immateriellen Vermögenswert keinerlei ansatzbegrenzende Wirkung entfalten.[1124] Infolge dieser offensichtlichen Einschränkung der konkreten Aktivierbarkeit wird das Kriterium der zuverlässigen Bewertbarkeit nunmehr zum entscheidenden Ansatzkriterium für Marken nach IAS/IFRS. Hier gilt es zu bedenken, dass aufgrund der hier nicht existierenden aktiven Märkte für Marken bisher ein Rückgriff auf vergleichbare Transaktionen sowie die Anwendung der in IAS 38.41 alternativ aufgeführten Schätzverfahren für Bewertungszwecke nicht in Betracht kam.[1125] Die Neuregelungen des IASB sehen freilich auch hier eine weitere wesentliche Ansatzerleichterung vor. So wird gemäß IAS 38.35 angenommen, dass der Fair Value eines bei einem Unternehmenserwerb erlangten immateriellen Vermögenswerts regelmäßig mit ausreichender Zuverlässigkeit bestimmt werden kann.[1126] Ist die zuverlässige Bewertbarkeit und damit der Einzelansatz des immateriellen Vermögenswerts aufgrund fehlender Vergleichstransaktionen oder unsicherer Schätzparameter hingegen tatsächlich nicht gewährleistet, verlangt das IASB lediglich eine entsprechende Erläuterung in Form einer Anhangsangabe.[1127] Durch diese *Umkehr der Beweislast* dürfte die Auslegung des Bewertungskriteriums indes faktisch im Ermessen des bilanzierenden Managements liegen. Da zudem die bilanzielle Trennung immaterieller Vermögenswerter vom Goodwill vonseiten des IASB ausdrücklich gewünscht wird, ist anzunehmen, dass im Zuge eines Unternehmenskaufs erworbene Marken regelmäßig auch die konkreten Aktivierungsvorschriften nach IAS/IFRS erfüllen und demgemäß zwingend separat vom erworbenen Geschäftswert auszuweisen sind.[1128]

6.5.2.3   Aktivierbarkeit nach der Rechtsprechung des BFH

Marken sind weder körperlicher Natur, noch stellen sie eine finanzielle Ressource oder einen Rechnungsabgrenzungsposten dar. Sie gehören daher steuerbilanziell zweifelsfrei zu den immateriellen Einnahmepotenzialen eines Unternehmens.[1129] Um allerdings in der Steuerbilanz als

---

[1123] Vgl. Gathen, Andreas von der: Marken im Jahresabschluss und Lagebericht, Frankfurt/Main 2001, S. 197.

[1124] Vgl. zum Umverzicht auf das Wahrscheinlichkeitskriterium Kapitel 4.1.3.3 und Kapitel 6.3.1.3.

[1125] Vgl. Gerpott, Thorsten/Thomas, Sandra: Bilanzierung von Marken nach HGB, DRS, IFRS und US-GAAP, in: Der Betrieb, Heft 47, (2004), S. 2485–2494, hier S. 2487.

[1126] Vgl. hierzu die Ausführungen in Kapitel 4.1.3.4 und Kapitel 6.3.1.4.

[1127] Vgl. hierzu die Ausführungen in Kapitel 4.1.3.4.

[1128] Dies ergibt sich zudem aus der expliziten Aufführung von Marken als immaterielle Vermögenswerte in den Illustrative Examples des IASB zu IFRS 3; vgl. IASB: IFRS 3 Business Combinations, Illustrative Examples, London 2004, S. 4 (Example A1). Gleiche Auffassung Hommel/Benkel/Wich: a. a. O. (Fn. 892), S. 1269; Watrin, Christoph/Strohm, Christiane/Struffert, Ralf: Aktuelle Entwicklungen der Bilanzierung von Unternehmenszusammenschlüssen nach IFRS, in: Die Wirtschaftsprüfung, Heft 24, (2004), S. 1450–1461, hier S. 1454; Bieker,   Marcus/Esser, Maik: Der Impairment-Only-Ansatz des IASB: Goodwillbilanzierung nach IFRS 3 „Business Combinations", in: StuB, Heft 10, (2004), S. 449–458, hier S. 450. Mit Bezug auf die oben erwähnte Einschränkung der grundsätzlich zuverlässigen Bewertbarkeit von im Rahmen eines Unternehmenskaufs zugegangenen immateriellen Vermögenswerte nicht uneingeschränkt zustimmend vgl. Gerpott/Thomas: a. a. O. (Fn. 1125), S. 2487.

[1129] Vgl. hierzu Kapitel 2.1.

entgeltlich erworbenes immaterielles Einzelwirtschaftsgut angesetzt werden zu können, muss die im Rahmen des Unternehmenskaufs erlangte Marke zwingend die von der Rechtsprechung des BFH entwickelten Aktivierungskriterien eines Wirtschaftsguts erfüllen. Dabei gilt es zunächst zu beurteilen, ob die akquirierte Marke aus unternehmensinterner Sicht einen ökonomischen Wert im Sinne des Vermögensprinzips verkörpert.[1130] Da Marken aufgrund der vielfältigen absatzbezogenen Nutzungsmöglichkeiten sowie den externen Verwertungsoptionen regelmäßig ein erhebliches Einnahmepotenzial widerspiegeln, gilt das Vermögensprinzip in Bezug auf Marken grundsätzlich als erfüllt.

Für die Greifbarkeit von Rechten oder rechtsähnlichen Positionen besteht im Gegensatz zu den Verlautbarungen des IASB hingegen lediglich eine Greifbarkeitsvermutung.[1131] Hierbei gilt es zu berücksichtigen, dass Marken regelmäßig ein zentrales Akquisitionsmotiv bei Unternehmenszusammenschlüssen darstellen und diesen nach der wirtschaftlichen Betrachtungsweise insofern zweifelsfrei eine höhere Bedeutung beigemessen werden muss als lediglich die einer im Geschäftswert untergehenden Nebenabrede.[1132] Warenzeichen sind zudem seit der Einführung des Markengesetzes zum 1.1.1995 erstmals neben der Übertragbarkeit mit dem gesamten Betrieb auch einer isolierten Übertragung zugänglich.[1133] Vor diesem Hintergrund ist folglich auch das dem Greifbarkeitsprinzip zuzuordnende Übertragbarkeitsprinzip unstrittig als erfüllt zu beurteilen.[1134] Letztendlich stellt eine entgeltlich erworbene Marke also simultan zu den IAS/IFRS ein greifbares immaterielles Wirtschaftsgut dar, sofern die entsprechende Marke durch Erfüllung der Bedingungen für das exklusive Nutzungsrecht an einer Marke gemäß § 4 MarkenG einen rechtskräftigen Schutz durch das Markengesetz genießt.[1135]

Im Gegensatz zur regelmäßig bejahten bilanziellen Greifbarkeit erweist sich jedoch auch im Handels- und Steuerbilanzrecht speziell das Kriterium der selbständigen Bewertbarkeit als kritische Ansatzvoraussetzung. Zwar beruhen die handels- und steuerrechtlichen Bestimmungen zur Ermittlung eines objektiven Zugangswerts oft nur auf Schätzungen und Annahmen,[1136] dennoch muss gewährleistet sein, dass die erworbene Marke entsprechend dem Einzelbewertungsgrundsatz einer isolierten und vom Geschäftswert unabhängigen Bewertung zugänglich ist. Gerade die damit einhergehende Isolierung markenspezifischer Einzahlungsüberschüsse von anderen immateriellen rein wirtschaftlichen Vorteilen, wie etwa dem Unternehmensimage, stellt aber das Hauptproblem der Markenbewertung dar. Es überrascht daher kaum, dass Marken in der Regel die Einzelbewertbarkeit abgesprochen wird und demzufolge deren Wertefaktoren regelmäßig in der Position des erworbenen Geschäftswerts aufgehen.[1137] Trotz alledem ist die selbständige Bewertbarkeit einer Marke steuerbilanziell jedoch keinesfalls grundsätzlich zu verneinen. Bestandteil des folgenden Abschnitts ist es daher, die Möglichkeiten einer isolierten Zugangsbewertung von im Rahmen eines Unternehmenserwerbes erlangten Marken aufzuzeigen und zu würdigen.

[1130] Vgl. zum Vermögensprinzip die Ausführungen in Kapitel 4.2.4.3.1 und Kapitel 6.3.1.2.

[1131] Vgl. hierzu die Ausführungen in Kapitel 6.2.1.2.

[1132] Siehe hierzu die Entscheidung des BFH zum Wettbewerbsverbot, vgl. BFH-Urteil vom 24.3.1983 IV R 138/80, in: BStBl. 1984 II S. 233.

[1133] Vgl. § 27 Markengesetz.

[1134] Vgl. zum Übertragbarkeitsprinzip die Ausführungen in Kapitel 6.3.1.3.

[1135] Vgl. hierzu die Ausführungen in Kapitel 6.5.2.2.

[1136] Vgl. hierzu die Ausführungen zum Kriterium der selbständigen Bewertbarkeit in Kapitel 4.2.4.3.3 und Kapitel 6.2.1.3.

[1137] Vgl. Gerpott/Thomas: a. a. O. (Fn. 1125), S. 2485.

6.5.2.4 Die selbständige Bewertbarkeit als zentrales Problem

6.5.2.4.1 Die notwendige Isolierbarkeit markenspezifischer Einzahlungsüberschüsse

Für die Beurteilung der selbständigen Bewertbarkeit einer Marke ist entscheidend, ob ihr in Abgrenzung zu anderen materiellen, finanziellen und immateriellen Erfolgsfaktoren konkrete markenspezifische Einzahlungsüberschüsse zugeordnet werden können. Diese Anforderung steht im Einklang mit der Rechtsprechung des BFH und ist insofern einleuchtend, als dass ein Käufer nur dann für eine Marke ein im Rahmen des Gesamtkaufpreises besonderes ins Gewicht fallendes Entgelt ansetzen würde,[1138] wenn ein Teil der durch die Unternehmensakquisition erlangten künftigen Einnahmepotenziale auch tatsächlich aus der Ertragskraft der erworbenen Marke resultiert.[1139] Folgerichtig ist als Markenwert nur diejenige Erfolgsgröße ausweisbar, welche allein auf die Marke zurückzuführen ist und welche ohne die Existenz der entsprechenden Markierung nicht hätte erzielt werden können.[1140] In Bezug auf beispielsweise ein bestimmtes Produkt sind bei der Zugangsbewertung folglich ausschließlich die explizit durch die Marke generierten Umsatzerlöse sowie analog hierzu alle spezifisch durch die Marke selbst verursachten Aufwendungen zu berücksichtigen.[1141] Als äußerst problematisch erweist sich hier die Tatsache, dass auf Ebene der Konsumenten meist keine Unterscheidung zwischen einzelnen Werttreibern eines Produkts vorgenommen wird. Vielmehr werden Dienstleistung bzw. Produkt und die zugehörige Markierung häufig als einheitliches und untrennbar miteinander verbundenes Konglomerat wahrgenommen.[1142] Dieser Umstand im Rahmen der für Bewertung zwingend notwendigen Zuordnung von isolierten Erfolgsgrößen auch als „Paradoxon der Markenbewertung" bezeichnet.[1143] Zudem ist es – wie bereits erwähnt – für die Bemessung isolierbarer Einnahmeüberschüsse erforderlich, den identifizierten Erfolgsgrößen markenspezifischen Auszahlungen gegenüberzustellen. Zu diesem Zweck sind die im Vergleich zu einem nicht markierten Produkt oder einer weniger starken Marke anfallenden Mehrauszahlungen bei der Wertermittlung einzubeziehen.[1144] Während diesbezüglich die exakte Zurechnung einiger markenspezifischer Auszahlungen in der Praxis durchaus möglich ist (z. B. Aufwendungen zur gestalterischen Überarbeitung des Warenzeichens), gestaltet sich eine solche Zuordnung vor allem im Distributionsbereich als bedeutend schwieriger.[1145]

Aufgrund dieses scheinbar unlösbaren Zuordnungsproblems stellt sich die Frage, in welchen Fällen überhaupt ein isolierter Ansatz einer Marke im Jahresabschluss in Betracht kommt. In diesem Zusammenhang ist anzunehmen, dass die konkrete Bewertbarkeit einer einzelnen Marke stark von der Anzahl und der Art der durch die Marke gekennzeichneten Produkte abhängt. Eine zentrale Rolle spielt hier die verfolgte Markenstrategie, wobei zwischen Unternehmens-, Dach- und Produktmarken unterschieden wird. So übernehmen beispielsweise Dachmarken oftmals gleichzeitig die Funktion der Unternehmenskennzeichnung,[1146] weshalb deren bilanzielle Be-

---

[1138] Vgl. BFH-Urteil vom 9.7.1986 I R 218/82, in: BStBl. II 1987, S. 14.

[1139] KAPFERER spricht in diesem Zusammenhang von „Marken als Träger möglicher Gewinne"; vgl. Kapferer, Jan-Noel: Die Marke – Kapital des Unternehmens, Landsberg 1992, S. 294.

[1140] Vgl. Sander, Mathias: Die Bestimmung und Steuerung des Wertes von Marken, Heidelberg 1994, S. 131.

[1141] Vgl. insbesondere Sattler, Hendrik/Völckner, Franziska: Markenpolitik, 2. Auflage, Stuttgart 2007, S. 184.

[1142] Vgl. von der Gathen: a. a. O. (Fn. 1123), S. 234.

[1143] Dahm, Axel/Neumann, Christina: Markenbewertung – Wie Reemtsma das Paradoxon überwindet, in: Absatzwirtschaft (Sonderausgaben Marken), (2002), S. 82–87, hier S. 82

[1144] Vgl. Sattler/Völckner: a. a. O. (Fn. 1141), S. 189.

[1145] Vgl. Sattler/Völckner: a. a. O. (Fn. 1141), S. 189.

[1146] Durch eine Dachmarke wird eine Assoziation des Unternehmensnamens mit sämtlichen angebotenen Produkten hervorgerufen. Der Unternehmensname fungiert somit als einheitliche Marke, selbst wenn äußerst unterschiedliche Leistungen am Markt angeboten werden. Beispiele für bedeutende Dachmarken sind Siemens, Yamaha oder Camel; vgl. Bruhn, Manfred: Markenpolitik, in: Vahlens großes Marketing Lexikon, hrsg. von Hermann Diller, 2. Auflage, München 2001, S. 943–945, hier S. 944.

deutung wohl nicht unabhängig vom Geschäftswert des Unternehmens beurteilt werden kann.[1147] Gleiches gilt zweifelsohne für Unternehmensmarken, bei deren Akquisition eine objektive Trennung zwischen Unternehmen und Marke schier unmöglich erscheint. Genau umgekehrt verhält es sich hingegen bei Einzel bzw. Produktmarken. Diese sind zwar weitgehend von unternehmenswertbildenden Faktoren unabhängig, bergen jedoch aufgrund deren Nähe zum markierten Produkt verstärkt die bereits erwähnten Probleme bei der Identifizierung markenspezifischer Bewertungsfaktoren. Insgesamt führen diese Überlegungen zu der Vermutung, dass mit der Größe der Distanz einer Marke zu den technologischen Eigenschaften des markierten Produkts auch die Möglichkeit deren selbständiger Bewertbarkeit signifikant abnimmt.

Ein weiterer zentraler Einflussfaktor der objektiven Bewertbarkeit einer Marke ist die Markenrelevanz und Markenstärke. Diese Attribute fungieren als Indikatoren für die eigentliche Bedeutung der Marke für den jeweiligen Markt, auf welchem der Erwerber des Unternehmens tätig ist. Grundsätzlich gilt, dass die für Zwecke der objektiven Bewertung zwingend notwendige Isolierbarkeit der Einzahlungsüberschüsse eines Vermögenswerts bzw. Wirtschaftsguts nur bei starken Marken gewährleistet ist. Bezieht sich die zu bewertende Marke also auf ein Produkt, welches vorrangig ein Lifestyle und Genussversprechen verkörpert, ist regelmäßig auch von einer dominierendem Bedeutung der Marke und somit von deren grundsätzlich zuverlässigen Wertbestimmung auszugehen.[1148]

Die soeben verdeutlichte Abgrenzungsproblematik führt im Ergebnis dazu, dass der vom Geschäftswert getrennte Ansatz vieler erworbener Marken bisher auch nach IAS/IFRS regelmäßig nicht zulässig war. Die überarbeiteten Vorschriften des IAS 38 sehen nun in Hinblick auf diesen aus Sicht des IASB unbefriedigenden Zustand eine äußerst pragmatische Lösung vor. Wird eine Marke demnach von einem anderen Vermögenswert in der Form ergänzt, dass eine getrennte, zuverlässige Bewertbarkeit nicht gewährleistet ist, schreibt IAS 38.37 entsprechend den Ansatz der Marke zusammen mit den sie umfassenden Vermögenswerte in einer Gruppe vor.[1149] Der Fair Value einer Marke muss sich also nur insgesamt, nämlich auf Ebene der entsprechenden Gruppe von Vermögenswerten, messen lassen können. Voraussetzung ist dabei allerdings, dass die gruppierten Vermögenswerte eine ähnliche Nutzungsdauer aufweisen.[1150] Während diese Vorgehensweise aus Sicht einer informationsorientierten Rechnungslegung durchaus sinnvoll sein mag, ist sie für steuerliche Zwecke aus Objektivierungsgründen abzulehnen.[1151] Denn zum einen dürfte die Zusammenfassung der verschiedenen Wirtschaftsgüter mit der relevanten Marke aufgrund der nicht konkretisierten und damit oftmals willkürlichen Zuordnung wohl nur in den seltensten Fällen intersubjektiv nachvollziehbar sein. Zum anderen stellt eine solche Sammelbewertung einen klaren Verstoß gegen das Einzelbewertungsprinzip und somit das Prinzip der vorsichtigen Gewinnermittlung dar. Dies hätte zur Folge, dass ggf. Wertschwankungen einzelner Wirtschaftsgüter mit den ohnehin nur schwer objektivierbaren wertmäßigen Veränderungen erworbener Marke saldiert würden. Entsprechend blieb auch die ursprünglich im Referentenentwurf des Bilanzrechtsmodernisierungsgesetzes vorgesehene Bewertung auf Basis zahlungsmittelgenerierender Einheiten ausschließlich auf die Folgebewertung begrenzt, sodass selbst unter Beachtung dieser nunmehr ohnehin revidierten handelsrechtlichen Annäherung an die IAS/IFRS auch künftig lediglich objektiv isolierbare Marken steuerbilanziell ansatzfähig

---

[1147] Vgl. Kapferer: a. a. O. (Fn. 1139), S. 293 f.

[1148] Vgl. Lüdenbach, Norbert/Prusaczyk, Peter: Bilanzierung von Kundenbeziehungen in der Abgrenzung zu Marken und Goodwill, in: KoR, Heft 4, (2004), S. 204–214, hier S. 212.

[1149] Das IASB nennt beispielsweise Marken, welche wertmäßig untrennbar mit Geheimrezepten, Patenten oder etwa technologischen Gutachten verbunden sind; vgl. IASB (Standard 2004): IAS 38.37.

[1150] Vgl. IASB (Standard 2004): IAS 38.37.

[1151] Vgl. hierzu Kapitel 6.4.2.2.3. Allerdings muss bezweifelt werden, ob ein solches Konglomerat von materiellen und imateriellen Wirtschaftsgütern tatsächlich verwertbare Informationen in Hinblick auf die erworbene Marke liefert.

sind.[1152] An der de lege lata im deutschen Steuerbilanzrecht zwingend gebotenen wertmäßigen Isolierbarkeit einer erworbenen Marke sollte also aus Gründen der Gleichmäßigkeit und Rechtssicherheit der Besteuerung uneingeschränkt festgehalten werden.

6.5.2.4.2 Die ertragswertorientierte Ermittlung des derivativen Markenwertes

Gemäß der Legaldefinition des Teilwerts und des Fair Value hat die Zugangsbewertung einer isolierbaren Marke sowohl im Steuerrecht als auch der nach IAS/IFRS mit dem beizulegenden Zeitwert bzw. Marktwert im Zeitpunkt des Unternehmenserwerbes zu erfolgen.[1153] Da Marken allerdings auf keiner geregelten Handelsplattform transferiert werden, scheidet die Heranziehung von objektivierten Marktpreisen als Bewertungsmaßstab zwangsläufig aus.[1154] Als theoretisch überzeugende und praktikable Annäherung an den realen Marktwert kommt daher zunächst die Ermittlung von objektivierten Vergleichspreisen durch Anwendung der Vergleichspreis- bzw. der Analogiemethode in Frage.[1155] Aufgrund der enormen Variationsbreite und Unternehmensspezifität von Marken, der häufig mangelnden Aktualität von betrachteten Vergleichstransaktionen sowie der Tatsache, dass Marken gewöhnlich nur mit dem gesamten Unternehmen übertragen werden, ist die Ermittlung eines zuverlässigen Zugangswerts allerdings auch auf diesem Weg regelmäßig zum Scheitern verurteilt.[1156]

In Anbetracht dessen ist unabhängig vom zugrunde gelegten Rechnungslegungssystem eine indirekte Bemessung des Zugangswerts für erworbene Marken mithilfe eines geeigneten Schätzverfahrens unumgänglich.[1157] Hierfür kommt grundsätzlich sowohl eine substanzwertorientierte als auch eine einkommensorientierte Bewertung in Betracht. Die Prüfung einer substanz- bzw. kostenorientierten Bewertungsmöglichkeit ist gemäß der Legaldefinition des Teilwerts sowie aus Objektivierungsgründen steuerbilanziell obligatorisch.[1158] Dabei stehen dem Unternehmen mit der Bewertung anhand der historischen Kosten sowie andererseits der Kalkulation der Wiederbeschaffungskosten auf Basis imaginärer Anschaffungskosten einer vergleichbaren Marke grundsätzlich zwei alternative Varianten zur Verfügung.[1159] Bereits in Kapitel 6.4.1.4 wurde jedoch darauf hingewiesen, dass sich das kostenorientierte Verfahren gerade in Hinblick auf die Zugangsbewertung immaterieller Wirtschaftsgüter mangels Qualität und Objektivität der zu erwartenden Bewertungsergebnisse häufig als unbrauchbar erweist.[1160] Speziell die Bewertung einer erworbenen etablierten Marke mit den Wiederbeschaffungs- bzw. Reproduktionskosten

---

[1152] Vgl. hierzu die Ausführungen in Kapitel 6.4.2.2.3.

[1153] Vgl. hierzu Abschnitt 6.4.1.1.

[1154] Vgl. Gerpott/Thomas: a. a. O. (Fn. 1125), S. 2489; Beyer: a. a. O. (Fn. 1055), S. 154. Diesbezüglich wird die Existenz eines aktiven Marktes für Markennamen in IAS 38.78 explizit vom IASB verneint, vgl. IASB (Standard 2004): IAS 38.78.

[1155] Vgl. hierzu die Ausführungen in Kapitel 5.1.2.2.

[1156] Vgl. Rohnke, Christian: Bewertung von Warenzeichen beim Unternehmenskauf, in: Der Betrieb, Heft 39, (1992), S. 1941–1945, hier S. 1941; Weinstadt, Claus Stein/Ortmann, Martina: Bilanzierung und Bewertung von Warenzeichen, in: Betriebs-Berater, Heft 15, (1996), S. 787–792, hier S. 788.

[1157] Hinsichtlich der verschiedenen Verfahren der Markenwertmessung kann zwischen monetären und nicht monetären Verfahren unterschieden werden; vgl. für einen Überblick gängiger Verfahren Sattler, Hendrik: Markenbewertung, in: ZfB, Heft 6, (1995), S. 663–682, hier S. 670–673. Die nicht monetären Bewertungsverfahren sollen hier aufgrund der divergierenden Zielsetzung, nämlich speziell der Bestimmung der Markenpositionierung, nicht näher betrachtet werden.

[1158] Vgl. hierzu die Ausführungen in Kapitel 6.4.1.2.

[1159] Vgl. Bekmeier-Feuerhahn, Sigrid: Marktorientierte Markenbewertung, Wiesbaden 1998, S. 69

[1160] Vgl. hierzu die Ausführungen in Kapitel 6.3.1.4.

dürfte aufgrund des Problems der eindeutigen Zuordnung der Kosten sowie der meist nicht mehr rekonstruierbaren historischen Wertentwicklungen kaum möglich sein.[1161]

Vor diesem Hintergrund wird vom überwiegenden Teil des Schrifttums die Anwendung eines einkommens- bzw. ertragswertorientierten Markenbewertungsverfahren präferiert.[1162] Die Regelungen der IAS/IFRS folgen dieser Ansicht insofern, als dass beim Zugang marktunüblicher immaterieller Vermögenswerte die Bewertung anhand diskontierter Netto-Cashflows explizit vorgesehen ist.[1163] Im Handels- bzw. Steuerrecht ist die einkommensorientierte Wertbemessung dagegen zwar prinzipiell nur in Ausnahmefällen zulässig, wird aber für Zwecke der Bewertung erworbener Marken längst als einzig sinnvolles Verfahren anerkannt.[1164] Im Ergebnis kommt also in beiden Rechnungslegungssystemen regelmäßig ein ertragswertorientiertes Bewertungsverfahren zur Anwendung. Den einkommensorientierten Ansätzen ist dabei gemein, dass grundsätzlich zukünftig erzielbare markenspezifische Zahlungsströme als Grundlage zur Bewertung der Marke dienen.

Während im Hinblick auf das anzuwendende einkommensorientierte Verfahren dem deutschen Handels- bzw. Steuerrecht keinerlei Vorgaben zu entnehmen sind, nennt das IASB im Entwurf für die Neufassung des IFRS 3 erstmals die bei der Bewertung immaterieller Vermögenswerte zulässigen Methoden.[1165] Zur Bewertung vorgesehen sind demnach die *unmittelbare Cashflow-Prognose*, die *Lizenzpreisanalogiemethode* sowie die *Residualwert-* und die *Mehrgewinnmethode*. Der Fachausschuss für Unternehmensbewertung und Betriebswirtschaft des IDW greift wiederum diese Vorgaben des IASB in seinem Entwurf für Grundsätze zur Bewertung immaterieller Vermögenswerte (IDW ES 5) auf, wobei die Verlautbarungen in einem gesonderten Teil explizit am Beispiel der Wertbemessung von Marken konkretisiert werden.[1166] Welche Methode letztendlich zum Einsatz kommt, ist dabei nach Ansicht des IDW unter Berücksichtigung der Methodenstetigkeit sowie in Hinblick auf den individuellen immateriellen Vermögenswerts zu entscheiden.[1167] Im Folgenden werden die zentralen Eckpfeiler der vorgeschlagenen Methoden kurz erläutert und hinsichtlich ihrer Anwendbarkeit gewürdigt.[1168]

[1161] Vgl. Havenstein, Moritz/Heiden, Mathias: Markenwertmessung im betrieblichen Rechnungswesen – Entscheidungshilfe oder Sorgenkind, in: Betriebs-Berater, Heft 24, (2003), S. 1272–1277, hier S. 1275.

[1162] Vgl. Sattler/Völckner: a. a. O. (Fn. 1141), S. 189; Kriegbaum: a. a. O. (Fn. 1118), S. 108

[1163] Vgl. IASB (Standard 2004): 38.41 sowie Kapitel 5.1.2.2.

[1164] Vgl. Kern, Werner: Bewertung von Warenzeichen, in: BFuP, 14. Jg., (1962), S. 17–31, hier S. 22f; Franzen, Ottmar: Markenbewertung mit Hilfe von Ertragswertansätzen, in: DStR, Heft 44, (1994), S. 1625–1632, hier S. 1626.

[1165] Vgl. IASB (2005): Exposure Draft of Proposed Amendments to IFRS 3 Business Combinations vom 30.6.2005, A18-A26. Die konkrete Aufführung der Bewertungsmethode wurde allerdings im endgültigen Entwurf des Standards wieder gestrichen und stattdessen auf ein künftiges Projekt des IASB verwiesen, das sich explizit und ausführlich der Fair-Value-Bemessung widmen soll; vgl. IASB (Standard 2008): IFRS 3 BC335.

[1166] Vgl. Entwurf IDW Standard: Grundsätze der Bewertung immaterieller Vermögenswerte (IDW ES 5), in: Die Wirtschaftsprüfung, Heft 20, (2006), S. 1306–1314. Der Standard soll in erster Linie bei der Bewertung im Rahmen von Transaktionen, der Steuerung und Kontrolle, aber auch für Zwecke der externen Rechnungslegung nach dem entsprechenden handels- und steuerrechtlichen Vorschriften herangezogen werden; vgl. IDW ES 5, Rz. 5–7.

[1167] Vgl. IDW Stellungnahme zur Rechnungslegung: Bewertung bei der Abbildung von Unternehmenserwerben und bei Werthaltigkeitsprüfungen nach IFRS (IDW RS HFA 16), in: Die Wirtschaftsprüfung, Heft 24, (2005), S. 1415–1426, hier S. 1420.

[1168] Da eine detaillierte Darstellung der unterschiedlichen Rechenschritte und Berechnungsformeln zu keinem wesentlichen Erkenntnisfortschritt führen würde, wird an dieser Stelle auf eine ausführliche Darstellung der beschriebenen Bewertungsmodelle verzichtet.

6.5.2.4.3 Bewertungsmethoden zur Isolierung markenspezifischer Einzahlungsüberschüsse

Nach dem kapitalwertorientierten Bewertungsverfahren werden die einer Marke unmittelbar zurechenbaren Zahlungsströme mit einem risikoadjustierten vermögenswertspezifischen Kapitalisierungszinssatz diskontiert.[1169] Die Methode setzt somit im Idealfall voraus, dass die mit der Marke verbundenen Zahlungsströme, etwa infolge einer Auslizenzierung, eindeutig isoliert werden können.[1170] Indes wurde im vorangegangenen Kapitel bereits aufgezeigt, dass bei der Bewertung von Marken regelmäßig keine eindeutige Unterscheidung zwischen markenspezifischen und produktspezifischen Einflussfaktoren möglich ist.[1171] Die Zugangsbewertung erworbener Marken mithilfe der *unmittelbaren Cashflow-Prognose* scheidet daher gewöhnlich von vornherein aus.[1172]

Im Rahmen der *Lizenzpreisanalogiemethode* wird der Markenwert auf Grundlage diskontierter geschätzter Lizenzgebühreneinsparungen berechnet. Die Problematik der Bestimmung markenspezifischer Zahlungsströme wird hier also durch eine besonders praktikable Konstruktion, nämlich die Herstellung eines pauschalen Bezugs zwischen Markenwert und dem markenrelevanten Umsatz über den Transformator *Lizenzrate*, handhabbar gemacht.[1173] Zu deren Ermittlung ist zunächst die Ermittlung einer angemessene Lizenzgebühr notwendig (i. d. R. Prozent vom Umsatz), während anschließend der entsprechende Jahresumsatz sowie der voraussichtliche Nutzungszeitraum bestimmt werden muss.[1174] Gewiss ist eine objektive Markenwertbestimmung auf die Weise nur dann möglich, wenn tatsächlich Lizenzen für die betrachtete Marke vergeben werden und die erhobenen Lizenzeinnahmen einen Bezug zur realen Marktnachfrage aufweisen.[1175] Denn ist dies nicht der Fall, verbleibt nur die Schätzung von fiktiven marktüblichen Lizenzzahlungen für eine vergleichbare Marke. Hierbei muss gewährleistet sein, dass die herangezogene Lizenzrate an die unternehmensspezifischen Merkmale des eigenen Bewertungsobjekts angepasst werden kann.[1176] Ausgangspunkt einer solchen Bewertung ist also ein Vergleich mit den erwirtschafteten Margen anderer markierter Produkte, sodass die Zuverlässigkeit und damit auch die Zulässigkeit dieser Methode über die grundsätzliche Vergleichbarkeit beider Marken hinaus vor allem von der Verfügbarkeit relevanter Informationen abhängt.[1177] In Anbetracht der regelmäßig mangelnden Vergleichbarkeit von Marken sowie der fehlenden Kenntnis über die mit den Lizenzen verbundenen spezifischen marktüblichen Konditionen ist diese alternative Vorgehensweise fraglos mit hohen Unsicherheiten behaftet.[1178]

Eine weitere Möglichkeit zur Wertermittlung einer Marke ist das unmittelbare Abstellen auf markenspezifische Preisprämien oder Ergebnisbeiträge (*Residualwert- und Mehrgewinnmethode*). Ausgangspunkt der *Mehrgewinnmethode* ist die Annahme, dass eine erfolgreiche Marke

---

[1169] Vgl. IDW ES 5: a. a. O. (Fn. 1166), Rz. 22, sowie IDW RS HFA 16: a. a. O. (Fn. 1167), S. 1420.

[1170] Vgl. Castedello, Marc/Klingbeil, Christian/Schröder, Jakob: IDW RS HFA 16: Bewertung bei der Abbildung von Unternehmenserwerben und bei Werthaltigkeitsprüfungen nach IFRS, in: Die Wirtschaftsprüfung, Heft 16, (2006), S. 1028–1036, hier S. 1032.

[1171] Vgl. hierzu Kapitel 6.5.2.4.1.

[1172] Vgl. Hommel, Michael/Buhleier, Claus/Pauly, Denise: Bewertung von Marken in der Rechnungslegung – eine kritische Analyse des IDW ES 5, in: Der Betrieb-Berater, Heft 7, (2007), S. 371–377, hier S. 373.

[1173] Vgl. Castedello, Marc/Schmusch, Mathias: Markenbewertung nach IDW S 5, in: Die Wirtschaftsprüfung, Heft 8, (2008), S. 351–356, hier S. 353.

[1174] Vgl. Weinstadt/Ortmann: a. a. O. (Fn. 1156), S. 788.

[1175] Vgl. Kriegbaum: a. a. O. (Fn. 1118), S. 92.

[1176] Vgl. IDW ES 5: a. a. O. (Fn. 1166), Rz. 22

[1177] Vgl. Castedello/Schmusch: a. a. O. (Fn . 1173), S. 253.

[1178] Vgl. Kapferer: a. a. O. (Fn. 1139), S. 306; Castedello/Schmusch: a. a. O. (Fn . 1173), S. 353; IDW ES 5: a. a. O. (Fn. 1166), Rz. 62.

eine gewisse Zusatzpreisbereitschaft generiert und somit im Vergleich zu einem gattungsglei-chen unmarkierten Produkt höhere Ergebnisbeiträge erzielt werden können.[1179] Das Verfahren beruht folglich auf der Idealvorstellung, dass ein praktisch identisches Produkt ohne jegliche Art der Markenkennzeichnung als Vergleichsobjekt zur Verfügung steht.[1180] Die Bemessung des Ergebnisbeitrags erfolgt dabei durch die Gegenüberstellung des anhand des markierten Produkts erzielten Umsatzes mit den direkt zurechenbaren Herstellungskosten, den Marketingkosten so-wie einem angemessenen Gemeinkostenanteil. Der ermittelte Betrag ist anschließend über einen geschätzten Nutzungszeitraum mit einem risikoadjustierten Zinssatz zu diskontieren.[1181] Prob-lematisch ist allerdings, dass tatsächlich nur ein verschwindend geringer Anteil der marktübli-chen Vergleichsprodukte gänzlich *unmarkiert* ist und folglich regelmäßig das Heranziehen eines relativ unbekannten Markenprodukts als Ersatzlösung dient. Darüber hinaus ist eine auf mar-kenspezifischen Ergebnisbeiträgen beruhende Markenbewertungsmethode schon deshalb nur selten anwendbar, da in vielen Branchen mit einer Marke verschiedene Produkte unterschiedli-cher Qualitätsstufen gekennzeichnet sind.[1182] Zwar kann ein Teil der Probleme durch die Erhe-bung individueller demoskopischer Umfragen hinsichtlich der Zahlungsbereitschaft gegenüber einer Referenzmarke gemindert werden (z. B. Conjoint Analysen)[1183], ein solches Vorgehen ist jedoch nicht nur äußerst kompliziert bzw. zeit- und kostenintensiv und somit für steuerliche Zwecke unpraktikabel, sondern zudem durch die vielen subjektiven Faktoren bei der Ausgestal-tung des Modells mit erheblichen Unsicherheiten und der Gefahr der Willkür verbunden.[1184] Eine steuerbilanzielle Anwendung dieser Methode scheidet daher grundsätzlich aus.

Schließlich besteht mit der *Residualwertmethode* die Möglichkeit, solche Marken zu bewerten, welche die ihr zurechenbaren Zahlungsströme überwiegend im Zusammenwirken mit anderen nutzengenerierenden Vermögenswerten erzielen. Die Methode löst das Problem der Isolierbar-keit markenspezifischer Einzahlungsüberschüsse also indirekt, indem sie die erwirtschafteten Zahlungsüberschüsse nach Abzug eines fiktiven Entgelts für unterstützende Faktoren residual der entsprechenden Marke zuordnet. Der Methode liegt somit die Annahme zugrunde, dass der Wertbeitrag der unterstützenden materiellen und immateriellen Einnahmepotenziale objektiv identifiziert und bemessen werden kann und der auf die Marke entfallende Restwert wertmäßig keinerlei Verbindung zu anderen Vermögensfaktoren des Unternehmens aufweist.[1185] Die Resi-dualwertmethode kommt üblicherweise bei der Wertebeimessung der zentralen Werttreiber (Leading Assets) des Unternehmens zu Einsatz.[1186] Hierzu wird in einem ersten Schritt der er-zielbare Einzahlungsüberschuss der entsprechenden Bewertungseinheit ermittelt und dieser Be-trag anschließend um die Synergien in Form eines zu schätzenden Nutzungsentgelts berei-nigt.[1187] Zur Ableitung der fiktiven Nutzungsentgelte wird auf den beizulegenden Zeitwert des betreffenden unterstützenden Vermögenswerts abgestellt, wobei ferner der zu erwartende Wer-teverzehr bzw. Abschreibungen sowie eine angemessenen Verzinsung auf das eingesetzte Kapi-

---

[1179] Vgl. Kriegbaum: a. a. O. (Fn. 1118), S. 93 f.

[1180] Vgl. Repenn, Wolfgang: Handbuch der Markenbewertung und -verwertung, Weinheim 1998, S. 34.

[1181] Vgl. Weinstadt/Ortmann: a. a. O. (Fn. 1157), S. 789.

[1182] Vgl. Rohnke: a. a. O. (Fn. 1156), S. 1942.

[1183] Vg. Sattler/Völcker: a. a. O. (Fn. 1141), S. 193. Für eine detaillierte Beschreibung einer Conjoint Analyse zwecks Markenwertmessung; vgl. Kriegbaum: a. a. O. (Fn. 1128), S. 97–108.

[1184] Vgl. Rohnke: a. a. O. (Fn. 1156), S. 1944, Hommel/Buhleier/Pauly: a. a. O. (Fn. 1172), S. 374; Castedello/Schmusch: a. a. O. (Fn . 1173), S. 354

[1185] Vgl. Castedello/Schmusch: a. a. O. (Fn. 1173), S. 353.

[1186] Vgl. Jäger/Himmel: a. a. O. (Fn. 1000), S. 434.

[1187] Vgl. IDW ES 5: a. a. O. (Fn. 1166), Rz. 26. Zu bereinigende Synergieeffekte können beispielsweise die allein durch die finanzielle Situation des Unternehmens ermöglichten günstigen Kreditkonditionen zur Finanzierung eines bestimmten immateriellen Vermögenswertes oder etwa die Nutzung spezifischen Know-hows aus der Entwicklung anderer immaterieller Vermögenswerte sein; vgl. Grüner: a. a. O. (Fn. 1054), S. 186.

tal zu berücksichtigen sind.[1188] Insgesamt wird durch die Ausführungen deutlich, dass insbesondere die zahlreichen Anpassungen und Bereinigungen, etwa durch die fiktiven Leasingraten für unterstützende Wertetreiber, zu schwerwiegenden Objektivierungsproblemen in der externen Rechnungslegung führen.[1189] Vor allem wird nicht immer objektiv feststellbar sein, welches immaterielle Wirtschaftsgut tatsächlich wertbestimmend ist und welche Vermögensfaktoren lediglich eine dienende Funktion einnehmen.[1190] Zudem ist zu bezweifeln, dass die lückenlose Identifizierung von Synergien und damit deren Eliminierung in der Praxis gelingt.[1191]

Insgesamt kann also keines der aufgeführten Verfahren vollends überzeugen. In Hinblick auf die tatsächliche Lizenzierbarkeit von Marken ist jedoch die konzeptionell äußerst praktikable und je nach Qualität der Daten auch exakte Lizenzvergleichsmethode hervorzuheben.[1192] Die Ergebnisvergleichsmethoden sind demgegenüber mit einem erheblichen Aufwand sowie erhöhten Unsicherheiten verbunden, sodass deren Anwendung folglich nur im Ausnahmefall oder bei besonders wertvollen Markenzeichen erwogen werden sollte. Bezüglich der Verlässlichkeit der vorgeschlagenen Methoden ist indessen anzumerken, dass sämtliche Methoden einen Mangel an strengen typisierenden und ermessensbeschränkenden Richtlinien aufweisen. Dies führt dazu, dass die Anwendbarkeit der Verlautbarungen des IASB und des IDW in der externen Rechnungslegung, gemessen an der Bereitstellung intersubjektiv nachvollziehbarer Ergebnisse, auch weiterhin nur im Einzelfall beurteilt werden kann.

6.5.2.4.4 Sonderproblem: Die wirtschaftliche Abnutzbarkeit von Marken

Die Frage nach der isolierten Bewertbarkeit eines immateriellen Wirtschaftsguts ist unmittelbar mit der Frage nach dessen Abnutzbarkeit in den Folgeperioden verbunden. Während die Möglichkeit einer außerplanmäßigen Abschreibung weder steuerlich noch nach IAS/IFRS bezweifelt wird, erweist sich die Beurteilung einer möglichen planmäßigen Abschreibung als ungemein schwieriger. Gemäß den Vorschriften des IASB ist dabei vorgesehen, die prinzipielle Abnutzbarkeit eines immateriellen Vermögenswerts im Erwerbszeitpunkt individuell zu beurteilen.[1193] Im Zusammenhang mit der Abnutzbarkeit einer Marke ist zu beachten, dass sowohl das FASB als auch der DRS explizit Marken als solche immaterielle Vermögenswerte nennen, die welchen eine unbestimmte Nutzungsdauer vorliegen kann.[1194] Dieser Annahme ist aus ökonomischer Sicht zunächst insofern zuzustimmen, als dass es sich beim betrachteten Fall tatsächlich um eine seit Jahrzehnten etablierte Marke handelt (z. B. Coca-Cola, Daimler Benz etc.) und zugleich infolge der Firmenwertähnlichkeit keinerlei Anhaltspunkte für einen absehbaren Werteverfall bestehen. Da solche Marken jedoch eher eine Ausnahmeerscheinung darstellen, sprechen einige Argumente dafür, dass die meisten transferierten Marken sehr wohl einer wirtschaftlichen Ab-

[1188] Vgl. IDW ES 5: a. a. O. (Fn. 1166), Rz. 37; IDW RS HFA 16: a. a. O. (Fn. 1167), Rz. 54.

[1189] Vgl. Jäger/Himmel: a. a. O. (Fn. 1000), S. 434; Grüner: a. a. O. (Fn. 1054), S. 187; Hommel/Buhleier/Pauly: a. a. O. (Fn. 1172), S. 374.

[1190] Vgl. Hommel/Buhleier/Pauly: a. a. O. (Fn. 1172), S. 374.

[1191] Vgl. Grüner: a. a. O. (Fn. 1054), S. 187

[1192] Vgl. Rohnke: a. a. O. (Fn. 1156), S. 1944; Mackenstedt, Andreas/Fladung, Hans-Dieter/Himmel, Holger: Ausgewählte Aspekte bei der Bestimmung beizulegender Zeitwerte nach IFRS 3, in: Die Wirtschaftsprüfung, Heft 16, (2006), S. 1037–1048, hier S. 1041. In einer beispielhaften Wertermittlung für eine Marke kommt auch GRÜNER zu dem Ergebnis, dass die Lizenzpreisanalogiemethode eine vergleichsweise objektive und vorsichtige Bewertungsmethode darstellt. Die Mehrgewinn- und die Residualwertmethode führten hingegen aufgrund der nur schwer identifizierbaren Synergieeffekte zu einem ca. 15 Mio. Euro höheren Wert; vgl. Gruner: a. a. O. (Fn. 1054), S. 194–202.

[1193] Vgl. hierzu die Ausführungen in Kapitel 5.1.3.2.1.

[1194] Vgl. Greinert, Markus: Nutzungsdauer einer Marke im Konzernabschluss, in: Betriebs-Berater, Heft 9, (2004), S. 483–487, hier S. 483 m. w. N.

nutzung unterliegen. Dementsprechend wurde eine relativ kurze Nutzungsdauer von Marken längst in einer branchen- und länderübergreifenden empirischen Untersuchung ausdrucksvoll belegt.[1195]

Trotz dieser Erkenntnisse steht die Auffassung von der grundsätzlichen Abnutzbarkeit einer Marke im ausgesprochenen Widerspruch zur Rechtsprechung des BFH. Demnach stellt dieser in seinem Beschluss aus dem Jahr 1996 fest, „dass entgeltlich erworbene Warenzeichen, die auf Dauer betrieblich genutzt werden, keinem Werteverzehr unterliegen" und vielmehr „weder eine gesetzliche Regelung, noch ein allgemeiner Erfahrungsgrundsatz" als Beleg einer begrenzten Nutzungsdauer existieren.[1196] Der BFH begründet seine Entscheidung dabei mit der von einem Unternehmen beliebig oft verlängerbaren, in § 47 Abs. 2 MarkenG begründeten 10-jährigen Schutzdauer einer Marke. Vergleichbar mit den ebenfalls stets verlängerbaren Güterfernverkehrskonzessionen entstehe durch diesen Umstand eine faktisch unbegrenzte Nutzbarkeit, unter deren Berücksichtigung eine wirtschaftliche Abnutzung von Marken grundsätzlich zu verneinen sei.[1197] Diese rein rechtlich begründete Argumentation ist jedoch in Hinblick auf die notwendige Differenzierung zwischen rechtlicher und wirtschaftlicher Abnutzbarkeit eines Wirtschaftguts als äußerst problematisch zu beurteilen. Zwar entsteht durch die Option auf Verlängerung des Schutzrechts formalrechtlich tatsächlich ein immerwährendes bzw. „ewiges Recht",[1198] das alleinige Potenzial der Verlängerungsmöglichkeit ist für Unternehmen jedoch keinesfalls verpflichtend. Vielmehr ist denkbar, dass sich hinter Marken oftmals eine „künstlich am Leben" erhaltende Rechtsposition in Form einer stillen Reserve verbirgt oder etwa bewusst auf eine Verlängerung des Rechtsschutzes verzichtet wird.[1199] Andererseits ist auch der Vergleich mit den Güterverkehrskonzessionen nicht schlüssig. Denn Marken sind im Gegensatz zu den strikt personengebundenen Güterfernverkehrsgenehmigungen explizit einzelveräußerbar und gewähren deren Inhaber als gewerbliche Schutzrechte gemäß dem Prioritätsprinzip konkrete Ausschließungsmöglichkeiten.[1200] Demgegenüber wird der Wert einer Güterfernverkehrkonzession ausschließlich quantitativ determiniert. Qualitätsminderungen haben insofern keinerlei wertbeeinflussenden Auswirkungen, sodass eine Güterverkehrsgenehmigung wirtschaftlich praktisch keinen Veränderungen unterliegt und diese insgesamt eher eine Existenznotwendigkeit für das entsprechende Unternehmen darstellt.[1201]

Darüber hinaus vernachlässigt der BFH in seiner Argumentation die wirtschaftliche Werthaltigkeit einer Marke. Rechte unterliegen nämlich gerade auch dann einer Abnutzung, wenn sie zwar formal bestehen bleiben, sich aber hinsichtlich der Exklusivität ihrer wirtschaftliche Nutzungsmöglichkeiten entwerten.[1202] Folgerichtig wird speziell der Wert einer Marke nicht primär durch

[1195] Die relativ kurze Nutzungsdauer erklärt sich durch den kurz- bis mittelfristigen Misserfolg vieler Marken. Dieses Ergebnis erscheint insofern überraschend, als dass infolge einer subjektiven Wahrnehmungsverzerrung mit dem Stichwort „Marke" zumeist sehr erfolgreiche und langlebige Marken assoziiert werden. Den wenigen erfolgreichen Marken ist es dabei gelungen, sich durch jahrzentelange Marktpräsenz und enorme Investitionen in Werbemaßnahmen im Langzeitgedächtnis der Konsumenten zu verankern; vgl. Meffert, Heribert/Burmann, Christoph: Abnutzbarkeit und Nutzungsdauer von Marken – Ein Beitrag zur steuerlichen Behandlung von Warenzeichen, in: Unternehmensrechnung und Besteuerung, Festschrift für Dietrich Börner, hrsg. von Heribert Meffert und Norbert Krawitz, Wiesbaden 1998, S. 75–126, hier S. 102 f.

[1196] BFH-Beschluss vom 4.9.1996 II B 135/95, in: BStBl. II 1996, S. 586 (beide Zitate).

[1197] Vgl. BFH-Beschluss vom 4.9.1996, in: BStBl. II 1996, S. 586.

[1198] BFH-Beschluss vom 4.9.1996, in: BStBl. II 1996, S. 586.

[1199] Gold, Gabriele. Steuerliche Abschreibungsmöglichkeit für Marken, in: Der Betrieb, Heft 19, (1998), S. 956–959, hier S. 958.

[1200] Vgl. hierzu insbesondere Gold: a. a. O. (Fn. 1199), S. 957 f.

[1201] Vgl. Schöne, Wolf-Dieter: Bilanzierung und Bewertung von Warenzeichen, in: StBp, Heft 11, (1995), S. 257–259, hier S. 257; Gold: a. a. O. (Fn. 1199), S. 957 f.

[1202] Vgl. Wübbelsmann, Stephan: Gedanken zur Diversifikation der Abschreibung einer Domain – Oder: Nachts sind alle Katzen grau, in: DStR, Heft 39, (2005), S. 1659–1664, hier S. 1663.

das gewerbliche Schutzrecht, sondern vielmehr durch die durch die Marke erlangte Kundenloyalität bzw. das Potenzial zur Erzielung von Einnahmeüberschüssen begründet.[1203] Bleibt hier
indessen die „regelmäßige Pflege" der wertbildenden Faktoren bzw. der erfolgreichen Marke
mittels Werbemaßnahmen oder imagefördernder Investitionen aus, verkommt das bestehende
Markenrecht zunehmend zu einer „leeren Hülle".[1204] Zweifellos ist die Einbeziehung dieses
wichtigen Aspekts der wirtschaftlichen Betrachtungsweise hinsichtlich der steuerbilanziell gebotenen Messung der wirtschaftlichen Leistungsfähigkeit zwingend erforderlich.[1205] Zudem
steht die in diesem Fall unerlässliche Zurückdrängung der zivilrechtlichen Perspektive im Einklang mit dem handels- sowie steuerlichen Prinzip der vorsichtigen Gewinnermittlung. Demnach ist bei der Bemessung der betriebsgewöhnlichen Nutzungsdauer eines Wirtschaftsguts sowohl der technische als auch der wirtschaftliche Verwendungszeitraum zu betrachten, wobei
stets die kürzere Periode maßgebend ist.[1206] Unterschreitet also der wirtschaftliche Verwendungszeitraum einer Marke deren rechtliche bzw. technische Nutzbarkeit, hat die faktische bestehende Möglichkeit auf Verlängerung des rechtlichen Schutzes keinerlei Bedeutung, sodass
die planmäßige Abschreibung ausschließlich von der wirtschaftlichen Nutzungsdauer bestimmt
wird.[1207] Diese Ansicht teilt unter anderem auch das IASB.[1208]

Die Berücksichtigung eines planmäßigen Abnutzungsaufwands ist folglich immer dann geboten,
wenn die „umsatzalimentierende Funktion des Warenzeichens dem Inhaber voraussichtlich
nicht dauerhaft uneingeschränkt zur Verfügung stehen wird".[1209] Folglich begrenzt der Produkt-
lebenszyklus des markierten Produkts regelmäßig auch den Wert des Markenrechts, vorausgesetzt, die entsprechende Marke wird nicht auch für andere Produkte des Unternehmens ökonomisch genutzt.[1210] Die Beurteilung der wirtschaftlichen Abnutzung hat dabei ungeachtet der für
die Aufrechterhaltung der Markenstärke bzw. deren umsatzfördernde Funktion getätigten Aufwendungen zu erfolgen. Zwar gilt als unstrittig, dass der allmähliche Werteverfall einer Marke
grundsätzlich durch Werbung und sonstige markenwerterhaltende Investitionen in Bekannt-
heitsgrad und Image kompensiert wird, dennoch darf bei der Beurteilung der Abnutzbarkeit
analog zum Geschäfts- oder Firmenwert nur der Zeitraum betrachtet werden, in welchem sich
der Markenwert ohne der Vornahme derartiger werterhaltender Maßnahmen verflüchtigt. Et-
waig getätigte Investitionen im Zusammenhang mit der akquirierten Marke tragen indessen zur
Schaffung eines neuen selbst erstellten und somit nicht aktivierungsfähigen immateriellen Wirtschaftsguts bei.[1211]

Zusammenfassend ist zu konstatieren, dass die Bestimmung der betriebsgewöhnlichen Nutzungsdauer einer Marke nicht eindimensional beurteilt werden sollte. Fraglich ist daher, welche
objektivierbaren Anhaltspunkte insgesamt zur Beurteilung des Zeitraums der Zahlungsüberschüsse einer Marke und damit zur Begrenzung ihrer Nutzungsdauer herangezogen werden
können. Vor dem Hintergrund der hier vorgetragenen Erkenntnisse identifiziert GREINERT vier

---

[1203] Vgl. Meffert, Heribert/Burmann, Christoph: Abnutzbarkeit und Nutzungsdauer von Marken, in: Markenmage-
ment, hrsg. von Heribert Meffert, Christoph Burmann, Martin Koers, 2. Auflage, Wiesbaden 2005. S. 347–362,
hier S. 349.

[1204] Wübbelsmann: a. a. O. (Fn. 1202), S. 1663, (beide Zitate).

[1205] Vgl. insbesondere Barth/Kneisel: a. a. O. (Fn. 1116), hier S. 474.

[1206] Vgl. hierzu Kapitel 5.2.3.4.

[1207] Vgl. Weinstadt/Ortmann: a. a. O. (Fn. 1166), S. 790.

[1208] Vgl. IASB (2002): IAS 38.94.

[1209] Barth/Kneisel: a. a. O. (Fn. 1116), S. 475.

[1210] Vgl. Boorberg, Wolfgang/Strüngmann, Thomas/Wendelin, Brigitta: Zur Abnutzbarkeit entgeltlich erworbener
Warenzeichen und Arzneimittelzulassungen – Anmerkungen zum BMF-Schreiben vom 27.02.1998, in: DStR,
Heft 30, (1998), S. 1113–1118, hier S. 1114.

[1211] Vgl. Schubert, Theo: Abschreibungen auf Marken im Steuerrecht, in: Finanz-Rundschau, Heft 3, (1998), S. 92–
95, hier S. 94; Boorberg/Strüngmann/Wendelin: a. a. O. (Fn. 1210), S. 1115.

verschiedene Einflussfaktoren.[1212] Die Nutzungsdauer einer Marke bemisst sich danach zum einen am Zeitraum des exklusiven Nutzungsrechts einer Marke, am Zeitraum der absatzorientiert messbaren Markenbekanntheit, an der Existenz des ggf. mit der Marke unmittelbar verbundenen Produkts sowie letztendlich anhand dem realen wirtschaftlichen Verwendungszeitraum der Marke durch das Unternehmen. Nach dieser Konzeption ist nur dann von einer zeitlich unbegrenzten Nutzungsdauer einer erworbenen Marke auszugehen, wenn die soeben aufgeführten Kriterien in der Weise kumulativ erfüllt sind, dass keinerlei Anzeichen auf eine wirtschaftliche oder rechtliche Entwertung der Marke bestehen.[1213]

Hinsichtlich der objektiven Prognose der individuellen Nutzungsdauer einer Marke bleiben hingegen eine Reihe Fragen offen. Zu nennen ist hier primär das komplexe Zusammenwirken von kontrollierbaren und nicht kontrollierbaren Determinanten der Markennutzungsdauer.[1214] Entsprechend lässt sich der individuelle Abschreibungszeitraum gewöhnlich nicht losgelöst von der Markenart, der Marketingstrategie, der Branche oder etwa der Art des Wettbewerbs auf dem jeweiligen Markt beurteilen. Da eine solche rein nach wirtschaftlichen Gesichtspunkten ermittelte einzelfallabhängige Markennutzungsdauer freilich nur schwer objektivierbar und somit mit erheblichen Ermessensspielräumen verbunden ist, sollte hier, wie im Steuerrecht bei anderen Wirtschaftsgütern ohnehin üblich, eine Normierung der betriebsgewöhnlichen Nutzungsdauer erfolgen. An dieser Stelle ist anzumerken, dass die Finanzverwaltung den BFH-Beschluss mit ihrem Schreiben vom 27.2.1998 aus steuerlicher Sicht unlängst an die realen Verhältnisse angenähert hat und für erworbene Marken mit 15 Jahren nun dieselbe Nutzungsdauer wie nach § 7 Abs. 1 Satz 3 EStG für den derivativen Geschäftswert vorschreibt.[1215] Trotz allem ist eine an den Geschäftswert angepasste Abschreibungsdauer aber schon deshalb nicht logisch, da der steuerbilanzielle Ansatz firmenwertähnlicher Marken ohnehin mangels selbständiger Bewertbarkeit regelmäßig scheitern dürfte.[1216] Zudem weisen – wie bereits erwähnt – empirische Untersuchungen auf eine erheblich kürzere Nutzungsdauer vieler Marken hin.[1217] Aus diesem Grund ist die im Schrifttum vertretene Annahme von einer betriebsgewöhnlichen Nutzungsdauer erworbener Marken zwischen drei und acht Jahren eindeutig zu befürworten.[1218] Durch eine solche Anpassung der Abschreibungsdauer für Marken könnte somit sowohl zu einer Objektivierung als auch zu einer exakteren Abbildung der wirtschaftlichen Leistungsfähigkeit beigetragen werden.

6.5.2.5   Zusammenfassung der Erkenntnisse und Ausblick

Trotz der deutlichen Nähe vieler markenspezifischer Wertbestimmungsfaktoren zum Geschäftswert ist zu konstatieren, dass eine im Rahmen eines Unternehmenserwerbes erlangte Marke grundsätzlich eine nach IAS/IFRS identifizierbaren Vermögenswert sowie ein steuerbilanziell greifbares Wirtschaftgut darstellt. In beiden Rechnungslegungskonzeptionen entscheidet daher vorwiegend das Kriterium der selbständigen bzw. zuverlässigen Bewertbarkeit über die letztendliche Aktivierungsfähigkeit. Bei näherer Betrachtung wird deutlich, dass die Bewertungsanforderungen im deutschen Steuerbilanzrecht wesentlich restriktiver auszulegen sind als

---

[1212] Vgl. Greinert: Nutzungsdauer einer Marke, a. a. O. (Fn. 1194), S. 483–487.

[1213] Vgl. Greinert: Nutzungsdauer einer Marke, a. a. O. (Fn. 1194), S. 487.

[1214] Vgl. Meffert/Burmann: Abnutzbarkeit und Nutzungdauer von Marken, a. a. O. (Fn. 11195), S. 104–118.

[1215] Vgl. BMF-Schreiben vom 27.2.1998: Abnutzbarkeit entgeltlich erworbener Warenzeichen (IV B 2 - S 2172 - 7/98), in: BStBl I 1998, S. 252.

[1216] Vgl. hierzu die Ausführungen in Kapitel 6.5.2.4.1.

[1217] Vgl. Meffert/Burmann: Abnutzbarkeit und Nutzungdauer von Marken, a. a. O. (Fn. 1195), S. 118.

[1218] Vgl. Meffert/Burmann: Abnutzbarkeit und Nutzungdauer von Marken, a. a. O. (Fn. 1195), S. 118; Barth/Kneisel: a. a. O. (Fn. 1116), S. 475; Gold: a. a. O. (Fn. 1199), S. 959; Schubert: a. a. O. (Fn. 1211), S. 95.

nach IAS/IFRS. So bleibt der vom Geschäftswert separate Ansatz steuerbilanziell ausschließlich auf diejenigen erworbenen Marken begrenzt, deren Einnahmepotenzial sich objektiv vom markierten Produkt sowie anderen Wirtschaftsgütern des Unternehmens abgrenzen lässt. Demgegenüber wird besonders bei der Bilanzierung von Marken gemäß IFRS 3 in Verbindung mit dem überarbeiteten IAS 38 das vom IASB proklamierte Ziel deutlich, die im Zuge eines Unternehmenserwerbes erlangten immateriellen Vermögenswerte möglichst separat vom Geschäftswert anzusetzen. Entsprechend hat – selbst wenn die markenspezifischen Einnahmeüberschüsse nicht isolierbar sind – ein Ansatz der Marke zusammen den entsprechend wertergänzenden identifizierbaren immateriellen Vermögenswerten zu erfolgen, sofern deren Fair Value zumindest insgesamt bestimmbar ist. Demnach erweist sich das Ansatzkonzept des IASB speziell bei solchen Marken als hilfreich, welche in Verbindung mit technologieintensiven Produkten stehen. So kann beispielsweise bei einem auf einem einzigartigen Patent beruhenden Produkt die kollektive Bewertung von Patent und Marke in Betracht gezogen werden. Während also produktnahe Einzelmarken gemäß IAS 38 regelmäßig bilanziell berücksichtigt werden, dürften erworbene Dachmarken aufgrund ihrer mittelbaren Funktion als geschäftswertbildende Faktoren allerdings weiterhin im Geschäftswert aufgehen. Gewiss sind derartige Ansatzerleichterungen zulasten des Einzelbewertungsgrundsatzes aus Gründen der Objektivierung für steuerliche Zwecke gänzlich untauglich, weshalb wertmäßig nicht isolierbare Marken steuerbilanziell auch künftig im Geschäftswert aufgehen sollten. Vor diesem Hintergrund wird ersichtlich, dass die erweiterte Ansatzkonzeption nach IFRS 3 i. V. m. IAS 38 keine empfehlenswerte Vorgabe zur steuerbilanziellen Erfassung von Marken darstellt und vielmehr an der bisherigen GoB-konformen Würdigung der abstrakten Aktivierbarkeit eines Wirtschaftsguts im Steuerbilanzrecht festgehalten werden sollte.

Hinsichtlich der bei der Zugangsbewertung anwendbaren Bewertungsverfahren ergibt sich indessen ein differentes Bild. Hier liefern die Regelungen des IASB und des IDW erstmals konkrete Vorgaben zur Anwendbarkeit bestimmter kapitelwertorientierter Verfahren. Im Rahmen der Darstellung der unterschiedlichen ertragswertorientierten Bewertungsmethoden konnte bestätigt werden, dass derzeit noch kein allgemein anerkanntes und bewährtes Markenbewertungsverfahren existiert und sich die Wahl des anzuwendenden Verfahrens somit vielmehr nach der Relevanz und Zuverlässigkeit der im konkreten Bewertungsfall verfügbaren Informationen zu richten hat.[1219] Im Ergebnis ist also ein auf die jeweilige Marke angepasster, individueller Bewertungsansatz zu wählen. Dessen ungeachtet beruht die zwingend erforderliche Isolierung markenbezogener Ein- und Auszahlungen allerdings auch künftig oftmals in hohem Maße auf subjektiven und daher schwer nachprüfbaren Schätzungen. Dennoch spricht nichts dagegen, die international erprobten und stetig verfeinerten einkommensorientierten Bewertungsmodelle derweil auch im deutschen Steuerrecht als Orientierungshilfe zu nutzen. Denn trotz der mit den einkommensorientierten Bewertungsverfahren unbestritten verbundenen Unsicherheiten bleiben diese derzeit die einzig sinnvolle und praktikable Alternative für eine zumindest annäherungsweise Ermittlung des beizulegenden Zeitwerts im Erwerbszeitpunkt.[1220]

Gänzlich unbefriedigend ist die Situation dagegen in Bezug auf die steuerbilanziell für erworbene Marken vorgeschriebene Abschreibungsdauer. Einerseits wird am Beispiel der Folgebewertung von Marken die Untauglichkeit der betriebsindividuellen Bestimmung von Restnutzungs-

---

[1219] Als für die Bewertung relevante Informationen zählen insbesondere die klare Defintion des mit der Marke verbundenen Produkts, die Ergebnisse von Marktanteilsanalysen und Markenbekanntheitsuntersuchungen sowie zuverlässige Daten bezüglich des Marktumfelds des Produkts; vgl. Weinstadt/Ortmann: a. a. O. (Fn. 1166), S. 789.

[1220] Dabei gilt es zu berücksichtigen, dass der bereits durch den Unternehmenskauf objektivierte Markenwert zwecks bilanzieller Erfassung nach Ansicht des BFH ohnehin nur ungefähr bemessen werden muss; vgl. hierzu die Ausführungen zum Prinzip der selbständigen Bewertbarkeit in Kapitel 4.2.4.3.3.

dauern für steuerliche Zwecke nochmals deutlich.[1221] In Annäherung an eine möglichst exakte Besteuerung nach der wirtschaftlichen Leistungsfähigkeit sollte andererseits jedoch die wohl primär haushaltspolitisch motivierte Nutzungsdauer von 15 Jahren zugunsten einer eher den wirtschaftlichen Tatsachen entsprechenden Abschreibungsdauer von etwa fünf Jahren aufgegeben werden.

6.5.3   Bilanzierung vorteilhafte Vertragsverhältnisse und Humankapital

6.5.3.1   Ökonomische Einordnung

Zweifelsfrei stellen die absatzbezogenen immateriellen Wirtschaftsgüter und besonders erworbene Marken einen herausragenden Faktor bei der Bemessung der beim Unternehmenskauf zu entrichtenden Gegenleistung dar. Darüber hinaus ist die Vergütung eines Kaufpreises über dem Substanzwert des Unternehmens oftmals auf beim Akquisitionsobjekt bestehende günstige Vertragsverhältnisse zurückzuführen, deren wirtschaftlichen Nutzenzuflüsse im Rahmen des Unternehmenskaufs auf den Erwerber übergehen.

Im Rahmen eines Unternehmenskaufs kann etwa gegeben sein, dass das erworbene Unternehmen sich seit Längerem in einem bestehenden Mietverhältnis mit hoher Restlaufzeit und einem deutlich unter den marktüblichen Konditionen liegenden Mietzins befindet. Ökonomisch betrachtet liegt hier unbestreitbar ein entscheidungsrelevanter wirtschaftlicher Vorteil vor. So ist anzunehmen, dass ein potenzieller Erwerber die gegenüber dem marktgerechten Marktzins erlangten Einsparungen im Rahmen seiner Kaufpreisfindung mit einem entsprechenden Aufschlag berücksichtigen würde.[1222] Gleiches gilt prinzipiell auch für zahlreiche andere denkbare vorteilhafte Vertragsverhältnisse auf der Beschaffungs- und Absatzmarktseite. Diskussionswürdig ist hier vor allem die vom IASB in Aussicht gestellte Aktivierung von erworbenem Humankapital in Form günstiger bzw. unter dem marktüblichen Lohn vergüteter Arbeitsverhältnisse.[1223]

Grundsätzlich bergen die soeben genannten Konstellationen tatsächliche Gewinnaussichten des Erwerbers, welche mit dem Betrag abgegolten werden, den der Unternehmenskaufpreis den Zeitwert der übernommenen Wirtschaftsgüter über die Schulden übersteigt. Fraglich ist allerdings, ob es sich bei den im Zusammenhang mit den erlangten Vertragsverhältnissen verbundenen Nutzenvorteilen lediglich um geschäftswertbildende Gewinnhoffnungen oder konkretisierbare Gewinnerwartungen aus schwebenden Geschäften handelt. Die bilanzielle Bedeutung dieser Differenzierung lässt sich speziell am Beispiel eines nicht vom Geschäftswert ausgegliederten Auftragsbestands verdeutlichen:[1224] Unterbleibt nämlich ein separater Bilanzansatz, werden die Anschaffungskosten des erworbenen Auftragsbestandes lediglich im über 15 Jahre abzuschreibenden Geschäftswert berücksichtigt. Kommt es nun im folgenden Geschäftsjahr tatsächlich zur Realisation der akquirierten Aufträge, würden dessen Anschaffungskosten im Mittel erst nach etwa acht Jahren ertragswirksam berücksichtigt, während der darauf anfallende Gewinn sofort besteuert würde. Der Grundsatz der Gleichmäßigkeit der Besteuerung gebietet folg-

---

[1221] Vgl. hierzu die Ausführungen in Kapitel 6.4.2.1.

[1222] Vgl. Lüdenbach, Norbert/Freiberg, Jens: Günstige und ungünstige Verträge – Bilanzierung schwebender Geschäfts nach IFRS 3, in: KoR, Heft 5, (2005), S. 188–194, hier S. 190.

[1223] Noch im Standardentwurf ED 3 war die seperate Aktivierung von Humankapital („assembles workforce") im Rahmen der Kaufpreisallokation gemäß ED 3.36 in Übereinstimmung mit dem SFAS 141.39 des FASB explizit ausgeschlossen. Weder im entgültigen Standard noch IAS 38 ist numemehr ein grundsätzliches Aktivierungsverbot für derartige mitarbeiterbezogene Vermögenswerte zu entnehmen; vgl. Esser, Maik/Hackenberger, Jens: Bilanzierung immaterieller Vermögenswerte des Anlagevermögens nach IFRS und US-GAAP, in: KoR, Heft 10, (2004), S. 402–414, hier S. 404 f.

[1224] In Anlehnung an Siegel, Theodor: Der Auftragsbestand – Immaterieller Vermögensgegenstand oder schwebendes Geschäft?, in: Der Betrieb, Heft 19, (1997), S. 941–943, hier S. 941.

lich einen separaten Ansatz konkretisierter Gewinnerwartungen aus einem erlangten vorteilhaften schwebenden Vertragsverhältnis.

6.5.3.2   Aktivierbarkeit nach IFRS 3

Gemäß IFRS 3 sind die im Zuge eines Unternehmenserwerbes erlangten und auf Verträgen basierenden immateriellen Vermögenswerte grundsätzlich identifizierbar. Darüber hinaus ist infolge der erweiterten Ansatzkonzeption für immaterielle Vermögenswerte nach IFRS 3 i. V. m.
IAS 38 weder die Einzelveräußerbarkeit noch das Bestehen einer bestimmten Wahrscheinlichkeit des künftigen Nutzenzuflusses erforderlich.[1225]

Die soeben skizzierte Methodik erweckt zunächst zu Recht den Eindruck, dass nach IFRS 3
sämtliche rechtlich begründete immaterielle Nutzenvorteile aktivierungsfähig sind. Da eine undifferenzierte Auslegung dieser Ansatzkonzeption jedoch zur Aktivierung jeglicher vermeintlich
nutzenstiftender „Allerweltsrechtsverhältnisse" führen würde, ist der damit drohenden „Atomisierung" der nachgelagerten Bewertungsaufgabe anhand einer einfachen Grundsatzüberlegung
Einhalt zu gebieten.[1226] LÜDENBACH/FREIBERG knüpfen in diesem Zusammenhang die Möglichkeit der hypothetischen Marktbepreisung zutreffend an zwei Bedingungen:[1227] Demnach ist
die Aussicht auf eine hypothetische Transaktion in Form einer entsprechenden Kaufpreisbe-
rücksichtigung nur dort begründbar, wo ein Dritter durch Abwägen in einer Art *Make or buy*-
Szenario entweder die originäre Schaffung eines ähnlichen Vertragsverhältnisses aufgrund zu
hoher Anbahnungskosten scheut oder die bestehenden Vertragskonditionen gemessen an den
aktuell üblichen Marktkonditionen eindeutig vorteilhaft sind. Die Regelungen des IFRS 3 sehen
hier ausschließlich den Ansatz gemäß der zweiten Alternative vor, sodass im Ergebnis nur solche Verträge als immaterielle Vermögenswerte angesetzt werden, deren Konditionen verglichen
mit gleichartigen aktuell am Markt verfügbaren Angeboten als signifikant günstig erscheinen.[1228] Die bloße ökonomische Vorteilhaftigkeit bzw. der positive Ergebnisbeitrag eines erworbenen bestehenden Vertragsverhältnisses ist somit für die Begründung eines ansatzfähigen
immateriellen Vermögenswertes nach IAS/IFRS nicht ausreichend.

6.5.3.3   Aktivierbarkeit nach der Rechtsprechung des BFH

Die bilanzielle Behandlung günstiger Verträge im Sinne der IAS/IFRS ist sowohl handels- als
auch steuerrechtlich nicht abschließend geklärt. Grundsätzlich ist gemäß BFH[1229] und Schrifttum[1230] jedoch unstrittig, dass es sich bei einem Vertragsverhältnis, bei dem sich Rechte und
Pflichten ausgewogen gegenüberstehen, um ein nicht aktivierungsfähiges schwebendes Geschäft handelt.[1231]

[1225] Vgl. hierzu die Ausführungen in Kapitel 4.1.3.
[1226] Frowein, Nils/Lüdenbach, Norbert: Der Goodwill-Impairment-Test aus Sicht der Bewertungspraxis, in: Finanz
Betrieb, Heft 2, (2003), S. 65–72, hier S. 71 (beide Zitate).
[1227] Vgl. Lüdenbach/Freiberg: a. a. O. (Fn. 1222), S. 189.
[1228] Vgl. Lüdenbach/Freiberg: a. a. O. (Fn. 1222), S. 189.
[1229] Vgl. BFH-Urteil vom 20.1.1983 IV R 158/80, in: BStBl 1983, S. 413; BFH-Urteil vom 19.6.1997 IV R 16/95,
in: BStBl II 1997, S. 808.
[1230] Vgl. Freericks, Wolfgang: Bilanzierungsfähigkeit und Bilanzpflicht in Handels- und Steuerbilanz, Köln u. a.
1976, S. 227; Crezelius, Georg: Das sogenannte schwebende Geschäft, in: Festschrift für Georg Döllerer, hrsg.
von Brigitte Knobbe-Keuk, Franz Klein und Adolf Moxter, Düsseldorf 1988, S. 81–95, hier S. 81; Knobbe-
Keuk: a. a. O. (Fn. 893), S. 141; Weber-Grellet: in: Ludwig Schmidt EStG, a. a. O. (Fn. 914), § 5, Rz. 71.
[1231] Der Nichtansatz schwebender Geschäfte in der Steuerbilanz wird primär mit dem Vorsichts- bzw. dem Realisationsprinzip begründet. Da aus kaufmännischer Sicht der wirtschaftliche Nutzen eines schwebenen Geschäfts

Umstritten bleibt hingegen, inwiefern ein entgeltlich erworbenes schwebendes Geschäft bilanziell auszuweisen ist, wenn aus einem gemessen an den aktuellen Marktkonditionen günstigen Vertragsverhältnis eine eindeutige Gewinnerwartung geknüpft ist. LÜDENBACH/HOFFMANN vertreten hier die Auffassung, dass ein im Rahmen eines Asset Deals akquiriertes gewinnversprechendes schwebendes Vertragsverhältnis gemäß dessen „Maß der Günstigkeit" steuerbilanziell als immaterielles Wirtschaftsgut separat vom Geschäftswert auszuweisen ist.[1232] Genauer gesagt repräsentiere die aus der Übertragung des Vertrags resultierende Gewinnerwartung einen ökonomisch identifizierbaren und verwertbaren Nutzenvorteil eines insoweit ansatzfähigen Vermögenswertes.[1233] Ähnliches lässt sich auch der ständigen Rechtsprechung entnehmen. Demnach wird mit dem entgeltlichen Erwerb eines bestehenden schwebenden Vertrages ein immaterielles Wirtschaftsgut begründet, unabhängig davon, ob das schwebende Geschäft Gewinnerwartungen aus einem Einzelschuldverhältnis (z. B. Auftragsbestand) oder Dauerschuldverhältnisse (z. B. Belieferungsrecht) verkörpert.[1234] Ausschlaggebend sei allein die Tatsache, dass sich die als grundsätzlich unsicher befundenen Gewinnaussichten der Position *schwebender Vertrag* durch die Entrichtung eines Entgelts im Rahmen eines Einzel- oder Gesamt bzw. Unternehmenserwerbes in ihrer Werthaltigkeit am Markt bestätigt haben.[1235]

Gleichwohl wird die Aktivierung entgeltlich erworbener, bestehender schwebender Geschäfte von einem Teil der Literatur in Hinblick auf das Vorsichtsprinzip auch bei erfolgtem entgeltlichem Erwerb als nicht GoB-konform beurteilt.[1236] In erster Linie wird argumentiert, die in diesem Kontext eindeutig ein Wirtschaftsgut bejahende Rechtsprechung könne nicht ohne Weiteres in die Rechtslage nach Einführung des Bilanzrichtliniengesetzes übertragen werden. Darüber hinaus würde beim Auftragsbestand übersehen, dass es sich hier nicht etwa um Anlagevermögen, sondern vielmehr um Umlaufvermögen handele, sodass eine Aktivierung unabhängig von einem etwaigen entgeltlichen Erwerb gegen das handels- sowie steuerliche Realisationsprinzip verstoße.[1237]

Die aufgeführten Bedenken gegen die separate Aktivierung entgeltlich erworbener, bestehender schwebender Vertragsverhältnisse können indes nicht vollends überzeugen. Zum einen sind Auftragsbestände regelmäßig gerade nicht dazu bestimmt, weiterveräußert zu werden, sodass es sich unzweifelhaft – falls eine Aktivierung erfolgt – regelmäßig um eine Position des Anlagevermögens handeln dürfte.[1238] Zum anderen ist nicht ersichtlich, warum ein Aktivierung eines erworbenen Auftragsbestandes als eine Vorwegnahme künftiger Gewinne zu werten ist. Entsprechend wird argumentiert, dass aufgrund der differenten Folgebewertung gerade die undifferenzierte Erfassung einzeln ansatzfähiger immaterieller Wirtschaftsgüter im Geschäfts- oder

---

regelmäßig die Verpflichtung übersteigt, würde der silmultane Ausweis einer Forderung und einer Verpflichtung aus einem schwebenden Geschäft nicht nur eine Aufblähung der Bilanz, sondern auch die Erfassung eines unrealisierten Gewinns mit sich führen; vgl. statt vieler Knobbe-Keuk: a. a. O. (Fn. 893), S. 141.

[1232] Lüdenberg, Norbert/Hoffmann, Wolf-Dieter: Das schwebende Geschäft als Vermögenswert: Bilanzierung bei Erwerb und Verkauf von Nutzungsrechten, in: DStR, Heft 31, (2006), S. 1382–1387, hier S. 1383.

[1233] Vgl. Lüdenbach/Hoffmann: Das schwebende Geschäft, a. a. O. (Fn. 1232), S. 1383.

[1234] Vgl. BFH-Urteil vom 15.12.1993 X R 102/92, in: BFH/NV 1994, S. 543–546, hier S. 545; BFH-Urteil vom 1.2.1998 VIII R 361/83, in: BFH/NV 1989, S. 778.

[1235] Vgl. BFH-Urteil vom 15.12.1993 X R 102/92, in: BFH/NV 1994, S. 545.

[1236] Vgl. Flies, Rolf: Auftragsbestand und Firmenwert, in: Der Betrieb, Heft 17, (1996), S. 846–848, hier S. 848; Siegel: Der Auftragsbestand, a. a. O. (Fn. 1224). S. 943; Knüppel, Mark: Bilanzierung von Verschmelzungen nach Handelsrecht, Steuerrecht und IFRS, Diss. Berlin 2007, S. 148 f.

[1237] Vgl. Siegel: Der Auftragsbestand, a. a. O. (Fn. 1224). S. 942. Die Ansatzvoraussetzung des entgeltlichen Erwerbs gemäß § 248 Abs. 2 HGB bzw. § 5 Abs. 2 EStG gilt lediglich für immaterielle Gegenstände des Anlagevermögens.

[1238] Gleiche Ansicht Köhler, Stefan: Die Behandlung des Auftragsbestands beim Unternehmenskauf in Handel- und Steuerbilanz, in: DStR, Heft 8, (1997), S. 297–302, hier S. 299.

Firmenwert ein Verstoß gegen das Vorsichtsprinzip darstellt.[1239] Zuletzt wird auch im bereits zitierten BFH-Urteil vom 15. Dezember 1993 die zuvor noch offengelassene Frage zur steuerbilanziellen Behandlung firmenwertähnlicher Wirtschaftsgüter nach Erlass des Bilanzrichtliniengesetzes unmissverständlich zugunsten der Rechtssprechungskontinuität beantwortet.[1240]

Dementsprechend gilt, dass der Grundsatz der Nichtbilanzierung schwebender Geschäfte beim entgeltlichen Erwerb eines bestehenden schwebenden Vertragsverhältnisses im Allgemeinen keine Gültigkeit hat. In diesem Zusammenhang ist der entgeltliche Erwerb also vielmehr mit einer Abfindungszahlung an einen Dritten zu vergleichen, anhand derer die Rechte und Gewinnchancen aus einem bestehenden schwebenden Vertrags- bzw. Nutzungsverhältnis erworben werden.[1241] THIEL hat diesbezüglich zutreffend festgestellt, dass es sich beim Eintritt in ein bestehendes Nutzungsverhältnis wirtschaftlich gesehen um zwei Geschäftsvorfälle handelt, nämlich den isolierten Erwerb der Gewinnerwartungen sowie die Rechtbeziehung zu dem Eigentümer der genutzten Sache.[1242] Der Eintritt in das bestehende schwebende Geschäft bedingt dabei gewissermaßen einen Wechsel „des Eigentums an der Forderung", welcher wiederum in einer bilanziell auszuweisenden „Änderung der Güterzuordnung" mündet.[1243] Ob die erworbenen Gewinnchancen eines schwebenden Geschäfts allerdings steuerbilanziell tatsächlich ein vom Geschäftswert zu separierendes immaterielles Einzelwirtschaftsgut des Anlagevermögens begründen, ist indessen freilich unter Beachtung der allgemeinen Ansatzvoraussetzungen eines immateriellen Wirtschaftsguts zu beurteilen. Der in der ökonomischen Realität zu beobachtende Handel mit konkreten Auftragsbeständen spricht dabei zunächst für dessen Greifbarkeit und selbständige Bewertbarkeit in Abgrenzung zum Geschäfts- oder Firmenwert.[1244] Entscheidend ist also, dass sich die Gewinnchancen eines schwebenden Vertrags infolge der geleisteten Abstandszahlung nicht nur in ihrer Werthaltigkeit, sondern auch gemessen an deren gesonderten Übertragbarkeit und Greifbarkeit am Markt konkretisiert haben.[1245]

6.5.3.4   Die Konkretisierung der Gewinnchance als zentrales Problem

In Anbetracht der bisherigen Ausführungen werden die Unterschiede zwischen der Ansatzkonzeption des IASB und dem deutschen Steuerbilanzrecht klar ersichtlich. So stützt sich gemäß IFRS 3 die Identifizierbarkeit und Kontrolle einer beim Unternehmenskauf in Verbindung mit einem schwebenden Vertragsverhältnis erworbenen Gewinnerwartung ausschließlich auf das Kriterium der rechtlichen Sicherung („Contractual legal"-Kriterium). Als den Ansatz begrenzend erweist sich dabei lediglich das relative Maß der Vorteilhaftigkeit des bestehenden Vertrags, welches anhand eines Vergleichs der eingetretenen und aktuellen Marktkonditionen zu beurteilen ist.

[1239] Vgl. Moxter, Adolf: Bilanzrechtsprechung, a. a. O. (Fn. 911), S. 31. Im Ergebnis kann eine undifferenzierte Erfassung somit zu einer gegen das Gleichmäßigkeitsprinzip verstoßenden Besteuerung führen; vgl. hierzu Kapitel 6.5.3.1.

[1240] Vgl. Köhler: a. a. O. (Fn. 1238), S. 300; Schreiber in: Blümich EStG: a. a. O. (Fn. 916), § 5, Rz. 619.

[1241] Vgl. Thiel, Jochen: Die Bilanzierung von Nutzungsrechten, in: Probleme des Steuerbilanzrechts, DStJG, Band 14, Köln 1991, S. 161–198, hier S. 197.

[1242] Vgl. Thiel: a. a. O. (Fn. 1241), S. 179.

[1243] Clausen, Uwe: Zur Bilanzierung von Nutzungsverhältnissen (insbesondere Miete, Pacht, Nießbrauch, Lizenzen), in: JbFfSt 1976/77, S.120–149, hier S. 138 (beide Zitate).

[1244] Vgl. BFH-Urteil vom 11.11.1983 III R 25/77, in: BStBl. II 1984, S. 187. Zudem dürfte unstrittig sein, dass die Einzelveräußerbarkeit im Rahmen eines Unternehmenskaufs auch ohne Zustimmung des Auftraggebers gegeben ist.

[1245] Vgl. Clausen; a. a. O. (Fn. 1243), S. 138; Kupsch, Peter: Sind Zuschüsse und Abstandszahlungen immaterielle Anlagewerte (Wirtschaftsgüter)?, in: Die Wirtschaftsprüfung, Heft 24, (1977), S. 663–671, hier S. 667 f.

Die Finanzrechtsprechung verfolgt hingegen eine differenzierende Betrachtungsweise. Ausschlaggebend für den separaten Bilanzansatz ist hier nicht die relative Günstigkeit der bestehenden Konditionen des erworbenen Vertrags, sondern allein die durch den Erwerb erlangte „selbständig bewertbare Gewinnchance".[1246] Die Ansatzfähigkeit eines erworbenen Auftragsbestandes ist somit grundsätzlich in Abhängigkeit der jeweils zugrunde liegenden Gewinnerwartungen zu beurteilen. Demnach dürften beispielsweise verbindlich erteilte Einzelaufträge aufgrund deren bezifferbaren Ausgangsgröße bei der Wertermittlung regelmäßig zu den vom Geschäft zu trennenden Einzelwirtschaftsgütern zählen.[1247] Abweichendes gilt hingegen für gewöhnliche Rahmen- oder Konditionsverträge: Häufig werden hier lediglich besonderes vorteilhafte Preis- und Lieferkonditionen verbindlich festgehalten, sodass in Ermangelung einer konkreten Abnahmeverpflichtung das Vorliegen einer selbständig bewertbaren Gewinnchance und damit deren Einzelansatzfähigkeit zu verneinen ist.[1248] Zwar sprechen LÜDENBACH/HOFFMANN derartigen Konditionsverträgen die Ansatzfähigkeit zutreffend auch nach IAS/IFRS ab,[1249] da die Beurteilung der Wahrscheinlichkeit eines zukünftigen Gewinns jedoch im Rahmen der Fair-Value-Bemessung erfolgt und der separate Ansatz identifizierbarer vorteilhafter Rahmenverträge vom IASB ausdrücklich erwünscht ist, dürfte die hier zutreffende Ansatzentscheidung allerdings eindeutig im Ermessen des bilanzierenden Erwerbers liegen. Zudem ist unter Berücksichtigung der Ausführungen des IASB in den Illustrative Examples zu IFRS 3 eine klare Tendenz hin zu einer weiten Auslegung des rechtlichen Kriteriums erkennbar.[1250] Demgemäß ist anzunehmen, dass das IASB sogar den Ansatz von erwarteten und damit hinsichtlich der Gewinnerwartung unsicheren Wiederholungskäufen in Form einer Stammkundschaft als zulässig betrachtet.[1251]

Anhand der bisherigen Überlegungen konnte die steuerbilanzielle Berücksichtigung erlangter singulärer Gewinnerwartungen in Form vertraglich konkretisierter Auftragsbestände weitestgehend geklärt werden. Fraglich ist jedoch, ob die gewonnenen Erkenntnisse ohne Weiteres auch auf andere schwebende Verträge, wie etwa Mietverhältnisse, Beschaffungsverträge oder Arbeitsverhältnisse, übertragen werden können. Erste Hinweise lassen sich einem älteren BFH-Urteil entnehmen, in welchem der IV. Senat unter Aufgabe einer entgegenstehenden Entscheidung das im Rahmen eines Unternehmenserwerbes erlangte Recht zur Nutzung von Aufstellplätzen für Zigarettenautomaten als „Eintritt in einen langjährigen Mietvertrag" wertete; dieses sei als „Anschaffungskosten eines immateriellen Wirtschaftguts zu aktivieren und auf die Dauer des Rechts linear abzuschreiben".[1252] Bei genauerer Betrachtung ist allerdings zu berücksichtigen, dass der dem Urteil zugrunde liegende Sachverhalt durch eine nicht unwesentliche Besonderheit gekennzeichnet ist. Denn bei der Platzmiete für Zigarettenautomaten handelt es sich keineswegs um ein gewöhnliches Mietrecht. Vielmehr eröffnet die Platzmiete dessen Inhaber über den dazugehörigen Kundenkreis einen unmittelbaren Zugang zu einem mit konkreten Gewinnerwartungen verbundenen Absatzmarkt. Ein derartiges Mietverhältnis kann daher wohl auch als eine Art wertmäßig konkretisierte Belieferungsmöglichkeit verstanden werden.[1253]

[1246] BFH-Urteil vom 7.11.1985 IV R 7/83, in: BStBl. II 1986, S. 178.

[1247] Vgl. Stöcker, Ernst Erhard: Geschäftswert und Auftragsbestand, in: DStZ, Heft 22, (1983), S. 465–466, hier S. 465; Arnold, Hans-Joachim: Bilanzierung des Geschäfts- oder Firmenwertes, Diss. Frankfurt/Main 1997, S. 58f; Lüdenbach/Prusaczyk: Bilanzierung von Kundenbeziehungen, a. a. O. (Fn. 1148), S. 208 f.

[1248] Vgl. BFH-Urteil vom 7.11.1985 IV R 7/83, in: BStBl. II 1986, S. 178.

[1249] Vgl. Lüdenbach/Hoffmann: Das schwebende Geschäft, a. a. O. (Fn. 1232), S. 1383.

[1250] Vgl. IASB: Illustrative Expamles, a. a. O. (Fn. 1128), S. 6 (Example B4).

[1251] Vgl. Lüdenbach/Prusaczyk: Bilanzierung von Kundenbeziehungen a. a. O. (Fn. 1148), S. 211. Im Steuerrecht wird ein erworbener Kundenstamm hingegen aufgrund seiner mangelnden wertmäßigen Isolierbarkeit und der rein abstrakten Gewinnaussichten zu den geschäftswertbildenden Faktoren gezählt; vgl. BFH-Urteil vom 16.9.1970 I R 196/67, in: BStBl. II 1971, S. 176; Arnold: a. a. O. (Fn. 1247), S. 52 m. w. N.

[1252] BFH-Urteil vom 17.3.1977 IV R 218/72, in: BStBl. II 1977, S. 595 u. S. 598 (beide Zitate).

[1253] Der Erwerber des Mietrechts erhält über die Aufstellplätze allein die Möglichkeit, mit bestimmten Kunden einen Belieferungs bzw. Kaufvertrag abzuschließen. Über den Mietzins ist die Belieferungmöglichkeit zudem

Im beschriebenen Fall kann der Ansatz des Mietrechts als Einzelwirtschaftgut folglich anhand der konkreten Gewinnerwartung aus dem erlangten schwebenden Geschäft begründet werden. Hingegen bleibt weiterhin ungeklärt, inwiefern die aus einem gewöhnlichen schuldrechtlichen Nutzungsrecht oder aus schwebenden Beschaffungsverträgen resultierenden Gewinnaussichten ansatzfähig sind. In diesem Zusammenhang liegt eine Untersuchung der sog. Geschäftschancen-lehre nahe, welche im Zusammenhang mit der Identifizierung einer verdeckten Gewinnaus-schüttung i. S. des § 8 Abs. 3 Satz 2 KStG durch die Rechtsprechung des BFH entwickelt wur-de.[1254] Als Geschäfts- bzw. Marktchance wird hier „die Chance, einen Vermögensvorteil aus dem Einkauf und Verkauf von Waren zu erzielen" verstanden.[1255] Andererseits bleibt ausdrück-lich offen, ob eine solche Geschäftschance mit einem immateriellen Wirtschaftsgut gleichzuset-zen ist. Da zur Beurteilung einer Geschäftschance allerdings der dem Wirtschaftsgut als Ver-mögenswert immanente Konkretisierungs- und Objektivierungsgrad zugrunde gelegt wird, nehmen Teile des Schrifttums die grundsätzliche Identität beider Begriffe an.[1256] Auf Basis die-ser Überlegungen ist auf der Beschaffungsseite also nur insoweit von einer übergegangenen Geschäftschance auszugehen, als dass ein unabhängiger Dritter für die aus den Beschaffungs-verträgen resultierenden wirtschaftlichen Vorteile ein separates Entgelt entrichten würde. Folg-lich scheint es gerechtfertig, die mit einer Funktionsverlagerung einhergehende Übertragung bestehender vertraglich konkretisierter Geschäftsbeziehungen zu Lieferanten als singuläre Ge-schäftschance und damit auch als immaterielles Wirtschaftsgut zu werten, wenn durch den Ein-tritt in das schwebende Vertragsverhältnis der Einkauf von Waren oder sonstigen Produkten unter deren üblichen Marktpreis ermöglicht wird.[1257] Gleiches gilt ohne Frage auch für das zu-vor beschriebene erlangte günstige Mietverhältnis.[1258] Im Ergebnis führt also das nach IAS/IFRS formulierte Kriterium der relativen Günstigkeit regelmäßig zu einem gleichwertigen Objektivierungsgrad, wie die im Bilanzsteuerrecht notwendige Konkretisierung einer Gewinn-chance. Somit bleibt festzuhalten, dass sich Handels- bzw. Steuerrecht und IAS/IFRS bei der separaten Bilanzierung von erlangten vorteilhaften schwebenden Vertragsverhältnissen weitaus näher stehen als auf den ersten Blick vermutet.[1259]

Unabhängig von diesen partiellen Gemeinsamkeiten zwischen beiden Rechnungslegungs-systemen ist der vom IASB angestrebte Ausweis günstiger Arbeitsverhältnisse äußerst kritisch zu sehen. In einem diesbezüglich immer wieder zitierten Urteil hat der BFH seinerzeit unmiss-verständlich entschieden, dass Arbeitsverträge im Gegensatz zu Kundenaufträgen keine bewert-

---

wertmäßig konkretisiert; vgl. zum möglichen Ansatz einer Belieferungsmöglichkeit, Ortmann-Babel, Martina in: Lademann– Kommentar zum Einkommensteuergesetz, hrsg. von Fritz Lademann u. a., Stuttgart (Ergänzung: Stand Juli 1999), § 6, Rz. 533 unter Belieferungsmöglichkeiten; Arnold: a. a. O. (Fn. 1248), S. 55 f.

[1254] Eine verdeckte Gewinnausschüttung kann demach u. a. dann vorliegen, wenn eine Geschäftschance unentgelt-lich oder gegen ein unangemessen niedriges Engelt von einer Kapitalgesellschaft, ihrem Gesellschafter oder einer ihm nahestehenden Person überlassen wird. Zur Geschäftchancenlehre des BFH, vgl. Ditz, Xaver: Über-tragung von Geschäftschancen bei Funktionsverlagerung ins Ausland, in: DStR, Heft 37, (2006), S. 1625–1631, hier S. 1626 m. w. N.

[1255] BFH-Urteil vom 6.12.1995 I R 40/95, in: BStBl. II 1997, S. 119.

[1256] Vgl. Wassermeyer, Franz: Die neuere BFH-Rechtsprechung zu Verstößen gegen ein Wettbewerbsverbot durch Gesellschafter-Geschäftsführer einer GmbH, in: DStR, Heft 18, (1997), S. 681–685, hier S. 683f; Borstell, Thomas: Verrechnungspreisprobleme bei Funktionsverlagerung, in: StbJb 2001/2002, Köln 2002, S. 201–237, hier S. 208; kritisch, jedoch die Geschäftschance mit einem immateriellen Wirtschaftgut vergleichend: Rödder, Thomas: Aktuelle Problemfälle verdeckter Gewinnausschüttung im Konzern, in: StbJb 1997/1998, Köln 1998, S. 115–139, hier S. 124 f.

[1257] Vgl. Ditz: a. a. O. (Fn. 1254), S. 1629.

[1258] Vgl. hierzu die Ausführungen in Kapitel 6.5.3.1. Diesbezüglich ist zu erwähnen, dass die Einlagefähigkeit eines günstigen Mietvertrages unlängst vom BGH bejaht wurde; vgl. BGH-Urteil vom 14.6.2004 II ZR 121/02, in: Betriebs-Berater, Heft 36, (2004), S. 1925.

[1259] Den Schlussfolgerungen von LÜDENBACH/HOFFMANN ist folglich an dieser Stelle zuzustimmen; vgl. Lüden-bach/Hoffman: Das schwebende Geschäft, a. a. O. (Fn. 1232), S. 1387.

bare Gewinnchance des Arbeitgebers enthielten, was ausdrücklich durch die regelmäßig kurzfristige Kündbarkeit seitens des Arbeitnehmers verdeutlicht würde.[1260] Allerdings beschränkt der BFH seine Entscheidung dabei explizit auf solche Arbeitverhältnisse, welche unter „üblichen Bedingungen" abgeschlossen wurden.[1261] Dieser Passus kann also zur Annahme verleiten, dass einzelne besonders vorteilhafte Arbeitsverhältnisse durchaus auch steuerbilanziell als immaterielles Einzelwirtschaftgut ansatzfähig sein.[1262]

Hinsichtlich solcher Erwägungen gilt es jedoch Folgendes zu bedenken: Zum einem ist dem BFH dahingehend zuzustimmen, dass gerade bei Arbeitsverhältnissen stets von einer Ausgeglichenheit des schwebenden Vertrags auszugehen ist. Folglich ist bei einem signifikant unter Tarif bezahlten Arbeitnehmer auch eine entsprechend unterdurchschnittliche Produktivität mehr als wahrscheinlich. So sprechen aus betriebswirtschaftlicher Sicht rationale Gründe dafür, dass ein spürbar unterbezahlter Mitarbeiter entweder seinen Arbeitseinsatz infolge mangelnder Anerkennung seines Leistungsvermögens entsprechend verringert oder dieser das Arbeitsverhältnis bei der erstbesten sich bietenden Gelegenheit seinerseits beendet. Zum anderen ist gerade bei im Zuge eines Unternehmenserwerbes übergegangenen Arbeitsverhältnissen nicht ersichtlich, wie deren relative Günstigkeit – gemessen an den Marktverhältnissen – überhaupt beurteilt werden soll. Insbesondere ist denkbar, dass auch andere Unternehmen der Region deren Arbeitskräfte unter Tarif entlohnen oder etwa trotz der relativen Günstigkeit der erlangten Arbeitsverhältnisse insgesamt ein Überbestand an Arbeitskräften im Unternehmen vorzufinden ist.[1263] Anhand derartiger Überlegungen wird überaus deutlich, dass die objektive Beurteilung der relativen Günstigkeit eines erlangten Arbeitsverhältnisses regelmäßig nicht möglich sein dürfte. Dementsprechend wird die gesonderte Aktivierung dieser Kategorie immaterieller Vermögenswerte bereits nach IAS/IFRS nicht nur äußerst gesehen, sondern auch in Hinblick auf die drohende Atomisierung des Kaufpreises in seiner Zweckmäßigkeit hinterfragt.[1264] Die steuerbilanzielle Beurteilung des erwogenen Ansatzes vorteilhafter Arbeitsverträge ist damit bereits vorgegeben: Eine vom Geschäftswert getrennte Aktivierung erlangter (vorteilhafter) Arbeitsverhältnisse kommt aufgrund der Ausgeglichenheitsvermutung derartiger Vertragsverhältnisse bzw. der mangelnden Konkretisierung und Objektivierbarkeit der damit verbundenen Gewinnchancen steuerlich nicht in Frage. Daher ist hier eine Anlehnung an die IAS/IFRS vor dem Hintergrund der diesbezüglich hochgradig missverständlichen und interpretationsfähigen Verlautbarungen des IFRS 3 i. V. m. IAS 38 vor dem Hintergrund der Gleichmäßigkeit und Rechtssicherheit der Besteuerung zwingend abzulehnen.

6.5.3.5   Zugangsbewertung vorteilhafter schwebender Vertragsverhältnisse

Die Zugangsbewertung erlangter vorteilhafter schwebender Vertragsverhältnisse erfolgt sowohl nach IAS/IFRS als auch im deutschen Bilanzsteuerrecht mit dem im Rahmen der Kaufpreisallokation dem entsprechenden ansatzfähigen Vermögensvorteil zuzurechnenden Fair Value bzw. Teilwert im Erwerbszeitpunkt. In Kapitel 6.4.1 wurde bereits erörtert, dass die in diesem Zusammenhang notwendige Wertzuteilung in Abhängigkeit des konkreten Bewertungsobjekts sowie unter Beachtung der dem jeweiligen Rechnungssystem zugrunde liegenden Hierarchie der Bewertungsverfahren grundsätzlich markt-, kosten- oder einkommensorientiert erfolgen kann.

[1260] Vgl. BFH-Urteil vom 7.11.1985 IV R 7/83, in: BStBl. II 1986, S. 178.

[1261] BFH-Urteil vom 7.11.1985 IV R 7/83, in: BStBl. II 1986, S. 178.

[1262] Vgl. insbesondere Mathiak, Walter: Rechtsprechung zum Bilanzrecht, in: StuW, Heft 3, (1986), S. 287–292, hier S. 289.

[1263] Vgl. Lüdenbach/Freiberg: a. a. O. (Fn. 1222), S. 191.

[1264] Vgl. Lüdenbach/Freiberg: a. a. O. (Fn. 1222), S. 191.

Dass dabei aufgrund der in den unterschiedlichen Bilanzierungssystemen vorzufindenden Zielvorstellungen im Gegensatz zur Markenbewertung auch völlig konträre Bewertungsmethoden zum Einsatz kommen können, lässt sich am anschaulichsten am Beispiel der Zugangsbewertung eines erworbenen Auftragsbestandes verdeutlichen. Nach IAS/IFRS ist unstrittig, dass die Wertbeimessung von im Rahmen eines Unternehmenserwerbes erlangter und rechtlich konkretisierter Auftragsbestände vorzugsweise einkommensorientiert bzw. durch den Ansatz diskontierter Gewinnerwartungen zu erfolgen hat.[1265] Üblicherweise kommt zu diesem Zweck die äußerst komplexe Residualwertmethode zum Einsatz.[1266] Zur notwendigen Isolierung des auf den Auftragsbestand zurückzuführenden Nettobeitrags zum Unternehmens-Cashflow dient dabei zunächst die operative Planungsrechnung des Unternehmens, welche u. a. um kalkulatorische Kostenpositionen (fiktive Leasingraten) sowie Kosten der Finanzierung zu ergänzen ist.[1267] Eine derartige Ermittlung des Zugangswerts eröffnet somit trotz der beim Auftragsbestand noch relativ komfortablen Datengrundlage erhebliche Ermessensspielräume. Als kritisch erweist sich hier insbesondere die Bemessung der fiktiven Leasingraten (sog. Asset Charges), da unklar ist, ob man diese in voller Höhe oder entsprechend des individuellen Fertigungsgrades des Auftragsbestandes zu berücksichtigen hat. Beispielsweise dürfte der unterstützenden Funktion der Marketingabteilung oder des immateriellen Vermögenswerts *Marke* hinsichtlich der Erzielung von Cashflows aus dem Auftragsbestand ab einem gewissen Zeitpunkt keine Bedeutung mehr zukommen.[1268]

Steuerrechtlich scheint eine solch komplexe und intersubjektiv nur bedingt objektiv nachvollziehbare Wertbestimmung hingegen weder notwendig noch erstrebenswert. Der BFH hat sich indes noch nicht explizit zur Frage der Bewertung eines Auftragsbestandes geäußert. Dennoch sind zumindest einem Urteil, in welchem die Parteien zur Wertbemessung den Durchschnitt der in den vergangenen Jahren erzielten Gewinne zugrunde gelegt hatten, insofern richtungweisende Anhaltspunkte zu entnehmen, als dass die Rechtsprechung sich dieser Beurteilung anschloss und befand, „dass der aktivierte Betrag rechtsfehlerhaft ermittelt worden ist".[1269] Die Orientierung an bereits erzielten Gewinnen im zitierten Entscheidungsfall veranschaulicht somit eindringlich, dass die steuerbilanzielle Bewertung eines erworbenen Auftragsbestandes weniger unter Beachtung der tatsächlichen Umstände, sondern vielmehr unter Objektivierungs- und Praktikabilitätsgesichtspunkten zu erfolgen hat. Dennoch ist die Situation denkbar, in der die entsprechenden Daten der Vergangenheit für den zu bewertenden Auftragsbestand offensichtlich nicht repräsentativ sind. Zur Bewertung sollte dann gemäß eines objektivierten Gewinnbegriffs auf die durchschnittlich erzielbare Gewinnspanne, d. h. den Gewinn, welcher bei Fortführung der Geschäftstätigkeit aller Voraussicht aus dem schwebenden Geschäft resultieren wird, abgestellt werden.[1270] Die Berücksichtigung eventueller Risiken wird dabei allenfalls anhand pau-

---

[1265] Vgl. Erb, Thoralf/Oertzen, Cornelia v.: Bewertung von Auftragsbeständen im Rahmen der Purchase Price Allocation nach IFRS 3, in: IRZ, Heft 3, (2007), S. 155–163; Lüdenbach/Prusaczyk: Bilanzierung von Kundenbeziehungen a. a. O. (Fn. 1148), S. 209.

[1266] Für eine beispielhafte Erläuterung der Bewertung eines Auftragsbestandes mit der Residualwertmethode sowie der damit einhergehenden Probleme; vgl. Erb/Oertzen: a. a. O. (Fn. 1265), S. 156–163.

[1267] Vgl. hierzu die Ausführungen in Kapitel 6.5.2.4.3.

[1268] Vgl. Erb/Oertzen: a. a. O. (Fn. 1265), S. 156.

[1269] BFH-Urteil vom 1.2.1989 VIII R 361/83, in: BFH/NV 1989, S. 778.

[1270] Vgl. Köhler: a. a. O. (Fn. 1238), S. 301f; Liepelt, Wolfgang: Nochmals: Geschäftswert und Auftragsbestand, in: DStZ, Heft 17, (1985), S. 424–426, hier S. 425; a. A. Breidenbach/Niemeyer, welche neben der Gewinnspanne zusätzlich den aus der erhöhten Fixkostendeckung resultierenden Deckungsbeitrag berücksichtigten; vgl. Breidenbach, Berthold/Niemeyer, Markus: Der Auftragsbestand als Wirtschaftsgut, in: Der Betrieb, Heft 49, (1991), S. 2500–2503, hier S. 2502 f.

schaler Abschläge erwogen[1271], während eine Abzinsung nur bei Aufträgen mit einer besonders langen Laufzeit notwendig erscheint.[1272] Eine mit den IAS/IFRS vergleichbare Bereinigung der Gewinnspanne um die Gewinnanteile unterstützender Wirtschaftsgüter bleibt indessen mangels Praktikabilität und Willkürfreiheit aus.[1273]

Ingesamt ist anzunehmen, das die steuerbilanziell praktizierte Schätzung der Zugangsgröße auf der Basis eines feststehenden Nominalwerts (Anzahl der erlangten Kundenaufträge) ausreichen dürfte, den separaten Ansatz des akquirierten Auftragsbestandes der Höhe nach zu plausibilisieren. An dieser Stelle ist nochmals darauf hinzuweisen, dass gemäß BFH aus Praktikabilitätsgründen – sofern des die verfügbare Datenbasis erlaubt – selbst die Bewertung anhand durchschnittlicher Gewinne der Vergangenheit erwogen werden kann.[1274] Eine akribische centgenaue Wertermittlung mag dagegen allenfalls hinsichtlich einer bezweckten Bereitstellung entscheidungsrelevanter Informationen vertretbar sein. Für steuerliche Zwecke gewährt sie jedoch keineswegs eine spürbar adäquatere Abbildung der wirtschaftlichen Leistungsfähigkeit, sondern lädt vielmehr infolge der mangelnden Nachprüfbarkeit komplexer Berechnungen zur Bilanzpolitik und somit zu Verstößen gegen eine rechtssichere und gleichmäßige Besteuerung ein.

6.5.3.6   Zusammenfassung der Erkenntnisse und Ausblick

Die vorangegangene Einzelfalluntersuchung hat die in Kapitel 6.3.1 identifizierten Unterschiede zwischen der Ansatzkonzeption nach IAS/IFRS und dem deutschem Bilanzsteuerrecht in weiten Teilen bestätigt. Vor allem wurde belegt, dass das sog. *Contractual-legal-Kriterium* zusammen mit der Annahme der grundsätzlich zuverlässigen Bewertbarkeit, beim Eintritt in ein bestehendes schwebendes Vertragsverhältnis tendenziell zu einem erheblich erweiterten Ansatz rechtlich begründeter immaterieller Einzelvermögenswerte führt. Ursache hierfür ist zum einen die sehr weite Auslegung des rechtlichen Kriteriums, in deren Folge beispielsweise selbst vergangene, nicht mehr existente Vertragsbeziehungen zur Identifizierung von Stammkunden als immateriellen Vermögenswert herangezogen werden. Zum anderen berauben die Annahmen des IASB dem Kriterium der zuverlässigen Bewertbarkeit dessen ansatzbegrenzende Wirkung. Infolgedessen wird der inflationären Aktivierung schwebender Gewinnerwartungen auch auf der Ebene der Bewertung kaum Einhalt geboten. Die Frage des separaten Bilanzansatzes reduziert sich nach IAS/IFRS somit mehr oder weniger auf die Auswahl eines geeigneten mathematischen Bewertungsmodells.

Die steuerbilanzielle Aktivierbarkeit von vertragsbezogenen immateriellen Wirtschaftsgütern ist hingegen klar von der Objektivierung geprägt. In einem wirkungsvollen Zusammenspiel der Kriterien Greifbarkeit und selbständiger Bewertbarkeit wird dabei eine hinreichende Beurteilung der realen ökonomischen Existenz eines immateriellen Wirtschaftsguts gewährleistet. Die Untersuchung hat zudem gezeigt, dass auch im Steuerrecht die Aktivierung eines erlangten wirtschaftlichen Vorteils aus dem entgeltlichen Eintritt in ein bestehendes Vertragsverhältnis im Rahmen eines Unternehmenskaufs durchaus denkbar und in einigen Fällen (z. B. konkreter Einzelauftrag) sogar geboten ist. Im selben Zug kamen allerdings auch die gravierenden konzeptionellen Unterschiede zum Vorschein. Dies gilt einerseits für die engere Auslegung der Greifbarkeitsvermutung im Steuerrecht, nach der beispielsweise die bilanzielle Greifbarkeit einer

---

[1271] Liepelt: a. a. O. (Fn. 1270), S. 425; Breidenbach/Niemeyer: a. a. O. (Fn. 1270), S. 2503; Baier, Manfred: Der Auftragsbestand als Kalkulationsfaktor im Rahmen des Unternehmenserwerbes, in: DStR, Heft 36, (1991), S. 1199–1201, hier S. 1199; Köhler: a. a. O. (Fn. 1238), S. 302.

[1272] Vgl. Köhler: a. a. O. (Fn. 1238), S. 302

[1273] Vgl. Arnold: a. a. O. (Fn. 1247), S. 59; wohl auch Liepelt: a. a. O. (Fn. 1270), S. 425.

[1274] Vgl. Breidenbach/Niemeyer: a. a. O. (Fn, 1270), S. 2503.

Stammkundschaft zu verneinen ist. Andererseits ist auch bei bejahter steuerbilanzieller Greifbarkeit vielmehr die wertmäßige Konkretisierung der mit dem übertragenen schwebenden Vertragsverhältnis verbundenen Gewinnerwartung ansatzentscheidend. Im Ergebnis führt dies dazu, dass ein rein wirtschaftliche Vorteil, wie etwa ein erworbener günstiger Arbeitsvertrag, zwar zunächst als Recht greifbar ist, sich der daraus erhoffte wirtschaftliche Nutzen jedoch im Gegensatz zu den IAS/IFRS aufgrund mangelnder wertmäßiger Konkretisierung nicht zuverlässig quantifizieren lässt. Vor dem Hintergrund der Fundamentalprinzipien der steuerlichen Gewinnermittlung besteht folglich kein Anlass, von der steuerlichen Aktivierungskonzeption de lege lata abzuweichen. Für eine simultan zu den IAS/IFRS ausgeweitete Aktivierung erworbener schwebender Vertragsverhältnisse bedarf es im Einzelfall lediglich einer normgerechten Auslegung der steuerbilanziellen Ansatzkriterien. Demgegenüber führen die Annahmen des IASB über diesen Aktivierungsgrad hinaus zu einem Ansatz solcher immaterieller Vermögensvorteile, deren ökonomische Existenz aus der Sicht von Dritten kaum objektiv nachweisbar ist. Eine Übernahme der Annahmen des IASB würde hier also keineswegs zu einer zutreffenderen Abbildung der wirtschaftlichen Leistungsfähigkeit führen. Vielmehr ist die nach IAS/FRS drohende Atomisierung des Unternehmenskaufpreises aus Sicht der Gleichmäßigkeit und Rechtssicherheit der Besteuerung mit erheblichen Bedenken verbunden.

6.5.4   Bilanzierung erworbener Forschungs- und Entwicklungsprojekte

6.5.4.1   Ökonomische Einordnung

Mit Investitionen in Forschung und Entwicklung (FuE) legen Unternehmen den Grundstein für neue Produkt-, Prozess- und Dienstleistungsinnovationen, welche wiederum zukünftiges Wachstum und den Erhalt von Wettbewerbsvorteilen sichern. Insofern überrascht es wenig, dass simultan mit der zunehmenden Bedeutung immaterieller Wirtschaftsgüter auch die Investitionen der Unternehmen für Forschung und Entwicklung über die Jahre stetig zunehmen. Diese Entwicklung wird zudem explizit durch die strategische Zielsetzung der EU forciert, welche vorsieht, die Union zum wettbewerbsfähigsten und dynamischsten wissensbasierten Wirtschaftsraum der Welt zu machen.[1275] Obwohl die bisherigen Ergebnisse in den einzelnen Mitgliedsstaaten in Hinblick auf diese ehrgeizige Zielsetzung der EU insgesamt eher unbefriedigend waren, haben deutsche Unternehmen ihre Innovationsaufwendungen in den vergangenen Jahrzehnten dennoch stetig gesteigert.[1276] So wendete allein der Wirtschaftssektor im Jahr 2005 mit insgesamt 47,3 Mrd. Euro immerhin 58,8 Prozent mehr für Forschung und Entwicklung auf als noch im Jahr 1995 (30 Mrd. Euro).[1277] Dies ist auch ein Grund dafür, weshalb in vielen Branchen Akquisitionsentscheidungen beim Unternehmenskauf zunehmend auf Basis einer detaillierten Analyse des Innovationspotenzials der Zielgesellschaft getroffen werden.[1278]

[1275] Vgl. Schlussfolgerungen des Vorsitzes der Sondertagung des Europäischen Rates in Lissabon am 22. und 23. März 2000, S. 2; vgl. hierzu insbesondere Ceasar, Rolf/Lammers, Konrad/Scharrer, Hans-Eckart (Hrsg.): Europa auf dem Weg zum wettbewerbsfähigsten und dynamischsten Wirtschaftsraum der Welt?, Baden-Baden 2005.

[1276] Der Europäische Rat von Barcelona hat im März 2002 eine Zwischenbilanz der Fortschritte auf dem Weg zu den in Lissabon aufgestellten Zielen gezogen. Die EU-Staats- und Regierungschefs einigten sich darauf, die Investitionen in europäische Forschung und Entwicklung (FuE) bis zum Jahr 2010 auf 3 Prozent des BIP zu erhöhen, wobei mindestens zwei Drittel der Gesamtinvestitionen aus dem privaten Sektor stammen sollen. Deutschland hat mit einem Anteil der Bruttoinlandsaufwendungen für FuE am Bruttoinlandsprodukt (BIP) von 2,48 Prozent im Jahr 2005 dieses Ziel erneut verfehlt; vgl. Forschung und Innovation in Deutschland 2006, hrsg. vom Bundesministerium für Bildung und Forschung, Berlin 2006, S. 8.

[1277] Vgl. Forschung und Innovation in Deutschland 2006: a. a. O. (Fn. 1276), S. 84–89.

[1278] Vgl. hierzu die Ausführungen in Kapitel 2.2.1.

Gleichzeitig resultieren aus den Innovationsbestrebungen der Unternehmen regelmäßig ansatz-fähige immaterielle Wirtschaftsgüter. Vor diesem Hintergrund stellt sich bereits seit Jahrzehnten die Frage, wie die mit den FuE-Aktivitäten verbundenen Kosten bilanziell zu berücksichtigen sind. Dabei gilt es, zwischen zwei grundlegend verschiedenen Ausgangssituationen zu unter-scheiden. Zum einen ist grundsätzlich unstrittig, dass FuE-Aktivitäten regelmäßig erst sehr spät ihr volles Nutzenpotenzial entfalten und aufgrund der Unsicherheit zukünftiger Entwicklungen mit einem tendenziell höheren Investitionsrisiko behaftet sind. Die steuerbilanzielle Aktivierung der FuE-Aufwendungen als selbst geschaffenes immaterielles Wirtschaftsgut ist daher trotz der aktuellen handelsrechtlichen Entwicklungen auch weiterhin entschieden abzulehnen.[1279] Denn auch wenn sich derzeit mit der Modernisierung des HGB eine handelsrechtliche Anpassung an internationale Gepflogenheiten – nämlich die Aktivierung von Entwicklungskosten – abzeich-net, bleibt die Aktivierungsverbot aus Gründen der steuerlich zwingend notwendigen Mindest-objektivierung voraussichtlich auch zukünftig unangetastet.[1280] Zum anderen ist es jedoch umso erstaunlicher, dass der wirtschaftlich ebenso bedeutende Fall des Erwerbs bereits angestoßener Forschungs- und Entwicklungsprojekte im Rahmen eines Unternehmenskaufs steuerbilanziell bislang kaum Beachtung fand. Im Folgenden wird deshalb untersucht, inwiefern für die im Un-ternehmenskaufpreis vergüteten Kosteneinsparungs- und Einnahmepotenziale eines erworbenen Forschungs- und Entwicklungsportfolios der Zielgesellschaft eine Aktivierung als immaterielles Einzelwirtschaftgut erwogen werden kann.

6.5.4.2   Aktivierbarkeit nach IAS/IFRS

Bereits in Kapitel 4.1.2.3 wurde erläutert, dass nach IAS/IFRS eine Aktivierung selbst erstellter immaterieller Vermögenswerte keineswegs kategorisch ausgeschlossen wird. Vielmehr wird lediglich die Aktivierbarkeit von Kosten der überwiegend undefinierten und oftmals auf bloßen Hoffnungen basierenden Forschungsphase untersagt. Zur Forschungsphase zählen somit grund-sätzlich sämtliche Aktivitäten, welche auf eine noch wenig konkretisierte Erlangung neuer Er-kenntnisse ausgerichtet sind. Als Beispiele nennt das IASB u. a. die zielgerichtete Auswertung von Forschungsergebnissen, die Suche nach alternativen Fertigungsmaterialien- bzw. Verfahren sowie die Formulierung, den Entwurf oder die Abschätzung möglicher Handlungsalternati-ven.[1281] Demgegenüber zeichnet sich die Entwicklungsphase durch eine zielgerichtete Nutzung wissenschaftlicher Erkenntnisse zur Erlangung konkreter neuer oder wesentlich verbesserter Produkte, Verfahren oder Dienstleistungen aus.[1282] Der Ansatz solch originärer Entwicklungs-kosten ist nach IAS/IFRS branchenunabhängig bei kumulativer Erfüllung bestimmter Kriterien zugelassen. Dazu ist es gemäß IAS 38.57 vor allem erforderlich, dass die Marktreife und techni-sche Durchführbarkeit und somit der wahrscheinliche Nutzenzufluss aus dem entsprechenden Entwicklungsprojekt mit hinreichender Sicherheit angenommen werden kann.[1283]

[1279] Vgl. zuletzt insbesondere Kuntschik: a. a. O. (Fn. 872), S. 193–197; Blasius, Torsten: IFRS, HGB und F&E, Berlin 2006, S. 332–336.

[1280] Vgl. zum handelsrechtlichen Wahlrecht zur Aktivierung von Forschungs- und Entwicklungsaufwendungen im Rahmen des Bilanzrechtsmodernisierungsgesetzes (BilMoG) die Ausführungen in Kapitel 2.4.1 und Kapitel 4.2.4.3.4.

[1281] Vgl. IASB (Standard 2004): IAS 38.52.

[1282] Zur Entwicklungsphase gehört beispielsweise die Konstruktion und das Testen von Modellen und Prototypen für die Serienfertigung; vgl. Nonnemacher, Rolf: Bilanzierung von Forschung und Entwicklung, in: DStR, Heft 33, (1993), S. 1231–1235, hier S. 1231.

[1283] Vgl. zu den einzelnen Kriterien insbesondere Burger, Anton/Ulbrich, Philipp/Knoblauch, Jens: Zur Reform der Bilanzierung von Forschungs- und Entwicklungsaufwendungen nach IAS 38, in: KoR, Heft 12, (2006), S. 729–737, hier S. 730.

Werden die Forschungs- und Entwicklungsprojekte der Zielgesellschaft allerdings im Rahmen eines Unternehmenskaufs erworben, kommt nicht das Regelwerk des IAS 38, sondern die erweiterte Ansatzkonzeption für immaterielle Vermögenswerte nach IFRS 3 zur Anwendung.[1284] Dies hat zur Folge, dass die Tatsache des nur wenig wahrscheinlichen Erzielens künftiger Einnahmeüberschüsse aus einem akquirierten Forschungs- und Entwicklungsprojekt keinerlei ansatzbegrenzende Wirkung entfaltet. Die Einschätzung der Wahrscheinlichkeit eines künftigen Nutzenzuflusses aus den FuE-Aktivitäten der Zielgesellschaft wird stattdessen ausschließlich auf Ebene der Fair-Value-Ermittlung in Form eines Bewertungsparameters berücksichtigt. Folglich sind nach IFRS 3 grundsätzlich nicht nur erworbene Entwicklungsprojekte, sondern auch die hinsichtlich ihres Einnahmepotenzials noch nicht konkretisierte Forschungsbestrebungen ansatzfähig, sofern diese separiert werden können oder auf gesetzlich oder vertraglich begründeten Rechten beruhen.[1285]

6.5.4.3   Aktivierbarkeit nach der Rechtsprechung des BFH

Die Bilanzierungsfähigkeit selbst geschaffener Forschungs- und Entwicklungsergebnisse wird steuerbilanziell seit jeher mit dem Argument abgelehnt, dass diese Bestandteile des originären Geschäftswerts bildeten und somit nicht als selbständige immaterielle Einzelwirtschaftsgüter zu qualifizieren sein.[1286] Aufgrund des in hier vorliegenden entgeltlichen Erwerbs des Forschungs- und Entwicklungsportfolios im Zuge einer Unternehmensakquisition gilt es, diese Annahmen jedoch erneut zu überprüfen. Dabei fällt zunächst auf, dass die vom IASB vorgenommene Klassifizierung in eine Forschungs- und Entwicklungsphase inhaltlich weitestgehend deckungsgleich mit der vom betriebswirtschaftlichen Schrifttum vorgenommenen Einteilung des Innovationsprozesses in die Teilaktivitäten *Grundlagenforschung, angewandte Forschung* und *Entwicklung* ist.[1287] Demnach fallen in die Phase der Grundlagen- und angewandten Forschung überwiegend Aktivitäten, welche auf die Gewinnung wissenschaftlicher oder technischer Erkenntnisse gerichtet sind und somit simultan zur Definition der Forschungsphase nach IAS 38.52 hinsichtlich des künftig zu erwarteten wirtschaftlichen Nutzens als relativ unsicher gelten.[1288] Die Entwicklungsphase ist demgegenüber durch einen erheblich höheren Konkretisierungsgrad des jeweiligen Innovationsprojekts geprägt.

Die steuerbilanzielle Ansatzfähigkeit erworbener Innovationsprojekte der Zielgesellschaft beim Erwerber hängt bekanntlich davon ab, ob den aus der Forschungs- und Entwicklungsaktivität des erworbenen Unternehmens resultierenden Einnahmepotenzialen ein vom Geschäftswert isolierbarer wirtschaftlicher Wert beigemessen werden kann.[1289] Die Problematik bei der hier notwendigen Beurteilung der wirtschaftlichen Nutzenstiftung liegt gewiss darin, dass die Einschätzung einer durch Forschung und Entwicklung angestrebten Wissensgewinnung aufgrund der starken Zukunftsbezogenheit zwangsläufig auf ermessensbehafteten subjektiven Prognosen beruht und somit allgemein mit erhöhter Unsicherheit verbunden ist.[1290] Dieser Einwand kann allerdings nicht vollends überzeugen. Insbesondere ist zu bedenken, dass die Ungewissheit über

[1284] Vgl. hierzu die Ausführungen in Kapitel 4.1.3.
[1285] Vgl. Lüdenbach/Prusaczyk: Bilanzierung von „In-Process Research and Developement", a. a. O. (Fn. 1052), S. 416.
[1286] Vgl. Döllerer, Georg: Entwicklungskosten in der Handelsbilanz, in: Der Betrieb, Heft 28, (1957), S. 983–986, hier S. 984f; Gübbels, Bernhard: Neues Bilanzsteuerrecht, in: StbJb 1957/58, Köln 1958, S. 245–291, hier S. 255.
[1287] Vgl. Brockhoff, Klaus: Forschung und Entwicklung, 3. Auflage, München 1992, S. 37 f.
[1288] Vgl. Brockhoff: a. a. O. (Fn. 1287), S. 40.
[1289] Vgl. hierzu die Ausführungen in Kapitel 4.2.4.5.2.
[1290] Vgl. Strebel, Heinz: Unsicherheit und Risiko der industriellen Forschung und Entwicklung, in: BFuP, Heft 20, (1968), S. 193–214, hier S. 169 f.

künftige wirtschaftliche Entwicklungen nicht allein bei Forschungs- und Entwicklungsprojekten besteht, sondern vielmehr ein Charakteristikum jeglicher betriebswirtschaftlicher Investitionstätigkeiten darstellt. Eine pauschale Ablehnung des wirtschaftlichen Wertes und damit der Bilanzierungsfähigkeit von Forschungs- und Entwicklungsaktivitäten eines Unternehmens kann daher nicht allein mit dem Argument der zukunftbezogenen Unsicherheit begründet werden.

Die Beurteilung des wirtschaftlichen Wertes erworbener Innovationsprojekte der Zielgesellschaft sollte stattdessen gemäß einer rechtssprechungskonformen Auslegung der bilanziellen Greifbarkeit anhand des Kriteriums der abstrakten Veräußerbarkeit erfolgen.[1291] Danach gilt es objektiv festzustellen, ob die aus der Forschung und Entwicklung resultierenden Erkenntnisse aufgrund konkreter Anhaltspunkte für eine künftige Nutzenstiftung eine für Dritte absehbare wirtschaftliche Bedeutung haben.[1292] Unter Beachtung dieser Prämisse erfüllen die Ergebnisse der Grundlagen- und angewandten Forschung in Ermangelung eines konkreten geldwerten Vorteils sicher nicht das Kriterium des wirtschaftlichen Wertes.[1293] Ein vom Geschäftswert separater Ansatz erworbener Forschungsprojekte als immaterielles Einzelwirtschaftsgut scheidet daher im Gegensatz zu den Regelungen des IFRS 3 steuerbilanziell wegen fehlender Greifbarkeit aus.

Demgegenüber stellen die Ergebnisse aus der zielgerichteten Entwicklungstätigkeit eines Unternehmens trotz ihres mangelnden rechtlichen Schutzes ohne Frage einen zumindest theoretisch übertragbaren wirtschaftlichen Wert dar. Auf der einen Seite kann trotz des zweifelsohne fortgeschrittenen Erkenntnisfortschritts auch hier die Werthaltigkeit der erworbenen Entwicklungsergebnisse aufgrund der immer noch bestehenden zukunftsbezogenen Unsicherheit sowie des fehlenden rechtlichen Schutzes keineswegs zwingend angenommen werden. Andererseits gilt es zu bedenken, dass selbst ein Patentschutz keine Garantie auf künftig zu erzielbare Einzahlungsüberschüsse darstellt und oftmals sogar rechtlich geschützte Entwicklungen aufgrund des Eintretens unvorhersehbarer wirtschaftlicher Ereignisse unverhofft an Wert verlieren können.[1294] So besteht steuerrechtlich für einen auf einer Rechtsposition basierenden wirtschaftlichen Vorteil bekanntlich ohnehin nur eine Greifbarkeitsvermutung.[1295] Folglich begründet der rechtliche Schutz von Entwicklungstätigkeiten eines Unternehmens nicht deren wirtschaftlichen Wert, sondern bewirkt eher eine Werterhöhung bzw. eine infolge der durch den Rechtsschutz reduzierten Imitationsgefahr entsprechende Wertverlängerung.[1296] Auch das Problem der selbständigen Bewertbarkeit muss wegen des heutzutage regelmäßig vorhandenen wertmäßig exakten Projektcontrollings vieler Unternehmen relativiert werden.[1297] Daher gilt, dass grundsätzlich auch eine ungeschützte Erfindung bzw. ökonomisch bedeutendes Wissen ein steuerliches Wirtschaftsgut verkörpert, sofern dieses Gegenstand eines Lizenz- oder Verkaufsvertrages sein kann.[1298] Es bleibt allerdings fraglich, inwieweit diese Verlautbarungen auf den Ansatz von im Zuge eines Unternehmenserwerbes akquirierten Entwicklungstätigkeiten der Zielgesellschaft übertragbar sind. Grundsätzlich ist anzunehmen, dass sich die mit einem erworbenen Entwicklungsprojekt erworbenen Gewinnaussichten wohl nur in den wenigsten Fällen objektiv bestimmen lassen. Von einem Teil der Literatur wird daher angenommen, dass die mit einem erworbenen Entwicklungsprojekt verbundenen Ertragserwartungen im Handels- bzw. Steuerrecht re-

---

[1291] Vgl. hierzu die Ausführungen in Kapitel 4.2.4.3.2 und Kapitel 6.3.1.3.

[1292] Vgl. Hegenloh, Gerd Uwe: Die bilanzielle Behandlung von Forschung und Entwicklung, Diss. Nürnberg 1985, S. 139 u. S. 145.

[1293] Ähnlich Hegenloh: a. a. O. (Fn. 1292), S. 140, jedoch mit Beschränkung auf die Grundlagenforschung.

[1294] Vgl. Knobbe-Keuk: a. a. O. (Fn. 893), S. 90; Blasius: a. a. O. (Fn. 1279), S. 332.

[1295] Vgl. hierzu die Ausführungen in Kapitel 6.3.1.4.

[1296] Vgl. Blasius: a. a. O. (Fn. 1279), S. 332.

[1297] Vgl. Hegenloh: a. a. O. (Fn. 1292), S. 158; Blasius: a. a. O. (Fn. 1279), S. 332.

[1298] Vgl. BFH-Urteil vom 2.6.1976 I R 20/74, in: BStBl. II 1976, S. 667; Mohr, Hartmut: Die Besteuerung der Erfinder und Erfindungen, München 1985, S. 1; Reuleaux, Susanne: Immaterielle Wirtschaftsgüter, Wiesbaden 1987, S. 71.

gelmäßig nicht bilanziell greifbar sind und infolgedessen im Geschäfts- oder Firmenwert als unkonkretisierte Gewinnhoffnungen aufgehen.[1299]

Die Ansatzfähigkeit erworbener Entwicklungstätigkeiten kann nach der hier vertretenen Auffassung allerdings nicht zwingend verneint werden. Vielmehr wird bei näherer Betrachtung deutlich, dass gerade der Wahrscheinlichkeitskomponente bei der steuerbilanziellen Beurteilung der Greifbarkeit eines immateriellen Wirtschaftsguts eine entscheidende Bedeutung zukommt. Entscheidend ist nämlich allein die Tatsache, ob der zu erwartende Gegenwert aus dem entsprechenden wirtschaftlichen Vorteil unter objektiven Gesichtspunkten von der erwerbenden Partei bei der Kaufpreisbemessung berücksichtigt wurde. Dies dürfte wiederum nur bei hinsichtlich der Generierung von Einnahmeüberschüssen wahrscheinlichen wirtschaftlichen Vorteilen der Fall sein. Demgemäß gilt es, die im Rahmen eines Unternehmenszusammenschlusses erworbenen Entwicklungsprojekte grundsätzlich an konkreten bzw. durch den Erwerber wirtschaftlich verwertbaren Entwicklungsergebnissen zu messen. Während also Entwicklungstätigkeiten in einem frühen Stadium zu Recht steuerrechtlich kein greifbares bzw. selbständig bewertbares und damit einzeln ansatzfähiges immaterielles Wirtschaftsgut darstellen, trifft dies nicht zwingend für konkrete und damit wirtschaftlich verwertbare Resultate der Entwicklungsarbeit zu. Insofern können im Einzelfall auch ungeschützte Erfindungen bzw. von Dritten entgeltlich erworbene Ergebnisse aus der Entwicklungstätigkeit eins Unternehmens ein immaterielles Einzelwirtschaftsgut verkörpern.[1300] Der in den IAS/IFRS vertretene Ansatz zur Bilanzierung erworbener In Process Research & Development-Projekte (IP R&D) weicht somit infolge des Verzichts auf das Wahrscheinlichkeitskriterium bzw. der damit einhergehenden undifferenzierten Bilanzierung sämtlicher erworbener Forschungs- und Entwicklungsprojekte im Erwerbszeitpunkt erheblich von der steuerbilanziellen Behandlungen derartiger wirtschaftlicher Einnahmepotenziale ab.

6.5.4.4   Die Wahrscheinlichkeit des Nutzenzuflusses als zentrales Problem

6.5.4.4.1   Verstoß gegen das Leistungsfähigkeitsprinzip durch die Erfassung

unwahrscheinlicher immaterieller Wirtschaftsgüter

Die Untersuchung der Bilanzierung von Forschungs- und Entwicklungsprojekten bzw. (nicht rechtlich geschützten) Geschäftsgeheimnissen im Rahmen eines Unternehmenserwerbes hat gezeigt, dass durch den Verzicht auf das Wahrscheinlichkeitskriterium gemäß IFRS 3 eine erhöhte Gefahr des bilanziellen Ausweises von unsicheren Vermögenswerten besteht. Derartige Vermögenswerte sind nach den Verlautbarungen des IASB ausdrücklich separat vom Geschäftswert auszuweisen, sofern diese im Zuge einer Unternehmensakquisition erlangt wurden.[1301] Zwar kann hier auch nach der Rechtsprechung des BFH ein durch Bezugnahme zum Unternehmenskaufpreis bewertbarer vermögenswerter Vorteil bejaht werden, dennoch scheitert die steuerbilanzielle Aktivierung regelmäßig spätestens daran, dass die künftige Gewinnwirksamkeit eines solch rein wirtschaftlichen Gutes nicht objektiv greifbar ist.[1302] Steuerbilanziell wird folglich das teilweise subjektiven Einflüssen unterliegende Vermögensprinzip durch das

[1299] Vgl. Lüdenbach/Prusaczyk: Bilanzierung von „In-Process Research and Developement" a. a. O. (Fn. 1052), S. 417f; sowie (allerdings in Bezug auf ein ungeschütztes Betriebsgeheimnis) Hommel/Benkel/Wich: a. a. O. (Fn. 892), S. 1269.

[1300] Vgl. Hottmann, Jürgen: Forschungs- und Entwicklungskosten in Handels- und Steuerbilanz, in: StBp, Heft 12, (1982), S. 286–295, hier S. 289.

[1301] Vgl. IASB: IFRS 3 Business Combinations, Illustrative Examples, London 2004, S. 8 (Example E5).

[1302] Vgl. Hommel/Benkel/Wich: a. a. O. (Fn. 892), S. 1269.

Greifbarkeitsprinzip objektiviert, weshalb leicht entziehbare oder schnell flüchtige Vorteile letztendlich nicht bilanzierungsfähig sind.

Die erweiterte Ansatzkonzeption nach IFRS 3 erschwert zudem die Abgrenzung zwischen immateriellen Vermögenswerten und Eventualforderungen (sog. Contingent Assets). Gewiss besteht für Eventualvermögenswerte nach IAS 37.31 ein explizites Ansatzverbot, allerdings ist die fehlende Verfügungsmacht (Kontrolle) des Unternehmens über den Eventualvermögenswert infolge des Verzichts auf das Wahrscheinlichkeitskriterium tatsächlich das hier einzig verbleibende Abgrenzungskriterium. Für den Nachweis der Verfügungsmacht genügt bei einem Unternehmenserwerb wiederum das Kriterium der Separierbarkeit, welches dadurch belegt werden kann, dass das Unternehmen die Möglichkeit hat, den besagten unsicheren Wert an einen Dritten abzutreten. Durch den Verzicht auf das Wahrscheinlichkeitskriterium ist die Grenze zwischen immateriellen Vermögenswerten und Eventualforderungen daher kaum noch wahrnehmbar, weshalb bereits heute von einem faktischen Einzug der Eventualvermögenswerte in die Rechnungslegung nach IAS/IFRS gesprochen wird.[1303]

Steuerrechtlich ist der Verzicht auf das Wahrscheinlichkeitskriterium hingegen entschieden abzulehnen. So gewährleistet eine Aktivierung unwahrscheinlicher immaterieller Wirtschaftsgüter keineswegs eine Abbildung der objektiven Verhältnisse, sondern stellt vielmehr einen eindeutigen Verstoß gegen fundamentale Besteuerungsprinzipien dar. Denn sowohl das Prinzip der Besteuerung der Leistungsfähigkeit sowie das Postulat der Gleichmäßigkeit der Besteuerung verlangen nach einer einschränkenden Auslegung des Wirtschaftsgutbegriffs, da andernfalls „imaginäre" Wirtschaftsgüter Grundlage der Besteuerung wären.[1304]

Die mit dem Verzicht auf das Wahrscheinlichkeitskriterium einhergehenden Verstöße gegen die Objektivierungserfordernisse des geltenden Bilanzsteuerrechts können dabei deshalb drastische Folgen haben, da die niedrigen Ansatzvoraussetzungen für immaterielle Vermögenswerte nach IFRS 3 das Entstehen eines negativen Geschäftswerts bzw. Unterschiedbetrages entscheidend begünstigen.[1305] SCHILDBACH weist in diesem Zusammenhang darauf hin, dass durch die „bis an die Grenze der Existenz reduzierten Ansatzkriterien" vor allem in Zeiten tendenziell vorsichtiger Gesamtkaufpreise zu einer vermehrten Aktivierung unbezahlter stiller Reserven führt.[1306] In diesem Zusammenhang ist denkbar, dass der Erwerber ein immaterielles Wirtschaftsgut identifiziert, dessen Ertragspotenzial dem Veräußerer aufgrund subjektiver Unkenntnis nicht bekannt war. Während in einem solchen Fall nach geltendem Bilanzsteuerrecht regelmäßig kein greifbarer vermögenswerter Vorteil vorliegt, sind nach den Vorschriften des IFRS 3 identifizierbare immaterielle Vermögenswerte nunmehr unabhängig von der Höhe des Gesamtkaufpreises unter der Bedingung der normalerweise gegebenen zuverlässigen Bewertbarkeit zwingend anzusetzen.[1307] Der Verzicht auf das Wahrscheinlichkeitskriterium mündet folglich in der Aktivierung eines in gewisser Weise „unentgeltlich" erlangten immateriellen Wirtschaftsguts, welches in Verbindung mit den Neuregelungen des IFRS 3 zum negativen Geschäftswert[1308] gegebenen-

---

[1303] Vgl. Hommel/Benkel/Wich: a. a. O. (Fn. 892), S. 1270; Pisoke, Marc: IFRS 3 Business Combinations: Bilanzierung von Übernahmen, in: StuB, Heft 3, (2005), S. 97–104, hier S. 99.

[1304] Vgl. Pfeiffer, Thomas: Begriffsbestimmung und Bilanzfähigkeit der immateriellen Wirtschaftsgutes, in: StuW, Heft 4, (1984), S. 326–339, hier S. 331; Costede, Jürgen: Die Aktivierung von Wirtschaftsgütern im Einkommensteuerrecht, in: StuW, Heft 2, (1995), 115–123, hier S. 121.

[1305] Vgl. Hommel/Benkel/Wich: a. a. O. (Fn. 892), S. 1271; Knüppel: a. a. O. (1236), S. 150; Schildbach, Thomas: IFRS 3: Einladung zu „Enronitis", in: Betriebs-Berater, Editorial zu Heft 1, (2005), S. 1.

[1306] Schildbach, a. a. O. (Fn. 1305), S. 1.

[1307] Vgl. IASB (Standard 2004): IFRS 3.45.

[1308] Vgl. IASB (Standard 2004): IFRS 3.56(b). Eine gesonderte Würdigung der Verlautbarungen des IASB zur bilanziellen Behandlung eines negativen Geschäftswerts aus steuerlicher Sicht erfolgt in Kapitel 6.5.6.

falls einen im Zugangszeitpunkt sofort erfolgswirksam zu vereinnahmenden negativen Unterschiedbetrag begründet[1309]

Die Zurückdrängung des Vorsichtsprinzips führt in diesem Fall also nicht nur zu Fehlinformationen und unzulässigen Gewinnausschüttungen,[1310] sondern bei simultaner Anwendung für Zwecke der steuerlichen Gewinnermittlung auch zum Verstoß gegen das Realisationsprinzip und damit zu einer falschen Darstellung der objektiven wirtschaftlichen Leistungsfähigkeit. Die Folge einer solchen unrealisierten Vermögenssteigerung ist eine lediglich theoretische Erhöhung der wirtschaftlichen Leistungsfähigkeit auf dem Papier, welche das Risiko in sich birgt, weder grundsätzlich noch der konkreten Höhe nach realisierbar zu sein.[1311] Der Verzicht auf das Wahrscheinlichkeitskriterium ist daher sowohl aus Sicht einer kapitalmarktorientierten Rechnungslegung als auch Sicht einer prinzipienkonformen steuerlichen Gewinnermittlung entschieden abzulehnen.

6.5.4.4.2 Verstoß gegen die Gleichmäßigkeit und Gesetzmäßigkeit der Besteuerung durch die Entobjektivierung der Kaufpreisallokation

Das IASB begründet den Verzicht auf das Wahrscheinlichkeitskriterium als konkrete Aktivierungsvoraussetzung mit der propagierten Ausweitung des Fair Value Accounting.[1312] In dessen Ausgestaltung wird der Wahrscheinlichkeit von Nutzenzuflüssen keine Bedeutung beigemessen, da nach der Auffassung des IASB der dem jeweiligen Asset zugewiesene Fair Value die positiven Markterwartungen – und damit die Wahrscheinlichkeit des Nutzenzuflusses – bezüglich des erworbenen Vermögenswertes widerspiegelt.[1313] Durch die gleichzeitige, wenn auch widerlegbare Vermutung, dass die im Rahmen eines Unternehmenszusammenschlusses erworbenen immateriellen Vermögenswerte mit begrenzter Nutzungsdauer regelmäßig zuverlässig bewertet werden können,[1314] verliert die starke Betonung des Fair Value Accounting jedoch de facto an Bedeutung. Denn für die bei einer Unternehmensakquisition erworbenen immateriellen Vermögenswerte existiert regelmäßig kein aktiver Markt, sodass in der Mehrzahl der Fälle auf eine indirekte Wertermittlung anhand von Bewertungsmodellen zurückgegriffen werden muss. Die Annahmen des IFRS 3 enthalten daher einen „Zirkelschluss", da für das Vorhandensein eines die Wahrscheinlichkeit des Nutzenzuflusses widerspiegelnden Fair Value die objektiv richtige Kaufpreisaufteilung auf die erworbenen Einzelvermögensgegenstände vorausgesetzt wird.[1315] Aus dem vom IASB angestrebten „objektiv ermittelten Fair Value wird ein subjektiver Value in use".[1316]

Im Steuerrecht ist hingegen ohnehin keine mit dem Wahrscheinlichkeitskriterium nach IAS/IFRS vergleichbare abstrakte Aktivierungsvoraussetzung vorzufinden.[1317] Dies führt jedoch schon deshalb nicht zu einer steuerlichen Bilanzierung von Nonvaleurs, da die Frage der grundsätzlichen Gewinnwirksamkeit eines Wirtschaftsguts bereits im Vorfeld der Beurteilung der

[1309] Vgl. Hommel/Benkel/Wich: a. a. O. (Fn. 892), S. 1271.

[1310] Vgl. Schildbach: a. a. O. (Fn. 1305), S. 1.

[1311] Vgl. statt vieler Kuntschik: a. a. O. (Fn. 872), S. 67.

[1312] Vgl. zum Konzept des Fair Value Accounting die Ausführungen in Kapitel 5.1.1.1.

[1313] Vgl. hierzu die Ausführungen in Kapitel 4.1.3.3.

[1314] Vgl. hierzu die Ausführungen in Kapitel 4.1.3.4.

[1315] Theile, Carsten/Pawelzik, Kai Udo: Erfolgswirksamkeit des Anschaffungsvorgangs nach ED 3 beim Unternehmenserwerb im Konzern, in: Die Wirtschaftsprüfung, Heft 7, (2003), S. 316–324, hier S. 322.

[1316] Hommel/Benkel/Wich: a. a. O. (Fn. 892), S. 1270.

[1317] Vgl. hierzu die Ausführungen in Kapitel 6.3.1.2.

bilanzrechtlichen Greifbarkeit einer Vermögensposition zu beantworten ist.[1318] Analog zu den Vorschriften des IFRS 3 ist danach zunächst zu beurteilen, ob das erworbene Einnahmepotenzial dem Grunde nach isolierbar ist, während erst in einem gedanklich logisch nachgeordneten Schritt anhand der selbständigen Bewertbarkeit über die endgültige Aktivierbarkeit des immateriellen Einzelwirtschaftsguts entschieden wird.[1319] Freilich ist diesbezüglich auch das Prinzip der selbständigen Bewertbarkeit mit einer gewissen Schätzproblematik behaftet; von elementarer Bedeutung ist jedoch, dass eine objektive Bewertung nach der allgemeinen Verkehrsanschauung möglich sein muss.[1320]

Die durch die Rechtsprechung des BFH vertretene großzügige Auslegung des Prinzips der selbständigen Bewertbarkeit kann im Gegensatz zu den Verlautbarungen des IFRS 3 nicht losgelöst von der im Greifbarkeitsprinzip verankerten Gewinnvermutung betrachtet werden. Nach der steuerlichen Bewertungskonzeption muss demnach trotz des vorhandenen „Schätzungsspielraums" stets eine „reale ökonomische Existenz" des Wertansatzes nachweisbar sein.[1321] Das geltende Bilanzsteuerrecht schränkt somit das implizite bilanzielle Gestaltungspotenzial erheblich ein, während die IAS/IFRS an dieser Stelle Möglichkeiten zur Bilanzpolitik eröffnen.[1322]

Die Beurteilung, ob ein identifizierbarer *unwahrscheinlicher* Vermögenswert zuverlässig bewertbar ist, liegt nach IFRS 3 durch die vorwiegend anhand subjektiver Fair-Value- Vermutungen ermittelten Zugangswerte maßgeblich im Ermessen des Bilanzierenden.[1323] Dieser kann durch die Zuweisung eines Fair Value zu einem beim Verkäufer nicht bilanzierten, jedoch identifizierbaren Vermögenswert die Höhe des in der Eröffnungsbilanz zu aktivierenden Vermögens unmittelbar beeinflussen. Je mehr immaterielle Vermögenswerte nämlich beim Verkäufer unentgeltlich aufgedeckt werden, desto höher ist der erfolgswirksam zu vereinnahmende negative Unterschiedbetrag bzw. desto niedriger ist der nicht abschreibbare positive Geschäftswert. Zudem sehen die IAS/IFRS keinen objektiven Beurteilungsmaßstab vor, welcher die privilegierte Aktivierung der *unwahrscheinlichen* Vermögensgegenstände beispielsweise durch eine Offenlegung der getroffenen Annahmen und der angewendeten Bewertungsmethoden nachprüfbar macht. Vielmehr muss im Anhang gemäß IFRS 3.67 (h) lediglich erläutert werden, warum der Fair Value eines immateriellen Vermögenswertes im Erwerbszeitpunkt *nicht* ermittelt werden konnte. Dies führt zu einer „Umkehr der Darlegungslast", sodass die Ausnahme und nicht die Regel zu begründen ist.[1324]

Im Ergebnis wird durch die in IFRS 3 verankerten impliziten Wahlrechte das durch den IASB verfolgte Ziel der erhöhten Vergleichbarkeit von Jahresabschlüssen zunehmend konterkariert.[1325] Gleichzeitig verstößt die Ansatzkonzeption nach IFRS 3 gegen geltende Besteuerungsprinzipien. So ist es nach dem Grundsatz der Gleichmäßigkeit der Besteuerung und dem steuerrechtlichen Legalitätsprinzip erforderlich, dass sich die Tatbestandsvoraussetzungen zum einen als bestimmt genug erweisen und anderseits für alle Steuerpflichtigen einheitlich geregelt sind. Der ideale steuerliche Gewinn ist demnach objektiv und frei von jeglicher Manipulation zu ermitteln.[1326] Auslegungsfähige unbestimmte Rechtsbegriffe sind hingegen nur dann mit dem

---

[1318] Vgl. Hommel: Bilanzierung immaterieller Anlagewerte, a. a. O. (Fn. 955), S. 216; Kronner: a. a. O. (Fn. 953), S. 13; Moxter: Immaterielle Anlagewerte, a. a. O. (Fn. 953), S. 1108.

[1319] Vgl. Hommel: Bilanzierung immaterieller Anlagewerte, a. a. O. (Fn. 955), S. 213.

[1320] Vgl. BHF-Beschluss vom 16.2.1990 III B 90/88, in: BStBl. II 1990, S. 794, BFH-Urteil vom 26.8.1992 I R 24/91, in: BStBl. 1992, S. 977, Moxter: Bilanzrechtsprechung, a. a. O. (Fn. 911), S. 14.

[1321] Beide Zitate Moxter, Adolf: Die Aktivierungsvoraussetzung „entgeltlicher Erwerb" im Sinne von § 5 Abs. 2 EStG, in: Der Betrieb, Heft 38, (1978), S. 1804–1809, hier S. 1808.

[1322] Vgl. Hommel/Benkel/Wich: a. a. O. (Fn. 892), S. 1271; Pisoke: a. a. O. (Fn. 1303), S. 100.

[1323] Vgl. Theile/Pawelzik: a. a. O. (Fn. 1315), S. 321; Hommel/Benkel/Wich: a. a. O. (Fn. 892), S. 1271.

[1324] Knüppel: a. a. O. (Fn. 1236), S. 156.

[1325] Vgl. Pisoke: a. a. O. (Fn. 1303), S. 100.

[1326] Vgl. Buchholz/Weis: a. a. O. (Fn. 951), S. 513.

Grundsatz der Rechtssicherheit vereinbar, wenn der daran anknüpfende Tatbestand durch objektiv nachprüfbare und willkürfreie Kriterien auf Ebene der Rechtsanwendung konkretisiert wird.[1327] Folglich genügt die Ermessensspielräume eröffnende Ansatzkonzeption für immaterieller Vermögenswerte grundsätzlich nicht der Objektivierungserfordernis einer prinzipienkonformen steuerlichen Gewinnermittlung. Ein Festhalten an den durch die Rechtsprechung entwickelten Objektivierungskriterien der Greifbarkeit und selbständigen Bewertbarkeit ist daher im Sinne einer prinzipienkonformen steuerlichen Gewinnermittlung unverzichtbar.

6.5.4.5   Zusammenfassung der Erkenntnisse und Ausblick

Die Gegenüberstellung der Ansatzkriterien verdeutlicht, dass beide Rechnungslegungssysteme das Spannungsfeld zwischen Periodisierung (Gleichmäßigkeit) und Objektivierung (Rechtssicherheit) unterschiedlich handhaben. Während sich jedoch im geltenden Bilanzsteuerrecht die notwendige Konkretisierung des zu erfassenden Nutzenpotenzials aus dem potentiellen Grundkonflikt zwischen Objektivierung und Periodisierung ableiten lässt, wird nach der Grundkonzeption der IAS/IFRS aus Informationsgesichtspunkten der Relevanz grundsätzlich eine höhere Bedeutung als der Objektivierung beigemessen.[1328]

Die Einführung des IFRS 3 steht dabei in Zusammenhang mit dem vom IASB verfolgten Ziel, explizite Bilanzierungswahlrechte zu reduzieren, um damit die Relevanz des Jahresabschlusses im Sinne einer Abbildung der möglichst tatsächlichen wirtschaftlichen Lage des Unternehmens zu erhöhen.[1329] Zwecks einer vermeintlichen Erhöhung des Aussagegehalts des Jahresabschlusses wurden deshalb die Aktivierungskriterien für im Zuge eines Unternehmenskaufs erworbene immaterielle Vermögenswerte hin zu einem verstärkt gesonderten Ausweis in Abgrenzung zum Geschäftswert modifiziert.[1330] Zentraler Bestandteil der konkretisieren Aktivierungskriterien für immaterielle Vermögenswerte ist der Verzicht auf das Wahrscheinlichkeitskriterium. Infolgedessen sind beispielsweise erworbene Forschungsprojekte im Rahmen eines Unternehmenszusammenschlusses bereits dann anzusetzen, wenn die Wahrscheinlichkeit des Nutzenzuflusses größer null ist. Zusätzlich ist die verbleibende Aktivierungsvoraussetzung der zuverlässigen Bewertbarkeit nach Ansicht des IASB bei einem Unternehmenserwerb regelmäßig erfüllt. Im Ergebnis bedeutet dies, dass die Aktivierungsvoraussetzungen auf Ebene der konkreten Aktivierbarkeit für die bei einem Unternehmenserwerb erlangten immateriellen Vermögenswerte mehr oder weniger außer Kraft gesetzt sind. Erstaunlicherweise gelten gemäß IFRS 3 insofern für im Rahmen eines Unternehmenszusammenschlusses erworbene materielle Einnahmepotenziale höhere Objektivierungserfordernisse als für die tendenziell erheblich unsicheren erworbenen immateriellen Vermögenswerte.[1331] Die Bilanzierung des erworbenen Vermögens unterliegt daher faktisch einer „Zwei-Klassen-Objektivierung".[1332] Dieser Umstand erscheint um so bemerkenswerter, als unter Berücksichtigung der regelmäßig mit immateriellen Vermögensvorteilen verbundenen Unsicherheiten gerade die umgekehrte Annahme, nämlich eine höhere Ob-

---

[1327] Vgl. Oestreicher: Zukunft des Steuerbilanzrechts, a. a. O. (Fn. 937), S. 577.

[1328] Zum gleichen Ergebnis kommen, wenn auch in einem anderen Zusammenhang, Fulbier: a. a. O. (Fn. 933), S. 235; Kuntschik: a. a. O. (Fn. 872), S. 189.

[1329] Vgl. Lopatta, Kerstin/Wiechen, Lars: Darstellung und Würdigung der Bilanzierungsvorschriften nach IFRS 3 Business Combinations, in: Der Konzern, Heft 8, (2004), S. 534–544, hier S. 544.

[1330] Vgl. hierzu die Ausführungen in Kapitel 4.1.3.

[1331] Die Ansatzkriterien für gesondert angeschaffte immaterielle Vermögenswerte nach IAS 38 wurden im Zuge der Einführung von IFRS 3 angepasst, sodass nun auch für solche Vermögenswerte das Wahrscheinlichkeitskriterium grundsätzlich erfüllt ist; vgl. IASB (Standard 2004): IAS 38.25.

[1332] Hommel/Benkel/Wich: a. a. O. (Fn. 892), S. 1269.

jektivierungserfordernis bezüglich der Wahrscheinlichkeit des zukünftigen Nutzenzuflusses, weitaus überzeugender ist.[1333]

Trotz der berechtigten Kritik an der Abkehr vom Wahrscheinlichkeitskriterium als konkrete Aktivierungsvoraussetzung für immaterielle Vermögenswerte muss berücksichtigt werden, dass die Neuregelungen konzeptionell im Einklang mit der vom IASB angestrebten Separierung immaterieller Vermögenswerte vom Geschäfts- oder Firmenwert stehen.[1334] Zudem wird durch die Modifikation des Wahrscheinlichkeitskriteriums von einem eigenständigen Ansatzkriterium in einen Bewertungsparameter der vom IASB und FASB eingeleitete Weg zur verstärkten Bilanzierung nach Zeitwerten (Fair Value Accounting) konsequent weitergeführt.[1335] Ziel des Fair Value Accounting ist bekanntlich die möglichst exakte Darstellung des gesamten Ertragspotenzials des Unternehmens, nicht aber eine Ermittlung eines durch Vorsichts- und Objektivierungsprinzipien gesicherten Gewinns. Vor dem Hintergrund dieser Konzeption ist es deshalb schlüssig, dass unterschiedliche Wahrscheinlichkeiten eines Nutzenzuflusses nicht die Existenz oder Nichtexistenz eines immateriellen Werts begründen, sondern ausschließlich als Bewertungsmaßstab herangezogen werden.[1336] Allerdings führt die konzeptionelle Vorgehensweise des IASB in dieser Form wohl nur unter der Annahme vollkommener und sicherer Kapitalmärkte zu brauchbaren Ergebnissen. Da allerdings gerade bei den immateriellen Vermögenswerten ein Mangel an aktiven Märkten vorherrscht, reflektieren die Bewertungsbemühungen anhand unterschiedlicher Modelle bestenfalls subjektive Ertragserwartungen, jedoch keinesfalls zuverlässige und objektivierte Zeitwerte. Es kommt erschwerend hinzu, das der nach IFRS 3 ausgeweitete Ansatz immaterieller Vermögenswerte lediglich durch eine verantwortungsvolle Anwendung der wirtschaftlichen Betrachtungsweise (Materiality) eingegrenzt wird.[1337] Der Verzicht des IASB auf das Kriterium der Mindestwahrscheinlichkeit zeigt somit unverkennbar die Zurückdrängung des Grundsatzes der Verlässlichkeit und damit des Vorsichtsprinzips zugunsten einer aus Informationsgesichtspunkten vermeintlich relevanteren Darstellung eines Unternehmenszusammenschlusses. Die Erkenntnisse der vorliegenden Untersuchung lassen daher keinen anderen Schluss zu, als dass eine Übernahme der vom IASB verfolgten Systematik bei der Aufteilung des Unternehmenskaufpreises für steuerliche Zwecke zu einem weit reichenden Verstoß gegen die Gleichmäßigkeit der Besteuerung sowie das steuerliche Leistungsfähigkeitsprinzip führen würde.

6.5.5   Ansatz eines erworbenen Geschäftswerts

6.5.5.1   Der positive Geschäftswert als objektivierte Residualgröße

Der derivativ erworbene Geschäftswert verkörpert sowohl nach IFRS als auch nach geltendem Steuerbilanzrecht eine die nicht bilanzierungsfähigen wirtschaftlichen Vorteile des Unternehmens repräsentierende Restgröße. Der Geschäftswert wird dabei als Saldo einer Gegenüberstellung der Anschaffungskosten des Unternehmenserwerbes und dem erworbenen Reinvermögen auf Zeitwertbasis ermittelt und stellt nach IAS/IFRS einen eigenständigen Vermögenswert bzw.

[1333] Vgl. hierzu insbesondere Hommel/Benkel/Wich: a. a. O. (Fn. 892), S. 1269 sowie Knüppel: a. a. O. (Fn. 1237), S. 143–144.

[1334] Vgl. Lüdenbach/Freiberg: a. a. O. (Fn. 1222), S. 190; Pisoke: a. a. O. (Fn. 1303), S. 103; Hommel/Benkel/Wich: a. a. O. (Fn. 892), S. 1267.

[1335] Vgl. Baetge, Jörg/Hayn, Sven/Ströher, Thomas in: Rechnungslegung nach IFRS, hrsg. von: Baetge u. a., 2. Auflage, Stuttgart 2006, IFRS 3, Rz. 129; Hommel/Benkel/Wich: a. a. O. (Fn. 892), S. 1270.

[1336] Vgl. Pisoke: a. a. O. (Fn. 1303), S. 100

[1337] Vgl. Lüdenbach in: Haufe IFRS- Kommentar, a. a. O. (Fn. 909), § 31, Rz. 55.

im Steuerbilanzrecht entsprechend ein Wirtschaftsgut dar.[1338] Beide Rechnungslegungssysteme schreiben dabei zunächst die vollständige Aktivierung der bei einem Unternehmenserwerb akquirierten ansatzfähigen immateriellen Wirtschaftsgüter vor. Insoweit gleichen sich grundsätzliche beide Rechnungslegungssysteme, sodass der bilanzielle Ansatz eines erworbenen Geschäftswerts nach IFRS 3 zumindest aus konzeptioneller Sicht einer vorsichtigen bzw. objektivierten Gewinnermittlung genügt.[1339]

Da der Geschäftswert als Residualgröße ermittelt wird, hängt sein bilanzieller Inhalt einerseits maßgeblich von der Höhe der Anschaffungskosten des Unternehmenserwerbes sowie dem Umfang der aktivierten immateriellen Einzelwirtschaftsgüter ab. Im Hinblick auf die bei der Geschäftswertermittlung einzubeziehenden Anschaffungskostenbestandteile ist dabei zunächst – abgesehen von der durch das IASB beschlossenen künftigen Nichtberücksichtigung der Nebenkosten eines Unternehmenskaufs – regelmäßig von einer identischen Ausgangsbasis auszugehen.[1340] Wertmäßige Unterschiede zum Bilanzsteuerrecht sind hingegen tendenziell insofern zu erwarten, als dass der IASB einen gegenüber dem Steuer- und Handelsrecht privilegierten Ansatz immaterieller Einnahmepotenziale verfolgt. Das IASB bezweckt auf diese Weise den Ausweis eines möglichst geringen Geschäftswerts (sog. Core Goodwill), welcher im Idealfall lediglich die nicht als Vermögenswert greifbaren Gewinnerwartungen und Synergieeffekte verkörpert.[1341] Diese Auffassung beruht weitgehend auf identischen Annahmen wie die durch die Rechtsprechung des BFH vertretene Übergewinndoktrin, sodass die Zielsetzung des IASB grundsätzlich keinen Widerspruch zum geltenden Bilanzsteuerrecht darstellt.[1342] Eine bilanzsteuerliche Beurteilung des positiven Geschäftswerts der Höhe nach kann demnach nur indirekt – ohne Berücksichtigung der noch zu untersuchenden differenten Folgebewertung – auf Ebene der Aktivierungsvoraussetzungen der jeweiligen Rechnungslegungssysteme erfolgen.[1343] Dabei ist von zentralem Interesse, ob der IASB die Minimierung der Restgröße Goodwill durch eine Außerkraftsetzung der für Zwecke einer verlässlichen Rechnungslegung notwendigen Mindestobjektivierung *erkauft*. Vor dem Hintergrund der gewonnenen Erkenntnisse, speziell in Hinblick auf den Verzicht auf das Wahrscheinlichkeitskriterium und die Übergewichtung des rechtlichen Kriteriums, muss diese Vermutung gewiss auf ganzer Linie bestätigt werden.[1344]

[1338] Trotz erheblicher Bewertungsschwierigkeiten gilt der derivative Geschäftswert im internationalen Vergleich einheitlich als Vermögensgegenstand; vgl. insbesondere Hommel, Michael: Bilanzierung von Goodwill und Badwill im internationalen Vergleich, in: RIW, Heft 11, (2001), S. 801–809, hier S. 809. Zur steuerrechtlichen Qualifikation des derivativ erworbenen Geschäftswerts als Wirtschaftsgut, vgl. Kapitel 4.2.5.

[1339] Das sich im Einzelbewertungsprinzip ausdrückende Vorsichtsprinzip gebietet den vollständigen Ausweis der akivierungsfähigen Einzelwirtschaftsgüter; vgl. hierzu die Ausführungen in Kapitel 6.3.1.1.

[1340] Vgl. zum Umfang der Anschaffungskosten des Unternehmenserwerbes die Ausführungen in Kapitel 6.2.2.

[1341] Der Geschäftwert ist nach den Vorstellungen des IASB nur in vernachlässigendem Maße durch überhöhte Kaufpreiszahlungen oder Bewertungsfehler geprägt; vgl. hierzu Kapitel 4.1.4.1.

[1342] Nach der Übergewinndoktrin wird der Geschäftswert als ein Sammelposten für nicht greifbare Faktoren wie etwa die Reputation des Unternehmens oder Qualität der Belegschaft interpretiert; vgl. Kapitel 4.2.5.1.

[1343] Untersuchungsgegenstand der vorliegenden Arbeit sind die Aktierungs- und Bewertungskriterien für immaterielle Wirtschaftsgüter, sodass eine Würdigung der Restgröße Goodwill auch nur von diesem Standpunkt aus erfolgen kann.

[1344] Vgl. die Ausführungen in Kapitel 6.5.3 und 6.5.4.

6.5.5.2   Der erworbene Geschäftswert als Sonderproblem der Folgebewertung:

Der Impairment-Only-Ansatz als Renaissance der Einheitstheorie?

6.5.5.2.1 Die ertragswertorientierte Teilwertbemessung des derivativen Geschäftswerts

Grundsätzlich besteht im deutschen Bilanzsteuerrecht mit der Teilwertabschreibung die Möglichkeit, die in § 7 Abs. 1 Satz 3 EStG normierte planmäßige Abschreibung des derivativen Geschäftswerts zu widerlegen. Vor allem in Hinblick auf die wohl fiskalpolitisch begründete, relativ lange Nutzungsdauer von 15 Jahren hat die Frage, unter welchen Voraussetzungen eine Teilwertabschreibung möglich ist, auch weiterhin eine erhebliche Bedeutung für die steuerliche Gewinnermittlung. Da bekanntlich schon die Teilwertermittlung für immaterielle Einzelwirtschaftsgüter mit erheblichen Schwierigkeiten verbunden ist, gilt dies erst recht für den ertragswertabhängigen Geschäftswert. Während nämlich nach der Legaldefinition des Teilwerts die erworbenen immateriellen Einzelwirtschaftsgüter des Anlagevermögens primär substanzwertorientiert zu bewerten sind, ist ihr Erfolgsbeitrag hingegen regelmäßig Bestandteil des zu bewertenden Betriebsertrags bzw. des erworbenen Geschäftswerts.[1345] Diese Auffassung ist konform mit der Legaldefinition des Geschäftswerts, wonach dieser die nicht einzelnen Wirtschaftsgütern konkret zurechenbaren, allgemeinen Ertragsaussichten und Gewinnchancen des Unternehmens verkörpert.[1346] Eine Teilwertabschreibung des Geschäftswerts ist folglich ausschließlich nach einkommensorientierten Größen zu bemessen und ist somit zulässig und geboten, wenn der Ertragswert des derivativ erworbenen Geschäftswerts unter dessen fortgeführten Buchwertansatz sinkt.[1347]

Ungeachtet dessen bleibt erneut unklar, wie der Ertragswert bzw. Teilwert des derivativen Geschäftswerts objektiv bestimmt werden kann. Diesbezüglich wurde bereits in Kapitel 5.2.5.2 erörtert, dass sich eine mögliche Teilwertabschreibung infolge der vermutlichen Aufgabe der Einheitstheorie ausschließlich auf die derivativ erworbenen Komponenten des Geschäftswerts zu beschränken hat. Eine außerplanmäßige Abschreibung auf den erworbenen Geschäftswert ist steuerlich also immer dann erforderlich, „wenn sich der im Kaufpreis abgegoltene Ertragswert in einem durch die 15 jährige Afa nicht erfassten Aufwand vermindert hat".[1348] Das entscheidende Problem der einkommensorientierten Teilwertermittlung ist somit die technische bzw. zahlenmäßige Trennung von derivativen und nachträglich angewachsenen originären Bestandteilen des Geschäftswerts, mit der Folge, dass die Vornahme einer außerplanmäßigen Abschreibung vor allem eine Frage des Nachweises darstellt.[1349] So „ausgeprägt unlösbar" eine derartige Zuordnung auf den ersten Blick erscheinen mag, so eindeutig lässt sich eine Wertminderung in anderen Fällen konkret auf den derivativ erworbenen Geschäftswert zurückführen.[1350] Denn grundsätzlich ist es durchaus möglich, dass sich der Geschäftswert im Wesentlichen aus konkre-

---

[1345] Vgl. Groh, Manfred: Künftige Verluste in der Handels- und Steuerbilanz, zugleich ein Beitrag zur Teilwertdiskussion, in: StuW, Heft 1, (1976), S. 33–42, hier S. 36; Moxter: Teilwertkonzeption, a. a. O. (Fn. 1028), S. 829.

[1346] Vgl. hierzu die Ausführungen in Kapitel 4.2.4.1.

[1347] Vgl. Arnold: a. a. O. (Fn. 1247), S. 189–191; Wagner, Franz/Schomaker, Herlmut: Die Abschreibung des Firmenwerts im Handels- und Steuerbilanz nach Reform des Bilanzrechts, in: Der Betrieb, Heft 27/28, (1987), S. 1365–1372, hier S. 1369; Wagner, Franz: Die Abschreibung des freiberuflichen Praxiswertes – Steuerrechtliche Gleichbehandlung oder Sonderprogramm zur Mittelstandsförderung?, in: Besteuerung und Unternehmenspolitik, Festschrift für Günter Wöhe, hrsg. von Gerd John, München 1989, S. 345–361, hier S. 353 f.

[1348] Wagner/Schomaker: a. a. O. (Fn. 1347), S. 1369.

[1349] Vgl. Schneeloch, Dieter: Steuerliche Behandlung des Altgeschäftswerts, in: Betriebs-Berater, Heft 35/36, (1987), S. 2414–2419, hier S. 2419; Schoor, Hans Walter: Abschreibung von Geschäfts- und Praxiswert, in: DStZ, Heft 18, (2000), S. 667–674, hier S. 669.

[1350] Moxter, Adolf: Probleme des Geschäfts- oder Firmenwertes in der höchstrichterlichen Rechtsprechung, in: Unternehmensberatung und Wirtschaftsprüfung, Festschrift für Günter Sieben, hrsg. von Manfred J. Matschke, Stuttgart 1998, S. 473–481, hier S. 480.

ten entgeltlich erworbenen Bestandteilen zusammensetzt und diese wertbestimmenden Faktoren wiederum im Zeitverlauf nachweislich an Wert eingebüßt haben (z. B. besondere Belegschaftsqualität).[1351] Da keinesfalls sicher ist, dass etwaige vorgenommene Investitionen in originäre geschäftswertbildende Faktoren den Wertverlust der derivativen Bestandteile des Geschäftswerts hier tatsächlich kompensieren können, gebietet das Prinzip der vorsichtigen Gewinnermittlung in einem solchen Fall die Vornahme einer Teilwertabschreibung. Weitere mögliche Gründe, anhand derer sich das Ausbleiben der erhofften Rentabilität objektiv belegen lässt, können beispielsweise strukturellen Veränderungen, Fehlinvestitionen oder das Abwandern der mit der Unternehmensakquisition erlangten Kundschaft sein.[1352]

Somit ist zu konstatieren, dass die Zulässigkeit der steuerlichen Teilwertabschreibung an zwei zwingend zu erfüllende Anforderungen gekoppelt ist. Danach darf einerseits die steuerliche Teilwertabschreibung nur auf der Grundlage eines nachweisbaren und nachhaltigen Wertverlustes von einem bei der Preisbildung zugrunde gelegten geschäftswertbildenden Faktors erfolgen. Genauer gesagt muss dargelegt werden, inwieweit herangezogene Zahlungsüberschüsse auf dem im Kaufpreis abgegoltenen Ertragswert beruhen. Früh wurde schon früh erkannt, dass hierfür die kalkulierbare Dokumentation der durch den Mehrpreis erlangten und im Geschäftswert aufgehenden wirtschaftlichen Gegenwerte von enormer Bedeutung sein kann.[1353] Andererseits muss nach der erfolgreichen Identifizierung der relevanten Zahlungsüberschüsse der intersubjektiv nachweisbare Ertragswert des Geschäftswerts ermittelt werden. Eine solche Ertragswertermittlung ist zweifellos unweigerlich mit Zurechnungs- und Prognoseproblemen verbunden, welche sich jedoch in Hinblick auf die bilanzielle Natur des Geschäftswerts als unvermeidbar erweisen. Da eine grundsätzliche Versagung der Teilwertabschreibung jedoch sicher nicht im Sinne des Gesetzgebers sein kann, sollten die mit dem Ertragswertverfahren verbundenen Objektivierungsprobleme hier nicht zu einer Unanwendbarkeit der gesetzlich vorgesehenen Teilwertabschreibung führen.[1354] Vielmehr bedarf es zunächst der klaren Definition der Beweisführung durch den Steuerpflichtigen, anhand derer der Ertragswertverlauf und damit der Teilwertverlauf vor dem Hintergrund der Rechtssicherheit der Besteuerung objektiv beurteilt werden kann.[1355] Die relativ hohen Nachweishürden sind allerdings schon jetzt ein eindeutiger Beleg dafür, dass an dieser Stelle dem Grundsatz der Gleichmäßigkeit und Rechtssicherheit der Besteuerung ein prinzipieller Vorrang eingeräumt wird. Aufgrund dieser strengen Nachweispflichten sowie der vorsichtsbetonten planmäßigen Abschreibung des derivativen Geschäftswerts stellen Teilwertabschreibungen auf den erworbenen Geschäftswert eher einen Ausnahmefall der steuerlichen Gewinnermittlung de lege lata dar.[1356]

Die soeben beschriebene Problematik bei der einkommensorientierten Folgebewertung des Geschäftswerts besteht freilich auch nach IAS/IFRS.[1357] Umso verwunderlicher ist es, dass sich das

[1351] Vgl. Moxter: Bilanzrechsprung, a. a. O. (Fn. 911), S. 275.

[1352] Werndl, Josef in: Kirchhof/Söhn EStG Kommentar, hrsg. von Paul Kirchhoff, Hartmut Söhn, Rudolf Mellinghof, Heidelberg (Ergänzung Nr. 54: Stand Juli 1994), § 6, Rz. B 483; Mayer-Wegelin in: Bordewin/Brandt Kommentar zum Einkommensteuergesetz (Loseblatt), hrsg. von Arno Bordewin und Jürgen Brandt, Heidelberg (Ergänzung Nr. 217: Stand März 2002), § 6, Rz. 267.

[1353] Vgl. Zeitler, Franz-Christoph: Der Firmenwert und verwandte immaterielle Wirtschaftsgüter in der Bilanz, in: DStR, Heft 10, (1988), S. 303–308, hier S. 305.

[1354] Vgl. Wagner/Schomaker: a. a. O. (Fn. 1347), S. 1371.

[1355] Vgl. Wagner: a. a. O. (Fn. 1347), S. 355.

[1356] Vgl. Wüstemann, Jens/Duhr, Andreas: Geschäftswertbilanzierung nach dem Exposure Draft ED 3 des IASB-Entobjektivierung auf den Spuren des FASB, in: Betriebs-Berater, Heft 5, (2003), S. 247–253, hier S. 252; Mayer-Wegelin in: Bordewin/Brandt: a. a. O. (Fn. 1352), § 6, Rz. 267.

[1357] Die Suche nach einer geeigneten Regelungslösung für die Folgebewertung des Geschäftswerts war eine der zentralen Herausforderungen des „Business Combinations"-Projekts des IASB. Die letztendlich präferierte Lösung ist dabei auch innerhalb des Boards höchst umstritten; vgl. für eine Überblick über die Diskussion Wüstemann/Duhr: a. a. O. (Fn. 1356), S. 249–250.

IASB mit dem Verzicht auf eine planmäßige Abschreibung und der Einführung von Wertminde-rungstests für einen Lösungsweg entschieden hat, welcher im Ergebnis starke Parallelen zur stets heftig umstrittenen steuerlichen Einheitstheorie aufweist.[1358] In diesem Zusammenhang wird befürchtet, dass der Gesetzgeber die jüngsten internationalen Entwicklungen bei der Goodwillabschreibung als Vorlage zur Rückkehr zur fiskalpolitisch willkommenen Nichtab-schreibung des Geschäftswerts nutzen könnte.[1359] Daher gilt es – nicht zuletzt auch in Hinblick auf die bestehende Unklarheit über die weitere Anwendung der Einheitstheorie – zu prüfen, inwiefern das detaillierte Konzept des Impairment-Only-Ansatzes als sinnvolle Vorlage oder Ergänzung einer objektivierten Teilwertermittlung des Geschäftswerts dienen kann.

6.5.5.2.2 Die mangelnde Eignung der planmäßigen Abschreibung für die Folgebewertung des Geschäftswerts

Sowohl die handels- und steuerrechtliche als auch die ehemals nach IAS 22 praktizierte Folge-bewertung des derivativen Geschäftswerts sieht eine Kombination von planmäßiger und außer-planmäßiger Abschreibung vor. Die diesbezügliche Konvergenz der Rechnungslegungssysteme endete jedoch mit der Einführung des Impairment-Only-Ansatzes durch das IASB, nach wel-chem gemäß IFRS 3 nunmehr ausschließlich die außerplanmäßige Abschreibung zur Anwen-dung kommt.[1360]

Das IASB begründet den Verzicht auf die planmäßige Abschreibung des Goodwills in erster Linie damit, dass dieser sich aus Wertkomponenten mit begrenzter, aber auch unbegrenzter bzw. unbestimmter Nutzungsdauer zusammensetze und deshalb eine verlässliche Nutzungs-dauerbestimmung unmöglich sei.[1361] Dieser Einschätzung des IASB ist zunächst deshalb zuzustimmen, da diese Bedenken in ihren Grundzügen die handels- und steuerrechtliche Dis-kussion um die Abnutzbarkeit eines aktivierten Geschäftswerts widerspiegeln. So wurde auch hier unlängst erkannt, dass der tatsächliche Abschreibungsverlauf des Geschäftswerts regelmä-ßig nicht kalkulierbar ist bzw. die zur Schätzung der betriebsgewöhnlichen Nutzungsdauer not-wendigen objektiven Anhaltspunkte fehlen.[1362]

In beiden Rechnungslegungssysteme wird demzufolge gleichermaßen der durch den individuel-len Charakter des Geschäftswerts verursachte Mangel an objektiven Anhaltspunkten hinsicht-lich der zuverlässigen Bemessung des Werteverzehrs des derivativen Geschäftswerts erkannt. Die aus dieser Erkenntnis gezogenen Schlussfolgerungen könnten jedoch kaum unter-schiedlicher sein. So wird der nach IAS/IFRS vollzogene Verzicht auf die planmäßige Ab-schreibung in diesem Kontext auch als der „denkbar engste Ermessensspielraum" gewertet.[1363] Dieser Ansicht ist jedoch zu entgegnen, dass sich die Nutzungsdauer vieler immaterieller Ge-

---

[1358] Vgl. zur Einheitstheorie die Ausführungen in Kapitel 5.2.5.2.

[1359] Vgl. Siegel, Theodor: Zur unsinnigen Bilanzierung eines zufälligen Teils des unbekannten originären Geschäftswerts nach DRS 1a, in: Der Betrieb, Heft 15, (2002), S. 749–751, hier S. 750; Haaker, Andreas/Paarz, Michael: Einfluss der Vodafone-Diskussion sowie der IFRS auf die steuerrechtliche Behandlung von Akquisiti-onen, in: StuB, Heft 14, (2004), S. 686–691, hier S. 688.

[1360] Vgl. zum Impairment-Only-Ansatz die Ausführungen in Kapitel 5.1.4.1.

[1361] Vgl. Protzek, Heribert: Der Impairment Only-Ansatz – Wider der Vernunft, in: KoR, Heft 11, (2003) S. 495–502, hier S. 497.

[1362] Vgl. Moxter, Adolf: Bilanzrechtliche Probleme beim Geschäfts- oder Firmenwert, in: Festschrift für Johannes Semler, hrsg. von Marcus Bierich, Peter Hommelhoff und Bruno Kropff, Berlin, New York 1993, S. 853–861, hier S. 857; Hommel: Bilanzierung von Goodwill, a. a. O. (Fn. 1338), S. 805; Breidert, Ulrike: Grundsätze ord-nungsmäßiger Abschreibung auf abnutzbare Anlagegegenstände, Düsseldorf 1994, S. 173.

[1363] Zimmermann, Jochen: Widersprüchliche Signale des DSR zur Goodwillbilanzierung? In: Der Betrieb, Heft8, (2002), S. 385–390, hier S. 389.

schäftswertbestandteile in den Zeiten immer kürzerer Produktlebenszyklen und des rasanten technischen Fortschritts tendenziell wohl eher verkürzt. Die objektivste und annäherungsweise treffendste Lösung des Folgebewertungsproblems wäre somit vielmehr die Sofortabschreibung.[1364] Freilich ist die Sofortabschreibung des erworbenen Geschäftswerts schon aus fiskalpolitischen Gründen nicht tragbar und stellt daher auch keine zu diskutierende Handlungsalternative dar. Dennoch lässt sich der Verzicht auf die planmäßige Abschreibung des derivativen Geschäftswerts allein mit dem Argument der nicht zuverlässig bestimmbaren Nutzungsdauer keineswegs überzeugend begründen.

Tatsächlich steht die neue Goodwill-Bilanzierung nach IFRS 3 vielmehr im unmittelbaren Zusammenhang mit der vom IASB und FASB proklamierten Abkehr vom Cost Accounting hin zum Fair Value Accounting.[1365] Danach gilt es vor dem Hintergrund des Kriteriums der Entscheidungsrelevanz als inkonsequent, dass mit der planmäßigen Abschreibung des Goodwills zwar etwaige Wertminderungen erfasst werden, entsprechende Wertsteigerungen jedoch nicht. Vor allem sei im Rahmen einer situationsspezifischen Betrachtung anzunehmen, dass eventuell getätigte Erhaltungsaufwendungen den Werteverfall des Geschäftswerts ggf. gänzlich kompensieren und somit der planmäßigen Abschreibungen ihre Rechtfertigung entziehen.[1366] Die Informationsfunktion des Jahresabschlusses gebiete daher eine Berücksichtigung eben dieser indirekten Wertsteigerungen, zumal eine planmäßige Abschreibung auf den Geschäftswert aus den soeben genannten Gründen ohnehin nur willkürlich zu fixieren sei.[1367]

Auf den ersten Blick erscheint die im Rahmen des Impairment-Only-Ansatzes bezweckte Abbildung der der ökonomischen Ist-Situation des Unternehmens gegenüber der Vornahme von pauschalen und realitätsfernen planmäßigen Abschreibungen in der Tat überlegen. Entsprechend wird der Wertverlust des Geschäftswerts typischerweise von unregelmäßig eintretenden Ereignissen ausgelöst, welche im Gegensatz zur planmäßigen Abschreibung beim IOA durch situationsspezifische Parameter am Bilanzstichtag ihre bilanziellen Berücksichtigung finden.[1368] Rein konzeptionell führt der IOA also zu einer genaueren Abbildung der wirtschaftlichen Leistungsfähigkeit des Unternehmens. Fraglich ist allerdings, ob eine Anwendung dieses vermutlich vorteilhaften Bewertungsverfahrens mit den fundamentalen Prinzipien der steuerlichen Gewinnermittlung im Einklang steht.

[1364] Vgl. Siegel: Zur unsinnigen Bilanzierung, a. a. O. (Fn. 1359), S. 750.

[1365] Vgl. Kühneberger, Manfred: Firmenwerte in Bilanz, GuV und Kapitalflussrechnung nach HGB, IFRS und US-GAAP, in: Der Betrieb, Heft 13, (2005), S. 677–683, hier S. 679; Pellens, Bernhard/Sellhorn, Thomas: Goodwill Bilanzierung nach SFAS 141 und 142 für deutsche Unternehmen, in: Der Betrieb, Heft 32, (2001), S. 1681–1689, hier S. 1685.

[1366] Vgl. Zimmermann: a. a. O. (Fn. 1363), S. 389; Schmidt, Ingo: Bilanzierung des Goodwills im internationalen Vergleich, Wiesbaden 2002, S. 150f; Saelzle, Rainer/Kronner, Markus: Die Informationsfunktion des Jahresabschlusses dargestellt am sog. „impairment-only-Ansatz", in: Die Wirtschaftsprüfung, Sonderheft 2004, S. 154–165, hier S. 160.

[1367] Vgl. zu dieser Ansicht insbesondere: Zimmermann: a. a. O. (Fn. 1363), S. 389. Das neue Verständnis der Goodwill-Bilanzierung wird zudem insbesondere in dem im Jahr 2005 vom IASB veröffentlichten Standardentwurf zur zweiten Phase des „Business Combinations"-Projekts offenkundig. Der Geschäftswert wird hiernach nicht länger als Residualgröße betrachtet, sondern stattdessen als einzeln bewertbarer Vermögenswert aufgefasst (Full Goodwill Method). Dadurch verschwimmt zunehmend die bislang klare terminologische Unterscheidung zwischen einem derivativen und dem originären Geschäftswert, vgl. Pellens, Bernhard/Sellhorn, Thorsten: Reform der Konzernbilanzierung – Neufassung von IFRS 3 „Business Combinations" in: Der Betrieb, Heft 33, (2005), S. 1749–1755, hier S. 1752.

[1368] Vgl. Saelzle/Kronner: a. a. O. (Fn. 1366), S. 160.

6.5.5.2.3 Die unzulässige Aktivierung originärer Geschäftswertbestandteile

Die vorangegangenen Ausführungen haben gezeigt, dass die dem Verzicht auf die planmäßige Abschreibung zugrunde liegende Denkweise – von den unterschiedlichen Beweggründen abgesehen – weitgehend der Einheitstheorie des BFH entspricht. Auch hier wurde die Nichtabschreibung des Geschäftswerts damit begründet, dass sich ein entgeltlich erworbener Geschäftswert im Zeitablauf graduell verflüchtigt und zugleich schrittweise hinter einen selbst geschaffenen originären Geschäftswert zurücktritt. Nach der Einheitstheorie wird der Geschäftswert daher simultan zu den IAS/IFRS als einheitliches Wirtschaftsgut betrachtet, dessen derivative und originäre Bestandteile sich im Rahmen der Folgebewertung nicht zuverlässig trennen lassen.[1369]

Der IOA sieht vor, den im Rahmen eines Unternehmenserwerbes vergüteten Geschäftswert im Erwerbszeitpunkt auf einzelne Berichtseinheiten des Unternehmens zu verteilen. Anschließend hat beim verpflichtend durchzuführenden Wertminderungstest eine jährliche Gegenüberstellung des Buchwerts der Berichtseinheit einschließlich des zugewiesenen Geschäftswertanteils mit dem entsprechenden Fair Value der Berichtseinheit zu erfolgen.[1370] Ziel dieses Vorgehens ist es, lediglich eine Wertbestätigung für den derivativen Geschäftswert zu ermitteln.[1371] Tatsächlich kommt es allerdings im Rahmen der Fair-Value-Gesamtbewertung der relevanten Berichtseinheit zwangsläufig zu einer Einbeziehung von nicht bilanzierten Vermögensbestandteilen und stillen Reserven, was ggf. dazu führt, dass der Bilanzansatz eines derivativen Geschäftswerts beibehalten wird, obwohl dessen Zeitwert tatsächlich gesunken ist. Die durch diese Methodik verursachte Kompensation des Wertverlusts des derivativen Geschäftswerts (sog. Backdoor Capitalisation) führt faktisch zu einer sukzessiven Aktivierung des originären Goodwills.[1372] Denn der auf Basis geschätzter zukünftiger Einzahlungsüberschüsse ermittelte Fair Value einer Berichtseinheit beruht nicht nur auf einem eventuell noch vorhandenen Geschäftswerts des Unternehmenserwerbes, sondern auch auf einem im Zeitablauf erwirtschafteten originären Goodwill, welcher unter anderem aus bereits vorher bestehenden als auch nachträglich akquirierten Ressourcen resultiert.[1373] Der IOA stellt somit einen klaren Verstoß gegen das Bilanzierungsverbot für einen selbst geschaffenen Geschäfts- oder Firmenwert gemäß IAS 38.48 dar.[1374] Es ist deshalb nicht verwunderlich, dass ein Teil der Mitglieder des IASB mit Verweis auf diese offensichtliche Inkonsistenz im Regelwerk der IAS/IFRS gegen die Verabschiedung des IFRS 3 stimmte. Dessen ungeachtet hatte das IASB scheinbar keine Bedenken gegen eine derartige indirekte Aktivierung des originären Goodwills und stellte vielmehr klar, dass sich das Aktivierungsverbot gemäß IAS 38 lediglich auf einen sog. direkten originären Geschäftswert beziehe.[1375]

Gleichwohl ist der IOA steuerlich aus denselben Gründen abzulehnen wie seinerzeit die Einheitstheorie des BFH. Insbesondere ist anzunehmen, dass selbst im Fall der Werterhaltung des aktivierten Geschäftswerts insgesamt gleichzeitig ein neuer originärer Geschäftswert allmählich an die Stelle des sich verflüchtigenden entgeltlich erworbenen Firmenwertbestandteils tritt.

[1369] Vgl. hierzu die Ausführungen in Kapitel 5.2.5.2.

[1370] Vgl. hierzu die Ausführungen in Kapitel 5.1.4.2.

[1371] Vgl. Wüstemann/Duhr: a. a. O. (Fn. 1356), S. 251.

[1372] Vgl. Saelzle/Kronner: a. a. O. (Fn. 1366), S. 161; Protzek: a. a. O. (Fn. 1361) S. 497; Hommel, Michael: Neue Goodwillbilanzierung – das FASB auf dem Weg zur entobjektivierten Bilanz, in: Betrieb-Berater, Heft 38, (2001), S. 1943–1949, hier S. 1947; Busse von Colbe, Walther: Ist die Bilanzierung des Firmenwertes nach dem Nonamortization-Impairment-Ansatz des SFAS-Entwurfs von 2001 mit § 292a HGB vereinbar?, in: Der Betrieb, Heft 17, (2001), S. 877–879, hier S. 877.

[1373] Vgl. Busse von Colbe: a. a. O. (Fn. 1372), S. 877.

[1374] Vgl. IASB (Standard 2004): IAS 38.48.

[1375] Vgl. Wüstemann/Duhr: a. a. O. (Fn. 1356), S. 252.

Wird nun gänzlich auf eine planmäßige Abschreibung des aktivierten Geschäftswerts verzichtet, kommt es praktisch im Umfang des Wertverzehrs des derivativen Geschäftswerts zu einer Aktivierung von originären Geschäftswertbestandteilen. Ein solches Vorgehen verstößt eindeutig gegen geltende Bilanzierungsprinzipien, da ein neu entstandener originärer Geschäftswert infolge des Aktivierungsverbots für selbst erstellte immaterielle Wirtschaftsgüter sowohl handels- als auch steuerrechtlich als explizit nicht bilanzierungsfähig gilt.[1376] Ein Verzicht auf die planmäßige Abschreibung verstößt insofern gegen das Prinzip der Gleichmäßigkeit der Besteuerung, als dass durch die Bilanzierung eines im Regelfall nicht ansatzfähigen originären Geschäftswerts gleiche Tatbestände unterschiedlich behandelt werden.[1377] Zudem widerspricht die Annahme der grundsätzlichen Werterhaltung des Geschäftswerts dem Prinzip der vorsichtigen Gewinnermittlung, da die erfolgreiche Vornahme etwaiger Werterhaltungsmaßnahmen keinesfalls als sicher gelten kann und somit lediglich impliziert wird.[1378]

6.4.2.2.3 Unzureichende Objektivierung des Wertminderungstests und Verstoß gegen den Einzelbewertungsgrundsatz

In Kapitel 4.2.5 wurde dargelegt, dass die objektive Trennung des aktivierten Geschäftswerts in einen derivativen und einen originären Bestandteil ein wesentliches Kriterium für die Vornahme einer Teilwertabschreibung im deutschen Steuerrecht ist. Dementsprechend ist es äußerst fraglich, ob die Vorschriften des IFRS 3 an dieser Stelle ein brauchbares Instrumentarium zur Bemessung einer zu berücksichtigenden Wertminderung des Geschäftswerts darstellen.

Wie bereits erwähnt, sehen die Regelungen des IFRS 3 vor, den im Rahmen eines Unternehmenserwerbs entstandenen Geschäftswert nicht auf Ebene des Gesamtunternehmens, sondern auf der Ebene von zahlungsmittelgenerierenden Einheiten zu bewerten.[1379] Die dabei gebotene Bildung von zahlungsmittelgenerierenden Einheiten stellt zunächst eine klare Durchbrechung des Einzelbewertungsgrundsatzes dar, in dessen Folge Wertverluste einzelner Wirtschaftsgüter mit Wertsteigerungen ertragsstarker Ressourcen der Berichteinheit saldiert werden.[1380] Aus der Sicht der IAS/IFRS mag dieses Vorgehen hingegen durchaus sinnvoll sein. Denn bekanntlich werden unternehmerische Entscheidungen über einzelne Ressourcen in der Realität nicht isoliert, sondern nur auf Basis ihres internen Nutzens im Verbund mit anderen Vermögenswerten getroffen.[1381] Bereits an dieser Stelle wird jedoch deutlich, dass der individuelle Charakter des Geschäftswerts den bilanzierenden Erwerber vor schier unüberwindbare Schwierigkeiten stellt. Genauer gesagt ist nicht ersichtlich, wie genau die Zuordnung des erworbenen Geschäftswerts auf die zu identifizierenden internen Berichteinheiten erfolgen soll. Daher wurde auch im deutschen Bilanzrecht unlängst erkannt, dass weder ein Gesamtunternehmenswert noch ein verblei-

---

[1376] Vgl. insbesondere Spitaler, Armin: Die Lehre von der Einheit des Geschäftswerts, in: StbJb 1959/60, Köln 1960, S. 443–462, hier S. 448; Wöhe, Günter: Zur Bilanzierung und Bewertung des Firmenwertes, in: StuW, Heft 2, (1980), S. 89–108, hier S. 106; Hommel: Bilanzierung von Goodwill, a. a. O. (Fn. 1343) S. 806; Ellrot, Helmut/Brendt, Peter in: Beck'scher Bilanz Kommentar, hrsg. von Helmut Ellrott u. a., 6. Auflage, München 2006, § 255, Rz. 526; Barth/Kneisel: a. a. O. (Fn. 1116), S. 477.

[1377] Vgl. Haaker/Paarz: a. a. O. (Fn. 1359), S. 691.

[1378] Vgl. Barth/Kneisel: a. a. O. (Fn. 1116), S. 477.

[1379] Vgl. hierzu die Ausführungen in Kapitel 5.1.4.2.

[1380] Vgl. Herzig: IAS/IFRS und steuerliche Gewinnermittlung, a. a. O. (Fn. 945), S. 205; Vgl. Wüstemann/Duhr: a. a. O. (Fn. 1356), S. 252 und S. 253; Pottgießer, Gaby/Velte, Patrick/Weber, Stefan: Ermessensspielräume im Rahmen des Impairment-Only-Approach, in: DStR, Heft 41, (2005), S. 1748–1752, hier S. 1751. Bezogen auf den vorliegenden Fall können ertragsstarke eigene Vermögensbestandteile einen Wertminderungsbedarf des Geschäftswert verhindern können; vgl. hierzu die Ausführungen in Kapitel 6.3.3.2.3.

[1381] Vgl. Herzig: IAS/IFRS und steuerliche Gewinnermittlung, a. a. O. (Fn. 945), S. 205 m. w. N.

bender Unterschiedsbetrag willkürfrei auf einzelne Vermögensgegenstände bzw. Berichtseinheiten aufgeteilt werden kann.[1382]

Es kommt erschwerend hinzu, dass das IASB den Begriff der zahlungsmittelgenerierenden Einheit bewusst weit ausgelegt hat, um eine kostenintensive Anpassung des internen Rechnungswesens im Unternehmen zu vermeiden.[1383] Infolgedessen steht es den bilanzierenden Unternehmen förmlich offen, auf die Ausgestaltung und Umstrukturierung der Reportingstruktur sowie die Zuweisung von ganzen und anteiligen Vermögensobjekten zu den einzelnen Berichtseinheiten gezielt Einfluss zu nehmen. In diesem Kontext wird angenommen, dass mit der Größe der abgegrenzten Berichteinheit die Wahrscheinlichkeit einer außerplanmäßigen Abschreibung des Goodwills aufgrund von Kompensationseffekten tendenziell abnimmt.[1384] Es wird daher vom Schrifttum zu Recht vermutet, dass die bilanzierenden Unternehmen die ihnen gewährten Ermessensspielräume nutzen könnten, um durch die geschickte Zerlegung des Geschäftswerts auf bestimmte Betriebsbereiche die strategische Kontrolle über das künftige Abschreibungspotenzial zu erlangen.[1385]

Die über diese Bedenken hinaus faktisch nicht existenten Objektivierungskriterien bei der Allokation des Geschäftswerts sind letzten Endes der Grund, warum die Zurückdrängung des Einzelbewertungsgrundsatzes an dieser Stelle als nicht akzeptabel gewertet werden muss. Eine Übernahme des IOA für steuerliche Zwecke würde also keineswegs eine zutreffendere Darstellung der wirtschaftlichen Leistungsfähigkeit gewährleisten, sondern im Gegenteil einen essentiellen Verstoß gegen das fundamentale Prinzip der Rechtssicherheit der Besteuerung begründen.

6.5.5.3   Das steuerliche „Kombinations"-Modell als bestmögliche Lösung

Der Impairment-Only-Ansatz des IASB kann die an ihn gesteckte Erwartung weder in Hinblick auf die erhoffte Abbildung des vollständigen Effektivvermögens noch auf die Erfassung eines intersubjektiv nachprüfbaren Wertverlaufs des Geschäftswerts erfüllen. Vielmehr scheitert die Approximation des tatsächlichen Ertragswertes des Unternehmens bereits infolge der Vermischung von barwertorientierten Ermittlungsverfahren mit Daten auf Basis historischer Kosten sowie des Wertaufholungsverbots des Geschäftswerts in späteren Perioden.[1386] So wird zum einen die sog. Markwert-Buchwert-Lücke nur unvollständig geschlossen, da letztendlich auch

---

[1382] Vgl. Wüstemann/Duhr: a. a. O. (Fn. 1356), S. 251.

[1383] Vgl. IASB (Standard 2004): IAS 36.82. Das IASB schreibt lediglich vor, dass der Goodwill nach der Konzeption des sog. *Management Approach* vorwiegend auf diejenigen Berichteinheiten zu verteilen ist, welche zum einen unmittelbar von dem Unternehmenserwerb profitieren und zum anderen von den Nutzenpotenzialen anderer Vermögenswerte unabhängig sind; vgl. hierzu ausführlich Brücks, Michael/Kerkhoff, Guido/Richter, Michael: Impairmenttest für den Goodwill nach IFRS, in: KoR, Heft 1, (2005), S. 1–7, hier S. 2 f.

[1384] Vgl. Fischer, Thomas/Klöpfer, Elisabeth: Bilanzpolitik nach IFRS: Sind die IFRS objektiver als das HGB, in: KoR, Heft 12 (2006), S. 709–718, hier S. 717.

[1385] Vgl. Hommel: Neue Goodwillbilanzierung, a. a. O. (Fn. 1383), S. 1946; Pellens/Sellhorn: Goodwill Bilanzierung, a. a. O. (Fn. 1365), S. 1685; Hitz, Jörg-Markus/Kuhner, Christoph: Die Neuregelung zur Bilanzierung des derivativen Goodwill nach SFAS 141 und 142 auf dem Prüfstand, in: KoR, Heft 6, (2002), S. 273–287, hier S. 283; Saelzle/Kronner: a. a. O. (Fn. 1366), S. 162; Protzek: a. a. O. (Fn. 1361) S. 499; Pottgießer/Velte/Weber: a. a. O. (Fn. 1380), S. 1750 f.

[1386] Vgl. Streim, Hannes/Bieker, Marcus/Esser, Maik: Vermittlungentscheidungsnützliche Informationen durch Fair Values – Sackgasse oder Licht am Horizont?, in: BFuP, Heft 4, (2003), S. 457–479, hier S. 472; Saelzle/Kronner: a. a. O. (Fn. 1366), S. 162.

nach IAS/IFRS nur ein geringer Teil des originären Goodwills bilanziell erfasst wird.[1387] Anderseits werden durch das Zuschreibungsverbot tatsächliche Wertaufholungen des Geschäftswerts und somit ggf. bedeutende und entscheidungsrelevante Informationen über die künftige Entwicklung des Unternehmens vom IOA ausgegrenzt.[1388]

Viel schwerer wiegt allerdings, dass die ohnehin nur eingeschränkten Vorteile der Geschäftswertbilanzierung des IASB durch eine gravierende Zurückdrängung der Objektivität erkauft werden. Vor allem wird die zwangsläufig auf subjektiven Schätzungen und Annahmen beruhende ertragswertorientierte Bemessung des Geschäftswerts nur unzulänglich durch konkretisierende Vorschriften begrenzt. Dadurch droht die scheinbar vorteilhafte Bewertungsmethode gerade in einer „Scheingenauigkeit"[1389] verbunden mit erheblichen Risiken der bilanzpolitischen Gestaltung zu münden.[1390] Unter der Berücksichtigung dieses gravierenden Nachteils ist deshalb der durch die Einführung des IOA versprochene Nutzen schon aus Sicht der Investoren als äußerst fragwürdig einzustufen.[1391] Die hier vorgetragenen Bedenken wurden offenkundig auch vom BMJ erkannt, welcher folgerichtig dem Impairment-Only-Ansatz in dem Entwurf für ein vornehmlich Informationszwecken dienendes modernisiertes Handelsbilanzrecht eine klare Absage erteilt.[1392]

Die vorangegangen Ausführungen belegen, dass das „bilanzrechtliche Dilemma"[1393] bezüglich der Folgebilanzierung des Geschäftswerts nur in typisierender Betrachtung durch Festlegung einer auf einen bestimmten Zeitraum begrenzten Regelabschreibung in Kombination mit einer ermessensbeschränkten außerplanmäßigen Abschreibung gelöst werden kann.[1394] Die Bilanzierung originärer Geschäftswertbestandteile sowie die Anwendung des stark subjektiven und willkürlichen Wertminderungstests kämen indessen einem Verstoß gegen das Prinzip der Gleichmäßigkeit und Rechtssicherheit der Besteuerung gleich. Aus steuerbilanzieller Sicht ist bekanntlich geboten, originäre Geschäftswertbestandteile von der Betrachtung auszuschließen. Regelmäßig sind jedoch der „alte" und der „neue" neue Geschäftswert untrennbar miteinander verbunden, weshalb eine Abgrenzung beider Geschäftswertkomponenten nur selten objektiv möglich ist. Vor diesem Hintergrund ist die zwar pauschalierende, aber objektiv nachprüfbare planmäßige Abschreibung ein zweifellos unverzichtbares Bewertungsinstrumentarium. Denn auch wenn der IOA aus dogmatischer Sicht eine exaktere Abbildung der wirtschaftlichen Leistungsfähigkeit ermöglichen mag, so gewährleistet hier doch nur eine planmäßige Abschreibung die für steuerliche Zwecke gebotene objektive und zuverlässige Erfassung des Werteverzehrs.[1395]

Die in § 7 Abs. 1 Satz 3 EStG normierte planmäßige Abschreibung über 15 Jahre stellt somit trotz des relativ langen Nutzungszeitraums eine durchaus geeignete Lösung dar, den Werteverfall des ab dem Erwerbszeitpunkt untrennbar mit den originären Geschäftswertbestandteilen verbundenen derivativen Geschäftswert vereinfachend und objektiv zu erfassen. Zudem besteht

[1387] Vgl. Siegel: Zur unsinnigen Bilanzierung, a. a. O. (Fn. 1359), S. 749f; Haaker, Andreas: Die Zuordnung des Goodwill auf Cash Generating Units zum Zweck des Impairment-Tests nach IFRS, in: KoR, Heft 10, (2005), S. 426–434, hier S. 428 m. w. N.
[1388] Vgl. Saelzle/Kronner: a. a. O. (Fn. 1366), S. 162.
[1389] Moxter, Adolf: Deutscher Standardisierungsrat auf Irrwegen: in: Betriebs-Berater, Heft 50, (2001), die erste Seite.
[1390] Vgl. Saelzle/Kronner: a. a. O. (Fn. 1366), S. 163.
[1391] Vgl. statt vieler Protzek: a. a. O. (Fn. 1361) S. 502.
[1392] Vgl. Oser, Peter: Absage an den Impairment-Only-Approach im HGB nach BilMoG, in: Der Betrieb, Heft 8, (2008), S. 361–363.
[1393] Hoffmann, Wolf-Dieter in: Littmann/Bitz/Pust – Das Einkommensteuerrecht, hrsg. von Horst Bitz, Stuttgart (Ergänzung: Stand Mai 2005), Band 2, § 6, Rz. 543.
[1394] Vgl. Hoffmann: a. a. O. (Fn. 1393), § 6, Rz. 543; Saelzle/Kronner: a. a. O. (Fn. 1366), S. 163; Kuntschik: a. a. O. (Fn. 872), S. 208 f.
[1395] Vgl. Breidert: a. a. O. (Fn. 1362), S. 174; Moxter: Standardisierungsrat, a. a. O. (Fn. 1389), S. 1.

durch die Kombination mit der Teilwertabschreibung die grundsätzliche Möglichkeit, objektiv nachprüfbare außerplanmäßige Wertbeeinträchtigungen des derivativen Geschäftswerts gemäß dem steuerlichen Leistungsfähigkeitsprinzip zu berücksichtigen. Im Sinne der Ermittlung der tatsächlichen Leistungsfähigkeit sind außerdem, sofern die Gründe für die außerplanmäßige Wertminderungen nachweislich entfallen sind, in Abweichung zu den Vorschriften des IFRS 3 auch Zuschreibungen auf den derivativen Geschäftswertanteil geboten.[1396]

Insofern stellt das im deutschen Steuerrecht angewendete Kombinations-Modell ein in sich geschlossenes und konsistentes Konzept dar, welches folglich auf keinen Fall zugunsten eines Rückfalls zur steuerlichen Einheitstheorie in Ausgestaltung des IOA aufgegeben werden sollte. Die steuerlich de lege lata vorgesehene Kombination der typisierenden planmäßigen Abschreibung mit der im Einzelfall vorzunehmenden Teilwertabschreibung ist somit die in Hinblick auf den zentralen Konflikt zwischen wirtschaftlicher Betrachtungsweise (Ermittlung der wirtschaftlichen Leistungsfähigkeit im Sinne der ökonomischen Realität) und Objektivierung (Gleichmäßigkeit und Rechtssicherheit der Besteuerung) weitaus überzeugendere Lösung.

6.5.6   Bilanzierung eines negativen Unterschiedsbetrags

6.5.6.1   Existenz und Wesen des negativen Unterschiedsbetrags

Liegt der Kaufpreis einer Unternehmung unter der Summe der Zeitwerte des übernommenen Vermögens abzüglich der Schulden, kommt es bei der Kaufpreisaufteilung zur Entstehung eines negativen Unterschiedsbetrages. Im Gegensatz zu einem entsprechenden positiven Restbetrag aus der Kaufpreisaufteilung wird die bilanzielle Behandlung dieses negativen Residualwertes noch immer kontrovers diskutiert. Eine zentrale Rolle spielen dabei erneut die Vorschriften des IFRS 3.

Das IASB betrachtet einen negativen Unterschiedbetrag entgegen der früheren Vorschriften des IAS 22 (rev. 1998) nicht mehr als eigenständige Bilanzposition, sondern sieht gemäß IFRS 3.56 (b) vielmehr dessen undifferenzierte ertragswirksame Erfassung im Erwerbszeitpunkt vor.[1397] Das IASB begründet die Vorschriften des Standards mit dem Argument, dass ein negativer Unterschiedsbetrag regelmäßig auf Fehler bei der Bemessung der Anschaffungskosten des Unternehmenszusammenschlusses oder den beizulegenden Zeitwerten der ansatzfähigen Vermögenswerte, Schulden und Eventualschulden zurückzuführen sei. Diesbezüglich werden u. a. die unterlassene Berücksichtigung künftiger Kosten bei der Neubewertung oder den günstigen Erwerb (Bargain Purchase) als mögliche Ursache genannt.[1398]

Durch diese eindimensionale Betrachtung schließt sich der IASB der konzeptionellen Kritik am negativen Geschäftswert an, nach welcher es unter Berufung auf den Grundsatz der Erlösmaximierung in einem marktwirtschaftlichen System als unwahrscheinlich betrachtet wird, dass ein Transaktionspartner sein Unternehmen zu einem unterhalb des jeweiligen Substanzwertes lie-

---

[1396] Dem steht das Bilanzierungsverbot für unentgeltlich erworbene immaterielle Wirtschaftsgüter nicht entgegen, da die Vorschrift des § 5 Abs. 2 EStG nur auf „neue" bzw. originäre Geschäftswertbestandteile zu beziehen ist. Ein vormals wertgeminderter derivativer Geschäftswert wurde demgegenüber bereits entgeltlich erworben;, vgl. Kuntschik: a. a. O. (Fn. 872), S. 131 f.

[1397] Vgl. Theile/Pawelzik: a. a. O. (Fn. 1315), S.321. In IAS 22 (rev. 1998) wurde hingegen ein negativer Geschäftswert als Abzug von den immateriellen Vermögensgegenständen aktivisch ausgewiesen. Der IASB sieht nunmehr beim Vorliegen eines negativen Unterschiedsbetrages zunächst eine Neubewertung des übertragenen Reinvermögens des erworbenen Unternehmens vor. Ein danach verbleibender negativer Unterschiedbetrag ist im Erwerbszeitpunkt als Ertrag auszuweisen; vgl. hierzu die Ausführungen in Kapitel 4.1.4.2.

[1398] Vgl. IASB (Standard 2004): IFRS 3.57.

genden Preis veräußert.[1399] So ist es nach Ansicht des IASB zwar zutreffend, dass sich die Erwartung künftiger Verluste und Aufwendungen negativ auf den Unternehmenskaufpreis auswirke. Entscheidend sei jedoch, dass auch der Fair Value bzw. die Zeitwerte des erworbenen Reinvermögens diese negativen Ertragserwartungen in analoger Weise widerspiegeln.[1400] Unternehmenserwerbe reflektieren demnach einen unter Vertragspartnern ausgehandelten Wertfindungsprozess, bei welchem beide Parteien künftige Verluste und Aufwendungen bereits im Rahmen der Bewertung der zu transferierenden Vermögens- und Schuldenpositionen berücksichtigt haben.[1401]

Dessen ungeachtet ist der konzeptionellen Kritik an der Existenz eines derivativ erworbenen negativen Geschäftswerts durch die handelsrechtliche Literatur und das IASB mit Verweis auf das geltende Bilanzverständnis nicht zuzustimmen. Zum einen kann objektivierungsbedingt ohnehin nur ein Teil des übernommenen Vermögens und der Schulden bilanziell erfasst werden, sodass sehr wohl ein als negativer Geschäftswert zu verstehender Residualwert im Erwerbszeitpunkt ermittelt werden kann.[1402] Auf der anderen Seite existieren sowohl rechtlich als auch ökonomisch Situationen, in denen der negative Geschäftswert in Erscheinung tritt.[1403] Auch ist die Existenz und Entstehung eines negativen Geschäftswerts ohnehin langfristiger, nämlich im Sinne des Grundsatzes der Unternehmensfortführung, zu sehen.[1404] Insbesondere ist davon auszugehen, dass sich der strategisch planende Unternehmer auch im Falle eines negativen Unterschiedsbetrages langfristig einen Gewinn von der Akquisition erhofft. Lediglich die kurzfristig und zukünftig anfallenden Aufwendungen und Verpflichtungen halten ihn davon ab, im Erwerbszeitpunkt einen Kaufpreis oberhalb des Substanzwertes zu entrichten.[1405] Zwar könnten diverse direkte Aufwendungen im Erwerbszeitpunkt als Rückstellungen berücksichtigt werden, doch würde eine solche Atomisierung des negativen Unterschiedbetrages dessen eigentlichen bilanziellen Charakter und Ausdruck verleugnen.[1406]

Der negative Geschäftswert muss folglich als Äquivalent zum derivativen Geschäftswert verstanden werden. Demgemäß verkörpert dieser als Gegenpol zum derivativen Geschäftswert nicht positive, sondern negative Ertragserwartungen in Form eines erworbenen Verlustpotenzials. Auch konzeptionell bestehen keine Unterschiede. Denn abgesehen vom Vorzeichen des Differenzbetrages ist auch der negative Geschäftswert eine kaufpreisabhängige Saldogröße.[1407]

[1399]   Vgl. insbesondere Siegel, Theodor/Bareis, Peter: Der „negative Geschäftswert" – eine Schimäre als Steuersparmodell?, in: Betriebs-Berater, Heft 21, (1993), S. 1477–1485, hier S. 1479. Unterschreitet hingegen der Ertragswert bzw. erzielbare Marktpreis des Unternehmens tatsächlich den Liquidationspreis, würde ein rational handelnder Unternehmer immer die Realisierung des Liquidationswertes präferieren; vgl. auch Sieben, Günter: Zur Wertfindung bei der Privatisierung von Unternehmen in den neuen Bundesländern durch die Treuhandanstalt, in: Der Betrieb, Heft 41, (1992), S. 2041–2051, hier S. 2044.

[1400]   Vgl. IASB: Basis for Conclusion on Exposure Draft ED3 Business Combinations, London 2002, BC112.

[1401]   Vgl. IASB: Basis for Conclusion on Exposure Draft ED3, a. a. O. (Fn. 1400), BC149 u. BC 109. Hierbei ist anzumerken, dass die sofortige erfolgswirksame Vereinnahmung eines verbleibenden Unterschiedsbetrags nach IFRS 3 nur damit gerechtfertigt werden kann, dass im Kaufpreis antizipierte zukünftige Verluste nach IAS/IFRS bereits durch die Bilanzierung einer Eventualschuld zu berücksichtigen sind; vgl. Gros, Stefan E.: Bilanzierung eines „bargain purchase" nach IFRS 3, in: DStR, Heft 46, (2005), S. 1954–1960, hier S. 1957.

[1402]   Vgl. Euler: Grundsätze, a. a. O. (Fn. 924), 161.

[1403]   Es gilt zu bedenken, dass nicht immer die Möglichkeit der Unternehmensliquidation besteht und das bekanntlich auch nicht finanzielle Ziele den Erhalt des Unternehmens begründen können (z. B. Sicherung von Arbeitsplätzen); vgl. Bachem, Rolf-Georg: Der „negative Geschäftswert" – eine Schimäre als Steuersparmodell?, in: Betriebs-Berater, Heft 28, (1993), S. 1976–1978, hier S. 1976 f.

[1404]   Bei Fortführung des Unternehmens ist daher die Annahme der Wertuntergrenze „Liquidationswert" für das Unternehmen abzulehnen; vgl. Bachem: Der negative Geschäftswert, a. a. O. (Fn. 1403), S. 1976.

[1405]   Vgl. Gießler, Oliver S.: Der negative Geschäftswert in Handels-, Steuer- und Ergänzungsbilanz, Frankfurt am Main 1996, S. 61.

[1406]   Vgl. Gießer: a. a. O. (Fn. 1405), S. 62.

[1407]   Vgl. Euler: Grundsätze, a. a. O. (Fn. 924), S. 162.

Insofern ist es nicht verwunderlich, dass sowohl der IDW als auch das DSR die pauschale und vereinfachende Sichtweise des IASB entschieden ablehnen. Die Annahme des IASB, wonach ein negativer Unterschiedbetrag ausschließlich auf Bewertungsfehler oder sonstige günstige Umstände (sog. Lucky Buy) zurückzuführen sei, negiere vielmehr die ökonomische Realität und werde somit dem „vielschichtigen Charakter dieses Postens" nicht gerecht.[1408] Zudem wird zutreffenderweise darauf hingewiesen, dass sich ein erworbenes Verlustpotenzial keineswegs immer im Wertansatz einzelner erworbener Vermögenspositionen widerspiegelt.[1409]

6.5.6.2   Einfluss immaterieller Wirtschaftsgüter auf den negativen Unterschiedsbetrag

Hinsichtlich der Bilanzierung eines aus der Kaufpreisaufteilung resultierenden negativen Unterschiedbetrages haben immaterielle Wirtschaftsgüter bzw. Vermögenswerte sowohl nach geltendem Bilanzsteuerrecht als auch nach IAS/IFRS eine entscheidende Bedeutung. Wie die nachfolgende Untersuchung zeigt, repräsentieren die durch die jeweiligen Rechnungslegungssysteme vertretenen Konzeptionen diesbezüglich die denkbar gegensätzlichsten Positionen auf der Bandbreite der möglichen Lösungen.

Die Vorschriften des IFRS 3 sehen im Rahmen der vollständigen Aufdeckung der stillen Reserven den wertmäßig unbeschränkten und undifferenzierten Ansatz sämtlicher identifizierbarer immaterieller Vermögenswerte mit deren Fair Value vor.[1410] Dies bedeutet, dass die Höhe des Wertansatzes der immateriellen Vermögensgegenstände nicht im Sinne des Anschaffungskostenprinzips durch die Anschaffungskosten des Unternehmenserwerbes begrenzt ist.[1411] In Kombination mit dem vom IASB angestrebten privilegierten Ansatz immaterieller Vermögenswerte haben daher die akquirierten immateriellen Vermögenswerte regelmäßig einem signifikanten Einfluss auf die Höhe oder die Entstehung eines negativen Unterschiedsbetrages.[1412]

Genau umgekehrt ist hingegen die Vorgehensweise nach der Rechtsprechung des BFH. Zwar lehnt auch der Bundesfinanzhof die Passivierung eines negativen Geschäftswerts grundsätzlich ab, steuerlich gilt jedoch das zur erfolgneutralen Abbildung des Unternehmenserwerbes notwendige Anschaffungskostenprinzip. Ein negativer Unterschiedbetrag führt somit keineswegs zur Passivierung eines negativen Geschäftswerts, sondern vielmehr zu einer Auf- bzw. Abstockung des übernommenen Vermögens und der Schulden. Erst nach einem vollständigen Erschöpfen des Auf- bzw. Abstockungspotenzials zieht der BFH zur Wahrung der Erfolgsneutralität des Anschaffungsvorgangs den Ausweis eines zeitanteilig ertragswirksam aufzulösenden passiven Ausgleichspostens in Betracht.[1413] Die Abstockung von nicht nominalen Wirtschaftsgütern führt also im Gegensatz zu den Verlautbarungen des IASB zu der Situation, dass in erster Linie die aufgedeckten stillen Reserven bzw. die beim Verkäufer zuvor nicht bilanzierten immateriellen Wirtschaftsgüter den Ausgleich eines Minderkaufpreises sicherstellen. Nach der Rechtsprechung des BFH kann demnach der erstmalige Ansatz von immateriellen Wirtschaftsgütern

---

[1408] DSR: Stellungnahme zum Projekt „Business Combinations (Phase 1)" des IASB, abrufbar unter http://www.standardsetter.de/drsc/docs/comments/iasb/ed3_business_combination/gasb.pdf .

[1409] Vgl. IDW Stellungnahme: Exposure Draft ED 3: Business Combinations, in: Die Wirtschaftsprüfung, Heft 8, (2003), S. 433–440, hier S. 434.

[1410] Nach IAS 22.40 war hingegen die Neubewertung immaterieller Vermögenswerte, welche nicht an einem aktiven Markt gehandelt wurden, durch die Höhe der Anschaffungskosten der Beteiligung begrenzt; vgl. hierzu IASB (Standard 1998): IAS 22.40.

[1411] Vgl. hierzu die Ausführungen in Kapitel 4.1.1.3.

[1412] Vgl. Theile/Pawelzik: a. a. O. (Fn. 1315), S. 320; Gros: a. a. O. (Fn. 1401), S. 1956. Die im Vergleich zum Handels- und Steuerrecht weitaus großzügigere Aktivierung immaterieller Vermögensgegenstände konnte indessen in der vorangegangen Einzelfalluntersuchung dieses Kapitels bestätigt werden.

[1413] Vgl. BFH-Urteil vom 21.4.1994 IV R 70/92, in: BStBl. II 1994, S. 745, sowie die Ausführungen zur steuerbilanziellen eines negativen Unterschiedbetrags in Kapitel 4.2.4.5.

im Erwerbszeitpunkt weder zu einer Passivierung eines Ausgleichspostens führen, noch den Ausweis eines Ertrags begründen. Nachfolgend gilt es zu untersuchen, welche der vertretenen Auffassungen tatsächlich eine mit den fundamentalen Besteuerungsprinzipien konforme bilanzielle Berücksichtigung eines negativen Unterschiedbetrages ermöglicht.

6.5.6.3 Passivierung eines negativen Geschäftswerts als Ausdruck einer gleichmäßigen der Besteuerung

Die Darstellung der vom IASB und dem BFH verfolgten Lösungsansätze zur bilanziellen Behandlung eines den Substanzwert des Unternehmens unterschreitenden Gesamtkaufpreises zeigt im Zusammenhang mit dem Grundsatz der Gleichmäßigkeit der Besteuerung deren Unzulänglichkeit auf.

Zum einen ist die vom IASB vollzogene Abkehr vom Anschaffungskostenprinzip in Kombination mit dem Ansatz des erworbenen Vermögens auf Zeitwertbasis abzulehnen. So besteht bekanntlich vor allem in Hinblick auf die erstmalige Aktivierung von beim Verkäufer nicht bilanzierten immateriellen Wirtschaftsgütern regelmäßig keine Möglichkeit, deren Zeitwert durch die Heranziehung objektivierter Marktpreise zuverlässig zu bestimmen. Die insofern notwendige indirekte Wertbestimmung anhand von gängigen Bewertungsverfahren eröffnet indessen erhebliche Ermessensspielräume, da viele Bewertungsparameter, wie etwa die Prognose von Cashflows oder die Bestimmung des risikoadäquaten Zinssatzes, von subjektiven Einschätzungen des bilanzierenden Erwerbers abhängen. Übersteigt nun das zu Zeitwerten tendenziell hochgradig subjektiv bewertete Reinvermögen die Anschaffungskosten des Unternehmenserwerbes, sieht IFRS 3.56 (b) die sofortige erfolgswirksame Erfassung des entsprechenden Differenzbetrages vor. Dieses Vorgehen schafft für den bilanzierenden Erwerber zweifelsfrei Möglichkeiten, die Entstehung eines negativen Unterschiedsbetrages und somit auch die Höhe des daraus resultierenden Gewinnausweises subjektiv zu steuern.[1414] Darüber hinaus führt die erfolgswirksame Vereinahmung des negativen Residualwerts zum Ausweis eines unrealisierten Gewinns und demzufolge zu einem Verstoß gegen die steuerlich gebotene Erfolgsneutralität des Anschaffungsvorgangs sowie letztendlich zu einer Verfälschung der periodengerechten Gewinnermittlung.[1415]

Zugleich ist jedoch auch die vom BFH präferierte Aufteilung des Minderbetrags (Abstockung) der Aktiva zur Vermeidung eines negativen Geschäftswerts nicht mit den GoB und folglich auch nicht mit den geltenden Besteuerungsprinzipien vereinbar. Denn eine Verteilung des erworbenen negativen Geschäftswerts auf einzelne Aktiva mittels Abstockung ist allenfalls dann geboten, sofern infolgedessen ein überhöhter Ausweis der jeweiligen Vermögenspositionen unterbunden wird.[1416] Verbleibt jedoch auch nach vorsichtiger Bewertung ein negativer Unterschiedsbetrag, geht mit einer weiteren Abstockung eine Verfälschung der Vermögens- und Er-

---

[1414] Schildbach: a. a. O. (Fn. 1305), S. 1.

[1415] Vgl. Heurung, Rainer: Der negative Geschäftswert im Bilanzrecht, in: Der Betrieb, Heft 8, (1995), S. 385–392, hier S. 386 f.; Fasselt, Martin/Brinkmann, Jürgen: Geschäfts- oder Firmenwert in: Beck´sches Handbuch der Rechnungslegung, hrsg. von Edgar Castan u. a., München (Ergänzung Nr. 20: Stand Januar 2004) Band I, B 211a, Rz. 168; Knüppel, Mark: Bilanzierung von Verschmelzungen nach Handelrecht, Steuerrecht und IFRS, Berlin 2007, S. 207;

[1416] Eine unzulässige Buchwertabstockung liegt beispielsweise vor, wenn zur Vermeidung eines negativen Geschäftswerts eine Teilwertabschreibung auf Warenvorräte vorgenommen wird. Durch eine zeitnahe Veräußerung wäre ein Gewinn zu realisieren, während unberücksichtigt bliebe, dass beim Unternehmenserwerb durch den Kaufpreis konkretisierte Verlustdrohungen erworben wurden; vgl. Moxter, Adolf: Bilanzrechtliche Probleme beim Geschäfts- oder Firmenwert, in: Festschrift für Johannes Semler, hrsg. von Bierich, Marcus/Hommelhoff, Peter/Kropff, Bruno, Berlin, New York 1993, S. 853–861, hier S. 856–857.

traglage des Unternehmens einher.[1417] Eine undifferenzierte Abstockung würde außerdem aufgrund des reduzierten Abschreibungspotenzials in einer unzutreffenden Folgebewertung münden. Dadurch wäre das derivativ erworbene Verlustpotenzial hier nunmehr vom Verbleib der entsprechenden Wirtschaftsgüter im Unternehmen und den jeweils geltenden Bewertungsregeln abhängig, sodass die Folgebewertung des Verlustpotenzials letztendlich durch „Zufälle oder durch Bilanzpolitik" geprägt sei.[1418] Die Abstockungslösung kann folglich eine unzutreffende Antizipation von Gewinnen sowie willkürliche Ergebnisverschiebungen verursachen und stellt somit einen Verstoß gegen die Grundsätze der Gleichmäßigkeit und Rechtssicherheit der Besteuerung dar.[1419]

Eine mit den handelsrechtlichen GoB konforme und vor allem willkürfreie Behandlung eines negativen Unterschiedbetrages erfordert indessen zwingend die Passivierung eines negativen Geschäftswerts.[1420] In Analogie zum positiven Geschäftswert ist daher die Bilanzierbarkeit des negativen Geschäftswerts grundsätzlich zu befürworten, mit dem Unterschied, dass die in ihm verkörperten negativen Ertragserwartungen nicht den Ansatz eines Wirtschaftsguts, sondern eines passiven Postens eigener Art begründen.[1421]

Vor dem Hintergrund dieser Überlegungen stellt sich jedoch die Frage, inwiefern erstmals bilanzierte bzw. beim Verkäufer aufgedeckte immaterielle Wirtschaftsgüter beim Vorliegen eines negativen Unterschiedbetrags abgestockt werden sollten, wenn sich deren Zeitwert in Ermangelung eines aktiven Marktes, was regelmäßig der Fall sein dürfte, nicht objektiv bestimmen lässt. Eine Abstockung der erworbenen Aktiva wäre demzufolge zwingend geboten, wenn Teile des erworbenen Verlustpotenzials eindeutig risikobehafteten Vermögenspositionen zugeordnet werden können.[1422] Eine ähnlich bilanzielle Behandlung erfuhr der negative Unterschiedsbetrag beispielsweise im unlängst ersetzten IAS 22 (revised 1998). Danach wurden immaterielle Wirtschaftsgüter, deren Bewertung nicht durch das Vorhandensein eines aktiven Markts gestützt war, nur insoweit angesetzt, als hierdurch kein negativer Unterschiedsbetrag entstand oder dieser sich erhöhte.[1423] Grundsätzlich entspricht dies einer Abstockung der unzuverlässig bewertbaren Wirtschaftsgüter. Eine solche differenzierende Betrachtungsweise nach Entstehungsursachen des negativen Geschäftswerts würde den fundamentalen Besteuerungsprinzipien de lege lata wohl am ehesten gerecht werden. Denn entsprechend dem Grundsatz der Gleichmäßigkeit der Besteuerung und dem Leistungsfähigkeitsprinzip käme es hier einerseits zu einem wertmäßig unverfälschten Ausweis sämtlicher objektiv eindeutig bewertbaren Wirtschaftsgüter wie bspw. Grundstücken und Gebäuden.[1424] Andererseits wäre eine Abstockung von unsicheren bzw. nicht durch einen aktiven Markt objektivierten, erstmals bilanzierten immateriellen Wirt-

---

[1417] Vgl. Bachem, Rolf-Georg: Berücksichtigung negativer Geschäftswerte in Handels-, Steuer- und Ergänzungsbilanz, in: Betriebs-Berater, Heft 14, (1993), S. 967–973, hier S. 968; Euler: Grundsätze, a. a. O. (Fn. 924), 162; Mujkanovic, Robin: Der negative Geschäftswert in der Steuerbilanz des Erwerbers eines Betriebs oder Mitunternehmeranteils, in: Die Wirtschaftsprüfung, Heft 15–16, (1994), S. 522–528, hier S. 526.

[1418] Euler: Grundsätze, a. a. O. (Fn. 924), 162.

[1419] Vgl. Gießler: a. a. O. (Fn. 1405), S. 169–172.

[1420] Vgl. Bachem: Berücksichtigung negativer Geschäftswerte, a. a. O. (Fn. 1417), S. 971; Gießler: a. a. O. (Fn. 1405), S. 169–172; Moxter: Bilanzrechtliche Probleme, a. a. O. (Fn. 1362), S. 857; Moxter: Bilanzrechtsprechung, a. a. O. (Fn. 911), S. 90; Euler: Grundsätze, a. a. O. (Fn. 924), S. 162; Mujkanovic: Der negative Geschäftswert, a. a. O. (Fn. 1417), S. 528.

[1421] Vgl. Mujkanovic: Der negative Geschäftswert, a. a. O. (Fn. 1417), S. 528.

[1422] Vgl. Moxter: Bilanzrechtsprechung, a. a. O. (Fn. 911), S. 90.

[1423] Vgl. Theile/Pawelzik: a. a. O. (Fn. 1024), S. 320.

[1424] Diese Auffassung entspricht vor allem dem substanzwertorientierten Teilwertverständnis; vgl. die Ausführungen in Kapitel 4.1.4.2 sowie insbesondere das BFH-Urteil vom 19.10.1972, in welchem der Vorrang des Teilwerts als Substanzwert gegenüber ertragswertorientierten Gesichtspunkten deutlich wird. Im konkreten Fall führte die Stilllegung eines unrentablen Zweigwerks nicht zu einer Teilwertabschreibung der einzelnen Wirtschaftsgüter bzw. der Betriebsgebäude; vgl. BFH-Urteil 19.10.1972 I R 244/70, in: BStBl. II 1974, S. 55.

schaftsgütern vor dem Hintergrund einer willkürfreien und rechtssicheren Besteuerung durchaus vertretbar.

6.5.6.4   Passivierung eines negativen Geschäftswerts zwecks erfolgneutraler Abbildung des Unternehmenserwerbes nach Maßgabe der steuerlichen Leistungsfähigkeit

Die Sicherstellung einer periodengerechten und gleichmäßigen Gewinnermittlung gebietet die erfolgsneutrale steuerbilanzielle Abbildung eines Anschaffungsvorgangs. Eine zentrale Bedeutung hat dabei das Anschaffungskostenprinzip. Als Ausprägung des handels- und steuerlichen Realisationsprinzips bewirkt es, dass der Erwerb von Wirtschaftsgütern im Anschaffungszeitpunkt keine Vermögensmehrung oder -minderung, sondern lediglich eine Vermögensumschichtung bewirkt.[1425] Ein durch den Anschaffungsvorgang begründeter Gewinnausweis widerspricht somit dem geltenden steuerlichen Bilanzierungsverständnis. Folglich ist die nach den Vorschriften des IFRS 3 gebotene erfolgswirksame Vereinnahmung eines negativen Unterschiedsbetrags im Erwerbszeitpunkt in Hinblick auf das handels- sowie steuerliche Erfolgsneutralitätsgebot eines Anschaffungsvorgangs zwingend abzulehnen.

Entgegen der Auffassung des IASB unterbinden sowohl die nach der Rechtsprechung vertretene Abstockungslösung als auch der hier vertretene Ansatz eines negativen Geschäftswerts den Ausweis eines unrealisierten Gewinns im Erwerbszeitpunkt.[1426] Nach der Auffassung der Kritiker des negativen Geschäftswerts führt jedoch dessen Passivierung zu einer unzulässigen Überbewertung der Aktiva und somit ebenfalls zu einem Verstoß gegen das Anschaffungskostenprinzip.[1427] Diese Auffassung verkennt jedoch die Tatsache, dass sich der im Rahmen des Unternehmenserwerbes entrichtete Kaufpreis regelmäßig nicht am Substanzwert, sondern am Ertragswert des Unternehmens orientiert.[1428] Der Erwerber akquiriert demnach keine zur Liquidation bestimmte Einzelwirtschaftsgüter, sondern vielmehr Ertragsaussichten, sodass der Unternehmenskaufpreis im Anschaffungszeitpunkt den Ertragswert des Akquisitionsobjekts reflektiert.

Zwingender Bestandteil des Ertragswertes und somit auch der Anschaffungskosten sind im Fall eines negativen Unterschiedsbetrags in der Regel die erwarteten negativen Ertragsaussichten des Erwerbers. Die tatsächlich für den Erwerb des Unternehmens erbrachte Gegenleistung bemisst sich demgemäß aus dem Kaufpreis, den übernommenen Verbindlichkeiten sowie den antizipierten zukünftigen negativen Erfolgsbeiträgen.[1429] Werden die zukünftigen negativen Ertragserwartungen also mit in die Betrachtung einbezogen, kann nicht von einer pauschalen Überbewertung der Aktiva und daher auch nicht von einem Verstoß gegen das Anschaffungskostenprinzip ausgegangen werden. Vielmehr macht auch der BFH mit Verweis auf § 6 Abs. 1 Nr. 7 EStG deutlich, dass der Teilwert eines Wirtschaftsguts speziell beim Erwerb eines mit ungünstigen Ertragsaussichten behafteten Betriebs „auch über den Anschaffungskosten liegen kann und deshalb nicht zu vermuten ist, dass der Teilwert mit den Anschaffungskosten übereinstimmt".[1430]

[1425] Vgl. hierzu die Ausführungen in Kapitel 4.2.2.

[1426] Vgl. Heurung: a. a. O. (Fn. 1415), S. 389.

[1427] Vgl. Siegel/Bareis: a. a. O. (Fn. 1399), S. 1479; Groh, Manfred: Negative Geschäftswerte in der Bilanz, in: Steuerrecht, Verfassungsrecht, Finanzpolitik: Festschrift für Franz Klein, hrsg. von Paul Kirchhof, Klaus Offerhaus und Horst Schöberle, Köln 1994, S. 815–826, hier S. 815–818.

[1428] Vgl. Mujkanovic: Der negative Geschäftswert, a. a. O. (Fn. 1417), S. 524.

[1429] Diesbezüglich verweist auch § 255 Abs. 4, S. 1 HGB ausdrücklich auch die *bewirkte Gegenleistung* und nicht auf den Kaufpreis; vgl. Gießler: a. a. O. (Fn. 1405), S. 67.

[1430] BFH-Urteil vom 6.7.1995 IV R 30/93, in: BStBl. II 1995, S. 831.

Da die Anschaffungskosten der erworbenen Einzelwirtschaftsgüter aufgrund der Akquisition einer Sachgesamtheit und der ertragswertorientierten Ermittlung des Gesamtkaufpreises nicht zuverlässig bestimmbar sind, lässt der Grundsatz der Besteuerung nach der wirtschaftlichen Leistungsfähigkeit entsprechend der hier vertretenen Auffassung nur den wertmäßig möglichst unverzerrten Ansatz der erworbenen Wirtschaftsgüter mit deren Teilwerten bzw. tatsächlichen Werten zu.[1431] Diese Vorgehensweise entspricht § 6 Abs. 1 Nr. 7 EStG, nach dem die erworbenen Wirtschaftsgüter primär nach Maßgabe der jeweiligen Teilwerte anzusetzen sind. Da der Teilwert wiederum aus einer am Substanzwert des jeweiligen Wirtschaftsguts orientierten Sichtweise verstanden werden muss,[1432] verbleibt hinsichtlich der erfolgsneutralen Abbildung des Anschaffungsvorgangs keine andere Alternative als die Passivierung eines negativen Geschäftswerts.[1433] Zugleich finden durch dessen Ansatz die negativen Ertragserwartungen der Vertragsparteien ihre bilanzielle Berücksichtigung in der Eröffnungsbilanz des Erwerbers.

6.5.7   Ergebnis der Einzelfalluntersuchung und Stellungnahme

Die Ergebnisse der Einzelfalluntersuchung haben in weiten Teilen bestätigt, dass der nach IFRS 3 in Verbindung mit IAS 38 angestrebte ausgeweitete Einzelansatz immaterieller Wirtschaftsgüter im Rahmen eines Unternehmenserwerbes nur in Verbindung mit der klaren Zurückdrängung der Objektivität und Zuverlässigkeit der Rechnungslegung nach IAS/IFRS erzielt werden kann. Die zentrale Kritik am IFRS 3 besteht daher zu Recht darin, dass wirtschaftlich identische Sachverhalte infolge einer stärker gewichteten subjektiven Komponente tendenziell ungleich bilanziell abgebildet werden.

Die mangelnde Vergleichbarkeit der Bilanzierungsergebnisse ist zum einen auf die Überbetonung des rechtlichen Kriteriums auf Ebene der abstraken Aktivierbarkeit zurückzuführen. Andererseits bewirkt die vom IASB vertretene Auffassung von der Wahrscheinlichkeit des künftigen Nutzenzuflusses sowie die fragwürdige Auslegung des Kriteriums der zuverlässigen Bewertbarkeit in Verbindung mit der mangelnden Objektivierung der vorrangig anzuwendenden ertragswertorientierten Bewertungsmethoden eine weitgehende Außerkraftsetzung der konkreten Aktivierungsvoraussetzgen für beim Unternehmenserwerb erlangte immaterielle Wirtschaftsgüter. Auch die Bilanzierung und Folgebewertung eines erworbenen Geschäftswerts ist nach IAS/IFRS eindeutig vom Fair-Value-Gedanken und somit einer Überbetonung der Relevanz zulasten der Verlässlichkeit geprägt. Vor allem mit Blick auf die Zurückdrängung des Einzelbewertungsprinzips beim Wertminderungstest des Geschäftswerts sowie die Negierung des Anschaffungskostenprinzips in Zusammenhang mit der ertragswirksamen Erfassung eines negativen Unterschiedsbetrags muss bezweifelt werden, dass die nach den Verlautbarungen des IFRS 3 vermeintlich genauere und mit erheblichen Ermessensspielräumen behaftete Abbildung der tatsächlichen Vermögens- und Ertragslage mit den fundamentalen Grundsätzen der steuerlichen Gewinnermittlung auch nur annähernd vereinbar ist. Beim Erwerb immaterieller Wirtschaftsgüter im Zuge eines Unternehmenskaufs ist eine Orientierung der steuerlichen Gewin-

---

[1431] Der Wortlaut des § 6 Abs 1 Nr. 7 EStG, nachdem die Anschaffungskosten die Wertobergrenze der Bewertung darstellen, bezieht sich folglich keineswegs auf die ohnehin nicht objektiv ermittelbaren Anschaffungskosten des einzelnen Wirtschaftsguts; vgl. BFH-Urteil vom 6.7.1995 IV R 30/93, in: BStBl. II 1995, S. 831. Andere Auffassung PILTZ, welcher die anteiligen Anschaffungskosten der Wirtschaftsgüter als deren „neue" Teilwerte interpretiert; vgl. Piltz, Detlev J.: Welchen Einfluß hat der Kaufpreis für Gesellschaftsanteile auf den Teilwert der Wirtschaftsgüter des Betriebsvermögens der Gesellschaft, in: Festschrift für Wolfgang Ritter zum 70. Geburtstag, hrsg. von Max Dietrich Kley, Eckart Sünner, Arnold Willemsen, Köln 1997, S. 245–256. hier S. 249.

[1432] Vgl. hierzu die Ausführungen in Kapitel 6.4.1.2.

[1433] So auch Zeitler: a. a. O. (Fn. 1353), S. 308.

nermittlung an den Vorschriften des IFRS 3 i. V. m. IAS 38 daher eindeutig nicht zu empfehlen.

7   Thesenförmige Zusammenfassung der Erkenntnisse und Ausblick

1. Das deutsche Steuerbilanzrecht in seiner derzeitigen Ausgestaltung muss sich, wie wohl niemals zuvor, als Bollwerk einer von Vorsicht geprägten Rechnungslegungskonzeption gegen das zunehmende Vordringen angelsächsischer Rechnungslegungsnormen in das europäische und nationale Handelsbilanzrecht behaupten. Zentrale Determinanten dieses Prinzipienkonflikts sind sowohl indirekte als auch direkte Einflussfaktoren. So wurde schon frühzeitig befürchtet, dass die EU-Verordnung aus dem Jahre 2002, nach welcher europäische kapitalmarktorientierte Unternehmen ab dem Geschäftsjahr 2005 ihren Konzernabschluss zwingend nach den Vorschriften der IAS/IFRS aufzustellen haben, langfristig auch die zukünftige Ausgestaltung des nationalen Handels- und Steuerbilanzrecht bestimmen werden. Zu nennen sind hier insbesondere die Überlegungen der EU, die IAS/IFRS als Ausgangspunkt einer harmonisierten Körperschaftssteuerbemessungsgrundlage für die EU zu installieren, sowie die Rechtsprechung des EuGH, dessen Entscheidungen zur Wahrung der einheitlichen Auslegung des europäischen Rechts unlängst als ein indirekter Eingriff in das handelsrechtliche GoB-Verständnis gewertet wird. Vorläufiger Höhepunkt dieser Entwicklung ist jedoch die unverkennbar direkt an den IAS/IFRS orientierte Modernisierung des Handelsbilanzrechts (BilMoG). Aus einstigen Befürchtungen sind nunmehr unzweifelhafte Gewissheiten geworden.

2. Zentrale Voraussetzung für eine objektive Würdigung der Rechnungslegungsvorschriften des IASB ist ein klares Verständnis der Zielsetzung der jeweiligen Rechnungslegungssysteme. Im Fokus der Rechnungslegung nach IAS/IFRS steht dabei allein das Ziel, einem weiten Kreis von gegenwärtigen und potenziellen Adressaten (Investoren, Kreditnehmer, Lieferanten, Arbeitnehmer etc.) ein möglichst realistisches Bild der Vermögens-, Finanz- und Ertragslage des Unternehmens zur Unterstützung der Entscheidungsfindung zu vermitteln. Neben diesem Ziel verfolgt die Rechnungslegung des IASB keinen weiteren Zweck, vor allem nicht die Zahlungsbemessung und auch ausdrücklich nicht die steuerliche Gewinnermittlung. Demgegenüber dient die Steuerbilanz konzeptionell vorrangig der Zahlungsbemessung und nur in zu vernachlässigendem Maße der Informationsbereitstellung. Einziger Adressat der steuerlichen Gewinnermittlung ist zudem der Fiskus. Diese zentralen Eckpfeiler des Steuerbilanzrechts determinieren die konkrete Ausgestaltung der steuerlichen Gewinnermittlungsregeln, welche unter der strengen Beachtung des fundamentalen Gleichheitsgrundsatzes eine objektive und gerechte Ermittlung der wirtschaftlichen Leistungsfähigkeit des Steuersubjekts sicherstellen sollen.

3. Die historisch und einst allein aus Vereinfachungsgründen installierte Verknüpfung zwischen Handels- und Steuerbilanz wird unabhängig von der derzeitigen Entwicklung vom Schrifttum schon seit jeher in Frage gestellt. Im Fokus der Kritik steht dabei in erster Linie die umgekehrte Maßgeblichkeit, deren Abschaffung unlängst im Bilanzrechtsmodernisierungsgesetz vorgesehen ist. Ungeachtet dessen konnte bestätigt werden, dass gemessen an den fundamentalen Prinzipien der steuerlichen Gewinnermittlung de lege lata kein Grund für eine Aufgabe des Maßgeblichkeitsprinzips besteht. Vielmehr stellen die handelsrechtlichen GoB ein System von Gewinnermittlungsprinzipien dar, welche den steuerlichen Anforderungen an eine objektive und vorsichtige Periodisierung des Totalerfolges im Sinne einer Besteuerung nach der wirtschaftlichen Leistungsfähigkeit genügen. In Hinblick auf die Suche nach einem objektiven Maßstab der steuerlichen Leistungsfähigkeit durch den Gesetzgeber sind folgerichtig sinnvolle Übereinstimmungen zwischen Handelsbilanz und

Steuerbilanz erkennbar. Gleichwohl ist denkbar, dass einzelne Regelungen der IAS/IFRS den Anforderungen der fundamentalen Prinzipien der Besteuerung de lege lata besser gerecht werden als die handelsrechtlichen GoB.

4. Aus der zunehmend ökonomischen Bedeutung der immateriellen Einnahmepotenziale resultieren nationale und internationale Bestrebungen, die bestehenden Diskrepanzen und Unzulänglichkeiten bei der Abbildung und Bewertung der immateriellen Leistungsbestimmungsfaktoren eines Wirtschaftsubjekts zu beseitigen. Die Aktivierungsfähigkeit immaterieller Wirtschaftsgüter ist dabei im nationalen Steuerbilanzrecht sowie im derzeit noch gültigen Handelsbilanzrecht zwingend an die Voraussetzung des entgeltlichen Erwerbs gebunden. Demgegenüber ist in der Rechnungslegung nach IAS/IFRS beim kumulativen Erfüllen einer Reihe von Ansatzkriterien, die stark subjektiven Einflüssen unterliegen, auch der Ausweis von selbst erstellten immateriellen Vermögenswerten geboten. Obwohl der Gesetzgeber im Rahmen der geplanten Modernisierung des Handelsbilanzrechts eine weitgehende Angleichung des nationalen Bilanzrechts an die IAS/IFRS vorsieht, ist unstrittig, dass die in § 5 Abs. 2 EStG manifestierte Ansatzbeschränkung als Ausdruck einer objektivierten und somit gleichmäßigen und rechtssicheren Besteuerung auch künftig Bestand haben sollte.

5. Bei dem Erwerb immaterieller Wirtschaftsgüter im Rahmen eines Unternehmenserwerbes gilt die Ansatzvoraussetzung des entgeltlichen Erwerbs grundsätzlich als erfüllt. Trotz der unzweifelhaft differenten Zielsetzung der Rechnungslegung nach IAS/IFRS und Steuerrecht ist es nach beiden Konzeptionen notwendig, den entrichteten Gesamtkaufpreis auf die erworbenen immateriellen Einzelwirtschaftsgüter zu verteilen. Die äußerst kontrovers diskutierten Vorschriften des vom IASB verabschiedeten IFRS 3 weisen dabei auf den ersten Blick eine erstaunliche Anzahl von Gemeinsamkeiten zur derzeit gültigen steuerbilanziellen Vorgehensweise auf. Dies betrifft zum einen den bilanziell gebotenen Durchgriff auf das erworbene Vermögen und die Schulden unter Anwendung der Erwerbsmethode, als auch die damit verbundene angestrebte Minimierung der Restgröße „erworbener Geschäftswert". Darüber hinaus erweckt die Abschaffung der planmäßigen Abschreibung des erworbenen Geschäftswerts unweigerlich Erinnerungen an die steuerbilanziell längst als überwunden vermutete Einheitstheorie.

6. Die bilanzielle Ausgestaltung der sowohl nach IAS/IFRS als auch nach geltendem Steuerbilanzrecht notwendigen Verteilung des Gesamtkaufpreises auf die erworbenen Wirtschaftsgüter bzw. Vermögenswerte bei einem Unternehmenserwerb wird entscheidend von der Identifizierung des erwerbenden Rechtsträgers sowie von der Höhe der anzusetzenden Anschaffungskosten des Unternehmenszusammenschlusses geprägt. Während sich das geltende Bilanzsteuerrecht hier zunächst an der zivilrechtlichen Gestaltung des Unternehmenserwerbs orientiert, ist der erwerbende Rechtsträger nach der Auffassung des IASB ausdrücklich gemäß der wirtschaftlichen Betrachtungsweise bzw. nach dem Kriterium der Beherrschung zu bestimmen. Die differente Betrachtungsweise führt unter Umständen zu nicht vergleichbaren Ergebnissen, in welcher steuerrechtlich der formaljuristische Erwerber dem wirtschaftlichen Erwerber nach IAS/IFRS gegenübersteht. Auch bei der Bemessung der Anschaffungskosten des Unternehmenserwerbes sowie bei der Berücksichtigung nachträglicher Kaufpreisanpassungen bestehen gravierende Unterschiede zwischen beiden Rechnungslegungssystemen. Insbesondere ist in der Neufassung des IFRS 3 eine sofortige erfolgsmindernde Erfassung der Anschaffungsnebenkosten vorgesehen, sodass die Regelungen des IASB hier in einem eindeutigen und schwerwiegenden Konflikt mit den fundamentalen Prinzipien der steuerlichen Gewinnermittlung de lege lata stehen.

7. Die Bilanzierung der erworbenen Vermögenswerte und Schulden erfolgt im deutschen Bilanzsteuerrecht gemäß dem Maßgeblichkeitsprinzip in enger Anlehnung an die handelsrechtlichen Grundsätze ordnungsgemäßer Buchführung. Den IAS/IFRS ist eine solches System an Rechtsnormen grundsätzlich fremd. Stattdessen stellt das Regelwerk des IASB ein induktiv ermitteltes Sammelwerk an Fachnormen dar, dessen Aktivierungskonzeption tendenziell sehr dynamisch ausgeprägt ist. Infolge dieser Konzeption besteht nach IAS/IFRS die Gefahr einer unüberschaubaren Kasuistik. Zudem stellt die statische handels- und steuerrechtliche Aktivierungskonzeption bzw. das Wirtschaftsgut aufgrund der Nähe zum Zivilrecht ein zumindest theoretisch besser nachprüfbares Mengengerüst dar. Das Konstrukt des Wirtschaftsguts ist demnach vor dem Hintergrund der Rechtssicherheit und Tatbestandsmäßigkeit der Besteuerung dem Asset nach IAS/IFRS vorzuziehen.

8. Im Einklang mit § 255 Abs. 4 HGB sowie der durch die aus der Rechtsprechung des BFH abgeleiteten modifizierten Stufentheorie sind im Rahmen der Kaufpreisallokation sämtliche bisher nicht bilanzierten immateriellen Wirtschaftsgüter mit ihren Zeitwerten anzusetzen. Die Aktivierungskonzeption nach IFRS 3 ist dabei durch eine Reihe von Besonderheiten geprägt. So sind zum einen Bewertungsunsicherheiten und differenzierende Wahrscheinlichkeitsspektren hinsichtlich eines künftigen Nutzenzuflusses ausschließlich im Rahmen der Bewertung bei der Bemessung des Wertansatzes zu berücksichtigen. Ein Versagen des Wahrscheinlichkeitskriteriums hat demnach nicht die Ablehnung der Aktivierbarkeit zur Folge. In Verbindung mit dem nunmehr präzisierten Kriterium der Identifizierbarkeit - speziell der starken Gewichtung einer rechtlichen oder vertraglichen Grundlage - gewährleistet das IASB großzügige Möglichkeiten für die gesonderte Aktivierung immaterieller Wirtschaftsgüter, welche die bilanziellen Spielräume zur Reduzierung der Residualgröße Geschäftswert im deutschen Handels- und Steuerrecht deutlich überschreiten. Dieser auch als „Entobjektivierung der Kaufpreisallokation" bezeichnete Umstand hat zur Folge, dass nach IFRS 3 im Gegensatz zum deutschen Bilanzsteuerrecht u. a. im Rahmen eines Unternehmenserwerbes akquirierte Forschungs- und Entwicklungsprojekte und positive Ertragserwartungen aus schwebenden Geschäften als immaterielle Einzelwirtschaftsgüter anzusetzen sind.

9. Die identifizierbaren immateriellen Vermögenswerte bzw. Wirtschaftsgüter sind im Erwerbszeitpunkt nach IFRS 3 mit ihrem beizulegenden Zeitwert und im Steuerbilanzrecht mit dem Teilwert anzusetzen. Der Fair Value grenzt dabei die Betrachtung im Gegensatz zum Teilwert nicht auf einen fiktiven Unternehmenserwerb ein, sondern strebt vielmehr eine isolierte Wertbestimmung der entsprechenden Bewertungsobjekte an. Die Folge dieser divergierenden Ausrichtung ist, dass der als marktorientierter Wertmaßstab verstandene Fair Value so weit wie möglich auf unternehmensunabhängige, am Absatzmarkt erzielbare Marktaustrittspreise zurückgreift. Die im Handels- und Steuerrecht dominierende Vergangenheitsorientierung in Ausprägung des Anschaffungskostenprinzips wird klar zurückgedrängt. Stattdessen ist nach Auffassung des IASB der beizulegende Zeitwert in Ermangelung von tatsächlichen Marktpreisen anhand von kapitalwertorientierten Bewertungsverfahren zu ermitteln, während gleichzeitig kostenorientierte Bewertungsmethoden nur in Ausnahmefällen vorgesehen sind. Obwohl die in der internationalen Rechnungslegung erprobten Bewertungsmodelle aufgrund der immanenten Zukunftsprognosen unweigerlich mit erheblichen Unsicherheiten verbunden sind, sind diese oftmals auch im deutschen Steuerrecht die einzig sinnvolle Möglichkeit, den Teilwert eines erworbenen immateriellen Wirtschaftsguts im Erwerbszeitpunkt annäherungsweise zu bestimmen. Die nach IAS/IFRS in

diesem Zusammenhang übliche Zusammenfassung von Einzelwirtschaftsgütern zu Bewertungseinheiten ist hingegen ein klarer Verstoß gegen das Einzelbewertungsprinzip bzw. das Prinzip der vorsichtigen Gewinnermittlung und sollte daher auch künftig für Zwecke der steuerlichen Gewinnermittlung abgelehnt werden.

10. Der derivativ erworbene Geschäftswert verkörpert sowohl nach IFRS 3 als auch nach geltendem Steuerbilanzrecht eine die nicht bilanzierungsfähigen wirtschaftlichen Vorteile des Unternehmens repräsentierende Restgröße. Die Rechnungslegungsvorschriften des IASB zum bilanziellen Ansatz eines erworbenen Geschäftswerts genügen daher aus konzeptioneller und inhaltlicher Sicht einer vorsichtigen bzw. objektivierten steuerlichen Gewinnermittlung. Gravierende Differenzen bestehen dagegen hinsichtlich der Folgebewertung. Zwar werden auch in der Rechnungslegungskonzeption des IASB bereits eingetretene dauerhafte Wertminderungen unabhängig von der tatsächlichen Marktrealisation mittels außerplanmäßiger Abschreibungen antizipiert, sodass die IAS/IFRS ebenso in diesem Punkt die Anforderungen eines objektivierten steuerlichen Leistungsfähigkeitsprinzips erfüllen. Allerdings ist der im Rahmen des Impairment-Only-Ansatzes des IASB vorgeschriebene Verzicht auf die planmäßige Abschreibung des Geschäfts- oder Firmenwertes entschieden abzulehnen, da die alleinige Bemessung von außerplanmäßigen Wertminderungen auf Basis von zahlungsmittelgenerierenden Einheiten unweigerlich die Bilanzierung originärer Geschäftswertbestandteile sowie die Anwendung von stark subjektiven und damit willkürlichen Wertminderungstests impliziert. Eine Übernahme der Regelungen des IFRS 3 käme daher zweifelsohne einem Verstoß gegen das Prinzip der Gleichmäßigkeit und Rechtssicherheit der Besteuerung gleich. Denn auch wenn der Ansatz des IASB hier aus dogmatischer Sicht eine exaktere Abbildung der wirtschaftlichen Leistungsfähigkeit ermöglichen mag, so gewährleistet dennoch nur eine planmäßige Abschreibung die für steuerliche Zwecke gebotene objektive und zuverlässige Erfassung des Werteverzehrs. An der zwar pauschalierenden, aber objektiv nachprüfbaren planmäßigen Abschreibung des Geschäfts- oder Firmenwertes sollte für Zwecke der steuerlichen Gewinnermittlung somit auch künftig zwingend festgehalten werden. Es ist daher zu begrüßen, dass der im Referentenentwurf des Bilanzrechtsmodernisierungsgesetzes zunächst vorgesehenen Folgebewertung von Vermögensgegenständen auf Basis von Bewertungseinheiten im Regierungsentwurf eine eindeutige Absage erteilt wurde.

11. Ein sich aus der Kaufpreisallokation ergebender negative Unterschiedbetrag ist als Äquivalent zum derivativen Geschäftswert zu verstehen. Demgemäß verkörpert dieser als Gegenpol zum derivativen Geschäftswert nicht positive, sondern negative Ertragserwartungen in Form eines erworbenen Verlustpotenzials. Gleichzeitig gebietet der Grundsatz der Besteuerung nach der wirtschaftlichen Leistungsfähigkeit den wertmäßig möglichst unverzerrten Ansatz der erworbenen Wirtschaftsgüter mit deren Teilwert im Erwerbszeitpunkt. Unzweifelhaft führt hier die in der Rechtsprechung und Literatur vertretene Abstockung der Buchwerte der aktivierten Wirtschaftsgüter des zu einer Verfälschung der Vermögens- und Ertragslage des Unternehmens, während die erfolgswirksame Vereinnahmung eines negativen Unterschiedsbetrages nach IFRS 3 einen eindeutigen Verstoß gegen die Erfolgsneutralität des steuerlichen Anschaffungsvorgangs mit sich führt. Die Passivierung eines nach vorsichtiger Bewertung verbleibenden negativen Unterschiedsbetrags stellt demnach keineswegs einen Verstoß gegen geltende Bilanzierungsprinzipien dar, sondern ist vielmehr Ausdruck einer gleichmäßigen und erfolgsneutralen steuerbilanziellen Gewinnermittlung.

12. Die Modernisierung des HGB-Bilanzrechts im Rahmen des BilMoG ist als eindeutige Annäherung des HGB an das Rechnungslegungssystem der IAS/IFRS zu werten. Obwohl der Maßgeblichkeitsgrundsatz auch künftig Bestand haben soll, verursacht die Bilanzrechtsmodernisierung ein weiteres auseinanderdriften von Handels- und Steuerbilanz. Die Zukunft der steuerlichen Gewinnermittlung ist somit ungewisser denn je. Unstrittig ist dagegen, dass die Ausgestaltung der steuerlichen Gewinnermittlung auch künftig zwingend unter Beachtung der fundamentalen Prinzipien der Besteuerung de lege lata zu erfolgen hat. Dem Gesetzgeber ist daher sowohl in Hinblick auf die Beibehaltung der Verknüpfung von Handels- und Steuerbilanz, als auch hinsichtlich der etwaigen Konzeption einer eigenständigen steuerlichen Gewinnermittlung zwingend von der Orientierung an den Aktivierungs- und Bewertungsvorschriften des IFRS 3 i. V. m. IAS 38 abzuraten. Stattdessen sollte zur Sicherstellung einer gleichmäßigen und rechtsicheren Besteuerung an der bewährten steuerbilanziellen Erfassung des beim Unternehmenserwerb erlangten immateriellen Vermögens auf Basis der gegenwärtigen handelsrechtlichen GoB festgehalten werden.

Literaturverzeichnis

Achleitner, Ann-Kristin/**Behr**, Giorgio (2003): International Accounting Standards, 3, Auflage, München 2003.

Alsheimer, Herbert (1974): Einhundert Jahre Prinzip der Maßgeblichkeit der Handelsbilanz für die Steuerbilanz, in: ZfB 1974, S. 841-848.

Andrejewski, Kai C./ **Fladung** Hans-Dieter (2006): Abbildung von Unternehmens-zusammenschlüssen nach ED IFRS 3, in: Die Wirtschaftsprüfung, Heft 3, 2006, S. 80-88.

Andrejewski, Kai C./ **Kühn**, Siegfried (2005): Grundzüge und Anwendungsfragen des IFRS 3, in: Der Konzern, Heft 4, 2005, S. 221-228.

Arbeitskreis Bilanzrecht der Hochschullehrer Rechtswissenschaft (2002): Zur Fortentwicklung des deutschen Bilanzrechts, in: Betriebs-Berater, Heft 46, 2002, S. 2372-2381, hier S. 2374.

Arbeitskreis Bilanzrecht der Hochschullehrer Rechtswissenschaft (2008): Stellungnahme zu dem Entwurf eines BilMoG: Grundkonzept und Aktivierungsfragen, in: Betriebs-Berater, Heft 4, 2008, S. 152-158.

Arbeitskreis Bilanzrecht Hochschullehrer Rechtswissenschaft (2008): Nochmals: Plädoyer für eine Abschaffung der „umgekehrten Maßgeblichkeit", in: DStR, Heft 21-22, 2008, S. 1057-1060.

Arbeitskreis „Externe Unternehmensrechnung" der Schmalenbach-Gesellschaft für Betriebs-wirtschaft e.V. (2002): Grundsätze des Value Reporting, in: Der Betrieb, Heft 45, 2002, S. 2337-2340.

Arbeitskreis „Immaterielle Werte im Rechnungswesen" der Schmalenbach-Gesellschaft für Betriebswirtschaft e.V. (2001): Kategorisierung und bilanzielle Erfassung immaterieller Werte, in: Der Betrieb, Heft 19, 2001, S. 989-993.

Arbeitskreis „Steuern und Revision" im Bund der Wirtschaftsakademiker (BWA) e.V (2004): Maßgeblichkeit im Wandel der Rechnungslegung, in: DStR, Heft 30, 2004, S. 1267-1268.

Arnold, Hans-Joachim (1997): Die Bilanzierung des Geschäfts- und Firmenwertes in der Handels- Steuer- und Ergänzungsbilanz, Diss. Frankfurt am Main 1997.

Bach, Stefan (1991): Die Perspektiven des Leistungsfähigkeitsprinzips im gegenwärtigen Steuerrecht, in: StuW, Heft 2, 1991, S. 116-135.

Bachem, Rolf-Georg (1993): Berücksichtigung negativer Geschäftswerte in Handels-, Steuer- und Ergänzungsbilanz, in: Betriebs-Berater, Heft 14, 1993, S. 967-973.

Bachem, Rolf-Georg (1993): Der „negative Geschäftswert" – eine Schimäre als Steuersparmodell? ,in: Betriebs-Berater, Heft 28, 1993, S. 1976-1978.

Baetge, Jörg/ **Zülch**, Henning (2001): Fair Value-Accounting, in: BFuP, Heft 6, 2001, S. 543-562.

Baetge, Jörg/**Kirch**, Hans-Jürgen/**Thiele**, Stefan (2002): Konzernbilanzen, 6. Auflage, Düsseldorf 2002.

Baetge, Jörg/**Kirsch**, Hans-Jürgen/**Thiele**, Stefan (2003): Bilanzen, 7. Auflage, Düsseldorf 2003.

Baier, Manfred (1991): Der Auftragsbestand als Kalkulationsfaktor im Rahmen des Unternehmenserwerbs, in: DStR, Heft 36, 1991, S. 1199-1201.

Ballwieser, Wolfgang/ **Küting**, Karlheinz/**Schildbach**, Thomas (2004): Fair Value – erstrebenswerter Wertansatz im Rahmen einer Reform der handelsrechtlichen Rechnungslegung?, in: BFuP. Heft 6, 2004, S. 529-549.

Bareis, Peter/**Brönner**, Herbert (1991): Die Bilanz nach Handels- und Steuerrecht, 9. Auflage, Stuttgart 2003.

Barth, Mary E./**Landsman**, Wayne R.: Fundamental Issues Related to Using Fair Value Accounting for Financial Reporting, in: Accounting Horizons, December 1995, S. 997-107.

Barth, Thomas/**Kneisel**, Holger (1997): Entgeltlich erworbene Warenzeichen in der Handels- und Steuerbilanz, in: Die Wirtschaftsprüfung, Heft 14, 1997, S. 473-479.

Baums, Theodor (1993): Ergebnisabhängige Preisvereinbarungen in Unternehmenskaufverträgen („earn-outs"), in: Der Betrieb, Heft 25, 1993, S. 1273-1276.

Becker, Dieter (2005): Intangible Assets in der Unternehmenssteuerung, Wiesbaden 2005.

Beisel, Daniel (2003): „Unternehmen" als Gegenstand des Rechtsverkehrs, in: Der Unternehmenskauf, hrsg. von Beisel, Daniel/Klump, Hans-Hermann, 4. Auflage, München 2003, S. 1-28.

Beiser, Reinhold (2002): Der Teilwert im Wechsel zwischen Substanz- und Ertragswert, in: DStR, Heft 41, (2002), S. 1777-1782.

Beisse, Heinrich (1980): Handelsbilanzrecht in der Rechtsprechung des Bundesfinanzhofs, in: Betriebs-Berater, 1980, S. 637-646.

Beisse, Heinrich (1981): Gewinnrealisierung – Ein systematischer Überblick über Rechtsgrundlagen, Grundtatbestände und grundsätzliche Streitfragen, in: DStJG, Band 4, Köln 1981, S. 13-43.

Beisse, Heinrich (1984): Zum Verhältnis von Bilanzrecht und Betriebswirtschaftslehre, in: StuW, Heft 1, 1984, S. 1-14.

Beisse, Heinrich (1994): Zum neuen Bild des Bilanzrechtssystems, in: Bilanzrecht und Kapitalmarkt, Festschrift für Adolf Moxter, hrsg. von Wolfgang Ballwieser u. a., Düsseldorf 1994, S. 3-31.

Beisse, Heinrich (1997): Wandlung der Grundsätze ordnungsgemäßer Buchführung, in: Gedächtnisschrift für Brigitte Knobbe-Keuk, hrsg. von Wolfgang Schön, Köln 1997, S. 385-409.

Beisse, Heinrich (1999): Normqualität und Normstruktur von Bilanzvorschriften und Standards, in: Betriebs-Berater, Heft 42, 1999, S. 2180-2186.

Bekmeier-Feuerhahn, Sigrid (1998): Marktorientierte Markenbewertung, Wiesbaden 1998.

Bentele, Martina (2004): Immaterielle Vermögenswerte in der Unternehmensberichterstattung, Diss. München 2004.

Beyer, Sven (2005): Fair Value-Bewertung von Vermögenswerten und Schulden, in: Unternehmenskauf nach IFRS & US-GAAP, hrsg. von Wolfgang Ballwieser, Sven Beyer und Hansjörg Zelger, Stuttgart 2005, 141-189.

Beyhs, Oliver/**Melcher**, Winfried (2008): Zum Referentenentwurf des Bilanzrechtsmodernisierungsgesetzes (BilMog): Vom Niederstwert- zum Impairment-Test? Die wesentlichen BilMog- Änderungen bei außerplanmäßigen Abschreibungen und Wertaufholungen, in: Der Betrieb, Beilage 1 zu Heft 7, 2008, S. 19-23.

Beyhs, Oliver/ **Wagner**, Bernadette (2008): Die neuen Vorschriften des IASB zur Abbildung von Unternehmenszusammenschlüssen, in: Der Betrieb, Heft 3, 2008, S. 73-83.

Bieker, Marcus/**Esser**, Maik: Goodwill-Bilanzierung nach ED 3 „Business Combinations", in: KoR, Heft 2, (2003), S. 75-84.

Bieker, Marcus/**Esser**, Maik (2004): Der Impairment-Only-Ansatz des IASB: Goodwillbilanzierung nach IFRS 3 „Business Combinations", in: StuB, Heft 10, 2004, S. 449-458.

Biergans, Enno (1990): Einkommensteuer und Steuerbilanz, 5. Auflage, München 1990.

Binder, Odilo (1956): Die steuerliche Behandlung betrieblicher Forschungs- und Entwicklungskosten, in: Betriebs-Berater, (1956), S. 537–540.

Birk, Dieter (1983): Das Leistungsfähigkeitsprinzip als Maßstab der Steuernormen, Köln 1983.

Blasius, Thomas (2006): IFRS, HGB und F&E, Diss. Berlin 2006.

Böcking, Hans-Joachim/**Gros**, Marius (2007): IFRS und die Zukunft der steuerlichen Gewinnermittlung, in: DStR: Heft 51-52, 2007, S. 2339-2344.

Boorberg, Wolfgang/**Strüngmann**, Thomas/**Wendelin**, Brigitta (1998): Zur Abnutzbarkeit entgeltlich erworbener Warenzeichen und Arzeneimittelzulassungen – Anmerkungen zum BMF-Schreiben vom 27.02.1998, in: DStR, Heft 30, 1998, S. 1113-1118.

Borstell, Thomas (2002): Verrechnungspreisprobleme bei Funktionsverlagerung, in: StbJb 2001/2002, Köln 2002, S. 201-237.

Bossert, Rainer (1997): Unternehmensbesteuerung und Bilanzsteuerrecht, Heidelberg 1997.

Brockhoff, Klaus (1992): Forschung und Entwicklung, 3. Auflage, München 1992.

Breidenbach, Berthold/**Niemeyer**, Markus (1991): Der Auftragsbestand als Wirtschaftsgut, in: Der Betrieb, Heft 49, 1991, S. 2500-2503.

Breidert, Ulrike: Grundsätze ordnungsgemäßer Abschreibungen auf abnutzbare Anlagegegenstände, Düsseldorf 1994.

Breithecker, Volker/**Klapdor**, Ralf/**Rokitta**, Miriam (2007): Stellen die IFRS die richtige Grundlage für eine gemeinsame steuerliche Bemessungsgrundlage der EU dar?, in: StuW, Heft 2, 2007, S. 145-160.

Broer, Frank (1999): Maßgeblichkeit und Harmonisierung der Rechnungslegung, Diss. Konstanz 1999.

Brockhoff, Klaus (1992): Forschung und Entwicklung, 3. Auflage, München 1992.

Brücks, Michael/**Duhr**, Andreas (2006): Bilanzierung von Contingent Assets und Contingent Liabilities: Beispielhafte Würdigung der aktuellen Überlegungen von IASB und FASB, in: KoR, Heft 4, 2006, S. 243-251.

Brücks, Michael/**Wiederhold**, Philipp (2003): Exposure Draft 3 „Business Combinations" des IASB, in: KoR, Heft 1, 2003, S. 21-29.

Bruhn Manfred (1994): Markenpolitik, in: Vahlens großes Marketing Lexikon, hrsg. von Hermann Diller, München 1994.

Buchholz, Rainer/**Weis**, Regina (2002): Maßgeblichkeitsprinzip ade?, in: DStR, Heft 12, 2002, S. 512-517.

Burmann, Christoph (2002): Wissensmanagement als Determinante des Unternehmenswertes, in: Zeitschrift Führung + Organisation, Jg. 71, Heft 6, 2002, S. 334-341.

Burger, Anton/**Ulbrich**, Philipp/**Knoblauch**, Jens (2006): Zur Reform der Bilanzierung von Forschungs- und Entwicklungsaufwendungen nach IAS 38, in: KoR, Heft 12, 2006, S. 729-737.

Busse von Colbe, Walther (2001): Ist die Bilanzierung des Firmenwerts nach dem Nonamortization-Impairment-Ansatz des SFAS-Entwurfs von 2001 mit § 292a HGB vereinbar?, in: Der Betrieb, Heft 17, 2001, S. 877-879.

Castedello, Marc/**Klingbeil**, Christian/**Schröder**, Jakob (2006): IDW RS HFA 16: Bewertung bei der Abbildung von Unternehmenserwerben und bei Werthaltigkeitsprüfungen nach IFRS, in: Die Wirtschaftsprüfung, Heft 16, 2006, S. 1028-1036.

Castedello, Marc/ **Schmusch**, Mathias (2008): Markenbewertung nach IDW S 5, in: Die Wirtschaftsprüfung, Heft 8, 2008, S. 351-356.

Ceasar, Rolf/**Lammers**, Konrad/**Scharrer**, Hans-Eckart (2005): Europa auf dem Weg zum wettbewerbsfähigsten und dynamischsten Wirtschaftsraum der Welt ?, Baden-Baden 2005

Clemm, Hermann (1994): Wirtschaftliche versus formalrechtliche Betrachtung im Steuer- und Bilanzrecht, in: Steuerrecht Verfassungsrecht Finanzpolitik, Festschrift für Franz Klein, hrsg. von Paul Kirchhof, Köln 1994, S. 715-736.

Clemm, Hermann/**Nonnenmacher**, Rolf (1985): Die Steuerbilanz – ein fragwürdiger Besteuerungsschlüssel, in: Der BFH und seine Rechtsprechung, Grundfragen – Grundlagen, Festschrift für Hugo von Wallis, hrsg. von Franz Klein und Klaus Vogel, Bonn 1985, S. 227-243.

Coenenberg, Adolf G. (2003): Jahresabschluss & Jahresabschlussanalyse, 19. Auflage, Stuttgart 2003.

Costede, Jürgen (1995): Die Aktivierung von Wirtschaftsgütern im Einkommenssteuerrecht, in: StuW, Heft 2, 1995, 115-123.

Crezelius, Georg (1983): Aktienrechtlichen Eigentum, in: Der Betrieb, Heft 38, 1983, S. 2019-2023.

Crezelius, Georg (1988): Das sogenannte schwebende Geschäft, in: Festschrift für Georg Döllerer, hrsg. von Brigitte Knobbe-Keuk, Franz Klein und Adolf Moxter, Düsseldorf 1988, S. 81-95.

Crezelius, Georg (1994): Maßgeblichkeitsgrundsatz in Liquidation, in: Der Betrieb, Heft 14, 1994, S. 689-691.

Dahm, Axel/ **Neumann**, Christina (2002): Markenbewertung – Wie Reemtsma das Paradoxon überwindet, in: Absatz-wirtschaft (Sonderausgaben Marken), 2002, S. 82—87.

Dawo, Sascha (2003): Immaterielle Güter in der Rechnungslegung nach HGB, IAS/IFRS und US-GAAP, Berlin 2003.

Ditz, Xaver (2006): Übertragung von Geschäftschancen bei Funktionsverlagerung ins Ausland, in: DStR, Heft 37, 2006, S. 1625-1631.

Dobler, Michael (2005): Folgebewertung des Goodwill nach IFRS 3 und IAS 36, in: PiR, Heft 2, 2005, S. 24-29.

Döllerer, Georg (1957): Entwicklungskosten in der Handelsbilanz, in: Der Betrieb, Heft 28, 1957, S. 983-986.

Döllerer, Georg (1959): Grundsätze ordnungsgemäßer Bilanzierung, deren Entstehung und Ermittlung, in: Betriebs-Berater, 1959, S. 1217-1221.

Döllerer, Georg (1969): Die Maßgeblichkeit der Handelsbilanz für die Steuerbilanz, in: Betriebs-Berater, 24. Jg., 1969, S. 501-507.

Döllerer, Georg (1971): Maßgeblichkeit der Handelsbilanz in Gefahr, in: Betriebs-Berater, Heft 31, 1971, S. 1333-1335.

Dörfler, Oliver/**Adrian**, Gerrit (2008): Zum Referentenentwurf des Bilanzrechts-modernisierungsgesetzes (BilMoG): Steuerliche Auswirkungen, in: Der Betrieb, Beilage 1 zu Heft 7, 2008, S. 44-49.

Doralt, Werner (1976): Der Firmenwert in Handels- und Steuerbilanz, Berlin 1976.

Doralt, Werner (1984): Der Teilwert als Anwendungsfall des Going-Concern-Prinzips – Eine Kritik an der Teilwertkritik, in: Werte und Werteermittlung im Steuerrecht, DStJG, Band 7, Köln 1984, S. 141-153.

Drescher, Sebastian (2002). Zur Zukunft des deutschen Maßgeblichkeitsgrundsatzes, Dissertation, Düsseldorf 2002.

Edvinsson, Leif/**Brünig**, Gisela (2000): Aktivposten Wissenskapital: Unsichtbare Werte bilanzierbar machen, Wiesbaden 2000.

Edvinsson, Leif/**Malone**, Michael (1997): Intellectual Capital, New York 1997.

Eibelshäuser, Manfred (1983): Immaterielle Anlagewerte in der höchstrichterlichen Finanzrechtsprechung, Wiesbaden 1983.

Endres, Dieter/**Scheffler**, Wolfram/**Oestreicher**, Andreas/**Spengel**, Christoph (2007): The determination of corporate taxable income in the EU member states, Alphen/Rijn, 2007.

Erb, Thoralf/**Oertzen**, Cornelia v. (2007): Bewertung von Auftragsbeständen im Rahmen der Purchase Price Allocation nach IFRS 3, in: IRZ, Heft 3, 2007, S. 155-163.

Ernsting, Ingo (1998): Zur Bilanzierung eines negativen Geschäfts- oder Firmenwertes nach Handels- und Steuerrecht, in: Die Wirtschaftsprüfung, Heft 9, 1998, S. 405-420.

Esser, Maik/**Hackenberger**, Jens (2004): Bilanzierung immaterieller Vermögenswerte des Anlagevermögens nach IFRS und US-GAAP, in: KoR, Heft 10, 2004, S. 402-414.

Esser, Maik/**Hackenberger**, Jens (2005): Immaterielle Vermögenswerte des Anlagevermögens und Goodwill in der IFRS- Rechnungslegung, in: DStR, Heft 16, 2005, S. 708-713.

Esterer, Fritz (2005): Maßgeblichkeit der IAS/IFRS, in: Die internationale Unternehmensbesteuerung im Wandel, hrsg. von Endres/Oestreicher/Scheffler/Spengel, München 2005, S. 110-126.

Euler, Roland (1989): Grundsätze ordnungsgemäßer Gewinnrealisierung, Düsseldorf 1989.

Euler, Roland (1991): Zur Verlustantizipation mittels des niedrigeren beizulegenden Wertes und des Teilwertes, in: ZfbF, Jg. 43, 1991, S. 191-213.

Euler, Roland (1998): Steuerbilanzielle Konsequenzen der Internationalen Rechnungslegung, in: StuW, Heft 1, 1998, S. 15-24.

Euler, Roland (2002): Paradigmenwechsel im handelsrechtlichen Einzelabschluss: Von den GoB zu den IAS?, in: Betriebs-Berater, Heft 17, 2002, S. 875-880.

Fabri, Stephan (1986): Grundsätze ordnungsgemäßer Bilanzierung entgeltlicher Nutzungsverhältnisse, Köln 1986.

Finsterwalder, Oliver (2006): Bemessung von Verrechnungspreisen bei grenzüberschreitender Know-how-Überlassungen im Konzern, in: IStR, Heft 10, 2006, S. 355-360.

Fischer, Thomas/**Klöpfer**, Elisabeth (2006): Bilanzpolitik nach IFRS: Sind die IFRS objektiver als das HGB, in: KoR, Heft 12 2006, S. 709-718.

Fladt, Guido/**Feige**, Peter (2003): Exposure Draft 3 „Business Combinations" des IASB – Konvergenz mit den US-GAAP?, in: Die Wirtschaftsprüfung, Heft 6, 2003, S. 249-262

Flies, Rolf (1996): Auftragsbestand und Firmenwert, in: Der Betrieb, Heft 17, 1996, S. 846–848.

Förschle, Gerhart/**Holland**, Bettina/**Kroner**, Matthias (2003): Internationale Rechnungslegung, 6. Auflage, Heidelberg 2003.

Förster, Guido/**Brinkmann**, Lars (2003): Teilentgeltliche Nachfolge in betrieblichen Einheiten, in: Betriebs-Berater, Heft 13, 2003, S. 657-665.

Franzen, Ottmar (1994): Markenbewertung mit Hilfe von Ertragswertansätzen, in: DStR, Heft 44, 1994, S. 1625-1632.

Freericks, Wolfgang (1976): Bilanzierungsfähigkeit und Bilanzpflicht in Handels- und Steuerbilanz, Köln u. a. 1976.

Frey, Günther (1978): Die Behandlung steuerlicher Sachverhalte nach der 4. EG-Richtlinie, in: Betriebs-Berater, Heft 25, 1978, S. 1225-1230.

Frowein, Nils/**Lüdenbach**, Norbert (2003): Der Goodwill-Impairment-Test aus Sicht der Bewertungspraxis, in: Finanz Betrieb, Heft 2, 2003, S. 65-72.

Fuisting, Bernhard (1902): Die Preußischen direkten Steuern, Band 4, Grundzüge der Steuerlehre, Berlin 1902.

Fulbier, Rolf Uwe (2006): Systemtauglichkeit der International Financial Reporting Standards für Zwecke der steuerlichen Gewinnermittlung, in: StuW Heft 3, 2006, S. 228-242.

Gathen, Andreas von der (2001): Marken im Jahresabschluss und Lagebericht, Frankfurt/Main 2001.

Gerpott, Thorsten/**Thomas**, Sandra (2004): Bilnazierung von Marken nach HGB, DRS, IFRS und US-GAAP, in: Der Betrieb, Heft 47, 2004, S. 2485-2494.

Gießler, Oliver S.(1996): Der negative Geschäftswert in Handels-, Steuer- und Ergänzungsbilanz, Frankfurt am Main 1996.

Glade, Hans-Joachim (1991): Immaterielle Anlagewerte in Handelbilanz, Steuerbilanz und Vermögensaufstellung, Bergisch Gladbach, Köln 1991.

Glaum, Martin/**Vogel**, Silvia (2004): Bilanzierung von Unternehmenszusammenschlüssen nach IFRS 3, in : Zeitschrift für Controlling & Management, Sonderheft 2, 2004, S. 43-53.

Goebel, Andrea/**Heinrich**, Christoph (1995): Die bilanzielle Behandlung immaterieller Vermögenswerte nach den IAS, in: DStR, Heft 38, 1995, S. 1484-1488.

Gold, Gabriele (1998): Steuerliche Abschreibungsmöglichkeiten für Marken?, in: Der Betrieb, Heft 19, 1998, S. 956-959.

Greinert, Markus (2002): Die bilanzielle Behandlung von Marken, Lohmar/ Köln 2002.

Greinert, Markus (2004): Nutzungsdauer einer Marke im Konzernabschluss, in: Betriebs-Berater, Heft 9, 2004, S. 483- 487.

Groh, Manfred (1976): Künftige Verluste in der Handels- und Steuerbilanz, zugleich ein Beitrag zur Teilwertdiskussion, in: StuW, Heft 1, 1976, S. 33- 42.

Groh, Manfred (1994): Negative Geschäftswerte in der Bilanz, in: Steuerrecht, Verfassungsrecht, Finanzpolitik: Festschrift für Franz Klein, hrsg. von Paul Kirchhof, Klaus Offerhaus und Horst Schöberle, Köln 1994, S. 815-826.

Groh, Manfred (1999): Steuerentlastungsgesetz 1999/2000/2002: Imparitätsprinzip und Teilwertabschreibung, in: Der Betrieb, Heft 19, 1999, S. 978-984.

Gros, Stefan E.(2005): Bilanzierung eines „bargain purchase" nach IFRS 3, in: DStR, Heft 46, 2005, S. 1954-1960.

Gruber, Thomas (1991): Der Bilanzansatz in der neueren BFH-Rechtsprechung, Stuttgart 1991.

Grüner, Tanja (2006): Behandlung der immateriellen Vermögenswerte im Rahmen der Erstkonsolidierung nach IAS/IFRS, Diss. München 2006.

Gstraunthaler, Thomas (2006): Die Bewertung und Bilanzierung von intangible Assets nach IAS 38 in der Neufassung vom 31.03.2004 und ihre Auswirkungen, in: Immaterielle Vermögenswerte, hrsg. von: Matzler u.a. Berlin 2006, S. 89-102.

Gübbels, Bernhard (1958): Neues Bilanzsteuerrecht, in: StbJb 1957/58, Köln 1958, S. 245-291.

Haaker, Andreas (2005): Die Zuordnung des Goodwill auf Cash Generating Units zum Zweck des Imapirment-Tests nach IFRS, in: KoR, Heft 10, 2005, S. 426-434.

Haas, Franz Josef (1988): Gesellschaftsrechtliche Kriterien zur Sacheinlagefähigkeit von obligatorischen Nutzungsrechten, Festschrift für Georg Döllerer, hrsg. von Brigitte Knobbe-Keuk, Franz Klein und Adolf Moxter, Düsseldorf 1988, S. 169-183.

Haller, Axel (1998): Immaterielle Vermögenswerte – Wesentliche Herausforderung für die Zukunft der Unternehmensrechnung, in: Rechnungswesen als Instrument für Führungsentscheidungen, Festschrift für Adolf G. Coenenberg, hrsg. von Hans Peter Möller und Franz Schmidt, Stuttgart 1998, S. 561-596.

Haller, Axel/ **Dietrich**, Ralph (2001): Intellectual Capital Bericht als Teil des Lageberichts, in: Der Betrieb, Heft 20, 2001, S. 1045-1052.

Hartmann, Ulrich (1998): Die Ausrichtung der Rechnungslegung an internationale Standards, in: Die Wirtschaftsprüfung, Heft 7, S. 259-280.

Haun, Jürgen/**Winkler**, Hartmut (2001): Unternehmenskaufmodelle zur Erzielung eines Step-up in 2001, in: Der Betrieb, Heft 26, 2001, S. 1389-1391.

Hauser, Hansgeorg/**Meurer**, Ingetraut (1998): Die Maßgeblichkeit der Handelsbilanz im Lichte neuer Entwicklungen, in: Die Wirtschaftsprüfung, Heft 7, 1998, S. 269-280.

Havenstein, Moritz/**Heiden**, Mathias (2003): Markenwertmessung im betrieblichen Rechnungswesen – Entscheidungshilfe oder Sorgenkind, in: Betriebs-Berater, Heft 24, 2003, S. 1272-1277.

Hegenloh, Gerd Uwe (1985): Die steuerbilanzielle Behandlung von Forschung und Entwicklung, Diss. Nürnberg 1985.

Heintzen, Markus (2001): EU- Verordnungsentwurf zur Anwendung von IAS: Kein Verstoß gegen Unionsverfassungsrecht, in: Betriebs-Berater, Heft 16, 2001, S. 825-829.

Hennrichs, Joachim (2001): Maßgeblichkeitsgrundsatz oder eigenständige Prinzipien für die Steuerbilanz?, in: Besteuerung von Einkommen, DStJG, Band 21, Köln 2001, S. 301-328.

Herzig, Norbert (1990): Steuerorientierte Grundmodelle des Unternehmenskaufs, in: Der Betrieb, Heft 3, 1990, S. 133-138.

Herzig, Norbert (2000): Internationalisierung der Rechnungslegung und steuerliche Gewinnermittlung, in: Die Wirtschaftsprüfung, Heft 2, 2000, S. 104-119.

Herzig, Norbert (2003): Step-up Modelle im Vergleich, in: Unternehmenskauf im Steuerrecht, hrsg. von Harald Schaumburg, 3. Auflage, Stuttgart 2003, S. 131-149.

Herzig, Norbert (2004): IAS/IFRS und steuerliche Gewinnermittlung, Düsseldorf 2004.

Herzig, Norbert (2005): IAS/IFRS und steuerliche Gewinnermittlung, in: Die Wirtschaftsprüfung, Heft 5, 2005, S. 211-235.

Herzig, Norbert (2006): Steuerliche Gewinnermittlung und handelsrechtliche Rechnungslegung, in: IStR, Heft 16, 2006, S. 557-560.

Herzig, Norbert (2008): Steuerliche Konsequenzen des Regierungsentwurfs zum BilMoG, in: Der Betrieb, Heft 25, 2008, S. 1339-1345.

Herzig, Norbert/**Bär**, Michaela (2003): Die Zukunft der steuerlichen Gewinnermittlung im Licht des europäischen Bilanzrechts, in: Der Betrieb, Heft 1, 2003, S. 1-8.

Herzig, Norbert/**Dautzenberg**, Norbert (1998): Auswirkungen der Internationalisierungen der Rechnungslegung auf die Steuerbilanz, in: BFuP, Heft 1, 1998, S.23-37

Heumann, Rainer (2006): Möglichkeiten zur praktischen Umsetzung eines Value Reporting in Geschäftsberichten, in: KoR, Heft 4, 2006, S. 259-266.

Heurung, Rainer (1995): Der negative Geschäftswert im Bilanzrecht, in: Der Betrieb, Heft 8, 1995, S. 385-392.

Heuser, Paul J./**Theile**, Carsten (2005): IAS/IFRS Handbuch. 2. Auflage. Köln 2005.

Heyd, Reinhard/**Lutz-Ingold**, Martin (2005): Immaterielle Vermögenswerte und Goodwill nach IFRS, München 2005.

Hitz, Jörg-Markus/**Kuhner**, Christoph (2000): Erweiterung des US-amerikanischen conceptual framework um Grundsätze der Barwertermittlung – Inhalt und Bedeutung des Statement of Financial Accounting Concepts No. 7, in: Die Wirtschaftsprüfung, Heft 18, (2000), S. 889-902.

Hitz, Jörg-Markus/**Kuhner**, Christoph (2002): Die Neuregelung zur Bilanzierung des derivativen Goodwill nach SFAS 141 und 142 auf dem Prüfstand, in: KoR, Heft 6, 2002, S. 273-287.

Hitz, Jörg-Markus (2005): Fair Value in der IFRS-Rechnungslegung, in: Die Wirtschaftsprüfung, Heft 18, 2005, S. 1013- 1027.

Hörger, Helmut (2003): Neue Tendenzen zur steuerorientierten Kaufpreisaufteilung beim Kauf von Wirtschaftsgütern und Anteilen an Personengesellschaften, in: Unternehmenskauf im Steuerrecht, hrsg. von Harald Schaumburg, 3. Auflage, Stuttgart 2003, S. 141–161.

Hoffmann, Wolf-Dieter (2005): Firmenwert und ähnliche Wirtschaftsgüter beim Unternehmenserwerb, in: Praxis der internationalen Rechnungslegung, Heft 1, 2005, S. 17-19.

Homberg, Andreas/**Elter**, Vera-Carina/**Rothenburger**, Manuel (2004): Bilanzierung von Humankapital nach IFRS am Beispiel des Spielervermögens im Profisport, in: KoR, Heft 6, 2004, S. 249-263.

Hommel, Michael (1992): Grundsätze ordnungsgemäßer Bilanzierung für Dauerschuldverhältnisse, Wiesbaden 1992.

Hommel, Michael (1997): Internationale Bilanzrechtskonzeptionen und immaterielle Vermögensgegenstände, in: ZfbF, Heft 4, 1997, S. 345-369

Hommel, Michael (1998): Bilanzierung immaterieller Anlagewerte, Stuttgart 1998.

Hommel, Michael (2001): Bilanzierung von Goodwill und Badwill im internationalen Vergleich, in: RIW, Heft 11, 2001, S. 801-809.

Hommel, Michael/**Berndt**, Thomas (2000): Voraussichtlich dauernde Wertminderungen bei der Teilwertabschreibung und Abschlussstichtagsprinzip, in: FR, Jg. 82, 2000, S. 1305-1376.

Hommel, Michael (2001): Neue Goodwillbilanzierung – das FASB auf dem Weg zur entobjektivierten Bilanz, in: Der Betrieb-Berater, Heft 38, 2001, S. 1943-1949.

Hommel, Michael/**Benkel**, Muriel/**Wich**, Stefan (2004): IFRS 3 Business Combinations: Neue Unwägbarkeiten im Jahresabschluss, in: Betriebs-Berater, Heft 23, 2004, S. 1267-1273.

Hommel, Michael/**Buhleier**, Claus/**Pauly**, Denise (2007): Bewertung von Marken in der Rechnungslegung – eine kritische Analyse des IDW ES 5, in: Der Betrieb-Berater, Heft 7, 2007, S. 371-377.

Hommelhoff, Peter/**Schwab**, Martin (2001): Staats- ersetzende Privatgremien im Unternehmensrecht, in: Festschrift für Heinrich Wilhelm Kruse, hrsg. von Walter Drenseck, Köln 2001, S. 693-718.

Hornung, Karlheinz (2002): Immaterielle Vermögenswerte als Herausforderung der Zeit, in: Vom Financial Accounting zum Business Reporting, hrsg. von Karlheinz Küting und Claus-Peter Weber, Stuttgart 2002, S. 13-41.

Hörger, Herlmut/ **Stobbe**, Thomas (1991): Die Zuordnung stiller Reserven beim Ausscheiden eines Gesellschafters einer Personengesellschaft, in: DStR, Heft 37, 1991, S. 1230-1235.

Hörger, Helmut (2002): Steuerorientierte Kaufpreisaufteilung beim Kauf von Wirtschaftsgütern, in: Unternehmenskauf im Steuerrecht, hrsg. von Schaumburg, Harald, 3. Auflage, Stuttgart 2002, S. 141-161.

Hottmann, Jürgen (1982): Forschungs- und Entwicklungskosten in Handels- und Steuerbilanz, in: StBp, Heft 12, 1982, S. 286-295.

Hötzel, Oliver (1993): Steuerorientierte Gestaltung des Unternehmenskaufs, Düsseldorf 1993.

Hötzel, Oliver (1997): Unternehmenskauf und Steuern, Düsseldorf 1997.

IASB (2004): IFRS 3 Business Combinations, Illustrative Examples, London 2004.

IASC (1998): G4+1 Position Paper: Recommendations for Achieving Convergence on the Methods of Accouting for Business Combinations, London 1998.

IDW Stellungnahme (2003): Exposure Draft ED 3: Business Combinations, in: Die Wirtschaftsprüfung, Heft 8, 2003, S. 433-440.

IDW Stellungnahme zur Rechnungslegung (2005): Bewertung bei der Abbildung von Unter nehmenserwerben und bei Werthaltigkeitsprüfungen nach IFRS (IDW RS HFA 16), in: Die Wirtschaftsprüfung, Heft 24, 2005, S. 1415-1426.

Jacobs, Otto (1971): Das Bilanzierungsproblem in der Ertragssteuerbilanz, Stuttgart 1971.

Jacobs, Otto H./**Schreiber**, Ulrich (1979): Betriebliche Kapital- und Substanzerhaltung in Zeiten steigender Preise, Stuttgart 1979.

Jäger, Rainer/**Himmel**, Holger (2003): Fair Value- Bewertung immaterieller Vermögenswerte vor dem Hintergrund der Umsetzung internationaler Rechnungslegungsstandards, in: BFuP, Heft 4, 2003, S. 417-439.

Kahle, Holger (2002): Internationale Rechnungslegung und ihre Auswirkung auf Handels- und Steuerbilanz, Wiesbaden 2002.

Kahle, Holger (2002): Maßgeblichkeitsgrundsatz auf Basis der IAS?, in: Die Wirtschaftsprüfung, Heft 4, 2002, S. 178-188.

Kählert, Jens-Peter/**Lange,** Sabine (1993): Zur Abgrenzung immaterieller von materiellen Vermögensgegenständen, in: Betriebs-Berater, Heft 9, 1993, S. 613-618.

Kaiser, Thomas (2004): Die Behandlung von Spielerwerten in der Handelsbilanz und im Überschuldungsstatus im Profifußball, in: Der Betrieb, Heft 21, 2004, S. 1109-1112.

Keitz, Isabel von (1997): Immaterielle Güter in der internationalen Rechungslegung, Diss. Düsseldorf 1997.

Kaligin, Thomas (1995): Unternehmenskauf, Heidelberg 1995.

Kapferer, Jan-Noel (1992): Die Marke – Kapital des Unternehmens, Landsberg 1992.

Kirchhof, Paul (1984): Steuergleichheit, in: StuW, Heft 4, 1984, S. 297- 314.

Kirchhof, Paul (2000): Gesetzgebung und private Regelsetzung als Geltungsgrund für Rechnungslegungspflichten?, in: ZGR, 2000, S. 681-692.

Kirchmeier, Franz (1995): Management-Buy-Out im Steuerrecht , Berlin 1995.

Kirsch, Hanno (2002): Außerplanmäßige Abschreibung von Sachanlagen und immateriellen Vermögenswerten nach IAS 36 und nach § 6 Abs. 1 EStG, in: DStR, Heft 15, 2002, S. 646-650.

Kirsch, Hanno (2003): Gestaltungspotenzial durch verdeckte Bilanzierungswahlrechte nach IAS/IFRS, in: Betriebs-Berater, Heft 21, 2003, S. 1111-1116.

Kirsch, Hanno (2004): Zukunft der HGB-Rechnungslegung und des steuerlichen Maßgeblichkeitsprinzips im Zeitalter der IFRS- Rechnungslegung?, in: DStZ, Heft 14, 2004, S. 470-476.

Kirsch, Hanno (2008): Steuerliche Auswirkungen des geplanten Bilanzrechtsmodernisierungsgesetzes, in : DStZ, Heft Nr. 1-2, 2008, S. 28-33.

Kleekämpfer, Heinz (2000): Die Internationalisierung der deutschen Rechnungslegung, in: DStR, Heft 13, 2000, S. 569-572.

Kley, Karl-Ludwig (2001): Die Fair Value-Bilanzierung in der Rechnungslegung nach International Accounting Standards, in: Der Betrieb, Heft 43, 2001, S. 2256-2262.

Klingels, Bernd (2005): Die cash generating Unit nach IAS 36 im IFRS-Jahresabschluss, Diss. Berlin 2005.

Klumpp, Hans-Hermann (2003): Der Kaufgegenstand beim Unternehmenskauf, in: Der Unternehmenskauf, hrsg. von Beisel, Wilhelm, Klumpp, Hans- Herrman 4. Auflage, München 2003, S. 65-73.

Klumpp, Hans-Hermann (2003): Der Kaufpreis, in: Der Unternehmenskauf, hrsg. von Beisel, Wilhelm, Klumpp, Hans- Herrman, 4. Auflage, München 2003, S. 211-215.

Knapp, Lotte (1971): Was darf der Kaufmann als seine Vermögensgegenstände bilanzieren?, in: Der Betrieb, Heft 24, 1971, S. 1121-1129.

Knobbe-Keuk, Brigitte (1993): Bilanz- und Unternehmenssteuerrecht, 9. Auflage, Köln 1993.

Knop, Wolfgang/**Küting**, Karlheinz (2006) in: Handbuch der Rechnungslegung, hrsg. von Karl Heinz Küting und Claus-Peter Weber, Band 2, 5. Auflage, Stuttgart 2006.

Knüppel, Mark (2007): Bilanzierung von Verschmelzungen nach Handelrecht, Steuerrecht und IFRS, Diss. Berlin 2007.

Köhler, Stefan (1997): Die Behandlung des Auftragsbestands beim Unternehmenskauf in Handel- und Steuerbilanz, in: DStR, Heft 8, 1997, S. 297-302.

Köhler, Stefan (2001): Seminar F: Amortisation von immateriellen Wirtschaftsgütern bei einem Unternehmenskauf, in: IStR, Heft 17, 2001, S. 560-564.

Kort, Michael (2001): Der Maßgeblichkeitsgrundsatz des § 5 Abs. 1 EStG – Plädoyer für dessen Aufgabe, in: FR, Heft 2, 2001, S. 53-112,.

KPMG (2004): IFRS aktuell, hrsg. von KPMG, Stuttgart 2004.

Kraft, Cornelia (1991): Steuergerechtigkeit und Gewinnermittlung, Wiesbaden 1991.

Kraft, Gerhard (2000): Steuerplanung bei unternehmerischen Konzernstrategien, in: DStR, Heft 3, 2000, S. 94-101.

Kraus-Grünewald, Marion (1997): Steuerbilanzen – Besteuerung nach der Leistungsfähigkeit contra Vorsichtsprinzip?, in: Handels- und Steuerbilanzen, Festschrift zum 70. Geburtstag von Heinrich Beisse, hrsg. von Wolfgang Dieter Budde, Adolf Moxter, Klaus Offerhaus, Düsseldorf 1997, S. 285-297.

Kriegbaum, Catharina (2001): Markencontrolling, München 2001.

Kronner, Markus (1993): GoB für immaterielle Anlagewerte und Tauschgeschäfte, Düsseldorf 1993.

Kruse, Heinrich Wilhelm (1982): Möglichkeiten und Grenzen der Rechtsfortbildung im Steuerrecht, in: DStJG, Band 5, Köln 1982, S. 71-83.

Kühne, Mareike/**Schwedler**, Kristina (2005): Geplante Änderung der Bilanzierung von Unternehmenszusammenschlüssen, in: KoR, Heft 9, 2005, S. 329-338.

Kühneberger, Manfred (2005): Firmenwerte in Bilanz, GuV und Kapitalflussrechnung nach HGB, IFRS und US-GAAP, in: Der Betrieb, Heft 13, 2005, S. 677-683.

Kümmel, Jens (2002): Grundsätze für die Fair Value-Ermittlung mit Barwertkalkülen, Düsseldorf 2002.

Küting, Karlheinz (2000): Die Rechnungslegung in Deutschland an der Schwelle zu einem neuen Jahrtausend, in DStR, Heft 1, 2000, S. 38-44.

Küting, Karlheinz (2005): Die Bedeutung der Fair-Value-Bewertung für Bilanzanalyse und Bilanzpolitik, in: Fair Value – Bewertung in Rechnungslegung, Controlling und Finanzwirtschaft, hrsg. von Hartmut Bieg und Reinhard Heyd, München 2005, S. 495-516.

Küting, Karlheinz/**Dawo**, Sascha (2003): Die Bilanzierung immaterieller Vermögenswerte nach IAS 38 – gegenwärtige Regelungen und geplante Änderungen: Ein Beispiel für die Polarität von Vollständigkeitsprinzip und Objektivierungsprinzip, in: BFuP, Heft 3, 2003, S. 397-416.

Küting, Karlheinz/**Hayn**, Marc (2006): Anwendungsgrenzen des Gesamtbewertungskonzepts in der IFRS-Rechnungslegung, in: Betriebs-Berater, Heft 61, 2006, S. 1211-1217.

Küting, Karlheinz/ **Weber**, Claus-Peter (1999): Der Konzernabschluss, 5. Auflage, Stuttgart 1999.

Küting, Karlheinz/**Wirth**, Johannes (2003): Kapitalkonsolidierung im Spiegel der Bilanzwelten HGB-IAS/IFRS-US-GAAP (Teil 1), in: DStR, Heft 12, 2003, S. 475-484.

Küting, Karlheinz/**Wirth**, Johannes (2004): Bilanzierung von Unternehmenszusammenschlüssen nach IFRS 3, in: KoR, Heft 5, 2004, S. 167-177.

Kuhner, Christoph (2007): Die immateriellen Anlagewerte, in: Handbuch der Rechnungslegung, Band II, Köln 2007, Abt II/1.

Kuntschik, Nina (2004): Steuerliche Gewinnermittlung und IAS/IFRS am Beispiel immaterieller Vermögenswerte, Diss. Frankfurt am Main 2004.

Kupsch, Peter (1977): Sind Zuschüsse und Abstandszahlungen immaterielle Anlagewerte (Wirtschaftsgüter)?, in: Die Wirtschaftsprüfung, Heft 24, 1977, S. 663-671.

Kussmaul, Heinz (1989): Ertragsteuerliche Bedeutung des Begriffs „Wirtschaftsgut" in: Besteuerung und Unternehmenspolitik, Festschrift für Günter Wöhe, hrsg. von Gerd, John, München 1989, S. 252-276.

Kussmaul, Heinz/**Zabel**, Michael (2005): Nationale Bilanzierung und steuerliche Gewinnermittlung vor dem Hintergrund der Internationalisierung der Rechnungslegung, in: StuB, Heft 18, 2005, S. 800-805.

Laubach, Wolfgang/**Kraus**, Silvia (2008): Zum Referentenentwurf des Bilanzrechtsmodernisierungsgesetzes (BilMoG): Die Bilanzierung selbst geschaffener immaterieller Vermögensgegenstände und der Aufwendungen für die Ingangsetzung und Erweiterung des Geschäftsbetriebs, in: Der Betrieb, Beilage 1 zu Heft 7, 2008, S. 16-19.

Lamers, Alfons (1981): Aktivierungsfähigkeit und Aktivierungspflicht immaterieller Werte, München 1981.

Lang, Joachim, (2001): Prinzipien und Systeme der Besteuerung von Einkommen, in: Besteuerung von Einkommen, DStJG, Band 24, 2001, Köln 2001, S. 49-133.

Leffson, Ulrich (1987): Die Grundsätze ordnungsgemäßer Buchführung, 7. Auflage, Düsseldorf 1987.

Ley, Ursula (1987): Der Begriff „ Wirtschaftsgut" und seine Bedeutung für die Aktivierung, 2. Auflage, Köln 1987.

Lienau, Achim/**Zülch**, Henning (2006): Die Ermittlung des value in use nach IFRS, in: KoR. Heft 5, 2006, S. 319-329.

Liepelt, Wolfgang (1985): Nochmals: Geschäftswert und Auftragsbestand, in: DStZ, Heft 17, 1985, S. 424-426.

Littman, Eberhard (1969): Zur Tragweite der   neugefassten §§5, 6 EStG, in: DStR. Heft 11, 1969, S. 321-325.

Löffler, Christoph (2004): Tax Due Diligence beim Unternehmenskauf (Teil 2), in: Die Wirtschaftsprüfung, Heft 12, 2004, S. 625-638.

Lopatta, Kerstin/**Wiechen**, Lars (2004): Darstellung und Würdigung der Bilanzierungsvorschriften nach IFRS 3 Business Combinations, in: Der Konzern, Heft 8, 2004, S. 534-544.

Lüdenbach, Norbert/**Freiberg**, Jens (2005): Günstige und ungünstige Verträge – Bilanzierung schwebender Geschäfte nach IFRS 3, in: KoR, Heft 5, 2005, S. 188-194.

Lüdenbach, Norbert/**Freiberg**, Jens (2006): Zweifelhafter Objektivierungsbeitrag des Fair Value Measurements-Projekts für die IFRS-Bilanz, in: KoR 7-8, 2006, S. 437-445.

Lüdenbach, Norbert/ **Hoffmann**, Wolf-Dieter (2002): Der lange Schatten des Übergangs auf die IAS- Rechnungslegung, in: DStR, Heft 6, 2002, S. 231-234.

Lüdenbach, Norbert/ **Hoffmann**, Wolf-Dieter (2004): „Der Ball bleibt rund" – Der Profifußball als Anwendungsfeld der IFRS- Rechnungslegung, in: Der Betrieb, Heft 27/28, 2004, S. 1442-1447.

Lüdenbach, Norbert/**Hoffmann**, Wolf-Dieter (2006): Das schwebende Geschäft als Vermögenswert: Bilanzierung bei Erwerb und Verkauf von Nutzungsrechten, in: DStR. Heft 31, 2006, S. 1382-1387.

Lüdenbach, Norbert/**Hoffmann**, Wolf-Dieter (2007): Der lange Schatten der IFRS über der HGB Rechnungslegung, in: DStR, Heft 50 (Beihefter), 2007, S. 3-20.

Lüdenbach, Norbert/ **Prusaczyk**, Peter (2004): Bilanzierung von „In-Process Research ans Developement" beim Unternehmenserwerb nach IFRS und US-GAAP, in: KoR, Heft 10, 2004, S. 415-422.

Lüdenbach, Norbert/ **Prusaczyk**, Peter (2004): Bilanzierung von Kundenbeziehungen in der Abgrenzung zu Marken und Goodwill, in: KoR, Heft 5, 2004, S. 204-214.

Mackenstedt, Andreas/**Fladung**, Hans-Dieter/**Himmel**, Holger (2006): Ausgewählte Aspekte bei der Bestimmung beizulegender Zeitwerte nach IFRS 3, in: Die Wirtschaftsprüfung, Heft 16, 2006, S. 1037-1048.

Martens, Klaus-Peter/**Röttger**, Robert (1990): Aktivierung eines Geschäfts- oder Firmenwertes bei Umwandlung einer Personengesellschaft in eine GmbH nach §§ 46 ff- UmwG?, in: Der Betrieb, Heft 22, 1990, S. 1097-1102.

Marx, Jürgen (1994): Objektivierungserfordernisse bei der Bilanzierung immaterieller Werte, in: Betriebs-Berater, Heft 34, 1994, S. 2379-2388.

Mathiak, Walter (1986): Rechtsprechung zum Bilanzrecht, in: StuW, Heft 3, 1986, S. 287-292.

Mathiak, Walter (1997): Unmaßgeblichkeit von kodifiziertem Handelsrechnungslegungsrecht für die einkommensteuerrechtliche Gewinnermittlung?, in: Handels- und Steuerbilanzen, Festschrift zum 70. Geburtstag von Heinrich Beisse, hrsg. von Wolfgang Dieter Budde, Adolf Moxter, Klaus Offerhaus, Düsseldorf 1997, S. 323-334.

Maul, Karl-Heinz (1973): Immaterielle Anlagewerte im Jahresabschluss der Aktiengesellschaften, in: ZfbF, Heft 25, 1973, S. 16-28.

Maul, Karl-Heinz (1978): Handelsrechtliche Rechnungslegung, Frankfurt am Main 1978.

Maul, Karl-Heinz/**Menninger**, Jutta (2000): Das „Intellectuel Property Statement" –eine notwendige Ergänzung des Jahresabschlusses?, in: Der Betrieb, Heft 11, 2000, S. 529-533.

Meffert, Heribert/**Burmann**, Christoph (1998): Abnutzbarkeit und Nutzungsdauer von Marken. Ein Beitrag zur steuerlichen Behandlung von Warenzeichen, in: Unternehmensrechnung- und Besteuerung, Festschrift zum 65. Geburtstag von Dietrich Börner, hrsg. von Heribert Meffert und Norbert Krawitz, Wiesbaden 1998, S. 75-126.

Melcher, Winfried/ **Schaier**, Sven (2009): Zur Umsetzung der HGB-Modernisierung durch das BilMoG: Einführung und Überblick, in: Der Betrieb, Beilage 5 zum Heft 23, 2009, S. 4-8.

Meyer, Klaus (1994): Der Regierungsentwurf des Bilanzrechtsreformgesetzes (BilReG): Wichtige Neue rungen in der externen Rechnungslegung, in: DStR, Heft 23, (1994), S. 971-974.

Meyer, Claus (2008): Bilanzrechtsmodernisierungs- gesetz (BilMoG) - die wesentlichen Änderungen im Regierungsentwurf, in: DStR, Heft 24; (2008), S. 1153-1155.

Mohr, Hartmut: Die Besteuerung der Erfinder und Erfindungen, München 1985, S. 1.

Morwind, Klaus (2003): Marke als strategischer Erfolgsfaktor in der Konsumgüterindustrie, in: Handbuch Stategisches Management, hrsg. von Harald Hangenberg und Jürgen Meffert, 1. Auflage, Wiesbaden 2003, S. 783-806.

Moxter, Adolf (1976): Bilanzlehre, 2. Auflage, Wiesbaden 1976.

Moxter, Adolf (1976): Fundamentalgründsätze ordnungsgemäßer Rechenschaft, in: Bilanzfragen, Festschrift zum 65. Geburtstag von Ulrich Leffson, hrsg. von Jörg Baetge, Adolf Moxter und Dieter Schneider, Düsseldorf 1976, S. 87-100.

Moxter, Adolf (1978): Aktivierungsgrenzen bei „immateriellen Anlagewerten", in: Betriebs-Berater, 1978, S. 821-825.

Moxter, Adolf (1978): Die Aktivierungsvoraussetzung „entgeltlicher Erwerb" im Sinne von § 5 abs. 2 EStG, in: Der Betrieb, Heft 38, 1978, S. 1804-1809.

Moxter, Adolf (1979): Immaterielle Anlagewerte im neuen Bilanzrecht, in: Betriebs-Berater, Heft 34, 1979, S. 1102-1109.

Moxter, Adolf (1979): Die Geschäftswertbilanzierung in der Rechtsprechung des Bundesfinanzhofs und nach EG-Bilanzrecht, in: Betriebs-Berater, Heft 34, 1979, S. 741-747.

Moxter, Adolf (1982): Betriebswirtschaftliche Gewinnermittlung, Tübingen 1982.

Moxter, Adolf (1984): Grundsätze ordnungsgemäßer Unternehmensbewertung, 2. Auflage, Wiesbaden 1984.

Moxter, Adolf (1984): Bilanzlehre. Band I: Einführung in die Bilanztheorie, 3. Auflage, Wiesbaden 1984.

Moxter, Adolf (1984): Das Realisationsprinzip – 1884 und heute, in: Betriebs-Berater, Heft 28, 1984, S. 1780-1786.

Moxter, Adolf (1985): Bilanzrechtsprechung, 2. Auflage, Tübingen 1985.

Moxter, Adolf (1987): Selbständige Bewertbarkeit als Aktivierungsvoraussetzung, in: Der Betriebs-Berater, Heft 27, 1987, S.1846-1851.

Moxter, Adolf (1988): Periodengerechte Gewinnermittlung und Bilanz im Rechtssinne, in: Handelsrecht und Steuerrecht, Festschrift für Georg Döllerer, hrsg. von Brigitte Knobbe-Keuk, Franz Klein und Adolf Moxter, Düsseldorf 1988, S. 447–458.

Moxter, Adolf (1993): Bilanzrechtliche Probleme beim Geschäfts- oder Firmenwert, in: Festschrift für Johannes Semler, hrsg. von Markus Bierich, Peter Hommelhoff und Bruno Kropff, Berlin 1993, S.853-861.

Moxter, Adolf (1994): (Teilwertkonzeption) Zur Klärung der Teilwertkonzeption, in: Steuerrecht, Verfassungsrecht, Finanzpolitik, Festschrift für Franz Klein, hrsg. von Paul Kirchhof, Klaus Offerhaus und Horst Schöberle, Köln 1994, S- 827-839.

Moxter, Adolf (1995): Zum Verhältnis handelsrechtlicher GoB un True an d Fair View, in: Rechenschaftslegung im Wandel, Festschrift für Wolfgang Dieter Budde, hrsg. von Gerhard Förschle, Klaus Kaiser und Adolf Moxter, München 1995. S. 419-430.

Moxter, Adolf (1997): Zum Verhältnis von Handelsbilanz und Steuerbilanz, in: Betriebs-Berater, Heft 3, 1997, S. 195-199.

Moxter, Adolf (1998): Probleme des Geschäfts- oder Firmenwerts in der höchstrichterlichen Rechtsprechung, in: Unternehmensberatung und Wirtschaftsprüfung, Festschrift zum 65. Geburtstag von Günter Sieben, hrsg. von Manfred Jürgen Matschke und Thomas Schildbach, Stuttgart 1998, S. 473-481.

Moxter, Adolf (1999): Bilanzrechtsprechung, 5. Auflage, Tübingen 1999.

Moxter, Adolf (2001): Deutscher Standardisierungsrat auf Irrwegen, in: Betriebs-Berater, Heft 50, 2001, Die erste Seite.

Moxter, Adolf (2003): Grundsätze ordnungsgemäßer Rechnungslegung, Düsseldorf 2003.

Mujkanovic, Robin (1994): Der Erwerb einer Unternehmung im Wege des Vermögenskaufs in de steuerlichen Eröffnungsbilanz des Erwerbers – Normgerechte Interpretation des Teilwerts und Bilanzierung eines negativen Geschäftswerts, Wiesbaden 1994.

Mujkanovic, Robin (1994): Der derivative Geschäftswert im handelsrechtlichen Jahresabschluss, in: Betriebs-Berater, Heft 13, 1994, S. 894-898.

Mujkanovic, Robin (1995): Teilwertermittlung – ein betriebwirtschaftlich lösbares Problem, in: Der Betrieb, Heft 17, 1995, S. 837-843.

Mujkanovic, Robin (2003): Fair Value im Financial Statement nach International Accounting Standards, Düsseldorf 2003.

Mutze, Otto (1960): Aktivierung und Bewertung immaterieller Wirtschaftsgüter nach Handels- und Steuerrecht, Berlin 1960.

Müller, Ursula (1996): Imparitätsprinzip und Erfolgsermittlung, in: Der Betrieb, Heft 14, 1996, S. 689-695.

Neuweg, Georg Hans (2001): Könnerschaft und implizites Wissen, 2. Auflage, Münster 2001.

Niemann, Ursula (1999): Immaterielle Wirtschaftsgüter im Handels- und Steuerrecht, Bielefeld 1999.

Nonnenmacher, Rolf (1993): Bilanzierung von Forschung und Entwicklung, in: DStR, Heft 33, (1993), S. 1231-1235.

Oberbrinkmann, Frank (1990): Statische und dynamische Interpretation der Handelsbilanz, Düsseldorf 1990.

Oestreicher, Andreas (2000): Konzern-Gewinnabgrenzung, München 2000.

Oestreicher, Andreas (2003): Handels- und Steuerbilanzen, 6. Auflage, Heidelberg 2003.

Oestreicher, Andreas (2007): Zukunft des Steuerbilanzrechts aus deutscher Sicht, in: Die Wirtschaftsprüfung, Heft 13, 2007, S. 572-582.

Oestreicher, Andreas/ **Spengel**, Christoph (2001): Anwendung der IAS in der EU – Zukunft des Maßgeblichkeitsprinzips und Steuerbelastung, in: RIW, 2001, S. 889-902.

Offerhaus, Klaus (1967): Zum Umfang der Anschaffungskosten, in: DStR, Heft 1/2,1967, S. 14-17.

Ordelheide, Dieter (1984): Kapitalkonsolidierung nach der Erwerbsmethode (Teil 1), in: Die Wirtschaftsprüfung, Heft 9, 1984, S. 237-245.

Ordelheide, Dieter (1986): Anschaffungskostenprinzip im Rahmen der Erstkonsolidierung gem. § 301 HGB, in: Der Betrieb, 1986, S. 493-499.

Ordelheide, Dieter (1989): Zu den Anschaffungskosten nach Handels- und Steuerrecht, in: Herausforderungen – Steuerberatung im Spannungsfeld der Teilrechtsordnung, Festschrift für Günter Felix, hrsg. von Dieter Carle, Klaus Korn und Rudolf Stahl, Köln 1989, S. 223-237.

Oser, Peter (2008): Absage an den Impairment-Only-Approach im HGB nach BilMoG, in: Der Betrieb, Heft 8, 2008, S. 361-363.

Passow, Richard (1918): Die Bilanzen der privaten und öffentlichen Unternehmen, Bd. 1, 2. Auflage, Leipzig u. Berlin 1918.

Pellens, Bernhard/**Fülbier,** Rolf Uwe/**Gassen,** Joachim (2004): Internationale Rechnungslegung, 5. Auflage, Stuttgart 2004.

Pellens, Bernhard/**Sellhorn**, Thomas (2001): Goodwill Bilanzierung nach SFAS 141 und 142 für deutsche Unternehmen, in: Der Betrieb, Heft 32, 2001, S. 1681-1689.

Pellens, Bernhard/**Sellhorn**, Thorsten (2005): Reform der Konzernbilanzierung – Neufassung von IFRS 3 „Business   Combinations" in: Der Betrieb, Heft 33, 2005, S. 1749-1755.

Pezzer, Heinz-Jürgen (1991): Bilanzierungsprinzipien als sachgerechte Maßstäbe der Besteuerung, in: Probleme des Steuerbilanzrechts, DStJG, Band 14, Köln 1991, S. 3-27.

Pfaff, Dieter/**Kukule**, Wilfried (2006): Wie fair ist der Fair Value?, in: KoR, Heft 9, 2006, S. 542-549.

Pfeiffer, Thomas (1984): Begriffsbestimmung und Bilanzfähigkeit der immateriellen Wirtschaftsgutes, in: StuW, Heft 4, 1984, S. 326-339.

Picot, Gerhard (1998): Unternehmenskauf und Restrukturierung, 2. Auflage, München 1998.

Piltz, Detlev J. (1997): Welchen Einfluß hat der Kaufpreis für Gesellschaftsanteile auf den Teilwert der Wirtschaftsgüter des Betriebsvermögens der Gesellschaft, in: Festschrift für Wolfgang Ritter zum 70. Geburtstag, hrsg. von Max Dietrich Kley, Eckart Sünner, Arnold Willemsen, Köln 1997, S. 245-256.

Piltz, Detlev J. (2000): Verbindlichkeit versus Drohverlust – Welche Rückstellungen sind noch erlaubt?, in: StbJb1999/2000, Köln 2000, S. 221-248.

Pisoke, Marc (2005): IFRS 3 Business Combinations: Bilanzierung von Übernahmen, in: StuB, Heft 3, 2005, S. 97-104.

Pottgießer, Gaby/**Velte**, Patrick/**Weber**, Stefan (2005): Ermessensspielräume im Rahmen des Impairment-Only-Approach, in: DStR, Heft 41, 2005, S. 1748-1752.

Quak, Karlheinz (1982): Der Unternehmenskauf und seine Probleme, in: Zeitschrift für Unternehmens- und Gesellschaftsrecht, Heft 2, 1982, S. 350-365.

Rammert, Stefan (1999): Pooling of interests – Die Entdeckung eines Auslaufmodells durch deutsche Konzerne?, in: DBW, Heft 59, 1999, S. 620-632.

Regniet, Michael (1990): Ergänzungsbilanzen bei der Personengesellschaft, Köln 1990.

Reilly, Robert/**Schweihs**, Robert P. (1999): Valuing intangible assets, New York 1999.

Repenn, Wolfgang (1998): Handbuch der Markenbewertung und –verwertung, Weinheim 1998.

Reuleaux, Susanne (1987): Immaterielle Wirtschaftsgüter, Wiesbaden 1987.

Rodin, Andreas (2003): Der Einsatz von Buchwertaufstockungsmodellen beim Unternehmenskauf, in: Management von Unternehmensakquisitionen, hrsg. von Gerd Frank und Ingo Stein, Stuttgart 2003, S. 201-234.

Rödder, Thomas (1998): Aktuelle Problemfälle verdeckter Gewinnausschüttung im Konzern, in: StbJb 1997/1998, Köln 1998, S. 115-139.

Rohnke, Christian (1992): Bewertung von Warenzeichen beim Unternehmenskauf, in: Der Betrieb, Heft 39, 1992, S. 1941-1945.

Ross, Norbert (1996): Gemeinsamkeiten und Unterschiede handels- und steuerrechtlicher Aktivierungskonzeptionen, in: Rechnungslegung und Prüfung, hrsg. von Baetge, Jörg, Düsseldorf 1996, S. 231-253.

Saelzle, Rainer/**Kronner**, Markus (2004): Die Informationsfunktion des Jahresabschlusses dargestellt am sog. „impairment-only-Ansatz", in: Die Wirtschaftsprüfung, Sonderheft 2004, S. 154-165.

Sander, Mathias (1994): Die Bestimmung und Steuerung des Wertes von Marken, Heidelberg 1994.

Sanfleber-Decher, Martin (1992): Unternehmensbewertung in den USA, in: Die Wirtschaftsprüfung, Heft 20, 1992, S. 597-603.

Sattler, Hendrik (1995): Markenbewertung, in: ZfB, Heft 6, 1995, S. 663-682.

Sattler, Hendrik/**Völckner**, Franziska (2007): Markenpolitik, 2. Auflage, Stuttgart 2007.

Schanz, Georg (1896): Der Einkommensbegriff und die Einkommensteuergesetze, in: Finanz-Archiv, Jg. 13, 1896, S. 1-87.

Scheffler, Wolfram (2004): Besteuerung von Unternehmen II, 3. Auflage, Heidelberg 2004.

Schildbach, Thomas (1998): Zeitwertbilanzierung in den USA, in: BFuP, Heft 5, 1998, S. 580-592.

Schildbach, Thomas (2005): IFRS 3: Einladung zu „Enronitis", in: Betriebs-Berater, Editorial zu Heft 1, 2005, S. 1.

Schildbach, Thomas (2006): Der Konzernabschluss nach HGB, IAS und US-GAAP, 6. Auflage, München 2006.

Schmidtbauer, Rainer (2005): Die Bilanzierung von Unternehmenszusammenschlüssen nach IFRS 3, in DStR, Heft 3, 2005, S. 21-26.

Schmidtbauer, Rainer (2003): Die Bilanzierung und Bewertung immaterieller Vermögensgegenstände bzw. Vermögenswerte in der deutschen Rechnungslegung sowie nach IAS, in DStR, Heft 47, 2003, S. 2035-2042.

Schmidt, Kurt (1996): Die Besteuerung nach der Leistungsfähigkeit – Reflexionen über ein altes Thema, in: JbFSt 1995/96, Berlin 1996, S. 31-47.

Schmidt-Liebig, Axel (1992): Die Afa-Basis von ins Privatvermögen überführten Wirtschaftsgütern, in: DStR, Heft 49, 1992, S. 1745-1750.

Schneeloch, Dieter (1987): Steuerliche Behandlung des Altgeschäftswerts, in: Betriebs-Berater, Heft 35/36, 1987, S. 2414-2419.

Schneider, Dieter (1971): Aktienrechtlicher Gewinn und auschüttungsfähiger Betrag, in: Die Wirtschaftsprüfung, Heft 23, 1971, S. 607-617.

Schneider, Dieter (1986): Vermögensgegenstände und Schulden, in: Handwörterbuch unbestimmter Rechtsbegriffe im Bilanzrecht des HGB, hrsg. von Leffson, Ulrich/Rückle, Dieter/Großfeld, Bernhard, Köln 1986, S. 335-343.

Schneider, Dieter (1999): Abbau von Steuervergünstigungen durch Skalpierung der Maßgeblichkeit und Verlustverrechnung als „Stärkung der Investitionskraft"?, in: Der Betrieb, Heft 3, 1999, S. 105-110.

Schnoor, Randolf (2004): Nationale und internationale Aktivierungsvoraussetzungen der Rechnungslegung in Handels- und Steuerbilanz, in: StuW, Heft 4, 2004, S. 305-317.

Schoor, Hans Walter (2000): Abschreibung von Geschäfts- und Praxiswert, in: DStZ, Heft 18, 2000, S. 667-674.

Schön, Michael (1997): Aktivierung von immateriellen Anlagewerten in den USA und im Vergleich zur deutschen Rechnungslegung, Frankfurt a. M. 1997.

Schön, Wolfgang (1995): Die Steuerbilanz zwischen Handelsrecht und Grundgesetz, in: StuW, Heft 3, 1995, S. 366-377.

Schön, Wolfgang (2005): Steuerliche Maßgeblichkeit in Deutschland und Europa, Köln 2005.

Schöne, Wolf-Dieter (1995): Bilanzierung und Bewertung von Warenzeichen, in: StBp, Heft 11, (1995), S. 257-259.

Schreiber, Jochem (2005): Der Maßgeblichkeitsgrundsatz des § 5 Abs. 1 EStG und die I-AS/IFRS, in: DStR, Heft 32, 2005, S. 1351-1355.

Schreiber, Susanne (2005): Der Ansatz von selbst erstellten identifizierten immateriellen Vermögenspositionen nach SFAS No. 142, in: IStR, Heft 6, 2005, S. 210-216.

Schreiber, Urlich (1997):Hat das Maßgeblichkeitsprinzip noch eine Zukunft?, in: Handels- und Steuerbilanzen, Festschrift zum 70. Geburtstag von Heinrich Beisse, hrsg. von Wolfgang Dieter Budde, Adolf Moxter, Klaus Offerhaus, Düsseldorf 1997, S. 491-509.

Schreiber, Ulrich (2002): Gewinnermittlung und Besteuerung der Einkommen, in: StuW, Heft 2, S. 105-115.

Schreiber, Ulrich (2005): Besteuerung der Unternehmen, Berlin/Heidelberg 2005.

Schütz, Robert (2002): Der Maßgeblichkeitsgrundsatz gem. § 5 Abs. 1 EStG – ein Fossil? , Diss. Münster 2002.

Schüppen, Mathias/**Walz**, Susanne (2005): Ablauf und Formen eines Unternehmenskaufs, in: Unternehmenskauf nach IFRS & US-GAAP, hrsg. von Wolfgang Ballwieser, Sven Beyer und Hansjörg, Stuttgart 2005, S. 31-71.

Schubert, Theo (1998): Abschreibungen auf Marken im Steuerrecht, in: Finanz-Rundschau, Heft 3, 1998, S. 92-95.

Schult, Eberhard/**Richter**, Heiner (1991): Wider den Teilwert – eine Schimäre des Steuerrechts, in: DStR, Heft 39, 1991, S. 1261-1265, hier S. 1265

Schulze- Osterloh, Joachim (1991): Die Steuerbilanz als Tatbestandsmerkmal im Einkommens- und Körperschaftssteuergesetz, in: Probleme des Steuerbilanzrechts, DStJG, Band 14, Köln 1991, S. 123-138.

Schulze- Osterloh, Joachim (1991): Handelsbilanz und steuerliche Gewinnermittlung, in: StuW 1991, S. 284-296.

Schuhmann, Helmut (1994): Ausgewählte Fragen des Firmen-/Geschäftswerts, in: StBP, Heft 3, 1994, S. 50-58.

Schwedler, Kristina (2006): IASB-Projekt „Business Combinations": Überblick und aktuelle Bestandsaufnahme, in: KoR, Heft 6, 2006, S. 410-415.

Selchert, Friedrich Wilhelm. (1999): Internationalisierung der Rechnungslegung und Maßgeblichkeitsprinzip, in: Unternehmenspolitik und internationale Besteuerung, Festschrift für Lutz Fischer, hrsg. von Hans-Jochen Kleineidam, Berlin 1999, S. 913-933.

Selchert, Friedrich W./**Erhardt**, Martin (2003).: Internationale Rechnungslegung, 3. Auflage, München 2003.

Sellhorn, Thorsten (2000): Ansätze zur bilanziellen Behandlung des Goodwill im Rahmen der kapitalmarktorientierten Rechnungslegung, in: Der Betrieb, Heft 18, (2000), S. 885-892.

Semler, Franz-Jörg (2005). Der Unternehmens- und Beteiligungskaufvertrag, in: Handbuch des Unternehmens- und Beteiligungskaufs, hrsg. von: Hölters, Wolfgang, 6. Auflage, Köln 2005, S. 649-744.

Shim, Eunsup D./Larkin, Joseph M.(1998): Towards Relevancy in Financial Reporting: Market-to-Market Accounting, in: Journal of Applied Business Research, Spring 1998, S. 33-42.

Siegel, Theodor (1991): Stille Reserven beim Unternehmens- oder Anteilsverkauf, Geschäftswert und Teilwert, in: DStR, Heft 45, 1991, S. 1477-1481.

Siegel, Theodor (1995): Zum Geheimnis des „negativen Geschäftswerts", in: StuW, Heft 4 1995, S. 390-400.

Siegel, Theodor (1997): Der Auftragsbestand – Immaterieller Vermögensgegenstand oder schwebendes Geschäft?, in: Der Betrieb, Heft 19, 1997, S. 941-943.

Siegel, Theodor (2002): Zur unsinnigen Bilanzierung eies zufälligen Teils des unbekannten originären Geschäftswerts nach DRS 1a, in: Der Betrieb, Heft 15, 2002, S. 749-751.

Siegel, Theodor (1999): Rückstellungen, Teilwertabschreibungen und Maßgeblichkeitsprinzip, in: StuB, Heft 4, 1999, S. 195-201.

Siegel, Theodor/**Bareis**, Peter (1993): Der „neagative Geschäftswert" – eine Schimäre als Steuersparmodell?, in: Betriebs-Berater, Heft 21, 1993, S. 1477.1485.

Siegel, Theodor/**Bareis**, Peter (1994): Zum "negativen Geschäftswert" in Realität und Bilanz, in: Betriebs-Berater, Heft 5, 1994, S. 317-322.

Siegers, Dirk (1992): Die verdeckte Einlage immaterieller Wirtschaftsgüter - Ansatz in der Steuerbilanz und Gewinnrealisierung?, in: DStR, Heft 45, 1992, S. 1570-1576.

Siegloch, Jochen (2005): Einheitliche Gewinnermittlung nach Handels- und Steuerrecht – Utopie oder realistische Vision?, in: Kritisches zu Rechnungslegung und Unternehmensbesteuerung, Festschrift für Theodor Siegel, hrsg. von Dieter Schneider u.a., Berlin 2005, S. 551-568.

Simon, Herman Veit (1899): Die Bilanzen der Aktiengesellschaft und der Kommanditgesellschaften auf Aktien, 3. Auflage, Berlin 1899.

Smith, Gordon/**Parr**, Russel L. (1994): Valuation of Intellectual Property and Intangible Assets, 2. Auflage, New York u.a. 1994.

Söffing, Günter (1995): Für und Wider den Maßgeblichkeitsgrundsatz, in: Festschrift für Wolfgang Dieter Budde, hrsg. von Gerhart Förschle, Klaus Kaiser und Adolf Moxter, München 1995, S. 635- 673.

Söffing, Günter (1988): Der Geschäfts- oder Firmenwert, in: Handelsrecht und Steuerrecht, Festschrift für Georg Döllerer, hrsg. von Brigittw Knobbe-Keuk, Franz Klein und Adolf Moxter, Düsseldorf 1988, S. 593-614.

Spengel, Christoph (2006): IFRS als Ausgangspunkt der steuerlichen Gewinnermittlung in der Europäischen Union – Steuerbelastungskonsequenzen im Länder- und Branchenvergleich, in: Der Betrieb, Heft 13, 2006, S. 681-687.

Spengel, Christoph/**Braunagel**, Ralf U. (2006): EU-Recht und Harmonisierung der Konzernbesteuerung in Europa, in: StuW, Heft1, 2006, S. 34-49.

Spitaler, Armin (1960): Die Lehre von der Einheit des Geschäftswerts, in: StbJb 1959/60, Köln 1960, S. 443-462.

Steiner, Eberhardt/**Gross**, Beatrix (2005): Die Bilanzierung von Spielerwerten im Berufsfußball nach HGB und IFRS, in: StuB, Heft 12, 2005, S. 531-536.

Stöcker, Ernst Erhard (1983): Geschäftswert und Auftragsbestand, in: DStZ, Heft 22, 1983, S. 465-466.

Strebel, Heinz (1968): Unsicherheit und Risiko der industriellen Forschung und Entwicklung, in: BFuP, Heft 20, 1968, S. 193-214.

Streim, Hannes/**Bieker**, Marcus/**Esser**, Maik (2003): Vermittlung entscheidungsnützlicher Informationen durch Fair Values – Sackgasse oder Licht am Horizont?, in: BFuP, Heft 4, 2003, S. 457-479.

Tanski, Joachim/**Zeretzke**, Ralf (2006): Die Fair Value Fiktion, in: DStR, Heft 2, 2006, S. 53-58.

Teschke, Manuel (2006): Der Begriff der voraussichlich dauernden Wertminderung bei der Teilwertabschreibung, in DStZ, Heft 19, 2006, S. 661-665.

Theile, Carsten/**Pawelzik**, Kai Udo (2003): Erfolgswirksamkeit des Anschaffungsvorgangs nach ED 3 beim Unternehmenserwerb im Konzern, in: Die Wirtschaftsprüfung , Heft 7, 2003, S. 316-324.

Theile, Carsten (2007): Systematik der fair value-Ermittlung, in: PiR. Heft 1, 2007, S. 1-8.

Thiel, Jochen (1990): Bilanzrecht, 4.Auflage, Heidelberg 1990.

Thurmayr, Georg (19912): Vorsichtsprinzip und Pensionsrückstellungen, Diss. Wiesbaden 1992.

Tiedchen, Susanne (1991): Der Vermögensgegenstand im Handelbilanzrecht, Köln 1991.

Tipke, Klaus (1981): Steuergerechtigkeit, Köln 1981.

Tipke, Klaus (1986): Einkommensteuer – Fundamentalreform, in: StuW, Heft 2, 1986, S. 150-169.

Tipke, Klaus (1993): Die Steuerrechtsordnung, Köln 1993.

Tipke, Klaus (2000): Die Steuerrechtsordnung, 2. Auflage Köln 2000.

Tipke, Klaus/**Lang**, Joachim (2005): Steuerrecht, 18. Auflage, Köln 2005.

Vater, Hendrik (2003): Grundlagen und Probleme des Fair Value Accounting, in: Unternehmenswertorientiertes Management, 2003, S. 141-148.

Vater, Hendrik (2005): Zum Einfluss der IFRS auf die Auslegung der handelsrechtlichen GoB und das deutsche Bilanzrecht, in: StuB, Heft 2, 2005, S. 67- 69.

Wagenhofer, Alfred (2003): Internationale Rechnungslegungsstandards – IAS/IFRS, 4. Auflage, Frankfurt/M u. Wien 2003.

Wagner, Franz/**Schomaker**, Helmut (1987): Die Abschreibung des Firmenwerts im Handels- und Steuerbilanz nach Reform des Bilanzrechts, in: Der Betrieb, Heft 27/28, 1987, S. 1365-1372.

Wagner, Franz (1989): Die Abschreibung des freiberuflichen Praxiswertes – Steuerrechtliche Gleichbehandlung oder Sonderprogramm zur Mittelstandsförderung?, in: Besteuerung und Unternehmenspolitik, Festschrift für Günter Wöhe, hrsg. von Gerd John, München 1989, S. 345-361.

Wagner, Franz (1997): Kann es eine Beseitigung aller steuerlichen Ausnahmen geben, wenn es keine Regel gibt?, in: DStR, Heft 14, 1997, S. 517-521.

Wagner, Franz (1998): Aufgabe der Maßgeblichkeit bei einer Internationalisierung der Rechnungslegung?, in: Der Betrieb, Heft 42, 1998, S. 2073-2077.

Wagner, Franz (2002): Welche Kriterien sollten die Neuordnung der steuerlichen Gewinnermittlung bestimmen, in: Betriebs-Berater, Heft 37, 2002, S. 1885-1892.

Wassermeyer, Franz (1991): Die Maßgeblichkeit der Handelsbilanz für die Steuerbilanz und die Umkehr dieses Grundsatzes, in: Probleme des Steuerbilanzrechts, DStJG, Band 14, Köln 1991, S. 29-46.

Wassermeyer, Franz (1997): Die neuere BFH-Rechtsprechung zu Verstößen gegen ein Wettbewerbsverbot durch Gesellschafter-Geschäftsführer einer GmbH, in: DStR, Heft 18, 1997, S. 681-685.

Watrin, Christoph/ **Strohm**, Christiane/ **Struffert**, Ralf (2004): Aktuelle Entwicklungen der Bilanzierung von Unternehmenszusammenschlüssen nach IFRS, in: Die Wirtschaftsprüfung, Heft 24, 2004, S. 1450-1461.

Weber-Grellet, Heinrich (1994): Adolf Moxter und die Bilanzrechtsprechung, in: Betriebs-Berater, Heft 1, 1994, S. 30-33.

Weber-Grellet, Heinrich (1994): Maßgeblichkeitsschutz und eigenständige Zielsetzung der Steuerbilanz, in: Der Betrieb, Heft 6, 1994, S. 288-291.

Weber-Grellet, Heinrich (1996): Steuerbilanzrecht, München 1996.

Weber-Grellet, Heinrich (1997): Maßgeblichkeitsgrundsatz in Gefahr?, in: Der Betrieb, Heft 8, 1997, S. 385-391.

Weber-Grellet, Heinrich (1998): Bestand und Reform des Bilanzsteuerrechts, in: DStR, Heft 35, 1998, S. 1343-1349.

Weber-Grellet, Heinrich (2000): Die Gewinnermittlungsvorschriften des Steuerentlastungsgesetzes 1999/2000/2002- Ein Fortschritt, in: Der Betrieb, Heft 4, 2000, S. 165-169.

Weber-Grellet, Heinrich (1999): Der Maßgeblichkeitsgrundsatz im Lichte aktueller Entwicklungen, in: Betriebs-Berater, Heft 51/52, 1999, S. 2659-2666.

Weber-Grellet; Heinrich (2002): Zur Abschaffung des Maßgeblichkeitsgrundsatzes, in: StuB, Heft 14, 2002, S. 700-706.

Weber-Grellet, Heinrich (2008): Die Abschaffung des Maßgeblichkeitsgrundsatzes – Zur (weiteren) Emanzipation des Steurrechts, in: ZRP, Heft 5, 2008, S. 146-149.

Wehrheim, Michael (2000): Die Bilanzierung immaterieller Vermögenswerte („Intangible Assets") nach IAS 38, in: DStR, Heft 2, (2000), S. 86-88.

Wehrheim, Michael/ **Lenz**, Thomas (2005), in: Einfluss der IAS/IFRS auf das Maßgeblichkeitsprinzip, in: StuB, Heft 10, 2005, S. 455-460.

Weinstadt, Claus Stein/**Ortmann**, Martina (1996): Bilanzierung und Bewertung von Warenzeichen, in: Betriebs-Berater, Heft 15, 1996, S. 787-792.

Wendlandt, Klaus/**Vogler**, Gerlinde (2004): Bilanzierung von immateriellen Vermögenswerten und Impairment-Test nach Überarbeitung von IFRS 3 und IAS 38, in: KoR, Heft 2, 2003, S. 66-74.

Westerfelhaus, Herwarth (1995): Zwei-Stufen-Ermittlung zum bilanzierungsfähigen Vermögensgegenstand, in: Der Betrieb, Heft 18, 1995, S. 885-889.

Wichmann, Gerd (1994): Der Geschäftswert – wirklich ein Chamäleon?, in: Betriebs-Berater, Heft 24, 1994, S. 1673.

Winnefeld, Robert (2006): Bilanzhandbuch, 4. Auflage, München 2006.

Wissenschaftlicher Beirat des Fachbereichs Steuer der Ernst & Young Wirtschaftsprüfungsgesellschafts (2004): Stellungnahme zur Abschaffung des Teilwerts, in: Betriebs-Berater, Beilage 3, 2004.

Wollny, Paul (2001): Unternehmens- und Praxisübertragung, 5. Auflage, Berlin 2001.

Wöhe, Günter (1990): Die Handels- und Steuerbilanz, 2. Auflage, München 1990.

Wüstemann, Jens (1995): Funktionale Interpretation des Imparitätsprinzips, in: Zfbf, Heft 11, 1995, S. 1029-1043.

Wüstemann, Jens/**Duhr**, Andreas (2003): Geschäftswertbilanzierung nach dem Exposure Draft ED 3 des IASB- Entobjektivierung auf den Spuren des FASB, in: Betriebs-Berater, Heft 5, 2003, S. 247-253.

Zeiger, Hansjörg (2005): Purchase Price Allocation nach IFRS und US-GAAP, in: Unternehmenskauf nach IFRS & US-GAAP, hrsg. von Wolfgang Ballwieser, Sven Beyer und Hansjörg, Stuttgart 2005, S. 91-120.

Zeitler, Franz-Christoph (1988): Der Firmenwert und verwandte immaterielle Wirtschaftsgüter in der Bilanz, in: DStR, Heft 10, 1988, S. 303-308.

Zeitler, Franz-Christoph (2003): Rechnungslegung und Rechtsstaat, in: Der Betrieb, Heft 29, 2003, S. 1529-1534.

Zimmermann, Jochen (2002): Widersprüchliche Signale des DSR zur Goodwillbilanzierung? In: Der Betrieb, Heft 8, 2002, S. 385-390.

Zülch, Henning/**Lienau**, Achim/**Willeke**, Clemens (2005): Bewertung bei der Abbildung von Unternehmenserwerben und bei der Werthaltigkeitsprüfung nach IFRS – eine kritische Würdigung des IDW ERS HFA 16, in: UM, Heft 4, 2005, S. 103-109.

Zülch, Henning/**Hoffmann**, Sebastian (2008): Zahlungsmittelgenerierende Einheiten im deutschen Handelsrecht und die Bedeutung des Einzelbewertungsgrundsatzes, in: StuB, Heft 2, 2008, S. 45-50

Kommentarverzeichnis

Adler/Düring/Schmaltz: Rechnungslegung und Prüfung der Unternehmen, hrsg. von Hans Adler, Walther Düring und Kurt Schmaltz, 6. Auflage, Stuttgart 2006

Aktiengesetz, Kommentar, hrsg. von Geßler/Hefermehl/Eckardt/Kropff, München 1973.

Beck'scher Bilanz Kommentar, hrsg. von Helmut Ellrott u.a., 6. Auflage, München 2006.

Beck'sches Handbuch der Rechnungslegung – HGB und IFRS, hrsg. von Edgar Castan u.a., München (Loseblatt).

Beck'sches IFRS-Handbuch, Kommentierung der IFRS/IAS, hrsg. von Werner Bohl, Joachim Riese und Jörg Schlüter, München 2004.

Beck'sches IFRS-Handbuch, Kommentierung der IFRS/IAS hrsg. von: Werner Bohl, Joachim Riese und Jörg Schlüter, München 2004.

Beck'sches IFRS-Handbuch, Kommentierung der IFRS/IAS, hrsg. von Werner Bohl, Joachim Riese und Jörg Schlüter, 2. Auflage München 2006.

Bilanzrecht Kommentar, hrsg. von Jörg Beatge, Hans-Jürgen Kirsch und Stefan Thiele, Bonn 2008.

Blümich EStG, KStG, GewStG; Kommentar, hrsg. von Klaus Ebling, München (Stand Mai 2005).

Bordewin/Brandt Kommentar zum Einkommensteuergesetz hrsg. von Arno Bordewin und Jürgen Brandt, Heidelberg (Loseblatt).

Grundgesetz für die Bundesrepublik Deutschland: Kommentar an Hand der Rechtsprechung des Bundesverfassungsgerichts, 7. Auflage, Köln 1993.

HdJ – Handbuch des Jahresabschlusses, hrsg. von Klaus v. Wysockiv u.a., Köln (Loseblatt).

Herrmann/Heuer/Raupach: Einkommensteuer-und Körperschaftssteuergesetz Kommentar, hrsg. von Arndt Raupach u.a., Köln (Loseblatt).

HGB Großkommentar, hrsg. von Claus-Wilhelm Canaris, Wolfgang Schilling und Peter Ulmer, 4. Auflage, Berlin/New York 2002.

Haufe IFRS-Kommentar, hrsg. von Norbert Lüdenbach und Wolf-Dieter Hoffmann, 4. Auflage, Freiburg i. Br. 2006.

Kirchhoff, EStG-Kompaktkommentar: Einkommensteuergesetz, 5. Auflage, Heidelberg 2005

Kirchhof/Söhn EStG Kommentar, hrsg. von Paul Kirchhof, Hartmut Söhn und Rudolf Mellinghof, Heidelberg (Loseblatt).

Kommentar zum Einkommensteuergesetz, hrsg. von Lademann u.a., Stuttgart (Loseblatt).

Littmann/Bitz/Pust - Das Einkommensteuerrecht (Kommentar), hrsg. von Horst Bitz,, Stuttgart (Loseblatt).

Littmann-Bitz-Pust: Das Einkommensteuerrecht (Kommentar), hrsg. von Eberhard Littmann, Horst Bitz und Hartmut Pust, Stuttgart (Stand 2008).

Ludwig Schmidt EStG Kommentar, hrsg. von Walter Drenseck, 26. Auflage, München 2007.

Münchener Kommentar Aktiengesetz, hrsg. von Bruno Kropff und Johannes Semler, 2. Auflage München 2003.

Rechnungslegung nach IFRS - Kommentar auf der Grundlage des deutschen Bilanzrechts, hrsg. von Beatge u.a., 2. Auflage, Stuttgart (Loseblatt).

Wiley Kommentar zur internationalen Rechnungslegung – IFRS 2007, hrsg. von Wolfgang Ballwieser u. a., 3. Auflage, Weinheim 2007.

Rechtsprechungsverzeichnis

RFH-Urteil vom 21.9.1927 VI A 383/27, in: StuW II1 927 , S. 803-804.

RFH-Urteil vom 21.10.1931 VI A 2002/29, in: RStBl. 1932, S. 305.

BFH-Urteil vom 10.11.1960 IV 62/60 U, in: BStBl. III 1961, S. 95-97.

BFH-Urteil vom 17.12.1964 IV 378/61 U, in. BStBl. III 1965, S. 170.

BFH-Urteil vom 29.4.1965 IV 403/62 U, in: BStBl. III 1965, S. 414.

BFH-Urteil vom 28.3.1966 VI 320/64, in: BStBl. III 1966, S. 456-458.

BFH-Urteil vom 2.2.1967 IV 246/64, in: BStBl. III 1967, S. 366-367.

BFH-Urteil vom 8.3.1968 III 85/65, in: BStBl. II 1968, S. 575-578.

BFH-Beschluss vom 16.7.1968 GR. S. 7/67, in: BStBl. II 1969, S. 108-112.

BFH-Urteil vom 1.8.1968 I 206/65, in BStBl. II 1968, S. 66-67.

BFH-Beschluss vom 3.2.1969 GrS 2/68, BStBl. II 1969, S. 291.

BFH-Urteil vom 5.2.1969 I R 21/66, in: BStBl. II 1969, S. 334-336.

BFH-Urteil vom 9.10.1969 IV 166/64, in: BStBl. II 1970, S. 205-207.

BFH-Urteil vom 13.2.1970 III 156/65, in: BStBl. II 1970, S. 369.

BFH-Urteil vom 5.08.1970 I R 180/66, in: BStBl. II 1970, S. 804-806.

BFH-Urteil vom 16.9.1970 I R 196/67, in: BStBl. II 1971, S. 175-178.

BFH-Urteil vom 5.10.1972 IV R 118/70, in: BStBl. II 1973, S. 207 -209.

BFH-Urteil vom 19.10.1972 I R 244/70, in: BStBl. II 1974, S. 54-55.

BFH-Beschluss vom 25.10.1972 Gr. S. 6/71, in: BStBl. II 1973, S. 79-83.

BFH-Urteil vom 19.12.1972 VIII R 29/70, in: BStBl. II 1973, S. 295-297.

BFH-Urteil vom 31.1.1973 I R 197/70, in: BStBl. II 1973, S. 391-393.

BFH-Urteil vom 2.03.1973 III R 88/69, in: BStBl. II 1973, S. 475-477.

BFH-Urteil vom 26.2.1975 I R 32/73, in BStBl. II 1975, S. 443-446.

BFH-Urteil vom 18.6.1975 I R 24/73, in: BStBl. II 1975, S. 809.

BFH-Urteil vom 19.5.1976 I R 164/74, in: BStBl. II 1977, S. 60-62.

BFH-Urteil vom 2.6.1976 I R 20/74, in: BStBl. II 1976, S. 666-668.

BFH-Urteil vom 28.10.1976 IV R 76/72, in: BStBl. II 1977, S. 73-76.

BFH-Urteil vom 17.3.1977 IV R 218/72, in: BStBl. II 1977, S. 595-598.

BFH-Urteil vom 9.2.1978 IV R 201/74, in BStBl. II 1978, S. 370.

BFH-Urteil vom 14.3.1979 I R 37/75, in: BStBl. II 1979, S. 470.-473.

BFH-Urteil vom 28.5.1979 I R 1/76, in: BStBl. II 1979, S. 734-738.

BFH-Urteil vom 26.7.1972 I R 146/70, in: BStBl. II 1979, S. 937-939.

BFH-Urteil vom 30.1.1980 I R 89/79, in. BStBl. II 1980, S. 327-329.

BFH-Urteil vom 26.2.1980 VIII R 80/77, in BStBl. II 1980, S. 687-689.

BFH-Urteil vom 18.6.1980 I R 72/76, in: BStBl. II 1980, S. 741-743.

BFH-Urteil vom 25.11.1981 I R 54/77, in: BStBl. II 1982, S. 189-192.

BFH-Urteil vom 19.2.1981 IV R 112/78, in: BStBl. II 1981, S. 655-658.

BFH-Urteil vom 26.5.1982 I R 180/80, in: BStBl. II 1982, S. 695-696.

BFH-Urteil vom 21.7.1982 I R 177/77, in: BStBl. II 1982, S. 758-760.

BFH-Urteil vom 20.1.1983 IV R 158/80, in: BStBl II 1983, S. 413.

BFH-Urteil vom 24.3.1983 IV R 138/80, in: BStBl. II 1984, S. 233.

BFH-Urteil vom 13.4.1983 I R 63/79, in: BStBl. II 1983, S. 667-668.

BFH-Urteil vom 11.11.1983 III R 25/77, in: BStBl. II 1984, S. 187.

BFH-Urteil vom 23.5.1984 I R 266/81, in: BStBl. II 1984, S. 724-726.

BFH-Urteil vom 7.11.1985 IV R 7/83, in: BStBl. II 1986, S. 176-178.

BFH-Urteil vom 9.7.1986 I R 218/82, in: BStBl. II 1987, S. 14.

BFH-Urteil vom 20.8.1986 I R 150/82, BStBl. II 1987, S. 455-459.

BFH-Urteil vom 24.3.1987 I R 202/83, in: BStBl. II 1987, S. 705-707.

BFH-Urteil vom 17.09.1987 III R 272/83, in: BStBl. II 1988, S. 441-442.

BFH-Beschluss vom 26.10.1987 GrS 2/86, in: BStBl. II 1988, S. 348.

BFH-Urteil vom 20.05.1988 III R 151/86, in: BStBl. II 1989, S. 269.

BFH-Urteil vom 23.11.1988 II R 209/82, in: BStBl. II 1989, S. 82-83.

BFH- Urteil vom 18.1.1989 X R 10/86, in: BStBl. II 1989, S. 549-551.

BFH-Urteil vom 1.2.1989 VIII R 361/83, in: BFH/NV 1989, S. 778.

BFH-Urteil vom 28.5.1998 IV R 48/97, in: BStBl. II 1998 II, S. 775.

BFH-Urteil vom 10.8.1989 X R 176-177/87, in: BStBl. II 1990, S. 15

BFH-Beschluss vom 16.2.1990 III B 90/88, in: BStBl. II 1990, S. 794.

BFH-Urteil vom 1.8.1990 II R 17/87, BStBl. II 1990, S. 879.

BFH-Urteil vom 7.11.1990 I R 116/86, in: BStBl. II 1991, S. 343-345.

BFH-Urteil vom 31.1.1991 IV R 31/90, in: BStBl. II 1991, S. 627.

BFH-Urteil vom 16.1.1992 V R 1/91, in: BStBl. II 1992, S. 541-543.

BFH-Urteil vom 27.2.1992 IV R 129/90, in: BStBl. II 1992, S. 841-842.

BFH-Urteil vom 26.8.1992 I R 24/91, in: BStBl. 1992, S. 977-981.

BFH-Urteil vom 18.2.1993 IV R 40/92, in: BStBl II 1994, S. 224-226.

BFH-Urteil vom 12.5.1993 II R 2/90, in: BStBl. II 1993, S. 587-589.

BFH-Urteil vom 3.8.1993 VIII R 37/92, in: BStBl. II 1994, S. 444-449.

BFH-Urteil vom 15.12.1993 X R 102/92, in: BFH/NV 1994, S. 543-546.

BFH-Urteil vom 21.4.1994 IV R 70/92, in: BStBl. II 1994, S. 745-749.

BFH-Urteil vom 26.4.1995 I R 92/94, in: BStBl. II 1995, S. 594-598.

BFH-Urteil vom 6.7.1995 IV R30/93, in: BStBl II 1995, S. 831-833.

BFH-Urteil vom 6.12.1995 I R 40/95, in: BStBl. II 1997, S. 118-119.

BFH-Urteil vom 27.3.1996 I R 60/95, in: BStBl. II 1996, S. 576-578.

BFH-Beschluss vom 4.9.1996 II B 135/95, in: BStBl. II 1996, S. 586.

BFH-Urteil vom 12.12.1996 IV R 77/93, in: BStBl. II 1998, S. 180.

BFH-Urteil vom 19.6.1997 IV R 16/95, in: BStBl II 1997, S. 808.

BFH-Urteil vom 1.2.1998 VIII R 361/83, in: BFH/NV 1989, S. 778.

BFH-Urteil vom 21.1.1999 IV R 27/97, in: BStBl. II 1999, S. 638-650.

BFH-Beschluss vom 7.8.2000 GrS 2/99, in: BStBl. II 2000. S. 632.

BFH-Urteil vom 27.3.2001 I R 42/00, in: BStBl. II 01, S. 771-773.

BFH-Beschuss vom 17.4.2001 VI B 306/00, in: BFH/NV II 2001, S. 1255.

BFH-Urteil vom 30.1.2002 X R 56/99, in: BStBl. II 02, S. 387-392.

BFH-Urteil vom 20.3.2002 I R 38/00, in: BStBl. II 2002, S. 819.822.

BFH-Urteil vom 14.5.2002 VIII R 8/01, in: BStBl. II 2002, S. 532-537.

BFH-Urteil vom 16.5.2002 III R 45/98, in: BStBl. II 2003, S. 10-13.

FG Hamburg vom 28.11.2003 III 1/01, in EFG 2004, S. 746-756.

BGH-Urteil vom 14.6.2004 II ZR 121/02, in: Betriebs-Berater, Heft 36, (2004), S. 1925.

BFH-Beschluss vom 23.6.200 IX B 117/04, in: BFH/NV II 2005, S. 1813-1814.

BFH-Urteil vom 14.3.2006 I R 22/05, in: BStBl. II 2006, S. 680-682.

Veröffentlichungen der Finanzverwaltung

BMF-Schreiben vom 20.11.1986: Bilanzsteuerrechtliche Behandlung des Geschäfts- oder Firmenwerts, des Praxiswerts und sogenannter firmenwertähnlicher Wirtschaftsgüter (IV B 2-S 2172-13/86), in: BStBl. I 1986, S. 532–533.

BMF-Schreiben vom 27.2.1998: Abnutzbarkeit entgeltlich erworbener Warenzeichen (IV B 2 - S 2172 - 7/98), in: BStBl I 1998, S. 252.

BMF-Schreiben vom 25.02.2000: Neuregelung des Teilwertabschreibung gemäß § 6 Abs. 1 Nr. 1 und 2 EStG durch das Steuerentlastungsgesetz 1999/2000/2002; voraussichtlich dauernde Wertminderung; Wertaufholungsgebot; steuerliche Rücklage nach § 52 Abs. 16 EStG (IV C 2-S 2171b-14/00), in: BStBl. I 2000, S. 372–375.

BMJ: Pressemitteilung vom 25.2.2003: Maßnahmenkatalog zur Stärkung des Anlegerschutzes und des Vertrauens in die Aktienmärkte v. 25.2.2003: Anpassung der Bilanzregeln an internationale Standards und Enforcements, in: StuB, Heft 5, (2003), S. 223–224.

BMF-Schreiben vom 12.4.2005: Zur umsatzsteuerlichen Behandlung der Übertragung von Wertpapieren (IV A 5 - S 7306 - 5/05), in: BStBl. I 2005, S. 570.

BMJ: Referentenentwurf eines Gesetzes zur Modernisierung des Bilanzrechts vom 8.11.2007 (abrufbar unter www.iasplus.com/europe/0711germanlawproposal.pdf).

BMJ: Wesentliche Änderungen des Bilanzrechtsmodernisierungsgesetzes im Überblick, Stand : März 2009, (abrufbar unter www.bmj.bund.de/bilmog).

BMJ: Regierungsentwurf Gesetz zur Modernisierung des Bilanzrechts vom 21.5.2008 (abrufbar unter www.bmj.bund.de/bilmog).

BMJ: Gesetz zur Modernisierung des Bilanzrechts (Bilanzrechtsmodernisierungsgesetz - Bil-MoG) vom 29.5.2009, (abrufbar unter www.bmj.bund.de/bilmog).